全 世 界 无 产 者，联 合 起 来！

列宁全集

第二版增订版

第二十一卷

1911年12月—1912年7月

中共中央 马克思 恩格斯 列 宁 斯大林 著作编译局编译

人民出版社

《列宁全集》第二版是根据中国共产党中央委员会的决定，由中共中央马克思恩格斯列宁斯大林著作编译局编译的。

凡　　例

1. 正文和附录中的文献分别按写作或发表时间编排。在个别情况下,为了保持一部著作或一组文献的完整性和有机联系,编排顺序则作变通处理。

2. 每篇文献标题下括号内的写作或发表日期是编者加的。文献本身在开头已注明日期的,标题下不另列日期。

3. 1918 年 2 月 14 日以前俄国通用俄历,这以后改用公历。两种历法所标日期,在 1900 年 2 月以前相差 12 天(如俄历为 1 日,公历为 13 日),从 1900 年 3 月起相差 13 天。编者加的日期,公历和俄历并用时,俄历在前,公历在后。

4. 目录中凡标有星花 * 的标题,都是编者加的。

5. 在引文中尖括号〈　〉内的文字和标点符号是列宁加的。

6. 未说明是编者加的脚注为列宁的原注。

7. 《人名索引》、《文献索引》条目按汉语拼音字母顺序排列。在《人名索引》条头括号内用黑体字排的是真姓名;在《文献索引》中,带方括号[　]的作者名、篇名、日期、地点等等,是编者加的。

目　　录

1912 年

附　　录

插　　图

前　言

本卷收载列宁在 1911 年 12 月至 1912 年 7 月的著作。

斯托雷平反动时期结束后,从 1910 年起,俄国政治形势出现了明显的转变。群众的革命情绪逐渐高涨,罢工运动和游行示威开始重新活跃。俄国无产阶级由退却转为进攻。1912 年 3 月,沙皇政府血腥镇压西伯利亚勒拿金矿工人的罢工斗争,打死打伤工人群众 500 多人,激起了各地工人的强大抗议浪潮。勒拿惨案成了群众的革命情绪转变为革命运动的导火线。从这年"五一"节开始,全国各地爆发了更大规模的群众性罢工和游行示威。这一切都清楚地表明,俄国已进入了革命高潮时期。面临革命运动新高涨的形势,俄国社会民主工党必须尽快克服取消派和其他反党派别的破坏活动所造成的党内危机。只有在马克思主义的原则基础上实现组织统一、实行统一的纲领和策略,无产阶级政党才能成为群众革命斗争的坚强领导力量,才能引导革命运动走向胜利。本卷所收文献,主要反映了列宁为恢复和巩固俄国马克思主义政党、为制定和贯彻党在新形势下的革命策略而进行的斗争。

1912 年 1 月举行的俄国社会民主工党第六次(布拉格)代表会议是布尔什维克近四年来反对取消派、召回派和调和派的斗争的一次总结,收入本卷的《俄国社会民主工党第六次(布拉格)全国代表会议文献》集中反映了列宁为重整党的队伍、恢复和巩固党组织的努力所取得的重大成果。

为了争取召开和具体筹备这次代表会议,列宁做了大量的思想工作和组织工作。在他领导下,布尔什维克于1911年6月在巴黎召开了国外中央委员会议,会议确认立即召开党代表会议是非常必要的。10月,在俄国国内各地方组织参加的巴库会议上,成立了党代表会议的筹备机构——俄国组织委员会。列宁在《党内危机的结局》一文中高度评价俄国组织委员会成立的意义,认为这是在四年的瓦解和涣散以后,第一次成立了俄国社会民主党的国内中心,是使党能够得到良好发展的新的重大转折点。12月,列宁又在巴黎召开布尔什维克国外小组会议。会议把布尔什维克国外小组联合成一个统一的组织,选出了国外组织委员会,声明全力支持俄国组织委员会。列宁采取的这些重要步骤为布拉格代表会议的胜利召开从思想上和组织上奠定了基础。

在布拉格代表会议上,列宁作了关于目前形势和党的任务的报告和关于社会党国际局的工作的报告,草拟了许多重要的决议草案,对提交代表会议通过的决议草案都作了仔细审定。

确定代表会议的性质,是同取消派等反党派别斗争的一个非常重要的问题。列宁在专门为此草拟的决议草案中,针对认为这次会议只是部分党组织的代表会议的错误意见,充分论证了召开代表会议的必要性和合法性,明确指出这次代表会议是俄国社会民主工党的全党代表会议,是党的最高机关。

列宁关于目前形势和党的任务的报告至今没有见到。从本卷收载的列宁在代表会议前夕发表的《论社会民主党在杜马内外的行动口号和工作方法》和《党内危机的结局》两篇文章以及列宁起草的《关于目前形势和党的任务》的决议中可以看出,列宁对当时

国内的政治形势作了深刻的分析,阐明了各种政治力量的对比和
变化,指出反对沙皇专制制度的革命运动正在发展。列宁指出"无
产阶级领导农民夺取政权的任务仍是俄国民主革命的任务",强调
当前党的首要任务仍然是"对先进的无产阶级群众进行长期的社
会主义教育、组织和团结的工作"(见本卷第146页)。列宁坚持执
行秘密活动同公开活动相结合的方针,强调"必须加紧进行恢复俄
国社会民主工党的秘密组织的工作,使它能比以前更加广泛地利
用一切合法机会,领导无产阶级的经济斗争,并成为唯一能够领导
无产阶级日益频繁的政治行动的力量"(同上)。列宁认为,秘密的
党组织的周围应当有各种各样的合法工人团体,形成公开活动网,
作为在群众中进行工作的据点。这种新的组织形式将会有助于党
在新的环境下开展工作。

　　在《关于第四届国家杜马的选举》、《关于社会民主党杜马党
团》、《关于党的工作的性质和组织形式》等一系列决议中,也贯穿
着秘密活动同合法斗争相结合的精神。列宁认为俄国社会民主工
党绝对必须参加第四届国家杜马的选举运动,建立杜马中的社会
民主党党团。1908年党代表会议确定的利用杜马讲坛的路线仍
然应当是今后党的杜马工作的指导路线。列宁还制定了党在选举
运动中总的策略路线,规定了党的杜马党团的具体任务,提出了党
在选举运动中的口号。这些口号是:(1)建立民主共和国,(2)实行
八小时工作制,(3)没收地主的全部土地。

　　代表会议《关于取消主义和取消派集团》的决议是恢复党的统
一的重要文献。决议谴责取消派放弃党的纲领、策略和传统,破坏
中央委员会,破坏党的决议和纪律,否认秘密的党,否认无产阶级
在革命中的领导权。决议声明,取消派的所作所为已使自己完全

置身于党外。代表会议通过了列宁起草的这个决议，这意味着把取消派分子清洗出党。列宁在1914年评价布拉格代表会议的意义时指出："自从1912年以来，俄国有组织的马克思主义者中间已经有两年多**没有**派别活动，在**统一的**组织中、在**统一的**代表会议和代表大会上的那种关于策略问题的争论没有了。现在的情况是，党同取消派已经**完全**决裂，党在1912年1月已经正式声明：取消派已**不再**属于党。"（见本版全集第25卷第199页）代表会议还选举了党的中央委员会。

　　布拉格代表会议把取消派清除出党，但是斗争并没有就此结束。取消派、前进派、托洛茨基调和派、崩得分子联合攻击布尔什维克和布拉格代表会议，指责布尔什维克"篡权"、在党内"搞政变"，煽动各地方组织拒绝执行全党代表会议的决议。列宁给予他们的诽谤和破坏以有力的回击。在《反对同取消派的联合》、《把牌摊到桌面上来》、《反党的取消派》、《取消派反对群众性的革命罢工》、《"联合者"》、《俄国社会民主工党的状况和党的当前任务》、《答取消派》和《帕·波·阿克雪里罗得是怎样揭露取消派的》等文中，列宁彻底揭露了取消派和托洛茨基调和派的反党实质。列宁指出，取消派不承认秘密形式的党，而要建立一个新的合法政党，这已经不是在党内闹派别斗争，而是背离党、破坏党的行为；他们由于政治上组织上坚持机会主义的立场和政策而自绝于工人阶级，早在1910年他们就同原来的政治集体决裂了；两年多的经验已经证明，同取消派实行任何联合都是不可能的，任何诡辩和遁词都无济于事，任何谩骂都不会改变取消派已置身于党外这一事实。列宁蔑视取消派、前进派、托洛茨基派和崩得分子的反布尔什维克联盟，认为这种联盟早就注定要遭到可耻失败，因为这个联盟是建立在无原则、虚伪、说空话上面的。

取消派和托洛茨基派在国外竭力散布谎言，混淆视听。他们的反党言论和活动得到第二国际机会主义者的支持。托洛茨基接二连三在德国社会民主党中央机关报《前进报》上发表诽谤布尔什维克的文章。为了澄清事实，使第二国际的领袖和德国社会民主党的广大党员明白真相，列宁在《给社会党国际局的关于俄国社会民主工党全国代表会议的报告》、《给社会党国际局书记胡斯曼的信》中，在印成德文散发的《〈前进报〉上的匿名作者和俄国社会民主工党的党内状况》、《论俄国社会民主工党的现状》两本小册子中，反复叙述了反对取消派斗争的意义、过程和结局，揭露了取消派和托洛茨基的卑劣欺骗手段和恶意诽谤。列宁驳斥了所谓取消派得到大多数党组织拥护的谎言，他以无可争辩的材料证明，得到绝大多数拥护的是布尔什维克，是党的布拉格代表会议。列宁指出，党的布拉格代表会议是党的合法的最高机关，已经自外于党的取消派既不能代表俄国社会民主工党，也不能以党的名义发表意见。

列宁在同取消派的斗争中指出，世界上没有一个社会民主党不是通过同机会主义的艰苦斗争和多少次分裂才建立起来的。在本卷所收的《意大利社会党人代表大会》一文中，列宁赞赏该代表大会关于把以党的前领袖比索拉蒂为首的机会主义集团开除出党的决议。列宁认为，分裂是一件令人痛苦的事情，但有时是必需的。他写道："工人领袖不是天使，不是圣人，不是英雄，而是普通的人。他们犯了错误。党就去纠正这些错误。德国工人党甚至纠正过像倍倍尔这样伟大的领袖所犯的机会主义错误。但是，如果他们坚持错误，如果他们为了维护错误而组织集团，践踏党的一切决定,破坏无产阶级大军的全部纪律,那么就有必要分裂。"(见本卷第435页)他认为,意大利社会党清除了机会主义者以后,就走上了正确的道路。

本卷中很大一部分文献是论述第四届国家杜马选举运动问题的。列宁认为,马克思主义者在选举运动中的主要任务是向人民解释,各种不同政党的实质是什么,谁有什么主张,左右每个政党的是哪些真正的切身利益,各个政党所代表的是哪些阶级。在《第四届国家杜马选举运动》、《立宪民主党人同进步派的联盟及其意义》、《第三届杜马五年来的各政党》、《自由派和民主派》、《劳动派和工人民主派》、《论俄国各政党》等文中,列宁以马克思主义观点对选举运动的形势和参加选举的各个政党的本质作了详尽的具体分析。他指出,参加竞选的不是两个阵营而是三个阵营,即:代表农奴主-地主的阶级利益的黑帮,自由主义君主派资产阶级,资产阶级民主派和无产阶级民主派。立宪民主党和各民粹主义政党以及孟什维克取消派都用笼统的所谓反对派来混淆自由派和民主派的区别,实行自由派的路线和政策。列宁指出,民主派同自由派的斗争比同右派的斗争更加深刻,更能教育和团结群众。因此,他着重揭示自由派和民主派的界限,深入剖析立宪民主党的阶级本质,指出俄国资产阶级无论同旧的经济制度或官僚制度都有千丝万缕的联系,因而它害怕人民运动远远超过害怕反动势力。列宁认为,这就是立宪民主党经常随风转舵、背叛民主派而投靠反动派的原因。列宁对于资产阶级民主派的特点也作了透彻分析。他指出,小资产阶级民主派有其广泛的群众基础,它和一心想与农奴主-地主瓜分政权的自由派资产阶级不同,它要求解决的是生存问题,是力求消灭地主土地占有制和一切政治特权的问题。但由于小业主的经济特性和地位,决定资产阶级民主派在组织上必然软弱涣散,在思想上必然在立宪民主党人与工人民主派之间动摇不定。列宁认为工人民主派的任务应当是:促使小资产阶级民主派摆脱自由派的影响,团结民主阵营去反对右派和立宪民主党。

根据对各政党的阶级分析,列宁确定了党在选举运动中的策略,强调必须在布拉格代表会议提出的口号下独立地进行选举活动。在《第四届国家杜马选举运动》、《选举运动的几个原则问题》、《执行自由派工人政策的机关报》、《俄国社会民主工党的选举纲领》、《第四届杜马选举运动和革命的社会民主党的任务》等文中,列宁阐明了党在选举运动中执行“左派联盟”策略的意义。列宁认为,布尔什维克必须同劳动派、社会革命党人和人民社会党人达成暂时的协议,结成“左派联盟”。他写道:左派联盟是个值得注意的和重要的原则问题,“‘迫使’国内人数最多的民主群众(农民以及和农民相近的非农业小资产阶级阶层)‘在立宪民主党人和马克思主义者之间进行选择’,采取工人和农民民主派‘共同行动’以反对旧制度和反对摇摆不定的反革命自由派资产阶级的路线,这就是‘左派联盟’策略的基础和实质”(见本卷第117页)。

列宁尖锐批评取消派对左派联盟策略的抵制和咒骂。他根据马克思和恩格斯关于在共同反对反动势力的斗争中必须同小资产阶级民主派结成联盟的论述和英、法资产阶级革命的历史经验,说明取消派背弃左派联盟就是背叛民主派的事业。他指出,不论哪个工人政党在任何一次资产阶级解放运动中都必须采取“左派联盟”的策略,民主解放运动的一切成就总是与正确运用“左派联盟”的策略分不开的。

《革命的高涨》和《经济罢工和政治罢工》两篇文章,分析了新的革命高潮的特点及其社会经济政治原因,论证了经济罢工和政治罢工的相互关系。列宁指出,新的革命高潮的到来决不是偶然的,它是俄国整个前一阶段事态发展的必然结果,点燃革命烈火的是俄国人民所处的普遍无权状况,是沙皇专制制度的反动性和腐败性。1912年的革命运动与1905年不同之处在于无产阶级具有更强的组织性和更高的政治觉悟。列宁批驳了自由派资产阶级和取消派歪曲工人运动性质和把经济斗争同政治斗争割裂开来的谬论。他强调指出,政治罢工和经济罢工是相互支持、相辅相成的,没有这两种罢工的紧密联系,真正广泛的、大规模的而且具有全民意义的运动是不可能产生的。列宁还根据1905年革命的经验指出,俄国工人不屈不挠的群众性罢工是同武装起义密切联系的。他同时告诫说,在俄国要取得起义的胜利,必须具备民主派农民起来支援工人阶级以及军队积极参加起义这样的条件,过早的起义尝试是极不明智的。

在《三项质询》、《饥荒》、《欧俄土地占有情况》、《"俄国土地问题"的实质》、《移民问题》和《斯托雷平土地纲领和民粹派土地纲领的比较》等文中,列宁深刻分析了俄国土地问题的特点和实质。他列举土地占有情况的官方资料,说明导致农民挨饿的一个主要原因就在于农奴制的土地占有制。列宁指出,俄国的土地问题与西欧不同,西欧早已消灭了农奴制,俄国农民还在受中世纪残余的蹂躏和压迫。同农奴制作斗争是俄国土地问题的特点。列宁认为,农民只有消灭地主土地占有制才能找到出路,只有推翻沙皇君主制这个地主的支柱,才能真正摆脱极端贫困和饥饿。

在本卷的文献中可以看到列宁对中国人民革命斗争的深切关怀和对中国资产阶级民主革命的先行者孙中山的高度评价。布拉格代表会议针对俄国反动报刊鼓吹乘中国爆发革命之机侵占中国领土的叫嚣，通过了《关于中国革命》的决议，决议指出："中国人民的革命斗争具有世界意义，因为它将给亚洲带来解放并破坏欧洲资产阶级的统治"；"俄国无产阶级以极大的热忱和深切的同情注视着中国革命人民获得的成就，并斥责俄国自由派支持沙皇政府掠夺政策的行为"。在《中国的民主主义和民粹主义》一文中，列宁称颂中华民国临时大总统孙中山"是充满着崇高精神和英雄气概的革命的民主主义者"（见本卷第 428 页），指出"孙中山的纲领的字里行间都充满了战斗的、真诚的民主主义"，"我们现在看到的是真正伟大的人民的真正伟大的思想；这样的人民不仅会为自己历来的奴隶地位而痛心，不仅会向往自由和平等，而且会同中国历来的压迫者作斗争"（见本卷第 427 页）。列宁对孙中山的纲领作了马克思主义分析，既充分肯定它的反封建的进步性和彻底性，又指出其主观社会主义的空想倾向。列宁指出，只有革命人民群众的英雄主义才能振兴中国，以孙中山为代表的革命的资产阶级民主派，正在发挥农民群众的革命积极性，从中正确地寻找振兴中国的道路。列宁寄希望于中国的无产阶级。他认为：随着中国资本主义的发展，中国无产阶级也将日益成长起来；它一定会建立起自己的马克思主义政党，而这个党一定会细心地挑选出孙中山的政治纲领和土地纲领中的革命民主主义内核，并加以保护和发展。

　　本卷还收载了列宁在赫尔岑诞生一百周年时写的文章《纪念赫尔岑》。列宁评述了赫尔岑的历史地位，指出他在为俄国革命作准备方面起了伟大作用，在 19 世纪 40 年代的俄国达到了当时最伟大的思想家的水平；他领会了黑格尔的辩证法，懂得辩证法是"革命的代数学"；他超越了黑格尔，跟着费尔巴哈走向唯物主义；

他已经走到辩证唯物主义跟前,但在历史唯物主义面前却止步了。19世纪60年代,赫尔岑与巴枯宁无政府主义决裂,转向马克思领导的国际;他看到了革命人民的历史作用,就无畏地站到革命民主派方面,进行反对沙皇制度的斗争,举起了革命的旗帜。

在《列宁全集》第2版中,本卷所收文献比《列宁全集》第1版相应时期增加7篇:布尔什维克国外小组会议《关于党内状况的报告的提纲》和《关于国外组织章程的建议》;《关于政治形势的报告大纲》;在布拉格代表会议上《关于社会党国际局的工作的报告》、《表决关于同反饥荒斗争的决议时的发言》和《关于组织问题的发言》;《选举为期不远了,大家行动起来吧!》。其中《选举为期不远了,大家行动起来吧!》一文是苏联1984年新发表的。《附录》中的文献都是新增加的。

弗·伊·列宁

（1910 年）

党内危机的结局

（1911 年 12 月 8 日〔21 日〕）

两年前，在社会民主党的报刊上，可以看到关于党内"统一的危机"的言论①。反革命时代的瓦解和涣散，引起了新的改组和分裂，引起了国外斗争的进一步尖锐化，于是不少缺乏信心或意志薄弱的人，一看到社会民主工党内的严重情况，就灰心丧气了。现在，随着俄国组织委员会1的成立，很明显，即使危机没有结束，至少也出现了使党向好的方面发展的新的重大的转折点。因此，总的回顾一下党内演变的已经过去的阶段和最近将来的前景，是切合时宜的。

革命后留存下来的俄国社会民主工党，包括三个单独的、自治的、民族的社会民主党组织和两个俄国国内派别。这些派别的深刻根源存在于无产阶级发展的趋势之中，存在于无产阶级当前所处的这种资产阶级革命时代的生活环境之中，这一点已由事件层出不穷的非常重要的 1905 年、1906 年和 1907 年的经验证明了。反革命又把我们从业已登上的高山推下深谷。无产阶级不得不在斯托雷平的绞架下和在路标派2的哀诉声中，重整队伍和重新积蓄力量。

新的环境引起社会民主党内各种趋势的重新组合。最不坚定

---

① 见本版全集第 19 卷第 249—302 页。——编者注

的社会民主主义分子,无产阶级的各种**资产阶级同路人**,在艰难时期的压迫下,开始离开两个新的派别。有两个流派最突出地表现了这种**离开**社会民主党的情况,这就是取消派和召回派[3]。它们又必然造成两个派别内部的始终忠于马克思主义的基本核心互相接近的趋势。这就是促使1910年一月全会[4]召开的实际形势,这次全会是导致社会民主党进一步发展中各种有利和不利因素、前进和倒退的起点。

对于全会所树立的不可磨灭的思想上的功绩,以及它所犯的重大的"调和主义"错误,至今还有许多人没有很好地理解。而不理解这一点,就根本不能理解党内现状。因此,我们应当再次说明目前危机的起点。

下面从一个"调和派"在全会前夕写成并在全会之后立即发表的文章中援引的一段话,比任何长篇大论或者从更直接更丰富的"文件"摘引来的任何材料,都更能帮助我们说明这一起点。在全会上占优势的"调和主义"的首领之一、崩得分子[5]约诺夫同志,在《争论专页》[6]第1期上发表了一篇题为《党的统一有可能吗?》的文章(1910年3月19日,在第6页上有编辑部加的附注:"本文是在全会以前写成的"),其中有这样一段话:

"不管召回主义和取消主义本身对党多么有害,它们对各派的有益影响,看来是毫无疑义的。病理学上有两种脓肿:恶性的和良性的。良性脓肿是一种对身体有益的病。这种脓肿在形成过程中吸收全身的一切毒素,因而也就可以促进身体的康复。我认为,取消主义对孟什维主义,召回主义-最后通牒主义对布尔什维主义,就起了这种作用。"

这就是一个"调和派"在全会期间对事情的估计,这个估计把在全会上取得胜利的调和派的心理和思想**不折不扣地**描绘出来了。这一段话的基本思想是对的,是十二万分对的,正因为它是对的,所以布尔什维克(他们还在全会以前,就同取消主义和召回主义全面展开了斗争)在全会上**未能**同调和派分道扬镳。他们未能分道扬镳,就因为在基本思想上有一致的地方;分歧只在于贯彻这个思想的形式;形式是服从内容的,——布尔什维克当时这样认为,而且他们是正确的,虽然由于调和派的错误,这个"形式对内容的适应过程"使党差不多"虚度了"**两年**的光阴。

这个错误在哪里呢? 在于调和派不是只把清除了"脓肿"(仅仅视其清除程度)的流派合法化,而是把一切空口许诺清除脓肿的流派都合法化了。无论前进派[7]、呼声派[8]或托洛茨基都"签署了"反对召回主义和取消主义的决议——就是说,许诺了"清除"——就算完事了! 调和派"相信了"诺言,把党同**不是**护党的"脓肿式的"(用他们自己的说法)小集团纠缠在一起。从实际政治的观点看来,这是幼稚行为,从更深刻的观点看来,这是无思想性,无原则性,这是阴谋手段,因为实际上,谁要是真正相信取消主义和召回主义-最后通牒主义是脓肿,谁就不能不懂得,脓肿一旦成熟,就要**吸收**全身的毒素,就要把毒素排出体外,谁也就不会试图把"脓肿的"毒素压回去,使全身中毒。

全会之后的第一年从实际上揭露了调和派的无思想性。在这整个一年内,实际上进行党的工作(清除脓肿,恢复健康)的是布尔什维克和普列汉诺夫派[9]。无论《社会民主党人报》[10]或《工人报》[11](在托洛茨基驱逐中央代表[12]以后)都可以证明这个事实。1910年的一些人所共知的合法出版物[13],也可以证明这个事实。他们在党的领导机关中共同工作,这不是空话,而是事实。

这一年(1910年),无论呼声派、"前进派"或托洛茨基,实际上都离开了党,恰恰跑到取消主义和召回主义-最后通牒主义方面去了。"良性脓肿"依然是脓肿,而且并非良性,因为它没有把"毒素"排出党的机体,却让这些毒素继续感染全身,使身体仍然处在不健康状态之中,以致不能进行党的工作。进行党的工作(在对外公开的出版物方面)的是布尔什维克和普列汉诺夫派,他们并**没有理会**"调和主义的"决议和全会成立的各委员会,他们**反对了**呼声派和前进派,而不是同他们在一起(因为同取消派和召回派-最后通牒派在一起工作是不可能的)。

　　而国内的工作怎么样呢? 一年来,中央委员会竟没有开过一次会! 为什么? 因为国内的中央委员(即那些理应受到"取消派的呼声报"亲吻的调和派)总是"邀请"取消派。可是,过了一年,过了一年零三个月,还是一次也没有把他们"请来"! 可惜,我们的好心的调和派在全会上没有规定传唤到中央委员会去的"拘传"制度。结果恰恰出现了布尔什维克在全会上反对调和派的轻信和幼稚态度时所预见到的那种对党来说可耻的荒唐局面:国内工作陷于停顿,党被束缚住手脚,而在《我们的曙光》杂志和《前进》文集[14]上却掀起一股自由主义和无政府主义向党进攻的浊流! 一方面是米哈伊尔、罗曼和尤里,另一方面是召回派和造神派[15],他们都竭力**破坏**社会民主党的工作,而持调和主义的中央委员们却在"邀请"取消派和"等候"他们!

　　布尔什维克在1910年12月5日的"申请"中,公开并正式地声明,他们废除同其他一切派别订立的协定。《呼声报》[16]、"前进派"、托洛茨基破坏了在全会上缔结的"和约",这已成为大家公认的事实了。

　　大约有半年时间(1911年6月以前),一直在尝试召集按协定规定要在三个月内召集的国外全会。取消派(呼声派—崩得分子—施瓦尔茨)把国外全会也破坏了。这时,三个集团(布尔什维克、波兰人[17]、"调和派")的联盟作了最后一次挽救局面的尝试:召开代表会议,成立俄国组织委员会。布尔什维克仍然是少数:从1910年1月到1911年6月,取消派一直占优势(在中央委员会国外局[18]有呼声派—崩得分子—施瓦尔茨;在国内有"邀请"取消派的"调和派");从1911年6月到1911年11月1日(保管人仲裁法庭[19]规定的期限),调和派占优势,波兰人已转到他们方面。

当时的情况是:经费和派代办员的权利都掌握在梯什卡和马尔克(巴黎调和派的首领)手中;布尔什维克得到的保证仅仅是:答应也派他们去工作。全会上产生的意见分歧最后归结到不能回避的一点上来:是不"等候"任何人,不"邀请"任何人(谁愿意和能够本着社会民主主义的精神工作,谁就用不着邀请!)而尽力工作,还是继续同托洛茨基、"前进"集团等等讨价还价。布尔什维克选择了第一条道路,关于这一点,他们在巴黎举行的中央委员会议[20]上已经公开明确地声明过了。梯什卡一伙则选择了(也强迫技术委员会[21]和国外组织委员会[22]选择)第二条道路,这条路客观上不过是一种无聊而卑劣的阴谋手段,关于这一点,《社会民主党人报》第24号上的一篇文章[①]已经详细指出了。

结果如何,现在大家都已看到。到11月1日**俄国组织委员会**已经成立起来了。事实上,它是布尔什维克和国内孟什维克护党派建立起来的。头脑不健全的人们在全会上和在全会以后所疯狂反对的"两个强大的〈它们所以强大,是因为它们有坚定的思

---

① 见本版全集第20卷第334—354页。——编者注

想，是因为它们进行了清除"脓肿"的工作〉派别的联盟"（见《呼声报》、《前进》、《崩得评论》[23]、《真理报》[24]等等）已经成为事实。在1910年和1911年的俄国模范的先进的社会民主党组织如巴库和基辅等组织[25]中，这种联盟差不多已经变成完全的合并，变成社会民主党护党派的统一的不可分离的机体，这是使布尔什维克极为高兴的事。

两年来的经验证明：关于解散"一切"派别的哀诉，原来是受波特列索夫先生们和召回派先生们愚弄的头脑简单的人们的无聊空谈。"两个强大的派别的联盟"做了自己应该做的事情，并且已经达到（在上述的先进组织中）完全合并为统一的党的地步。国外孟什维克护党派的动摇，已经无力改变这个既成事实。

全会以后的两年，在社会民主党内许多缺乏信心的人或不愿理解任务的极端艰巨性的思想浅薄的人看来，是充满无聊的、没完没了的、无谓的争吵的年代，是涣散和瓦解的年代。其实，这两年是社会民主党离开取消派和召回派的动摇的泥潭走上大路的年代。1910年，布尔什维克和护党派孟什维克在党的**一切**领导机关中（正式的或非正式的，公开的或秘密的机关）共同工作，这是建立"两个强大的派别的联盟"的第一步，是在反取消主义、反召回主义的统一旗帜下进行思想准备和积聚力量的一步。1911年迈出了第二步：成立了俄国组织委员会。护党派孟什维克在该委员会的第一次会议上担任主席[26]是一个意义重大的事实，因为第二步，即建立实际行动的国内中心，现在已经做到了。火车头已经被放到轨道上了。

尽管警察进行了难以置信的迫害，尽管呼声派、前进派、调和派、波兰人和其他一切人进行了闻所未闻的"捣乱"，在**四**年的瓦解和涣散以后,第一次成立了社会民主党的国内中心。第一次在俄国由这个中心印发了给全党的传单[27]。第一次系统地全面地在两个首都、伏尔加河流域、乌拉尔、高加索、基辅、叶卡捷琳诺斯拉夫、罗斯托夫、尼古拉耶夫展开了(仅仅在1911年7—10月三个月的时间里)恢复各地秘密组织的工作——因为俄国组织委员会的会议是**在**视察了所有这些地方**以后**召开的,因为**在**该委员会召开第一次会议的**同时**,彼得<u>堡</u>委员会恢复起来了并且组织了多次工人群众大会,莫斯科各地区通过了护党的决议等等。

当然,如果一味盲目乐观,那是不可宽恕的幼稚;今后的困难还会非常之大;自社会民主党中心在俄国发出第一份传单以后,警察的迫害加紧了十倍;可以预见,前面还有漫长的艰苦的岁月,还有新的挫折,工作会再度中断。但是,主要的已经做到了。旗帜已经树立起来了;全国各地的工人小组都已经倾向它了,现在不管反革命怎样进攻,这面旗帜也是倒不了的!

————

对于国内工作这样巨大的进步,国外"调和派"、梯什卡和列德尔的反应是什么呢? 就是最近又大耍卑劣的阴谋手段。全会前夕约诺夫颇有先见之明所预言的"脓肿形成过程",不用说是令人讨厌的。但是,谁不懂得这个令人讨厌的过程会使社会民主党**康复起来**,谁就不必去做革命工作! 技术委员会和国外组织委员会拒绝服从俄国组织委员会。布尔什维克当然就鄙夷地抛弃了国外的阴谋家。于是动摇开始了。在11月初国外组织委员会残余分子(两个波兰人加上一个调和派)收到一个关于召集俄国组织委员会会议的报告。这个报告非常详尽地叙述了全部工作,以至布尔什维克的反对者,即《呼声报》所称赞的调和派也**不得不**承认俄国组织委员会。1911 年 11 月 13 日，国外组织委员会通过一项决议，说："以俄国组织委员会的决议为指南"。国外组织委员会将它现有经费的⅘交给俄国组织委员会会计处，这就是说，波兰人自己、调和派自己也**不能怀疑**，整个工作的安排是严肃认真的。

然而，过了几天，无论技术委员会还是国外组织委员会又都拒绝服从俄国组织委员会了！！ 这是耍的什么花招？

中央机关报编辑部手里有一份将要提交给代表会议的文件[28]，从中可以看出，梯什卡鼓动人们不要参加俄国组织委员会，不要参加代表会议。

难道会有比这更卑鄙的阴谋手段吗？ 在技术委员会和国外组织委员会内，他们曾答应帮助召集代表会议和成立俄国组织委员会；他们大肆吹嘘说，他们要邀请"一切人"，但是一个人也没有请来（虽然他们作为多数有权发出邀请和提出任何条件）；他们除了布尔什维克和护党派孟什维克外，没有找到任何工作人员；他们在自己选择的舞台上完全失败了；他们居然堕落到对这个一度被他们当做全权中心而自愿把⅘经费交给它供召集代表会议之用的俄国组织委员会进行"捣乱"！！

不错，脓肿，尤其是脓肿"在形成过程中"，是令人讨厌的东西。为什么形形色色的国外小集团的联盟的理论家们除了耍阴谋手段就无所事事，这一点，中央机关报第 24 号已经说明了。现在，俄国社会民主党工人可以毫不费力地作出选择：他们是捍卫自己的俄国组织委员会和代表会议，还是让梯什卡和列德尔之流玩弄阴谋手段来阻挠他们的代表会议。阴谋家自己害了自己，这是事实，梯什卡和列德尔已经作为罪人被载入俄国社会民主工党的史册，可是他们阻挠代表会议的阴谋未能得逞，破坏俄国组织委员会的阴谋也未能得逞。

取消派又怎样呢？从 1910 年 1 月到 1911 年 6 月整整一年半的时间内，他们一直在中央委员会国外局占居多数，而且在中央委员会俄国局[29]有了调和派这样可靠的"朋友"，但是他们在国内工作方面，却没有做出什么事情，一点也没有做！当他们占多数的时候，工作陷入了停顿。而当布尔什维克摧毁了取消派的中央委员会国外局并着手召集代表会议的时候，取消派却活跃起来了。这种"活跃"表现在什么地方，是非常值得注意的。一贯忠心为取消派效劳的崩得分子，不久前曾想利用一下目前的"混乱时期"（例如在拉脱维亚人[30]中间，两个流派即取消派和护党派的斗争还没有结局），他们不知从哪里弄来一个高加索人，于是，这伙人一起到 Z 城去替托洛茨基和唐恩在布本贝尔格咖啡馆（伯尔尼城，1911 年 8 月）起草的决议[31]征集签名。但是他们没有找到拉脱维亚的领导机关，没有搞到签名，而且任何带有"三个最强大的组织的组织委员会"这块响亮招牌的文件，也没有制造出来。事实就是如此。①

要让俄国工人了解一下，崩得分子是如何企图破坏国内的俄国组织委员会的！真没想到，当筹备代表会议的工作人员巡视乌拉尔、伏尔加河流域、彼得堡、莫斯科、基辅、叶卡捷琳诺斯拉夫、罗斯托夫、梯弗利斯、巴库等地的时候，崩得分子却"弄来""一个高加索人"（大概属于那些掌握高加索区域委员会[33]"印信"，并于 1908 年 12 月派唐恩和阿克雪里罗得为出席俄国社会民主工党代表会

---

① 除了从不灰心的崩得分子外，前进派也跑来破坏决议。这个小集团（老天在上！决不是召回主义的小集团！）的一个著名的召回派[32]也跑来，他"跑到"基辅、莫斯科、下诺夫哥罗德去同调和派"调和"，他走遍各地，但是一无所获。有人说，"前进"集团责怪卢那察尔斯基所造出的坏上帝不中用，所以该派一致决定要臆造出一个好一点的上帝来。

议³⁴的代表的人物!)并且到拉脱维亚人那里去"征集签名"。差一点就要使这一帮为取消派效劳而在国内根本不做任何工作的阴谋家真的以"三个组织"(包括两个"最强大的"掌握印信的组织)的"组织委员会"的身份出现了! 也许崩得先生们和这个高加索人要告诉党,他们巡视了国内哪些组织,什么时候巡视,在哪里恢复了工作,在哪里作了报告? 请你们说说看,亲爱的先生们!

但是,国外的老练的外交专家俨然以行家姿态议论纷纷:"不能让自己孤立","应当同崩得和高加索区域委员会进行谈判"。

啊,真是一些滑稽演员!

让那些现在摇来摆去并为布尔什维克"孤立"惋惜的人学习一下,深入思索一下党在这两年中的历史的意义吧。唉,其实我们自己觉得,**这样**孤立倒比任何时候都要好受,因为我们已经把国外一帮渺小的阴谋家打垮,而且帮助彼得堡、莫斯科、乌拉尔、伏尔加河流域、高加索和南方等地的俄国社会民主党工人团结起来了!

谁要是哀叹孤立,谁就是丝毫没有懂得全会在思想上所完成的巨大工作,也丝毫没有懂得它的调和主义的错误。在全会以后一年半当中,国外仅有形式上的统一,国内社会民主党的工作完全陷于停顿。在1911年的半年或四个月当中,布尔什维克表面上的极端孤立,第一次把俄国社会民主党的工作推动起来了,第一次把社会民主党的国内中心恢复起来了。

谁要是还没有弄清取消主义和召回主义这些"脓肿"思想上的腐朽和麻木,谁现在就该从"呼声派"和"前进"小集团的历史中得到教训:这些小集团为了把一切曾经试图拥护它们的人们拉过去——和他们一起堕落——竟闹到进行无益的争吵和要卑鄙的阴谋手段的地步。

　　社会民主党护党派同志们，行动起来吧！把你们同非社会民主主义思潮和不顾党的决议而追随这些思潮的小集团之间的最后一点联系完全割断吧。团结在俄国组织委员会的周围，帮助它召集代表会议和加强各地方的工作。俄国社会民主工党害的一场重病过去了，危机正在结束。

　　统一的、秘密的、革命的俄国社会民主工党万岁！

载于 1911 年 12 月 8 日（21 日）
《社会民主党人报》第 25 号

译自《列宁全集》俄文第 5 版
第 21 卷第 1—10 页

论社会民主党在杜马内外的
行动口号和工作方法

(1911 年 12 月 8 日〔21 日〕)

暗探们为阴谋使第二届杜马中社会民主党代表被判处苦役而进行卑鄙的挑衅,社会民主党第三届杜马党团对此提出了质询[35],这显然标志着我们党的全部活动、整个民主派的地位以及工人群众的情绪都发生了某种转变。

在第三届杜马[36]的讲坛上,几乎是第一次对"六三政变头子"提出了在措辞和内容上如此坚决的革命的抗议,这个抗议获得了所有反对派,包括最温和的、自由主义君主派的、路标派的"陛下的反对派"即立宪民主党[37],以至"进步派"[38]的支持。在 1908 年以来的动乱时期,全国几乎是第一次看到、感到和觉察到:由于革命无产阶级在黑帮杜马中的代表提出革命的抗议,工人群众情绪激昂,首都工人住宅区的风潮不断发生,工人纷纷举行群众大会(又是群众大会!)并发表革命的社会民主主义的演说(如普梯洛夫工厂、电缆厂和其他工厂的群众大会),到处传说举行群众性政治罢工的消息(见 11 月 19 日十月党人[39]的《莫斯科呼声报》[40]上的彼得堡消息)。

无疑,第三届杜马中社会民主党代表过去也曾不止一次地发表过革命演说,例如我们社会民主党党团的同志们不止一次出色地履行了自己的义务,在黑色和黄色的普利什凯维奇"议会"的讲坛上,直率地、明确地、尖锐地谈到君主制的崩溃,谈到共和国,谈到第二次革命。对这些演说不满的《社会民主党人呼声报》或《生活事业》[41]杂志的冒牌社会民主党人愈是经常发表卑鄙的机会主义言论,就愈要明确地强调第三届杜马中社会民主党代表们的这个功绩。

可是,像所有反对派向社会民主党靠拢,自由主义君主派的、"忠诚的"、"负责的"和胆小的《言语报》[42]发表关于冲突情况的声明,杜马中的质询引起群众风潮,受检查的报刊登载农村"情绪不稳"的消息等等这些政治上的转变征兆,还从来没有像现在这样结合在一起过。经过去年"悼念穆罗姆采夫"和"悼念托尔斯泰"的几次游行示威,经过1910年和1911年的罢工,经过去年的大学生"事件",上述现象无疑更加使人确信,俄国反革命的第一个时期,即完全沉寂、死气沉沉、绞架林立、自杀频仍、反动派猖獗、各种叛变特别是自由派叛变成风的时期**已经结束了**。现在开始了反革命历史上的第二个时期:这时十足颓废的情绪和经常的"极度的"恐惧正在消失;最广泛的、各个不同的阶层显然日益深刻地认识到(或者说感觉到)"这样下去是不行的"、"变革"是需要的、必然的、不可避免的;一种不是完全本能的、往往还不明确的支持抗议和斗争的倾向开始出现了。

当然,如果夸大这些征兆的意义,以为高潮已经到来,那就太轻率了。高潮还没有到来。反革命现在表现出来的**不是**它第一个时期所具有的**那些**特点,但反革命还占统治地位,还自以为是不可动摇的。提上议事日程的依旧像俄国社会民主工党1908年12月决议所说的那样是对无产阶级进行"长期的教育、训练和组织的任务"①。但是,由于转变已经开始,我们不能不特别认真地考虑社会民主党对其他政党的态度和工人运动的当前任务。

　　包括立宪民主党人和进步派在内的"陛下的反对派",似乎暂时承认了社会民主党的领导,并且跟随工人代表们退出了地主和十月党人的杜马,即尼古拉·罗曼诺夫的黑帮-大暴行制造者的君主派所建立的杜马,他们是在多数派害怕把挑衅事件声张出去而进行捣鬼的时候退出杜马的。

　　这究竟说明什么呢? 是不是说立宪民主党不再是反革命政党,或者像社会民主党的机会主义者所断言的那样,他们从来不是反革命政党呢? 我们是否应当把"支持"立宪民主党人作为自己的任务和考虑接受"全国反对派"之类的口号呢?

　　可以说,革命的社会民主党的敌人历来运用的手法就是把社会民主党的观点弄得荒谬绝伦,并且为了便于进行论战而把马克思主义弄得面目全非。例如,在 19 世纪 90 年代后 5 年,当社会民主党作为群众运动在俄国诞生的时候,民粹派就曾炮制出"罢工主义"这种面目全非的马克思主义。而作弄人的历史真的使面目全非的马克思主义者出现了,这就是"经济派"。不同"经济主义"**43**进行无情的斗争,就挽回不了社会民主党的声誉。又如,1905 年革命后,布尔什维主义,即运用于当时特殊条件下的革命的马克思主义,在工人运动中取得了巨大胜利,取得了连它的敌人现在也都承认的胜利,我们的反对者则炮制出"抵制主义"、"战斗主义"等等这种面目全非的布尔什维主义。而作弄人的历史偏偏又使面目全非的布尔什维克出现了,这就是"前进派"。

　　① 参看《苏联共产党代表大会、代表会议和中央全会决议汇编》1964 年人民出版社版第 1 分册第 249 页。——编者注

这些历史教训应当提醒人们,不要那么把革命的社会民主党人在对待立宪民主党人方面的观点歪曲得面目全非(例如,见《前进》文集第2集)。立宪民主党无疑是反革命政党,只有愚昧无知或不诚实的人才会否认这一点;而在各种场合,包括在杜马讲坛上,阐明这一点是社会民主党人不可推诿的义务。但是立宪民主党是反革命**自由派**的政党,他们的这种自由主义的本性,正如俄国社会民主工党伦敦代表大会(1907年)通过的关于非无产阶级政党的决议[44]所强调指出的,却使我们必须"利用"特殊的情况和这种情况所产生的特殊的冲突或摩擦,例如利用他们的假民主主义来宣传真正的、彻底的和无私的民主主义等等。

既然在国内出现了反革命自由派,那么民主派,特别是无产阶级民主派,就不能不同他们区分开来;民主派一分钟也不应当忘记自己同他们的界限。但绝不能从这里得出结论说,可以混淆反革命自由主义同反革命封建主义之间的界限,可以忽视它们的冲突,回避和撇开这些冲突。反革命自由派正因为他们是反革命的,就**永远**不能在胜利的革命中起领导作用;但又正因为他们是自由派,**就一定**会同王权、同封建主义、同非自由派资产阶级发生"冲突",而且有时通过自己的行动间接反映出国内"左的"民主情绪或高潮的到来等等。

我们来回忆一下法国的历史。资产阶级自由派还在大革命时期,就暴露了自己的反革命性(参看库诺那本关于法国革命报刊的十分出色的著作中的有关论述)。但是不仅在资产阶级大革命后,甚至在1848年革命后,当自由派的反革命性导致工人遭到共和派枪杀的时候,这些自由派也还在第二帝国末期,在1868—1870年,通过自己的反政府行动反映出情绪的变化,反映出民主的、革命的、共和的高潮的到来。

如果现在立宪民主党人像十月党人所嘲弄的那样，正在耍"向左看齐"的把戏，那么这就是全国逐渐"向左转"、革命民主派在母体中躁动准备再度出世的一个标志、一个结果。普利什凯维奇—罗曼诺夫的俄国就是这样一个不能不产生革命民主派的母体！

由此可以得出什么实际结论呢？结论就是，必须密切注意这个新的革命民主派的成长。正因为它是新的，是在1905年以后，在反革命时期以后，而不是在反革命时期以前诞生的，它就大概会**以新的姿态**成长起来；为了很好地接近这个新事物，很好地影响它，很好地帮助它顺利成长，就不应当只限于采取一些旧的方法，还要寻找新的方法，要深入群众，摸到生活脉搏的跳动，有时不仅要深入群众，甚至还要深入自由派的客厅。

比如，布尔采夫先生的小报《未来报》[45]，很像自由派的客厅，因为那里用自由派的观点为自由派的愚蠢口号，即十月党人和立宪民主党人的"重新审查六三条例"的口号辩护，那里津津有味地空谈什么暗探、警察、挑衅者、布尔采夫、炸弹之类。尽管如此，当马尔托夫先生急急忙忙钻到这个客厅里的时候，**如果……如果**他在那里的举止言谈不像自由派一样，就只能责备他过分急躁，而不能说他犯原则性错误。这是因为一个社会民主党人在自由派客厅里，只要像个社会民主党人那样发言，他的发言是可以得到认可的，有时甚至是值得称赞的。可是马尔托夫先生在自由派客厅里散布的却是自由派的谬论，说什么"在选举期间""为争取选举以及选举宣传的自由而采取一致行动"（《未来报》第5号）！！

新的民主派在新的环境中以新的姿态成长起来。必须学会怎样接近它，这是无可争辩的。但接近它应当是为了坚持和宣传真正民主派的口号，而不是为了像自由派那样同它胡扯。社会民主党应当向新的民主派宣传**三个**口号，这是唯一无愧于我们的伟大事业，唯一符合俄国争得**自由**的**现实**条件的口号：建立共和国，实行八小时工作制，没收地主全部土地。

这就是为建立自由俄国而奋斗的唯一正确的全民纲领。谁不懂得这个纲领，那他还不是个民主派。谁否定这个纲领而又自称民主派，那他一定是非常清楚地懂得，必须欺骗人民才能实现自己反民主的（即反革命的）目的。

为什么说争取八小时工作制是俄国争得自由的现实条件呢？因为经验证明，没有无产阶级奋不顾身的斗争，就不可能得到自由，而这种斗争是同改善工人的生活条件紧密联系在一起的。这种改善的典范，这种改善的旗帜就是实行八小时工作制。

为什么说争取没收地主全部土地是俄国争得自由的现实条件呢？因为千百万农民被普利什凯维奇、罗曼诺夫和马尔柯夫之流逼得倾家荡产、痛苦不堪、饥饿而死，不采取根本措施援助这些农民而侈谈什么民主、"人民自由"，那是彻头彻尾的荒谬和虚伪。不没收地主土地来分给农民，就谈不上什么援助庄稼汉的**有效的**措施，谈不上什么真正下决心推翻"庄稼汉"的俄国，即农奴制的俄国，以及建立自由农民的俄国，即资产阶级民主主义的俄国。

为什么说争取建立共和国是俄国争得自由的现实条件呢？因为俄国历史上最伟大的几个 10 年之一即 20 世纪头 10 年的伟大的不可磨灭的经验再清楚不过地证明，我国君主制**决不会**为政治自由提供任何起码的保障。俄国的历史，沙皇制度许多世纪以来的历史，使我国在 20 世纪初，除了**黑帮-大暴行制造者的君主制**，没有也**不可能有**别的君主制。在当前的社会环境和阶级形势下，俄国君主派所能做到的无非是搜罗一批杀人匪徒来暗杀我国自由派和民主派的代表，或者纵火焚烧民主派集会的场所。俄国君主派所能做到的无非是组织一帮暴徒来对付人民争取自由的游行示威，这帮暴徒抓起犹太儿童的双脚，把他们的脑袋往石头上碰撞，强奸犹太和格鲁吉亚的妇女并剖开老人的肚子。

自由派的傻瓜们空谈像英国那样的立宪君主制范例。如果说在英国这样的文明国家，在这个从来没有受过蒙古人踩躏、没有官僚制度压迫、没有军阀飞扬跋扈的国家，只要把一个戴王冠的强盗斩首就可以教会国王做"立宪"君主，那么在俄国就至少要把100个罗曼诺夫斩首，才能教训他们的继承者不再去组织黑帮屠杀和制造反犹大暴行。

如果社会民主党从第一次俄国革命中学到了一些东西，那它现在就应当力求做到：无论在我们的任何一次演说中或在任何一张小报上，都不要提出"打倒专制制度"这个已被证明不适用的和不明确的口号，而只提出这样一个口号："打倒沙皇**君主制**，共和国万岁"。

请不要对我们说，建立共和国的口号不符合工人和农民的政治发展的现阶段。10—12年前，"打倒专制制度"这个口号，不仅有些"民粹派"连想都不敢想，甚至有些社会民主党人（所谓"经济派"）都起来反对，认为这个口号不合时宜。但是到1903—1904年，"打倒专制制度"这个口号就成了"家喻户晓的民间口头语"了！丝毫不用怀疑，有步骤地、坚持不懈地进行有关建立共和国的宣传，在俄国现在会找到最肥沃的土壤，因为最广大群众特别是农民群众，无疑在反复深思：解散两届杜马[46]的作用是什么，沙皇政权同老爷们的第三届杜马、同马尔柯夫之流破坏农村经济有什么联系。

撒在地里的宣传建立共和国的种子将以什么样的速度成长起来，现在谁也不能确定，但问题不在这里，问题在于要正确地、真正像民主派那样去播种。

在研究即将到来的第四届杜马选举运动的口号和我们在杜马外全部活动的口号的问题的时候，不能不提到社会民主党代表库兹涅佐夫在第三届杜马中的一次非常重要而又非常错误的发言。1911 年 10 月 17 日，俄国革命第一次胜利[47]六周年纪念日，库兹涅佐夫在杜马就工人保险法草案问题发了言。应当为他说句公道话，他的发言总的说来是很好的，坚决捍卫了无产阶级的利益，不仅当着黑帮杜马多数的面，而且当着立宪民主党人的面，直截了当地说出了真情实况。在完全承认库兹涅佐夫这一功绩的同时，也应当坦率地指出他的错误。

库兹涅佐夫说："我认为，工人如果注意听取一下讨论所有这些问题时以及讨论本法案个别条款时所发生的争论，就会得出一个结论：现在，在目前，他们的当前口号应该是'打倒六三杜马，普选权万岁'。为什么呢？我说，是因为对工人阶级说来，只有在它利用普选权把自己足够数量的代表派到立法机关去的时候，它的利益问题才能得到正确的解决。只有这些代表才能正确解决工人阶级的保险问题。"

在这里，库兹涅佐夫遇到了不幸，这大概是他没有意料到的，但我们早就提醒过，这个不幸就是他正好又犯了取消派和召回派所犯过的错误。

库兹涅佐夫在杜马讲坛上提出取消派的《我们的曙光》杂志和《生活事业》杂志所宣扬的口号的时候，竟没有发觉这个口号的前一部分（也是最根本的部分），即"打倒第三届杜马"，**完全**是重复三年前召回派公开提出的和只有"前进派"即胆小的召回派一直间接地暗中坚持的口号。

　　三年前,1908 年 11 月 1 日(14 日)《无产者报》**48**第 38 号针对召回派提出的这个口号写道:

　　"'打倒杜马'这种口号在什么情况下才有意义呢? 假定我们是处在革命危机最尖锐而且已经成熟到要爆发公开内战的时期,而杜马却是自由派的、改良派的妥协的杜马,在这种情况下,完全可以提出'打倒杜马'的口号,即不同沙皇和平谈判,不要骗人的'和平'机构,号召进行直接的冲击。相反,假定我国的杜马是根据过时的选举法选出的反动透顶的杜马,而国内又没有尖锐的革命危机,这时'打倒杜马'的口号就可以成为争取选举改革的口号。而我国现在无论第一种情况或第二种情况都根本不存在。"①

　　《无产者报》第 44 号(1909 年 4 月 4 日(17 日))的附刊引用了彼得堡召回派的决议,这一决议公然决定"在群众中**开始进行**打倒第三届国家杜马这一口号的**广泛宣传**"。《无产者报》抨击了这个建议,它写道:"这个一度迷惑了某些反召回派工人的口号**是不正确的**。这要么是立宪民主党人要求在专制制度下进行选举改革的口号〈结果,1909 年初写的这段话恰恰是针对库兹涅佐夫在 1911 年底对问题的提法的!〉,要么就是重复在自由派杜马掩饰反革命的沙皇制度、力图妨碍人民看清自己的真正敌人的那个时期里背熟了的词句。"②

　　由此可以清楚看出库兹涅佐夫的错误在什么地方。他把立宪民主党要求选举改革的口号当做总括性的口号提出来,但是在保

---

　　①　接着《无产者报》为"打倒专制制度"的口号进行了辩解。这个口号,正如我们已经指出的,现在应当换成"打倒沙皇君主制,共和国万岁"的口号。(见本版全集第 17 卷第 252—253 页。——编者注)

　　②　同上书,第 376—377 页。——编者注

留罗曼诺夫君主制的其他一切精华如国务会议[49]、官吏的无限权力、沙皇匪徒的黑帮-大暴行制造者的组织等等的情况下,这个口号是毫无意义的。假定按库兹涅佐夫过去那样来看待问题,假定他的发言的基调不变,接下来的话大致就是:

"正是从保险法草案的例子中,工人再一次确信,不进行像实行普选权、保证结社和出版的完全自由等等这样一些改革,不论是本阶级的直接利益,还是全体人民的权利和要求,都是无法得到保护的。只要俄国目前的政治制度不改变,只要任何一届杜马的任何一项决定都可以被推翻,只要国家哪怕还保留一个未经选举的政权机关,那就根本不能指望实行这些改革,这一点难道还不清楚吗?"

我们很清楚,社会民主党代表在第三届杜马讲坛上曾经就共和国问题作过多次极为直率和明确的声明(这也是他们的功绩)。杜马代表能够完全合法地在杜马中进行关于共和国的宣传,而且他们应当这样做。我们对库兹涅佐夫的发言作了示范性的修改,只不过想以此说明,他在保持整个发言的基调、指出和强调实行普选权和结社自由等等这样一些绝对必要的改革的重大意义的同时,怎样才能避免犯错误。

每个社会民主党人不论在什么场合发表政治演说,始终应当谈到建立共和国的问题。但是还要善于谈论建立共和国的问题:在工厂群众大会上和哥萨克农村中,在大学生集会上和农民小屋里,在第三届杜马讲坛上和国外机关报上等等不同的场合谈论建立共和国的问题,决不能千篇一律。每个宣传员和每个鼓动员的艺术就在于,用最有效的方式影响自己的听众,在阐明某个真理时,要尽可能对他们有更大的说服力,使他们更容易领会,并且给他们留下更鲜明更深刻的印象。

　　我们一分钟也不应该忘记主要的一点:俄国新的民主派正在觉醒,正在走向新的生活,投入新的斗争。觉悟的工人——俄国革命的这个先锋队和人民群众争取自由斗争的领导者——的责任就是阐明彻底民主派的任务:建立共和国,实行八小时工作制,没收地主全部土地。

载于1911年12月8日(21日)　　　　译自《列宁全集》俄文第5版
《社会民主党人报》第25号　　　　　第21卷第11—21页

自由派资产阶级的走狗

(1911 年 12 月 8 日〔21 日〕)

我们收到《未来报》第 9 号的时候，本号报纸已差不多完全编好了。我们把《未来报》叫做自由派的客厅。俄国自由派资产阶级的走狗有时在这个客厅里发表议论，企图叫革命者跟着他们走。该报第 9 号上的一篇**欢迎**立宪民主党人决定同十月党人结成联盟的社论，就是这样一个走狗写的！！[50] 拿炸弹的自由派写道："我们很希望一切左派政党，包括社会主义政党和革命政党在内，都能以**同样的精神**发表意见，并遵循同样的原则！！"

一个反革命自由派怎能不这样希望！ 不过应该让群众知道问题的关键在什么地方：《未来报》的社论作者所说的"我们社会主义者"、"我们革命者"，都应当读做"我们自由派"。

刚才收到的报纸报道说，沃伊洛什尼科夫被取消参加 15 次会议的资格[51]。立宪民主党人曾经**赞成**取消参加 **5** 次会议的资格！！为取消民主派和社会民主党人参加 10 次会议的资格而结成的立宪民主党人—十月党人的联盟万岁！！

载于 1911 年 12 月 8 日（21 日）
《社会民主党人报》第 25 号

译自《列宁全集》俄文第 5 版
第 21 卷第 22 页

来自斯托雷平"工"党阵营的议论

(1911 年 12 月 8 日〔21 日〕)

尼·罗—柯夫的文章[52]发表在取消派的《我们的曙光》杂志第9—10 期合刊上,是这个阵营的一个重大事件。这篇文章是自由派工党的真正的"信条"或宣言。罗—柯夫从文章一开头,从评价革命和各阶级的作用,一直到叙述合法工(?)党的计划,在所有的议论中,自始至终都在用自由主义偷换马克思主义。

摆在俄国面前的客观任务是什么呢? 就是要完成以"文明的资本主义"代替半农奴制经济,——这不是马克思主义者的说法,而是司徒卢威之流或自由派的说法,因为马克思主义者认识到各阶级对于什么是"文明的"资本主义这个问题的理解是不同的——十月党人、立宪民主党人、劳动派[53]和无产阶级各有各的理解。

评价革命的问题的关键在哪里呢? 罗—柯夫指责那些叫喊革命"失败"的人的怨声载道和背叛变节,并针锋相对地向他们提出……一个学究式的伟大真理:在"反动"时期新的社会力量也在成熟。显然,罗—柯夫的这种回答掩盖了问题的**实质**,这正有利于反革命自由派,他们完全承认罗—柯夫新发现的真理。实质在于究竟哪些阶级在革命中能够进行直接的群众性的革命斗争,哪些阶级直接或间接地站到反革命一边,从而背叛了革命。罗—柯夫掩盖了这个实质,以此为抹杀革命民主派和自由主义君主主义"进步"反对派的区别作了准备。

罗—柯夫讲到地主阶级的作用问题时一开口就胡言乱语。他说,不久以前,这个阶级的人"曾是"道地的农奴主,现在,"他们的一小撮人还聚集在普利什凯维奇和马尔柯夫第二的周围,软弱无力地〈!!〉唾沫横飞,说出绝望的恶毒话来"。大多数贵族-地主"正在逐步地坚定地转变为农业资产阶级"。

实际上任何人都知道,马尔柯夫第二和普利什凯维奇之流在我国是握有**左右一切**的力量的,在杜马中是这样,在国务会议中更是这样,在沙皇黑帮匪徒内部更是这样,在对俄国的统治中更是这样。沙皇制度在向资产阶级君主制的**这种**转变的道路上迈了一步,正是"他们的政权和他们的收入"(见1908年12月代表会议的决议①)的保障。农奴主经济转变成资产阶级经济,决不会直接消灭这些黑帮的政权,这从马克思主义的起码常识来看是显而易见的,从普鲁士60年"转变"(1848年起)后的经验来看也是一目了然的。而罗—柯夫却认为,俄国既没有专制制度,也没有君主制度! 罗—柯夫采用了中小学生那种自由主义的做法:好心地去掉(在纸上)社会极端现象,以"证明""妥协是必然的"。

按罗—柯夫的说法,目前的土地政策意味着"将会出现的必然的〈!〉妥协"。谁和谁的妥协?"资产阶级各个集团之间的妥协。"是什么社会力量——我们要请问我们这位"马克思主义者"——迫使掌握整个政权的普利什凯维奇之流同意妥协的? 罗—柯夫没有回答这个问题。可是,既然他同时还指出了大的商业和工业资产阶级的结合过程,指出"温和的进步的"资产阶级"将占统治地位",

---

① 参看《苏联共产党代表大会、代表会议和中央全会决议汇编》1964年人民出版社版第1分册第247页。——编者注

那就只能得出一个结论:罗—柯夫指望温和的进步的资产阶级从普利什凯维奇之流和罗曼诺夫王朝手里和平夺取政权。

这是令人难以置信的,但这是事实。罗—柯夫的主张所依据的正是这种庸俗透顶的自由主义空想,尽管他吹嘘说他没有"一点点空想"。极端取消派和尼·罗—柯夫实际上没有什么区别,因为从拉林到切列万宁、唐恩和马尔托夫,所有的极端取消派用各种稍加变化的形式和词句提出的,**正是资产阶级和平夺取政权(最多是在"从下面"施加压力的情况下)这个基本思想。**

但是,我们在实际生活中(不是在自由主义的空想中)看到的却是普利什凯维奇之流的统治,他们因为受到古契柯夫和米留可夫之流的抱怨而有所节制。"温和的进步的"十月党人和立宪民主党人是要使这种统治永世长存,而不是要破坏它。这个统治同无疑是在前进的俄国资产阶级的发展之间的矛盾愈来愈尖锐(而不是像持"必然的妥协"论点的理论家所认为的那样愈来愈缓和)。只有群众,即领导农民阶级前进的无产阶级,才是解决这个矛盾的动力。

这位过去的布尔什维克,现在的取消派,这样轻易地把这些群众抛到一边,好像是斯托雷平的绞架和路标派滔滔不绝的咒骂不仅从公开的政治舞台上,从自由派的出版物上,而且从实际生活中把他们排挤掉了。我们的自由派在"分析"时说:农民在选举中是软弱无力的,至于工人阶级,他有条件地把他们"搁置一旁"!!

罗—柯夫居然证明说,俄国的革命("风暴")即使是可能的,也不是必然的。如果把工人阶级和农民"搁置一旁",即使是有条件地、即使是"暂时地"、即使是由于"在选举中软弱无力"而"搁置一旁",那么,不言而喻,革命不仅不是必然的,而且是不可能的! 但是，无论是普利什凯维奇和罗曼诺夫的无限权力，还是日益成熟的无产阶级和忍饥挨饿、备受折磨的农民日益加强的革命反抗，都不会由于自由派的好心肠而从实际生活中消失掉。整个问题在于：马克思主义者即革命的社会民主党人的**路线**是在各种情况下，通过各种不同的形式，无论是在群众大会的演说中，在第三届杜马的讲坛上，在工人代表苏维埃中，或是在最和平的合法工人团体中，都要坚持支援、加强和发展这种革命反抗，并正确地把它引向完全的胜利，而尼·罗—柯夫在自己的议论中却处处都把这条路线偷换成自由派的路线，而自由派是不愿看到被迫转入地下的东西的，除了"正在转变为""文明的容克"的普利什凯维奇之流或"温和的进步的"米留可夫之流，它什么都不想去看。

这正是整个《我们的曙光》杂志和整个斯托雷平工党所特有的一种失明症。把注意力完全集中在工党的合法化上面的做法，就是与这种由自由派的偏见引起的失明密切相连的。既然"妥协是必然的"，那同必然的东西作斗争就没有必要了，工人阶级也和已经完全确立的资产阶级制度下的其他阶级一样，只要在这个制度下有一席之地，为自己营造一个小小的小市民安乐窝就行了。这就是合法派的说教的现实意义，不管马尔托夫在波特列索夫、尤里·查茨基、拉林、唐恩之流的先生们的授意下，用什么样"革命的"词句来掩饰这种说教。

在罗—柯夫的文章中，合法的"工人阶级利益保障协会"的这种**现实**意义，是再清楚不过的了。这种协会——即使是在普罗柯波维奇之流的领导下——"当局"不会批准，也不会容许它"事实上的存在"，这是很清楚的。只有自由派的瞎子才会看不到这一点。但在社会主义的幌子下向工人群众进行**自由主义**说教的知识分子的

协会,事实上已经成立了。这个"协会"也就是《我们的曙光》杂志和《生活事业》杂志的一伙撰稿人;尼·罗—柯夫就是"打着"他们的旗帜,即自由主义的思想旗帜,他硬说,没有公开的组织,斗争必然(!!)带有无政府主义的性质,旧的口号已经变成僵死的字眼,不能把策略变成"撕打",新的"协会""**连想都没有想到**〈!〉暴力变革的必要",等等。知识分子的这种自由主义的叛徒的说教是客观现实,而公开的工人团体不过是句空话。按自由派的方式保障自由派所理解的工人阶级利益的协会是客观现实,这个"协会"也就是《我们的曙光》杂志,而在目前俄国建立工人的"公开的广泛的政治组织",不过是天真的、空洞的、虚伪的自由主义的幻想。

　　建立合法的工会(明知这种工会在目前既不能成为广泛的,也不能成为"政治性的",也不能成为巩固的组织),这是有益的事情。鼓吹**放弃**暴力思想、建立工人政治协会这一套自由派主张,这是毫无意义的有害的事情。

　　最后,有两个怪论。第一个怪论。罗—柯夫写道:"假如有人受了反动的丧失理智行为的蒙蔽,想要控告这个协会的成员蓄意进行暴力变革,那么这种无意义、无根据的、法律上不能成立的控告所构成的全部严重后果,就要由控告者本人承担。"结果会出现这样的情景:法律上不能成立的控告所构成的严重后果,就由舍格洛维托夫之流承担,根据这个"严重后果"把他们处死的是尼·罗—柯夫,而不是罗季切夫……

　　第二个怪论。罗—柯夫写道:工人们"在争取民主制度的斗争中应担负起政治领导的任务"。罗—柯夫是在抽出领导权的全部**内容**之后承认领导权的。罗—柯夫说,工人们,你们不应该反对"必然的"妥协,但你们应该自称为领导者,——然而成为领导者,恰恰是要说明关于妥协的"必然性"的思想是虚假的,要按无产阶级和无产者农民反对资产阶级非民主的妥协的路线进行斗争。

尼·罗—柯夫会给反对取消派的斗争事业带来好处,就像尤·拉林曾给反对召开工人代表大会这一错误主张[54]的斗争事业带来好处一样。尼·罗—柯夫和尤·拉林都有勇气……赤裸裸地暴露自己。罗—柯夫是个诚实的取消派。他的这种无所畏惧的精神使人不能不**考虑**取消派的思想根源。他会一再证实,俄国社会民主工党1908年的十二月决议是正确的,因为他系统地提出(并完全错误地解决)的那些问题,正是这些决议正确地加以分析和解决了的。罗—柯夫会使《我们的曙光》杂志(或《呼声报》)的编辑之类的取消派外交家们在工人的眼里变得特别渺小,因为他们转弯抹角,支吾搪塞,左一个保留,右一个保留,以便推卸对罗—柯夫文章的"个别地方"或他的计划的"具体化"的责任。似乎问题是在个别地方等等,而不是在统一的、完整的、一贯的路线——自由派的工人政策的路线!

载于1911年12月8日(21日)
《社会民主党人报》第25号

译自《列宁全集》俄文第5版
第21卷第23—28页

论托洛茨基的外交和
护党分子的一个纲领

(1911 年 12 月 8 日〔21 日〕)

托洛茨基的《真理报》在长期停刊之后,不久前又出了第 22 号。这一号鲜明地说明了那些企图靠同取消派和召回派这些非社会民主主义的流派玩弄外交把戏来维持生存的国外小集团的消亡过程。

这号报纸出版于公历 11 月 29 日,即在俄国组织委员会的通报发表了将近一个月以后。**关于这个通报托洛茨基却只字未提!**

对托洛茨基来说,俄国组织委员会是不存在的。托洛茨基自称护党分子,理由是绝大多数俄国社会民主党组织所建立的党的国内中心对他来说等于零!也许恰恰相反,同志们,是托洛茨基及其国外小集团对俄国社会民主党组织来说等于零吧?

托洛茨基用最粗的字体刊印自己的保证(干吗要这样起誓呢?),说他的报纸"不是派别性的,而是护党的"。只要稍微细心地观察一下第 22 号的内容,立刻就会看出他同**不是**护党的前进派和取消派所玩弄的拙劣把戏。

请看一篇署名斯·沃·的大肆宣扬"前进"集团的彼得堡通讯。斯·沃·指责托洛茨基没有把早就寄给他的彼得堡人反对请愿运动[55]的决议发表出来。被前进派指责有"狭隘派别观念"(真是忘恩负义啊!)的托洛茨基借口他的报纸缺乏经费和不经常出版来回避问题，支吾搪塞。可惜这种把戏露出了马脚：我们帮你们的忙，你们也帮我们的忙。我们（托洛茨基）不提护党派同召回派的斗争，反过来，我们（托洛茨基）帮助你们吹嘘"前进"集团，你们（斯·沃·）也要在"请愿运动"问题上向取消派让步。用外交手腕维护两个不是护党的派别，难道这不是真正的党性吗？

请看那篇以响亮的《前进！》为题的空话连篇的社论。这篇社论说："觉悟的工人们！你们现在再没有比结社、集会和罢工自由更重要〈原来如此！〉更能包括一切〈可怜虫胡说起来了〉的口号了。"接着又说："社会民主党号召无产阶级为争取建立共和国而斗争。但为了使争取建立共和国的斗争不致成为少数优秀分子的空洞的〈！！〉口号，你们觉悟的工人必须使群众通过切身的经验认识到结社自由的必要，并为这切身的阶级要求而斗争。"

高喊革命词句，是为了掩盖取消派的骗人行径，并为之辩护，从而模糊工人的意识。既然建立共和国意味着不可能解散杜马，意味着结社自由和出版自由，意味着农民从马尔柯夫、罗曼诺夫和普利什凯维奇之流的暴力和掠夺下解放出来的自由，建立共和国这个口号又怎么会是**少数人的空洞的**口号呢？恰恰相反，**不同**建立共和国这个口号**联系起来**而作为"包括一切的"口号提出来的"结社自由"这一口号，才是"空洞的"毫无意义的口号，这不是很明显的吗？

不向群众阐明"结社自由"同沙皇制度势不两立，不阐明为实现这种自由而建立共和国的必要性，却向沙皇君主制要求这种自由，那是毫无意义的。向杜马提出关于结社自由的法案，就这类问题提出质询和发表讲话，恰恰应当作为我们社会民主党人进行建立共和国的宣传的根据和材料。

"觉悟的工人必须使群众通过切身的经验认识到结社自由的必要!"这是"经济派"早就唱烂了的俄国老机会主义的老调!群众的**经验**是:大臣们取缔他们的社团,省长和巡官每天都在施加暴力,这确实是**群众的经验**。而针对建立共和国提出"结社自由"这个口号,不过是与群众格格不入的机会主义知识分子的漂亮话。这是知识分子的漂亮话:他们以为"请愿"(有1 300人签名的"请愿")的经验或者被束之高阁的法案的"经验",可以教育"群众"。实际上,能够教育他们的是另一种经验,是活生生的经验,而不是纸上的经验;启发他们的正是觉悟的工人进行的建立共和国的宣传。这在政治民主的意义上,是唯一能包括一切的口号。

托洛茨基很清楚,取消派在合法出版物上正是把"结社自由"的口号,同打倒秘密党、反对争取建立共和国的斗争的口号**结合起来**的。托洛茨基的任务也就在于蒙蔽工人,为取消派打掩护。

————

同托洛茨基无法就问题的实质进行争论,因为他没有任何见解。同有一定信念的取消派和召回派可以而且应该进行争论,而同玩弄花招来掩饰这两个派别的错误的人则不必进行争论,只要把他这个最蹩脚的……外交家揭露出来就行了。

同那些在《真理报》第22号上发表纲领的提要的作者们,倒是应该争论一番。他们犯错误,或者是由于没有看到俄国社会民主工党的十二月决议(1908年),或者是由于还没有完全克服取消派和"前进派"的某些思想上的动摇。

第1条说,六三制度是"封建型贵族-地主事实上的不受限制的统治";接着又指出,他们"用事实上无权的国家杜马这个假立宪的假面具,来掩盖自己统治的专制官僚性质"。

　　既然地主杜马"事实上无权"(确实如此),那地主的统治又怎么能是"不受限制的"呢?

　　作者们忘了,沙皇君主制的阶级性质丝毫也不排斥从尼古拉二世到每个巡官的沙皇政权和"官僚制度"的很大的独立性和自主性。忽视专制制度和君主制度,把它**直接**归结为上层阶级的"纯粹"统治,——召回派在1908—1909年犯了这样的错误(见《无产者报》第44号附刊[56]),拉林在1910年犯了同样的错误,现在某些作家(如米·亚历山德罗夫)在犯这样的错误,那个投靠取消派的尼·罗—柯夫也在犯这样的错误。

　　十二月决议(1908年)对封建主在资产阶级支持下的统治所作的分析,恰恰挖出了这种错误的根源。

　　第2条援引了俄国社会民主工党的最低纲领,并把结社自由和没收地主土地等许多要求摆到"特别显著的地位",但没有提到建立共和国。我们认为,这是不正确的。我们完全承认,宣传结社自由是绝对必要的,同时我们也认为,建立共和国的口号应当摆到最显著的地位。

　　第3条:"广大人民群众的新的革命行动是必要的",不然就不能实现我们的要求。

　　最后一点非常正确,但这只是真理的一半。马克思主义者不能只限于指出群众的新的行动是"必要的",他们应该首先指出,促使(如果能促使的话)新的革命危机到来的原因是什么。没有这种危机,"行动"是不可能的,尽管"行动"也可以说永远是"必要的"!

　　作者们有非常良好的革命愿望,但他们的思想方法却有一定的缺陷。十二月决议(1908年)得出关于新的行动的"必要性"的结论不那么简单,但却比较正确。

第 4 条:"在最近的将来,迟早有可能发生这种新的群众革命行动,必须对……资产阶级的反革命作用进行无情的批判"等等。

不管"行动"有无"可能",甚至在群众行动显然不可能的时候,批判也永远是必需的。把行动的可能性与批判联系起来,就等于把马克思主义这一**永远**不可或缺的**路线**与**一种**斗争形式(特别是高级形式)混同起来。这是第一个错误。第二个错误就是,"上战场别吹牛,下战场再夸口":光说行动的可能性没有用,应当用事实来证明这种可能性。在纲领中,只要指出高潮的开始,只要强调进行宣传和为群众行动作准备的重要性就行了。群众的行动是在最近的将来或者不是在最近的将来出现,事态会证明这一点。

第 5 条非常之好,因为它强调了国家杜马作为宣传讲坛的巨大意义。

我们不知道,这个纲领是谁起草的。如果是国内的前进派分子(从某些迹象看,可以这样设想),那应当对他们克服了"前进"小集团的一个错误表示热烈祝贺。这些前进派分子还有护党派的良知,因为他们对一个"棘手"问题,作了直截了当的毫不含糊的回答。而"前进"集团却完全昧着良心欺骗党:他们为召回派辩解,打掩护,直到现在,直到 1911 年 12 月,对是否参加第四届杜马的问题还没有作出直截了当的回答。承认这个集团是社会民主主义的集团,就是对社会民主主义的嘲弄。

载于 1911 年 12 月 8 日(21 日)
《社会民主党人报》第 25 号

译自《列宁全集》俄文第 5 版
第 21 卷第 29—33 页

"保管人"仲裁法庭的总结

(1911 年 12 月 8 日〔21 日〕)

大家知道,在 1910 年一月中央全会上,布尔什维克派的代表(全会全体成员一致公认的该派代表)同我们党所有其他派别签订了协定。这个协定发表在中央机关报第 11 号上,大意是:**在**所有其他派别自行解散和执行党的路线即反取消派和反召回派路线的**条件下**,布尔什维克解散自己的派别,并把自己的财产交给中央委员会。中央委员会通过的协定明确规定,这些条件一旦被破坏,就要把款项归还给布尔什维克(见发表在中央机关报第 11 号上的决议)。

人所共知的其他派别破坏这个协定的事实,使布尔什维克不得不在一年以前,即在 1910 年 12 月 5 日提出申请,声明废除这个协定,并要求把款项发还给他们。

这个要求须由考茨基、梅林和蔡特金组成的"保管人"仲裁法庭审理。仲裁法庭决定:在 1911 年 11 月 1 日以前,先把一部分款项交给由布尔什维克、调和派和波兰人的代表组成的技术委员会和国外组织委员会使用,用后上报账目。

1911 年 10 月间,梅林和考茨基这两个仲裁人辞去了自己的职务。这样一来,第三个仲裁人一个人就无权进行工作,所以他犹豫一阵之后也辞去了自己的职务。

于是,1910年12月5日废除了同其他派别的协定的布尔什维克派,从1911年11月2日起,就同前保管人解除了协定关系。因此,它就开始掌管自己的印刷所和掌管本派的其他财产。

不言而喻,布尔什维克派同取消派、召回派和纯粹搞阴谋活动的一些国外集团断绝"联系"以后,正像它的成员在建立俄国组织委员会方面的活动已经证明了的,就会竭力把所有护党分子团结在俄国组织委员会和它所召集的全党代表会议的周围。

在1910年一月全会上签订

协定的布尔什维克派代表①

附言:当我们看到载有两个前仲裁人1911年11月18日的来信的所谓中央委员会国外局的传单的时候,上述声明已经送交中央机关报编辑部。拉脱维亚人,**甚至**梯什卡都退出了中央委员会国外局,伊哥列夫和李伯尔还把自己装扮成中央委员会国外局,这是想骗谁呢?他们为什么不提这些人已经退出的事实呢?为什么不提,到11月18日法庭解体已有两个半星期,因而1911年11月18日的信就没有也不可能有任何意义了呢?或许是伊哥列夫先生和马尔托夫先生**在**1911年11月1日**以前不**承认仲裁法庭?请你们说说看,并证明这一点吧,先生们!或许是你们**在**1911年11月1日**以后才**承认仲裁法庭?1911年11月1日以前,大家公认的仲裁法庭**谴责了你们**,既没有给你们,也没有给托洛茨基一文钱,尽管你们提出请求、要求和"抗议"。受到大家公认的合法的仲裁法庭谴责的先生们现在企图为自己打掩护,借口说这是前仲裁人的

---

① 接着是列宁、列·波·加米涅夫和格·叶·季诺维也夫的签名。——俄文版编者注

个人意见,对任何人都没有约束力。1911年11月**1**日以后,仲裁法庭就不存在了,就这点说,我们又都恢复到了全会以前的状况。如果还由前保管人来保管布尔什维克的款项,那就是违法的了。

　　然而,问题就在于,伊哥列夫先生和李伯尔先生只想"哗众取宠",而不敢根据精确的文件来叙述仲裁的经过。不行骗,货就卖不出去,这就是他们的箴言。

载于1911年12月8日(21日)　　　　　　译自《列宁全集》俄文第5版
《社会民主党人报》第25号　　　　　　　第21卷第34—36页

第四届国家杜马选举运动

(1911 年 12 月 10 日〔23 日〕—1912 年 1 月 6 日〔19 日〕)

一 一些基本原则问题

在所谓反对派政党之中,立宪民主党在公开活动方面处于最优越的地位,它刚刚采取了一个非常重要的步骤,确定了它在选举运动中的政策。从我们最容易得到的、支持立宪民主党人的资料中可以看到,立宪民主党的政策是这样确定的:

(1)立宪民主党人在自己的候选人可以保证当选的地方,提出自己的候选人;

(2)在立宪民主党的候选人不能指望获得绝大多数选票的地方,立宪民主党人支持任何政党的可能得到最多选票的**进步派**候选人;

(3)在反对派候选人毫无当选希望而又存在着黑帮危险的情况下,可以支持十月党候选人,只要他是真正的立宪主义者,这种情况有时是会出人意料地发生的;

(4)立宪民主党既不同右派十月党人,也不同民族党人和君主派[57]缔结任何选举协定。总之,他们既不能忘记党的利益,也不能为了党的利益而牺牲广义的反对派的最高利益。

　　这就是立宪民主党的政策。工人民主派应当十分密切地关注这个政策，分析它那被通常的暗语掩盖起来的真正的阶级本质和真正的含义。只要读一下立宪民主党的决定，马上就会碰到"反对派的最高利益"之类的话。问题的实质在于，立宪民主党的政策，现在已经完全最后确定为**十月党人—立宪民主党人**联盟的政策。必须懂得这个实质，必须剥去它的官方自由派辞藻的外衣，让它清清楚楚地显露出来。

　　(1)只字未提同左派、同民主派的联盟；(2)只禁止同右派十月党人结成联盟，而这是十月党中极少数人——"戈洛洛博夫派"[58]；(3)所谓"广义的反对派的最高利益"，实际上只能有一种含义：照例是事实上准许(并且推荐!)同十月党人结成联盟。

　　这三个关于立宪民主党的**真正政策**的结论，应当牢牢记住。

　　这些结论的意义在什么地方呢? 资产阶级自由主义的"中派左翼"已把自己的政策确定为同资产阶级的所谓自由主义的中派右翼结盟的政策，公开声明反对黑帮，同时不提同劳动派、左翼无党派人士和工人候选人结成任何联盟，以表示反对左派，反对民主派。

　　我们在《明星报》第28号上的《两个中派》一文①中所谈到的情况，完全得到了证实。

　　在俄国，有三个**主要**政治力量，因而也就有三条主要政治路线：黑帮(代表农奴主-地主的阶级利益)和跟他们站在一起并以他们为依托的"官僚制度"；其次是自由主义君主派资产阶级，"中派"左翼(立宪民主党人)和"中派"右翼(十月党人)；最后是资产阶级

———————
　　①　见本版全集第20卷第374—376页。——编者注

民主派(劳动派、民粹派、左翼无党派人士)和无产阶级民主派。正是这样划分,也只有这样划分才是正确的,这已由20世纪头10年的全部经验所证实,而这10年正是异常重要的事件层出不穷的10年。

　　当然,无论在自然界,还是在社会上,任何界限都是可变的,在一定程度上是有条件的,是不稳定的,而不是一成不变的。处在主要分界的**"交接线"**上的政党和集团的过渡形式和动摇状态是必然的,但是20世纪初俄国阶级力量对比所产生的问题实质,无疑正是由上述一分为"三"的状态所决定的。混淆资产阶级自由派(以立宪民主党为首)和资产阶级民主派,曾使俄国解放运动受害不浅;必须尽一切努力使伟大10年(1900—1910年)的经验能够帮助所有民主派彻底了解这种混淆的错误和极大危害。因此,当代的工人民主派正面临着两个相互密切联系的任务:第一,建立一个雇佣工人阶级的独立的政治组织,这个组织不要任何业主即使是最民主的大小业主参加,而且服从于本阶级的整个国际运动即世界性运动;第二,发展和巩固俄国民主派的各种力量(他们的首领也必然是工人,就像资产阶级自由派的首领必然是立宪民主党人类型的社会分子一样)。要完成后一个任务,就必须经常地向最广大群众阐明资产阶级自由派(立宪民主党人)和资产阶级民主派(劳动派等)之间的界限的阶级根源和政治意义。

　　自由派资产阶级不愿意也不可能离开马尔柯夫和普利什凯维奇之流,它只是竭力抑制他们的统治。资产阶级民主派和工人却不能不比较彻底地和自觉地要求消灭这种统治的一切经济基础和政治基础。

　　从工人民主派的观点来看,第四届国家杜马选举运动的基本内容就是这样。正是应当把这个内容提到首要地位，以对抗故意用些关于"进步性"和"反对派立场"这类泛泛的词句来混淆一切根本原则问题的立宪民主党政策。

立宪民主党人—十月党人的联盟不是什么新东西。马克思主义者早就预见到会有这种联盟，早在1905—1907年就指出了这个联盟两个组成部分的内在的阶级血缘关系。在第三届杜马中一开始就形成了两个多数，早在1907年底，马克思主义者就把这个结论作为自己政策的基石。第三届杜马5年来的事实证实了这个结论。这届杜马的组成大致如下①：

```
右派·····················160 ⎫
十月党人···············124 ⎬ 284——第一个多数
自由派···············127 ⎫          ⎬ 251——第二个多数
民主派··················· 29 ⎭

    共　计·················440
```

第三届杜马始终依靠这两个多数，而这两个多数是整个六三体制不可缺少的组成部分：第一个多数意味着政权完全保持"旧制度"；第二个多数意味着向资产阶级君主制"迈了一步"。六三体制需要第一个多数，是为了使马尔柯夫、普利什凯维奇之流及其同伙保持自己的"政权和收入"，它需要第二个多数是为了抑制这种统治和按资产阶级步法前进（按进一步、退两步的程式）。实际经验在清楚地表明，这种前进等于停滞，而普利什凯维奇的统治并没有

---

① 这个统计数字是根据1910年官方《参考手册》（第2分册）的资料计算出来的。右派：道地的右派——51；民族党人——89；右派十月党人——11；加上二分之一的无党派人士——9；自由派进步人士——39；立宪民主党人——52；所有民族集团——27；加上二分之一的无党派人士——9；民主派：劳动派——14；社会民主党人——15。

被"抑制"。

第三届杜马的一系列表决都是"第二个多数"的表决。《言语报》前不久就明确承认了这一点,它说:最近一次会议一开始的"几次表决""实际上再现了中派左翼〈应读做:立宪民主党人—十月党人的联盟〉在杜马中的优势"。这样的表决之所以会出现,完全是因为第二个多数也和第一个多数一样,是站在反革命的立场上,只要回忆一下《路标》文集,或是卡拉乌洛夫的虔诚的演说,或是"伦敦"口号,就足以说明这一点。

第二个多数的这些"胜利"的成果又在什么地方呢? 十月党人中间有"真正的立宪主义者",这是立宪民主党的真正惊人的发现,能够证明这一点的事实又在什么地方呢? 这个发现难道不是证明,"真正的立宪主义"这个概念在立宪民主党人的意识中已经被大大贬低了吗?

选举运动的首要的和基本的问题,是这个运动的政治内容和它所反映的思想路线的问题。立宪民主党的决定一再表明它的反民主的本质,因为立宪民主党的选举运动的内容,就是在群众的意识中进一步贬低"立宪主义"这个概念。教育人民,让他们知道"左派"十月党人中间可能有真正的立宪主义者,这就是立宪民主党的打算,这就是它的选举政策的含义。

民主派的任务则不同,不是贬低立宪主义这个概念,而是说明,只要政权和收入还继续掌握在马尔柯夫之流手里,立宪主义就是完全虚假的。工人民主派的选举运动的内容是由下列任务决定的:阐明自由派和民主派的区别,把民主派的力量联合起来,把全世界的雇佣工人队伍团结起来。

立宪民主党代表会议的决定使这个党距离民主派更远了。我们的任务是把民主派的力量集中起来去反对一切中世纪制度的表现，去对抗立宪民主党人—十月党人的联盟。

二　工人复选人在选举运动中的作用

第四届杜马选举运动已经开始了。政府颁布了关于协助"民族"党的公告，采取了规定政府候选人的资格限制和排挤一切反对派特别是民主派的候选人的"措施"，从而开始了这个运动。

反对派的报刊也开始了选举运动。立宪民主党作出了关于同"左派"十月党人结成联盟的决定，从而也开始了这个运动。

因此，工人民主派应当立即对选举问题给予极大的注意，事先（一个星期也不能拖延）就有条不紊地讨论自己的策略，事先就训练各种各样的民主派拥护者去完成他们的重大的使命。

在这篇文章中，我们想详细谈谈工人复选人的作用问题。不用说，在这个问题上，像在一切问题上一样，提到首位的还是活动的内容，即运动的思想政治路线。教育和组织工人阶级，把他们联合成与西欧政党团结一致的独立政党，向工人阶级阐明它的历史目标是改造商品经济和资本主义的根本条件，坚决划清工人阶级的政党同资产阶级民主派的**所有**派别，甚至"左派"、民粹派等等的界限，——这就是基本任务。

这个基本任务对所有国家的工人民主派都是一样的。正因为如此，目前把它运用到俄国一个国家的时候，就必须估计到——**为了完成**这个共同的任务——当前的一些特殊的具体的任务。在俄国工人民主派的这些任务中间，现在——由于客观条件——提到首位的是两个彼此密切联系的任务。这两个任务是：第一，清楚地认识到取消派这个流派（大家知道，它是以《我们的曙光》杂志和《生活事业》杂志为代表的）同流传甚广的资产阶级反革命流派"路标派"的联系。清楚地认识到资产阶级对无产阶级的影响的危害，是克服这种影响的必要条件，是达到取消派**所否认的**涉及工人民主派本身**存在**的当前的最近目标的必要条件。第二，在明确地划清（资产阶级）民主派和资产阶级自由派的界限的情况下把左派民主派组织起来。做不到这一点，工人民主派的领导权就不能实现，而工人民主派的领导权是整个解放运动取得任何进展的必要条件之一。

把自由派（立宪民主党）和民主派（劳动派、左派"民粹派"[59]等）混淆起来，在原则上是根本错误的，在实践上会导致对民主派的利益的背叛。工人复选人的任务是：坚持对解放运动的正确理解，阐明各个政党的阶级实质（不为"招牌"、响亮字眼和动听名称所蒙蔽），明确区**分右派**（从黑帮到十月党人）、资产阶级**自由派**（立宪民主党及其同伙）和**民主派**（资产阶级民主派是劳动派和同他们血缘相近的各种流派，其次，马克思主义者代表无产阶级民主派）。

根据1907年六三法令规定的选举制度[60]，工人复选人在省选举大会上起着特殊的作用。争取使**所有**这些复选人都成为工人民主派的忠实可靠的代表，——这就是当前的实际任务。

大家知道，有6个省可以从工人复选人中各选1名杜马代表。这些省就是：彼得堡省、莫斯科省、弗拉基米尔省、叶卡捷琳诺斯拉夫省、科斯特罗马省和哈尔科夫省。但是，代表是由省选举大会的**全体**成员选举的，就是说，几乎总是由**右派**复选人（土地占有者和大资产者）即十月党人选举的。为了保证工人民主派当选杜马代表,就必须使所有的工人复选人无一例外地都是工人民主派,都坚决支持自己的一个固定的候选人。只要有一个"倒戈分子"或一个自由派的、"右派分子"复选人,十月党人就会不顾大多数工人复选人的意愿而把他选出来!

但是,不仅仅是这6个省的省选举大会的成员中有工人复选人。53个省中的44个省一共有112名工人复选人。

这些复选人的作用是什么呢? 第一,他们应当始终贯彻思想路线,组织民主派(尤其是农民民主派),使他们摆脱自由派的影响。这方面的活动领域是极端重要的。第二,工人复选人在右派和自由派的选票分散的情况下,能够(也应当争取)选入杜马。

让我们举例来说明一下这后一项任务。在第三届杜马中,维亚特卡省有两个社会民主党代表:阿斯特拉汉采夫和普佳京。但按法律规定,维亚特卡省一个工人选民团的代表也不应该有。在维亚特卡省的选举大会上,有109个复选人,其中4个是工人复选人。**4个**(109人中的)工人是怎样把其中**2个**选入杜马的呢? 显然是省选举大会上的选票分散了,自由派没有工人的援助就战胜不了右派了。被迫同工人结成联盟的自由派,只好同工人分占席位,于是就把两个社会民主党人选入了杜马。维亚特卡省选出的杜马代表的构成是:1个进步派,3个立宪民主党人,2个劳动派,2个社会民主党人,也就是说,4个自由派,4个民主派。假如在民主派复选人多于自由派复选人的条件下前者能同后者分开,工人在该省甚至可以得到3个席位。假定109个复选人中有54个是右派(土地占有者的53个复选人中的50个,加上第一城市选民大会**61**选出的17个复选人中的4个),再假定其余的55个复选人中有20个是自由派(3个土地占有者,13个第一等市民和4个第二等市民),35 个是民主派(23 个农民复选人,8 个第二等市民和4 个工人)。在这种条件下,民主派就应当得到 8 个席位中的 5 个,工人在取得农民民主派的信任的情况下本来有可能获得 3 个席位。

在乌法省,**所有的**代表席位都被自由派(穆斯林也包括在内)夺去了。民主派一个席位也没得到。可是,假如乌法省的 3 个工人复选人在有 30 个农民复选人的情况下能把民主派更好地组织起来,本来肯定是可以为劳动派和为自己争得席位的。

在第三届杜马中,彼尔姆省有 6 个自由派代表,3 个民主派代表,其中只有 1 个社会民主党人。而农民复选人在这里有 26 个,其中有 1 个劳动派被在省选举大会上占多数的**自由派**选为代表,就是说,农民选民团可以说完全是劳动派的选民团(只要有 1 个农民倒戈,从民主派投向自由派,自由派就会选这个倒戈分子!)。第二等选民团(有 13 个复选人)也是一样,其中也有一个劳动派被**自由派**选为代表。就是说,复选人中的民主派人数是:26 人＋13 人＋5 个工人＝44 人。一共 120 个复选人,其中 59 个是土地占有者的复选人,17 个是第一等市民的复选人。即使除了民主派全是自由派,也只有 76 人,还不到⅔。当然,很可能有一部分复选人是右派。这就是说,自由派没有⅔的复选人,却夺得了⅔的杜马席位。由此就得出一个必然的结论:如果民主派能够更自觉更好地组织起来(而首先应当关心这一点的是工人!),就不会受自由派的欺侮。社会民主党人叶戈罗夫是由彼尔姆省全体复选人大会即由自由派选出的,这就是说,自由派**需要**工人的援助,而工人在给予这种援助时,**没有**为民主派争得**合乎比例的**代表席位,这就直接犯了错误,直接违反了民主派的利益。

我们引用这些统计数字,强调这些数字是粗略的,是为了说明问题的,因为我们没有全体复选人和每个选民团复选人的党派成分的确切材料。实际情况要比我们这些粗略的材料所描绘的纷繁复杂得多。但是,工人应当掌握我们的六三选举的"巧妙把戏"中的**基本**力量对比,而掌握了主要东西,他们也就能够弄清各个细节了。

有两个选民团是最民主的(当然是不算工人选民团,工人选民团可以而且必须是彻底马克思主义的,彻底反取消派的),这就是农民选民团和第二等城市选民团。其中前者比后者更民主,尽管与城市居民比较起来,农村的选举自由要少得多,农民的宣传和组织的条件要差得多。

实际上,第二城市选民大会的特派代表[62]是从 28 个省选入第三届杜马的。选出了 16 个右派、10 个自由派、2 个民主派(萨拉托夫省的罗扎诺夫和彼尔姆省的彼得罗夫第三)。农民的特派代表,所有的 53 个省都有:选出了 23 个右派、17 个自由派、5 个民主派和 8 个无党派人士。无党派人士中右派和反对派各算一半,可以得出下列对比数字:

第三届杜马代表	第二等城市 选民团选出的	农民选民 团选出的
右派……………	16	27
反对派…………	12＝43％	26＝49％

第二等城市选民团选出的代表中反对派占 43％,而农民选民团选出的代表中反对派占 49％。如果注意到,正如大家所知道的,第三届杜马的农民代表提出了土地法案,这个法案就其内容来说比立宪民主党的土地法案**要民主些**,而且无党派的**和右派的**农民都在这个法案上签了名,那就很清楚,实际上,农民选民团的民

主超过第二等城市选民团的民主的程度比我们从上述材料看到的还要大些。[63]

这就是说,全体工人,尤其是工人复选人,应当特别重视的正是农民选民团和农民复选人。工人作为民主派的组织者,应当首先在农民中间活动,其次才是在第二等市民中间活动。在这两个选民团中,混淆自由派和民主派的情况特别严重、特别经常,这是立宪民主党人特别精心地培植起来的;他们利用自己那"行家里手"的"议会"经验,利用自己那掩盖了**反民主的**、路标派的、反革命的本质的"民主"称号("**立宪民主党**"、"**人民自由党**")来直接欺骗政治上不成熟的人。

在俄国解放运动的现阶段,工人的思想政治任务就是组织民主派。选举的技术工作必须服从这个任务。因此,主要注意力应该放在农民选民团上,其次放在第二等城市选民团上。在省选举大会上,工人复选人的首要任务是团结民主派。要提出自己的候选人,就必须有 3 票:必须物色两个农民民主派,至少要说服两个自由派,使他们相信他们提出工人候选人是不会冒任何风险的。民主派在省选举大会上要同自由派结成联盟来反对右派。如果这种联盟不能立即形成(在大多数情况下,很可能就是这样,因为复选人彼此都不认识),民主派就应当首先联合自由派去击败右派,然后,**再联合右派去击败自由派**。这样,他们两者就都不能当选(要有一个条件,就是无论右派,或是自由派单独都不占绝对多数。没有这个条件,民主派就不会被选入杜马)。根据选举条例第119 条的规定,大会宣布休会。这时,民主派计算出投票结果以后,就同自由派结成联盟,因为它掌握了确切材料,并且争取到按比例分配代表席位。**在这种情况下,必须让自由派先选举民主派**,

而不是相反,因为欧洲的全部历史和全部经验都已证明:自由派经常欺骗民主派,而民主派则从来没有欺骗过自由派。

工人复选人既然知道哪些选民团会选民主派,并且能把民主派和自由派分开,那么,无论在组织整个民主派方面或是在把大量工人民主派和资产阶级民主派(劳动派)选入杜马方面,他们**在44个省中都能发挥巨大的**作用。现在,工人民主派有 15 个,资产阶级民主派有 14 个。如果工人的策略正确,搞得好,就可以使这两者的数字增加一倍。自由派在第四届杜马中必定会有一个强大集团,一个人数在 100 人以上、能够同十月党人结成联盟的"负责的反对派"(伦敦式的)的集团。必须努力使真正的民主反对派,而不是路标主义的反对派组成一个几十人的集团,而这一点是可以做到的。

法律规定,工人有权在 44 个省选出复选人。每个工厂的觉悟工人应当立即熟悉这个法律,认真考虑自己的任务和自己的地位,设法使自己选出的复选人是真正的工人民主派,而不是取消派。

如果 112 个工人复选人就是这样有意识地、想方设法地、有条不紊地选出的话,他们就会在团结争取在欧洲各地实现伟大的世界目标的工人阶级方面和在组织俄国民主派方面发挥很大的作用。

时不待人。每个觉悟的工人都肩负着艰巨的但大有可为的任务。

三　选举运动中的农民和农民复选人

在上一篇文章中(《明星报》第 34 号)①,我们谈到了工人复选人在选举运动中的作用。我们的结论是,工人民主派的主要任务有两个:团结雇佣工人阶级,提高他们的觉悟和对自己的伟大历史目标的认识;其次是组织民主派。

现在,我们来分析一下非无产阶级民主派即资产阶级民主派的问题。他们在俄国的主要阶级支柱是什么? 他们的特点是什么? 他们的当前任务是什么? 他们在选举中的作用怎样?

在俄国,资产阶级民主派的主要阶级支柱是农民。广大农民群众的处境极为艰苦,地主土地占有制对他们的压迫非常残酷,经济条件十分恶劣,无权状况异常严重,因此,在他们中间就不知不觉地、自发地必然产生民主主义的情绪和要求。自由派资产阶级(以立宪民主党为首)所描绘的摆脱这种处境的出路,就是同普利什凯维奇之流瓜分政权,让普利什凯维奇和古契柯夫之流(或米留可夫之流)共同统治群众。这条出路对千百万农民来说是**不可能的**。正因为如此,农民的阶级地位和大资产阶级的阶级地位就必然使民主主义和自由主义产生重大的区别。

上述两种政治派别通常都没有完全的明确性和完全的自觉性,但农民**倾向**民主主义,资产阶级**倾向**君主派自由主义,却是事实,这是俄国事件层出不穷的 20 世纪头 10 年所完全证明了的事

---

① 见本卷第 43—49 页。——编者注

实。不仅在 1905 年的解放运动中，不仅在最初两届杜马中，农民群众表现出了民主主义倾向，而且就在地主老爷的第三届杜马中，包括右派和无党派人士在内的 **43 个农民代表**，也提出了比立宪民主党的法案更为民主的土地法案。

一般说来，土地问题是目前俄国农民的主要问题。在俄国欧洲部分，不到 3 万个地主占有 7 000 万俄亩的土地，而 1 000 万最贫困的农户差不多也只有这么多的土地。前者每户平均有 2 300 俄亩，后者平均只有 7 俄亩。在俄国历史发展的现阶段上，这种现象所造成的经济后果就只能是各种类型的"工役"经济即旧徭役制残余极其普遍的存在。在欧洲早已绝迹的对农民的盘剥制和赤贫现象，以及中世纪式饥荒的出现，——就是这种后果。

立宪民主党资产阶级想用自由派的办法解决土地问题：保留地主土地占有制，按"公平价格"购买一部分土地，在实施"改革"的机关中让地主比农民占优势。农民不能不倾向于用民主派的办法解决土地问题。这种民主派的解决办法丝毫不触及也不可能触及（即使是把全部土地无偿地交给农民）资本主义社会的基础——货币的权力、商品生产和市场的统治地位。农民对问题的看法多半是相当模糊的，于是，民粹派就制定了完整的意识形态、完整的学说，把这种模糊看法说成是"社会主义"。其实，就连最激进的土地变革也与社会主义毫不相干。

但是，农民运动愈广泛、愈壮大，这种模糊看法在实践上的影响就愈小，农民对土地的愿望和要求中实际的民主的内容就愈明显。在这方面，尤其是在政治问题方面，工人民主派的作用、他们反对农民服从于自由派领导的斗争是最为重要的。可以毫不夸大地说，整个俄国民主运动的一切成就，不论是过去还是将来，都是与对农民的政治领导从自由派向工人民主派的转移密切联系着的。没有这种转移,俄国的民主运动就不可能取得任何重大的成就。

大家知道,1907 年的六三选举法"摧残"得最厉害的就是农民的选举权。只要提出以下几点,就可以说明问题了:这个法令把土地占有者的复选人从 1 952 人增到 2 594 人,即增加了 32.9%;而农民和哥萨克的复选人却减少一半多,从 2 659 人减到 1 168 人,即减少了 56.1%。此外,根据六三法令,农民选民团(正式名称是"乡初选人大会")产生的杜马代表,不是像从前那样只由农民复选人选举,而是由省选举大会的全体成员,即由占多数的地主和大资本家选举。

根据这种规定,农民民主派(劳动派)只有在农民的复选人**全体**无一例外都是劳动派的条件下,才能保证得到杜马的席位。这样,右派地主将不得不从农民选民团选出劳动派,就像他们曾不得不从工人选民团选出社会民主党人一样。但是,农民的团结性、组织性和自觉性当然要比工人差得多。这里还是一个尚待开展严肃的大有可为的政治教育工作的领域。所有民主派和所有"到居民的一切阶级中去"①的马克思主义者,正是应该把主要注意力集中在这个领域,而不应该同反革命自由派(立宪民主党人)眉来眼去、勾勾搭搭、干《我们的曙光》杂志的取消派所喜爱的那一套,等等。

我们上次已经指出,农民选民团在第三届杜马选举中,是非无产阶级选民团中最具有民主主义性质的选民团。从农民选民团选入第三届杜马的 53 个代表中,有 26 个是反对派代表,占 49%,而

---

① 见本版全集第 6 卷第 122 页。——编者注

从第二等城市选民团("第二城市选民大会")选出的 28 个代表中，只有 12 个是反对派代表，占 43％。从农民选民团选入第三届杜马的 53 个代表中，有 5 个是民主派，占 10％，而从第二等城市选民团选出的 28 个代表中，只有 2 个民主派，占 7％。

考察一下农民选民团中选入第三届杜马的反对派代表是从多少个省选出的，各个省的代表构成情况又是怎样，那是很有意义的。在从农民选民团各选 1 名法定代表参加杜马的 53 个省中，有 23 个省从农民选民团选了**右派**（包括十月党人），其次，有 17 个省选了**自由派**（立宪民主党人、进步派和穆斯林），只有 5 个省选了**民主派**（劳动派）。还有 8 个省选了无党派农民。

我们把情况仔细考察一下就会看到，**没有一个**右派代表占优势的省从农民选民团选出一个民主派去参加第三届杜马。民主派（劳动派）完全是从一个右派代表也没有的省份中选出的。阿尔汉格尔斯克、维亚特卡、彼尔姆、斯塔夫罗波尔和托木斯克这 5 个省，共选入第三届杜马 15 个自由派、8 个劳动派和 3 个社会民主党人。毫无疑问，如果这些省的农民和工人的自觉性和组织性高一些，还可以通过减少自由派的名额，把民主派的名额增加一些。

在这里，指出下列一点也许是适宜的，这就是一共有 24 个省在第三届杜马中反对派代表比右派代表多；在这 24 个省中有 18 个省选入杜马的完全是反对派代表。这 24 个省选入杜马的有 9 个右派代表、2 个无党派人士、55 个自由派、14 个劳动派和 8 个社会民主党人。读者可以看到，要用减少自由派代表名额的办法来增加民主派代表的名额，要把小资产阶级和农民阶级从自由派的影响下解脱出来，那是大有用武之地的。

其次，指出下面一点也不是没有意义的，这就是从农民选民团选出自由派参加杜马的有 17 个省,其中 10 个省是右派代表比反对派代表多。可以设想:这些省的农民复选人中通常**是根本没有右派的**,否则省选举大会上占多数的右派就会把他们选出来……

工人民主派在选举中对农民所担负的任务是很明显的。应当向正在无产阶级化的农民进行纯阶级宣传。应当帮助农民在选举中团结起来,使他们能够按照六三选举法,排除来自旧制度的卫道者方面和自由派方面的障碍,建立**自己的**尽可能强大的第四届杜马代表团。应当竭力巩固工人民主派的领导权,彻底阐明农民民主派倒向自由派的危害。

四　从第三届杜马选举的实践得出的结论

为了具体规定工人民主派在选举运动期间的任务,我们认为,尽可能详细地考察一下几个省份的第三届杜马选举的资料,是有好处的。考察这些资料,首先有助于更清楚地理解和更正确地掌握复杂而混乱的六三选举制度;其次,可以使所有参加选举运动的工作人员对他们作为民主派所处的地位和开展活动的"环境"有个最具体的了解。各地民主派研究一下每个省份的资料,就会补充我们的材料,修正这些材料,并立即唤起所有意识到自己有责任参加选举、以便从政治上教育雇佣工人和组织民主派的人们的注意。

就拿喀山省为例来说。它在第三届杜马中有 10 个代表,右派和反对派各半:5 个右派(其中有 4 个十月党人和 1 个民族党人)和 5 个自由派(其中有 1 个进步派、2 个立宪民主党人和 2 个穆斯林)。既没有劳动派,也没有社会民主党人。

与此同时,喀山省的资料又使人不能不承认民主派在这里当选的可能性是相当大的。选出的右派,1个是土地占有者大会选出的(萨宗诺夫),3个十月党人是第一和第二城市选民大会选出的(其中一个顽固的反革命分子卡普斯京先生是第二城市选民大会选出的),**1个**十月党人是全体复选人大会选出的。选出的自由派,1个是土地占有者大会选出的,1个是农民选出的(立宪民主党人卢宁),**3个**是全体复选人大会选出的。

全体复选人大会选出3个自由派和1个右派,从这一情况来看,自由派在省选举大会上占了多数,但这个多数是不稳固的,不然全体复选人大会1个右派也不会选上。土地占有者选出了1个进步派和1个右派,这一情况显然也说明了自由派多数是不稳固的,因为假如自由派的多数稳固的话,这个右派就不会当选。

喀山省的复选人的成分按选民团划分如下:总共117人,其中农民33人,土地占有者50人,第一城市选民大会18人,第二城市选民大会14人,工人2人。可见,土地占有者和第一选民团的市民加在一起就构成了多数(50+18=117中的68)。大家知道,根据六三法令,在一切省份都**保证了**或者这样的多数,或者更"可靠的"多数,即清一色的土地占有者组成的多数(只有土地占有者选民团有可能在选入省选举大会的复选人中占绝对多数)。

自由派争得了杜马中的一半席位,因为他们在土地占有者中间的代表显然是很强大的。相反,在市民中间,好像是右派几乎占了绝对优势。不这样设想,就很难解释,当自由派在省选举大会上占多数时,两个城市选民大会怎么都选了右派。立宪民主党人是不得不选举右派的。上面已经指出,自由派在复选人中的多数地位是不稳固的,所以工人民主派就有了一个有利的活动场所:利用地主和资本家的纠纷来组织整个民主派的力量,特别是把社会民主党人和劳动派选入杜马。

即使在复选人中有 57 个右派和同样多的自由派,而只有 3 个民主派(其中有 2 个社会民主党工人和 1 个劳动派农民),这 3 个人甚至也可以把社会民主党人选入杜马,更不用说在有 33 个农民复选人的情况下这 3 个人所面临的把民主派力量联合起来这一大有可为的任务了。我们提出 3 个人:这是按法律(选举条例第 125 条)规定在推举候选人的提名单上所必需的最少人数,提名单上不足 3 票的候选人不得参加选举。不言而喻,选举法所要求的这 3 票也可以由两个自由派加上一个民主派凑成,如果这两个自由派没有"进步"(朝"路标派"的方向)到甚至在省选举大会上也选举十月党人而不选举社会民主党人的话。

在右派和自由派势均力敌的情况下,甚至只有 1 个民主派,也可以在投票的时候联合右派去反对自由派,联合自由派去反对右派,使他们谁也不能选入杜马,从而(根据选举条例第 119 条的规定)达到休会的目的(休会时间的长短,根据上述条款的规定,由大会自行决定,但不得超过 12 小时),然后,安排自由派和民主派达成协议,条件是把民主派选入杜马。

喀山省的例子可以说明第四届杜马选举中可能存在的两条工人政策的路线(从而也可以说明**整个**工人政策的路线,因为选举中的政策只是总的政策在个别场合的运用)。第一条路线是:通常是投票支持比较进步的候选人,没有任何更进一步的规定。第二条路线是:组织民主派,利用右派和自由派的对立来达到这一目的。第一条路线从思想上说是对立宪民主党的领导的消极屈服;这条路线如果成功,它的实际后果就是,通过削弱右派十月党人的多数

（在民主派的少数可能**减少**的同时）使第四届杜马中十月党人—立宪民主党人的多数扩大。第二条路线从思想上说是反对立宪民主党对农民和对整个资产阶级民主派的领导；这条路线如果成功，它的实际后果则是，第四届杜马中的民主派集团将得到扩大、团结和加强。

第一条路线在实践中可能导致自由派的工人政策的路线。第二条路线是马克思主义的工人政策。关于这两条路线的作用，我们以后还要不止一次地更详细地加以阐述。

载于 1911 年 12 月 10、17、31 日和1912 年 1 月 6 日《明星报》第 33、34、36 号和第 1 号（总第 37 号）

译自《列宁全集》俄文第 5 版第 21 卷第 37—55 页

旧的和新的

(1911 年 12 月 10 日〔23 日〕)

尼·尼科林在《明星报》第 29 号上以非常醒目的标题《旧中有新》发表的文章中,提出了一系列非常值得注意的重要问题。就这些问题展开讨论,对阐明俄国工人民主派的精确的、鲜明的、确定的活动方针,无疑是有好处的。

尼·尼科林这篇文章的主要缺点是他的许多论点极不明确。这位作者说,他"可能在许多问题上都不同意"我的看法,可没有说明为什么,其实我倒应当说,尼·尼科林没有什么论点会引起分歧,因为他根本没有完整的论点。

例如,尼·尼科林坚决反对那些认为"我国目前的情况……近似于 1900 年代初期的情况"的人。他说,抱有这种看法的人就是否认旧中有**新**。当然,如果他们否认这一点,那是不正确的。当然,尼·尼科林认为,旧中有新,应该很好地估计和很好地利用这种新事物,这是万分正确的。但是,这新事物究竟是什么,究竟应该怎样估计它等等,尼科林都没有谈到;另一方面,从他的引文中也看不出,他的对方所说的"近似于"指的是什么。如果像俄国马克思主义者正好在三年以前估计三年狂飙突进时期之后(即 1905—1907 年以后)所形成的政治形势那样来估计旧中有新的话,那我认为,说"我国目前的情况**近似于** 1900 年代初期的情况",

并没有什么不对。如果在提出这个论点之前没有先对时局作出精确的、鲜明的、确定的估计，没有对任务作出估计，那这个论点当然是不正确的。

旧的任务及其旧的完成办法、为完成这些任务所采取的新的准备手段——在我看来，这些大致可以包括在三年前作出的回答中。从这个回答来看，参加第三届杜马是**绝对**必要的，而尼·尼科林是非常热烈非常正确地拥护参加的。如果哪个"流派"反对参加，或者至今还犹豫不决，不敢公开地、明确地、直截了当地表示赞成参加第三届杜马，那它就是徒有其名的工人民主派。这种流派实际上已经置身于工人民主派之外，成为属于无政府主义思想范畴的，而决不属于马克思主义思想范畴的"一种合理的色彩"了。

就拿"上层建筑"的问题来说。尼·尼科林写道："从前可能以为，官僚制度是'全俄'唯一的主要的敌人，现在谁也不再这样认为了…… 我们很清楚，马尔柯夫、克列斯托夫尼科夫、沃尔康斯基、普利什凯维奇、古契柯夫、霍米亚科夫、阿夫达科夫等等之流，都是官僚制度从中汲取力量、据以活动的那个社会阶层的代表。"

尼·尼科林在这里强调"官僚制度"同工商业资产阶级上层的联系，是完全正确的，并且是非常可贵的。只有那些根本没有仔细思考 20 世纪头 10 年所产生的新情况、根本不理解俄国经济关系和政治关系的相互依赖以及第三届杜马的意义的人，才会否认这种联系，才会否认目前土地政策的资产阶级性质，才会根本否认这是"在向资产阶级君主制转变的道路上迈了一步"。

但是只承认联系还是不够的，还应当确切指出这种联系的具体性质。向某种新制度转变的道路上迈了一步丝毫不会消除旧制度，比如消除"官僚"制度及其极大的自主性、独立性、托尔马乔夫—雷因博特(等等,等等)式的"特点"、财政上的不受监督的状况。官僚制度虽然从资产阶级上层的支持中"汲取力量",但并**不**吸收他们参加,而是吸收旧的、非常旧的、不仅是革命前的(1905年以前的),而且是改革前的(1861年以前的)领地贵族和担任公职的贵族参加。官僚制度虽然在很大程度上从资产阶级上层"获得活动的根据",却使资产阶级的活动具有纯粹农奴制的,彻头彻尾农奴制的**方向和形式**。这是因为,如果说普鲁士的容克和美国的农场主的资产阶级性有所区别(尽管他们二者无疑都是资产者),那么,普鲁士容克的资产阶级性和马尔柯夫及普利什凯维奇的"资产阶级性"的区别也同样很明显,同样很大。与马尔柯夫及普利什凯维奇比较起来,普鲁士的容克简直就是"欧洲人"了!

忽视"官僚制度"的极大的自主性和独立性,是米·亚历山德罗夫在他那本名著中所犯的主要的根本性的致命的错误,而尼·罗—柯夫在取消派的《我们的曙光》杂志第9—10期合刊上又把这个错误弄到十分荒谬的地步。在所谓"官僚"制度方面旧的究竟保存下来多少,"新的"究竟带来了哪些变化,确切些说,哪些形式上的变化,关于这些,只有上面谈到的三年以前作出的回答作了确切的阐述。

我决不是否定"寻找其他的途径和手段",我认为讨论和反复讨论一些该死的问题的直接答案是有巨大意义的,但我也不能不反对例如取消派在"寻找"的幌子下所干的偷天换日的勾当。显然,"寻找者"尼·罗—柯夫和"寻找者"波特列索夫、叶若夫、查茨基之流的分歧,是涉及自由派工人政策的**细节**的分歧。所有这些"寻找者"都是站在自由派的而不是马克思主义者的工人政策的立场上! 从马克思主义的观点来看,在书刊杂志等等上"寻找途径",

进行讨论,是一回事,在实际起领导作用的机关报刊上作出明确的回答,就是另一回事了。

再拿"浪漫主义"的问题来说。尼·尼科林斥责了浪漫主义,说它是完全过时了的"旧的东西",还举例说:"自由派以为,他是一切被压迫者的维护者,而社会主义者以为,他领导着俄国整个思想界和劳动界"。这个例子只能说明是不懂得阶级斗争;当然,如果尼科林说,这种"社会主义者"(显然是民粹主义者)实际上根本不是社会主义者,而是用假社会主义的词句把自己的民主主义掩盖起来的**民主主义者**,那就完全正确了。但是,说到浪漫主义,就不能不提到在销路最广的刊物也就是自由派刊物上流行的对这个术语所作的路标派的解释,即反革命的解释。对这种解释不能不表示反对。不能不指出一个"新情况":自由派在俄国建立了自由主义的路标派的方针,米留可夫之流先生们只是口头上,只是用外交辞令摒弃这个方针,而实际上却在执行路标派的政策。

由此可以得出具有头等重要意义的实际结论:根据 20 世纪头 10 年的"新"经验,自由派和民主派之间的界限应该划得更加清楚了。"把自由主义反对派和反动派混同起来",当然是荒谬的,但没有我刚才指出的结论,只有这个结论(尼科林作出的)是根本不够的。

总之,尼·尼科林的结论恰恰反映了他的基本错误是含混不清、吞吞吐吐。就拿他的第一个结论来说:"不管是荒唐地迷恋于旧的行动方式,还是对这种方式持断然否定的态度,都同样是有害的。"我认为,这个结论不是辩证的,而是折中主义的。荒唐就是荒唐,因而无疑永远是有害的,这是不言而喻的。如果想赋予这一部分结论以生动的即辩证的意义,那就应当大致这样说:企图借口是旧的行动方式而为自己拒绝参加第三届或第四届杜马进行辩护，那是极大的错误，是讲空话，是毫无意义的叫喊，尽管必须（确切些说，正是因为必须）对这种旧的方式采取坚决肯定的态度。

顺便说一下，对这个问题我不可能作更详细的论述，所以我指出，我上面援引的结论的第二部分，我认为应当进行修改。

载于1911年12月10日《明星报》　　　译自《列宁全集》俄文第5版
第33号　　　　　　　　　　　　　　第21卷第56—60页

布尔什维克国外小组会议文献[64]

（1911 年 12 月）

1

关于党内状况的报告的提纲

（不晚于 12 月 14 日〔27 日〕）

提　纲
关于党内状况

1. 出发点：反革命时期的客观条件。

2. 全会和"调和主义"。取消主义和召回主义。

3. 全会后的一年。"两个强大的派别的联盟"。

4. 全会后取消派和召回派的所作所为。

5. "协定"及其两个组成部分：政治部分和"财务部分"[65]。

6. 1910 年 12 月—1911 年 6 月。[66]"传唤到中央委员会去的拘传"。

7. "在巴黎举行的中央委员会议"。出路：国内代表会议。

　　三个派别的联盟。"诺言"和履行。[67]

8. 1910 年 1 月开始的多数派反对布尔什维克的两个时期：调和派＋取消派（1910 年）；调和派和波兰人（1911 年的半年）。[68]

9.俄国组织委员会与一些国外小集团。布尔什维克—波兰人联盟"垮台"了吗？

10.国外的"孤立"＋或－？

11.建党派。

　　　(1)米哈伊尔＋尤里＋罗曼。

　　　(2)在国外召开全会

　　　　　12月—6月。

　　　(3)国内代表会议。

载于1933年《列宁文集》俄文版　　　　译自《列宁全集》俄文第5版
第25卷　　　　　　　　　　　　　　　第21卷第477—478页

2

关于党内状况的报告的决议草案

（不晚于 12 月 14 日〔27 日〕）

把国外社会民主党护党派力量组织起来和
布尔什维克的任务

社会民主党国外组织目前的状况极不正常。

从 1908 年社会民主党的出版机关逐步迁到国外时起，直到全会召开前，国外一切最重要的中心，由于孟什维克小组完全脱离了党而陷于完全分裂的状态。

全会（1910 年 1 月）曾经试图根据会上一致通过的反取消主义和反召回主义的路线实现统一，并且十分坚决地号召在国外确立完全的统一。

可是，实际上，由于取消派和召回派没有履行全会的规定，全会以后，各个国外小组并没有实行联合。相反，分裂更加严重，因为事实上，前进派脱离了布尔什维克，普列汉诺夫派脱离了孟什维克。这些平行的小组，"前者"和"后者"，或孟什维克小组和布尔什维克小组都一如既往存在下来，实际上，根本没有把意见比较一致并且能够共同进行社会民主党工作的分子联合起来。

目前，在国外实际上存在的是一些各成一派的小组，它们之间只有纯粹形式上的联系，而常常是根本互不联系，这就是布尔什维克派、"调和派"、前进派、"呼声派"和"普列汉诺夫"派，它们各自为政，实行不同的思想路线，而且同国内的这些或那些社会民主主义分子单独保持联系。

在布尔什维克和护党派孟什维克的努力下，在国内成立了俄国组织委员会，该委员会成员积极筹备召开俄国社会民主工党全党代表会议，这就使党的历史发生了决定性的转折，并且指出了实际生活所决定的摆脱瓦解和涣散状态的唯一可行的出路。

事实上，在全会以后进行真正社会民主党工作的只有布尔什维克和护党派孟什维克，特别是在1910年期间，他们更是同心协力地工作。呼声派只不过是置身于党外的《生活事业》杂志和《我们的曙光》杂志的国内取消派集团的国外分支，而国外的"前进"集团仍在掩护召回派和通过自己的首领卢那察尔斯基进行宗教宣传，干的完全**不是**社会民主党的工作。

现在，布尔什维克和护党派孟什维克建立的、得到国内社会民主党的几乎所有地方组织支持的俄国组织委员会，实际上是社会民主党进行工作的唯一的和拥有全权的中心。

会议在把布尔什维克联合成统一的国外社会民主党组织时，也就把国外继续分裂的责任归之于那些不愿支持国内中心即俄国组织委员会的小组，或者那些继续同脱离俄国的分子"玩弄协议把戏"的小组，因为它们这样做，就是支持脱离了国内工作的非社会民主主义的小组。

布尔什维克的国外组织会一如既往，竭力争取一切流派中所有愿意支持俄国组织委员会和愿意执行党的路线即反取消主义和反召回主义的（以及反神的）路线的社会民主党人，［让他们］加入这个组织,并合并为一个统一的党组织。

同取消派和召回派作斗争,同缺乏思想性的国外小组的涣散现象作斗争,促进一切真正的社会民主党护党派、特别是护党派孟什维克的团结,协助俄国组织委员会,——这就是国外党组织的实际任务。我们认为,中央机关报和《工人报》同是护党派应当支持的机关报,(国外的)护党派孟什维克摆脱它们是毫无道理的,上述机关报丝毫没有改变根据党的决定所制定的**路线**。

载于1933年《列宁文集》俄文版
第25卷

译自《列宁全集》俄文第5版
第21卷第63—65页

3

关于国外组织章程的建议[69]

（12 月 16 日〔29 日〕）

　　会议选出了主持国外组织的工作的国外组织委员会，把章程草案连同全部意见转交给该委员会，责成它向各小组征询意见，以便对章程作出最后的确定。

列　宁

载于 1933 年《列宁文集》俄文版
第 25 卷

译自《列宁全集》俄文第 5 版
第 21 卷第 66 页

4

关于召集代表会议的
俄国组织委员会的决议[70]

（12 月 17 日〔30 日〕）

　　会议确认，党很久以来，至少有两年多以来，就认为召开党代表会议是刻不容缓的。现在，尽管遇到种种阻碍，终于在实现这项任务方面采取了决定性的步骤。俄国组织委员会已经在国内成立，并得到所有地方组织（基辅、巴库、梯弗利斯、叶卡捷琳诺斯拉夫、叶卡捷琳堡、圣彼得堡、莫斯科、尼古拉耶夫、萨拉托夫、喀山、维尔纳、德文斯克、下诺夫哥罗德、索尔莫沃、萨马拉、秋明、罗斯托夫和其他等地的组织）的支持。

　　会议祝贺俄国组织委员会的成立，并且声明，全力支持该委员会是每个护党分子应尽的义务。

载于 1912 年 1 月 12 日国外组织　　　　译自《列宁全集》俄文第 5 版
委员会的《通报》　　　　　　　　　　　第 21 卷第 67 页

饥荒和黑帮杜马

(1911 年 12 月 22 日〔1912 年 1 月 4 日〕)

就在不久以前,一些卖身求荣的下流作家由于去年丰收留下的印象,傲慢地声称,"新农业政策"有了良好的后果;某些天真的人也跟着他们欢呼我国农业中已经出现转机和全俄国农业欣欣向荣。

现在,正好是 1906 年 11 月 9 日法令[71]颁布的五周年,几乎蔓延半个俄国的饥荒和歉收极其明显地和不容反驳地证明,这种寄托在斯托雷平土地政策上的希望,掩盖了多少明摆着的谎话或天真的无知。

甚至根据政府的统计资料来看(这些统计资料的精确程度和"谦虚程度"已为历次饥荒所证实了),歉收的灾难已经遍及 20 个省;有 2 000 万个居民"有权要求给予粮食救济",就是说,他们已因饥饿而浮肿,他们的经济已陷于破产。

科科夫佐夫说:你们看见的不是什么歉收,这不过是"收成差一点"而已;饥饿"并不会引起疾病",相反,"有时还能治病";关于饥民遭受灾难的传说纯系报纸捏造,省长们雄辩地证明了这一点;相反,"收成差一点的地区的经济情况决不是那么坏";"免费供应居民食品的主张是有害的";最后,政府采取的措施是"足够的,也是及时的"。如果科科夫佐夫不这样"鼓舞士气",他就不能算是财政大臣和反革命政府的首脑了。

立宪政府的首脑还忘记提到他那同饥荒斗争的天才发明,即授予密探组织"赈济饥民"事宜的全权。

现在,甚至来自合法的自由派团体的"社会救济"也被取消了,于是,萨拉托夫省的密探这个饥民的唯一保护者,就能在小酒店里自由自在地喝掉他所经手的赈济饥民的贷款了。

当然,右派农奴主听到"大臣会议主席先生的详细的、可以说是无所不包的演说"(引自维什涅夫斯基代表在11月9日会议上的发言)就欣喜若狂;当然,奴颜婢膝的十月党人就急忙在自己转入下项议程的杜马议案中证明,"政府及时注意到采取措施以消除歉收的后果";而他们的首领(不是些普通的凡人!)之一就大发宏论,说什么"让鱼类罐头自由流通,以供应居民适宜的食品"。

斑疹伤寒、坏血病、食用从狗嘴里夺来的烂肉或在国家杜马会议上展示过的由乌七八糟的东西制作的面包——这一切对十月党人来说是不存在的。对他们来说,大臣的一句话就是法律。

而立宪民主党人呢?甚至在这样的问题上,他们也没有对政府的卑鄙行为作出公正的评价,反而认为再好不过的办法是通过自己的发言人库特列尔"根据大臣会议主席的内容广泛的演说得出安定人心的结论"(11月9日的会议);而在他们转入下项议程的议案中委婉地把政府的行动说成只是"缺乏〈!〉计划性的,不够的和绝非总是〈!〉及时的……"

正如社会民主党代表别洛乌索夫同志在自己的讲话中正确指出的,赈济粮食的方法和组织赈济事宜这个问题只是事情的一个方面。每次谈到饥荒问题都会产生的一个基本问题,即饥荒**产生的原因**和同歉收作斗争的措施问题,这个问题也是同样重要的。

在右派农奴主看来,解决办法"很简单",就是要强迫"懒汉"庄稼汉干更多的活,这样"他们总是能够弄出东西来的"。库尔斯克的死硬派马尔柯夫第二认为,"庄稼汉在 365 天中只干 55—70 天活,300 天什么也不干",躺在俄式炉顶上"要求国家发给口粮",是件"可怕的"事。

民族党人和十月党人当中的半农奴主看得"更深刻",由于有义务赞扬当局,他们还打算要人们相信,"饥荒问题得到根本解决,要等到土地从弱者和醉汉手里转到强者和头脑清醒的人手里的时候","要等到已故的彼·阿·斯托雷平拟定的改革方案实现的时候,要等到寄托在强者身上的希望如愿以偿的时候"。(克列波夫斯基在 11 月 9 日杜马会议上的发言)

但是,在不久前还拥护 11 月 9 日法令的人中间,一些比较有远见的人已经开始感觉到,这项"伟大的改革"死期临近了。萨拉托夫省的代表尼·李沃夫虽然过去赞成,"现在也赞成 11 月 9 日法令",但是他向杜马讲述了"同现实接触后"得到的下列印象:"你们在国家杜马这里谈到的一切,同你们亲眼看到的急需解决的贫困相距太远了。""要非常慎重地行事,要怜悯某些人想要加以蔑视的那些居民。由于 11 月 9 日的法令,在某些省,其中也包括萨拉托夫省,出现了许多新人物,土地价格上涨了,贫苦的居民陷入了极为困难的境地……在农民中间,贫苦农民的可怕的仇恨和诅咒愈来愈厉害了,应当采取某些措施来消除这些现象……要知道,把希望寄托在强者身上根本不是说要把贫苦的人置于死地,听任他们在贫困中死亡"等等,等等。

总之,"同现实接触后得到的"印象开始擦亮了这位"过去赞成 11 月 9 日法令的"地主的眼睛。

今年的饥荒已经使右派农民的心里深深地怀疑,斯托雷平的"土地改革"是不是能消灾弭祸;所以右派农民安德列丘克提出了建议,"要求政府在最近期间向国家杜马提出规定大土地占有者的土地数量的最大限额的法律草案",这个建议得到所有右派农民甚至农村神父的支持,这就再清楚不过地表明,农民,即使是右派农民,是怎样理解"同饥荒作斗争"的。

安德列丘克提出的庄稼汉"发自内心的"要求又一次(我们回想一下右派和左派农民要求采取强制地主转让土地的手段把土地分配给少地的农民的声明,回想一下在讨论11月9日法令时农民的发言等等)证明,甚至右派农民也深刻认识到土地革命的必要性,他们所理解的同饥荒的斗争是同**"争取土地"的斗争密不可分地联系在一起的**。

不消灭农民缺少土地的现象,不减轻农民肩上的赋税重担,不提高他们的文化水平,不彻底改变他们的法律地位,不没收地主的土地,也就是说,**不进行革命**,就不可能真正同饥荒作斗争。

正是从这个意义上说,今年的歉收是整个现存制度和整个六三君主制面临死亡的新征兆。

载于1911年12月22日(1912年
1月4日)《工人报》第7号

译自《列宁全集》俄文第5版
第21卷第117—120页

对立宪民主党和大臣们
谈判的揭露开始了

（1911 年 12 月）

在 5 年半—6 年以前,那些曾经敲起警钟要人们密切注意立宪民主党和大臣们的谈判,特别是关于大臣职位的谈判的人,现在不能不非常满意了。历史真相总要大白于天下,有时甚至会从最出人意料的方面暴露出来。现在,揭露已经开始了,尽管"有关"人士(和政党)竭力遮掩,揭露也不会停止。可以完全有把握地说,这种揭露将会证实,而且一定会证实,我们当时对立宪民主党人的抨击是完全正确的。

维特的揭露是从他同古契柯夫的争论开始的。维特采取行动的目的和他的行动的性质极其恶劣;搞卑鄙的阴谋,想陷害别人,从而爬上大臣职位,——这就是他的动机。可是,大家知道,两贼相争,好人总会从中得到某些好处,如果是三贼相争,好处一定会更多。

维特的信中最重要的当然就是,不管愿意与否,他不得不肯定某些**事实**,这就使人们有可能(和有必要)通过对所有的当事人的询问来核对这些事实。维特的信中列举的基本事实如下:

(1)参加同维特举行的会谈的有希波夫、古契柯夫、乌鲁索夫、叶·特鲁别茨科伊和米·斯塔霍维奇,也就是立宪民主党、和平革新党⁷²和十月党的活动家们。

(2)"在维特伯爵和上述社会活动家举行会谈的第1次会议上〈我们引用他的信的原话〉,在所有的主要问题上,都取得了原则上一致的意见,只有内务大臣的任命问题除外。"

(3)"维特伯爵坚持任命杜尔诺沃,而社会活动家们除乌鲁索夫公爵外,都反对这项任命。乌鲁索夫公爵就说服参加会谈的同僚,同意任命杜尔诺沃,因为时局困难,不能再拖,并且为了作出表率,他声明愿意接受杜尔诺沃的副大臣的职务……　在随后的一次会议上,希波夫、古契柯夫和特鲁别茨科伊公爵声明,他们不能加入有杜尔诺沃参加的内阁……"

(4)斯托雷平曾被提为候选人,但大家意见不一致:有的赞成,有的反对。

试问,古契柯夫对上面这种叙述,作了些什么样的更正呢? 他断言,"热烈拥护杜尔诺沃为候选人的是乌鲁索夫公爵,他后来是第一届国家杜马的代表"。据古契柯夫说,维特是摇摆的,有一个时候,曾想放弃杜尔诺沃,因为报刊正在准备揭露他,准备发表抨击他的文章。古契柯夫补充说:"10月17日宣言发表以后,到处都有最广泛的也可以说是不受任何约束的出版自由以后,所有上述事件就立即发生了。"

谈判拖了很久。古契柯夫写道,"谈判旷日持久,令人疲惫不堪"。他说,对斯托雷平,"谁也没有作过维特伯爵所指出的那种否定的评价"。古契柯夫在评述当时整个情况的时候说:"现在出现了许多'救国志士'……　当时他们都跑到哪里去了呢? ……他们当中许多人当时还拿不定主意,不知到底站在街垒的哪一边好。"

这就是维特和古契柯夫的揭露的主要几点,一些细节当然就不去管它了。历史真相已经十分清楚地暴露出来了:(1)**在俄国这一重大历史时刻,立宪民主党人和十月党人是没有任何重大区别的**;(2)"许多人〈资产阶级活动家当中的,按古契柯夫"微妙的"暗示,也许还有大臣当中的〉当时还拿不定主意,不知到底站在街垒的哪一边好。"但事实是,参加会谈而且不止一次参加会谈的,都是**站在"街垒"的某一"边"的人**。大臣也好,十月党人也好,立宪民主党人也好,在各次会谈中都是站在街垒的同一边的。历史真相是不容怀疑,不容歪曲的:这是政府和反革命自由派资产阶级的会谈和谈判。

现在,我们来看看立宪民主党的所作所为。在维特和古契柯夫的揭露发表(这两人的信件,在彼得堡是俄历9月26日发表的,在莫斯科是27日发表的)以后,立宪民主党对**自己**参加会谈的事实**完全保持沉默**,而只想"嘲弄"古契柯夫。不论是9月28日的《言语报》,还是同一天的《**俄罗斯新闻**》[73],都"嘲弄了"古契柯夫,说他随后就成了同杜尔诺沃意见一致的同伙,但是**对历史事实既没有发表更正,也没有提出反驳**。第三个贼以为,他躲在维特和古契柯夫的争论的后面就不会被人发觉了!

这时,十月党人又马上向维特和立宪民主党人进行"报复"。**10月14日**(在十月党人进行调查和立宪民主党人胆怯地、卑鄙地保持沉默两个星期以后!)的《莫斯科呼声报》上,出现了以《维特伯爵、彼·尼·杜尔诺沃同立宪民主党人的同盟》为题的"调查报告"。新的揭露材料可归结如下:(1)叶·特鲁别茨科伊当时是立宪民主党党员。(2)"特鲁别茨科伊公爵不想使维特伯爵产生任何误解,所以他认为自己有责任预先告诉维特伯爵,关于后者同社会活动家的一切谈判〈显然,无论是十月党人,还是立宪民主党人,都没有把工人和农民民主派看做"社会活动家"：1905年10月，工人和农民显然都是社会**外**的"活动家"！〉，他——特鲁别茨科伊公爵将通告自己党的执行局，该执行局每天在彼得拉日茨基教授家里开会讨论当前问题"。(3)特别激烈反对提名斯托雷平为候选人的是彼特龙凯维奇先生，他认为，"在迫不得已的情况下〈原文如此！〉，应当劝告维特伯爵宁可任命杜尔诺沃，也不要任命斯托雷平为内务大臣。立宪民主党的其他活动家完全同意彼特龙凯维奇的意见，于是就委托特鲁别茨科伊公爵把在彼得拉日茨基家里开会的社会活动家们作出的结论转告维特伯爵"。第二天早晨，特鲁别茨科伊就去见维特伯爵，如实转述了立宪民主党执行局对这两个候选人的意见。

叶·特鲁别茨科伊是否证实了对他的这种说法呢？他完全证实了，他既向《新时报》[74]（10月15日的一号）的记者，又向《言语报》（10月19日的一号）的**记者**声称，《莫斯科呼声报》的消息是**"完全确实的"**。特鲁别茨科伊说："**不过，'执行局'这个词是不恰当的**，应当说是党〈立宪民主党〉的领导人。"特鲁别茨科伊的另一个同样无关紧要的"更正"是，他去见维特"可能不是第二天早晨，而是两三天以后"。最后，特鲁别茨科伊对《言语报》的记者说：

"对古契柯夫的一个说法是应该提出异议的。他说，社会活动家们只是因为杜尔诺沃的缘故才没有参加内阁。对我和——如果我没有弄错的话——希波夫来说，不完全是这样〈不完全是这样！〉。我和希波夫曾经表示同意参加内阁，条件是预先制定纲领，但是维特劝我们参加内阁，却不要我们提出这个条件。我们和古契柯夫的分歧也就在这里，据我的记忆，他就没有提出这个条件。"特鲁别茨科伊先生关于这一点讲得非常谨慎：什么"不完全是这样",什么"据我的记忆"!

彼特龙凯维奇先生在 10 月 19 日(开始揭露已经**三个星期以后!!**)的《**言语报**》上讲话了。现在,就来看看他是**怎么讲**的吧。

他一开头就发表了长篇议论(达 27 行),说什么凭记忆是不行的,而且又是希波夫一个人记下来的。

发表这种议论干什么? 你是不是想把真相立即和盘托出呢? 如果是这样,那最容易的办法就是,**说出所有**参加者的**名字**,并向他们询问。如果你不想公开**自己**党的真相,就不必把希波夫搬出来,玩这套捉迷藏的把戏。

接着,**又用 27 行**文字议论十月党人对"造谣生事"的爱好。既然《**莫斯科呼声报**》已经说出了证实这个消息的**人的名字**,还发表这套议论干什么呢?? 彼特龙凯维奇先生显然是想用著作家和外交家的一大套废话把一个简单明了的问题掩盖起来。这种手法是**不诚实的**。

接着,**又用 20 行**的篇幅来挖苦特鲁别茨科伊先生:"个人的回忆"——除了个人的回忆,就没有其他什么回忆! ——公爵对此**"跟任何人一个字都没有提过"**,黑体是彼特龙凯维奇用的,他这显然是指责特鲁别茨科伊不谦逊。立宪民主党人不去直接回答问题,竟互相指责起对方不谦逊来了! 这种手法除了说明立宪民主党人由于被揭露而流露出**懊丧情绪**,说明他们企图**把事情压下来**(他说,公爵,你以后再不要不谦逊了!),还能有什么意义呢?

写了 74 行的开场白以后,终于就实质问题提出了反驳意见:(1)立宪民主党的执行局当时是在莫斯科,因此就不可能在彼得拉日茨基家里开会;(2)彼得拉日茨基"当时并不是党内工作的领导人";(3)"当时在彼得堡的某些成员〈立宪民主党执行局〉没有权力进行任何谈判,更谈不上同维特伯爵、杜尔诺沃或其他什么人缔结同盟";(4)"我个人〈彼特龙凯维奇先生〉到彼得拉日茨基家里去过**一次**〈黑体是彼特龙凯维奇先生用的〉,那一次,确实谈过能否提名叶·特鲁别茨科伊公爵为国民教育大臣候选人的问题,当时所有在场的人都表示确信,只有为整个内阁制定一个完全符合政治局势的明确纲领,同时这个内阁是'社会'〈请记住,**所有**参加争论的人所说的"社会"指的是**什么**:工人和农民**不属于**"社会"〉可以信赖的内阁,只有在这种条件下,公爵才会担任这个职务。很可能同时还对各个不同的候选人(包括杜尔诺沃和斯托雷平在内)的个人品质和政治品质进行了评价,但无论是我,还是我所询问过的在场人,都不记得有人用热情的讲话说服了所有在场的人。"

这就是彼特龙凯维奇先生的全部实在的"反驳意见";他还用了48行的篇幅来大肆挖苦特鲁别茨科伊,说什么他的记忆不中用了,什么立宪民主党没有同杜尔诺沃缔结同盟,"也没有容许自己的党员特鲁别茨科伊公爵参加该党不会支持的内阁"。

10月27日《言语报》上发表的特鲁别茨科伊和彼特龙凯维奇的信,也没有补充什么新东西:前者坚持说,正是彼特龙凯维奇"曾劝告别人宁可支持杜尔诺沃,也不要支持斯托雷平",而后者则否认这一点。

结论是什么呢?

彼特龙凯维奇先生声明说,当时在彼得堡的执行局的某些**委员没有权力进行任何谈判**,但他又情不自禁地确认了谈判的**事实!** 彼特龙凯维奇先生本人写道(10月27日《言语报》):"在彼得拉日茨基家里的会谈中,我们讨论了提名特鲁别茨科伊公爵为候选人的问题。"

这就是说，**谈判是举行过的**。如果"党"像这位彼特龙凯维奇先生所说的那样"没有容许"特鲁别茨科伊，**那就是说**，谈判是以党的名义进行的！

彼特龙凯维奇先生用绝妙的手法自己打了自己的耳光。没有举行谈判，不过……不过举行了"有关候选人的会谈"。没有举行党执行局的会议，不过……不过作出了党的决定。这些可怜的遁词勾画出那些妄图**隐瞒真相**的人的嘴脸。实际上，说出**所有**参加会谈的人的名字，援引"执行局"的或者党的或者领导人的确切决定，阐明（据说是）立宪民主党人要求维特内阁制定的所谓明确的纲领，这不是更简便易行吗？可是，我国自由派的不幸也就在于，他们**不能说出真相**，他们**害怕**真相，真相**会把他们置于死地**。

于是，就出现了卑鄙下流的诡计、遁词和借口，这些都妨碍（至少是对不够细心的读者来说）弄清1905年10月自由派对政府的态度这个意义重大的历史问题。

为什么真相会把立宪民主党人置于死地呢？因为谈判的事实，谈判的情况和条件，会把关于立宪民主党人的"民主"的神话驳倒，证明他们搞的自由主义是反革命的。

一个真正的民主党一般说来能不能同维特这样的人在1905年10月这样的时候进行谈判呢？不，不能。要进行这样的谈判，必然要有一定的共同基础，也就是要有反革命的要求、情绪和意图这样的共同基础①。同维特的谈判除了谈制止民主的群众运动以外，

---

① 参看收入《闪电》文集(1907年圣彼得堡版)的尤·加·的《俄国自由主义的历史片断》一文中根据米留可夫先生**本人的**文章《斗争的一年》对**这个**共同基础所作的出色说明。米留可夫先生在1906年4月18日这样写道："维特伯爵的辞职等于失掉达成协议的最后一个机会"，就是说，他完全明确地承认，有过**协议**，有过**机会**，有过想**再次**达成协议的念头。

不会涉及什么别的内容。

　　其次,即使暂且假定,立宪民主党进行谈判**不是没有**民主目的的,那么当这个谈判中断的时候,一个民主党能不能向人民避而不谈这个谈判呢? 绝对不能。这也就是反革命自由派和不应得到这种评语的民主派的区别。自由派**希望扩大自由,但采取的方法**是使民主派不要因此得到加强,使同旧政权的谈判和接近能够继续下去,得到加强和巩固;因此,在谈判中断以后,自由派就**不能**把谈判公布出来,因为这样一来,他就难以恢复谈判,就会在民主派面前"露出马脚",就会同旧政权决裂,而自由派正是不能同旧政权决裂的。相反,如果一个民主派处于同维特进行谈判的地位,看出谈判是徒劳的,他就会把谈判立刻公布出来,从而使维特先生们声誉扫地,揭露他们的把戏,使民主运动进一步开展起来。

　　同时,也请大家注意一下内阁的纲领和它的成员问题。对第二点,所有参加的人都谈到了,并且谈得非常明确:把某些大臣职位给某某人,而对**第一点**即对纲领,却**没有讲过一句**明确的话! 对大臣职位有些什么要求,无论是特鲁别茨科伊,还是彼特龙凯维奇都记得很清楚,也谈得很清楚。但"纲领"是什么样的,他们当中却**没有一个人谈到!!** 这是怎么回事,是偶然的吗? 当然不是。这是由于(无疑也是证明)"纲领"在自由派先生们那里处于极不重要的地位,成为空洞的招牌和"华丽的辞藻",实际上,除了巩固政权和削弱民主派,维特是不会有其他任何纲领的;他许下任何诺言,发表任何声明,都只是**执行**这样的政策;对他们来说,瓜分大臣职位才是"有现实意义的"事情。只是因为这样,像维特这样的人才会把纲领忘得**一干二净**(维特说过,关于纲领问题,甚至已经取得了原则上完全一致的意见!),而关于杜尔诺沃和斯托雷平这两个人谁好(或谁坏?)的争论他们都记得,都在谈论,都在引证这个人或那个人的讲话或论据。

口袋里藏不住锥子。历史真相甚至从三四个人故意粉饰过的谈话中也十分明显地表露出来了。

整个俄国自由派资产阶级,从古契柯夫到米留可夫(他在政治上无疑是要对特鲁别茨科伊负责的),在 10 月 17 日以后马上就**离开**民主派而转向维特。这并不是偶然事件,也不是个别人的叛变,而是**一个阶级**向符合自己经济利益的反革命立场的转变。立宪民主党人只有站在这个立场上,才能在 1905 年通过特鲁别茨科伊同维特进行谈判,在 1906 年通过穆罗姆采夫同特列波夫进行谈判,等等。不了解反革命的自由派同民主派的区别,就根本不能理解民主派的历史,也根本不能理解它的任务。

载于 1911 年 12 月《启蒙》杂志
第 1 期

译自《列宁全集》俄文第 5 版
第 21 卷第 95—103 页

三 项 质 询

（1911 年 12 月）

国家杜马的速记记录，甚至是第三届杜马的速记记录，也是极有意思和大有教益的政治材料。可以毫不夸张地说，无聊的《俄国报》[75]的附刊要比所有自由派报纸更有价值，因为自由派报纸总是替自由派涂脂抹粉，把"右派"和真正的人民群众代表双方在问题提法上的棱角磨掉，对我国"国内政策"的**实质**一贯作不真实的评价。可是现代一切社会经济任务和政治任务的重心，正在于**提出**相应的问题，正在于评价问题的**实质**。

我们想尽可能地说明一下在讨论关于保安机关、饥荒和1881年"暂行"条例的三项质询[76]时的发言。

本届杜马常会的第1次会议首先由十月党人主席作了关于斯托雷平的发言。这里值得注意的是，用十月党人的这位领袖的话来说，"他〈斯托雷平〉密切关心的是沿着俄国政治社会生活发展的道路坚定不移地、然而是小心谨慎地前进"。这不是很好吗？斯托雷平成了"进步派"了！为什么在实行这整个管理制度的情况下，在存在这种国家制度的情况下，在保存那个以斯托雷平为政策执行人的阶级的情况下，除了现有的那种连十月党人都不满意的"进步"以外，不可能有**别的**"进步"呢？大概不止一个看到过罗将柯发言的民主派读者想到了这个问题。遗憾的是，那些出席会议听到这个发言①并且以民主派自居的杜马代表中,谁也不愿意说明一下斯托雷平式的"进步"的**阶级**根源。

讨论保安机关问题的时候,正是说明这一点的好机会。

马尔柯夫第二大声说:斯托雷平"信任值得尊敬的亚·伊·古契柯夫和他那些同样值得尊敬的杜马中间派的朋友们。他因为轻信而受到了死的惩罚。我们感受到的宁静,是坟墓中的宁静。其他的宁静是没有的(左边有人喊道:对呀)。有的是革命的高涨……没有宁静,而革命即将到来。应当同革命搏斗,挺胸搏斗,面对面地搏斗(左边有人发出笑声),要把这帮恶棍、暴徒、坏蛋绞死。因此,我反对把这项质询作为紧急问题提出来"。

地主代表就是这样提出问题的。

在马尔柯夫第二之后发言的是罗季切夫,他已经谈到了质询的实质。他像往常一样说得娓娓动听。但是,这位善于辞令的自由派提出的问题却空洞得令人难以想象。只有自由派的空话,除了空话什么也没有。罗季切夫先生感叹地说:"中央委员会〈十月党人的〉在谈到反对派时说,反对派力图谋杀自己的政敌,这是无耻的谎话。不过,如果你们发誓要消灭掌握俄国政权的毒蛇,消灭特务统治制度,我就决心饶恕你们说这种谎话。"(参看《俄国报》速记记录第23页,在第24页上也有"发誓"的字样)

————————

① 我们从马尔柯夫第二的发言中知道,工人代表没有出席会议。马尔柯夫第二对工人代表说:"你们刚才让你们的席位空着……这就公开表明了自己的态度…… 你们退出了会场…… 你们这么做,我虽然不尊敬你们,但我是理解你们的。"马尔柯夫第二在杜马中的表现常常像个十足的流氓。但是上面引证的他的那段话,也同他的同事的很多声明一样,可以从中看出是根据一定阶级的观点直截了当地提出问题的。这种直截了当的态度,对于提高群众的政治觉悟,往往要比妄想站在"超阶级"立场上的自由派的陈词滥调有益百倍。

说得多么动听啊,动听得"不得了"! 如果十月党人"发誓"要
消灭上述祸害,罗季切夫就决心饶恕他们! 饶舌的先生,别再撒谎
了,不仅十月党人,就连**你们**立宪民主党人,不管怎样"发誓",都不
会**消灭**任何重大的祸害。你们在如此重大问题上用"发誓"的空话
来**模糊**群众的政治意识,而不是启发他们的政治意识,你们用耸人
听闻的词句来**搅乱**人们的头脑,而不是心平气和地说明、简单明了
地论述:**为什么**这条"毒蛇"掌握了、能够掌握和必然掌握现有的
政权。

罗季切夫先生没有说明这一点,他不敢径直地正视问题的根
源和实质,他同十月党人的区别根本不在问题的提法上,不在原则
上,而只是在动听词句使用得多少上。只要稍微用心地看看他的
发言,稍微考虑一下他的发言,就可以看出,他所持的观点实际上
是十月党人的观点,**仅仅**因为如此他才会答应,如果他们"发誓"就
"饶恕"他们。所有这些饶恕,所有这些誓言不过是那些害怕稍微
彻底一点的民主主义的自由派演出的一幕滑稽剧。由此就产生了
我们从罗季切夫关于"均衡"的言论,从给洛普欣所作的辩护词等
等中看到的那种对问题的提法。十月党人和自由派的立场是**没有**
本质区别的。

另一方面,请仔细考虑一下波克罗夫斯基第二的发言。他首
先指出,他和他的同事的质询同十月党人的质询"在本质上有很大
的区别"。尽管波克罗夫斯基第二和他的同事的质询有不完全恰
当的地方,但是正确地指出了这种**本质**上的区别。波克罗夫斯基
第二说:"我们感到不安的不是保安机关会招致政府灭亡,而对此
你们是感到不安的。我们感到不安的是在你们协助下由政府扶植
起来的保安机关会招致国家灭亡……"

于是波克罗夫斯基第二就极力**说明**(他不是夸夸其谈,而是说明),为什么当局需要保安机关,这类机关的阶级根源是什么("发誓"和"饶恕"都没有接触到阶级根源)。波克罗夫斯基第二说:"政府成了完全同社会格格不入的政府,它在社会中没有任何支柱,因为它成了民主派的敌人,政府中只有已经死亡的贵族阶级的很少的一些余孽。它**必然**〈黑体是我们用的〉同社会隔绝、脱离社会而孤立起来,所以它建立了保安机关⋯⋯　所以,随着广泛的社会运动日益发展,随着日益广泛的民主派阶层卷入这个运动,保安机关的作用和影响也日益扩大。"

波克罗夫斯基第二显然自己也感觉到,在这里用"社会"这个字眼是不确切的,所以他接着就把它换成民主派这个**确切的**字眼。不管怎样,他总算试着**说明了**保安机关的实质,讲清了它的阶级根源以及它同**整个**国家制度的联系,他的巨大功绩也就在这里。

即使把罗季切夫先生离题万里、枯燥无味的空话放在一边不谈,波克罗夫斯基第二和格格奇柯利对问题的提法同罗季切夫之流对问题的提法也有天壤之别,这一点难道还不清楚吗? 其实,工人代表提出问题的时候,最主要的就是始终运用民主主义,只运用民主主义。阐明真正的民主主义同徒有民主派之名的立宪民主党的自由主义(即"社会"的自由主义)之间的重大区别,是整个第三届杜马期间,也是1906—1911年这一时期以后,特别是第四届杜马选举之前的最重要的任务之一。

───────

我们现在来谈谈第二项质询即关于饥荒的质询。第一个发言的是久宾斯基先生,他的发言糟透了。这不是因为他没有可靠的事实,不,他收集到了绝对可靠的事实,并且对这些事实作了简单、

明了、正确的阐述。也不是因为他对饥民没有同情心，不，他无疑
是有这种同情心的。也不是因为他忽视了对政府的批评，不，他一
直在批评政府。但是，他的发言不像一个民主派的发言而像一个
自由派官僚的发言，这就是他的发言的主要缺点，这也是劳动派
"知识分子"的整个立场的主要缺点，在第一届和第二届杜马的记
录中这个缺点表现得更加明显。久宾斯基同立宪民主党人的区别
只有一点，就是他的发言没有反革命的腔调，而这种腔调是任何一
个细心的人随时都能从立宪民主党人那里听出来的；在对问题的
提法上，久宾斯基没有超出自由派官僚的观点。因此，他的发言极
其软弱无力，十分枯燥，十分贫乏，特别是同他的一个党内同志农
民彼得罗夫第三的发言比较起来更是如此，人们可以感觉到，彼得
罗夫第三（也像第一届和第二届杜马几乎所有的**农民**劳动派分子
一样）是一个真正的、本能的、"有根基的"民主派。

　　请看久宾斯基先生是怎样开始发言的。在谈到饥荒的时候，
他提到首位的——你们认为是什么呢？——是"1900 年 6 月 12 日
暂行条例"这个粮食条例！！你们马上就可以感觉到，这个人，这个
政治活动家对饥荒的最鲜明的印象，不是从亲身的经历，从对群众
生活的观察，从对群众生活的明确认识中得来的，而是从警察法教
科书中得来的，而且，不用说，他所使用的是一位纯粹自由派的，一
位彻头彻尾自由派的教授写的最新最完善的教科书。

　　久宾斯基先生批评了 1900 年 6 月 12 日条例。请看他是**怎样**
批评的，他说："几乎从 1900 年 6 月 12 日条例颁布的时候起，无论政
府本身或者社会本身都认为这个条例是不能令人满意的……" 政
府本身也认为是不能令人满意的，就是说，民主派的任务是修改
1900 年 6 月 12 日条例，使这个条例能够被政府本身"认为是令人

满意的"！让我们来设想一下俄国省政府机关的情景吧。那里空气污浊，官气十足。坐在那里的是省长、检察官、宪兵上校、一名常任官员和两名自由派地方自治人士。一个自由派地方自治人士证明说，应该提出关于修改 1900 年 6 月 12 日条例的申请，因为这个条例"政府本身认为是不能令人满意的……"　久宾斯基先生，得了吧！如果我们把 30 年前在省机关，在小市民的舒适的"安乐窝"里，即在自由派工程师、律师、教授和地方自治人士的办公室里可以得到人们谅解的（如果是可以谅解的话）语言和作风，"政治"思维方法和问题的提法都带到杜马中来，那我们民主派还需要杜马干什么呢？这样做是不需要任何杜马的！

谚语说得好："你告诉我，你同谁相识，我就能告诉你，你是什么人。"只要读一下杜马的速记记录，就很想针对某个代表，把这个谚语改成："你让我看看，你走上国家杜马讲坛时你是同谁讲话的，我就能告诉你，你是什么人。"

例如罗季切夫先生就像所有的立宪民主党人一样，总是同政府和十月党人讲话。罗季切夫先生就像所有的立宪民主党人一样，要他们"发誓"，并同意在这个条件下"饶恕"他们。实际上罗季切夫的这个天才的警句（无意中道出了真实情况！）把立宪民主党人在各届杜马中以及在议会、报刊或者大臣的前厅发表的一切重要言论中的整个政治立场的精神出色地彻底表达出来了。"如果你们发誓要消灭掌握俄国政权的毒蛇，我就决心饶恕你们说这种谎话"。——这句话应当刻在纪念碑上，现在已经到了给罗季切夫先生竖立纪念碑的时候了。

不过久宾斯基先生不是立宪民主党人，他不是那种把立宪民主党当做民主派政党的政治上无知的人。他自称劳动派分子，民

粹派分子。可是他没有一点民主主义的嗅觉，登上国家杜马讲坛
还继续同官僚们讲话。他没有一点嗅觉，竟不对千百万忍饥挨饿
的农民讲话（这一点在俄国要在杜马中，而且目前恐怕只有在杜
马中才可能做到），而对几百个熟悉 1900 年 6 月 12 日条例的官
僚讲话。

> 久宾斯基先生说："6 月 12 日条例具有纯粹的政治意义；这个条例旨在
> 排除地方自治社会团体并把向居民赈济粮食的事宜全部移交给政府办理。"

"6 月 12 日条例具有纯粹的政治意义……"　这是什么话？
它散发出多么陈腐的古董气！在 25—30 年前，即在该诅咒的上
世纪 80 年代，《俄罗斯新闻》用地方自治人士的观点批评政府时，
说的就是这种话。久宾斯基先生，醒醒吧！20 世纪的头 10 年你
尽在睡大觉。在你安睡的这段时间，旧的俄国已经死亡，新的俄国
已经诞生。**不可以**同这个新的俄国说这种话，指责政府说它的条
例具有"纯粹的政治"意义。这句话虽然意图善良，彬彬有礼，十分
友好，但它还是比第三届杜马反动分子说的话反动得多。这是那
些认为"政治"高深莫测，并幻想"脱离政治"来进行粮食运动的人
（或者是被吓得不敢接近任何政治的地方官吏）说的话。只有放弃
一种政治而择取另一种政治，放弃一个阶级的政治而择取另一个
阶级或另几个阶级的政治，放弃一种政治制度而择取另一种政治
制度，才能同当代俄国讲话。这不仅是民主主义的最起码的常识，
而且甚至是最狭隘的自由主义的最起码的常识，这里指的是这些
政治术语的真正意义来说的。

久宾斯基的发言通篇都贯穿他发言的开头部分的精神。他谈
到征税的公告，谈到捐税的不断增加，谈到割禾者和短工的优惠税

率,谈到播种期过后才得到种子的情况,谈到以奶牛作抵押的贷款(因为在政府看来,养人不如养牲口),谈到农民宁愿向私人银行以12％的利息借 75 000 卢布,也不愿通过各种**烦琐手续**向国库借70 000 卢布的无息贷款,最后他引用了来自地方的几封描绘极度贫困状况的颇有教益的信。但是,在这整篇充满善良意图的发言中,既没有一点民主主义的情感,也没有丝毫对民主主义"**政治**"任务的理解。从这个发言中无疑可以得出这样的结论:我国的制度是腐朽的——这也是好心的久宾斯基先生想证明的。但不幸的是,发言人甚至没有发觉,从他的发言中同时也可以"得出"腐朽的自由派官僚的道德品质也是腐朽的这个结论。

继久宾斯基之后另一个人发言,再接着讲话的是乌法省的代表托尔斯泰伯爵,他的思想虽然同劳动派相距甚远,但是他的发言同久宾斯基极其相似,他说:"政府出于某些政治考虑,不断排挤地方自治机关,不让它们参与粮食工作,这就使大部分平民遭受苦难……" 在 20 年或者 50 年以前,也可以出现像久宾斯基和托尔斯泰伯爵这样的发言。他们的发言散发着幸而已经死亡了的旧俄国的气息;在旧的俄国,没有一个阶级意识到或开始意识到不同居民成分的"政治"的区别,没有一个阶级学会或开始学习为各自截然相反的利益而进行公开和直接的斗争;在旧的俄国,下层是"平民",上层是处于大多数是非自由派官僚统治之下的自由派地方自治人士。当时无论"平民"或者自由派地方自治人士,害怕"某些政治考虑"都比害怕火还要厉害。

请把速记记录再往下翻两三页。我们又看到一些发言,如果把这些发言综合起来看的话,无论在 50 年前,或者在 20 年前,甚至在 7 年前,都不可能在俄国作这样的发言。马尔柯夫第二和彼得罗夫第三在决斗,他们的姓后面都带有第几的字样,就好像故意要表明,站在我们面前的是相应阶级的典型代表,像他们这样的人有很多。马尔柯夫第二是用旧方式进攻,彼得罗夫第三是防御,并由防御转入**不是**用旧方式的进攻。

马尔柯夫第二说:"……对于根本不是由实际情况引起的无端攻击,当然……只能这样解释:不论俄国政府做什么,总是要激起我国人民暴动的"……"在西部各省……人们在田地上劳动,做着你们伏尔加河流域的人不愿意做的事情〈"你们伏尔加河流域"一语,发言人是对谁说的,不十分清楚,因为在他之前发言的只有一个维亚特卡省的劳动派克罗波托夫;很明显,"你们伏尔加河流域"一语**不是**指杜马代表,**不是**指杜马过去或现在存在的东西,而是指其他某种东西〉,因为伏尔加河流域懒汉太多了,这一点是应当记住……   我们知道,你们那里的饥民中间有许多人确实应该挨饿,这样才能促使他们去工作,而不再游手好闲。"

彼得罗夫第三虽然不是来自伏尔加河流域,而是来自彼尔姆省,但是他回答说:"先生们,我再提醒一点:如果马尔柯夫第二不是懒汉,他就应当回忆一下 1905 年和 1906 年,在这两年以后,地主老爷们从国库得到了千百万补助金。这又说明什么呢? 首先应当回忆一下这一点,至于向农民挑衅,你们是没有权利的。"

马尔柯夫第二(在座位上)说:"小声点,亲爱的。"

这些"第二"和"第三"的举止多么粗鲁啊,不是吗?

放肆之至! 对比之下,久宾斯基在向贵族代表证明 1850 年……不,1900 年的粮食条例不完善的时候,用的却是彬彬有礼的、得体的国语。好像我们从体面的"社会活动家"的体面的办公室来到了某个广场,来到了街头,来到了人群拥挤、忙乱不堪的地方。

真是不成体统,真是一片混乱！可是我们马上就会看到是怎样恢复了"秩序",请不要以为是会议主席恢复的,不是的,是体面的社会活动家立宪民主党党员盛加略夫先生。不过,我们要先把这幅现代风俗画画完。

彼得罗夫第三说:"……有人说,如果你们发放一笔买粮食的钱,他们就会把这笔钱花在小酒店里。先生们,这是不正确的。要防止这一点,取决于谁呢？其实,现在有许多省的居民请求取缔小酒店,可是小酒店仍然没有取缔。是的,也许居民要喝掉一定数量的钱。但是,马尔柯夫第二等人也应当看一看自己,你们贵族老爷喝掉多少钱？如果我们按每人平均计算,也许你们要比农民喝得多得多…… 只要理应属于农民的土地还在马尔柯夫、普利什凯维奇之流的手里,饥荒自然就会继续不断地发生。这帮老爷居然说,由于农民都是懒汉才发生饥荒的。"

马尔柯夫第二(在座位上):"我们的农民没有挨饿。"

彼得罗夫第三:"先生们,我认为,消灭一切饥荒的根本问题就在于,把土地从不耕种土地的所谓'不是懒汉'的这帮老爷的手里拿过来,交给耕种土地的人。只要你们不交出土地——你们是不会交出的,我知道一定是这样——农民就会挨饿。不言而喻,1905年发生过的战争现在又成为不可避免的了,这是你们引起的,因为饥饿的人民就像野兽一般,而在这方面,是你们挑起居民进行革命,挑起他们用暴力夺取他们有权拥有的东西的。"

假如第三届杜马的主席是穆罗姆采夫,他大概会打断发言人,因为他在第一届杜马就曾打断过这种不恰当的发言。由于穆罗姆采夫不在了,恢复"秩序"的是下一个发言人盛加略夫。他公然耻笑马尔柯夫第二满口都是"江湖艺人的腔调",并教导彼得罗夫第三应当**怎样**同马尔柯夫之流论战。盛加略夫说,马尔柯夫的同一党团的同志维什涅夫斯基"发言很真诚",并赞成通过这项质询。他盛加略夫"希望政府会比马尔柯夫代表的发言聪明些……俄国人民代表有责任对这帮先生说:你们可耻。"

　　罗季切夫和盛加略夫狠狠地奚落了马尔柯夫,而盛加略夫通过他同马尔柯夫的模范论战完全击败了这位"第三"。

　　　　　　　　　———

　　本文要谈的最后一项质询,是对 1881 年 8 月 14 日"暂行"条例,即对 30 年来一再恢复实行的事实上等于俄国宪法的有名的保安条例提出的质询。就这项质询作主要发言的是捷斯连科和米留可夫,而最后的插曲是"取消耶利内克的资格",也就是,捷斯连科由于引用了耶利内克的话而被取消参加 15 次会议的资格,**尽管**捷斯连科声明,他的发言"决没有现在要投票赞成"取消资格"的人们显然想硬加上去的那个意思"**[77]**。

　　我们不再详细评价这个有趣的插曲了,我们只指出:甚至在这个政治上如此简单明了的关于 1881 年 8 月 14 日条例的问题上,立宪民主党的首领米留可夫先生居然也能非常"出色地"表现出立宪民主党人所特有的在问题提法上的狭隘性和虚伪性。米留可夫感慨地说:"先生们,再没有什么问题比我们提出的这个问题更迫切的了,因为这是俄国生活的主要的、基本的矛盾〈可以把一纸公文和俄国生活之间的矛盾叫做俄国生活的矛盾吗?〉,因为这是国家制度的现有形式和国家管理方法之间的矛盾……"

　　这是不对的,米留可夫先生。正是 1881 年 8 月 14 日条例,正是它的三十周年纪念,正是它的"独特的""法律本质"证明,"国家制度的现有形式"和管理方法是**完完全全**相适应的,决不是"矛盾"

的。米留可夫先生认为在这里有矛盾,试图在"制度"和"管理"之间制造出一条鸿沟,**从而把自己对祸害的批评从民主派的斗争的**水平降低到自由派的善良愿望的水平。米留可夫给生活中**密切**相联系的东西之间凭空制造出一条鸿沟,他正是以此来支持法律和国家法制的空架子,从而**便于替祸害辩护**,模糊其真实的根源。这样一来,米留可夫就站到**十月党的立场**上去了,因为十月党也不否认祸害,但是他们竭力消除**形式上的**矛盾,而不消除上上下下普遍存在的官僚制度的**现实的**无限权力。

米留可夫这位真正的立宪民主党人,不仅没有发觉他这位"民主派"在胡乱搅和,没有发觉他像十月党人那样在发表议论,而且甚至还以自己是从"国家"观点出发提出问题而**感到骄傲**。紧接着上面引用的那段话之后,他说:

"……先生们,这个矛盾非常明显,甚至在你们中间〈米留可夫先生当然只是在同"第三届杜马的领导政党"即十月党人谈话〉也有人不止一次地、极为经常地指出这个矛盾,但是很少像我们今天这样接触到本质,接触到根源,接触到基本原因。通常你们是怎样谈论制度和管理之间的矛盾问题的? 你们推说行政机关的风气不可能一下子改掉〈说得对——如果……如果不消除全部"行政机关"的话,而要消除全部"行政机关",立宪民主党人也是不会干的〉,你们借口地方行政机关不服从中央指示,不服从中央颁发的指示,你们敢于做的最多不过是指责中央没有颁发适当的指示。过去你们总是把这方面的问题当做事实问题提出来,而现在我们是把它们当做权利问题提出来的。"

米留可夫先生,你非常出色地自己打自己的耳光! 十月党人指出中央同地方行政机关有密切的、不可分的联系,有极为密切、决不可分的联系，他们**是正确的**，是完完全全正确的。由此应当得出民主主义的结论，因为在俄国出现托尔马乔夫、杜姆巴泽、雷因博特、伊利奥多尔以及杀害赫尔岑施坦的凶手等等人之后还否认这种联系，那就太可笑了。可你们由于自己的不彻底性，却由此得出了天真的"权利问题"。这权利的范围将由谁来决定呢？你们在这方面怎样才能达成"协议"呢？政治权利如果不是力量对比的表述、记录，那又是什么呢？你们的权利的定义是从西欧的教科书上抄下来的，而西欧教科书所**记载的**是作为西方长期战斗的整个时期的结果的东西，是作为已经确定的（在根本不同的另一种工人阶级的运动出现以前）西方资产阶级、西方农民、西方地主-封建主和政权等等的各种成分之间的力量对比的结果的东西。在俄国，这一时期还刚刚开始，我们**现存的**问题——现时的历史环境就是如此——就是"事实"问题，而你们向后退，不肯直接地、明确地提出问题，你们把脑袋藏在翅膀下面，戴上用虚构的"权利"做成的隐身帽。你们所持的观点是自由派官僚的观点，而不是民主派的观点。

载于 1911 年 12 月《启蒙》杂志　　　　　译自《列宁全集》俄文第 5 版
第 1 期　　　　　　　　　　　　　　　　第 21 卷第 104—116 页

选举运动的几个原则问题

（1911 年 12 月和 1912 年 1 月）

一

第四届杜马的选举已经临近，选举运动的问题自然也就提到日程上来了。不用说，在从马克思主义的观点看来必须参加选举这个问题上表现出任何动摇，都是绝对不能容许的。只有**不坚持**马克思主义、不属于工人政党的人，而不是坚持马克思主义、属于工人政党的人才会认为，对参加选举"可以"有不同的看法，"可以"采取否定的或模棱两可的甚至是漠不关心的态度。这个浅显的道理在许多年以前（从 1907 年底起）就已为经验所证明和确认了，再来重复似乎有点不恰当，但还是不得不重复一下，因为现在对我们来说，最大的祸害就是涣散和混乱。而现在，不仅有些人对浅显的问题作出了模棱两可或含糊其词的回答，而且有些人由于喜欢玩弄外交手腕，由于缺乏思想性等等，竟替模棱两可和含糊其词的态度进行辩护，他们的这些做法都起了加剧这种混乱和涣散的作用。

国家杜马的选举自然迫使所有的马克思主义者、所有参加工人运动的人竭尽全力，在这个运动的各个方面最积极最顽强最主动地进行工作。近几年来对这个工作在原则性纲领、政治、组织方面的内容和方针问题拟出的那些答案,现在应该在"选举"活动这个特别领域里得到直接的实际的运用。

我们特意提到已经拟出的答案,因为实际上,要是以为现在在选举前的短短几个月,或哪怕是在选举前的一年以内,就可以"找到"几年来都没有找到、没有考虑出来、没有经过实践经验检验的答案,那是可笑的。这里所说的答案是指对**一切**"该死的问题"的答案,这些问题既涉及到整个世界观,也涉及到对于俄国过去一段事件层出不穷的历史时期的估计,涉及到对目前时期(大体上至迟是从 1908 年形成的)的估计,涉及到比如最近四年来工人运动的每个参加者这样或那样完成的政治任务和组织任务。把已经拟出的答案和活动方式运用到这一特殊的工作领域,运用到第四届杜马的选举中去,现在能谈的只有这一点;说什么"在选举运动的过程中即在一个活动领域,就可以对涉及**一切**活动领域,即不仅涉及 1912 年而且涉及从 1908 年起的整个时期的问题拟出答案",这就等于用幻想来安慰自己,或者是掩饰普遍的混乱和涣散,并为之辩护。

这里说的首先是对纲领性问题的答案。俄国近四年来的实际生活在这方面提供了些什么呢? 所有的人都应当承认,近四年来,并没有人试图重新审查或修正或进一步详细拟定马克思主义者旧纲领的原则部分。"目前时期"(从许多方面来看,叫做"停滞"时期或"腐朽"时期要更确切些)的特点是,对纲领采取置之不理的轻蔑态度,千方百计地加以缩小和削减,根本**不想**进行直接地坚决地加以重新审查。"修正主义",就它用资产阶级观点阉割马克思主义真理的特殊作用来说,在目前的特点不是举着"起义旗帜"的战斗的修正主义(哪怕是像大约 10 年前德国的伯恩施坦,15 年前俄国的司徒卢威或稍后一些时候的普罗柯波维奇所做的那样），而是怯懦的、隐蔽的背弃，往往用些"实际的"，主要是所谓实际的理由来为这种背弃行为进行辩护。司徒卢威和普罗柯波维奇的"事业"的继承人和接班人波特列索夫、马斯洛夫、列维茨基之流先生们，对于造成普遍的混乱"也有一份功劳"，他们支持混乱，其方法多半是小心翼翼地、时断时续地试图抛弃"旧的"马克思主义，代之以"新的"资产阶级学说（尤什凯维奇、波格丹诺夫、卢那察尔斯基等人则从另一方面去支持）。近四年来，理论问题被提到一个首要地位不是偶然的，不是由于"集团"的随心所欲的要求。把这些问题，哪怕是其中某一部分，看成"无谓之谈"的，只有那些胆怯地背弃旧东西的人。而如果现在，结合选举运动，在选举运动等等的"过程"中，谈到要捍卫马克思主义的纲领和世界观，如果说这种话不仅仅是为了履行"公"事，不是为了说空话，那么应该考虑的就不是言词、诺言、保证，而恰恰是过去四年的**经验**。这四年又一次用事实向我们表明，在我国的知识分子（往往是愿意成为马克思主义者的知识分子）中间，有许多马克思主义的"不可靠的同路人"；这四年告诉我们不要信任这种同路人；这四年**使**思考问题的工人**进一步**认识到马克思主义理论和完整的马克思主义纲领的意义。

在某一方面的问题上，纲领接近策略，并且变为策略。不言而喻，这些问题在选举运动时期具有更大的直接的实际的意义。在这些问题上，背弃和混乱的气息表现得无比强烈。有些人说，旧任务已经消失了，因为在俄国，政权实质上已经是资产阶级的了。另一些人说，今后俄国的发展可能像1848年以后的德国或奥国那样，不经过任何"飞跃"。还有人说，工人阶级领导权思想已经过时了，马克思主义者应当争取的"**不是**领导权，**而是**阶级的政党"，等等。

不用说,不分析这些被公正地称为"取消主义"的思想,不分析这些同背离民主主义的资产阶级舆论巨流有密切联系的思想,要解决和要比较完满地、全面地、有条理地阐明哪怕是一个策略问题,都是不可能的。谁稍稍观察过实际生活,谁就知道,在这些问题上存在的混乱状态,比从书刊上看到的要严重百倍。当然,在1905年底和1906—1907年那些事件发生以后的几年中间,情况也只能是这样。但是,这种涣散"愈是自然"(在资产阶级环境下),对马克思主义者来说,同这种涣散进行全面的顽强的斗争的任务也就愈是紧急和迫切。

在像俄国近四年来这样的时期,各个国家都有涣散和背弃的情况发生。还有这样的情形,就是连集团都不存在了,只有个别的人在10年或更多的时间内,能够在这种环境下"高举旗帜",保持继承性思想,并且后来在社会政治环境发生剧变的情况下加以运用。俄国的情况还没有这样坏,因为给我们留下的"遗产"既有纲领,又有对"当前"基本策略问题和组织问题的**确定**答案。取消派摒弃这个答案,但又不能提出任何近乎确切明了的答案来与之相抗衡。

选举运动就是把解决政治问题的一定办法用到复杂的宣传、鼓动、组织等等活动方面去。没有一定的解决办法是不能着手进行这个运动的。马克思主义从1908年作出的确定的答案,已为四年来的经验完全证实了。政府的土地政策的新的即资产阶级的内容,第三届杜马中地主和资产阶级的组织,甚至最"左的"资产阶级政党立宪民主党的行为("伦敦"之行——而且远不只是这一次——非常明显地说明了它的行为),在"有教养的"社会中间受到极大欢迎的"路标"派思潮,——所有这些都明显地表明,旧任务并没有完成,但现在要着手在新的更资产阶级化的环境中,在资产阶级有步骤地**离开**民主派**转向**负责的、组成政党的、"忠诚的"等等的"反对派"的情况下完成这些旧任务。新的环境,采取新的准备手段,以便用旧办法解决旧问题,民主派和反民主的自由派资产阶级之间的分裂更加表面化,——这就是马克思主义者对当前根本的政治问题的确定答案的主要特征。

对组织问题的答案,是同马克思主义者的整个世界观,同他们对"六三"时期的政治意义和作用的估计密切联系着的。基本上保存旧的,使旧的(各种所谓的"机会":公开的社团组织等等)适应新的环境。要有支部以及同支部有联系的、受支部领导的外围组织网。这些"支部"要有更大的灵活性,采取更机动的与旧形式不完全相同的形式,不仅必须利用杜马讲坛,而且必须利用各种类似的"机会"。这个答案决不受任何划一的规定、任何必要的形式的束缚,它为制定适当的结合方式和方法留有广阔的余地,它在原则上是"坚定"不移的,也就是说,它不仅口头上宣布忠于旧的,而且用能够体现思想上的坚定性的基本组织原则来对抗普遍的混乱、背弃和惊慌失措。那些"积蓄了力量的"人——虽然为数不多——正在联合起来,不断地维护"等级制度",当然是维护它的精神、它的学说、它的原则、它的传统,而不是它的形式。

相反,取消派面对普遍的无组织状况(**决**不仅是我们有,不仅是工人阶级有,其他阶级和政党还更厉害)感到**灰心丧气**,不再为旧的进行工作,在探索"新"的幌子下使混乱合法化。在资产阶级社会反对民主运动,特别是反对群众运动,尤其是反对这个运动不久前的组织形式和领导形式的巨大思潮中,马克思主义者当中的取消派不过是一股小小的支流。

　　这就是马克思主义的一般原理,这就是马克思主义对当前的任务和问题的态度。再说一遍,这种态度不是昨天才确定的,现在需要的是把它的整个内容——思想内容、纲领内容、策略内容、组织内容——贯彻到"选举运动"中去。

二

　　现在,我们来考察一下取消派的主要刊物《我们的曙光》杂志在选举运动问题上所采取的立场。

　　再没有什么比空谈更违背马克思主义精神的了。《我们的曙光》杂志第6期和第7—8期合刊上最令人厌恶令人吃惊的,就是通篇都是达达兰[78]的空话。这种各国马克思主义者习以为常的、甚至在俄国也已大规模举行了**两次**的选举运动,在我们取消派的达达兰们口中竟变成了令人简直无法忍受的漂亮动听的滔滔不绝的空话。

　　尤里·查茨基先生在《是开始的时候了》一文中,**开始**叙述了取消派的观点,而且实质上是以主人的身份**结束**这一叙述的,他把美化、修饰、润色工作留给了尔·马尔托夫先生。

　　请看尤里-达达兰的大作中的一段典型的话:

　　"……未必可以有把握地指望,选举运动在组织上会完全集中地进行,虽然应当采用我们已经谈到的一切办法争取做到这一点……从组织上巩固社会民主党工人在政治运动过程中政治联合的成果……"

　　别再胡说八道了,托洛茨基的最可敬的竞争者! 为什么要用政治运动过程中政治联合的成果这种文字堆砌来迷惑读者,特别是工人！说什么巩固这种成果！这是文字堆砌，这是用费解的话来装腔作势地重复浅显的道理。组织上的"巩固"始终是需要的，无论是选举以前还是选举以后都是需要的。你把选举称为政治运动，并且"为了显示自己了不起"，还谈到"许多〈！〉全国性的〈！〉政治运动"，你用这种响亮的词句，把**怎样**组织起来这个真正迫切的重大的实际问题**掩盖起来**了。是否需要"支部"和**这些**支部周围的或多或少公开的不稳固的社团网？需要还是不需要？如果需要，那这在选举以前和选举以后都需要；选举只是一项工作，只是许多项工作中的一项。如果**长期以来**没有进行系统的工作，你在选举运动过程中就**什么**也"巩固"不了。每个实际工作者都知道，这是废话。这里用一些响亮的词句掩盖了一个事实：对应该怎样组织起来进行一切活动（不仅仅是选举活动）这一**基本**问题没有作出确切的回答。

在谈选举的时候，提到什么**"无产阶级的战斗动员"**（原文如此！第49页），**"工人群众的广泛的和公开的动员"**（第54页），等等，——这不仅是毫无分寸的，而且直接损害必要的平常的工作，助长与"召回派"、"最后通牒派"等**性质完全相同的**空谈习气。在"召回派"和"最后通牒派"看来，应当用抵制来特别强调，"精神"还没有被断送（而工作"精神"是应当贯穿到包括选举在内的一切工作领域的），在取消派空喊家看来，选举会产生一切，既会产生"战斗动员"（俄国的所谓"马克思主义者"竟好意思写出这样的东西来！），也会产生"从组织上巩固在政治运动过程中政治联合的成果"！我们都很清楚，1912年的选举（如果没有出现会从根本上改变1908年和1911年的情况的条件的话）既不会产生"群众的""广泛的动员"，**也**不会产生"群众的""公开的动员"，而且也不可能产生这种"动员"。它只会为不广泛的和不很公开的工作提供小小的机会,必须利用这种机会,而不应该学托洛茨基那样夸夸其谈。

在谈选举的时候,叫喊"公开"组织,简直是愚蠢,我们说,工友们,我们最好还是**不很公开地干吧**,这比空谈"公开的"存在要正确些,适当些,明智些,**更便于影响更广泛的阶层**。在目前这样的时期,只有十分愚蠢或十分轻率的人才会叫喊和吹嘘"我一切都能公开"。

"……党(阶级的党)只会作为独立行动的工人先锋队的有组织的创造性活动的产物出现。"(第41页)

够了!别折磨人了!要知道,在世界上,党是由先进工人和完全转到工人方面的真正马克思主义的"知识分子"经过几十年的时间才建立和培育出来的。我国也**不会**例外,用什么"创造性活动"(在需要反复说明基本道理,需要搬运普通的小石头打基础的时候),"独立行动的"先锋队等等之类说得天花乱坠的胡话来吓唬俄国工人读者,是毫无用处的。马尔托夫先生也迷恋于查茨基-达达兰的空话,说什么代替旧人员的"自我消失"(第7—8期合刊第42页)的是"工人阶级的自觉分子"(同上)。

真是过甚其词!"独立行动的","自觉的","创造性的","战斗动员","最广泛的","最公开的"……　这种——用谢德林的话说——大唱高调怎能不叫人作呕呢?

问题是,作者**不能**简单、直率、明确地回答简单、明确、浅显的问题,因此**才不得不**玩弄冠冕堂皇、牵强附会的辞藻来迷惑和愚弄工人(特别是知识分子,因为工人们嘲笑尤里·查茨基之流的文风,而中学生对此却十分"**迷恋**")。在选举纲领的问题上,我们可以特别明显地证明这个真理：**不明确的**思想会变成不明确的、夸夸其谈的漂亮空话。

三

　　尤里·查茨基先生在谈到选举纲领的重要性时，也是十分慷慨激昂的。纲领问题是"最根本的问题之一"。好极了！"工人社会民主党人应当对它〈纲领〉充满感情〈！！〉，周密考虑，把它看做**自己的纲领**。"（黑体是尤里·查茨基用的）

　　说工人应当对纲领**周密考虑**，这是对的。在几乎是马克思主义的杂志上写文章的知识分子，也更不妨周密考虑考虑纲领。但对纲领"充满感情"是什么意思，却是难以理解的。也许涅韦多姆斯基先生和卢那察尔斯基先生要在《我们的曙光》杂志下一期上发表一些"充满感情的"文章，来论述自觉动员起来的群众的独立行动的先锋队对选举纲领的"充满感情"？

　　不妨看看费·唐恩先生的文章中的一段妙论："……选举策略的意义和政治内容因策略的制定者和执行者的不同而完全不同，这要看它的制定者和执行者是工人的社会民主主义先锋队及其全部无产阶级和知识分子力量的自治集体，还是某些虽然也是'社会民主主义的'但不是由这样的集体推举出来并在它的监督和压力下进行活动的知识分子小集团……" 实际上，谁会怀疑波特列索夫和唐恩根本不是"知识分子小集团"，**而是**"先锋队的自治集体推举出来"并"在它的监督下进行活动的"人呢！唉，这些取消派的达达兰们！

　　尤里·查茨基、尔·马尔托夫和费·唐恩周密考虑过纲领没有？其中的尤里·查茨基写道："有一点我们不好意思承认，但又不应该隐瞒，就是我们这里也有这样的情况：纲领是纲领，竞选演说和文章讲的却是另一套，真是各唱各的调。"

　　真的，的确如此。这样的情况，"在我们这里"时有发生。

　　例如，尤里·查茨基曾就充满感情的纲领说了一些充满感情的话，接着又就**统一的**纲领的重要性和必要性发表了一大套同样充满感情的话。这些充满感情的话把一个简单问题有意地掩盖起来了，这个问题就是：政治观点不一致，能有**统一的**纲领吗？如果观点一致，那又何必白费唇舌，去敲敞开的大门呢，要知道纲领就是观点的论述！

　　尤里·查茨基"转弯抹角地"谈了谈"统一的"纲领之后，竟非常笨拙地泄露了自己的"秘密"。他写道："我们认为，社会民主党杜马党团的认可〈对纲领〉具有极大的意义，但是一定要有一个条件，就是社会民主党杜马党团不要采取阻力最小的路线，去承认国外小组强加给它的纲领……"（第50页）

　　这叫做：如果国王实现**我们的**意志，他的权威将至高无上（der König absolut，wenn er unseren Willen tut）。纲领最好是个统一的，如果"国外小组强加的"纲领没有得到认可的话。这不就是说纲领**现在有**两个吗？一个是被你骂成是"国外强加的"（只有普利什凯维奇才能使用这样的语言！真想不到，尤里·查茨基竟和马尔托夫、唐恩携起手来，在波特列索夫的杂志上大谈国外的强加！真是堕落到了极点，才会采用这种手段去唆使不开展的人反对"国外"！）。另一个纲领显然不是来自国外而是来自已被动员的群众的广泛而公开的组织组成的自治集体。说得简单一些，不转弯抹

角,那就是:"实行可能的集中化的其他因素是同公开的工人运动
有密切联系的、并且在进行政治运动的过程中日益稳定而又有威
信的社会民主党〈?〉工作人员集团。我们特别要指出的是彼得堡
和它在近一年来的政治运动中的领导作用。"尤里·查茨基就是这
样写的。

事情已经很明显了:大家从波特列索夫先生的杂志上已很熟
悉的彼得堡取消派"集团",就是"实行集中化的因素"。清楚了,十
分清楚了,可敬的尤里·查茨基!

纲领应当是统一的,**但是**……它不应当是"国外小组强加的",
而应当是使彼得堡取消派"集团"感到满意的……   这位尤里·查
茨基真是"统一"的热烈拥护者!

四

现在,我们来看看尔·马尔托夫的"选举纲领的基本论
点"……   他的选举纲领的基础是党纲,这是理所当然的。马尔托
夫用自己的话一部分一部分地转述了这个党纲。现在还不清楚,
马尔托夫宣扬的是不是**他**在《我们的曙光》杂志第 7—8 期合刊上
叙述过的**那个**党纲:旧党纲的**这**一部分,不论是拉林,还是列维茨
基,还是普罗柯波维奇,显然都会同意的。或者马尔托夫是同意**整
个**旧党纲?

要公正地指出,马尔托夫的文章有一个地方说明他是同意整
个旧党纲的;这是在第 48 页上,他在那里写道,有时需要"把话说
得含蓄一点"(这是对的),但是,他又说不应当**放弃**。"我们不会被

迫""**削减**我们的要求的内容"。这话说得很好。遗憾的是,这些话
与**事实**不符,因为我们很清楚,例如"没有被〈马尔托夫〉怀疑为搞
改良主义"的拉林**削减**和**放弃**了。我们很快就会确信,连马尔托夫
也在他自己的那篇文章中,一面答应"不削减"和"不放弃",一面又
在事实上削减和放弃了。

可见,实际情况就是这样:在作为选举纲领的组成部分和基础
的党纲问题上,现在有的不是一个而是两个选举纲领:一个是**没有**
削减和放弃什么的;一个是**有所**削减和放弃的,这种削减和放弃的
趋向,已为拉林、列维茨基和波特列索夫的说教的性质明显地表
明了。

接着谈到了策略问题。对六三时期的历史意义应当作出估
计,我们任务的**一切**规定,我们对当前政治的任何一般问题和个别
问题发表的**一切**"意见",都应当以这个估计为依据。马尔托夫自
己也不得不承认(虽然取消派分子总是对"时局的估计"抱着取消
派所特有的嘲笑态度)这个问题十分重要。下面就是马尔托夫对
这个问题的"旧的"已经确定的答案发表的高论:

"某些人试图用一个不恰当的——因为会使人产生误解——公式来说明
'六三'时期的历史意义,说:什么是'在向资产阶级君主制转变的道路上迈了
一步'〈确切的原文是"在向……转变……的道路"〉……"

"不恰当的"公式……　说得多么委婉! 马尔托夫的同伙是不
是早就看出,这个公式从原则上完全否定了他们认为是唯一救星
的那种观点呢? 费·唐恩是不是早就说过,"竟想钻到已被打垮过
一次的地方去"呢? 问题在什么地方呢? 对六三时期的历史意义
问题,有没有根本性的分歧呢?

请再往下听:

"……在这个公式中,见不到向专制制度的代表同土地贵族之间瓜分政权**倒退**一步这一现实。综上所述可以得出这样的结论:只有在1905年事件以后才能实现这种瓜分的那些形式,为动员和组织以致力于建立'资产阶级君主制'为历史使命的社会力量,创造了有利条件……"

这种社会力量,按马尔托夫的说法,就是六三时期"被授权成为公开的或者说是可以容许的反对派"的资产阶级。

让我们来分析一下马尔托夫的论调。他责备"不恰当的公式",**似乎**只是因为这一公式忽略了**政权**倒退一步。首先,这是不符合事实的。马尔托夫在1908年的"公式"问题上很不走运:他一谈到这个公式,就立刻表现出惊人的无能,不善于(还是不愿意?)确切地转述他十分熟悉的"公式"。"公式"直截了当地准确地谈到**农奴主**-土地占有者(而不是像拉林讲的资产阶级土地占有者)还继续保持着"他们的政权和他们的收入"! 就是说,假如这种瓜分政权叫做"倒退一步",那这种倒退在我们的公式中,不但没有消失,而且相反,被极其确切地肯定下来了。其次,**这一点是主要的**,就是马尔托夫在讲到政权倒退一步的时候,把**自由派资产阶级倒退一步**这个事实掩盖和抹杀了。关键就在这里! 被马尔托夫弄得含混不清的议论的实质就在这里。

自由派资产阶级倒退的一步,就是这个阶级的**路标主义**,就是它背弃民主主义,**靠拢**"秩序党",支持(直接和间接,思想上和政治上)旧制度以"在向资产阶级君主制转变的道路上迈了"最小的"一步"为代价来保持自己地位的尝试。没有反革命的(路标派的)自由派资产阶级,资产阶级君主制就不仅不能形成,甚至不能开始形成。马尔托夫"忘记"这一点,首先而且主要是由于一个简单的原因:他本人就是……马克思主义者当中的一个"路标派分子"。

　　自由派评价六三时期的时候,把全部注意力都集中到政权向普利什凯维奇们"倒退一步"上:假如同一个政权,在保留制度(和对**民主派**的压制)的同一些最基本的特点的条件下,向他,向自由派倒退"一步",那这就是他所要求的一切。说什么我已经用《路标》文集和路标派的政策(米留可夫的"伦敦口号")证明,我这个自由派是"反国家的"、背叛的、幼稚的、犯罪的、"盗窃的"、不道德的和无神论的以及《路标》文集中还以其他形容词谈到的民主派的坦率的真正的无情的敌人。尽管如此,政权并没有分给我,而是分给普利什凯维奇! ——这就是六三时期自由派政策的**含义**,这就是司徒卢威和米留可夫先生之流的"斯托雷平自由主义"的含义。自由派眼巴巴地望着政权说,我对你一片忠心,可你却觉得普利什凯维奇比我好!

　　相反,无产阶级民主派对六三时期的看法,在原则上是根本不同的。政权向普利什凯维奇们"倒退一步",是在比过去高得多的另一个发展阶段上的倒退。在 80 年代,就曾经向贵族"倒退一步"[79],但那是在俄国刚改革后的阶段上的倒退,当时离开尼古拉时代[80]已经很远了,在尼古拉时代,贵族-地主是在没有"财阀统治制"、没有铁路、没有日益增长的第三种分子[81]的情况下发号施令的。现在也是这样,向普利什凯维奇们倒退一步是在资产阶级土地政策的基础上,在资产阶级有组织地长久地参加代表机关的基础上的倒退。这就是普利什凯维奇在向**反对**民主派、反对群众运动、反对所谓"破坏社会秩序"、反对所谓"知识分子〈路标派语〉革命"等等方面的整个转变(既是普利什凯维奇的又是米留可夫的转变)中保持领导权。

　　自由派的任务是"吓唬"一下普利什凯维奇,要他"自己挤一挤",给自由派多让出点地盘,但这决不会完全铲除普利什凯维奇制度的一切经济基础和政治基础。整个民主派的任务,特别是无产阶级民主派的代表马克思主义者的任务,是利用尖锐的冲突把下层群众引上舞台,目的恰恰是要铲除这种基础。从改造俄国这一任务来看,六三时期的历史意义就在于:在向资产阶级君主制转变的道路上迈了这新的一步,就是在一切方面更明确地划分阶级的界限,特别是更明确地划分自由派(对普利什凯维奇们"负责的"反对派)和民主派(铲除普利什凯维奇制度的一切基础)的界限。

由此可以看出,马尔托夫表面上只是批评"不恰当的公式",**实际上却提出了自由派工人政策**的纲领。他看到了旧政权向普利什凯维奇们"倒退一步",而没有看到自由派资产阶级向旧政权倒退一步。他看到,1905年的事件为"动员和组织"自由派资产者去反对普利什凯维奇们或同普利什凯维奇们站在一起创造了有利条件,而**没有**看到,这些事件为动员和组织路标派的反革命的自由派资产阶级去反对民主派、反对群众运动也创造了"有利条件"。因此,从所援引的马尔托夫的话中必然得出这样的结论:工人在**自由派**同普利什凯维奇们的斗争中应当"支持"自由派,应当把**领导权**交给自由派;而决不会得出另一种结论:工人应当**不管**自由派的路标主义,**不管**米留可夫之流想同普利什凯维奇之流平起平坐的意图,而去发动下层群众彻底铲除普利什凯维奇制度的最深厚的根基(和最上层)。

其次,由此可以看出,为什么马尔托夫在基本问题上可能而且必然会同拉林一致,而只是在一些细节上,只是在对自由派工人政策的任务的提法上同他有分歧。拉林说,我们已经有资产阶级君主制了,我国的土地占有者现在已经不是"农奴主",而是大地主即资产阶级的农业企业主了。因此，现在提上我们的日程的不是历史性的"飞跃"，我们所需要的**"不是领导权，而是阶级的政党"**（列维茨基），我们的任务是在保持自己的独立性①的同时，支持自由主义立宪派。马尔托夫反驳说，我们还没有资产阶级君主制，但我们了解到下面这样一点就"足够了"：专制制度和立宪主义的结合是矛盾的，我们应当"抓住旧制度的矛盾的要害"。争论的双方都没有看到已经产生的或正在产生的资产阶级君主制同自由派资产阶级的反革命性之间的联系，双方都没有提到"领导者"在确定俄国资产阶级改造的范围以至类型方面的活动，双方都认为（不管他们是否这样说），是工人阶级在新的资产阶级俄国"得到安排"，而不是由它率领能够否定普利什凯维奇制度的一切基础的民主派去**安排俄国**。

五

　　值得注意的是，马尔托夫下面的议论更明显地打了自己的耳光。

　　马尔托夫接着说道："……比如，1815 年复辟的波旁王朝没有建立资产阶级君主制，却不得不使自己的统治和他所领导的贵族的统治采取了那些能加速资产阶级的组织、使这个阶级发展成为能够建立 1830 年资产阶级君主制的力量的政治形式……"

　　妙极了。在 1815 年波旁王朝以前，在 1789 年以前，法国的君主制是封建的、宗法制的。1830 年以后，君主制是资产阶级的。

----

　　①　拉林写道："在即将到来的立宪革新时期保卫自己。"

那么,马尔托夫自讨没趣地谈到的君主制,即1815—1830年的君主制,是什么样的君主制呢? 显然,它是"在向资产阶级君主制转变的道路上迈了一步"。马尔托夫举出的例子绝妙地驳倒了他自己! 其次,法国的自由派资产阶级早在1789—1793年的运动中,就开始暴露出它对彻底民主派的仇视。当时,民主派的任务根本不是要建立资产阶级**君主制**,这一点马尔托夫是非常清楚的。因此,以工人阶级为首的法国民主派,**不顾**自由派资产阶级的动摇、叛卖和反革命情绪,经过长期的艰苦"战役",建立了在1871年以后得以巩固的政治制度。在资产阶级革命时期的最初阶段,法国自由派资产阶级是君主派;在漫长的资产阶级革命时期的最后阶段,随着无产阶级和资产阶级民主分子("左派联盟"分子,请尔·马尔托夫不要对此生气!)的行动日益坚决和主动,整个法国资产阶级才**改变成**共和派,才重新得到培养、教育和新生。在普鲁士以至整个德国,地主在整个资产阶级革命时期都没有放弃自己的领导权,他们按自己的模样"培育了"资产阶级。在法国,在资产阶级革命整整80年中间,无产阶级大约有4次同小资产阶级的"左派联盟"分子结成各种形式的联合,夺取了领导权,结果资产阶级就不得不建立比较适合于它的对立者的政治制度。

资产阶级有各种各样的。资产阶级革命向我们表明,资产阶级本身的和工人阶级的各种集团、阶层和分子的结合是多种多样的。从狭义的资产阶级革命的"笼统概念"中"吸取"对20世纪头10年的俄国资产阶级革命的具体问题的答案,就等于把马克思主义庸俗化,使之变为自由主义。

马尔托夫接着写道:"比如,普鲁士政权在制止了1848年革命以后,不得不实施宪法和建立对土地占有制有利的立法代表机关;资产阶级就在立宪议会制度的这些微不足道的萌芽的基础上，在政治上组织起来了。可是直到现在它还未能完成国家向'资产阶级君主制'的转变。

可见，上述公式的错误在于，它没有提到阶级之间的决定性冲突这个因素，而没有这个因素，六三式行动所表现的客观趋势就不能得到实现！"

这话真是妙不可言！难道不是吗？马尔托夫用冠冕堂皇的马克思主义的词句和冠冕堂皇的革命的词句掩饰改良主义的议论、理论和纲领，他在这方面真是个能手！费·唐恩在讲到马尔托夫所批评的那个"公式"时，曾猛烈抨击那些竟想"钻到已被打垮过一次的地方去"的人。尤·拉林写道，工人阶级组织起来不应当是为了"等待革命"，而只是"为了坚决地和有计划地维护自己的特殊利益"。现在马尔托夫竟发现：公式的错误在于，它**没有提到阶级之间的决定性冲突这个因素**。真是妙不可言！

但是，马尔托夫的这句话除了可笑之处外，还包含一些别的东西。马尔托夫真是一个支吾搪塞的能手。他没有说他指的是**哪些**阶级。他前面曾谈到土地占有者和资产阶级。可以假设，马尔托夫这里讲的**只是**土地占有者和资产阶级之间的决定性冲突。只有从**这种**假设出发，才能"认真对待"马尔托夫上面这段话。但是，**这种假设**却十分明显地暴露出马尔托夫是自由派工人政策的宣扬者或辩护士。

我们的公式"没有提到"土地占有者和资产阶级两个阶级之间的"决定性冲突这个因素"！对不起：我们的公式直截了当地、明确地、准确无误地谈到了这两个阶级之间的"**小纠纷**"。在我们看来，这两个阶级之间的纠纷**是很小的**。具有重大意义的**不是**这两个阶级的冲突，而是"公式"中同样直截了当、同样明确讲到的其他阶级的冲突。

　　可见,问题就是这样摆着的。凡是采取马克思主义观点的人只能期望俄国通过"阶级之间的决定性冲突"从"六三时期"解脱出来。必须弄清楚"六三时期"的历史意义,以便了解目前俄国**哪些**阶级可能而且必定(指客观上必然,不是指主观上必定)发生决定性冲突。马尔托夫显然认为——所有取消派也同样认为——在俄国,领地贵族和自由派资产阶级之间将会发生决定性冲突。(附带说一下,如果《我们的曙光》杂志和《生活事业》杂志的纲领草案**直截了当地**谈出这个观点,取消派就会向工人讲清问题的所在,从而给工人运动帮了大忙;如果这两个刊物的纲领**不直截了当地**谈出这个观点,那就是说,起草纲领是为了掩盖观点,纲领与这两个杂志所作的宣传的真实思想内容是不一致的。)

　　我们认为,我们的"公式"也直截了当地谈到,在俄国,旧式的领地占有制和自由派资产阶级之间**不会**发生决定性冲突,这两个阶级的冲突是必然的,但以"小纠纷"的形式表现出来,这种"纠纷"对俄国的命运**根本"不会发生什么决定性作用"**,也不会带来任何重大的决定性的好转。[①]

　　真正决定性冲突将要发生在**其他**阶级之间,这种冲突是在

---

① 由此当然不能得出结论说,自由派资产阶级同领地占有制是"反动的一帮",前者同后者的冲突在政治上不会发生任何作用,不会为民主运动造成机会,因此可以忽视这种冲突。这样的结论是把正确的论点弄到荒谬的地步,是不了解这个论点在什么范围内是正确的。谁都知道,"最大的公正"由于不了解公正和不公正的范围和条件而被弄到荒谬的地步,变成"最大的不公正":summum jus—summa injuria。我们要提到俄国马克思主义历史上的一个事实,就是著名的伦敦代表大会对俄国自由派资产阶级政党(以立宪民主党为首的)作了正是正文里讲到的评价,并且承认必须"利用这些政党的活动对人民进行政治教育"。(参看《苏联共产党代表大会、代表会议和中央全会决议汇编》1964年人民出版社版第2分册第207页。——编者注)

资产阶级社会即商品生产和资本主义的基础上和范围内的冲突。

这种看法所根据的是什么呢？根据的是理论上的考虑和1905—1907年的经验。在这三年中间,俄国经历了十分尖锐的阶级冲突,这种冲突在世界阶级尖锐冲突史上占有头等重要的地位。可是,就在这三年中间,在资产阶级自由还没有得到最起码的条件和保障的资产阶级社会的环境中,领地占有制同自由派资产阶级的冲突,自由派资产阶级同旧政权的冲突既不是尖锐的,也不是决定性的。相反,尖锐的和决定性的——比较尖锐和比较具有决定性的——是农民同地主、工人同资本家之间的冲突。

为什么会产生这种现象呢？首先是因为自由派资产阶级同领地占有制在经济上有着极为紧密的联系,他们的利益非常紧密地交织在一起,所以,对前者来说,最安全和最好的办法是只改革后者,而决不消灭它。最好是极缓慢的、甚至是难以觉察地缓慢的改革,而不是消灭,——绝大多数自由派资产者就是这样议论的,而且在**当前的**俄国经济和政治情况下,这个阶级也**不能**不这样议论。

其次,再以罢工运动为例,我们看到,俄国在上述三年中间罢工运动发展到了世界上任何一个最先进的、资本主义最发达的国家都未曾有过的高度。因此,自由派资产阶级才**必然**发出这样的议论,说最好是极缓慢地、难以觉察地缓慢地改革陈旧的劳动条件,而不要同旧的一套彻底决裂;最好是保存旧的一套,而不要同它决裂。相反,对农民和工人来说,他们的经济地位使他们**不可能**发出这样的议论;经济状况在这里引起了真正尖锐、真正决定性的冲突。如果像民粹派对农民的看法，托洛茨基对工人的看法那样，认为这些冲突超出了资产阶级社会的范围，那是错误的。可是，毫无疑问，通过**这些**冲突，而且**只有**通过**这些**冲突，**一切**旧的、陈腐的、资产阶级出现以前的东西才会（当冲突有一定结局的时候）消除干净，彻底消灭。

俄国的地主，从普利什凯维奇到多尔戈鲁科夫，过去和现在一直都在用历史上还未曾有过的奴颜婢膝、因循守旧和害怕变化的心理培育我国的自由派资产阶级。俄国的农民**在俄国当前的**经济和政治情况**下**，是一个**资产阶级**居民阶层；"冲突"的时代，资产阶级革命（就"革命"这个词的历史方法论的意义来说）的时代，在参与其中的工人发挥主导作用的情况下，**正在把这个阶层培育成没**有上述讨人喜欢的品质的资产阶级。能不能培育成那样呢？对这个问题只有到俄国资产阶级运动的时代结束时才能作出回答。在此以前，俄国政治思想界的一切进步派别必然分为两大基本类型：或是倾向于极力用对普利什凯维奇之流无害的方式来改造、革新俄国的自由派掌握领导权，或是倾向于率领农民中的优秀分子前进的工人阶级掌握领导权。

我说"倾向于"，是因为还不能设想所有的进步派别都已经意识到，也就是说理解到这种或那种政策的阶级根源。但是，马克思主义者如果没有找到这些根源，没有懂得下面这一点，就不成其为马克思主义者。这一点就是：由于客观的社会力量的对比，维护工人阶级的特殊利益和训练工人阶级使它将来在资产阶级俄国发挥作用，必然沿着下面两条主要道路进行：或者**跟着**自由派走（自由派是跟在普利什凯维奇之流后面或是同他们站在一起的），或者**不管**自由派的动摇、背叛和路标主义，率领民主分子前进。

六

这样一来，我们也就涉及尽人皆知的"左派联盟"问题。可以毫不夸张地说，尤里·查茨基和费·唐恩是暴跳如雷地反对左派联盟的；对这两个政治家中的后一个来说，这样做是很自然的，因为他总得用点什么来掩盖他1907年春在彼得堡为了同立宪民主党结成联盟而背叛工人事业和分裂工人组织的行为！但是左派联盟的问题是个值得注意的和重要的原则问题，因为这里谈的不仅仅是，甚至主要不是选举协定（在实行目前的选举法的情况下，"左派联盟"在实践中是极少实现的），而是整个选举宣传和鼓动的一般性质和内容问题。"迫使"国内人数最多的民主群众（农民以及和农民相近的非农业小资产阶级阶层）"在立宪民主党人和马克思主义者之间进行选择"，采取工人和农民民主派"共同行动"以反对旧制度和反对摇摆不定的反革命自由派资产阶级的路线，这就是"左派联盟"策略的基础和实质。1905年的事态发展（工人运动和农民运动）、"劳动"团和工人团在头两届杜马中的投票、各党报刊对民主派的根本问题的态度，甚至**第三届**杜马中的"农民团"（在该集团中有大量右派分子的情况下！）在土地问题上的立场，都说明了这个策略。大家知道，就连立宪民主党人自己也承认，**第三届杜马中43个农民**提出的土地法案要比立宪民主党的自由派提出的法案民主得多！

毫无疑问，取消派正是在这方面，在一般原则问题上反对"左派联盟"的。同样毫无疑问，取消派背弃左派联盟就是背叛民主派的事业。世界上**没有一次**资产阶级解放运动没有提供"左派联盟"策略的范例，并且这些运动的**一切**胜利**总是**与这个策略的成功联系着的，与不顾自由派的动摇和背叛而引导斗争沿着这条道路前进的方针联系着的。正是"左派联盟的策略"，正是城市"平民"（＝现代无产阶级）和民主派农民的联盟，使 17 世纪的英国革命和 18 世纪的法国革命达到了那样的规模和威力。关于这一点，马克思和恩格斯已讲过多次，不仅在 1848 年讲过，在这之后很久也讲过。为了不再引用已经多次引用过的话，我们只提一下马克思和拉萨尔 1859 年的通信。马克思在谈到拉萨尔写的悲剧《济金根》的时候写道：剧本所描写的冲突"不仅是悲剧性的，而且是使 1848—1849 年的革命政党必然灭亡的悲剧性的冲突"。马克思在概括地指出拉萨尔派和爱森纳赫派[82]的未来分歧的**全部**线索时，责备了拉萨尔，说他陷入"把**路德式的骑士**反对派看得高于**闵采尔式的平民**反对派"的错误。①

　　我们这里谈的不是马克思的指责是否正确的问题，因为我们认为是正确的，尽管拉萨尔竭力反驳这个指责。重要的是，马克思和恩格斯认为，把"路德式的骑士"（译成 20 世纪初的俄文，就是自由派-地主）反对派看得**高于**"闵采尔式的平民"（译成上述时期的俄文，就是无产阶级-农民）反对派，是一个明显的错误，对于一个社会民主党人来说是绝对不能容许的！

　　取消派咒骂左派联盟的策略，企图用喧嚣声来盖住由此产生的关于任何工人政党在任何资产阶级民主运动中必须结成"左派联盟"这一根本原则问题。他们不能从原则上提出问题，从而陷入

---

　　①　见《马克思恩格斯文集》第 10 卷第 169、171 页。——编者注

了可笑的矛盾，自己打自己的耳光。例如，害怕"左派联盟"就像害怕鼠疫一样的尔·马尔托夫，在"纲领的基本论点"中草拟土地纲领时写道："最可靠、痛苦最少、最有利的文明发展办法，仍然是把地主土地从现在的占有者手中收回，交给人民。"他竟无意中谈到了（真可怕！）国有化！这是第一。第二，马尔托夫既然讲出了正确见解，他也就讲出了（与他的同伙切列万宁相反：参看切列万宁1908年的**路标主义**著作《当前的形势》）**左派联盟**的见解，因为他制定的土地纲领就是既反对旧制度又**反对类似立宪民主党的自由派政党的左派联盟**行动纲领！！真是"你把本性赶出门外，它会从窗口飞进来"[83]！！

　　尔·马尔托夫制定的土地纲领是这样一个纲领，在这个纲领的基础上，工人和农民劳动派同他们的思想领袖——民粹派联合起来了（事实上联合起来了，就是说，**不管**任何"协定"而走到一起来了）。相反，这个土地纲领**把**工人和农民劳动派一起同立宪民主党人（和整个自由派资产阶级）**分开**了。如果除了这个根本不用争辩的政治结论以外，你还考虑到土地问题（民主土地改革的问题）是我们解放运动的中心问题，那你就会发现，马尔托夫**不得不就**当代的**中心**问题制定了"左派联盟的"策略！

　　我们这位"左派联盟"的反对者是怎么会和为什么会这样倒霉的呢？原因十分简单。他要么是直截了当地斩钉截铁地同旧党纲**一刀两断**（他还没有这样的决心，他还没有"赶上"勇敢的（在背叛方面）切列万宁和拉林），要么就得转述（虽然是大致正确地）旧党纲，而从旧党纲必然得出"左派联盟"的结论。这就是我们取消派的可悲命运。

七

我们还必须指出马尔托夫文章中的两个重要的地方。他写道："在六三体制内部发生任何这样的冲突〈指使这个体制瓦解和破坏的冲突和摩擦〉的时候，工人政党应当竭力促使有产阶级采取某种步骤，来实现立法民主化和扩大宪法的保障，以及扩大人民力量的不受限制的组织的范围（这对我们的独立活动是最宝贵的）。"（《我们的曙光》杂志第7—8期合刊第50页）

马尔托夫的这个提法很妙。但这恰恰是自由派工人政策的任务和方针的提法。"促使有产阶级采取步骤"，"扩大劳动的不受限制的组织的范围"，——世界上**所有**多少有点教养、受点"欧洲"精神熏陶的自由派资产者，都在一字不差地重复马尔托夫的这些话。自由派的工人政策和马克思主义者的工人政策的区别，**只有**在向工人说明刚才引证的自由派的提法的缺陷、不足和欺骗性的时候和在这样做的地方，才会开始显露出来。促使无产阶级采取步骤来改变自由派许诺"扩大"的**那个**"范围"，用**原则上**不同的另一种"范围"取而代之——如果不想建立自由派工人政党的话，就是应当这样（大致上）确定工人政党的任务和要求。

有件可笑的事应该提一下，尔·马尔托夫在给上述引文加的注释中谈到了自己的提法，他说："这个提法当然无论如何不会被人指责为机会主义和合法主义。"你们想想看，他究竟是用什么来反驳这种指责的呢？他竟引用了尼·罗日柯夫发表在《鄂毕生活报》[84]第171号上的一篇文章。马尔托夫从这篇文章引了5行提法极不恰当的莫名其妙的论述"公开政治同盟"的文字。我们没有读过这篇文章。就算罗日柯夫是主张"公开党"的吧。可是这里讲的是**马尔托夫对自由派**工人**政策**的提法，那为什么要引证这样一篇文章呢？？从什么时候起竟可以用**另一个**作者的**另一个**错误来为自己的**一个错误**进行辩解呢？

但是最明显最巧妙地表述了马尔托夫文章的全部**精神**的是他这篇文章最后一节最后一段中的几句慷慨激昂的话：

> "整个选举运动应当由我们在无产阶级争取自己的政治自决的自由、争取拥有本阶级的政党和自由开展自己的活动的权利、争取作为独立的组织力量参加政治生活的斗争旗帜下来进行。无论选举的鼓动内容，还是选举的策略和竞选组织工作的方法，都应当服从〈请注意！〉这个原则。"

正是这几句话**正确地**反映了确定取消派的整个选举鼓动（和整个政策）的"内容"的"原则"！马尔托夫用来安慰马克思主义读者的"什么也不削减，什么也不放弃"的这些美妙的词句，在**这个**对"原则"的提法中不过是句空话。所谓原则原来就是自由派工人政策的原则，这就是问题的实质。

自由派资产者对工人说：你们有权利进行斗争，你们必须为争取**自己的**政治自决的自由、为争取拥有**本**阶级的政党和自由开展自己的活动的权利、为争取作为独立的组织力量**参加**政治生活而进行斗争。马尔托夫打着马克思主义的招牌奉献给工人的就是自由派的、有教养的、激进的——用英国或法国的术语来说——资产阶级的这些原则。

马克思主义者对工人说：为了真正有成效地争取"自己的"政治自决的自由，你们就应当争取全体人民的政治自决的自由，向人民指出他们的国家生活的彻底的民主的形式，把群众和劳动人民中的落后阶层从自由派的影响下争取过来。为了使你们的政党真正充分了解到阶级的任务,使它的活动真正成为阶级的活动,而不是行会式的活动,就应当使它不仅参加政治生活,而且——不管自由派怎样动摇——把广大阶层的政治生活和独立活动引上比自由派指出的那个舞台更高的舞台,引向更重要更根本的目标。谁要在由自由派规定的或经他们允许的范围、形式和外貌的舞台上给阶级划出一个"独立的""活动"角落,谁就是不懂得阶级的任务。只有那些集中注意力(包括意识和实际工作等)去进行对这个舞台本身、它的整个形式和整个外貌的改造而不受自由派标准的限制的人,才能懂得阶级的任务。

这两个提法的区别在什么地方呢?**其实**就在于:前者**排除了**工人阶级"领导权"的思想,而后者特意确定的正是这个思想;前者是旧"经济主义"("工人进行经济斗争,自由派进行政治斗争")的当代的最新的变种,后者则极力从思想中根除旧"经济主义"和"新经济主义"的一切基础。

现在还要提出最后一个问题:列维茨基和马尔托夫的区别在什么地方呢? 在于前者是个摆脱旧的传统和怀旧思想的年轻的新一代的取消派。他带着年轻人所特有的热情和坦率,直截了当地说:"**不是**领导权,**而是**阶级的政党!"而马尔托夫是"见过世面"的,有个时期曾经是旧火星派,他身上混杂有还没有完全消失的旧传统①,以及还不是全无顾忌的新的取消主义;因此,他极力对天起誓:"什么也不削减,什么也不放弃",可是后来他兜了很大很大的圈子以后

---

① 确切些说,这些传统的内容,这些传统的思想核心,在马尔托夫身上已经完全消失了,但词句还保留着,打"不调和的国际主义者"的"体面幌子"的习惯还时时表现出来。

还是脱口说出，整个选举鼓动的"原则"应当是取消派的原则。

　　而全部问题恰恰是在选举运动的"原则"上。

载于 1911 年 12 月和 1912 年 1 月　　　译自《列宁全集》俄文第 5 版
《启蒙》杂志第 1 期和第 2 期　　　　　　第 21 卷第 68—94 页

关于政治形势的报告大纲

（1911 年底）

政 治 形 势

1. 歉收——和饥荒。"粮食"运动——利德瓦尔案件[85]。

2. 斯托雷平的"土地改革"：把资产阶级的酒装进农奴制的皮囊。皮囊破裂[86]。

3. 1908 年 12 月关于斯托雷平的改革[87]以及取消派和前进派的不理解。

4. 军需诉讼案：有人偷盗。

5. 无人负责状态和无秩序现象。

——立宪民主党人和十月党人的报刊。圣彼得堡—莫斯科间的飞行，载重汽车的行驶，铁路的建设，外国市场上的俄国工业，国民教育和卡索的"扫帚"———到处都是唉声叹气、懊丧。

6. 资产阶级痛哭资产阶级制度。他们想"不把皮（毛）放进水中就把它洗干净"。

7. 革命是唯一的手段。害怕、仇恨、缺乏信心都不合潮流。

8. "不合潮流。"拥护革命。工人阶级和革命。概括政治形势和**确定**党的宣传鼓动全部内容（特别是在第四届杜马召开前夕）的口号就是拥护革命。（**不是**"普选权"。）[88]

等等

歉收

军需诉讼案

波斯

卡索和摧毁

犹太人和"贸易国有化"

工人阶级和革命

1.大家所说的"活跃"是革命进一步发展的标志。

2.对上次革命的态度:愤怒、恐惧、仇恨,——胆怯、缺乏信心、灰心丧气——工人阶级的态度("给你们再来一个1905年")。

3.在新的条件下工人阶级活动的任务

(α)＞群众的觉悟(δ)

(β)＞资本主义的发展(α)

(γ)＞资产阶级的敌对态度(β)

(δ)＞敌人的联合(γ)

4.宣传鼓动的性质。

不需要秘密党

不需要宣传革命(不是领导权)

等等,等等取消主义。

资产阶级的反革命性在社会民主党内的表现。

5."了如指掌"＝第三届杜马。(立宪民主党人)扮演的角色。

译自《列宁全集》俄文第5版
第21卷第479—480页

俄国社会民主工党第六次（布拉格）全国代表会议文献⁸⁹

（1912 年 1 月）

1

关于确定代表会议性质的决议草案

（不晚于 1 月 5 日〔18 日〕）

关于确定代表会议性质的决议

鉴于：

（1）反革命情绪的普遍泛滥和沙皇制度的疯狂迫害所造成的多数党组织的涣散和瓦解，再加上长期没有党的实际中心——中央委员会，使俄国社会民主工党处于极端困难的境地；

（2）目前，随着工人运动的活跃，各地的先进工人都更迫切地要求恢复党的秘密组织，同时，在此基础上，俄国社会民主工党的多数地方组织对恢复党和召开全党代表会议表现了高度的和卓有成效的主动精神；

（3）工人运动和反沙皇制度的革命斗争的最迫切的实际任务（领导经济斗争、政治鼓动和无产阶级的群众大会，第四届杜马的

选举等等)要求必须立即采取最坚决的措施,来恢复拥有全权的和与地方组织有密切联系的党的实际中心;

(4)俄国社会民主工党上次代表会议闭幕三年多以来,花了两年多的时间,曾经多次试图召开所有党组织的代表参加的会议,直到现在,才终于把20个国内组织团结到召集这次代表会议的俄国组织委员会的周围。俄国组织委员会早在几个月以前,就把召开代表会议一事通知了所有社会民主党人,毫无例外地邀请了我们党的所有组织出席代表会议,并使所有的组织都有可能参加这次会议;

(5)尽管代表会议有所推迟和遭到一些严重破坏,但在俄国进行活动的所有党组织,除极个别的以外,都派代表出席了这次会议。

代表会议被确认为俄国社会民主工党的全党代表会议,它是党的最高机关,并有责任建立拥有全权的中央机关。

载于1937年1月18日《真理报》
第18号

译自《列宁全集》俄文第5版
第21卷第121—124页

2

关于目前形势和党的任务的决议草案

（不晚于 1 月 12 日〔25 日〕）

代表会议首先确认 1908 年十二月党代表会议通过的《关于目前形势和党的任务》的决议。代表会议指出这个决议具有特别重要的意义，其中有关整个六三制度的历史意义和阶级实质、有关革命危机增长的论点，已为三年来的事件所完全证实。

代表会议从这些事件中特别指出下列几点：

（一）沙皇制度的土地政策（无论是地主和大资产阶级的政府党或是反革命的自由派，都把自己的反革命利益与这个政策联系起来），不但没有在农村建立稍许稳定的资产阶级关系，而且没有使农民摆脱严重的饥荒；这种饥荒表明了居民状况的极端恶化和生产力的巨大损失。

（二）在现代资本主义各国的世界竞争中仍旧软弱无力，而且在欧洲愈来愈被排挤到次要地位的专制政府，现在与黑帮贵族和日益强大的工业资产阶级结成联盟，企图对文化比较发达的地区（芬兰、波兰、西北边疆区）实行粗暴的"民族主义"政策，对为争取自由进行革命斗争的亚洲各国人民（波斯、蒙古）进行殖民占领，来满足自己的强盗利益。

(三)农民经济状况的极端恶化、专制政府的掠夺性的预算政策和官僚机构的彻底腐败,在很大程度上阻碍了业已开始的经济高涨,同时,日益昂贵的生活费用也使工人阶级和广大居民群众的贫困日趋严重。

(四)因此,在第三届杜马存在的 5 年中,广大居民群众日益看清第三届杜马不愿意、不能够而且也没有力量为改善广大人民群众的生活状况做点什么事情,日益看清在第三届杜马中占统治地位的各个政党的反人民性质。

(五)广大的民主派,首先是无产阶级,已开始在政治上活跃起来。1910—1911 年的工人罢工,游行示威和无产阶级群众大会的开始举行,城市资产阶级民主派中的运动(大学生罢课)的开展等等,——这一切都标志着群众反对六三制度的革命情绪的日益增长。

代表会议根据所有这些情况,确认 1908 年十二月代表会议的决议所详细规定的党的当前任务,并请同志们特别注意:

(1)当前的首要任务和以前一样,就是对觉悟的无产阶级群众进行长期的社会主义教育、组织和团结的工作;

(2)必须加紧进行恢复俄国社会民主工党的秘密组织的工作,使它能比以前更加广泛地利用一切合法机会,领导无产阶级的经济斗争,并成为唯一能够领导无产阶级日益频繁的政治行动的力量;

(3)必须组织并扩大经常性的政治鼓动工作,从各方面支持方兴未艾的群众运动,并在彻底贯彻党的口号的旗帜下使这一运动不断扩大。

应当特别强调反对沙皇君主制政策、争取建立共和国的宣传,以对抗目前广泛进行的删削口号和迁就现有的"合法地位"的宣传。

载于 1941 年《无产阶级革命》杂志
第 1 期

译自《列宁全集》俄文第 5 版
第 21 卷第 125—127 页

3

关于社会民主党人
同饥荒斗争的任务的决议草案

(不晚于 1 月 8 日〔21 日〕)

鉴于:

(1)俄国 2 000 万农民遭受的饥荒又一次表明,受到沙皇制度和农奴主-地主阶级压迫的农民群众,处于完全无法忍受的、世界上任何一个文明国家都不可想象的悲惨境地;

(2)这次饥荒再一次证明,政府的土地政策已经破产,在控制第三届杜马、国务会议和尼古拉二世宫廷的右派政党所代表的农奴主-地主阶级左右俄国的一切政策特别是土地政策的情况下,俄国资产阶级的稍许正常的发展不可能得到任何保证;

(3)黑帮政党(以马尔柯夫等等之流先生们为首)在杜马中的声明,以及它们把责任推到"懒汉农民"头上的做法,充分暴露了掠夺俄国的沙皇地主匪帮的无耻行径,擦亮了最愚昧的人的眼睛,激起了最不关心时局的人的愤怒;

(4)政府阻挠赈济饥民的工作,警察当局无端指责地方自治机关,指责开展募捐和组织赈食委员会等等工作的人员,这甚至在资产阶级中间也引起了普遍的不满,甚至在十月党这样落后的反革命的资产阶级中间也激起了抗议的呼声;

（5）自由主义君主派资产阶级一方面通过自己的刊物向社会报道饥荒的情况和政府的所作所为，一方面又通过第三届杜马中的立宪民主党人库特列尔采取温和的反对派立场，这种立场决不能使民主派感到满意，就像不能同意多数自由派将赈济饥民问题作为慈善事业提出一样；

（6）尽管由于饥民和失业者人数的增加，工人阶级的经济状况趋于恶化，他们还自发地要求为饥民募捐和提供其他援助；这是每个民主派都有的自然要求，更何况社会党人；所有的社会民主党人都应当支持这种要求，并以阶级斗争的思想来加以引导；

代表会议决定，必须：

（一）集中一切力量扩大在广大居民群众，特别是在农民中间的宣传鼓动工作，说明饥荒同沙皇制度及其整个政策之间的联系；为了进行鼓动，在农村中不仅要散发社会民主党人和劳动派在杜马中的发言，而且要散发像马尔柯夫第二那样一些沙皇朋友的发言；宣传社会民主党的政治要求，首先是推翻沙皇君主制，建立民主共和国，其次是没收地主的土地；

（二）支持工人尽力帮助饥民的要求，建议他们把捐款全部交给社会民主党杜马党团、工人报刊或工人的文化教育等等团体，参加饥民赈济小组和委员会的社会民主党人和民主派应成立特别支部；

（三）极力把饥荒激起的民主义愤引向举行游行示威、群众大会、群众集会和其他反对沙皇制度的群众革命斗争的最初形式上去。

载于1937年1月18日《真理报》第18号

译自《列宁全集》俄文第5版第21卷第128—129页

4

关于取消主义和取消派集团的决议草案

(不晚于 1 月 17 日〔30 日〕)

关于取消主义和取消派集团

鉴于:

(1)俄国社会民主工党近 4 年来一直在同取消派进行坚决的斗争,1908 年的十二月党代表会议确定该派为

"党内有一部分知识分子试图取消现有的俄国社会民主工党组织,代之以一种绝对要在合法范围内活动的不定型的联盟,甚至不惜以公然放弃党的纲领、策略和传统为代价"[1];

(2)1910 年一月中央全会继续同这个流派进行斗争,一致认为它是"资产阶级对无产阶级的影响的表现",并且以同取消主义完全决裂、彻底克服这种背离社会主义的资产阶级倾向作为实现党内的真正统一、使原有的布尔什维克派和孟什维克派组织合并的条件;

(3)集结在《我们的曙光》杂志和《生活事业》杂志周围的一部分孟什维克,违背党的一切决定和孟什维克代表在 1910 年一月全

---

[1]　参看《苏联共产党代表大会、代表会议和中央全会决议汇编》1964 年人民出版社版第 1 分册第 246 页。——编者注

会上提出的保证,拒绝帮助恢复中央委员会(米哈伊尔、尤里和罗曼不但在1910年春拒绝加入中央委员会,而且甚至连一次增补新成员的会议也拒绝参加);

(4)上述出版物正是在1910年全会以后坚决地全面转到取消主义方面去了:它们不但"贬低〈违背全会决议〉秘密党的意义",而且公开否认党,宣称党已被取消,宣称恢复秘密党是"反动的空想",并在受过书刊检查的杂志上对秘密党大肆嘲笑和谩骂,要工人把党的支部和党的等级制度看做"衰亡的东西",等等;

(5)为数不多的、主要是由知识分子组成的取消派地方小集团,在继续进行破坏党的活动的同时,不但拒绝1911年再次提出的关于帮助恢复秘密党和召开党代表会议的号召,而且形成了完全独立的小集团,在工人中进行反对秘密党的公开鼓动和反对恢复秘密党的公开斗争,——在护党派孟什维克占优势的地方(如叶卡捷琳诺斯拉夫、巴库、基辅等地)也是如此;

代表会议声明:上述集团的所作所为已使自己完全置身于党外。

代表会议号召一切护党分子,不分派别和色彩,与取消主义进行斗争,说明它对工人阶级解放事业的全部危害,竭力恢复和巩固秘密的俄国社会民主工党。

载于1929—1930年《列宁全集》俄文第2、3版第15卷

译自《列宁全集》俄文第5版第21卷第130—131页

1912 年 1 月列宁拟的
《关于取消主义和取消派集团》的决议草案的手稿
（按原稿缩小）

5

关于社会党国际局的工作的报告[90]

（1月7日〔20日〕）

社会党国际局[91]的工作分为两部分：一部分是日常工作，如通信、委员分工等等；另一部分是大会，如哥本哈根代表大会[92]和苏黎世会议[93]。俄国社会民主党自伦敦代表大会起便有一名〔代表〕参加〔社会党国际局〕。全会还选出了普列汉诺夫，但他表示拒绝，说有一个人参加工作就够了。在哥本哈根代表大会上，我和普列汉诺夫接近起来，我们友好地交谈；当时我已不可能同呼声派分子讲话，我不赞成托洛茨基，特别是在信的问题[94]上。普列汉诺夫在会议快结束的时候接受了全会的建议。我们两人共同拥有一票。直到最近我们之间还没有发生过任何冲突。在哥本哈根期间，我参加合作社委员会的工作。值得注意的是，德国社会民主党人关系极度紧张，表面上统一，但内部有两个不同的流派。德国社会民主党的代表，一半是代表党的，一半是代表工会的。人们发现，德国代表团人数愈多，德国社会民主党的领导作用就愈下降。在斯图加特代表大会[95]上，他们投票赞成关于殖民地问题的决议，结果弄得名誉扫地……　例如有个代表竟说剥夺资本家是不可能的。原来他们纲领中涉及这个问题的部分并没有剥夺一词。实际上他们执行的不是社会民主主义路线。在这方面不能抱幻想，愈往后，斗争将会愈激烈愈尖锐;当然无产阶级群众是不会动摇的。在马格德堡代表大会上他们退出了会场,然而这吓不倒任何社会民主党人。[96]

捷克人闹分裂。[97]我们曾反对这种分裂,认为社会民主党不应当受任何沙文主义和民族主义宣传的影响。在奥地利,许多争吵不休的事都是由文件应该用哪种文字书写等类问题引起的。普列汉诺夫曾就这次分裂问题作过报告,他的决议案以大多数票通过。托洛茨基在这个问题上也曾企图进行调和,说这是阿德勒的过错,说他是最"温和的"和机会主义的社会民主党人。

毫无疑问,德国社会民主党正面临一个新时代——社会主义革命时代;经济危机、军事危机、世界各种纠葛,这一切也在促使新时代的征兆提前到来。在此以前是做准备工作。现在才是同资产阶级搏斗的时代。这时改良主义者和革命的社会民主党人的区别便显露出来了。社会党国际局就摩洛哥问题在苏黎世召开会议。这里还发生了一件事。莫尔肯布尔以个人名义写信,要求不要召开会议。罗莎·卢森堡把这封信发表了,结果引起了一场风波。[98]在上次代表大会上,革命的社会民主党人获得了胜利。倍倍尔说,他要追究罗莎·卢森堡的责任。法国人曾想把罢工作为反对战争的斗争手段写入决议。所有的革命的社会民主党人都表示反对,指出不能向政府暴露我们将使用什么武器,在什么场合使用什么武器合适。建议未被采纳。倍倍尔提出了不发表文件的问题,并暗指罗莎·卢森堡,要求作出决议。我替罗莎·卢森堡说了话。我引了奎尔奇的话,这使倍倍尔大为恼怒。倍倍尔这时以调和者面目出现。罗莎·卢森堡发表的那封信,根本不能同[其他]文件相提并论。最多也不过是要在党内批评她,而且已经批评过了;把问题提交社会党国际局是不公正的……

德国社会民主党内部形成了不同的流派,分歧日益表面化,党内沸腾了。那里迫切需要采取果断的行动。改良主义者和革命的社会民主党人之间的冲突是不可避免的。

译自《列宁全集》俄文第 5 版
第 54 卷第 357—358 页

6

表决关于同饥荒斗争的决议时的发言

(1月8日〔21日〕)

党应当积极进行干预,要作出一个决议。经过交换意见我们深信,工人对饥荒非常关注,他们正积极进行干预,赈济饥民。赈济饥民并非慈善行为。只有用资产阶级观点提问题,赈济才是慈善行为。不仅如此。立宪民主党人确实接受了内阁里的官员们的观点。参加那些为消除饥荒而建立的委员会是必要的。我指的是非党的工人委员会。不必强行规定要建立这类委员会,但参加是必要的。捐款最好交给社会民主党党团,交给工人的联合会、俱乐部及其他团体。传单也应当印发,不过最好是写给工农。要着手散发马尔柯夫第二的发言,他把受灾农民叫做懒汉。这个发言妙极了,要让人们看看。

译自《列宁全集》俄文第 5 版
第 54 卷第 359 页

7

关于组织问题的发言

（1 月 11 日〔24 日〕）

我想谈谈问题的另一方面。这就是灵活性…… 决议是正确的。[99] 我想提请大家注意一下，哪一方面是重要的。就拿合法团体作例子来说吧。我不敢说整个俄国的情况如何，但有 5 个城市则可以说……是可能的。那么，合法团体首先能干些什么呢？组织马克思主义性质的讲座，看来是准许的。我从报刊上看到，大城市里准许这样做。有人说讲课人难找…… 工人应该自己推举讲课人，自己支付报酬。再就是，有图书馆和阅览室。不知是否准许有《明星报》。此外，合法团体还可以组织各式各样的娱乐活动。这从财政角度看是重要的，而且从另一角度看，由于有这些娱乐活动，就可以形成俱乐部之类的团体。如果这类团体不是虚构而是现实的——而这是毫无疑问的——那么我们就该问问：我们过去〔是否〕为扩大这样的团体做过工作？我们〔是否〕在工厂作过关于这些团体的报告？是否去努力组织过这类团体？还有，应该怎样利用这些团体？我们现在着手建立的是类似非常法[100]时代的德国的那种组织。但对我们来说既比较困难也比较容易。说对我们比较困难，是因为他们那里有合法活动的机会。中央委员会是议会党团成员组成的，可以公开集会，邀请秘密成员参加。而我们这里群众是很同情、很支持社会民主党的。我们应当在每个团体中建立起同党保持密切联系的不大的支部,使每个问题都按照党的决定的精神去解决…… 这些支部不应像区和分区那样庞大臃肿。彼得堡、里加正着手建立这种[合法]团体。在莫斯科,这方面的工作还做得很少。正是因为有这种支部,使得党的建设有可能采取另外的方式。以前,我那个时候,一切都得我们自己干。如今工会和行业组织担负起一部分工作。根据可能,政治斗争也经常由合法的杜马党团来进行;假如这样组织起来的合法团体能多一些,革命就是不可战胜的。这便是组织的灵活性问题。这是改造我们组织的理想方案。这些由合法支部网为外围的秘密支部,可以为我们提供新的基地。要把各种交往减少到最低限度,使组织若有若无。不要搞集会。党的工作采取了另一种形式。新的形式已经渗入旧的形式里。尽管形式上不够严谨,但是通过合法团体的活动,党的工作还是不断地开展。要使文化方面的每一个措施都体现着社会民主党的精神、社会民主党的文化。这将是同取消主义作的一场坚决的斗争…… 有支部,同中央机关报[101]有联系,每年联系一次,工作比过去做的多一百倍。我们在合法团体中的工作做得不够。要从自由派手中夺下合法团体,[夺下]整个合法运动。要推广并扩大合法团体。要切实注意合法团体的工作情况。无论哪里都要在秘密支部的外围建立起合法支部网。

译自《列宁全集》俄文第 5 版
第 54 卷第 359—361 页

8

代表会议的决议

（1 月 5 日和 17 日〔18 日和 30 日〕之间）

关于召集代表会议的俄国组织委员会

代表会议听取和讨论了俄国组织委员会的代表所作的关于俄国组织委员会召集全党代表会议的工作报告，

认为必须指出，俄国组织委员会在不分派别地团结国内所有的党组织和把我们党恢复为全国组织方面所做的工作，具有极为重大的意义。

特别值得赞许的是，布尔什维克和国内孟什维克护党派进行友好合作的俄国组织委员会，是在警察迫害的极端艰难的条件下，在党内状况所造成的许多障碍和困难的情况下开展活动的。

关于确定代表会议的性质

鉴于：

（1）反革命情绪的普遍泛滥和沙皇制度的疯狂迫害所造成的多数党组织的涣散和瓦解，再加上长期没有党的实际中心——中央委员会，使俄国社会民主工党在 1908 — 1911 年间处于极端困难的境地；

（2）目前，随着工人运动的活跃，各地的先进工人都更迫切地要求恢复党的秘密组织，进行社会民主党的有条不紊的合法工作和秘密工作，同时，在此基础上，俄国社会民主工党的多数地方组织对恢复党和召开全党代表会议表现了高度的和强烈的主动精神；

（3）工人运动和反沙皇制度的革命斗争的最迫切的实际任务（领导经济斗争、整个政治鼓动、无产阶级的群众大会和第四届杜马的选举运动等等）要求必须立即采取最坚决的措施，来恢复拥有全权的和与地方组织有密切联系的党的实际中心；

（4）俄国社会民主工党上次代表会议闭幕三年多以来，花了两年多的时间，曾经试图召开所有党组织的代表参加的会议，直到现在，才终于把 20 多个国内组织（圣彼得堡、莫斯科、萨拉托夫、喀山、萨马拉、下诺夫哥罗德、索尔莫沃、罗斯托夫、叶卡捷琳诺斯拉夫、基辅、尼古拉耶夫、卢甘斯克、巴库、梯弗利斯小组、维尔纳小组、德文斯克小组、叶卡捷琳堡、乌法、秋明和中部地区一些地方等等）团结到召集这次代表会议的俄国组织委员会的周围。俄国组织委员会早在几个月以前，就把召开代表会议一事通知了所有社会民主党人，毫无例外地邀请了我们党的所有组织出席代表会议，并使所有的组织都有可能参加这次会议；

（5）尽管代表会议遭到警察当局的一些严重破坏，但在俄国进行活动的所有党组织，除极个别的以外，都派代表出席了这次会议；

（6）俄国许多大城市（彼得堡、莫斯科、高加索）的社会民主党合法工人运动活动家小组应邀出席了代表会议，并对代表会议表

示了赞同,

代表会议被确认为俄国社会民主工党的全党代表会议,它是党的最高机关。

关于各民族中央机关没有代表
出席全党代表会议的问题

代表会议认为,加强俄国各民族的社会民主党工人的统一,具有非常重要的意义,建立与各地"民族集团"的统一,加强各民族组织与全俄中心的联系,是绝对必要的,同时,也不能不指出以下几点:

(1)经验完全证明,党内不能容许出现以下状况:完全脱离俄国组织单独进行活动的"民族集团"实行最坏类型的联邦制,并且(往往不管他们的意愿如何)使最重要的俄国组织处境困难——各民族中央机关实际上根本不参加俄国的工作,但缺了这些民族中央机关,俄国社会民主工党又无法进行党最必需的最重要的工作。

(2)有一个民族中央机关(崩得)一年来公开帮助取消派,并试图在俄国社会民主工党内部制造分裂,而其他的民族中央机关(拉脱维亚人和波兰社会民主党**102**的中央机关)在紧要关头回避了对党内破坏分子取消派的斗争。

(3)民族组织中的护党分子,首先是所有的工人护党分子,得到**俄国**组织还存在的消息后,坚决**主张**同俄国秘密的社会民主党组织统一起来,**主张**支持俄国组织委员会,**主张**同取消派进行斗争。

(4)三个民族组织的中央委员会曾三次被邀请(国外组织委

会、俄国组织委员会和代表会议的代表的邀请)参加党的代表会议,并保证它们完全有可能派遣自己的代表。

鉴于上述一切,并考虑到不能因为各民族中央机关不愿派遣自己的代表参加全党代表会议而耽搁俄国社会民主工党的工作,代表会议认为,"民族代表"没有出席会议,应由他们的中央负完全责任,并责成俄国社会民主工党中央委员会极力同参加俄国社会民主工党的各民族组织实现统一和建立正常的关系。

代表会议相信,俄国各民族的社会民主党工人将会排除一切障碍,同心协力为无产阶级的事业、为反对工人阶级的一切敌人而并肩奋斗。

关于各地的报告

代表会议听取了各地的报告,确认:

(1)在各地,在社会民主党工人中间,都在为巩固社会民主党的地方秘密组织和小组大力进行工作;

(2)各地都认为必须把社会民主党的秘密工作和合法工作结合起来;各地的社会民主党人都认为,我们的秘密党组织应当有各种各样的合法工人团体,作为在群众中进行工作的据点。但是,从社会民主党在工会、合作社和俱乐部等等中进行实际工作来看,从传播马克思主义出版物,利用社会民主党人在杜马中发表的讲话等等来看,工作做得还很不够,在这方面无疑必须加强社会民主党秘密小组的活动;

(3)在各地(毫无例外)同心协力进行护党工作的主要是布尔什维克和孟什维克护党派,还有国内的前进派(在有前进派的地方)和其他所有认为秘密的俄国社会民主工党有必要存在的社会民主党人,同时整个工作是本着捍卫党和反对取消主义的精神进行的。

代表会议相信,随着工人运动的开始活跃,将要继续大力巩固旧的组织形式和建立新的相当灵活的组织形式;这种新的组织形式将会有助于社会民主党在**新的**环境下为实现**旧有的**革命目标和革命方法而进行的斗争。

关于目前形势和党的任务

代表会议首先确认1908年十二月党代表会议通过的关于六三制度和党的任务的决议。代表会议指出这个决议具有特别重要的意义,其中有关整个六三制度的历史意义和阶级实质、有关革命危机增长的论点,已为三年来的事件所完全证实。

代表会议从这些事件中特别指出下列几点:

(一)沙皇制度的土地政策(无论是地主和大资产阶级的政府党或是——从实际上看——反革命的自由派,都把自己的反革命利益与这个政策联系起来),不但没有在农村建立稍许稳定的资产阶级关系,而且没有使农民摆脱严重的饥荒;这种饥荒表明了居民状况的极端恶化和全国生产力的巨大损失。

(二)在现代资本主义各国的世界竞争中仍旧软弱无力,而且在欧洲愈来愈被排挤到次要地位的沙皇政府,现在与黑帮贵族和日益强大的工业资产阶级结成联盟,企图对边疆地区、对一切被压迫民族,特别是对文化比较发达的地区(芬兰、波兰、西北边疆区)实行粗暴的"民族主义"政策,对为争取自由进行革命斗争的亚洲各国人民(波斯、中国)进行殖民占领,来满足自己的强盗利益。

(三)农民经济状况的极端恶化、专制政府的掠夺性的预算政策和官僚机构的腐败,在很大程度上阻碍了经济高涨,同时,日益昂贵的生活费用也使工人阶级和广大居民群众的贫困日趋严重。

(四)因此,在第三届杜马存在的5年中,广大居民群众日益看清第三届杜马不愿意、不能够而且也没有力量为改善广大人民群众的生活状况做点什么事情,日益看清在第三届杜马中占统治地位的各个政党的反人民性质。

(五)广大的民主派,首先是无产阶级,已开始在政治上活跃起来。1910—1911年的工人罢工,游行示威和无产阶级群众大会的开始举行,城市资产阶级民主派中的运动(大学生罢课)的开展等等,——这一切都标志着群众反对六三制度的革命情绪的日益增长。

代表会议根据所有这些情况,确认1908年十二月代表会议的决议所详细规定的党的当前任务,同时特别指出,无产阶级领导农民夺取政权的任务仍是俄国民主革命的任务。代表会议请同志们特别注意:

(1)当前的首要任务和以前一样,就是对先进的无产阶级群众进行长期的社会主义教育、组织和团结的工作;

(2)必须加紧进行恢复俄国社会民主工党的秘密组织的工作,使它能比以前更加广泛地利用一切合法机会,领导无产阶级的经济斗争,并成为唯一能够领导无产阶级日益频繁的政治行动的力量;

(3)必须组织并扩大经常性的政治鼓动工作,从各方面支持方兴未艾的群众运动,并在彻底贯彻党的口号的旗帜下使这一运动不断扩大。应当特别强调反对沙皇君主制政策、争取建立共和国的宣传,以对抗目前广泛进行的删削口号和把工作局限在现有的"合法地位"范围内的宣传。

关于第四届国家杜马的选举

一

代表会议认为,俄国社会民主工党绝对必须参加即将到来的第四届杜马的选举运动,提出我们党的独立候选人,并建立第四届杜马中的社会民主党党团,这个党团将作为我们党的一部分而从属于整个党。

党在选举中以及未来的社会民主党党团在杜马内部的主要任务是,进行社会主义阶级宣传和组织工人阶级。其余所有的任务都要服从这个任务。

我们党在即将到来的选举中的主要选举口号应该是:

(1)**建立民主共和国**

(2)**实行八小时工作制**

(3)**没收地主全部土地**。

在我们的一切竞选鼓动中,必须根据第三届杜马的经验和政府在中央管理和地方管理方面的全部活动,尽量清楚地阐明这些要求。

在宣传上述三个要求时,必须密切配合宣传社会民主党最低纲领中的其他一切要求,如普选权、结社自由、法官和官吏的民选制、工人的国家保险、用人民武装代替常备军等等。

二

俄国社会民主工党在选举中的总的策略路线应该是：党应当对沙皇君主制和支持它的地主资本家政党进行无情斗争，同时坚决揭露资产阶级自由派（以立宪民主党为首）的反革命观点和它们的假民主。

在竞选斗争中，应该特别注意划清无产阶级政党和**一切**非无产阶级政党的立场的界限，阐明民主派（主要是劳动派、民粹派、社会革命党）的假社会主义的小资产阶级实质，以及由于它们在彻底的群众性的革命斗争问题上的动摇而给民主事业带来的危害。

至于选举协定，党仍然以伦敦代表大会的决定为依据，应当：

（1）在各地的工人选民团中，提出自己的候选人，在这方面不容许同其他政党或集团（取消派）订立**任何**协定；

（2）鉴于提出社会民主党独立的候选人这个事实本身就有很大的鼓动意义，必须尽力使党不论在第二城市选民大会上，或是尽可能在农民选民团中，都有自己的候选人；

（3）在为第二城市选民大会选举复选人的决选投票阶段（选举条例第106条[103]），容许同资产阶级民主派订立协定来反对自由派，然后再同自由派订立协定来反对一切政府党。协定的形式之一，可以是提出一个或几个城市的共同复选人名单，名额根据初选所得票数按比例分配；

（4）在实行直接选举[104]并且可以进行决选投票的5个城市（彼得堡、莫斯科、里加、敖德萨和基辅），在初选时，必须为第二等城市选民团提出社会民主党的独立候选人。在这些城市进行决选

投票时,由于显然没有黑帮危险,只容许同民主派订立协定来反对自由派;

(5)任何选举协定,都不能算做提出共同的纲领,既不应用任何政治上的义务来约束社会民主党候选人,也不应制止社会民主党对自由派的反革命性和资产阶级民主派的动摇性和不彻底性进行坚决批判;

(6)在选举的第二阶段(在县的初选人大会和省的选举大会上,等等),凡是有必要使十月党-黑帮的名单或整个政府的名单通不过的地方,都必须首先同资产阶级民主派(劳动派、人民社会党人等),然后同自由派(立宪民主党人)、无党派人士、进步派等订立分配代表席位的协定。

三

全体社会民主党人应当**立即**开始进行选举运动的准备工作,为此,必须特别注意以下几点:

(1)必须即刻在各地建立社会民主党的秘密支部,让这些支部毫不迟延地进行社会民主党的选举运动的准备工作;

(2)对加强和扩充工人合法报刊的工作给予应有的注意;

(3)整个选举工作应当同工人的工会和所有其他工人团体密切配合进行,而且在选择这些团体参加的形式的时候,必须考虑到它们的合法性;

(4)特别注意做好6个省(彼得堡、莫斯科、弗拉基米尔、科斯特罗马、哈尔科夫、叶卡捷琳诺斯拉夫)的工人选民团选举的组织准备和鼓动准备工作,因为在这些省可以保证从工人选民团中选

出一个杜马代表。全体工人复选人,无论是这些省的或其他省的,毫无例外都应当是社会民主党护党分子;

(5)工人初选人大会应当依据秘密党组织的决定,确定**究竟**应该选**谁**为工人的杜马代表,并责成所有复选人为了使党的候选人当选而放弃自己的候选资格,否则就要受到抵制和以背叛论处;

(6)由于政府迫害、逮捕社会民主党候选人等等,必须特别沉着地、有条不紊地和谨慎小心地进行工作,针对警察的各种策略手段,迅速采取一切办法来制止沙皇政府的一切诡计和暴力行为,使社会民主党人进入第四届国家杜马,然后主要就是加强本届杜马内的民主派代表小组;

(7)党的秘密地方组织和小组批准社会民主党的候选人和发布有关选举的指示,要在党中央委员会的总的监督和领导下进行;

(8)如果经过一切努力,仍然不能在第四届杜马选举以前召开党的代表大会或新的代表会议,则本次代表会议授权中央委员会或中央委员会指定的机关,对各地进行选举运动的问题或根据可能发生的特殊情况等等,作出具体的指示。

关于社会民主党杜马党团

代表会议认为,社会民主党杜马党团根据党的十二月(1908年)代表会议确定的路线,利用了杜马讲坛;这条路线今后还应当是确定党的杜马工作方向的指导路线。

代表会议特别强调指出,根据无产阶级的任务,党团活动的特点是:最坚决地捍卫工人的利益和一切能够改善工人生活状况的措施(例如工人法案),同时竭力从无产阶级领导的解放运动的总任务出发，阐明一切局部的任务，指出群众运动是使俄国摆脱沙皇制度所造成的灾难和耻辱的唯一途径。

社会民主党杜马党团在黑帮杜马中举起了社会民主党第二届杜马代表的旗帜，向全世界工人彻底揭露了制造1907年政变的沙皇黑帮匪徒的无耻挑衅行为，——由于社会民主党杜马党团的这些恰当的行为而开始的工人公开行动，代表会议表示欢迎。代表会议号召俄国所有觉悟的工人从各方面支持社会民主党人在第三届杜马中的上述行动和彼得堡工人已经开始的无产阶级群众集会运动。

代表会议认为，由于第四届杜马的选举运动即将到来，社会民主党杜马党团应当更加注意向人民说明一切非无产阶级政党的阶级实质（特别是揭穿立宪民主党的反革命的和背叛的实质），并以伦敦（1907年）代表大会的决议①为指针，——这个决议的所有最重要的部分已为反革命势力的活动所证实。同时，理应把社会民主党党团的行动统一起来、指导它的工作的性质、把一切局部的要求和改革集中在主要之点上的中心口号，应当是下面这三个口号：(1)建立民主共和国；(2)实行八小时工作制；(3)没收地主的全部土地并分给农民。

关于党的工作的性质和组织形式

鉴于最近三年来的经验完全证实了十二月（1908年）代表会

---

① 指俄国社会民主工党第五次（伦敦）代表大会《关于对非无产阶级政党的态度》的决议（参看《苏联共产党代表大会、代表会议和中央全会决议汇编》1964年人民出版社版第1分册第206—207页）。——编者注

议通过的关于组织问题的决议的基本论点,鉴于工人运动已经开始活跃,有可能通过建立以支系繁多的各种合法工人团体网为外围的社会民主党秘密支部来进一步发展党的工作的组织形式,

代表会议认为:

(1)必须使秘密的党组织最积极地参加**经济斗争**(罢工、罢工委员会等等)的领导,并使秘密党支部同工会,特别是工会中的社会民主党支部以及工会运动中的一些活动家在这方面实行合作;

(2)最好是——同时要考虑到当地的条件——把工会中按**行业**组织的社会民主党支部和按**地区**建立的党支部结合起来;

(3)必须在安排社会民主党在工会、阅览室、图书馆、各种工人文娱团体等合法团体的工作方面发挥更大的主动性;推广工会出版的报刊,以马克思主义精神指导工会报刊;利用社会民主党在杜马中的演说;从工人中培养合法的讲课人;成立(在第四届杜马选举时)工人选举委员会和其他的区、街道选举委员会等等;社会民主党在选举城市自治机关时进行鼓动,等等;

(4)必须大力巩固和发展秘密的党支部,找到这种支部的新的尽量灵活的组织形式;在每个城市建立和巩固党的秘密领导组织,宣传"介绍所"、工厂党员大会等等群众性的秘密组织形式;

(5)最好吸收宣传小组参加日常**实际**工作:散发秘密的社会民主党出版物和合法的马克思主义出版物等等;

(6)必须注意到,通过社会民主党出版物进行经常性的鼓动,特别是按时散发定期和经常出版的党的秘密报纸,对建立秘密支部之间以及合法工人团体中的社会民主党支部之间的组织上的联系,具有重大的意义。

关于社会民主党人
同饥荒斗争的任务

(1)俄国2 000万农民遭受的饥荒又一次表明,受到沙皇制度和农奴主–地主阶级压迫的贫苦农民群众,处于完全无法忍受的、世界上任何一个文明国家都不可想象的悲惨境地;

(2)这次饥荒再一次证明,政府的土地政策已经破产,在控制着六三杜马、国务会议和尼古拉二世宫廷的右派政党所代表的农奴主–地主阶级左右俄国的一切政策特别是土地政策的情况下,俄国资产阶级的稍许正常的发展不可能得到任何保证;

(3)黑帮政党(以马尔柯夫等等之流先生们为首)在杜马中的声明,以及它们把责任推到"懒汉农民"头上的做法,充分暴露了掠夺俄国的沙皇地主匪帮的无耻行径,擦亮了最愚昧的人的眼睛,激起了最不关心时局的人的愤怒;

(4)政府阻挠赈济饥民的工作,警察当局无端指责地方自治机关,指责开展募捐和组织赈食委员会等等工作的人员,这甚至在地方自治机关和城市资产阶级中间也引起了普遍的不满;

(5)自由主义君主派资产阶级一方面通过自己的刊物向社会报道饥荒的情况和政府的所作所为,一方面又通过第三届杜马中的立宪民主党党团,以温和的反对派的姿态出现,他们的做法决不能使民主派感到满意,就像不能同意多数自由派将赈济饥民问题作为慈善事业提出一样;

(6)尽管工人阶级的经济状况由于饥民和失业者人数的增加而趋于恶化,他们还自发地要求为饥民募捐和提供其他援助。这是每个民主派都有的自然要求,更何况社会党人;所有的社会民主党人都应当支持这种要求,并以阶级斗争的思想来加以引导。

鉴于上述一切,代表会议决定,必须:

(一)集中社会民主党的一切力量扩大在广大居民群众,特别是在农民中间的宣传鼓动工作,说明饥荒同沙皇制度及其整个政策之间的联系,为了进行鼓动,在农村中不仅要散发社会民主党人和劳动派在杜马中的发言,而且要散发像马尔柯夫第二那样一些沙皇朋友的发言,宣传社会民主党的政治要求:推翻沙皇君主制,建立民主共和国,没收地主的土地;

(二)支持工人尽力帮助饥民的要求,建议他们把捐款全部交给社会民主党杜马党团、工人报刊或工人的文化教育等等团体,参加饥民赈济小组和委员会的社会民主党人和民主派应成立特别支部;

(三)极力把饥荒激起的民主义愤引向举行游行示威、群众大会、群众集会和其他反对沙皇制度的群众斗争的形式上去。

关于对杜马提出的
工人的国家保险法案的态度

一

1. 雇佣工人以工资形式取得的那一部分自己创造的财富,非常之少,刚能满足工人的最迫切的生活需要,因此,无产者根本不能从自己的工资中拿出一些钱去储蓄,以便在因伤残、疾病、年老、残废而丧失劳动力时,以及在资本主义生产方式必然造成的失业时使用。因此，在出现上述一切情况时对工人实行的保险，完全是资本主义发展的整个进程所决定的一种改革。

2.最好的工人保险形式是工人的**国家**保险；它是根据下列原则建立的：(一)在工人丧失劳动力的**一切**情况(伤残、疾病、年老、残废；还有女工的怀孕和生育；供养人死亡后所遗寡妇和孤儿的抚恤)下，或在他们因失业而失去工资的情况下，国家保险都应给工人以保障；(二)保险应包括**一切**雇佣劳动者及其家属；(三)对一切被保险人都应按照偿付**全部**工资的原则给予补偿，同时**一切**保险费应由企业主和国家负担；(四)各种保险应由**统一的**保险组织办理，这种组织应按**区域**和按被保险人**完全**自行管理的原则建立。

3.国家杜马通过的政府法案是与合理化的保险制度的所有这些基本要求根本抵触的；这个政府法案(一)只提到**两种保险**——不幸事故保险和疾病保险；(二)只包括一小部分(最多也只有$\frac{1}{6}$)俄国无产阶级，许多地区(西伯利亚，政府的修改方案中还有高加索)和许多特别需要保险的部门的工人(农业工人、建筑工人、铁路工人、邮电工人、店员等等)，都被置于保险范围之外；(三)规定的补偿费少得可怜(**完全**致残的最高补偿费也只有工资的$\frac{2}{3}$，并且计算的工资低于实际工资)，同时保险费用的大部分都由工人负担；草案规定，不仅疾病的保险费要由工人负担，而且"轻度"——实际上是最经常的——伤残的保险费也由工人负担。这个新办法比现行的法律还要坏：现行法律规定，伤残的补偿费完全由企业主负担；(四)使保险机关完全丧失了独立性，处于官吏("政府机关"和"保险事务委员会"的官吏)、宪兵、警察(他们除了一般监视，还有权指挥保险机关的重要活动，对它们的人员组成施加影响等等)、企业主(实行不幸事故保险的公司的所有企业主；实行疾病保险的工厂型的伤病救济基金会;企业主有规章保证的对它们的影响,等等)的重重监视之下。

4.在目前反动势力猖獗的时刻,在反革命势力统治的时期,经过政府同资本家的代表的多年预备性的谈判和取得协议,也只能产生这种极端粗暴地嘲弄工人的最迫切利益的法律。必须彻底推翻沙皇制度,争得无产阶级自由进行阶级斗争的条件,才能实现真正符合无产阶级利益的保险改革。

二

鉴于上述一切,代表会议决定:

(1)秘密的党组织和在合法组织(工会、俱乐部、合作社等等)中工作的同志们的迫切任务,是开展最广泛的鼓动工作,来反对触犯整个俄国无产阶级的利益并极其粗暴地损害这种利益的杜马保险法案。

(2)代表会议认为必须着重指出:社会民主党针对保险法案进行的一切鼓动,都应当同无产阶级在现代资本主义社会中的阶级地位,同对社会改良主义者所散布的资产阶级空想的批判,同我们整个的社会主义基本任务联系起来;另一方面,在这种鼓动中,应当把杜马"改革"的性质同目前的政治形势,同我们整个的革命民主任务和口号联系起来。

(3)代表会议对社会民主党杜马党团投票反对杜马法案表示完全赞同,并请同志们注意杜马辩论这一问题时所提供的、便于了解各个阶级对工人改革的态度的大量有价值的材料;代表会议特别着重指出落后资本的代表十月党人在辩论中明显表现出来的公然敌视工人的倾向,以及立宪民主党用社会改良主义的"社会和平"的辞藻掩饰起来的伪善的发言;立宪民主党人在杜马中对工人阶级的主动性实际上是持反对意见的,他们并以仇视的态度反对社会民主党杜马党团对杜马草案所作的主要修改。

(4)代表会议极坚决地要工人们提防缩小和完全歪曲社会民主党的鼓动,把它局限于反革命统治时期法律所容许的范围内的种种企图;相反,代表会议着重指出,这个鼓动的基本点应当是向广大无产阶级群众说明一个真理,就是没有新的革命高涨,工人的生活状况不可能有任何真正的改善;谁想实现真正的工人改革,谁就应该首先为争取新的胜利的革命而斗争。

(5)如果不顾觉悟的无产阶级的反对,杜马法案仍然付诸实施,代表会议则请同志们利用这个法案规定的新的组织形式(工人伤病救济基金会),在这些基层组织中大力宣传社会民主党的思想,从而把这个为了更进一步奴役和压迫无产阶级而炮制出来的法律,变成提高无产阶级的阶级觉悟、巩固无产阶级的组织性、加强无产阶级争取政治上的完全自由和争取社会主义的斗争的武器。

关于"请愿运动"

1. 以政府和第三届杜马为代表的反革命势力把工人运动看做自己最主要的敌人,因此,对各种形式的工人运动横加迫害,甚至对工人阶级在革命后保留下来的"合法机会"也不断进行破坏。

2. 这个制度使广大工人群众经常面对这样一个事实:如果不彻底推翻沙皇君主制,他们连起码的权利(首先是结社自由)

也得不到。

3.圣彼得堡取消派1910年冬提出的请愿书和他们与此相配合所进行的鼓动,从工人阶级的全部革命要求中抽出了结社自由的要求。取消派不但不向工人指出,在俄国,要争取结社的完全自由,必须进行争取基本民主要求的群众革命斗争,反而在实际上宣扬所谓的"争取权利的斗争",即自由派争取通过局部改善来"革新"六三制度的斗争。

4.由于俄国政治生活的具体条件和工人群众的生活状况,上述运动必然变成纯形式的和毫无意义的纸上签名运动,在群众中得不到任何反应,也不会激起他们对政治的关心。

5.这个请愿运动的结局明显证实了整个这一活动是错误的,是脱离工人群众的;请愿书一共征集到1 300人的签名,而且请愿运动在所有**不分派别和流派**的党组织中根本没有得到任何支持,连我们的社会民主党杜马党团也认为不能参加这个运动。

6.由第二届杜马代表的遭遇引起的工人群众集会运动以及一些城市1912年1月9日的工人游行示威都表明:工人群众的独立活动决不是朝请愿运动这类办法的方向发展,也决不是为了争取"部分权利"。

根据上述一切,代表会议

(1)号召所有社会民主党人向工人说明结社自由对无产阶级是绝对必要的,而且必须经常把这个要求同我们总的政治要求和对群众的革命鼓动密切联系起来;

(2)承认在一定的条件下,群众性的工人请愿可能是一种最有利的抗议形式,但在俄国,在目前这个时期,请愿却是社会民主党进行鼓动工作的一种最不利的方式。

关于取消主义和取消派集团

鉴于：

（1）俄国社会民主工党近 4 年来一直在同取消派进行坚决的斗争，1908 年的十二月党代表会议确定该派为

"党内有一部分知识分子试图取消现有的俄国社会民主工党组织，代之以一种绝对要在合法范围内活动的不定型的联盟，甚至不惜以公然放弃党的纲领、策略和传统为代价"；

（2）1910 年一月中央全会继续同这个流派进行斗争，一致认为它是资产阶级对无产阶级的影响的表现；并且以同取消主义完全决裂、彻底克服这种背离社会主义的资产阶级倾向作为实现党内的真正统一、使原有的布尔什维克派和孟什维克派组织合并的条件；

（3）集结在《我们的曙光》杂志和《生活事业》杂志周围的一部分社会民主党人，违背党的一切决定和各派代表在 1910 年一月全会上提出的保证，公开为这个被全党一致认为是资产阶级对无产阶级的影响的产物的流派进行辩护；

（4）前中央委员米—尔、尤里和罗曼不但在 1910 年春拒绝加入中央委员会，而且甚至连一次增补新成员的会议也拒绝参加，并公开声明说，他们认为党中央的存在本身都是"有害的"；

（5）取消派的上述主要出版物《我们的曙光》杂志和《生活事业》杂志正是在 1910 年中央全会以后坚决地全面转到取消主义方面去了：它们不但"贬低〈违背全会决议〉秘密党的意义"，而且公开否认党，宣称党是一具"死尸"，宣称党已被取消，宣称恢复秘密党是"反动的空想"，并在公开的杂志上对秘密党大肆诽谤和谩骂，要

工人把党的支部和党的等级制度看做"衰亡的东西",等等;

(6)当全国的护党分子不分派别地联合起来,致力于召开党代表会议的当前任务的时候,取消派却形成了完全独立的小集团,甚至在孟什维克护党派占优势的地方(叶卡捷琳诺斯拉夫、基辅)也脱离了党,完全拒绝同俄国社会民主工党的地方组织保持任何党内联系,

代表会议声明,《我们的曙光》杂志和《生活事业》杂志集团的所作所为**已使自己完全置身于党外**。

代表会议号召一切护党分子,不分派别和色彩,与取消主义进行斗争,说明它对工人阶级解放事业的全部危害,竭力恢复和巩固秘密的俄国社会民主工党。

关于中央机关报[105]

代表会议听取并讨论了中央机关报代表的报告,赞同中央机关报的原则路线,——

希望中央机关报更多地发表宣传性的文章,文章要写得更加通俗,使工人也能看懂。

关于《工人报》

鉴于《工人报》始终坚定地捍卫党和党性,并得到地方上不分派别的党的工作人员的完全同情,

代表会议

(1)号召地方上的全体同志从各方面支持《工人报》;

(2)确认《工人报》为党中央委员会的正式机关报。

关于《真理报》

代表会议废除1910年一月中央全会和《真理报》编辑部订立的协议。[106]

对党的组织章程的修改[107]

第2条补充如下：

根据十二月(1908年)代表会议的决定，认为增补是容许的。

第8条原有条文删去，并改为：

中央委员会尽量经常召开有所有党组织的代表参加的代表会议。

第9条第3段，关于代表大会的代表资格，作如下修改：

今后党代表大会的代表名额，由中央委员会同各地方组织预先联系后确定。

关于前保管人掌管的财产和关于账目

代表会议获悉布尔什维克全权代表(1910年1月，中央全会同他们签订了关于布尔什维克把本派的财产有条件地交给中央委员会会计处的协定)的声明，认为：

(1)由于取消派破坏了协定，由于保管人拒绝做仲裁人，所以，布尔什维克的代表有一切法定权利支配他们手里掌管的和前保管人蔡特金同志掌管的财产；

（2）布尔什维克代表提出声明以后，代表会议认为，蔡特金同志掌管的全部钱款，应该无条件地归党所有，即归代表会议选出的中央委员会所有；

（3）责成中央委员会采取一切措施，立即从蔡特金同志那里取得党的财产。

＊　　　　＊　　　　＊

检查委员会审查了现在被代表会议批准为中央委员会机关报的《工人报》的编辑部和中央全会曾为之拨款出版社会民主党刊物的布尔什维克小组的账目和单据，认为报告无误，并建议代表会议予以批准。

关于"红十字会"

代表会议建议地方上的全体同志尽力恢复为援助被监禁者和被流放者所非常必需的"红十字会"。

关于国外的党组织

代表会议认为，在国外建立一个在中央委员会的监督和领导下协助进行党的工作的统一的党组织，是绝对必要的。

代表会议批准国外组织委员会[108]为党的一个国外组织，并号召一切站在秘密党一边同反党流派(取消派)进行不调和斗争的护党分子，不分派别和流派，团结在中央委员会的周围，协助进行国内的党的工作，并建立统一的国外组织。

所有的国外小组,毫无例外只能通过中央委员会与国内组织进行联系。

代表会议认为,国外小组如果不服从进行社会民主党工作的国内中心即中央委员会,不通过它而单独同国内进行联系,因而造成组织上的瓦解,它就不能享有俄国社会民主工党的称号。

关于俄国政府对波斯的进攻

俄国社会民主工党对公然扼杀波斯人民自由,并且为此不惜采取最野蛮最无耻的行动的沙皇匪帮的强盗政策表示抗议。

代表会议确认,受到俄国自由派大肆吹嘘和支持的俄国政府同英国政府的联盟,其锋芒首先指向亚洲民主派的革命运动,这个联盟使英国自由派政府成了沙皇制度的血腥暴行的帮凶。

代表会议对波斯人民的斗争,特别是对在反对沙皇暴徒的斗争中作出重大牺牲的波斯社会民主党的斗争,表示深切的同情。

关于中国革命

鉴于政府的报纸和自由派的报纸(《言语报》)为了俄国资本家的利益,掀起一场宣传运动,叫嚣要乘中国发生革命运动之机占领与俄国接壤的中国的几个地区,代表会议指出,中国人民的革命斗争具有世界意义,因为它将给亚洲带来解放并将破坏欧洲资产阶级的统治,代表会议祝贺中国的革命共和派,表明俄国无产阶级怀着极大的热忱和深切的同情注视着中国革命人民获得的成就,并斥责俄国自由派支持沙皇政府掠夺政策的行为。

关于沙皇政府对芬兰的政策

俄国社会民主工党在俄国沙皇政府和反革命杜马通过剥夺芬兰人民的权利和自由的法律之后第一次召开的代表会议,对兄弟的芬兰社会民主党表示深切的同情,并且强调指出,在反对践踏人民权利的俄国反革命政府和反革命资产阶级的斗争中,芬兰工人和俄国工人的任务是一致的,同时表示深信,只要俄国工人和芬兰工人共同努力,就能推翻沙皇政府,使俄国人民和芬兰人民获得自由。

给德国社会民主党的贺电

根据代表会议的委托,给德国社会民主党中央机关报发出了如下贺电:

俄国组织委员会和党中央机关报代表俄国社会民主工党,向在竞选中击败整个资产阶级世界而取得辉煌胜利的兄弟的德国社会民主党致以热烈祝贺。[109]

国际社会民主党万岁!

德国社会民主党万岁!

载于 1912 年 2 月俄国社会民主工党中央委员会在巴黎出版的《俄国社会民主工党全国代表会议》小册子

译自《列宁全集》俄文第 5 版第 21 卷第 132—156 页

执行自由派工人政策的机关报

（1912 年 2 月 19 日〔3 月 3 日〕）

我面前放着三号彼得堡周报《现代事业报》**110**，该报是今年 1 月开始出版的。

我建议读者仔细研究一下该报所宣传的内容。

当前的主要政治问题是第四届杜马的选举。在第 2 号上有马尔托夫一篇专门论述这个问题的文章。他提出的口号是："必须努力把反动派从他们的杜马阵地中赶出去。"而唐恩在第 3 号上随声附和："削弱它〈国务会议〉的极为有害的影响的最好办法，就是把杜马从反动派手中夺过来。"

口号很清楚。当然，每一个有觉悟的工人都不难看出，这不是马克思主义者的，不是无产阶级的，甚至也不是民主派的口号，而是**自由派的**口号。这是自由派工人政策的口号。

请看马尔托夫是怎样替这个口号辩护的："在实行现有的选举法的情况下，这个任务能不能实现呢？无疑是能够的。诚然，这个选举法预先保证了土地占有者和第一城市〈资本家的〉选民团的复选人在很大一部分〈?〉省的选举大会上占多数……"

为坏事辩护，立刻使马尔托夫作出错误得令人吃惊的论断。不是在"很大一部分"省的选举大会上，而是**无例外地在所有**（欧俄部分的）省的选举大会上，土地占有者复选人加上第一城市选民团都占绝对多数。不仅如此。在 53 个省中，有 28 个省，**单是土地占**

有者复选人就已经在省的选举大会上占**绝对多数**。在总数442名杜马代表中,这28个省选出255名,就是说,又是一个绝对多数!

为了替"把反动派从他们的杜马阵地中赶出去"这个自由派的口号辩护,马尔托夫只好一开始就把俄国土地占有者美化成自由派。这个头开得可真不坏!

马尔托夫接着说:"但是,过去的选举表明,无论在土地占有者中间还是在城市大资产阶级中间,都有仇视黑帮、民族党人和十月党人反动派的分子。"

这是没有疑问的。甚至一部分土地占有者复选人也是反对派,也是立宪民主党人。但是由此可以得出什么结论呢?结论只能是:要使根据1907年六三法令选出来的杜马的多数,从**地主**"自由主义"反对派的立场**再前进一步**,是办不到的。地主决定一切。马尔托夫试图回避的这个事实终究是事实。这就是说,只有地主转变为反对派,才能使(**地主**)"反对派"占优势。然而问题的关键就在这里:不变成自由派,能不能说(**地主的**)"自由主义反对派能把反动派从他们的杜马阵地中赶出去"呢?

第一,不应该粉饰我国选举法的地主性质。第二,不应该忘记,地主"反对派"具有所谓"**左派十月党**"的一切特点(立宪民主党人在它最近一次代表会议上已经允许同这个"左派十月党"结成联盟!——马尔托夫闭口不提这一点也是枉费心机的)。只有可笑的自由派政客才会借口"左派十月党人"可能取得胜利,而谈论什么"把杜马从反动派手中夺过来",或"把反动派从他们的杜马阵地中赶出去"。

工人民主派的任务是**利用**自由派同目前杜马中的多数的冲突**来**加强杜马中的民主派,而决不是助长自由派那种似乎可以"把杜马从反动派手中夺过来"的幻想。

我们的作者在转而谈到如果"'**全体**反对派'打垮了杜马中的黑帮–十月党人多数"会有什么**意义**这个**原则**问题的时候，他陷入了更为不妙的境地。

马尔托夫说："工人的切身利益是使阶级国家的政权从野蛮的地主手中转到比较文明的资产者手中。"

真是妙论！不过忘记了一件小事……很小很小的小事：俄国的"比较文明的资产者"、自由派、立宪民主党人的"**切身利益是**"不要**破坏**野蛮地主的政权。自由派的"切身利益是"怎样同野蛮地主瓜分政权而不破坏野蛮地主的政权，也不使民主派得到任何一个武器。

关键就在这里！为了回避重大的问题，你就煞有介事地来回来去重复一些毫无意义的陈词滥调，但这是徒劳无益的。

马尔托夫说："立宪民主党人和进步派增加了他们在杜马中的代表，他们还不能取得政权，但这会使他们便于取得政权。"是的，是这样的。不过为什么德国的立宪民主党人和进步党人从1848年起，曾经多次"增加了他们"在国会中的"代表"，而直到现在还没有"取得政权"呢？为什么他们在64年中一直是并且**现在还是听凭**容克掌握政权呢？为什么俄国的立宪民主党人"增加了他们在"第一届和第二届"杜马中的代表"，却没有"使他们便于取得政权"呢？

马尔托夫只承认**任何一个**有教养的自由派都**会接受**的马克思主义。工人的切身利益是怎样使政权从地主手中转到比较文明的资产者手中，——世界上所有的自由派都同意这样来"理解""**工人的利益**"。但这还不是马克思主义。马克思主义接着还要说：(1)自由派的切身利益是不要破坏地主的政权，而同地主坐在一起;(2)自由派的切身利益是同地主瓜分政权,而又使工人和民主派都毫无所得;(3)**只有**民主派**违反**自由派的意志取得胜利,政权才会**真正**"离开"地主的手而"转到"自由派"手中"。证据是什么?法国的整个历史和中国的现代历史就是证据:如果中国民主派不是**违反**袁世凯的意志取得胜利,那么政权决不会,即使是暂时地,即使是有条件地转到自由派袁世凯的手里。

但是,如果说自由派比黑帮好这个平庸的道理就是司徒卢威、伊兹哥耶夫这一伙先生所能接受的**全部**"马克思主义",那么在自由派看来,在马尔托夫看来,阶级斗争的辩证法就是无法理解的。

总而言之,正是为了使俄国的政权真正从地主手中"转"到资产者手中,就不应该用"把杜马从反动派手中夺过来"这个**骗人的**口号来欺骗和削弱整个民主派,特别是工人。我们在选举中的实际任务决不是"把反动派从他们的杜马阵地中赶出去",而是加强整个民主派,特别是工人民主派。这个任务有时会同增加自由派人数的"任务"发生冲突,因为5名额外增加的民主派要比50名额外增加的自由派对我们更重要,对无产阶级也更有利。

由此可以得出下面的结论,虽然马尔托夫似乎也承认立宪民主党人是自由派而**不是**民主派,但是他不喜欢下列结论:(1)在5个大城市进行决选投票时,**只**准许同民主派缔结协定来反对自由派;(2)在第二阶段,在进行**任何**投票和缔结**任何**协定的时候,**首先**应当同民主派缔结协定来反对自由派,然后才可以同自由派缔结协定来反对右派。

载于1912年2月19日《明星报》第11号(总47号)

译自《列宁全集》俄文第5版第21卷第157—160页

给社会党国际局的关于俄国 社会民主工党全国代表会议的报告[111]

(1912年2月26日〔3月10日〕以前)

近几年来,俄国社会民主工党一直处于动摇和瓦解的状态。三年来,党一直没有能够召开代表会议或代表大会,近两年来,中央委员会未能开展任何活动。诚然,党还继续存在,但它是以单个小组的形式存在于各个比较大的城市中的,这些小组在没有中央委员会的情况下,各自处于多少有些互相隔绝的状态。

不久以前,由于俄国无产阶级重新觉醒,党才开始重新得到巩固,直到最近,我们才终于有可能召开代表会议(1908年以来,一直没有能够举行),参加这次会议的有两个首都、西北地区、南俄、高加索和中部工业区的组织的代表。大体上,有20个组织,也就是说,几乎是俄国现有的一切组织,不管是孟什维克组织,还是布尔什维克组织,都与召集这次会议的组织委员会取得了密切联系。

确认自己具有党的最高机关的权利和义务的代表会议,举行了23次会议,讨论了议程上的一切问题,其中有些问题是极其重要的。例如,代表会议对目前政治形势和党的政策作了深刻的和非常全面的估计,这个估计与1908年代表会议的决议和1910年中央全会的决议完全一致。代表会议对几个月后就要举行的杜马选举给予了特别的关注,并就这个问题通过了一项由三部分组成的决议；这项决议非常清楚非常详尽地说明了我国混乱的选举法，分析了同其他党派签订选举协定的问题，全面阐明了党在即将到来的选举运动中的立场和策略。会议对反饥荒斗争、工人保险、工会和罢工等等问题，也进行了讨论，并作出了决定。

代表会议还研究了"取消派"的问题。该派否认秘密党的存在，宣称这个党已被取消，宣称恢复秘密党是反动的空想，并且断言，党只能以合法形式恢复。然而，该派与秘密党断绝关系以后，直到现在，并没有建立起什么合法的党。代表会议确认，党同该派已经进行了 4 年的斗争，1908 年的代表会议和 1910 年的中央全会都反对过取消派；尽管党作出一切努力，该派仍然保持着派别的隔绝状态，并在合法刊物上反对党。因此，代表会议宣布，集结在《我们的曙光》杂志和《生活事业》杂志(现在还要加上一个《现代事业报》)周围的取消派，已使自己置身于俄国社会民主工党之外了。

最后，代表会议选出了中央委员会和中央机关报《社会民主党人报》编辑部。另外，代表会议特别着重指出：国外还有许多小组，这些小组具有程度不同的社会主义性质，但不管怎样，它们已经完全脱离了俄国无产阶级及其社会主义活动，因而是不承担任何责任的；这些小组无论如何既不能代表俄国社会民主工党，也不能以俄国社会民主工党的名义发表意见；党对这些小组不负任何责任或作任何担保；要同俄国社会民主工党取得一切联系，只有通过中央委员会，中央委员会的国外地址是：巴黎(XIV)玛丽·罗斯街 4 号，弗拉基米尔·乌里扬诺夫(转中央委员会)。

载于 1912 年 3 月 18 日《社会党国际局通报》第 4 期

译自《列宁全集》俄文第 5 版第 21 卷第 173—175 页

反对同取消派的联合

(1912 年 3 月 2 日〔15 日〕以后)

取消派的《现代事业报》第 7 号刊载了一篇编辑部的文章《拥护联合,反对分裂》。这篇文章谈的无疑是每个有头脑的工人正在考虑的一个极有意义极为重要的问题。我们认为自己有责任就《现代事业报》对自己读者所作的几点显然错误的阐述,发表一下自己的哪怕是不全面的、哪怕是简短的意见。

《现代事业报》根据《土地呼声报》、《俄罗斯言论报》和《基辅思想报》[112]的报道("同《现代事业报》掌握的材料没有出入的"报道)证实了一个事实:在国外举行了全党代表会议,这次代表会议"把某个选举运动策略强加给俄国所有马克思主义者",同时宣布《我们的曙光》杂志和《生活事业》杂志集团**已置身于党外**(黑体是《现代事业报》用的)。在这一点上,《现代事业报》(它的文章对反取消派一贯极尽诽谤诬蔑之能事)在竭尽全力,第一,贬低代表会议的意义,第二,为《我们的曙光》杂志及其一伙进行辩护,说他们不能被"置于党外",说这个派别的"著作家""对这种决议耸耸肩膀表示蔑视",等等。

我们首先要指出,《现代事业报》这篇文章的整个内容,它的整个歇斯底里的腔调,它的一切"拥护联合"的叫嚷,都确凿地证明,取消派被触到了痛处,他们企图掩盖**事情的实质**的手法太不高明。

我们现在就来谈谈这个**事情的实质**。

当然,我们既不会为代表会议进行辩护,也不会补充或更正上述报纸(现在还应该加上《**莫斯科呼声报**》)所引用的材料。况且这也不是我们的任务。只要把《现代事业报》的哪怕是一句话**只字不差地**重复一下就够了。取消派叫道:"我们要问,是谁选举他们〈代表会议的代表〉的,是谁给他们权利代表莫斯科、彼得堡等地的马克思主义者讲话和决定问题的?"假如公开提出这个"问题"的比如说是普利什凯维奇先生或扎梅斯洛夫斯基先生,那倒是十分自然的。既然取消派在《**现代事业报**》上向公众提出这个**问题**,那单单这个问题就把他们的取消派的本质彻底揭露出来,使他们的本来面目暴露无遗,我们只要指出取消派的手法就行了。

再说一遍,我们所以要谈谈这里提到的问题,只是因为我们有责任对报刊的所有见解作出反应,并指出同工人选举运动有关的东西。应该使读者了解真相。既然取消派说"拥护联合,反对分裂",我们就有责任揭露这里面的假话。第一,用不着捉迷藏,泛泛地讲"联合",因为这里实质上讲的**只是同取消派的联合**。为什么《现代事业报》要捉迷藏呢?它为什么不直截了当地讲,它是同意还是不同意《我们的曙光》杂志和《生活事业》杂志的观点呢?第二,谈论"**分裂**"为时尚早,因为现在还没有在一个整体内进行活动的两个有组织的完整的政治集体。

《现代事业报》倒是应该讲讲这个**事情的实质**,叫嚷和谩骂是无济于事的。

同取消派联合不是个新问题,而是个很老的问题了。两年多以前,在1910年1月曾经下了最大的决心正式试图实行这种联合,当时不但达成了协议,而且通过了一致的决定。这次尝试没有成功,这是**大家**都承认的,其中也包括取消派(见 1911 年《我们的曙光》杂志第 11 期第 130 页)。为什么没有成功呢?对这个问题,凡是真心想要找出答案的人都应该**根据文件**自己去进行分析。我们现在只是援引少数几个(但能说明问题的)文件。

因参与同取消派联合的尝试而出名的"联合派分子"或"调和派分子"约诺夫先生**恰恰是在**这一尝试**期间**写道:

"不管召回主义和取消主义本身对党多么有害,它们对各派〈指孟什维克派和布尔什维克派〉的有益影响,看来是毫无疑义的。病理学上有两种脓肿:恶性的和良性的。良性脓肿是一种对身体有益的病。这种脓肿在形成过程中吸收全身的一切毒素,因而也就可以促进身体的康复。我认为,取消主义对孟什维主义,召回主义-最后通牒主义对布尔什维主义,就起了这种作用。"

这里有一个材料证明,同取消派联合的条件是取消派完全放弃取消主义。这是 1910 年 1 月的事。1910 年 2 月,**波特列索夫**先生在《我们的曙光》杂志第 2 期上写了下面一段话:

"因为在 1909 年,当取消派所要取消的东西已经用不着取消,而且作为一个有组织的整体实际上已经不复存在的时候,这取消派怎能不是病态的想象中的幻影,而是真正的现实呢?"(1910 年《我们的曙光》杂志第 2 期第 61 页)

所有的实际工作者都知道,取消派**实际上**正是按照波特列索夫先生的指导**行事**的。取消派另一个有名的刊物《复兴》杂志[113](参加编辑的还是马尔托夫、拉林、列维茨基先生之流)在 1910 年 3 月 30 日颇有同感地援引了波特列索夫先生上面一段话,并以编辑部的名义写道:"没有什么可取消的,并且我们〈即《复兴》杂志编辑部〉还要补充一句,幻想恢复这个等级制度的旧的秘密的形

式,简直是有害的反动的空想……"(1910年《复兴》杂志第5期第51页)

除了我们以外,还有没有其他人和其他派别把这些话看做是取消派同旧的、原来的政治集体的**决裂**呢?无疑是有的。证据是:(1)伊兹哥耶夫先生在1910年**《俄国思想》**杂志[114]第8期上发表的一篇文章:《马克思主义者中间的路标派分子》。伊兹哥耶夫先生总是用彻底的"路标派的"观点来评价马克思主义者中间发生的事件。伊兹哥耶夫先生写道:"回答〈波特列索夫先生对工人运动问题的回答〉同遭他痛骂的《路标》文集上所写的以及**《俄国思想》**杂志的政论家所说的**完全一致**。"(1910年《俄国思想》杂志第8期第67页)(2)孟什维克普列汉诺夫在1910年5月谈到波特列索夫先生的上述言论时写道:"但是毫无疑问,**在我们党看来,那个认为我们党不存在的人本身就是不存在的**〈黑体是普列汉诺夫用的〉。现在,我们党的全体成员应该说,波特列索夫先生不是他们的同志,他们中间有些人也许不会因为我早就不认为他是同志而再责怪我了。"

事实俱在。任何诡辩和遁词在这里都无济于事。取消派早在1910年就同原来的政治集体决裂了。没有一个研究俄国政治生活历史的人能够回避这个事实,除非他想违背真理。而在1911年,列维茨基、马尔托夫、唐恩、拉林、查茨基之流先生们不止一次地重复完全是"波特列索夫式的"内容的声明。我们只要提一下拉林在**《生活事业》杂志**(1911年第6期第15页)上怎样教导工人就够了:他说,"在每个城市,凑成……几百人的小组"并不困难,但这是一种"弄虚作假的"手法!

我们深信,从这里,从两年多的经验中必然得出这样一个结论:**同取消派**实行任何联合都是不可能的。在这方面,缔结任何协定也是不可能的。在这里,缔结协定**是不可思议的**,因为这里说的是被取消派轻蔑地称为"等级制度"的东西究竟存不存在的问题。《现代事业报》——**同一个**派别的**同一批**取消派的机关报——的任何谩骂,都不会使事情有任何改变。取消派置身于……**外**——这是不可改变的事实。

也许有人会反驳我们说,这个事实意味着分裂。不,所谓分裂是指一个政治集体分成了**两个**。而现在,1912年3月,用最好的天文望远镜从彼得堡、莫斯科、基辅、纽约或随便什么地方观察我国政治生活的人,都**只能**看到**一个**有组织的完整的政治集体,而取消派的谩骂只会使这个集体在工人中间壮大起来。

取消派的不幸也就在于,他们确实**取消了**自己同旧的东西的关系,但又**没有**把新的东西**建立起来**。什么时候他们建立起来,那时我们再看看,并且为了履行政治评论家的职责,我们定会把情况告诉给读者。而现在,事实终究是事实:没有第二个完整的政治集体,也就是说,没有分裂。

取消派早就答应建立一个"公开的"政治协会。但是,诺言不是事实。波特列索夫和马尔托夫的最亲密的同道者列维茨基先生**"本人"**在《我们的曙光》杂志第11期(1911年)的社论中,曾**遗憾地**写道:"我们没有看到过一次多少像样的组织合法**政治**〈黑体是列维茨基先生用的〉协会的尝试。"列维茨基先生在这里既责怪了"群众",又责怪了"领导"。但是现在的问题不是责怪谁,而是肯定事实。**如果**列维茨基先生和他的朋友们创立起合法的政治协会,**如果**这个协会事实上实施马克思主义者的(而不是自由派的)工人政策,那时……那时我们再看看。不过你们要快一点,先生们,到进行选举,剩下的时间已经不多了,要用赫拉克勒斯之力[115]才能把几年忽略了的工作,在几个月之内补上(或者把以前做的完全**改成相反的**方向)。

取消派自己把自己的头砍掉了。头都掉了,何必怜惜头发。

观察俄国政治生活的人在我们所谈到的范围内只能找到一个政治集体。在这个集体的周围,是一些个别的人和一些没有组织起来的、甚至对**最迫切的**政治问题都没有完整答案的集团。换句话说,周围处于涣散状态。同一切涣散状态一样,这里也有人摇摆,也有人希望(唉,这是枉然的!)促使取消派同取消主义**真正决裂**。但是,在选举前的短短半年中间,只有毫无希望的政治家才试图靠希望过活。

就拿选举运动的口号、策略、缔结协定等问题来说,在这方面,只有一个正式确定的、清楚的、精确的、完全的、目前为俄国各地所有工人领导者所熟悉的答案。**没有第二个答案**。再说一遍,取消派先生们:头都掉了,何必怜惜头发。

————

附言:托洛茨基大概也把自己归入"希望"纠正取消派的这类人之中,他在《**现代事业报**》上通俗地转述了1908年12月关于六三制度的实质的决定的开头部分。如果托洛茨基能够说服比如拉林和马尔托夫,使他们能对我国目前的"立宪"实质问题的一个明确的、精确的、清楚的答案取得一致意见,那我们就太高兴了。人们只是高喊"联合"的好处和"小组习气"的害处,可是竟不能在我们整个工作的原则问题以及实践问题上拿出哪怕是"自己的"小组的统一意见!然而话是可以随便说的。托洛茨基写道:"社会民主党不仅会把自己的伟大任务用公式的形式写

在脑壳里面……"托洛茨基写得多漂亮，他并不比波特列索夫和
涅韦多姆斯基逊色！

载于 1912 年 2—3 月《启蒙》杂志
第 3—4 期合刊

译自《列宁全集》俄文第 5 版
第 21 卷第 161—166 页

第三届杜马五年来的各政党

(1912 年 3 月 4 日〔17 日〕)

一

《1912 年〈**言语报**〉〈**年鉴**〉》这部自由派的小政治百科全书登载了米留可夫先生的一篇文章:《五年来**国家杜马中**的各政党》。这篇出自公认的自由派领袖和杰出的历史学家之手的文章非常值得注意,因为这篇文章是专门谈**主要的**所谓**竞选问题**的。各政党活动的政治总结、它们的作用问题、关于社会力量对比的科学结论、当前选举运动的口号,——所有这一切都自然而然地出现在米留可夫先生的笔下,尽管他力求只是简单地叙述一下杜马的"表面历史"事实,可是他既然选上了这个题目,就**不能不谈**到所有这一切。

这样,就呈现出一幅有趣的图画,这幅图画所表现的是一个老的、但又万古常新的题材:俄国的政治生活在自由派眼中是如何反映的。

米留可夫先生写道:"在第一届杜马中在数量上占优势,而在第二届杜马中在道义上占优势的人民自由党,在第三届杜马中只有 56 — 53 名代表。它从起领导作用的多数地位转到了反对派的地位,然而在反对派的行列中,它无论在自己的人数或者在自己成员的质量上以及在发言和投票时严格遵守党团纪律上,都还保持着优势。"

一个政党领袖在谈论各政党的文章中说自己的党在"党的成员的质量"上占"优势"。这倒不坏。不过吹嘘也可以吹得含蓄些……　说立宪民主党人在严格遵守党团纪律上占优势,这话对不对呢? 不对,大家都还记得,例如独树一帜、脱离立宪民主党党团向右转的马克拉柯夫先生的许多次讲话。米留可夫先生讲话很不谨慎:吹嘘自己党的"质量"还不会有什么危险,因为这种估计完全是主观的,可是吹嘘党的纪律,马上就会被事实所推翻。最能说明问题的是,正是立宪民主党的右翼,无论在杜马中(以马克拉柯夫为代表)还是在报刊上(以《俄国思想》杂志的司徒卢威先生之流为代表),都是各行其是,他们不仅破坏了立宪民主党的严格的纪律,甚至破坏了它的一切纪律。

米留可夫先生继续写道:"立场比人民自由党党团左的只有14个劳动派和15个社会民主党人。劳动团只保留了它在前两届杜马中所起的那种作用的一点影子。组织得稍好一些的社会民主党人小组,有时特地发表一些激烈揭露'阶级矛盾'的言论,但实际上它除了实行'资产阶级'反对派所实行过的策略以外,未能实行任何其他策略。"

这位杰出的历史学家在自己的长达20页的文章里谈到比立宪民主党左的党派的,就是这一点,确实就是这一点。但是这篇本来要论述国家杜马中的各政党的文章,却极其详细地研究了地主内部的一切最细微的变动,那里的各式各样的"温和的右派的"或"右派十月党人的党团",研究了这些党团的各个步骤。为什么要抹杀劳动派和社会民主党人呢? ——像米留可夫先生**这样**描写他们,分明就是抹杀他们。

对这个问题的唯一可能的回答就是:因为米留可夫先生特别不喜欢这些政党,甚至简单地确认有关这些政党的人所共知的事实,也是违背自由派的**利益**的。事实上米留可夫先生非常清楚,怎样打乱了复选人的成分才使劳动派在杜马中成为"过去那种作用的一点影子"的。克雷让诺夫斯基先生和1907年六三政变的其他英雄们打乱了复选人的成分,从而破坏了立宪民主党人的多数。但是,难道这能证明可以无视甚至歪曲那些论述在地主杜马中席位很少的政党的作用的材料吗? 劳动派在第三届杜马中的席位非常非常少,但是5年来他们所起的作用却很大,因为他们代表了千百万农民。地主的利益要求削减的正是农民的代表席位。试问,是谁的利益迫使自由派撇开劳动派的呢??

或者再来看看米留可夫先生对社会民主党人的气势汹汹的攻击。难道他不知道,社会民主党人的"策略"不同于立宪民主党人的策略,不仅在于无产阶级反对派立场不同于资产阶级反对派立场,而且还在于民主主义不同于自由主义吗? 当然,这一点米留可夫先生非常清楚,也许他还能用欧洲各国现代历史中的例子来说明民主派和自由派有什么不同。全部问题在于,一谈到俄国的事情,俄国的自由派就**不愿意**看到自己同俄国的民主派有什么不同了。在俄国读者面前,把自己装扮成整个"民主反对派"的代表,对俄国自由派是**有利的**。但是,实际情况同这种利益毫无共同之处。

事实上大家都知道,社会民主党在第三届杜马中实行的**完全是**另一种策略,既不同于一般的资产阶级反对派,更不同于立宪民主党(自由主义)反对派。假如米留可夫先生想向读者提出任何具体的政治问题,那么可以保证,他是找不到**任何一个**说明社会民主党人不是实行原则上不同的**另一种**策略的问题的。米留可夫先生在谈第三届杜马中的各政党这个题目的时候,歪曲了主要的和根本的东西:三个主要的政党集团实行三种不同的策略,这三个集团就是政府党(从普利什凯维奇到古契柯夫)、自由派政党(立宪民主党、民族党人和进步派)、民主派政党(劳动派即资产阶级民主派，工人民主派)。对前两类，米留可夫先生是很清楚的，他清晰地看到普利什凯维奇和古契柯夫同所有自由派相类似的本质。但是他看不到自由派同民主派的区别，因为他**不愿意**看到。

二

在各政党的阶级基础问题上，也重复了同样的情况。向右看的时候，米留可夫先生看到并且揭示了这一基础，向左看的时候，他马上就变成了瞎子。他写道："六三法令本身就是按联合起来的贵族的旨意拟定的。杜马多数的右翼担负起保卫贵族利益的责任。这个多数的左翼同时还要保卫城市大资产阶级的利益。"这话难道不是很有教益吗？当立宪民主党人向右看的时候，他着重指出"阶级矛盾"的界限：哪里是贵族，哪里是大资产者。自由派的眼光一转向左方，"阶级矛盾"这几个字马上被打上了讽刺性的引号。阶级区别消失了：自由派就以整个"民主反对派"的身份出现，既代表农民，又代表工人，又代表城市民主派！

不，先生们，这不是科学的历史，这不是严肃的政治，这是政客手腕和自我吹嘘。

自由派既不能代表农民，也不能代表工人，它只能代表一部分资产阶级，即城市资产阶级和占有土地的资产阶级等等。

第三届杜马历史上的一些事实是大家都知道的，以致米留可夫先生也不能不承认十月党人同自由派时常联合投票，不仅投**反**

对票(反对政府),而且对某些积极措施投**赞成**票。这些事实再加上十月党和立宪民主党的共同历史(它们在 1904—1905 年,在 10 月 17 日以前是合并在一起的)向任何一个多少重视历史现实的人**证明**,十月党人和立宪民主党人是**一个阶级**的两翼,是摇摆于政府和地主同民主派(工人和农民)之间的资产阶级**中派**的两翼。从"第三届杜马中的各政党"的历史中作出的这个**基本**结论,米留可夫先生之所以看不到,纯粹是因为看到这个结论对他不利。

第三届杜马从新的方面,在新的环境中,**证实了**俄国政治力量和俄国政党的基本划分**是正确的**,这种划分在 19 世纪中叶就十分明确地形成了,在 1861—1904 年更加定型了,在 1905—1907 年又出现在公开的群众斗争舞台上并且固定了下来,到 1908—1912 年还是没有改变。为什么这种划分到现在还依然有效呢? 这是因为俄国历史发展中的那些客观任务,那些作为所有国家——从 1789 年的法国到 1911 年的中国——的民主改革和民主革命的中心内容的任务还没有完成。

在这个基础上,"官僚"和地主必然会顽强抵抗,而资产阶级必然会摇摆不定,因为资产阶级认为改革是必要的,但又害怕一般民主派特别是工人利用这些改革。第一届和第二届杜马的立宪民主党人,第三届杜马的十月党人,也就是说,当这些政党是"起领导作用的"多数的时候,它们在杜马政策方面特别明显地表现出这种恐惧心理。立宪民主党人虽然同十月党人进行斗争,但他们是站在和十月党人同样的原则立场上的,他们同十月党人是竞争多于斗争。立宪民主党人同十月党人瓜分政权中的席位,好同地主**坐在一起**,这就产生了当权者同立宪民主党人这个最近的竞争者的冲突的表面尖锐化。

米留可夫先生无视民主派同自由派的区别，同时又异常详细地，可以说是兴致勃勃地研究地主内部的变动：右派、温和的右派、一般的民族党人、独立的民族党人、右派十月党人、普通的十月党人、左派十月党人。这些划分和在这些范围内的变动没有丝毫重要的意义，因为这里最多不过是在行政方面把某个特韦尔多昂托换成某个乌格留姆-布尔切耶夫[116]，人员有所变动，某些团体或派别取得胜利。在这里，政治路线方面一切比较重要的东西，都是完全一样的。

米留可夫先生反复地说，所有立宪民主党人的报刊也不知疲倦地反复地说："将要进行斗争的〈在第四届杜马选举中〉是两个阵营。"不对，先生们。**正在进行斗争**的和将要进行斗争的是**三个**主要的阵营：政府阵营、自由派阵营和作为整个民主派中心的工人民主派。分成两个阵营是自由派政策的**诡计**，遗憾的是，这个诡计有时还会把工人阶级的某些拥护者弄得糊里糊涂。工人阶级只有懂得分成三个主要阵营的必然性，才能真正实行**自己的**而不是自由派的工人政策，**利用**第一个阵营和第二个阵营的冲突，但是一分钟也不受自由派的所谓民主主义的漂亮话的蒙蔽。不仅自己不受蒙蔽，还要使资产阶级**民主派的**主要支柱农民也不受蒙蔽，这就是工人的任务。这也是从第三届杜马各政党的历史中得出的结论。

载于1912年3月4日《明星报》　　　　译自《列宁全集》俄文第5版
第14号（总第50号）　　　　　　　　　第21卷第167—172页

俄国社会民主工党的选举纲领[117]

(1912年3月初)

工人同志们和俄国全体公民们:

第四届国家杜马的选举最近就要举行了。各个政党和政府本身正在竭尽全力进行选举的准备工作。曾经以自己1905年的光荣斗争给予沙皇政府第一次重大打击并迫使它成立代表机构的觉悟的无产阶级的政党——俄国社会民主工党,号召一切有选举权的人和大多数"无权者"积极参加选举。一切期望使工人阶级摆脱雇佣奴隶制的人,一切珍惜俄国自由事业的人,都应该立即行动起来,利用第四届地主杜马选举的机会,团结并加强争取自由的战士的力量,提高俄国民主派的觉悟性和组织性。

1907年六三政变已经过去了5年。当时血腥的尼古拉,这个霍登卡沙皇[118],这个第一届和第二届杜马的"胜利者和杀戮者",把自己的誓言、诺言和宣言都抛在一边,同地主黑帮,同十月党商人勾结起来,向俄国工人阶级和一切革命分子,即向大多数人民进行报复,以雪1905年之恨。

向革命进行报复,是第三届杜马整个时期的特点。沙皇政府这样疯狂地进行迫害,在俄国还从来没有过。这5年来设立的绞架,打破了俄国300年来的历史纪录。流放地、苦役所和监狱里监禁的政治犯从来没有像现在这样多,从来也没有像在尼古拉二世统治下这样残酷地折磨和拷打失败者。官吏们从来没有像现在这样肆无忌惮地侵吞公款、胡作非为和横行霸道(他们由于平定"叛乱"卖力,得以逍遥法外),任何的当权者也从来没有像现在这样嘲弄居民,特别是农民。从来没有像现在这样狂暴地、狠毒地、蛮横地迫害犹太人以及其他不属于统治民族的民族。

反犹太主义和最粗暴的民族主义成了各政府党的唯一的政治纲领,而普利什凯维奇则成了唯一全面地、完整地、正确地体现目前沙皇君主制的一切统治方法的人物。

反革命的这些疯狂行为的后果是什么呢?

就连社会的"上层"阶级剥削阶级也深深地意识到,不能这样生活下去。十月党人本身,第三届杜马中占统治地位的政党,这个对革命吓得要死而在当局面前摇尾乞怜的地主和商人的政党,在他们的报刊上日益明显地表示,他们深信十月党人忠心为之效劳的沙皇和贵族已经把俄国引上绝路。

过去有一个时期,沙皇君主制是欧洲的宪兵,它保护俄国的反动派并且帮助用暴力镇压欧洲一切争取自由的运动。尼古拉二世则更进了一步,沙皇现在不仅是欧洲的宪兵,而且是亚洲的宪兵,他力图用阴谋、金钱和最野蛮的暴力,把土耳其、波斯和中国的一切争取自由的运动镇压下去。

但是,沙皇政府的任何野蛮行径也不能阻止俄国的发展。不管普利什凯维奇、罗曼诺夫和马尔柯夫之流这些农奴主余孽怎样糟蹋和摧残俄国,俄国还是在前进。随着俄国的每一步发展,对政治自由的要求也日益迫切。俄国也像20世纪任何一个国家一样,没有政治自由是不能生存的。既然沙皇解散了前两届杜马并践踏了他自己的1905年10月17日宣言,难道还可以指望沙皇君主制实行政治改革吗？既然官吏们知道沙皇及其仆从会掩盖一切，因而都在嘲弄一切法律，难道可以设想在目前的俄国会实行政治改革吗？难道我们没有看到，昨天的伊利奥多尔和今天的拉斯普廷，昨天的托尔马乔夫和今天的赫沃斯托夫，昨天的斯托雷平和今天的马卡罗夫，怎样在沙皇本人或其亲属的庇护下践踏一切法律吗？难道我们没有看到，连地主杜马旨在革新和巩固沙皇政权的微不足道的、小得可笑的"改革"，都遭到国务会议或者血腥的尼古拉的个人手谕的拒绝和破坏吗？难道我们不知道，黑帮匪徒暗杀当局所不称心的杜马代表，把第二届杜马社会民主党代表送去服苦役，随时准备大屠杀，到处厚颜无耻地抢劫国家财产，可是他们却受到沙皇的特别厚爱，并且得到他掩饰得并不巧妙的帮助、指示和指导吗？为了实现俄国人民的基本政治要求，人民的优秀代表进行了七八十年的英勇斗争，千百万人在1905年奋起反抗，请看一看，在尼古拉·罗曼诺夫的统治下，这些要求得到了什么样的结果。就连选举第一、二两届杜马的非普遍、非平等、非直接的选举权都遭到沙皇政府的践踏，难道普遍、平等、直接的选举权能为罗曼诺夫君主制所容许吗？就连反动的、荒谬的1906年3月4日的法律[119]都被省长和大臣们一笔勾销，难道结社和罢工等自由能为沙皇君主制所容许吗？难道在1905年10月17日宣言中的关于"公民自由的不可动摇的原则"、"人身的真正不可侵犯"、"信仰、言论、集会、结社的自由"等等的词句不是一种嘲弄吗？沙皇的每个"臣民"每天都亲眼看到这种嘲弄。

不！什么自由和旧政权可以结合，什么在沙皇君主制下可以实行政治改革，这类自由主义的谎话我们已经听够了。俄国人民因为这些幼稚的幻想而受到了反革命的沉重的教训！谁要真心诚意地要求政治自由,谁就应该自豪地、勇敢地举起**共和国**的旗帜,而沙皇地主匪帮的政策一定会促使俄国民主派的**一切**有生力量集合在这个旗帜之下。

前不久有个时期,"打倒专制制度"的口号对俄国似乎还是个过于先进的口号。但是俄国社会民主工党提出了这个口号,先进部队的工人接受了这个口号,并把它传播到全国;两三年内这个口号就成了"民间口头语"了。工人同志们和俄国所有不想让我们国家完全陷于停滞、野蛮、千百万人无权和极端贫困的状态的公民们,行动起来吧!俄国社会民主党人,俄国工人一定会使"打倒沙皇君主制!俄罗斯民主共和国万岁!"的口号成为全国流行的民间口头语。

工人们!请回想一下1905年,那时你们通过罢工斗争唤起千百万劳动者去争取新的生活,去提高觉悟,去争取自由。沙皇数十年的改革使你们的生活得到的改善没有达到而且也不可能达到你们那时通过群众斗争所取得的改善的$\frac{1}{10}$。被地主杜马(在立宪民主党人参与下)弄得面目皆非的工人保险法案的结局,再一次表明工人能够指望"从上面"得到的是些什么。

反革命差不多夺去了我们的全部成果,但是它没有夺去也不可能夺去青年工人和日益成长壮大的全俄国无产阶级的力量、锐气和对自己事业的信心。

争取改善不愿再在苦役工厂里做奴隶的工人们的生活的新斗争万岁!**八小时工作制万岁!**谁要想在俄国得到自由,谁就应该帮助那个在1905年给沙皇君主制掘好坟墓并在即将到来的俄国革命中要把俄国各族人民最大的敌人埋葬在这个坟墓里的阶级。

农民们!你们派遣自己的代表劳动派到第一、二届杜马中去,你们相信沙皇,希望用和平办法使他同意把地主的土地交给人民。你们现在可以确信,沙皇这个俄国最大的地主,为了庇护地主和官吏,不惜作出任何背信弃义和破坏法纪的事情,不惜制造任何暴力行为和流血事件。是忍受农奴主余孽的压迫,默默地忍受官吏们的愚弄和侮辱,让几十万几百万人被饥饿的痛苦、被饥饿和极度贫困引起的疾病活活地折磨致死呢,还是为了给我们的孩子们争取多少像人一样的生活而在反对沙皇君主制和沙皇地主杜马的斗争中牺牲呢?

这就是俄国农民所面临的问题。社会民主工党号召农民为完全的自由、为把地主的全部土地无偿地转到农民手里而进行斗争。施舍医不好农民的贫困,解救不了农民的饥饿。农民要求的不是恩赐,而是他们多少世纪以来用自己的血汗灌溉的土地。农民需要的不是当局和沙皇的保护,而是不受官吏和沙皇摆布的自由,自己处理自己事务的自由。

第四届杜马的选举一定会表明群众的政治觉悟,再次吸引他们投入决定性的斗争。在这次选举中互相斗争的三个主要党派是:(1)黑帮,(2)自由派,(3)社会民主党人。

属于黑帮的有右派、"民族党人"和十月党人。他们都拥护政府,也就是说,他们之间的差别不可能有什么重大意义。同所有这些黑帮政党进行无情的斗争——这就是我们的口号!

自由派就是立宪民主党("立宪民主"党或"人民自由"党)。这是自由派资产阶级政党,它不想彻底破坏沙皇和农奴主-地主的政权,也不想把政权交给人民,而想同沙皇和农奴主-地主瓜分政权。自由派虽然也仇恨把他们排斥在政权之外的政府,也帮助揭露政府,动摇和瓦解它的队伍,但是他们更为仇恨革命,害怕群众的任何斗争,对人民的解放斗争更加动摇更加不坚定,一到决定关头就叛变,投到君主制方面去。在反革命时期,自由派附和沙皇政府的"斯拉夫式的"幻想,扮演"负责的反对派"的角色,以"陛下的反对派"的姿态向沙皇摇尾乞怜,诬蔑革命者和群众的革命斗争,愈来愈远地离开争取自由的斗争。

俄国社会民主工党过去在第三届黑帮杜马中,也能举起革命的旗帜,也能从那里促进对工人的组织工作和革命教育工作,促进农民反对地主的斗争。无产阶级政党是能够为俄国争得自由的先进阶级的唯一的政党。现在我们党参加杜马不是为了去那里玩弄"改革"的把戏,也不是像欺骗人民的自由派所说的那样,为了"保护宪制","说服"十月党人或者"把反动派"从杜马中"赶出去",而是为了从杜马讲坛上号召群众进行斗争,阐明社会主义学说,揭穿政府和自由派的一切欺骗,揭露人民中落后阶层的君主主义偏见和各资产阶级政党的阶级根源,——总之,是为了给新的俄国革命培养一支自觉战士的队伍。

沙皇政府和黑帮地主已经充分估计到,杜马中的社会民主党党团所代表的是什么样的革命力量。警察局和内务部现在竭力设法不让社会民主党人被选入第四届杜马。工人们和公民们,联合起来!团结在俄国社会民主工党的周围!俄国社会民主工党已经从动荡年代的瓦解状态中恢复过来了,它在最近召开的代表会议上又重新集聚了力量,举起了自己的旗帜。人人都来参加这次选举和选举的鼓动工作吧!政府的努力一定会被粉碎,革命的社会民主党的红旗一定会从杜马的讲坛上升起,在警察统治的、无权的、洒满鲜血的、受压制的和饥饿的俄国上空高高飘扬!

俄罗斯民主共和国万岁!

八小时工作制万岁！

没收地主土地万岁！

工人们和公民们，都来支持俄国社会民主工党的选举鼓动工作吧！都来选举俄国社会民主工党的候选人吧！

俄国社会民主工党中央委员会

1912年3月在梯弗利斯印成单页　　　　　　译自《列宁全集》俄文第5版
　　　　　　　　　　　　　　　　　　　　　　第21卷第176—182页

把牌摊到桌面上来¹²⁰

(1912年3月12日或13日〔25日或26日〕)

摩纳哥公国的语言¹²¹,是我国的显贵即大臣先生们和国务会议成员们等等精通的语言。是谁使这种语言在我们的国务会议里通用起来,这是大家都知道的!因此,在《现代事业报》第8号上出现作为本文标题的这种用语,我们感到有些惊奇。

但是问题不在于表达方式。使用这种用语的人(尔·马尔托夫)在取消派中间的威信,所谈的问题的重要性(在选举运动及其原则和策略等等问题上"把牌摊到桌面上来"),——这一切使我们不得不把这个口号接过来,不管它是用什么语言表达的。

"把牌摊到桌面上来",这是一个绝妙的口号。我们首先希望这个口号能用于《现代事业报》。先生们,把牌摊到桌面上来!

凡是有文字工作经验的人,根据撰稿人的成分,甚至根据表明报刊**方针**(如果方针是比较确定的、比较为人所知的话)的个别用语,马上就能断定刊物的性质。这样的人只要对《现代事业报》看上一眼,就能断定它是属于取消派的。

但是广大群众并不是这样容易识别各种报刊的方针的,特别是在谈实际政策而不是理论根据的时候。在这里提一提尔·马尔托夫那么适时地提出来的"把牌摊到桌面上来"这个口号,是非常重要、非常适宜的。这是因为把牌藏在桌子下面的正好是《现代事业报》!

《现代事业报》现在开始提出的思想,是《我们的曙光》杂志、《生活》杂志[122]、《复兴》杂志、《生活事业》杂志等刊物近两年来**才**比较彻底和系统地探讨出来的思想。两年来这里收集到的材料相当多。缺乏的只是**综合材料**,特别是两年来探讨这种思想的人所作的综合材料。缺乏的是取消主义思想的传播者对《我们的曙光》杂志两年来的"工作"总结所作的**公开的**说明。

那些爱谈"**公开的**工人政党"的人原来正好是爱搞非公开的把戏的人! 例如,在第8号的社论里就可以读到:"争取总目标,争取劳动条件和生活条件的一般改善和**根本**改变的斗争道路",要**通过**"捍卫**部分的**〈黑体是原作者用的〉权利"才能达到。在同一号的一篇谈论某些"彼得堡的公开工人运动活动家"的短文里可以读到:他们还会"**像以往那样**","把他们以往坚持的恢复和建立无产阶级社会民主党的方法,在社会民主党内推广"。

把牌摊到桌面上来! 这个部分权利捍卫论究竟是什么呢? 在任何明文规定的、正式的、经工人组织或这些组织的代表承认的、**公开**宣布的原理中,都没有提出过这样的理论。这是不是弗·列维茨基先生在1911年《我们的曙光》杂志第11期上告诉我们的那个理论[123]? 其次,报纸的读者怎么会知道,某些没有指出名字的公开运动的活动家为了"**恢复党和建立党**"(显然是还没有建立起来的即还不存在的党),究竟坚持了**哪些**方法呢!? 如果他们的确是"公开"运动的活动家,如果这些话只是一句**暗语**,那为什么不说出这些活动家的名字来呢?

要知道"恢复党和**建立党的方法**"问题,并不是什么在谈论任何报纸都感兴趣的其他政治问题时可以顺便提及和解决的局部问

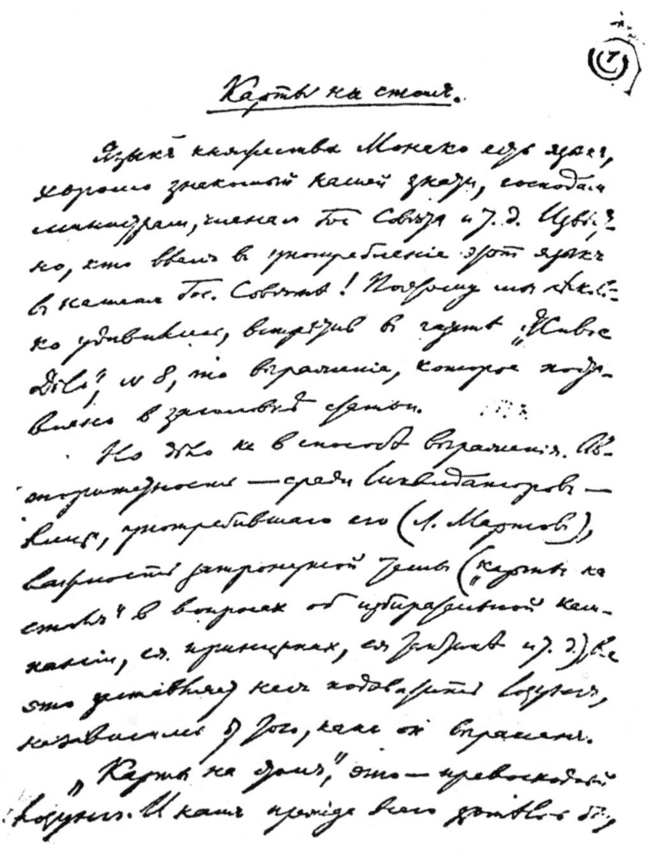

1912 年 3 月列宁《把牌摊到桌面上来》一文手稿第 1 页

（按原稿缩小）

题。不，这是个基本问题。这个问题不解决，就谈不上什么党的选举运动、党的选举策略、党的候选人。这个问题应该得到毫不含糊的、真正的解决，因为在这里除了需要明确的理论答案外，还需要**实际的**解决。

往往听到一些议论，说什么在选举运动的过程中，恢复党和建立党的因素将产生出来或团结起来，等等，等等，这完全是诡辩，而且是最坏的一种诡辩。说这是诡辩，因为党是一种**有组织的东西**。没有整个工人阶级或者至少是它的先进阶层的**统一的**决定、统一的**策略**、统一的纲领、统一的候选人，就没有也不可能有工人**阶级**的选举运动。

这种诡辩，这些以匿名的、**无产阶级**所不知道和无从捉摸的公开活动家(有谁不自称是"公开工人运动的活动家"！有哪一个资产者不用这种称号来掩饰自己！)的名义发表的含糊不清的声明，都具有极大的危险，务必要提醒工人谨防这种危险。危险就在于：谈论"公开"行动**仅仅是为了转移人们的视线**，实际上却是在实行最坏的一种非公开的小团体独裁！

有人叫嚣反对"地下组织"，尽管那里已经作出了公开的决定，现在这些决定大家都已经知道了，这在相当大的程度上是由于资产阶级报刊的宣传(由于《土地呼声报》、《基辅思想报》、《俄罗斯言论报》、《莫斯科呼声报》、《新时报》等等的宣传，现在有**数十万**读者已**公开**得知那些表明选举运动的真正一致的十分明确的决定)。但是叫嚣**反对**地下组织或者**赞成**"公开政治活动"的人，正好以例证说明他们已离开此岸，但还没有靠近彼岸。旧的已抛弃了，新的还只是在议论之中。

《现代事业报》所谈的"恢复和建立的方法"，我们知道的(也是大家**公开**知道的）只是《我们的曙光》杂志所发挥和维护的那一些。其他的我们既不能**公开**知道，也不能通过别的什么方式知道。各小组的代表既**没有**试图公开地或通过别的方式讨论这些方法，也**没有**对这些方法作任何形式上的、明文规定的、正式的**说明**。在公开来公开去的**词句**的掩盖下，隐藏着某种完全非公开的东西和名副其实的小团体的东西、著作家小团体的东西。

某些不对任何人负责的、同资产阶级报刊的自由射手没有任何区别的著作家，我们是知道的。**他们的**关于"方法"、关于取消旧东西的言论，我们是知道的。

关于**公开的**政治活动方面的更多的东西，我们不知道，任何人也不知道。上面提到的那些发行最广的资产阶级报刊，使群众知道"非公开的"政治活动、决定、口号、策略等等，比知道"公开运动的活动家"的**并不存在的**决定要更准确、更迅速、更直接，这真是件怪事！——看起来是件怪事，实际上却是俄国现实生活**各种**条件的直接的和自然的产物。

或许有人硬说，没有明文规定的决定，选举运动也能进行？？没有明文规定的决定，也能确定（由全国各地数万数十万名选民来确定）策略、行动纲领、协定、候选人？？

马尔托夫说出"把牌摊到桌面上来"这种话，竟碰到了取消派的最痛处，因此必须尽力提醒工人注意。没有明文规定的决定，没有对实践问题作出任何明确的回答，没有在先进分子（哪怕是几十个几百个也好）参与下讨论重要决定的每一句话、每一个词，却把**没有公开指名的**"公开运动的活动家"即波特列索夫、列维茨基、查茨基、叶若夫和拉林之流先生们的意图和草案……送到工人群众的面前。

　　现在牌是藏起来的,因为只要在工人面前把这些牌摊开一下,他们就会一清二楚:这里谈的并不是工人政党,并不是工人政策,而是**自由派**政论家的说教,这些政论家以自由派的方式关怀工人,他们取消旧的东西但又无力用什么新的东西来代替。

　　危险是很大的。空谈"公开的"……明天,却使工人**不仅**没有公开地解决,而且**一点也没有**解决今天选举运动中、今天党的生活中的一些最迫切的实际问题。

　　要让觉悟的工人好好地想想这种危险的情况。

载于1935年1月21日《真理报》第21号

译自《列宁全集》俄文第5版第21卷第185—189页

关于捷·奥·别洛乌索夫代表
退出社会民主党杜马党团的问题

(1912 年 3 月 13 日〔26 日〕)

我们读了《现代事业报》第 7 号从《言语报》转载的别洛乌索夫先生的恶意声明[124]，感到非常惊奇。至于《言语报》刊载新倒戈分子的这个声明，倒是没有什么可惊奇的。前社会民主党人叫喊什么社会民主党杜马党团对他的逃跑发表评论是出自所谓"报复心"，《言语报》把这种话发表出来，是很自然的。可是，《现代事业报》却为什么转载这些话呢？同一号《现代事业报》还发表了一篇题为《关于别洛乌索夫代表退出的问题》的文章，文中散布了一些令人啼笑皆非的言论，说什么"我们不要因为已经发生的逃跑事件而感到惶惑不安"，这怎能不使人奇怪呢？

一方面，《现代事业报》"认为，在别洛乌索夫退出的理由没有宣布以前，我们没有权利评论他的这种做法"。另一方面，它还是……半吞半吐地**评论了**，装腔作势地谈到了"这种逃跑行为"！

为什么要耍这种把戏呢？难道现在还不是报刊履行自己的职责，公开讨论有政治意义的事实的时候吗？

社会民主党杜马党团**一致**表示，别洛乌索夫先生应当**立即辞去代表职务**，因为他是社会民主党投票选进杜马的，他在社会民主党杜马党团里已经呆了 4 年半的时间。

别洛乌索夫先生在《言语报》上作了答复,他完全**回避**了问题的这一实质。但是,觉悟工人的舆论**不能允许**以沉默来回避这个问题。即使别洛乌索夫先生打算闭口不提,我们也没有权利沉默。一个工人报刊如果不去讨论对于工人阶级的杜马代表权非常重要的事实,那还要它干什么呢?

从一个民主派应尽的义务来说,能不能容许一个**以社会民主党人**的**身份**当选并且在社会民主党杜马党团里呆了4年半的代表,在选举前几个月退出党团**而不退出杜马**呢? 这是一个具有普遍意义的问题。任何一个意识到自己对选民的义务——不是指为地方利益"请愿者"的义务,而是指在选举中**在全体人民面前**打出**一定**旗帜的**政治**活动家的义务——的民主派都不会否认,这是一个原则问题,一个非常重要的问题。

希望所有阅读工人报刊和关心工人在国家杜马中的代表权问题的工人,都能十分重视别洛乌索夫先生的退出,都能认真考虑和讨论这个问题。**不能保持沉默**。觉悟的工人在这种场合是不应当保持沉默的。应当善于捍卫**自己的权利**,任何选民都有的权利,即要求他们选出的代表始终忠于自己的旗帜,**不敢随便逃跑**,否则他们将因此受到惩罚。

杜马党团认为,一个在杜马党团里呆了4年半而且是被社会民主党人选进国家杜马的代表,如果**现在**退出党团,他就**必须**退出杜马,这种看法对不对呢? 对的! 社会民主党党团是完全对的! 如果我们不只是口头上,而是**行动上**主张工人代表团的统一、团结、严整和坚持原则,我们就应当表示自己的意见,我们每个人就应当单独或是联名给《明星报》和杜马党团写信(这些信还应当转给地方报纸),申明我们坚决谴责别洛乌索夫先生的行为,不仅每个工人阶级的拥护者,而且每个**民主派**都应当谴责这种行为。在一定的旗帜下选举出来的、曾在这个旗帜下参加过十分之九的杜马常会的代表竟**在选举前夕**声明,我要退出党团,**但我还是个代表,我愿意继续做"人民"代表**,真难以想象,这是什么"**人民代表**"!

对不起,倒戈分子先生! 现在你代表的是什么**人民**呢?**不是**把你当做社会民主党人选举出来的人民!**不是**在十分之九的杜马常会期间都看到你在社会民主党杜马党团里的人民! 你不是人民的代表,而是欺哄人民的骗子,因为现在,在选举前的这段时间,人民**不可能**,确实不可能(即使他们享有完全的政治自由)根据实际情况,根据你的行为弄清你是**什么人**,你成了**什么人**,你滚到**哪里**去了,你被**什么人或什么东西**吸引过去了。你必须退出杜马,不然所有的人都有权蔑视你,把你看做政治上的冒险家和骗子!

有各种各样的退出。有时,观点的改变是非常明显的、明确的、毫不掩饰的,是由人所共知的事实引起的,因而在评价某些退出的做法时不会发生分歧,某些退出的做法没有什么不体面、不光彩的。但是现在,**只是现在**,只是在上述情况下,杜马党团在报刊上提出抗议,就不是偶然的了! 社会民主党党团直截了当地说,别洛乌索夫先生"希望不要把他退出党团的事实公开出来"。别洛乌索夫先生在《现代事业报》所转载的答复中破口大骂,却推翻不了事实。我们要问:一个人退出党团,却希望把自己退出的事实隐瞒起来,对这种人每个工人该怎么想呢? 如果这不是欺骗,世界上什么才叫欺骗呢?

社会民主党党团直截了当地说,"它根本无法弄清自己这位过去的成员今后会演变到什么地步"。请读者考虑一下这句意味深长的话吧！社会民主党杜马党团这句有分量的话，不是针对所有退出的人说的，而只是针对这个退出的人说的。这是投了完全不信任票（决定是投票通过的）。不仅如此。这是对所有选民，对全体人民的警告：对这样的代表根本不能信任。社会民主党杜马党团一致对所有的人发出这种警告。每个觉悟的工人现在都应当作出回答，表明他已经知道这个警告，懂得这个警告，同意这个警告，他不会默不作声地看着在俄国自称民主派的人们中间形成这样一种议会风气（确切些说：这样一种不道德的议会风气）：代表捞取代表资格，就像猎取猎物一样，是为了"自由"摆布这种猎物。所有的资产阶级议会一向都是这样，而认识到自己的历史作用的工人在各地都在同这种风气作斗争，**通过斗争**来培养自己的工人代表——不是捞取代表资格、玩弄议会欺诈手腕的政客，而是忠于工人阶级的代表。

　　希望工人不要受诡辩的蒙蔽。《现代事业报》声称："我们认为，在捷·奥·别洛乌索夫退出的理由没有宣布以前，我们没有权利评论他的这种做法"；这种论调就是诡辩。

　　第一，社会民主党杜马党团的声明说："别洛乌索夫先生说明他退出的理由是，党团早在两年以前就已经成为与他毫不相干的东西了。"难道这不是宣布理由吗？难道这不是清清楚楚的俄文字吗？如果《现代事业报》不相信党团的声明，就请它直截了当地说出来，不要支吾搪塞，不要转弯抹角，不要在党团**已经**作了评论、已经宣布了某些理由或党团认为是最重要的一个理由以后，还说它"没有权利评论"。

　　第二，立宪民主党的《**言语报**》和取消派的《**现代事业报**》所刊载的别洛乌索夫先生的答复中说："我要说，党团的声明根本〈??！〉

没有谈到我同它决裂的真正理由。我知道，一些无法左右的情况不允许党团宣布我在口头和书面中解释过的我同它的分歧。"

请看，竟出现了这种情况。党团正式宣布了别洛乌索夫先生的理由。别洛乌索夫先生破口大骂（"诽谤、中伤"等等），但又不去推翻这个理由。他声称还有些东西，一些无法左右的情况**不允许**党团"**宣布**"出来（如果真是情况不允许**宣布**，那阁下您为什么还用暗示的办法**宣布**不能宣布的东西呢？您的这种手法不是近乎诽谤吗？）。而《现代事业报》在转载别洛乌索夫先生的不能自圆其说的弥天大谎时立即声称："**在**……理由没有宣布**以前**，我们没有权利评论"，而这些理由，一些无法左右的情况又"**不允许**"宣布！！换句话说，《现代事业报》要等不能宣布（按别洛乌索夫先生本人的说法）的东西宣布出来以后才来评论别洛乌索夫先生的退出。

《现代事业报》不但不去揭露它转载的别洛乌索夫先生的谎话，反而把这个谎话掩盖起来，这难道还不清楚吗？

不过我们要补充一点。以不宣布不能宣布的东西为借口，就等于自我揭露。而评论已宣布的东西，已为人所共知的东西，是每个重视工人阶级的杜马代表权的人所必须做的。别洛乌索夫先生硬说："我退出党团，丝毫没有改变我的政治活动和社会活动的方针。"这是一切叛徒一再重复的空话。这些话同党团的声明是矛盾的。我们相信的是社会民主党党团，而不是倒戈分子。关于别洛乌索夫先生的"方针"，我们也像大多数马克思主义者一样，只知道一点：这就是极端**取消派的**方针。别洛乌索夫先生的取消主义已经发展到使党团完全"取消了"他同社会民主党的联系的地步。这样对社会民主党、对工人、对工人事业要更好一些。

而别洛乌索夫先生退出杜马,不仅应当是所有的工人,而且应当是所有的民主派的要求。

载于1912年3月13日《明星报》
第17号(总第53号)

译自《列宁全集》俄文第5版
第21卷第190—195页

《前进报》上的匿名作者和
俄国社会民主工党的党内状况[125]

(1912 年 3 月 13 日〔26 日〕以后)

序　言

3 月 26 日的《前进报》[126]发表了一条关于俄国社会民主工党代表会议的正式消息和一篇匿名文章；该文作者仿效俄国社会民主党国外集团的决议[127]，对代表会议极尽谩骂之能事。这次代表会议是俄国社会民主工党同取消派 4 年来的斗争的终结；尽管取消派进行了各种阴谋活动，百般阻挠党的恢复，代表会议还是召开了。代表会议宣布取消派已置身于党外。取消派及其一切追随者现在向代表会议展开攻击是很自然的。

由于《前进报》拒绝登载我们对匿名作者那篇谎话连篇、恶意中伤的文章的答复，并且继续进行对取消派有利的活动，因此，为了便于德国同志们了解真相，我们就用小册子的形式发表这个答复。这本小册子主要是简要地叙述一下反对取消派的斗争的意义、经过和结局。

俄国社会民主工党中央机关报

《社会民主党人报》编辑部

　　附言：当普列汉诺夫的《社会民主党人日志》[128]第16期（1912年4月）出版的时候，我们的小册子已经付印。这一期《日志》进一步证明，《前进报》受到匿名作者的蒙蔽，而它自己又在混淆德国工人的视听。

　　普列汉诺夫明确表示，他依旧不赞成1912年1月举行的代表会议，同时他又直截了当地断言，崩得召开的不是**现有**党组织的代表会议，而是**"成立大会"**，即要建立一个新党的代表会议，这次代表会议的组织者是以**"典型的无政府主义原则"**作为依据的，他们通过的是"取消派的决议"，最近这次代表会议"是取消派召开的"[129]。

　　某些德国同志对俄国社会民主党国外小集团攻击俄国社会民主工党国内组织代表会议时所使用的"篡夺"、"政变"等等一切可怕的字眼竟十分天真地信以为真，这只能使人惊奇。不过不应当忘记一句俗语：每一个被判定有罪的人都有权利在 24 小时之内咒骂自己的审判官。

　　3 月 26 日的《前进报》刊载的一篇题为《俄国党内生活所见》的文章，引用了代表会议的正式公报，其中谈到取消派被开除出党一事。问题非常明显，俄国社会民主工党的国内组织认为，不能再同取消派一起工作了。当然，在这个问题上可以有另一种看法，如果这样，就应当比较详细地谈一下这种解决办法的动机以及 4 年来同取消派斗争的全部历史！然而，《前进报》那篇匿名文章的作者对**这个基本问题**的实质只字未提。如果对问题的实质避而不谈，总是装腔作势地讲个不停，这当然说明对读者极不尊重。我们的匿名作者除了谩骂再没有别的办法来反对党和取消派决裂的事实，他真是无能！

　　从匿名作者夸夸其谈的文章中随便举出几点奇谈怪论，就足以证明这一点。他说，《前进》文集、《真理报》、《社会民主党人呼声报》等等"流派"或"集团"，没有参加代表会议。如果有一位德国社会民主党人因为党的代表大会上没有弗里德贝格"集团"[130]或"流派"或《社会主义月刊》[131]的代表而伤心，那对他能够说些什么呢？

我们在自己的党内也是遵循这样一个原则，就是参加代表会议的是在国内进行活动的组织，而不是形形色色的国外"流派"或"集团"。假如这些"集团"同国内组织发生分裂，仅仅根据这一点，就可以对它们进行最严厉的斥责，宣判它们死刑，而这完全是他们罪有应得。俄国侨民史（所有其他国家的侨民史也是一样）上有过很多这样的情况：这些"流派"或"集团"一旦脱离了国内社会民主党工人的工作，就必然走向灭亡。

我们这位作者大喊大叫，说参加代表会议的孟什维克护党派（即反取消派）遭到普列汉诺夫本人的否认，这岂不可笑吗？基辅组织当然可以否认国外的"普列汉诺夫派"（即普列汉诺夫的拥护者）；但国外任何一个著作家却不能"否认"基辅组织。彼得堡、莫斯科、莫斯科郊区、喀山、萨拉托夫、梯弗利斯、巴库、尼古拉耶夫、基辅、叶卡捷琳诺斯拉夫、维尔纳和德文斯克等地的组织，"否认了"所有帮助取消派或向取消派献媚的国外小集团。"被否认者"这样喊叫和谩骂未必能够改变什么。

其次，作者公开声称，俄国"各民族的"社会民主党组织（波兰、拉脱维亚、崩得）和外高加索区域委员会是"我们俄国党的最老的、最强大的、实际上构成运动骨干的组织"，这不是笑话吗？外高加索区域委员会是否存在都还是个问题，这是谁都知道的，它出席1908年代表会议的代表的性质也证明了这一点。波兰人和拉脱维亚人在俄国社会民主工党成立以来的最初9年（1898—1907年），处于与党完全隔绝的状态；这种隔绝状态在1907—1911年间，实际上仍继续存在着。崩得在1903年脱离了党，直到1906年（确切些说，是1907年）都置身于党外。直到目前它还没有同各地党组织联合起来，而这种联合是俄国社会民主工党1908年的代表会议正式规定了的[132]。在拉脱维亚组织和崩得内部,有时取消派占上风,有时反取消派占上风。至于波兰人,1903年他们站在孟什维克方面,1905年又站在布尔什维克方面,1912年他们曾试图同取消派"和解",但没有成功。

作者羞羞答答地竭力用下面这句话来掩饰这次失败:"波兰和立陶宛的社会民主党代表最初也参加了这次代表会议。"为什么只是**最初**呢? 只要读一下崩得关于这次代表会议的正式通报,就可以看到对这种羞羞答答的沉默的解释。那上面清清楚楚地写着:波兰人的代表退出了代表会议,并提出了书面解释,说明他所以不能同代表会议合作,是因为会上表现出偏袒和倾向**取消派**的情绪。

当然,讲一堆空洞的不说明任何问题的有关"统一"(同取消派?)的废话,像作者喜欢做的那样,比研究取消派的真正实质,研究他们如何拒绝帮助恢复党,以及他们如何进行破坏党中央委员会的活动要容易得多。如果同时闭口不提波兰代表拒绝共同工作——不是同布尔什维克或列宁派,绝对不是! 而是同崩得分子和拉脱维亚人,因为这种工作是没有益处的——这一事实,那么讲空话就更容易了。

但是,取消主义本身究竟是怎么产生的? 为什么不得不把1912年的代表会议确认为党的最高机关,并把取消派开除出去呢?

俄国的反革命使我们党的队伍发生了严重的分化。无产阶级遭到空前的疯狂的迫害。资产阶级内部发生了大规模的叛变。曾经自然而然地追随我国1905年资产阶级革命的领导者无产阶级的资产阶级同路人,开始同社会民主党背道而驰了。这种背离表现在两个方面:**取消派**和**召回派**。前者的核心由多数孟什维克著作家(波特列索夫、列维茨基、拉林、马尔托夫、唐恩、马尔丁诺夫等)组成。他们宣布秘密党已被取消,恢复党的任何尝试都是反动的空想。他们的口号是:建立公开的工人政党。不言而喻,在俄国目前这种连自由派的政党立宪民主党都不能合法化的政治条件下,建立公开的社会民主工党,必然只能是一种天真的愿望。取消派否定了秘密党,但也没有履行建立公开党的诺言。结果出现了这样的情况:在合法的刊物上嘲笑"地下组织",同自由派一起把它埋葬,并把自由派工人政策的主张捧上了天。普列汉诺夫把取消派的《我们的曙光》杂志比做德国的《社会主义月刊》是完全正确的! 孟什维克普列汉诺夫(布尔什维克当然就更不用说了)宣布向取消派作无情的斗争,拒绝为他们的所有刊物撰稿,同马尔托夫和阿克雪里罗得断绝了关系。普列汉诺夫在党的中央机关报上谈到波特列索夫的时候写道:"在我们党看来,那个认为我们党不存在的人本身是不存在的。"早在1908年12月,党代表会议就坚决谴责了取消派,说明它是"党内有一部分知识分子试图取消现有的俄国社会民主工党组织,代之以〈请特别注意这一点!〉一种**绝对**要在**合法**范围内活动的不定型的联盟"。不言而喻,必须利用一切合法机会,这一点,俄国社会民主工党不仅不反对,恰恰相反,是最坚持的。然而,建立公开的合法的**政党**在俄国是不可能的,只有机会主义知识分子才能说出这样的话来。我们党组织的类型可以——当然只是大体上——同反社会党人非常法时期的德国党组织相比:合法的议会党团,各种各样的合法工人团体,这是必要的条件;而**秘密的党组织**终归还是基础。

"召回派"想把社会民主党党团从第三届国家杜马召回,他们提出了抵制这届杜马的口号。一部分布尔什维克投靠了召回派,列宁等人无情地向他们宣战。召回派及其拥护者成立了"前进"集团，该集团的著作家（马克西莫夫、卢那察尔斯基、波格丹诺夫，阿列克辛斯基）打着响亮的"无产阶级哲学"的旗号，鼓吹形形色色的唯心主义哲学，鼓吹**宗教**和社会主义的统一。该集团的影响一直是不大的，它只有依靠同各种各样脱离俄国的和不起作用的国外集团妥协才得以生存。每次发生分裂时必然要产生的这类集团，它们总是摇来摆去，玩弄各种政客手腕，可是，它们并不代表任何派别，而且它们的活动首先表现为耍小阴谋，托洛茨基的《真理报》也属于这种集团。

当然，每个马克思主义者都很清楚，无论是取消派，还是召回派，都是把社会民主党的资产阶级同路人吸引过去的小资产阶级流派。同这些**流派**"和睦"或"和解"，早就不可能了。社会民主党或是自行灭亡，或是完全摆脱这些流派。

这个理论性的结论是正确的，1910年1月的和解尝试的经验已予以证实。当时，中央委员会的最后一次全会，**在取消派和召回派的参加下，一致**宣布了一个论点，就是无论这一流派或是那一流派，**都不是社会民主主义流派**。然而，这只不过是天真的愿望。无论取消派或是召回派确实在有关的决议上"签了字"，但他们还是拼命地进行反党宣传，并保存自己的单独的组织。在1910年整整一年中间，同这两个流派的斗争**愈来愈尖锐起来**。前面引证的普列汉诺夫的话是1910年5月以前讲的，而在5月，列宁已代表所有布尔什维克声明，既然取消派全面破坏了一月决议，就根本谈不上同他们实行和解了。①

――――――――――

① 见本版全集第19卷第249—302页。——编者注

在国内恢复中央委员会的尝试，由于取消派拒绝协助而失败了。挽救"统一"的最后一个办法，就只有在国外召开中央委员会。1911年5月作了这一尝试。15个中央委员中，有9个在国外，8个出席了会议……其中**2个取消派分子**——"呼声派分子"（《呼声报》拥护者）伊哥列夫和崩得分子（伯尔）立即退出了会场，这样他们就彻底破坏了党中央委员会。

取消派拒绝参加中央委员会，表明他们的完全背离和中央委员会的瓦解。当时，国外还有一个中央机关——所谓中央委员会国外局。中央委员会瓦解以后，布尔什维克就退出了中央委员会国外局。剩下的是波兰人、拉脱维亚人、崩得派和"呼声派"（＝国外取消派），也就是说（读过《前进报》那篇文章的人都会相信），这个人员组成与有名的崩得代表会议的人员组成一模一样，因为外高加索区域委员会早在1908年就把自己的委托书交给了"呼声派"。可是现在，我们来看一看，我们的匿名作者最新发现的这些"最老的、最坚强的国内组织"都干了些什么。他们**不但没有能够联合，而且把国外局也解散了！**早在1911年秋天，中央委员会国外局就声明自行解散，普列汉诺夫在自己的《日志》里为国外局写了以下的告别的话："永别了！这个曾经成为力图取消党的先生们手中的工具，因而必将给俄国社会民主党的事业带来巨大危害的党的机关，能为革命无产阶级做的好事只有**一件**：及时死去。"（《社会民主党人日志》第15期附刊2第1页）根本不能说是赞同代表会议的普列汉诺夫所作的这种估价足以表明，那些大叫"篡夺"等等的人的装腔作势是多么可笑！

要实现党的统一，还有**一条**路可走，那就是召开**国内**组织的代表会议。由于各民族组织(波兰人、拉脱维亚人、崩得分子)完全脱离了俄国工作,他们根本不可能为这次代表会议做什么事情。

1910 年 11 月 26 日,托洛茨基发出了召开代表会议的呼吁。"前进派"和"呼声派"(=国外取消派)对这个呼吁表示支持(口头上)。但是,正如所预料的那样,由于这些集团已经不起什么作用,它们的一切努力都没有取得任何成果。

1911 年 6 月,布尔什维克、"调和派"(也就是"布尔什维克护党派")和波兰人方面也发出了呼吁。筹备工作是从邀请当时最强大的组织之一——**基辅组织**开始的。1911 年 10 月,"召集代表会议的俄国(即由国内组织建立的在俄国进行工作的)组织委员会"产生了。这个委员会是由基辅、叶卡捷琳诺斯拉夫、梯弗利斯、巴库和叶卡捷琳堡的组织组成的,很快又有 20 个组织参加。**国内组织的代表参加以后,布尔什维克(所谓"列宁派")和孟什维克护党派就立即占了绝对的优势。于是"被否认"的国外小集团勃然大怒,因为他们在国内没有拥护者。

1912 年 1 月,俄国组织委员会终于召开了代表会议,**所有国内组织毫无例外都被邀请参加。取消派、"民族代表"(波兰人、拉脱维亚人、崩得分子)和所有动摇的国外小集团,都没有出席。当时代表会议确信,在党处于空前困难状况的条件下,**国内组织具有最充分的代表性;当时代表会议确认,党在国内没有中央机关就要灭亡,国外的涣散日益加剧,即将举行的第四届杜马的选举要求立即把党恢复起来,因此,代表会议就**必须被确认为党的最高机关**,它应该选举中央委员会,宣布取消派已置身于党外。

多年来斗争的经过和结局就是这样。取消派是不是能够建立一个"公开的"政党,还是在某种腐朽的妥协的基础上搞出一个虚构的党来,将来自会见分晓。

在俄国**国内**,有没有说明取消派和护党派——赞同代表会议的人——的力量的公开的可以核对的材料呢?有的。俄国有**两个**而且只有两个全国性的政治刊物,为它们撰稿的有马克思主义著作家和杜马党团的成员。这两个刊物都代表"流派",但不像国外小报那样极尽谩骂之能事,许多年来它们一直都在进行公开的严肃的写作活动。当然,它们并不是党的机关报;它们完全是合法的,它们只在俄国现行制度规定的范围内进行活动。然而社会民主党内**各种各样**比较重要的理论思想色彩,总的说来,在这两个刊物上都有绝对正确的反映。除了取消派和反取消派(赞同代表会议的人)这**两个**"流派"以外,其他任何流派都没有得到反映,因为**根本就不存在**其他任何比较重要的"流派"。像《真理报》小集团、"前进"小集团、"布尔什维克护党派"(或"调和派",有调和情绪的人)等等所有这些小集团,都等于零。取消派的观点在国内,反映在《我们的曙光》杂志(1910年创办)和《现代事业报》周报(出到第8号)上。护党派(布尔什维克和孟什维克护党派)的观点,反映在每月出版的《启蒙》杂志[133](1911年创办,前身是《思想》杂志)和《明星报》(出到第53号)上。说社会民主党护党派否定"合法"工作,是再错误不过的了,相反,**就是在进行合法工作方面**,他们也胜过取消派。合法的社会民主党人唯一不容争辩的全国性公开组织,就是社会民主党杜马党团。它是完全合法的,同党没有任何直接关系。但它的所有的成员都是众所周知的,他们每个人代表哪个流派,也是众所周知的。

取消派的《现代事业报》的经常撰稿人有**两个**杜马党团成

员——阿斯特拉汉采夫和库兹涅佐夫①。反取消派的《明星报》
上的撰稿人有8个杜马代表：沃罗宁、沃伊洛什尼科夫、叶戈罗夫、
扎哈罗夫、波克罗夫斯基、普列德卡林、波列塔耶夫和苏尔科夫。
有两个杜马代表——齐赫泽和格格奇柯利，既不为前一个刊物，也
不为后一个刊物撰稿。有1个代表（舒尔卡诺夫）是两个刊物的撰
稿人。

这是2与8之比！这确实是无可争辩的、可以核对的公开材
料，根据这些材料可以断定取消派和反取消派的力量对比。这样
一来，无名作者的那种似乎绝大多数人都赞成取消派等等自吹自
擂的说法，就不值一驳了。这些类似塔拉斯孔城的达达兰的词句，
同托洛茨基讲的话②极其相似，因此就不值得认真争论了。

俄国社会民主工党内部的斗争有时采取非常激烈的形式。在
侨居生活的条件下，只能是这样的，在其他任何反革命势力嚣张、
人们被迫逃往国外的国家，也是这样的。

用些过分华丽的辞藻"斥责"这种斗争形式，唾弃这种斗争形
式，满足于发表"统一的好处"这种极端庸俗的议论，只能说是轻
率。谁要真想研究俄国社会民主工党在1908—1911年这一困难
时期的历史，谁就会掌握很多秘密的文献和更多的公开的文献。
这些文献里面包括大有裨益的材料，说明各流派的性质、分歧的原

---

① 不久以前，还有第三个——别洛乌索夫。现在，这个极端取消派（俄国的比索
拉蒂！）已经退出了杜马党团。杜马党团曾公开告诫所有选民，并要求别洛乌
索夫退出杜马。这个小小的例子足以说明，彻底的取消主义有时会使人走得
多么远！

② 在哥本哈根代表大会期间，托洛茨基在《前进报》上发表了一篇匿名文章，通
篇都是这种对俄国社会民主工党的攻击，因此，不仅列宁，就连俄国代表团代
表普列汉诺夫和瓦尔斯基，都不得不向执行委员会提出书面抗议。

则意义、斗争的根源以及斗争发展的情况和条件等等。

世界上没有一个社会民主党（特别是在资产阶级革命时代）不是通过同无产阶级的资产阶级同路人的艰苦斗争和多次分裂才建立起来的。俄国社会民主工党也是在同这种同路人的艰苦斗争中，排除一切障碍，于1898年形成，并成长壮大和锻炼出来的。

1912年在巴黎印成德文单行本　　　　　　译自《列宁全集》俄文第5版
　　　　　　　　　　　　　　　　　　　第21卷第201—214页

饥　荒

（1912 年 3 月 17 日〔30 日〕）

还是同过去，同 1905 年以前的旧俄国一样，又发生饥荒了。歉收是任何地方都会发生的，但是**只有在俄国歉收才会引起严重的灾难**，才会使千百万农民挨饿。而目前的灾难，甚至拥护政府和地主的人都不得不承认，其规模超过 1891 年的饥荒。

有 3 000 万居民受灾最严重。农民贱价出卖份地、牲口以及一切可以出卖的东西。卖掉少女——万恶的奴隶制时代又回来了。人民所遭受的灾难一下子就暴露出我国整个所谓"文明的"社会制度的真正实质：这个制度是以另一种形式出现的，用另一种外壳包着的，处在另一种"文明程度"上的**旧的奴隶制度**，即千百万劳动人民由于 1 万个"上层分子"聚敛财富、穷奢极侈、过寄生生活而受奴役的制度。服苦役，就像奴隶们一直都在干的那样，而富人们对奴隶的命运漠不关心。从前，他们公开用饥饿折磨奴隶，公开霸占民女为妾，对奴隶进行人身摧残。而现在，他们用种种诡计、用文明的成就和进步成果来掠夺农民，农民饿得全身浮肿，他们吃不到面包，而以野草、泥块充饥，得了坏血病，在病痛的折磨中奄奄待毙，而以尼古拉二世为首的俄国地主和俄国资本家捞到的钱财以千万计，两个首都的娱乐场所的老板说，他们的生意好久没有这么兴隆了，在大都市里，好久没有出现像现在这样的穷奢极侈的生活了。

　　为什么在俄国，为什么只有在俄国，还有这种中世纪的饥馑同文明的最新的进步成果同时并存的情况呢？这是因为资本这个新吸血鬼扑向俄国农民的时候，农民被农奴主-地主，被农奴主的、地主的、沙皇的专制制度束缚住了手脚。农民受到地主的掠夺、官吏的专横迫害，被警察的重重禁令、无理刁难和暴力行为以及乡警、神父、地方官[134]的最新的警卫束缚住了手脚，他们就像非洲的土人那样没有力量抵御自然灾害和反抗资本。现在只有在未开化的国家里，才会看到20世纪的俄国发生的这种大量饿死人的情景。

　　但是，在沙皇政府发表了大量吹嘘新土地规划的好处、独立农庄经济的进步性等等的言论之后，现代俄国发生的饥荒肯定会**教会**农民许多东西。饥荒会葬送千百万条生命，但也会葬送残留的那种愚昧野蛮的、奴隶式的对沙皇的迷信，这种迷信使人们难以理解反对沙皇君主制、反对地主的革命斗争的必要性和必然性。农民只有消灭地主土地占有制才能找到出路。只有推翻沙皇君主制这个地主的支柱，才能过上稍微像人的生活，才能摆脱饥饿和极端贫困。

　　讲明这一点，是每个觉悟工人的责任，是每个觉悟农民的责任。这是我们在对付饥荒方面的首要任务。无论任何地方只要有可能，就要向工人募捐来救济挨饿的农民，并且通过社会民主党的杜马代表把这笔钱转送出去，——这当然也是一件必要的工作。

载于1912年3月17日（30日）
《工人报》第8号

译自《列宁全集》俄文第5版
第21卷第196—197页

农民和第四届杜马的选举

(1912 年 3 月 17 日〔30 日〕)

政府已经开始了第四届杜马选举的"准备"工作。地方官在省长和大臣的通令的催促下正在卖力地干着,区警察局长们和黑帮分子正在热心地忙着,奉命全力为"右派"政党张罗的"神父们"正在拼命地奔走。农民也该考虑一下选举问题了。

选举对农民有特别重要的意义,但农民在选举中的处境是很困难的。农民的政治组织性最差,既比工人差,也比自由派的立宪民主党差。而没有政治组织,农民这个由于生活条件而最分散的居民阶层就根本不能反击那些现在还在压迫他们而且比过去任何时候都更粗暴地凌辱他们的地主和官吏。如果第四届杜马中有一个农民代表小组,他们真正忠于农民的事业,有觉悟,有能力在各个问题上捍卫农民的利益,在政治上组织起来并坚定不移地扩大和巩固同各地农民的联系,那么这个小组就能够大大促进农民群众在争取自由、争取生存的斗争中的团结。

在第四届杜马中能不能组成这样一个小组呢? 在第三届杜马中有过一个 14 人组成的**劳动团**,它捍卫过农民民主派的利益,遗憾的是,他们与此同时过多地依赖自由派即立宪民主党人,而立宪民主党人用农民同地主、同地主沙皇君主制"和平相处"的幻影来欺骗农民,牵着农民的鼻子走。此外,大家都知道,就是第三届杜

马中的"**右派**"农民,在土地问题上所发表的言论也比立宪民主党
人更加民主。第三届杜马43名农民代表的土地法案确凿地证明
了这一点,而且不久前普利什凯维奇反对右派农民代表的"发言"
表明,黑帮分子十分不满意"右派"农民代表是有理由的。

可见,在第三届杜马期间,农民已经从新的土地政策,从"土地
紊乱",从饥荒这一极严重的灾难中得到沉痛的**教训**,从农民的情
绪看来,他们完全能够把**民主派**的代表选入第四届杜马。全部关
键在于选举法!地主制定的这个有利于地主的、经地主沙皇批准
的法律,**不是把选举农民杜马代表的权利交给农民复选人,而是交
给地主**。地主喜欢哪个农民复选人,就把哪个选入杜马作农民代
表!很清楚,地主总是要选黑帮农民的。

这就是说,农民要把**自己的**代表,把真正可靠的、坚决维护农
民利益的代表选入杜马,就**只有一个办法**。就是要像工人那样做,
只选有党性的、有觉悟的、完全忠于农民的和可信赖的人做复
选人。

工人的社会民主党在自己的代表会议上决定:工人在**初选人**
(选举复选人的人)大会上就必须确定,**究竟应该选谁**为工人的杜
马代表。其余的复选人应该弃权,**否则就要受到抵制和以背叛
论处**。

农民也要这样做。应该马上开始选举的准备工作,向农民讲
清他们的处境,每一个村庄,凡是有可能的地方都要把有觉悟的农
民团结成哪怕人数很少的领导选举的小组。农民在自己的**初选人**
大会上,在选举复选人之前,必须确定**究竟**应该选**谁**为农民的杜马
代表,要求所有其余的农民复选人都不接受地主的提名,都必须**弃
权**以利于**农民**候选人当选,否则就要受到抵制和以背叛论处。

　　所有的觉悟工人，所有的社会民主党人，所有的真正民主派都应该帮助农民进行第四届杜马的选举。要记取饥荒和农民土地遭到掠夺的沉痛教训。第四届杜马中忠于农民的真正民主派的农民代表小组必将加强和壮大起来。

载于1912年3月17日（30日）
《工人报》第8号

译自《列宁全集》俄文第5版
第21卷第198—200页

给社会党国际局书记胡斯曼的信[135]

(1912年3月17日和23日〔3月30日和4月5日〕之间)

亲爱的同志:

我以俄国社会民主工党中央委员会代表的身份,现在就某些自称属于俄国社会民主工党的国外集团和两个(也是国外的)报纸的编辑部成员通过的决议,声明如下:

1. 几年来,既没有能够召开国内组织的代表会议,也没有能够建立或恢复能把这些组织统一起来的中央委员会,可是刚刚结束的党代表会议却把在国内进行工作的23个党组织联合起来了。

多数国内党组织已听取过关于这次代表会议的报告,所有这些报告受到各地热烈的赞同,而且所有这些组织都表示,它们将给代表会议选出的中央委员会以支持。我们在1912年3月30日的《工人报》(党中央委员会机关报)上,就公布了彼得堡(瓦西里耶夫岛区)、莫斯科、基辅、萨马拉和尼古拉耶夫等组织通过的一些决议,这些决议都对代表会议表示了热烈的赞同,并答应给代表会议和中央委员会以支持(在这号报纸出版后,我们还收到了梯弗利斯寄来的一个同样决议)。因此,我们就不能认为,那些不依靠国内任何党组织的、人数不多的国外小集团的抗议有任何意义了。

2. 在国内工作的党员举行的这次引起所有这些人数不多的国外小集团抗议的代表会议,专门研究了国外小集团的瓦解组织的活动和这些小集团使国内党的工作经常处于混乱状态的问题。这些同国内任何一个组织都没有联系的小集团,利用自己可以完全不负任何责任的地位,竟以党的名义发表议论。这种早已侵入我们党的机体的疾病,是俄国政治制度的后果:这个制度一方面使我们党转入地下,一方面使大量党的工作人员不得不流亡和侨居国外。

代表会议严厉谴责了这些小集团的瓦解组织的活动,这些小集团都是呆在国外的和完全不负任何责任的。因此,这些小集团对谴责他们的行为的代表会议进行百般攻击,企图使代表会议威信扫地,这对党来说,并不是什么意外的事情。

3.在决议上签字的还有《社会民主党人呼声报》集团。这个签字向我们说明了很多问题,向我们表明了国内取消派报刊和资产阶级报刊以至某些国外刊物向代表会议所发起的这整个敌对运动的真正意义。

问题在于,在总结近4年来我们党内各种流派的斗争的决议中,代表会议特别反对《社会民主党人呼声报》所代表的流派。为了更全面地阐明这个问题,我认为在这里援引一下这个决议是有益处的。

决议写道:

"鉴于:

(1)俄国社会民主工党近4年来一直在同取消派进行坚决的斗争;1908年的十二月党代表会议确定该派为

'党内有一部分知识分子试图取消现有的俄国社会民主工党组织,代之以一种绝对要在合法范围内活动的不定型的联盟,甚至不惜以公然放弃党的纲领、策略和传统为代价';

（2）1910年一月中央全会继续同这个流派进行斗争，一致认为它是资产阶级对无产阶级的影响的表现；并且以同取消主义完全决裂、彻底克服这种背离社会主义的资产阶级倾向作为实现党内的真正统一、使原有的布尔什维克派和孟什维克派组织合并的条件；

（3）集结在《我们的曙光》杂志和《生活事业》杂志周围的一部分社会民主党人，违背党的一切决定和各派代表在1910年一月全会上提出的保证，公开为这个被全党一致认为是资产阶级对无产阶级的影响的产物的流派进行辩护；

（4）前中央委员米—尔、尤里和罗曼不但在1910年春拒绝加入中央委员会，而且甚至连一次增补新成员的会议也拒绝参加，并公开声明说，他们认为党中央的存在本身都是'有害的'；

（5）取消派的上述主要出版物《我们的曙光》杂志和《生活事业》杂志正是在1910年中央全会以后坚决地全面转到取消主义方面去了：它们不但'贬低〈违背全会决议〉秘密党的意义'，而且公开否认党，宣称党是一具'死尸'，宣称党已被取消，宣称恢复秘密党是'反动的空想'，并在公开的杂志上对秘密党大肆诽谤和谩骂，要工人把党的支部和党的等级制度看做'衰亡的东西'，等等；

（6）当全国的护党分子不分派别地联合起来，致力于召开党代表会议的当前任务的时候，取消派却形成了完全独立的小集团，甚至在孟什维克护党派占优势的地方（叶卡捷琳诺斯拉夫、基辅）也脱离了党，完全拒绝同俄国社会民主工党的地方组织保持任何党内联系；

代表会议声明，《我们的曙光》杂志和《生活事业》杂志集团的所作所为**已使自己完全置身于党外**。

代表会议号召一切护党分子，不分派别和色彩，与取消主义进行斗争，说明它对工人阶级解放事业的全部危害，竭力恢复和巩固秘密的俄国社会民主工党。”

4.由此可见，这里的问题决不是什么“篡夺”、不是什么“分裂”等等，取消派大发雷霆的原因决不在这里。俄国社会民主工党代表会议所反对的流派，实际上早已完全抛弃了党的一切工作，竭力反对恢复中央委员会，并把仅剩的一个党的机关(中央委员会国外局)也变成了“力图取消党的先生们手中的工具”(这是并不赞同代表会议的普列汉诺夫同志说的话)。

5.至于各民族组织，我应当指出，在1906年(或更确切地说：1907年)以前，即在各民族组织加入我们党(崩得1903年退出了党，后来也是在1907年又重新加入)以前，俄国社会民主工党就是作为俄国社会民主工党存在的。鉴于民族组织没有出席代表会议，代表会议已委托中央委员会同各民族组织举行会谈，以便恢复同他们的正常关系。

载于1912年4月12日《社会党
国际局通报》第7号

译自《列宁全集》俄文第5版
第21卷第215—218页

立宪民主党人同进步派的
联盟及其意义

(1912 年 3 月 29 日〔4 月 11 日〕)

几天以前,报纸就报道了"非党进步派"和立宪民主党人双方于 3 月 18 日在莫斯科召开会议的消息。

半官方的《言语报》(3 月 21 日)的半官方社论,证实了召开会议的事实,并且对会议作出了评价。只要稍加注意,就会很容易地从这一评价中分辨出,哪些是煞费苦心掩盖起来的问题实质,哪些是用以保持外表上的体面的薄纱。

问题的实质在于,进步派和立宪民主党人虽然都是反对派,但是"他们属于反对派中被称为'负责的'反对派的那一部分"。《言语报》就是这样说的。可见,立宪民主党人也不能不承认,反对派内部有两"部分":一部分可以称为"负责的"反对派,另一部分是不可以这样称呼的。立宪民主党人既然承认这一点,这就一下子使我们接触到了问题的中心。

立宪民主党人谈到"负责的"反对派(这个反对派的更经常和更好的表述形式是米留可夫关于陛下的反对派的有名的"伦敦"口号),是要把自己和与他们类似的派别同民主派区别开来,即同劳动派和工人区别开来。所谓"负责的"反对派,其实就是站在民主派和实行农奴主土地占有制的专制制度之间的自由主义君主派资产阶级的中派。这个害怕彻底的民主派甚于害怕所谓"反动派"的自由主义君主派资产阶级的中派，很早就出现在俄国政治舞台上了。它已经历了相当漫长的时期，并给了人们足够的教训，再对它的真正本质认识不清是决不容许的，更不用说回避问题或用不了解来推托了。

这个中派在农奴制崩溃时代已经具有十分明显的轮廓。从那个时代到1905年大约有半个世纪，在这段时间内，自由主义君主派资产阶级无论在地方自治机关还是在城市代表机关，无论在学校还是在出版界，都成长起来了，并且成为一支十分确定的力量。1905年旧制度的危机和俄国各阶级的公开行动，使这个拥有右翼（十月党人）和左翼（立宪民主党人）的自由主义君主派资产阶级的中派最终形成，并以政党的形式固定下来了。这个中派异常迅速地脱离民主派，这表现在社会生活的各个方面，表现在1905—1907年各个"急剧的转折关头"，虽然并不是所有的民主派，甚至也不是所有的工人民主派都理解这一脱离的实质和意义。

俄国资产阶级无论同旧的领地占有制或者同旧的官僚制度，都有着千丝万缕的经济联系。此外，俄国的工人阶级已经表现出自己是一个相当独立自主的阶级，是一个能够自卫甚至能够领导民主派与自由派抗衡的阶级。这就是我国资产阶级成为反民主、反人民的自由主义君主派资产阶级的原因。这就是它害怕民主派甚于害怕反动派的原因。这就是它经常摇摆不定、随风转舵、背叛民主派而投靠反动派的原因。这就是它在1905年后成为反革命的阶级、并在六三体制中取得"一席之地"的原因。十月党人成了政府党（在普利什凯维奇之流的许可和监督下），而立宪民主党人则成了**可以容许的**反对派。

　　立宪民主党代表会议通过准许同"左派"(请不要笑!)十月党人结成联盟的决定,现在立宪民主党人又同"非党进步派"实行"非正式的"联合,——所有这些不过是一根长链条上的几个环节,不过是自由主义君主派资产阶级的中派纠合过程中的几个阶段。

　　但是,反对派在选举前不能不披上"民主的"外衣。立宪民主党人不仅想捞取大中资产阶级的选票,还想捞取民主派小资产阶级、店员等等的选票,所以不得不强调,他是"人民自由党"的党员,是"立宪**民主主义者**",不要开玩笑了! 立宪民主党实际上是温和的君主主义自由派政党,当然要在选举前和为了选举而用民主的外衣乔装打扮起来,用一层遮人耳目的薄纱来掩盖他们同"非党进步派"和"左派"十月党人的接近。

　　所以《言语报》就作出了无数丑态,施展了无数外交诡计,发表了一些动人的声明,说什么"人民自由党将不会迁就环境"等等,等等。当然,这只是逗人的笑料。立宪民主党的全部历史只不过是对它的纲领的嘲弄,只不过是在最坏的意义上的"迁就"环境。《言语报》写道:"在另外一些政治条件下,人民自由党本来能在立法机关中亮出自己的全部纲领,而所谓'进步派'当然会成为它的反对者,就像不久前在几次比较紧急的时刻那样。"

　　第二届杜马时期是比较紧急的时刻,对这一点立宪民主党人先生们未必会提出异议。可是在那个时期,不仅进步派,就连还要右得多的分子,都不是立宪民主党人的反对者,而是他们**反对**民主派的同盟者。后来,民主派在第三届杜马中发表了比立宪民主党纲领中任何一条都要进步得多的声明,——这就是说,立宪民主党甚至在第三届杜马这样的"**立法机关**"中,也是完全"**能亮出自己的全部纲领**"的! 立宪民主党人没有这么做,决不能归咎于"政治条件"——不要说"我不能",而要说"我不想"吧!——而要归咎于立宪民主党人完全脱离民主派的事实。立宪民主党人**本来完全能**亮出自己的全部纲领的,但是**他们背离了民主派**,**他们本身的右倾**不允许他们这样做。

《言语报》的社论作者关于同进步派联盟的议论,是许多典型例子之一,这说明米留可夫之类的立宪民主党领袖是多么容易牵着为数不多的"左派"立宪民主党人的鼻子走。他们用空话哄骗左派立宪民主党人,他们用关于"民主"的冠冕堂皇的字眼来抚慰科柳巴金之流,其实他们完全是按照反民主的精神、按照同进步派和左派十月党人接近和结合的精神指导自己的政策的。立宪民主党人的"分工"和西欧一切资产阶级议员一样:让科柳巴金之流及其他"左派立宪民主党人"对人民大谈其"自由",而在议会中,在实际政策上,立宪民主党同最温和的自由派步调完全一致。

> 取消派在谈到进步派时写道:"新的派别只会巩固,只会加强资产阶级选民所处的那种政治上不定型和政治上紊乱的状态,**而俄国资产阶级在政治上完全无能为力正是这种状态造成的。**"

俄国资产阶级在政治上无能为力,决不是"资产阶级选民"的"不定型"造成的(只有左派立宪民主党人幻想家才能这样以为),而是经济条件造成的,是那些使资产阶级成为工人的敌人,成为普利什凯维奇之流的只会发发牢骚和表示一下善良愿望的奴隶的经济条件造成的。

左派立宪民主党人议员或者从唯心主义的政治理论出发,或者从害怕失掉为普利什凯维奇之流所激怒的左倾选民的选票这种庸俗恐惧心理出发,是能够同正式的立宪民主党展开斗争的,他们所持的理由就是现在已经到了恢复理智的时候了,到了记起我们的纲领的时候了,到了反对不定型状态、小市民习气、无原则性的时候了等等,这都是一些通常听到的资产阶级民主主义的空话。

马克思主义者从唯物主义的政治理论出发,同各种色彩的立宪民主党人展开斗争,同时说明促使资产阶级制定自由主义君主派纲领并同进步派及"左派"十月党人接近的整个资产阶级的阶级利益。因此,我们的结论不是向立宪民主党人的"理智"、向立宪民主党人的"记忆力"、向立宪民主党人的"原则"呼吁,而是向人民说明,**为什么自由派会成为反革命的派别并且同民主派决裂。**我们不会惊叫:立宪民主党人会不会终于恢复理智,他们会不会记起自己的纲领? 我们要说:民主派会不会终于明白他们同反革命自由派——立宪民主党人是有极大区别的? 那些经济利益既不同领地占有制拴在一起,也不同官僚、律师等等的地位和收入拴在一起的人,会不会终于明白,为了真正人民的自由,必须同工人民主派一起反对右派和立宪民主党?

载于1912年3月29日《明星报》
第23号(总第59号)

译自《列宁全集》俄文第5版
第21卷第219—223页

为自由派工人政策作的拙劣辩护

(1912 年 4 月 1 日〔14 日〕)

马尔托夫在《现代事业报》第 8 号上对《明星报》第 11 号上我的《执行自由派工人政策的机关报》①一文作了答复。问题涉及工人在选举运动中的基本路线,所以值得特别注意。

我把《现代事业报》叫做执行**自由派**工人政策的机关报,同时作了如下的论证:(1)马尔托夫和唐恩提出把反动派从他们的**杜马**阵地中赶出去,把杜马从反动派手中夺过来的口号,不是民主派的口号,而是自由派的口号。在俄国反对"反动派"的斗争,不仅不局限于把杜马从反动派的手中夺过来,而且**重点**也**不**在这方面。(2)马尔托夫谈到他提出的目标能够实现的时候,一开始就粉饰我国的选举法。马尔托夫声称:"土地占有者和第一城市选民团的复选人在很大一部分省的选举大会上占多数"是有保证的。我指出如下事实:他们在**所有**省的选举大会上占多数都是有保证的;在 53 个省中,有 28 个省,**单是**土地占有者就已经占多数(在省的选举大会上),而且,在 440 名杜马代表中,这些省份要选出 255 名。(3)马尔托夫谈到把反动派从他们的杜马阵地中赶出去的时候,他忘记了,要使杜马从**地主**自由主义反对派的立场再前进一步,是**办不到的**。马尔托夫和唐恩的口号是把**地主**从反动派手中夺过来的

---

① 见本卷第 165—168 页。——编者注

口号。(4)马尔托夫在谈到工人的切身利益是使政权转到"文明的资产者手中"的时候,他"忘记"指出一件事,就是:自由派的切身利益是怎样同普利什凯维奇之流瓜分政权,而又使民主派得不到"一件武器"!(5)马尔托夫谈到立宪民主党人在杜马中得到加强,从而"使他们便于取得政权"的时候,他忘记了俄国1905—1906年的经验,忘记了法国1789年及以后几年的经验,忘记了中国1911年的经验。这些经验表明:只有民主派**违反**自由派的**意志**取得胜利,政权才会转到自由派(或者比自由派左一些的派别)手中。(6)可见,马尔托夫只承认任何一个有教养的自由派都会接受的马克思主义。

在这6点上,马尔托夫回答了一些什么?什么也没有回答。他保持绝对的沉默。既然你决心闭口不谈,那又何必挑起论战呢?

马尔托夫避而不谈我提出的**所有的**理由,同时又想用我下面这段话"抓住"我:

"我们在选举中的实际任务决不是'把反动派从他们的杜马阵地中赶出去',而是加强整个民主派,特别是工人民主派。这个任务有时会同增加自由派人数的'任务'发生冲突,因为5名额外增加的①民主派要比50名额外增加的自由派对我们更重要,对无产阶级也更有利。"

马尔托夫引用了这段话,得意扬扬地(说是他抓住了"反动派的一个支持者"!)叫道:"我建议读者深入思考一下这段话。"我衷心支持这个**深入思考一下**的建议。

---

① 文中此处印错了:"额外增加的"印成了"坚强的"。马尔托夫本来不难看出,把"坚强的"民主派同"额外增加的"(即补充的)自由派加以对比是荒谬的。不过争论的实质不在这里。

马尔托夫开始深入思考了，并且终于想出这样的三段论法。现在法律已规定在各地进行决选投票。这就是说，**"可能有的唯一情况"**就是我们抛弃50名自由派而选出5名民主派。这种"情况"就是把民主派的选票**出卖**给黑帮以换取杜马的席位。

于是马尔托夫在整整50行文字中欢呼雀跃起来，他说：看，打死了黑帮的一个帮凶，并且在打死弗·尔—科之后，又"打伤了"威·弗雷，据说弗雷"也是倾向于那一方面的"。

马尔托夫把自己的读者估计得太幼稚了！这位写文章**不动脑筋**的作者，居然请读者**深入思考一下**，他是多么不谨慎啊。

我这段使马尔托夫深为不满的话，向善于思考的人提出**两个**问题：（1）杜马中5名民主派是不是真的比50名自由派对工人更有利？（2）实际上会不会有这些任务"发生冲突"的情况？

第一个问题，善于思考的马尔托夫**完全**避开了。这是枉费心机的。取消派先生们，你们自己回避政治，是为了指责我们偏爱算术。杜马中50名自由派给予人民的是一大堆腐蚀人民的**虚伪的民主主义演说**，以及**一星半点**的"改革"，而这种"改革"，第一，只限于脸盆之类的问题；第二，在国务会议里搁浅**等等**。5名民主派给予人民的是在杜马讲坛上从许多方面说明**民主主义的**道理（工人还要说明社会主义的道理）。什么对无产阶级更有利呢？

再看看第二个问题。马尔托夫说，选出5名民主派（"额外增加的"，即增加进现有代表名额中的）的任务同选出50名自由派的任务**只有**在他上面指出的那种情况下才**可能发生冲突**，这种说法正确吗？因为马尔托夫在请别人深入思考后，曾直截了当地说："这是可能有的唯一情况。"

如果马尔托夫的说法是正确的，那么读者就应当指责我弗·尔—科，为什么指出的是不可能有的情况，或者为什么暗中打算把民主派的选票出卖给黑帮以换取杜马的席位（我再秘密地补充一句：**愚蠢的**暗中打算是，普利什凯维奇想收买彼得罗夫第三和沃伊洛什尼科夫的朋友们的选票，**代价**是把沃伊洛什尼科夫选入第四届杜马。这一点，"善于思考"的马尔托夫写得像真有那么回事情似的）。

如果可能有这两个任务发生冲突的**另外一种情况**，那马尔托夫的说法就不正确。

总之，可能不可能有发生这种冲突的另外一种情况呢？**毫无疑问**是有的，这种情况就是，在**决选投票**的时候，民主派没有同自由派缔结协定，而是既同右派斗争，又同自由派斗争。

情况就是如此。①

善于思考的马尔托夫也同所有的取消派分子一样，被两个阵营的思想迷住了，看不到第三个阵营进行的既反对第一个阵营又反对第二个阵营的斗争！

紧接着我那段使马尔托夫恼怒的话的后面，我还说过这样的话：

"由此可以得出下面的结论〈可爱的马尔托夫，是"由此"得出的！〉，虽然马尔托夫似乎也承认立宪民主党人是自由派而**不是民主派**，但是他不喜欢下列结论：（1）在5个大城市进行决选投票的时候，**只准许同民主派缔结协定来反对自由派**；（2）在第二阶段，在

---

① 我产生一个"可怕的"想法：根据我国法律规定，决选投票是一次新的选举，而不是两个候选人的斗争，难道马尔托夫的全篇文章是由于**不了解**这种情况写出来的？那么在选举中"同反动派斗争"之前，就应当先同不了解选举法的现象作斗争！

进行**任何**投票和缔结**任何**协定的时候,**首先**应当同民主派缔结协定来反对自由派,然后才可以同自由派缔结协定来反对右派。"

马尔托夫提到的**只是第二点**,他说我说得不对,因为马尔托夫是同意这一点的(我们且看一看,是不是**所有的**取消派都同意!),**至于第一点,马尔托夫却一字不提!**

再说一遍:或者默不作声,或者进行争论。

在5个城市进行决选投票问题上,总的路线是:联合民主派来**反对自由派。**同自由派缔结协定**是禁止的**(因为经验表明,**总的说来**这里没有黑帮危险)。

你是**赞成**还是**反对**这条禁令? 请直截了当地说吧。

其次,这些决选投票**可能**有怎样的实际结果呢? 选票可能**几乎均等**地分给三个阵营。相对的多数将起决定作用。我们举一个最简单的例子:在100张选票中,右派得33票,自由派得33票,民主派得34票。民主派就当选了。如果社会民主党人减少一票,黑帮多得一票,黑帮就可能当选!

工人政策有两条路线。一条是**自由派的路线**,认为最可怕的是黑帮当选,因此应当不经战斗就把领导权交给自由派! 一条是**马克思主义的路线**,认为不应该被自由派关于黑帮危险的叫嚣吓倒,要**勇敢地**投入"三角"(用英国人的说法)战斗。一般说来,黑帮危险是没有的,如果黑帮例外地当选了,那**民主派也会在有的地方当选! ……**

要学会游泳,就必须下水。世界上没有可以预先料到一切可能性的斗争。如果工人被自由派关于黑帮危险的叫嚣吓倒,那就**永远**学不会怎样进行"三角"战斗。在世界各地,反动派阵营和自由派阵营都要比工人阵营团结得更早,组织得更好(当然,这是在反动法律的庇护之下）。在世界各地，自由派反复对工人讲的正是马尔托夫一再重复的话。

我们还要做最后的一件事，好向"善于思考的"马尔托夫指出思考这个词的意义。

在5个城市进行决选投票的时候，同自由派缔结协定是禁止的。而在其他城市进行决选投票的时候，并不禁止缔结这种协定。这是不是说，这种协定将来**总是**可以缔结的呢？似乎没有这个意思，对不对？

如果**没有**协定，那在**任何**一次决选投票的时候，选票是不是可能几乎均等地分给三个阵营？

似乎是可能的，如果认真"深入思考一下"的话！

由此可以得出结论：工人政策有两条路线。

自由派的工人政策：全国正向左转；"因此"……最可怕的是黑帮危险；口号是把反动派从他们的杜马阵地中赶出去，而能够把反动派从杜马阵地中赶出去的只有自由派；因此，不要"威胁"自由派，不要向自由派"强行索取"席位——"文明的"工人向自由派这样的好人强行索取是不是体面呢？——也就是说，在同自由派缔结协定的时候要作一切让步，要避开"三角"战斗。

马克思主义的工人政策：全国正向左转；因此不要相信自由派关于黑帮危险的鬼话；在同自由派缔结协定的时候，要竭尽全力**威胁他们**，向他们**强行索取**杜马中的席位；工人同志们，要使你们的威胁有力量，就不要害怕"三角"战斗；勇敢地投入这一战斗，在人民面前揭露自由派的反革命性；当然，没有失败的可能性的战斗是没有的，黑帮可能在有的地方当选，**可是民主派也可能在有的地方当选**；在杜马中，增加5名民主派比增加50名自由派更好；一般说来,黑帮是不会当选的,因为普利什凯维奇之流是太出名了,自由派是**故意**用黑帮危险来吓唬人民,以保证自己的领导权(尽管马克拉柯夫之流同黑帮差不了多少),并使自己避开"左派"的危险。

结论是:他对我上面提出的关于自由派工人政策的6点中的任何一点都没有作出回答。他"隐瞒了"关于在5个城市中禁止同自由派结成联盟的问题。关于决选投票**时**的三角选举的问题,他连想都没有想过,——尽管他答应要深入思考。但是他做了两件事:(1)庇护自由派,使他们不受到"威胁";(2)揭露沃伊洛什尼科夫的朋友们勾结普利什凯维奇的阴谋:他们想出卖选票给普利什凯维奇,**代价**是由普利什凯维奇把沃伊洛什尼科夫等人选入第四届杜马!!

载于1912年4月1日《明星报》　　　　译自《列宁全集》俄文第5版
第24号(总第60号)　　　　　　　　第21卷第224—229页

俄国的决选投票和工人阶级的任务

(1912 年 4 月 3 日〔16 日〕)

现在有愈来愈多的例子说明,对我国选举法中的决选投票的错误看法流传得多么广泛。唐恩在《我们的曙光》杂志第 1—2 期合刊上说,我们在决选投票中的策略和西欧的完全一样。马尔托夫在《现代事业报》第 8 号上直接把"德国工人"搬出来,当做俄国人在决选投票时期策略问题上的学习榜样。托洛茨基就在前不久写了一篇专门谈决选投票的短文,其中也是从头到尾都贯穿着这样的错误。

屡次三番地重复这种错误,不禁使人产生一种想法:某些集团中这种"普遍"爱犯实际错误的"倾向",是不是由于**不愿意**理解工人民主派在反对立宪民主党人的斗争中的任务而造成的呢?

根据 1907 年六三法令,俄国**没有**德国式的决选投票,也根本**没有**名副其实的"决选投票",只有补充选举或新的选举。德国人在决选投票时只是就初选中得票最多的两名候选人的问题进行投票。德国人在决选投票时投票解决的纯粹是应该在这两名得票最多的候选人中选谁的问题。

我国就不是这种情况。我国法律规定,决选投票时可以随便提多少候选人,提什么人都可以。严格地说,这不是决选投票,而是一次新的选举或改选。因此,一切搬用德国例子的做法都是完全不正确的!

我国法律中的关于决选投票的基本条文是《选举条例》第106条。这一条说:"预选大会选出的初选人以及选举大会选出的复选人是指在预选大会或选举大会上获得超过半数的与会者的选票的人……"

这里清楚地说明,在初选中要求获得绝对多数。接着这一条又说,如果得不到绝对多数的选票,"就要进行不足额的复选人〈即除了获得绝对多数的选票的当选人以外的全部余额〉的补充选举"。

什么人才被认为是"补充选举"的当选人呢?这一条的结尾部分说:"获得相对多数的选票的人可被认为是当选人。"

关于**直接**选举即彼得堡、莫斯科、敖德萨、基辅和里加等城市的选举中的决选投票,1907年六三法令也作了同样的规定。不过第140条没有用"相对多数的选票"这种说法,而是说"选票最多"。此外,对省选举大会的杜马代表的选举,也规定了决选投票(如果候选人得不到"超过半数的选票",即绝对多数的选票),并且规定"获得相对多数的选票的人可被认为是当选人"(第350条)。

总之,我国选举法中根本没有同德国的决选投票相类似的东西。把德国工人的做法当榜样是再错误不过的了。在官方出版的《国家杜马选举条例》(1912年圣彼得堡内务部版)中第106条的第14项说明中说:"准许未参加初选的人参加补充选举。"很明显,这里不仅指新的选民,而且指新的候选人。从法律观点看来,决选投票时提出初选中没有提出的候选人是允许的。

试问,从六三选举条例的这个特点,应当得出什么样的关于选举策略的政治结论呢?

第一个结论，也是基本的和最一般的结论是：我国的法律为决选投票时缔结选举协定留下了比德国法律**更广阔的**余地。在德国，只能说是**两害相权取其轻的**一种选举，因为初选中的失败者不能给自己提出什么别的任务（而且不能参加决选投票的人应当算是失败者）。可是在俄国，如果初选中没有胜利者，那么严格地说来，也就没有失败者，因为**任何人**都可以再一次同这个或那个同盟者缔结各种各样的协定，在新的战斗中碰碰运气。

而且在德国，工人候选人不能在决选投票中利用右派资产阶级政党同反对派资产阶级政党之间的斗争**来壮大自己**，即直接利用这场斗争。这是因为如果自由主义反对派和右派几乎势均力敌的话，工人候选人可以支持前者而反对后者，但是他不能在他的自由派对手和他的反动派对手势均力敌的情况下**自己**去取得胜利。而在俄国这却是可能的。

由此得出第二个结论：俄国选举法为工人民主派在决选投票时进行反对**自由派**的斗争留下了比德国选举法**更广阔的**余地。俄国的情形也像多数西欧国家一样，在选举中占优势的是居于统治地位的有产阶级的两个派别（或者说两个政党集团）："保守派"和自由派，即黑帮和"反对派"。工人**既**反对前者，**也**反对后者。同时，人民中的落后阶层在开始投入反对封建主义和专制制度的斗争的时候，在还没有开始意识到反对资本的斗争任务的时候，通常在相当长的期间内是跟着自由派走的。因此，不断加强自己影响的工人政党，从自由派方面争取到的追随者往往比从右派方面争取到的要多。因此，**各国的**"立宪民主党人"时常发出虚伪的号叫，说什么工人政党为反动派效劳，削弱"整个进步力量"等等，等等。

在德国，只有当右派在初选中遭到失败，根本不能参加决选投票的时候,工人候选人在决选投票中才可能投入反对自由派的战斗。在俄国,**只要右派在初选中得票少于自由派**,工人候选人在决选投票中就可能而且也应该投入反对自由派的战斗。换句话说,在德国的决选投票中,工人只能"一对一"地同自由派进行斗争;而在俄国,决选投票中也可能有"三角"战斗,也就是右派、自由派、工人候选人都参加的战斗。因此,在俄国的决选投票中,会**更多地**出现工人群众关心自己的候选人当选的情况。

我们再来谈第三个结论。在俄国目前政治分类的情况下,在自由派强于黑帮(当然,算做黑帮的是全部右派,既包括民族党人,也包括十月党人,即所有的政府党都毫无例外地包括在内)的一切选民团中和一切选举阶段上,所谓**左派联盟**在决选投票中都有非常广阔的活动余地。既然在初选中自由派强于黑帮,而工人候选人又弱于自由派,那么无论从组织整个民主派这个政治任务的角度来说,或者从使工人候选人能够当选为杜马代表的角度来说,工人都**必须**联合资产阶级民主派(民粹派、劳动派等等)来**反对**自由派。

这种情况会常常出现吗?

在省的选举大会上不常出现。无疑,这里最常见的情况是:自由派弱于黑帮,因而需要有全体反对派的联盟来击败黑帮。

在农民选民团中,政治分类最不明确和最不固定;这里的警察迫害非常厉害,初选人、复选人甚至杜马代表的候选人,都非常有必要"隐藏"自己的真"面目";工人候选人(指有党籍的候选人)在这里是不多的。在这个选民团中,政治任务无疑是组织民主派和展开清除自由主义君主派资产阶级的影响和偏见的斗争。对于决选投票中这种或那种情况是否经常出现以至决选投票(实际上)是否普遍,都很难作出明确的结论。

在土地占有者和第一城市选民团中,民主派,尤其是工人民主派的作用太小了,因此不值得一提。

再有就是第二城市选民团。这里有不少工人和近似工人的选民,如店员,工人房客,领取抚恤金或养老金者等等。这里至少有某种类似政治报刊的东西和某种集会之类的东西。总之,这是选民亲自参加下的决选投票的主要场所。这里选民的党派组合情况是怎样的呢?

关于第三届国家杜马中第二城市选民团复选人的党派成分的资料,对这个问题作了虽然是间接的,但是十分准确的回答。根据立宪民主党的《言语报》(1907年第241号)对欧俄51个省的全部5 161名复选人中的4 897名所作的统计资料,第二城市选民团的533名复选人按党派划分的情形如下:属于反对派的有405名(100名"左派",209名立宪民主党人,96名进步派),属于右派的有101名(17名温和派,19名十月党人,65名右派),还有21名无党派人士和6名所属党派不明的人。当前选举中互相斗争的3个主要政党集团在这里壁垒分明:100名民主派,305名自由派,101名右派。

自由派要比同民主派几乎势均力敌的右派强2倍多。很明显,**按一般情况说来**,这里根本谈不到什么黑帮危险。其次,很明显,工人民主派在这里的**主要**任务就是同自由派进行斗争;目前,在自由派、十月党人、普利什凯维奇之流都承认的国家无疑普遍向左转的时候,这种斗争就特别被提到首要地位。当然,在第一阶段,工人候选人应当提出清一色的名单,投入完全独立自主的斗争。而在第二阶段,即在决选投票中,**在大多数情况下**是民主派同自由派进行斗争。

为了进行**这一**斗争,马克思主义者在决选投票中应该联合**所有的**民主派(即联合资产阶级民主派、民粹派、劳动派等等)来**反对**自由派。臭名远扬的"负责的反对派",即立宪民主党人在第三届杜马中的所作所为,自由主义君主派资产阶级的一切政策和策略,以及目前在店员中展开的运动,都为工人所组织的民主派进行这场反对自由派即反对立宪民主党人的斗争,提供了特别有利的基础。只要第二城市选民团还是进行决选投票的主要选民团,工人在决选投票中的**主要路线就是**:联合民主派,**反对**右派和**反对**自由派。

结果我们得出这样的结论:取消派和他们的拥护者在决选投票问题上既犯了"技术"错误,也犯了政治错误。"在技术上"他们的错误是,把德国的决选投票同俄国的"补充选举"或新的选举混为一谈。在政治上他们的错误是,用支持反对派反对右派的泛泛言论来敷衍搪塞而滑到自由派工人政策方面去。其实,无论是马克思主义者在目前俄国的总任务(即组织作为民主派先进部队的工人,**既**反对右派,**也**反对反革命的自由派),或者是我们在主要的"进行决选投票的"选民团中所处的地位的特点,都迫使我们提出另外的口号。在决选投票中,首先是在第二城市选民团的决选投票中,最经常要做的是,联合所有的民主派来反对自由派和反对右派;其次才需要在决选投票中结成共同的反对派联盟来反对黑帮。

载于1912年4月3日《明星报》第25号(总第61号)

译自《列宁全集》俄文第5版第21卷第230—236页

自由派和民主派

(1912年4月8日和19日〔4月21日和5月2日〕)

一

我们已经谈到的而且一些报纸(其中包括3月28日的《言语报》)也报道过的劳动派代表会议[136],对于明确各党派在整个第四届杜马选举运动中的态度,是特别重要的。在温和的自由派(立宪民主党人和"非党进步派")结成联盟以后,在工人民主派作出关于他们的选举策略的决定以后,只有劳动派"表明态度",情况才会全面。

现在,俄国社会的**一切**阶级,都通过所有比较重要的和值得重视的政党,确定了自己在选举运动中的立场。对资产阶级的政党,特别是对那些在六三制度的大厦里建立了"巩固"地位的政党来说,选举主要是加强宣传的时机;而对工人民主派,对马克思主义者来说,选举运动的主要任务是向人民**解释**:各种不同政党的**实质**是什么,**各有什么主张**,左右这个或那个政党的是哪些真正的切身利益,躲在这个或那个招牌下的是社会上哪些**阶级**。

我们不得不**一再**从这个角度来谈劳动派代表会议,为了工人阶级的利益,我们恰恰应当特别注意上面指出的这个原则问题。

而一些黑帮的即右派的政党和**自由派**(立宪民主党人)总是不谈这个问题,或者千方百计曲解这个问题的提法和这个问题的解决办法,而且他们这样做并不是由于个别人缺乏理智或者怀有恶意,而是因为地主和资产阶级的**阶级利益迫使**他们曲解农民和工人政党的实质。

对于主要是农民党派的劳动派来说,虽然没有故意不谈哪怕是自由派和民主派的区别这个问题,但是这个问题他们解决得不正确。从农民即小业主的观点出发,是不能正确地解决这个问题的;只有从雇佣工人的观点出发,这个问题才能**得到解决**,这一点不仅为理论、科学所证实,而且也为欧洲各国的**经验**,特别是19世纪欧洲一些政党的整个经济和政治的历史所证实。

我们就来看一看自由派是怎样谈论劳动派和劳动派又是怎样谈论自己的。自由派的《言语报》即立宪民主党的主要机关报说,因为1907年的六三选举法的修改而受害最大的是劳动派,又说劳动派的策略和立宪民主党人的策略"不会有什么明显的区别",——因为立宪民主党人(请注意)可能"重复"而且几乎正在重复劳动派所讲的一切。《**言语报**》写道:"最后,在选举中同劳动派缔结协定可能是需要的,不过只是在一些地区,而且为数不多。"

仔细想想这个估计,你们就会发现,这是自由派资产者的估计,六三法令把他们从首位(过去根据1905年12月11日的法律[137]选举时他们所占有的首位)上挤了下来,但是同时给予他们一个**保护**他们不受民主派侵犯的很有分量的反对派地位。劳动派先生们,在我们看来,你们是不重要的,我们并不重视你们,这就是《言语报》声明的真正含义。为什么是不重要的呢?因为六三法令削弱了你们在选举中的力量。

在任何民主派,特别是任何工人看来,重要的不是那些按现行选举法享有垄断权或者特权的政党,而是那些代表广大居民群众,特别是被剥削劳动群众的政党。六三法令恰恰**保护**自由派资产者不受这些群众的侵犯,因此对他们说来,这些群众是不重要的。自由派律师和记者需要杜马的席位,自由派资产者需要同普利什凯维奇之流瓜分政权,——这就是他们所需要的,而增强农民群众的独立政治思想,增强他们作为一个阶级的独立性,对自由派说来,不仅是不需要的,而且简直是危险的。自由派需要选民,自由派需要信任自己并跟着自己走的群众(好强迫普利什凯维奇之流自己挤一挤),但是自由派害怕群众的政治独立性。

劳动派作为一个"独立的"党派,它特别接近农民即绝大多数居民,它所代表的**不是**自由派而是资产阶级民主派,那为什么自由派不怕劳动派呢?正因为劳动派是个对自由派**不够**独立,**不善于**同自由派争夺对群众的影响的民主派!如果采取严肃的、诚实的、有原则性的态度对待俄国现代政治,而不是采取追逐代表资格的诈骗的(也就是自由派的)手法对待这种政治,那就不能不千百次地谈论俄国现代政治上这个最重要的问题。只要俄国当前时代的历史任务还是按民主方针对俄国实行政治改革,那这种改革问题的**整个关键**必然还是在于,使**十分**广泛的,最广泛的居民群众成为觉悟的民主派,即成为十分明确地、彻底地、坚决地反对自由派的狭隘性、局限性、不彻底性和胆怯心理的一切表现的民主派。**不能**领会和实现这个当前的政治任务,就无法成为消灭雇佣奴隶制的彻底的战士,不懂得这一点的工人,还不能算是觉悟的工人。

自由派即立宪民主党人说他们的"策略"和劳动派的没有"什么明显的"区别,这是最惊人的愚昧无知,或者是最无耻的谎言。

俄国近10年的政治史每一页都有成百成千个驳斥这种谎言的事实。俄国的现代史根据我们俄国的**经验**向我们指出,自由派和农民民主派之间的差别比任何"策略"问题要深刻得多,——因为,尽管事态发展屡次引起"策略"的急剧变化,这种差别在最近8年来总是毫无例外地显现出来——这种差别比一切"纲领"要深刻得多,因为纲领只是表明一个阶级的先进人物对本阶级的任务和地位的一些**想法**。不是先进人物的意见,而是千百万群众的行动向我们表明了自由派资产阶级和资产阶级民主派农民阶级之间在**现代**经济和政治的地位上的根本差别。由此产生了在对待现代俄国的"统治力量"方面的阶级**利益**上的根本差别。由此产生了政治积极性在各种出发点和程度上的根本差别。

无论自由派或者劳动派都可能认为他们在政治上是志同道合者,因为二者都"反对普利什凯维奇"。但撇开政治活动家的这些**意见**而再稍微深入一点看看群众的**阶级地位**,你们就会发现,自由派资产阶级**在实际生活中**是在同普利什凯维奇之流瓜分政治特权;他们争论的**只是**这样一点:是让普利什凯维奇之流拥有三分之二的政治特权而让米留可夫之流拥有三分之一呢,还是与此相反。看看"实际生活",看看目前俄国农民即农业中的小业主阶层的经济地位,你们就会发现,这里的问题决不在于瓜分政治特权,决不在于政治特权,这里的"**实际生活**"一词是带引号的,因为普利什凯维奇之流存在本身,就意味着千百万这样的小业主要**饥饿而死**。

在现代俄国有两个资产阶级。一个是成熟而且过分成熟的资本家这一非常狭小的阶层,他们以十月党人和立宪民主党人为代表,**实际上**干着同普利什凯维奇之流瓜分现在的政权、现在的政治特权的勾当。对"现在"一词应当作相当广泛的理解，例如，这里既包括今天 1907 年六三法令所保护的特权，也包括昨天 1905 年 12 月 11 日法律所保护的特权。

另一个资产阶级是极不成熟的、但力求走向成熟的小业主和一部分中等业主，主要是农民这一非常广泛的阶层，他们**实际上**要解决的决不是俄国现代历史生活中的特权问题，而是不要**因为**普利什凯维奇之流而被饿死的问题。而这也就是涉及普利什凯维奇之流整个权力基础本身的问题，涉及普利什凯维奇之流一切权力的根源的问题。

俄国政治解放的全部历史就是第一种和第二种资产阶级趋向斗争的历史。无数关于自由和平等、关于"平均"分配土地和关于"民粹主义"的漂亮词句的全部意义，可以归结为这两种资产阶级趋向的斗争。斗争的结果必然会产生一个纯粹资产阶级的俄国，完全是或者主要是染上这两种"色彩"中的一种"色彩"的俄国。不用说，雇佣工人对这一斗争决不会漠不关心；相反，如果他们是有觉悟的，他们就会毅然决然地干预这一斗争，争取使农民跟着他们走而不是跟着自由派走。

劳动派代表会议不能不提到的那些问题，也可以归结到这一点。关于这些问题，我们准备在以后几篇文章里再详谈。现在我们把前面讲的话作一个小结。关于劳动派和立宪民主党人的问题是俄国整个政治解放的最重大的问题之一。把这个问题归结为这个或那个党在六三体制中的"实力"问题，归结为根据六三体制进行的选举中缔结某种协定的"合算程度"问题，是再庸俗不过了。恰恰相反，只有理解了这个党和那个党即资产阶级民主派（劳动派）和资产阶级自由派（立宪民主党人，"进步派"等等）的**阶级**根源,才能以雇佣工人的观点正确地解决关于协定、决选投票等等的局部问题。

二

　　劳动派代表会议提出了许多非常有趣的和很有教益的政治问题。现在我们这里有对代表会议的决定的绝妙解释,即瓦·沃多沃佐夫先生的论述《劳动团的选举纲领》的文章,这篇文章刊载在柯瓦列夫斯基和布兰克先生直接参加下每周出版的彼得堡《生活需要》杂志[138]第13期上。说沃多沃佐夫先生的解释是"绝妙"的,当然不是从我们的观点来说的,而是因为它正确地表达了劳动派的观点和意图。一切关心俄国民主派社会力量的作用的人,都应当特别注意沃多沃佐夫先生的文章。

　　他写道:"劳动团所依据的信念是:在目前历史情况下,农民、工人阶级和劳动知识分子的利益,不仅不互相矛盾,而且几乎是完全一致的;因此,一个政党完全能够为这三个社会阶级的利益服务。但是由于历史条件的力量,工人阶级找到了社会民主党作为自己的代表,因此,劳动团自然应当主要是农民的政治代表。它过去就是这样的代表。"

　　在这里,马上就清楚地看出一切民粹派,直到最"左的"民粹派都犯过的一个主要错误。他们所依据的"信念"违反经济科学的全部原理,违反经历过类似俄国当前这样的时代的国家的一切经验。甚至当俄国历史经验迫使他们承认,这些信念在我国也被事态发展所推翻的时候,他们还在继续坚持这些"信念"。

　　劳动派的第二句话反驳了第一句话。假如一个政党能够既为工人阶级的利益又为农民的利益服务,那么工人阶级的单独的政党又是如何产生的呢?如果它在俄国历史上特别重要特别危急的时期(1905年)建立并巩固起来了,如果连劳动派自己也不得不承认工人阶级"由于历史条件的力量"而"找到了"自己的政党,那么,这就是说,劳动派的"信念"被"历史条件的力量"**推翻**了。

既然劳动派**成了**农民的党派,而根据他们的信念,他们是不应当只成为农民的党派的,也就是说,他们的信念是不正确的,是一种幻想。这种幻想正是欧洲**一切**资产阶级民主主义政党在同封建制度和专制制度进行斗争时期曾经产生过的那种幻想。"非阶级的政党"的思想曾以这种或那种形式占优势,但"历史条件的力量"总是推翻这种思想,打破这种幻想。企图或拼命要用"一个政党"囊括各个阶级的做法,正是这样一个时代的资产阶级民主派的特点,在这个时代,他们必定认为自己的主要敌人是在后面,而不是在前面,是农奴主,而不是无产阶级。

这种"囊括"各个阶级的妄想使劳动派同立宪民主党人接近起来,因为立宪民主党人也想成为一个**超阶级的**政党,也断言工人阶级、农民和劳动知识分子的"利益几乎是完全一致的"。他们把马克拉柯夫先生之流也当成劳动知识分子!觉悟工人将永远反对一切关于超阶级的政党的思想,反对一切抹杀雇佣工人和小业主之间的阶级鸿沟的做法。

如果说劳动派和立宪民主党人的共同点在于,他们都抱有各个阶级可以融为一体的资产阶级偏见,那么,他们之间的差别就在于事态的发展使这个和那个政党违反本政党的愿望,有时还违反它的个别成员的意识而趋向**某个**阶级。历史使劳动派学会了更接近真理,说他们是农民的党派。立宪民主党人继续自称为民主派,而实际上他们是反革命的自由派。

遗憾的是，上面这个道理劳动派还远没有认识清楚，——他们的认识极不清楚，以致他们的代表会议的正式决定都**没有**对立宪民主党人作任何评论。在正式决定中只谈到"**首先**同社会民主党人，**然后**才同立宪民主党人"缔结协定。这是不够的。**只有**完全弄清楚缔结协定的政党的阶级本质，它们之间的主要分歧和利益的暂时一致，才能正确地、彻底地、有原则地解决关于选举协定的问题。

只有沃多沃佐夫先生的解释谈到了这一点。《言语报》在提到和讨论他的文章的时候，竭力对读者完全**隐瞒起来的恰恰是这些**论点。我们认为必须着重讲一讲这些论点。

沃多沃佐夫先生写道："劳动团很清楚，俄国的现存制度是专制制度和专横制度，因此，他们坚决谴责立宪民主党想向世界宣布俄国存在着立宪制度的一切做法。不同意英法议会代表为宣扬俄国的立宪制度而举行的隆重的欢迎会。在劳动派看来，无疑只有在整个国家制度和社会制度中实行根本的深刻的改革才能使俄国走上正确而健康的发展道路。因此他们对这种信念在我们社会生活中的一切表现表示同情。正是这种信念使他们和立宪民主党之间产生一条很深的鸿沟……"稍往下又重复了同样的思想，说"立宪民主党的和平演进主义和以这种演进主义建立起来的立宪民主党的策略"，"总是使劳动派离立宪民主党比离社会民主党更远一些"。

为什么立宪民主党的《言语报》一定要设法把这个论点向读者隐瞒起来，这是可以理解的。在这段文章里，明显地表现出一种想在民主派和自由派之间划出一条界限的愿望。界限无疑是存在的，但是沃多沃佐夫先生虽然也谈到"很深的鸿沟"，可是对这条界限却了解得很不深刻。他认为区别其实是在策略上，是在对时局的估计上：劳动派主张根本变革，立宪民主党人是和平演进论者；劳动派认为我国是专制制度，而立宪民主党人说，谢天谢地，我国有了宪制。这种区别在同一个阶级的右翼和左翼之间也是可能有的！

劳动派和立宪民主党人之间的区别仅限于这一点吗？沃多沃佐夫先生本人是不是承认过劳动派是农民的党派呢？农民的**阶级地位**，即使拿对待普利什凯维奇和普利什凯维奇制度的态度来说，同自由派资产阶级的地位竟没有一点区别吗？

如果没有，那么劳动派和立宪民主党人之间的差别，甚至从对待封建制度和专制制度的态度来看，也是不大的。如果有，那么应当提到首位的正是**阶级利益**的区别，而不是对专制制度和宪制或者对和平演进的"看法"上的区别。

劳动派想比立宪民主党人更激进。这很好。但是，如果他们很清楚自由主义君主派资产阶级的阶级实质，如果他们在自己的纲领里直截了当地谈到立宪民主党人的反革命自由主义，那么他们的激进主义就会更彻底、更深刻一些。

因此，沃多沃佐夫先生以外部障碍为借口，说什么由于外部障碍劳动派"只好写出这样的决议，其中一些最重要论点因为引用了多数读者不大清楚的、他们很难理解的'劳动团纲领'而被掩盖起来了"，他以这种借口"为自己辩护"是枉费心机的。第一，劳动派不该局限在上述障碍所限制的范围内；他们正像我们的取消派一样局限在这种范围内，这就表明他们同立宪民主党人的区别是不大的。第二，要说明立宪民主党自由派的阶级实质及其反革命性，在任何范围内都是完全可能的。

　　由此可见,劳动派动摇于立宪民主党和社会民主党之间不是偶然的,而是由农民所处的非常深刻的和根本的条件造成的。脱离资产者和无产者的直接斗争而居于中间地位,就会产生关于非阶级的和超阶级的政党的幻想。业主和小业主所特有的一般资产阶级偏见使劳动派和立宪民主党人接近起来。由此产生了劳动派这一资产阶级民主派的不彻底性,这种不彻底性甚至表现在他们同普利什凯维奇之流政权的基础进行的斗争中。

　　觉悟工人的任务就是,帮助农民民主派团结起来,使他们尽可能摆脱自由派,尽可能少受自由派的影响,尽可能彻底些、坚决些。广大农民群众的地位使得沃多沃佐夫先生所说的进行"根本和深刻的改革"的意愿非常有基础,它蔓延到各处,并且深深扎根于土壤之中。

载于 1912 年 4 月 8 日和 19 日
《明星报》第 27 号和第 32 号
(总第 63 号和总第 68 号)

译自《列宁全集》俄文第 5 版
第 21 卷第 237—246 页

第四届杜马选举运动和
革命的社会民主党的任务

(1912 年 4 月 25 日〔5 月 8 日〕)

　　勒拿屠杀事件[139]引起的政治罢工和游行示威,表明俄国工人群众的革命运动正在发展。这种革命气氛的日益浓厚,清楚地说明了党的任务和党在选举运动中的作用。

　　危机正在新的局势下发展。黑帮杜马就是这种局势下的必然产物。它使地主得到了政权,使资产阶级得到了进行各种交易的场所,使无产阶级得到了一个小小的讲台。**为了**在群众中进行革命工作,我们需要这个讲台,需要选举运动。无论是在塔夫利达宫,在喀山广场,在工人群众的集会上,在罢工的时候,在工人社会民主党人的全区会议上,或是在工会公开的会议上,我们都需要一个秘密的党来**领导**这全盘的工作。只有不可救药的瞎子才会在今天还看不见召回主义和取消主义这些反革命得势时期涣散和瓦解的产物是多么荒谬,对工人阶级有多么大的危害。民粹派的例子清楚地告诉我们,"劳动派"的以及《俄国财富》杂志[140]和《同时代人》杂志[141]的合法著作家的**取消主义**同社会革命"党"的**召回主义**加在一起得到了一个多么可耻的**零**。

　　现在我们把各种政治力量的竞选动员所表明的情况,作个一般的总结。三个阵营的表现都很清楚:(1)**右派**,从普利什凯维奇到古契柯夫,都拥护政府。黑帮地主和守旧商人拼命拥护政府。(2)**自由派**资产者("进步派"、立宪民主党人和各"民族代表"集团)既反对政府,**又反对**革命。自由派的反革命性是这个历史时期的主要特点之一。谁看不到"文明的"资产阶级的这种反革命性,谁就是什么都忘掉了,什么也没有学到,是个徒具其名的民主派,更谈不上是什么社会党人了。而劳动派和"我们的"取消派就是看不清这一点,也不大懂得这一点!(3)民主派阵营,在这个阵营里,**只有**革命的社会民主党人,反取消派,才团结一致地、有组织地、坚定地、鲜明地举起了**自己的**革命旗帜。劳动派和我们的取消派则**在**自由派和民主派**之间**,在合法的反对派和革命派之间摇摆不定。

区别第一个阵营同第二个阵营的阶级根源是很明显的。但是,区别第二个阵营同第三个阵营的阶级根源,有许多人,从沃多沃佐夫到唐恩,都被自由派弄糊涂了。布兰克在《生活需要》杂志上天真地泄露出来的自由派的"战略"并不怎么奥妙:立宪民主党人是反对派的中心,是辕马;还有两匹拉边套的马("侧翼")——进步派在右,劳动派和取消派在左。米留可夫之流的先生们就想坐在这辆"三套马的车"上,扮演"负责的反对派"的角色,"走"向胜利。

如果俄国解放运动的领导权落在自由派手里,那无论**过去**或将来,都意味着运动的失败。自由派在普利什凯维奇之流的君主制和工农的革命之间看风使舵,**每到**严重关头,总是出卖革命。革命的任务就是要**利用**自由派同政府的斗争,同时**消除**自由派的动摇和叛变的**影响**。

一方面用革命来恐吓,以达到同普利什凯维奇、罗曼诺夫瓜分政权的目的,同时又镇压革命,这就是自由派的政策。这种政策是由资产阶级的阶级地位决定的。因此，立宪民主党人才会玩弄廉价的"民主"，才会**在实际上**同叶弗列莫夫、李沃夫、里亚布申斯基之流的最温和的"进步主义"合流。

　　为了开展、加强和巩固群众为推翻君主制、彻底消灭普利什凯维奇和罗曼诺夫之流而进行的革命冲击，就必须利用自由派同普利什凯维奇之流瓜分政权的斗争，同时又**绝对不要**在人民当中造成对自由派的"信任"，这就是无产阶级政党的策略。在选举时要团结民主派，**对付右派**又**对付**立宪民主党人，同时在决选投票时，在报刊上，在会议上要"利用"自由派同右派的斗争。因此，必须制定一个立刻越出"合法"范围的革命纲领。因此，必须提出建立共和国的口号，来同自由派所玩弄的"立宪"口号，同"拉斯普廷—特列先科夫宪制"口号相抗衡。我们的任务是：时时处处，通过各种工作方式，在各个活动场所，在反动派的胜利、自由派的叛变或危机的延续等等使我们碰到任何周折的情况下，我们都要训练革命战士的大军。

　　请看一看劳动派。他们是货真价实的民粹主义取消派。沃多沃佐夫先生"暗示说"：我们是革命者。他接着又补充说：**但是……**总不能违反第129条[142]啊。在赫尔岑诞生100年之后，千百万农民的"政党"甚至不能违反第129条去出版一份小报，哪怕是胶版印刷的！！劳动派很想"首先"同社会民主党结成联盟，但是它不能清楚地说明立宪民主党人的反革命性，不能去创建一个**共和派的**农民政党。而1905—1907年和1908—1911年的教训正是这样提出问题的：或者为建立共和国而奋斗，或者跪在普利什凯维奇的脚下，躺在地上听凭马尔柯夫和罗曼诺夫的鞭笞。除此之外，农民别无选择。

　　请看一看取消派。不管马尔丁诺夫和马尔托夫之流怎样支吾搪塞,怎样兜圈子,任何一个正直的、头脑清醒的读者都会认为罗—柯夫的话**正好**总结了**他们的**看法,他说:"不要抱幻想,因为极端温和的资产阶级进步主义就要胜利了。"这句名言的**客观**意思就是说:革命是幻想;支持"进步派"才是现实。唐恩之流和马尔托夫之流所讲的也**正是这个意思**,只不过话稍微有点不同,比如:他们提出了"把杜马〈第四届杜马,地主的杜马〉从反动派手中夺取过来"的口号,他们几百次地在两个阵营这一思想上迷失方向,他们高喊"不要破坏"自由派资产者的进步性工作,他们拼命反对"左派联盟",他们在《现代事业报》上扬扬得意地对"无人阅读的国外出版物"嗤之以鼻,他们**实际上**满足于合法的纲领,满足于合法地去破坏组织,他们成立了取消派的"发起小组"**143**,而同革命的俄国社会民主工党决裂。所有这一切,只要不是故意闭起眼睛的人,难道有谁还看不到吗? 列维茨基之流从哲学上发挥了为争取权利而奋斗的自由派思想,涅韦多姆斯基之流企图重新"修正"杜勃罗留波夫的思想,**从民主主义倒退到**自由主义,斯米尔诺夫之流向"进步主义"频送秋波,所有这些人以及《我们的曙光》杂志和《现代事业报》的所有其他勇士,唱的都是上面那同一个调子,这难道还不清楚吗?

　　实际上,民主派和社会民主党人即使想"破坏",也永远不能"破坏""进步派"在地主和资产者当中取得的胜利! 这完全是空话。重大的分歧不在这里。**自由派的**工人政策和**社会民主党的**工人政策的区别不在这里。"支持"进步派,把他们的"胜利"看成是"文明的资产者向取得政权接近",这是自由派的工人政策。

　　我们社会民主党人认为进步派的"胜利"是民主高潮的**间接**反

映。应当利用进步派同右派的斗争,光喊支持进步派的口号不行。我们的任务是推进民主的高潮,培养正在新的俄国以新的方式成长起来的新的革命民主派。如果这个革命民主派不能违反自由派的意愿而得到巩固和胜利,那么,进步派和立宪民主党人在选举中的**任何**"胜利"都不能使俄国的局势在实际上有任何重大的改变。

至于民主高潮已经来到,这是无可争辩的。这个高潮的到来比我们所希望的要困难一些,缓慢一些,复杂一些,但是在到来。应当通过选举和其他各种工作来"支持"和推进**这个高潮**。组织革命民主派,——通过对民粹主义的取消派和对民粹主义的召回派进行无情的批评,缔造一个共和派的农民政党,——而首先最应当做的是清洗"自己家里的"取消派和召回派,加强在无产阶级中间进行革命的社会民主党的工作,巩固秘密的社会民主工党,——这就是我们的任务。正在发展着的革命危机将如何结局,这不取决于我们,而取决于千百种原因,取决于亚洲的革命和欧洲的社会主义运动;但是,坚持不懈地用马克思主义的精神在群众中进行工作,却要取决于我们,也只有这种工作才**永远**不会白做。

载于1912年4月25日(5月8日)　　译自《列宁全集》俄文第5版
《社会民主党人报》第26号　　第21卷第247—251页

反党的取消派

(1912年4月25日〔5月8日〕)

　　形形色色的取消派在俄国合法的报刊上攻击党的代表会议,这种攻击的极端无耻,连布尔加林和布勒宁之流都会自叹不如。《现代事业报》上的文章公开质问代表们是**谁**派来的,并且在书报检查机关的庇护下,攻击那些无法在合法报刊上加以辩护的东西。这些文章是不顾起码的文德的典型,它们不仅会引起代表会议拥护者的反对,而且会招致所有正直的政治家的厌恶。而《前进报》上一个匿名知情人的文章却散发出一股厚着脸皮吹嘘和用花言巧语骗人的气味,毫无疑问,这些文章是取消派向一位老手预约的。①

　　然而被逼得走投无路的取消派的集团和小组不仅仅限于对党大肆诬蔑。他们企图召开自己的代表会议。当然,他们用尽了种种办法,要把召集这次代表会议的组织委员会**144**打扮成有“党性”、“非派别性”和“联合”的样子。这是因为用这些词句来叫所有那些因某种缘故而对党代表会议不满的人上取消派的圈套……那是再便当不过了。他们委托托洛茨基来歌颂组织委员会和即将举行的取消派代表会议的种种德行:不委托“职业的联合者”,还能委

---

① 为了让德国同志了解俄国社会民主工党内部的真相,中央机关报编辑部专门出版了一本德文的小册子,其中顺便揭露了《前进报》的匿名作者所用的手法。(见本卷第204—215页。——编者注)

托谁呢？于是托洛茨基就动用了维也纳印刷所里的全部铅字……
歌颂起来："前进派、呼声派、布尔什维克护党派、孟什维克护党派、
所谓的取消派和非派别分子（俄国国内的和国外的）都坚决支持"
组织委员会的"工作"……（《真理报》第 24 号）

可怜的人又在……撒谎，而且又打错了算盘。为了反对
1912 年的代表会议而热热闹闹张罗起来的以取消派为领导的联
盟，现在已经土崩瓦解，它之所以土崩瓦解，是因为取消派明显地
露出了马脚。波兰人拒绝参加组织委员会。普列汉诺夫同组织委
员会的代表通信以后，弄清了几个有趣的细节：(1)代表会议预定
为"成立"会议，就是说不是俄国社会民主工党的代表会议，而是一
个新党的代表会议；(2)作为召开这次会议的基础的，是"无政府主
义的"原则；(3)"代表会议由取消派召开"。在普列汉诺夫同志弄
清了这些情况以后，我们对于所谓的布尔什维克(?!)调和派鼓起
勇气并决定揭露托洛茨基，说他……把他们算做组织委员会的拥
护者是在撒谎等等，已经不感到奇怪了。"这个组织委员会现在的
成员，有一种很明显的趋向，就是硬要全党采取组织委员会对取消
派所采取的态度，他们补充组织委员会成员所依据的原则，是组织
上的无政府主义原则，——这个组织委员会丝毫也不能保证召开
一个真正全党的代表会议"，——我们那些鼓起勇气的"护党分子"
现在是这样评论组织委员会了。我们那些左派当中的左派，过去
急急忙忙地表示自己同情组织委员会的前进派，现在到哪里去了，
我们不知道，但这也无关重要，重要的是，组织委员会所召开的代
表会议的取消派性质已被普列汉诺夫万分清楚地确定了，"调和
派"的旷世奇才们不得不在这个事实面前低头。剩下的还有谁呢？
只有赤裸裸的取消派和托洛茨基……

这个联盟的基础很清楚:取消派有充分的自由"依旧"在《现代事业报》和《我们的曙光》杂志上推行自己的路线,托洛茨基则从国外用最最革命的词句来掩护他们,而这些词句他讲起来不费什么气力,对取消派也没有任何约束力。

国外那些为统一而唉声叹气、最近办起巴黎小报《护党报》[145]的人,从这个事件里可以吸取一个小小的教训。要建设党,光会叫喊"统一"是不够的,还要有一个**政治**纲领,政治行动的纲领。取消派、托洛茨基、前进派、波兰人、布尔什维克(?)护党派、巴黎的孟什维克等等等等的联盟是早已注定要遭到可耻的失败的,因为这个联盟是建立在无原则、虚伪、说空话上面的。最后,那些唉声叹气的人倒不妨给自己解答一个最复杂最困难的问题:他们希望同谁统一? 如果是同取消派,那为什么不直率地讲出来;如果他们反对同取消派联合,那么叹息的又是什么样的统一呢?

唯有一月代表会议和它所选出的机构,目前能把俄国社会民主工党在国内的全体工作人员真正联合起来。在一月代表会议之外,只剩下崩得分子和托洛茨基要召开组织委员会的取消派代表会议的诺言,以及被取消派灌醉以后正在头痛的"调和派"。

载于1912年4月25日(5月8日)
《社会民主党人报》第26号

译自《列宁全集》俄文第5版
第21卷第252—254页

纪念赫尔岑

(1912 年 4 月 25 日〔5 月 8 日〕)

　　赫尔岑诞生一百周年了。全俄国的自由派都在纪念他,可是又小心翼翼地回避重大的社会主义问题,费尽心机地掩盖**革命家**赫尔岑与自由主义者的不同之处。右派报刊也在悼念赫尔岑,但是撒谎骗人,硬说赫尔岑晚年放弃了革命。至于侨居国外的自由派和民粹派纪念赫尔岑的言论,则满篇都是漂亮的空话。

　　工人的政党应当纪念赫尔岑,当然不是为了讲些庸俗的颂词,而是为了阐明自己的任务,为了阐明这位在为俄国革命作准备方面起了伟大作用的作家的真正历史地位。

　　赫尔岑是属于 19 世纪上半叶贵族地主革命家那一代的人物。俄国贵族中间产生了比龙和阿拉克切耶夫之流,产生了无数"酗酒的军官、闹事的无赖、嗜赌成性的败类、集市上的好汉、养猎犬的阔少、寻衅打架的暴徒、掌笞刑的打手、淫棍"以及温情的马尼洛夫[146]之流。赫尔岑写道:"但是在他们中间,也出现了 12 月 14 日的人物[147],出现了像罗慕洛和瑞穆斯[148]那样由兽乳养大的一大群英雄……　这是一些从头到脚用纯钢铸成的勇士,是一些顶天立地的战士,他们自觉地赴汤蹈火,以求唤醒年轻的一代走向新的生活,并洗净在专横暴虐和奴颜婢膝的环境中出生的子弟身上的污垢。"

　　赫尔岑就是这些子弟中的一个。十二月党人的起义唤醒了他,并且把他"洗净"了。他在 19 世纪 40 年代农奴制的俄国,竟能达到当时最伟大的思想家的水平。他领会了黑格尔的辩证法。他懂得辩证法是"革命的代数学"。他超过黑格尔,跟着费尔巴哈走向了唯物主义。1844 年写的《自然研究书简》(第一封信。——《经验和唯心主义》),向我们表明,这位思想家甚至在今天也比无数现代经验论的自然科学家和一大群现时的哲学家即唯心主义者和半唯心主义者高出一头。赫尔岑已经走到辩证唯物主义跟前,可是在历史唯物主义前面停住了。

　　正因为赫尔岑这样"停住"了,所以他在 1848 年革命失败之后精神上崩溃了。赫尔岑当时已经离开俄国,亲眼目睹了这场革命。当时他是一个民主主义者、革命家、社会主义者。但是,他的"社会主义"是盛行于 1848 年时代而被六月事件彻底粉碎了的无数资产阶级和小资产阶级社会主义形式和变种的一种。其实,这根本不是社会主义,而是一种温情的词句,是资产阶级民主派以及尚未脱离其影响的无产阶级用来表示他们**当时的**革命性的一种善良的愿望。

　　1848 年以后,赫尔岑的精神崩溃,他的十足的怀疑论和悲观论,是社会主义运动中的**资产阶级幻想**的破产。赫尔岑的精神悲剧,是资产阶级民主派的革命性**已在**消亡(在欧洲)而社会主义无产阶级的革命性**尚未**成熟这样一个具有世界历史意义的时代的产物和反映。这是现在那些用华丽辞藻大谈赫尔岑的怀疑论来掩盖自己反革命性并大唱俄国自由派高调的骑士们不理解而且也无法理解的。在这些出卖了 1905 年俄国革命、根本不再想到**革命家**的伟大称号的骑士们那里,怀疑论就是从民主派到自由派,到趋炎附势、卑鄙龌龊、穷凶极恶的自由派的转化形式,这种自由派在1848年枪杀过工人,恢复过已被摧毁的皇朝,向拿破仑第三鼓过掌,正是这种自由派遭到过赫尔岑的**咒骂**,尽管他还没有识破他们的阶级本质。

在赫尔岑那里,怀疑论是从"超阶级的"资产阶级民主主义幻想到无产阶级严峻的、不屈不挠的、无往不克的阶级斗争的转化形式。赫尔岑在1869年即逝世前一年写给巴枯宁的几封《致老友书》就是证明。赫尔岑与无政府主义者巴枯宁决裂了。诚然,赫尔岑把这种决裂还只是看做策略上的意见分歧,而不是看做相信本阶级定会胜利的无产者的世界观同绝望的小资产者的世界观之间的一道鸿沟。诚然,赫尔岑在这里又重复了旧的资产阶级民主主义的词句,说什么社会主义应当"向工人和雇主、农民和小市民同样作宣传"。但是,赫尔岑与巴枯宁决裂时,他的视线并不是转向自由主义,而是转向**国际**[149],转向马克思所领导的国际,转向已经开始"**集合**"无产阶级"**队伍**"、团结"抛弃了不劳而获者的世界"的那个"**劳工世界**"的国际!

————

赫尔岑既然不理解1848年整个运动的以及马克思以前各种形式的社会主义的资产阶级民主主义实质,也就更加无法理解俄国革命的资产阶级性质。赫尔岑是"俄国"社会主义即"民粹主义"的创始人。赫尔岑把农民**连带土地**的解放,把村社土地占有制和农民的"土地权"思想看做"社会主义",他把他在这一方面的得意想法反复发挥了无数次。

其实,赫尔岑的这一学说,也像一切俄国民粹主义——一直到现时的"社会革命党人"的褪了色的民粹主义——一样,是没有一点社会主义气味的。它也像西欧"1848年的社会主义"的各种形式一样,是一种表示俄国的资产阶级农民民主派的**革命性**的温情的词句和善良的愿望。1861年农民得到的土地愈多,得到的土地愈便宜,农奴主-地主的权力也就会被破坏得愈厉害,俄国资本主义的发展也就会愈迅速,愈自由,愈广泛。"土地权"和"平分土地"的思想,无非是为了完全推翻地主权力和完全消灭地主土地占有制而斗争的农民追求平等的革命愿望的表现而已。

1905年的革命完全证明了这一点:一方面,无产阶级创立了社会民主工党,完全独立地领导了革命斗争;另一方面,革命农民("劳动派"和"农民协会"[150])力求用各种方式消灭地主土地占有制,直到"废除土地私有制",他们正是以业主的身份,以小农场主的身份进行斗争的。

现在争论什么土地权的"社会主义性"等等,这只能**模糊**和掩盖真正重要而严肃的历史问题,即自由派资产阶级和革命农民在**俄国资产阶级**革命中**利益**的区别问题,换句话说,就是关于这场革命中自由主义倾向和民主主义倾向、"妥协主义"(君主主义)倾向和共和主义倾向的问题。如果我们是看问题的实质,而不是看词句,如果我们是把阶级斗争当做"理论"和学说的基础来研究,而不是相反的话,那么,赫尔岑的《钟声》杂志[151]所提出的正是这个问题。

赫尔岑在国外创办了自由的俄文刊物,这是他的伟大功绩。《北极星》[152]发扬了十二月党人的传统。《钟声》杂志(1857—1867年)极力鼓吹农民的解放。奴隶般的沉默被打破了。

但是,赫尔岑是地主贵族中的人。他在1847年离开了俄国,他没有看见革命的人民,也就不可能相信革命的人民。由此就产生了他对"上层"发出的自由主义呼吁。由此就出现了他在《钟声》杂志上写给绞刑手亚历山大二世的无数封充满甜言蜜语的书信，这些信现在读起来不能不令人厌恶。车尔尼雪夫斯基、杜勃罗留波夫、谢尔诺-索洛维耶维奇是新的一代平民知识分子革命家的代表，他们责备赫尔岑从民主主义向自由主义的这种退却，这是万分正确的。可是，说句公道话，尽管赫尔岑在民主主义和自由主义之间动摇不定，民主主义毕竟还是在他身上占了上风。

当卡维林这个极其卑鄙无耻的自由派代表人物——他先前正是由于《钟声》杂志带有**自由主义**倾向而大加赞赏——反对立宪，攻击革命鼓动，反对"暴力"，反对号召使用暴力，开始宣传忍耐时，赫尔岑就同这位自由派的哲人**决裂**了。赫尔岑抨击了卡维林为了"替玩弄自由主义手腕的政府暗中策划"而写的那篇"空洞的、荒谬的、有害的杂文"，抨击了卡维林硬说"俄国人民蠢笨如牛，政府则聪明绝顶"的那些"充满政治感伤的格言"。《钟声》杂志发表过一篇以《祭文》为题的文章，这篇文章痛斥了"那些把自己高傲而浅薄的思想编成一整套陈腐谬论的教授，那些一度表现仁慈宽厚、后来看见健全的青年不理会他们的腐败思想就勃然大怒的退职教授"。卡维林一看到这种描绘，就知道说的是他。

当车尔尼雪夫斯基被捕时，卑鄙的自由主义者卡维林写道："逮捕并不使我感到愤慨…… 革命政党认为可以采取一切有效的手段来推翻政府，而政府也就可以采取一切手段来自卫。"赫尔岑在谈到审判车尔尼雪夫斯基的时候，正好答复了这位立宪民主党人："这里有一些可怜的人，草芥不如的人，软骨头，却说不应当咒骂这一伙统治我们的强盗和恶棍。"

当自由主义者屠格涅夫私人上书亚历山大二世，表示忠于皇朝,并且捐了两个金币来慰劳那些因镇压波兰起义[153]而受伤的士兵时,《钟声》杂志就发表了一篇文章,说"有一位白发苍苍的圣女马格达琳娜(男性)上书皇上,陈诉她夜不成眠,焦虑皇上不知道她诚心忏悔"。屠格涅夫也是一看就知道说的是他。

当整个一群俄国自由派的乌合之众由于赫尔岑为波兰辩护而纷纷离开他时,当整个"有教养的社会"弃绝了《钟声》杂志时,赫尔岑并没有张皇失措。他继续捍卫波兰的自由,痛斥亚历山大二世手下的镇压者、刽子手、绞刑手。赫尔岑挽救了俄国民主派的名誉。他写信给屠格涅夫说:"我们挽救了俄国人的名誉,因此才遭到占多数的奴才们的非难。"

当有消息说一个农奴打死了一个侮辱他的未婚妻的地主时,赫尔岑就在《钟声》杂志上补充说:"干得好!"当听说沙皇政府准备派遣军官去进行"和平的""解放"时,赫尔岑写道:"如果有一个聪明的上校带着他的队伍,不是去绞杀农民,而是去归附农民,那他就会登上罗曼诺夫王朝的宝座。"当雷特尔恩上校不愿做刽子手的帮凶而在华沙自杀时(1860年),赫尔岑写道:"如果要开枪,那就应该把枪口对准那些下令枪杀手无寸铁的人的将军们。"当别兹德纳村的50个农民被杀死,而他们的首领安东·彼得罗夫也被处以极刑时[154](1861年4月12日),赫尔岑在《钟声》杂志上写道:

"啊,俄罗斯大地上的劳动者和受苦的人,但愿我的话能够传入你们的耳鼓!……我要教导你们鄙视彼得堡的正教院和德意志血统的沙皇派来管你们的那些神父……　你们恨地主,恨官吏,怕他们,这完全是对的;但是你们还相信沙皇和主教……　不要相信他们吧。沙皇是跟他们一道的,他们都是沙皇手下的人。你们现在认识他了,你们是别兹德纳村被杀少年的父兄,你们是奔萨城被杀老人的子弟……　你们的神父也同你们一样无知,也同你们一样贫穷……　为了你们而在喀山城遇害的安东(不是安东主教,而是别兹

德纳村的安东)就是这样的一个人……　你们的这些圣徒的尸体不会作出
48 种奇迹,向他们祷告也不会治好牙痛;但是,你们时刻纪念着他们,这就能
创造出一种奇迹——获得解放。"

由此可见,那些藏身于奴才式的"合法"刊物中的自由派,只颂
扬赫尔岑的弱点而隐瞒他的优点,这种对赫尔岑的诬蔑该是多么
卑鄙无耻。赫尔岑不能在 40 年代的俄国内部看见革命的人民,这
并不是他的过错,而是他的不幸。当他**在 60 年代**看见了革命的人
民时,他就无畏地站到革命民主派方面来反对自由派了。他进行
斗争是为了使人民战胜沙皇制度,而不是为了使自由派资产阶级
去勾结地主沙皇。他举起了革命的旗帜。

————

我们纪念赫尔岑时,清楚地看到先后在俄国革命中活动的三
代人物、三个阶级。起初是贵族和地主,十二月党人和赫尔岑。这
些革命者的圈子是狭小的。他们同人民的距离非常远。但是,他
们的事业没有落空。十二月党人唤醒了赫尔岑。赫尔岑开展了革
命鼓动。

响应、扩大、巩固和加强了这种革命鼓动的,是平民知识分子
革命家,从车尔尼雪夫斯基到"民意党"**155**的英雄们。战士的圈子
扩大了,他们同人民的联系密切起来了。赫尔岑称他们是"未来风
暴中的年轻航海长"。但是,这还不是风暴本身。

风暴是群众自身的运动。无产阶级这个唯一彻底革命的阶
级,起来领导群众了,并且第一次唤起了千百万农民进行公开的革
命斗争。第一次风暴是在 1905 年。第二次风暴正在我们眼前开
始扩展。

无产阶级纪念赫尔岑时,以他为榜样来学习了解革命理论的

伟大意义;学习了解,对革命的无限忠心和向人民进行的革命宣传,即使在播种与收获相隔几十年的时候也决不会白费;学习判定各阶级在俄国革命和国际革命中的作用。吸取了这些教训的无产阶级,一定会给自己开拓一条与全世界社会主义工人自由联合的道路,粉碎沙皇君主制恶棍,而赫尔岑就是通过向群众发表**自由的俄罗斯言论**,举起伟大的斗争旗帜来反对这个恶棍的第一人。

载于 1912 年 4 月 25 日(5 月 8 日)　　　译自《列宁全集》俄文第 5 版
《社会民主党人报》第 26 号　　　　　　第 21 卷第 255—262 页

欧俄土地占有情况

（1912 年 5 月 6 日〔19 日〕）

由于 3 000 万农民挨饿，俄国农民生活状况的问题又重新提出来了。通常在谈论这一问题时，人们往往忽略了主要的一点，即大地主（主要是贵族地主）占有土地的情况同农民生活状况的对比关系。我们现在想请读者注意的正是这主要的一点。

1907 年内务部公布了《1905 年土地占有情况统计》。根据这个不会被认为是偏袒农民的官方材料，可以相当确切地了解到造成饥荒的一个主要原因。

政府的统计确定欧俄 50 个省的土地共有 39 500 万俄亩。但是这个数字并不能说明真实的情况，因为其中包括远北方地区阿尔汉格尔斯克省、奥洛涅茨省及沃洛格达省的 1 亿俄亩以上的官地在内。这些土地大部分不适于农业；这些都是遥远的北部地区的冻土带和森林。通常把这些土地计算在内，只是为了**掩盖**那些适于农业的土地的实际分配情况。

减去这部分土地后，可耕地总数为 28 000 万俄亩（凑成整数）。其中私有地占 10 100 万俄亩，份地占 13 900 万俄亩。应该把大地主的土地占有情况和小农的土地占有情况分开。

关于大地产，政府的统计提供了这样的材料：

欧俄个人私有的地产

占有面积	占有者	土地面积 （单位俄亩）	每个占有者的 平均占有数 （单位俄亩）
500—2 000 俄亩	21 748	20 590 708	947
2 000—10 000 俄亩	5 386	20 602 109	3 825
10 000 俄亩以上	699	20 798 504	29 754
总　计	27 833	61 991 321	2 227

　　这些材料是不完全的,因为其中既不包括皇族的土地,也不包括大商业公司等等的土地。但是,我们从这些材料中仍然能够了解到俄国地主占有土地的**主要情况**。**700 个地主拥有土地 2 100 万俄亩**,也就是说,几乎**每个地主平均拥有 3 万俄亩**。

　　不到 28 000 个地主,却拥有土地 6 200 万俄亩,也就是说,**每个地主平均拥有 2 200 俄亩**。这里必须加上皇族的土地——共计 **500 万俄亩以上**。其次,**350 多万俄亩土地属于 272 个"工商业、工厂及其他"团体**。这无疑是大地产,——其主要部分集中在彼尔姆省;在这里,**差不多有 150 万俄亩土地**(确切数字是 1 448 902 俄亩)属于 **9 个这样的团体**。

　　因此,总计起来,属于最大地主的土地决不会少于 **7 000 万俄亩**,而一定会多于 **7 000 万俄亩**。这种大地主,为数不到 **3 万人**。

　　现在我们再来看看农民占有土地的情况。根据政府的统计材料,份地最少的农民拥有份地的情况如下:

份　　地

份地面积	农　户	土地面积 （单位俄亩）	每个农户的 平均占有数 （单位俄亩）
5 俄亩以下……	2 857 650	9 030 333	3.1
5— 8 俄亩……	3 317 601	21 706 550	6.5
8—15 俄亩……	3 932 485	42 182 923	10.7
总　计…	10 107 736	72 919 806	7.0

可见，**1 000 万农户**（在将近 1 300 万农户总数中）**只有 7 300 万俄亩土地**。平均每户 **7 俄亩**。这里应当加上小的私有地产：10 俄亩以下的土地占有者为 409 864 户，他们共有土地 1 625 226 俄亩，也就是说每户不到 4 俄亩。因此，**将近 1 050 万农户只有土地 7 500 万俄亩**。

现在我们可以把在讨论农民问题时常常被忘记或理解得不正确的这些基本材料综合起来：

大地主的土地占有情况是：**3 万个**地主拥有 7 000 万俄亩土地。

小农的土地占有情况是：**1 050 万户**小农拥有 7 500 万俄亩土地。

当然，这是总的材料。为了更详细地研究农民的生活状况和大地产的意义，应该收集不同的地区的材料，有时甚至要收集个别省份的材料。然而，无论政府的或自由派的经济学家，甚至一部分民粹派的经济学家，往往总是拿个别地区或问题的个别方面来**掩盖土地问题的实质**。为了弄清楚土地问题和农民生活状况问题的**根本**意义，就不应该忽视上述基本材料，也不容许以局部的东西来掩盖基本的东西。

我们将在下面一篇文章①里援引一些这种掩盖问题实质的例子。现在我们可以作出第一个基本结论。欧俄的土地分配情况如下:拥有500俄亩土地以上的大地主共拥有7000万俄亩土地,而他们的人数却不到3万人。

大多数农民,即1300万农户总数中的1050万户,总共才拥有7500万俄亩土地。

每个大地主的地产平均为**2200俄亩**。每户小农的土地平均为7俄亩。

如果3万个大地主的土地转到1000万农户手中,那么这些农户的土地就**几乎可以增加1倍**。

关于这种土地分配情况在地主和农民之间形成怎样的经济关系,我们下次再谈。

载于1912年5月6日《涅瓦明星报》　　　译自《列宁全集》俄文第5版
第3号　　　　　　　　　　　　　　　第21卷第263—266页

---

① 见本卷第312—316页。——编者注

劳动派和工人民主派

(1912年5月8日和9日〔21日和22日〕)

第四届杜马的选举运动带来了一些活跃景象,并且提高了人们对政治问题的兴趣。勒拿事件所激起的广泛运动使这种活跃景象更加明显,使这种兴趣更加浓厚。现在我们来讨论劳动派即农民民主派同工人民主派的关系问题,比任何时候都更适宜。

瓦·沃多沃佐夫先生为了回答我在《明星报》上发表的文章《自由派和民主派》①,他在《劳动团和工人政党》(《生活需要》杂志第17期)一文中阐述了劳动派对这个问题的看法。争论涉及代表俄国**十分之九**的居民利益的两个政治派别的本质。因此,一切民主派分子都应该密切注意这次争论的问题。

一

工人民主派坚持阶级斗争的观点。雇佣工人在现代社会中是一个固定的阶级。这个阶级的状况与小业主阶级即农民阶级的状况根本不同。因此谈不到把二者结成一个政党。

工人的目的是通过推翻资产阶级的统治来废除雇佣奴隶制。

---

① 见本卷第243—252页。——编者注

农民的目的是要实现民主要求,这些要求能够消灭农奴制及其一切社会基础和表现,但是根本不能触动资产阶级的统治。

工人和农民的共同任务正在使目前俄国的农民民主派和工人民主派互相接近起来,他们虽然不能不各走各的路,但是他们能够、而且为了取得胜利也应该采取一致行动来反对一切反民主的现象。如果这种一致行动或共同行动不能实现,如果农民民主派不能摆脱自由派(立宪民主党人)的监护,那俄国就谈不上真正的民主改革。

这就是我在以《自由派和民主派》为题的两篇文章中阐述的工人民主派即马克思主义者的观点。

劳动派想成为一个"超阶级的"政党,沃多沃佐夫先生阐明了他们的观点。按照他们的信念,一个政党"完全能够为三个社会阶级的利益服务",这三个阶级就是农民、工人阶级和"劳动知识分子"。

我说,这种"信念"违反(1)经济科学的全部真理,(2)经历过类似俄国当前这样的时代的国家的一切经验,(3)俄国历史上特别重要特别危急的时期——1905年的经验。我嘲笑了真正立宪民主党人要"囊括"各个阶级的野心,同时提起了立宪民主党人把马克拉柯夫之流的先生们称做"劳动知识分子"的事。

沃多沃佐夫先生对我的论据断章取义,企图钻空子反驳。例如,他反驳第1条论据说:"农民是自食其力的群众;他们的利益就是劳动的利益,因此,他们组成了劳动大军中的一支队伍,正像工人组成了劳动大军中的另一支队伍一样。"

这不是马克思主义的经济科学,而是资产阶级的经济科学,因为这里用所谓劳动利益的空话掩盖了小业主同雇佣工人的状况的根本差别。工人没有任何生产资料，他们出卖自己，出卖自己的双手，出卖自己的**劳动力**。农民有生产资料——农具、牲畜、自己的或租佃的土地，并且出卖自己的**农产品**，他们是小业主、小农场主、小资产者。

俄国农民现在为了经营自己的农场至少雇用**200万**农业雇佣工人。如果全部地主土地无偿地转归农民所有，农民就会雇用更多的工人。

把土地转归农民所有，是全体农民、全体雇佣工人、全体民主派的共同利益，因为地主土地占有制是地主政权的基础，是普利什凯维奇、马尔柯夫第二和其他"第三届杜马代表"、民族党人、十月党人等等使俄国很好领教过的那种类型的地主政权的基础。

由此可见，农民和工人现在的共同目的，丝毫也不包含任何社会主义的因素，这是与不学无术的黑帮分子、有时也与自由派分子的意见相反的。农民和工人的共同目的只是实现民主要求。达到了这个目的，俄国就获得了自由，但是还消灭不了雇佣奴隶制。

为了认真做到使不同阶级采取一致行动，为了使这种行动取得真正巩固的成就，必须清楚地认识到这些阶级的利益在哪些地方是一致的，在哪些地方是有分歧的。在这方面的任何错误、"误解"、任何用空话掩盖事实的做法，都不能不带来极大的危害，不能不破坏我们的成就。

二

"农业劳动和工厂劳动不同；但是，工厂劳动和小店铺里的店员的劳动也不同，而《明星报》却竭力向店员证明，他们跟工人是一个阶级，因此，他们应该把社会民主党看做自己的代表……"

沃多沃佐夫先生就是这样来反驳小业主和雇佣工人之间存在着深刻的阶级差别这个论据的！沃多沃佐夫先生的议论在这一点上也充满了通常的资产阶级政治经济学的气味。农民小业主同工厂主、小手工业主或小商人同属一个**阶级**；他们的差别不是阶级与阶级之间的差别，而是**行业与行业**之间的差别。农业雇佣工人同工厂的或商业的**雇佣**工人同属一个阶级。

从马克思主义的观点看来，这都是最起码的真理。而沃多沃佐夫先生毫无道理地以为，只要他把"我的"马克思主义说成是"极端简单化的"，他就可以掩盖**问题的实质**，即劳动派常常迷失方向，从马克思主义的政治经济学滑向资产阶级的政治经济学。

沃多沃佐夫先生试图用有时几个政党代表一个阶级或一个政党代表几个阶级的说法来反驳我所引证的世界各国的经验和俄国的经验（关于小业主和雇佣工人之间存在着深刻的阶级差别），他在这方面也表现了同样的迷误。在欧洲，工人有时跟着自由派和无政府主义者走，跟着教权派走，等等。地主有时也分布在各个不同的政党里。

但是，这说明了什么呢？这说明，除了**阶级的**差别以外，还有宗教的、民族的以及其他的差别影响着各个政党的组成。

这个事实不错。但是，它同**我们的**争论有什么关系呢？沃多沃佐夫先生是否能指出俄国**在这方面**除了阶级差别**还有**哪些宗教的、民族的以及其他的特殊历史条件呢？

沃多沃佐夫先生根本没有指出而且也指不出这样的条件。争论仅仅在于，我们能不能建立一个"为三个阶级的利益服务的""超阶级的"政党（而且把"劳动知识分子"看做一个阶级也是可笑的）。

理论对这个问题作了明确的回答：不可能！1905年的经验也作了同样明确的回答。1905年是俄国历史上一个极重要的转折时期，当时**一切**阶级的、集团的、民族的以及其他的差别，都通过极公开极广泛的行动特别突出地暴露了出来。1905年的经验**证实**了马克思主义的理论，证明了在俄国建立农民和工人的统一政党**是不可能的**。

所有三届杜马也证明了这一点。

说欧洲各国有时是一个阶级分成几个政党或者是几个阶级在一个政党领导下联合起来，扯这些同我们这里所谈的问题有什么关系呢？毫无关系。沃多沃佐夫先生只是想用这个借口回避（并且企图把读者引开）我们所讨论的问题。

俄国民主派要想取得胜利，最重要的是了解自己的力量，冷静地观察局势的发展，明确地知道自己能够依靠哪些**阶级**。迷恋于幻想，用空话掩盖阶级差别，靠善良的愿望逃避阶级差别，这都是极端有害的。

应该坦白承认，俄国工人和农民之间存在着深刻的阶级差别，这种差别在资本主义社会里，在市场统治的范围内是无法避免的。应该坦白承认，**目前**他们的利益在哪些方面是一致的。

应该联合每个阶级，团结它的力量，提高它的认识，从而确定这个共同任务。

组织一个"激进的"（我用的是沃多沃佐夫先生的说法，虽然我并不认为这种说法是恰当的）农民政党是有益的和必要的。

尝试建立一个"超阶级的"政党，尝试使农民和工人结成一个政党，尝试把并不存在的所谓"劳动知识分子"看做一个单独的阶级，对于争取俄国的自由是极端不利、极端有害的，因为这些尝试除了使人悲观失望、丧失力量、认识模糊以外，**不会带来任何结果**。

我们完全同意建立一个**彻底的**民主主义的农民政党，我们必须同上述种种尝试进行斗争。工人还必须起来反对**自由派**对民主派农民的影响。

三

关于自由派同资产阶级民主派、立宪民主党人同劳动派的关系，劳动派代表会议没有作出任何明确的说明。劳动派显然不懂得，1905—1906年的解放运动遭到失败的主要原因之一，正是由于民主派农民依附了自由派，他们也不懂得，如果农民的广大领导阶层不了解民主主义同自由主义的区别，不摆脱自由派的监护和统治，这次解放运动要获得胜利**是不可能的**。

沃多沃佐夫先生谈到了这个带有根本性的重要问题，但是谈得极其肤浅，不能令人满意。他说，"立宪民主党主要是为城市居民服务的。"这种说法不对。对立宪民主党的阶级根源和政治作用作出这样的论断是根本不行的。

立宪民主党是自由主义君主派资产阶级的政党。这个党的社会基础(同"进步派"一样)是经济上比较进步的(同十月党人比较)一些资产阶级阶层,特别是资产阶级知识分子。只是由于传统(即单纯的习惯、盲目的因循守旧)以及直接受了自由派的欺骗,一部分城市和农村的小资产阶级现在还追随着这个政党。

立宪民主党人自称民主派,这是在欺骗自己和欺骗人民。实际上立宪民主党人是反革命的自由派。

俄国的全部历史,特别是20世纪的历史和1905—1906年的历史充分地**证明**了这一点,而《路标》文集尤其明确、清楚、彻底地**表明**了这一点,揭穿了这一点。立宪民主党的外交家们提出的关于《路标》文集的任何"保留意见"都改变不了这一事实。

俄国解放运动的第一阶段即20世纪的头10年表明,广大居民群众虽然倾向于民主派,但是还没有充分的觉悟,还**分不清**自由主义同民主主义的**区别**,还屈从于自由派的领导。只要这种情况还没有改变,由于这种情况还没有改变,就谈不上什么俄国的民主改革,因为这都是空谈。

沃多沃佐夫先生是怎样来反驳我的文章所依据的这些前提的呢?他写道:"劳动派认为,在目前情况下过多地谈论立宪民主党人的反革命性是非常不策略的〈!!〉……"

竟然是这样!这同"策略"有什么关系呢?这同"过多"又有什么关系呢?如果立宪民主党人确实是反革命的自由派,那就应该说实话。至于谈论反革命的右派和反革命的自由派时,应该多谈还是少谈,这并不是一个重大问题。这是因为一个政论家**每当**谈到右派和自由派的时候,他必须说实话。关于右派,劳动派说了实话。因此我们称赞他们。关于自由派,劳动派**自己**已经谈起来了,但是还**没有完全把实话谈出来**!

只是由于这一点,我们才责备劳动派。

至于谈得"过多"还是过少,这丝毫没有关系。即使劳动派关于右派谈了1 000行,而关于自由派只谈了5行,我们也不反对。我们并不是因为这一点而反对劳动派的。我们反对的是,在这"5行"中(责怪你自己吧,沃多沃佐夫先生!因为是你在争论中用了"过"这个不恰当的字眼的)关于自由派什么实话也**没有**谈。

沃多沃佐夫先生实际上是避而不答立宪民主党人是不是反革命这个问题。

劳动派回避这个问题是一个大错误,这说明一部分民主派和一部分从前的马克思主义者**实际上还没有摆脱**自由主义。

这个问题是20世纪头10年的全部历史必然要提出来的。

目前,在俄国各个不同的居民阶层中,**新**的民主主义因素正在普遍增长。这是事实。应该在这些民主主义因素增长的时候,把它们培养成**彻底的**民主主义。如果不揭露自由派的真正本质,这种培养就无法进行。因为自由派掌握了几百个机关刊物和100个杜马代表的席位,经常用**假**民主主义倾向影响一些人,这些人的数目比我们的宣传所能影响的要多得多。

民主派应当把自己的力量团结起来。我们会始终称赞劳动派在谈到右派时所发表的民主主义言论。但是,如果他们谈到自由派**时**,不用无愧于民主派的语言,而用**自由派的口吻**,那么,他们的民主主义就是不彻底的。

参加竞选斗争的不是两个阵营而是三个阵营。劳动派的先生们,不要把第二个(自由派的)阵营同第三个(民主派的)阵营混淆起来。不要把它们之间的差别掩盖起来——对于这件恶劣的事情，自由派分子是操心得"**过多**"了。

载于1912年5月8日和9日
《真理报》第13号和第14号

译自《列宁全集》俄文第5版
第21卷第267—274页

论俄国各政党

（1912年5月10日〔23日〕）

国家杜马的选举迫使各政党加强自己的鼓动，集合自己的力量，以求"自己的"党的代表能够多多当选。

同时，在我国，也像在其他各国一样，极不体面的广告式的竞选活动正在开展。各资产阶级政党，即那些保护资本家经济特权的政党，都在极力吹嘘自己的党，就像各个资本家吹嘘自己的商品一样。只要看一下任何一张报纸的商业广告，你就可以看到，资本家为自己的商品想出了种种最"动听"、最响亮、最时髦的名称，他们厚着脸皮，不顾一切地捏造谎言来大吹特吹自己的商品。

人们，至少是各大城市和各商业地区的人们，早已看惯了这种商业广告，知道它的价值。遗憾的是，政治广告却能迷惑更多的人，揭穿它要困难得多，而且它的欺骗持续的时间要长得多。一些政党选择名称，无论在欧洲或在我国，常常直接抱着做广告的目的，它们制定"纲领"，也往往专门为了欺骗群众。在资本主义国家里，政治自由愈多，民主即人民和人民代表的权力愈大，政党的广告式的宣传也往往愈恬不知耻。

在这种情况下，怎样弄清政党斗争中的情况呢？这种带有广告欺骗性质的斗争，是不是说明代表机构、议会、人民代表大会根本无益甚至有害，像顽固的反动分子、议会制度的敌人极力要人们相信的那样呢？不是。没有代表机构，欺骗、政治谎言和各种骗人的勾当会**多得多**，而人民揭穿骗局、查明真相的办法也会少得多。

要弄清政党斗争中的情况，就不要相信言词，而要研究各政党的真实历史，主要不是研究各政党关于自己所说的话，而是研究它们的**行动**，研究它们是怎样解决各种政治问题的，是怎样**处理**与社会各阶级即与地主、资本家、农民和工人等等的切身利益有关的事情的。

一个国家的政治自由愈多，它的代表机构愈健全、愈民主化，人民群众就愈容易弄清党派斗争，愈便于**学习政治**，即愈便于揭穿骗局和查明真相。

任何一个社会分化成各种政党的现象，都是在震动全国的深刻危机发生时表现得最为明显。那时政府不得不在社会各阶级中寻找支柱；严重的斗争会把各种空话以及一切微不足道、无关大局的东西一扫而光；各政党会竭尽全力向人民**群众**表白，而受可靠的本能支配并具有公开斗争经验的群众，则会跟着代表这个或那个阶级利益的政党走。

这种危机时期总是决定着一国的社会力量在几年甚至几十年间党派的组合。例如在德国，这种危机是1866年和1870年的战争；在俄国，这种危机是1905年的事变。不回顾一下这一年的事变，就不能理解我国各政党的实质，就不能认清俄国各政党代表的是哪些**阶级**。

在这篇简述俄国各政党的文章中，我们先从极右的政党说起。

在极右翼方面我们看到的是"俄罗斯人民同盟"[156]。

这个党的纲领在亚·伊·杜勃洛文所出版的"俄罗斯人民同

盟"通报《俄国旗帜报》[157]上是这样说明的:

"俄罗斯人民同盟遵奉沙皇1907年6月3日圣谕,应成为皇朝忠实的支柱,在遵守法制和秩序方面应处处成为人人效法的榜样,兹特宣布,为了实现沙皇的意旨,必须:(1)充分发挥与按教规建立的俄罗斯正教会血肉相连的沙皇专制制度的权力;(2)保证俄罗斯民族不仅在内地省份而且在边疆地区占统治地位;(3)保证纯粹由俄罗斯人组成的国家杜马的存在并使之成为专制君主在从事国家建设方面的主要助手;(4)完全遵循俄罗斯人民同盟对待犹太人的基本原则;(5)革除一切反对沙皇专制政权的官吏的公职。"

我们把**右派**这篇庄严的宣言原封不动地照抄下来,一方面是为了使读者能直接看到原文,另一方面是因为这里所阐述的基本主张,对于在第三届杜马中占多数的各个政党即"民族党人"和十月党人也是适用的。这从以下的说明中可以看出来。

俄罗斯人民同盟的纲领,实际上是在重提农奴制时代的老口号——正教、专制和民族性。在谈到通常用来区别俄罗斯人民同盟与跟着它走的各个政党的那个问题,即承认还是否认俄国国家制度的"立宪"原则时,必须特别指出,俄罗斯人民同盟**丝毫**不笼统反对代表机构。从上面所引的纲领中可以看出,俄罗斯人民同盟是主张国家杜马作为"助手"而存在的。

杜勃洛文分子说明了俄国立宪(如果可以这样说的话)的特点,而且说得很正确,即说得符合实际情况。无论民族党人或十月党人,在实际政策方面都是站在这个立场上的。这些政党在"立宪"问题上的争论,在很大程度上是字面上的争论:"右派"并不反对杜马,只是特别强调它应当成为没有丝毫确定权利的"助手";民族党人和十月党人则并不坚持任何严格确定的权利,更不想有实现权利的实际保障。所以十月党内的"立宪派"也就在六三宪制的基础上同"反立宪派"和睦相处。

在黑帮的纲领中,赤裸裸地、明确地规定了摧残异族人特别是犹太人的政策。他们在这里也像平常一样,把其他政府党多少"羞羞答答地"掩饰起来或是用外交手腕隐藏起来的事情更粗暴地、更无顾忌地、更横蛮地直说了出来。

其实,凡是多少了解一点第三届杜马的活动,多少了解一点《新时报》、《光明报》[158]和《莫斯科呼声报》一类报刊的人,都知道民族党人和十月党人也参与了对异族人的摧残。

试问,右派政党的社会基础究竟是什么?它代表的是哪个阶级?它是为哪个阶级服务的?

重提农奴制的口号,捍卫俄国生活中一切中世纪的旧东西,完全满足于六三宪制即**地主**宪制,保护贵族和官吏的特权,——这一切都对本问题作了明确的回答。右派是农奴主地主的政党,是贵族联合会[159]的政党。正是这个联合会在解散第二届杜马、修改选举法以及在六三政变中起了重大的作用,甚至起了领导的作用。

为了说明这个阶级在俄国拥有的经济实力,只须举出由**政府当局**即内务部公布的1905年土地统计中的数字所证实了的下列基本事实就够了。

在俄国的欧洲部分,人数不到3万的地主拥有7 000万俄亩土地;份地最少的1 000万个农户的全部土地也只有**这样多**。大地主每人平均约有2 300俄亩土地;而贫苦农民每户只有7俄亩土地。

农民靠这种"份地"决不能维持生活,只能奄奄待毙,这是很自然的,而且是不可避免的。每次歉收,都有千百万人忍饥挨饿(比如今年的饥荒),这使俄国农民经济不断遭到破坏。农民只得以各种**工役**形式向地主租佃土地。农民用自己的马匹和农具替地主干活,作为租地的代价。这仍然是徭役制,不过不正式称为农奴制罢了。地主的 2 300 俄亩土地,大部分只能用盘剥方式,用工役即徭役方式经营,只有很少一部分才雇工经营。

其次,国家绝大多数高级和中级官吏都出身于这个地主-贵族阶级。俄国官吏的特权是贵族-地主的特权和土地权力的另一方面。由此可见,贵族联合会和"右派"各政党坚持农奴制旧传统的政策并不是偶然的,而是必然的,并不是出于个别人的"恶意",而是由一个极强大的**阶级的利益**所驱使的。旧的当权阶级,即地主余孽,仍然是当权阶级,并且建立了相应的政党。这个党也就是"俄罗斯人民同盟"或国家杜马和国务会议中的"右派"。

但是,既然有代表机构存在,既然**群众像**在 1905 年所做的那样,已公开地走上政治舞台,每个政党也就必须在某种限度内向人民表白。而右派各党又能向人民表白些什么呢?

当然,公开说保护地主利益是不行的。于是就说什么凡是旧东西都要保存,拼命煽动不信任异族人特别是犹太人的心理,唆使那些最不觉悟最愚昧的人去蹂躏、摧残"犹太佬",大谈俄罗斯人受异族人的"压迫",以此来掩盖贵族、官吏和地主的特权。

"右派"政党就是如此。它的党员普利什凯维奇,第三届杜马中最著名的右派演说家,煞费苦心而且很有成效地向人民**表明了**右派所要求的是**什么**,他们**怎样**活动,他们为**谁**服务。普利什凯维奇真是一个天才的鼓动员。

与在第三届杜马中占 46 席的"右派"并肩站在一起的,是占 91 席的"**民族党人**"。他们同右派的差异很小,实质上,这并不是两个政党,而是在摧残异族人、摧残"立宪民主党人"(自由派)和民主派等方面分"工"合作的一个政党。他们**干着**同样的事情,不过做法上有的粗野些有的巧妙些罢了。让那些能干出各种丑事和暴行,能杀害赫尔岑施坦、约洛斯和卡拉瓦耶夫们的"极"右派站开一点,让人们以为**他们**是从右面来"批评"政府的,这对政府是**有利的**……　　右派和民族党人的区别,并不能有什么重大的意义。

　　十月党人在第三届杜马中占131席,其中当然包括"右派十月党人"。十月党人的现行政策与右派并没有什么本质上的区别,他们与右派不同的地方,在于这个党不仅为地主服务,而且还为大资本家、守旧的商人即资产阶级服务,这个资产阶级由于工人以及跟在其后的农民觉醒过来要求独立生活而惶恐不安以至完全转到捍卫旧制度的立场上去了。俄国有不少资本家,他们完全像地主对待先前的农奴那样对待工人;他们把工人和店员看做是家奴、仆从。在维护这种旧制度方面,谁也比不上右派政党、民族党人和十月党人。还有一些资本家,他们虽然在1904年和1905年举行的地方自治和城市自治人士代表大会上要求"立宪",但是他们为了**对付**工人,总是甘愿听凭六三宪制的肆虐。

　　十月党是地主和资本家的主要反革命政党。这是第三届杜马中起主导作用的党:132个十月党人与137个右派分子和民族党人合在一起,就组成了第三届杜马中的相当大的多数。

　　1907年的六三选举法**保证**了地主和大资本家在杜马中的多数地位:在选举杜马代表的**一切**省选举大会上,都是地主和第一城市选民团(即大资本家选民团)的复选人占多数。在28个省选举大会上,甚至土地占有者复选人独占多数。六三政府的全部政策都是在十月党帮助下实行的,第三届杜马的一切罪恶都应由该党负责。

　　在口头上,在自己的纲领中,十月党人主张"立宪",甚至主张有……种种自由！在行动上，这个党拥护一切反对工人（例如保险法案，——请回忆一下杜马工人问题委员会**主席**季津高津男爵当时的态度吧！）、反对农民以及反对限制专横暴虐和无权状况的措施。十月党人和民族党人一样，都是政府党。这种情况并不因为十月党人有时（特别是在选举以前！）发表"反对派"言论而有丝毫改变。凡是有议会的地方，老早就看到而且现在也经常看到资产阶级政党玩弄这种**反对派把戏**，这种把戏对于它们没有害处，因为任何政府都不会认真看待它，而且有时在面对需要涂上反对派"圣油"的选民时，这种把戏还不无益处呢。

但是，玩弄反对派把戏的行家和老手却是第三届杜马中的主要反对派政党即**立宪"民主党"**，也就是"人民自由"党。

这个党的名称就是一种把戏，其实它**根本不是**民主党，也**绝对不是**人民的、不是主张自由的党，而是主张半自由的党，甚至是主张四分之一自由的党。

其实，这个党是自由主义君主派资产阶级的政党，它害怕人民运动远远超过害怕反动势力。

民主派相信人民，相信群众运动，极力帮助群众运动，虽然他们往往错误地理解这一运动在资本主义制度范围内的意义（资产阶级民主派即劳动派就是如此）。民主派想摆脱**整个**中世纪制度的愿望比较真诚。

自由派害怕群众运动，阻碍群众运动，**自觉地**捍卫某些中世纪制度，而且是主要的中世纪制度，以求获得反对群众尤其是反对工人的支柱。自由派力求达到的目的是与普利什凯维奇之流分享权力，而决不是铲除普利什凯维奇之流的权力的一切基础。民主派小资产者（包括农民和劳动派在内）则主张一切为了人民，一切通过人民，他们真诚地想铲除普利什凯维奇制度的一切基础，但是他们不懂得雇佣工人反对资本的斗争的意义。与此相反，自由主义君主派资产阶级的真正目的，则是要与普利什凯维奇分享**统治**工人和**统治**小业主的权力。

立宪民主党人在第一届和第二届杜马中占多数或占统治地位。他们利用这种地位玩弄无聊而不光彩的**把戏**：向右边表示忠诚，表示愿意组阁（他们说，我们能够和平解决一切矛盾，既不会伤害庄稼汉，又不会得罪普利什凯维奇），向左边表示拥护民主主义。由于玩弄这种把戏，立宪民主党人从右边终于挨了一脚，从左边则恰如其分地获得了人民自由事业的叛徒这一称号。在前两届杜马中，他们不仅一直同工人民主派作斗争，而且一直同劳动派作斗争。我们只提醒大家注意一件事就够了：立宪民主党人**破坏了**劳动派在第一届杜马中提出的成立地方土地委员会的计划，破坏了这个起码的民主主义计划、初步的民主主义计划，从而维护了地主和官吏在土地规划委员会内**对农民的支配地位**！

在第三届杜马内，立宪民主党人玩弄"负责的反对派"即陛下的反对派的把戏。为了玩弄这一把戏，他们屡次投票赞成政府预算（好一个"民主派"！），他们向十月党人解释说，他们所主张的"强制"（强制农民）赎买的办法是没有危险的，没有害处的（请回想一下别列佐夫斯基第一的发言），他们派卡拉乌洛夫上台去发表"虔诚的"演说，他们背弃群众运动，求告"上层"而**压制**下层（立宪民主党人在讨论工人保险问题时**反对**工人代表），如此等等。

立宪民主党是反革命自由派的政党。由于它野心勃勃地想充当"负责的反对派"，即充当政府认可的、合法的、**被准许**去与十月党人竞争的反对派，不是反对六三制度而是承认六三制度的反对派,结果就把自己的"民主党人"的称号彻底葬送了。罗扎诺夫和安东尼·沃伦斯基所崇拜的立宪民主党思想家司徒卢威和伊兹哥耶夫之流先生们无耻地鼓吹路标主义思想,以及立宪民主党人在第三届杜马中充当"负责的反对派"的角色,这实际上是同一件事物的两个方面。普利什凯维奇之流所能容忍的自由主义君主派资产阶级,很想同普利什凯维奇并肩坐在一起。

立宪民主党人同"进步派"在现今第四届杜马选举时结成联盟,这再一次证实了立宪民主党人十足的反革命性。进步派一点也不想做民主派,也没有说过一句关于反对整个六三制度的话,根本没有想到要什么"普选权"。这是一些温和的自由派,他们并不掩饰他们与十月党人的亲密关系。立宪民主党人同进步派结成联盟,应该使那些最昏聩的"立宪民主党应声虫"也能看清立宪民主党的本质。

代表俄国**民主派资产阶级**的是形形色色的民粹派,从最左的社会革命党人,直到人民社会党人[160]和劳动派。他们都爱讲"社会主义"词句,但是,这些词句的含义骗不了觉悟的工人。其实,什么"土地权",什么"平分"土地,什么"土地社会化",都不包含**丝毫**社会主义成分。任何人都懂得这一点,只要他知道,在废除土地私有制和重新分配土地甚至最"公平地"分配土地的情况下,商品生产,市场、货币和资本的权力不但不会受到损害,反而会更加扩大。

但是,关于"劳动原则"和"民粹派的社会主义"的词句,也表明民主派深信(并且真诚地希望)能够消灭而且必须消灭土地占有制方面以及政治制度方面的**一切**中世纪特权。自由派(立宪民主党人)力图与普利什凯维奇之流分享政治权力和政治特权,而民粹派则力求消灭而且在目前不得不力求消灭土地占有制方面以及政治方面的**一切**特权，也正因为如此，民粹派才是民主派。

俄国极大多数农民所处的地位，使他们根本不可能设想与普利什凯维奇之流作任何妥协（这对自由派来说是完全可能的，是可以办到而且**是合乎心意的**）。因此，俄国小资产阶级的民主主义在相当长的一段时期内是有群众基础的，而斯托雷平的土地改革，普利什凯维奇之流的这种对付庄稼汉的资产阶级政策，直到现在，除了……使3 000万庄稼汉挨饿以外，没有作出任何成绩来！

千百万挨饿的小业主不能不力求**另一种**土地改革，即民主主义的土地改革，这种改革虽然不能跳出资本主义范围，不能消灭雇佣奴隶制，但是它**能够**彻底消灭俄国的**中世纪制度**。

劳动派在第三届杜马中虽然非常软弱，但是他们代表着**群众**。由于小业主的阶级地位，劳动派必然在立宪民主党人与工人民主派之间动摇不定，同时，由于团结、组织和教育小业主特别困难，劳动派作为一个政党也就显得极不明确极不定型。因此，劳动派受到左派民粹派那种愚蠢的"召回主义"影响，就呈现出一个被取消了的政党的悲惨景象。

劳动派与我们的那些准马克思主义者取消派不同的地方，在于前者是由于软弱而成为取消派，后者是由于居心险恶而成为取消派。工人民主派的任务，就是帮助软弱的小资产阶级民主派，使他们摆脱自由派的影响，团结民主派阵营去反对反革命的立宪民主党人，而不仅仅反对右派分子。

关于这个在第三届杜马中拥有自己党团的工人民主派，我们在这里只能稍微谈一谈。

工人阶级政党在欧洲各地都已经建立起来，它们摆脱一般民主主义思想的影响，学会把雇佣工人反对资本的斗争同反对封建主义的斗争区别开来，而这样做也正是为了加强反对封建主义的斗争，为了使这一斗争摆脱一切动摇行为和畏缩思想的干扰。在俄国，工人民主派已经完全与自由派和资产阶级民主派（劳动派）划清界限，这对整个民主事业有莫大的益处。

工人民主派内的取消派（《我们的曙光》杂志和《现代事业报》）也具有劳动派那样的弱点，它赞美不定型，力图做一个"可以容许的"反对派，它放弃了工人领导权思想。只是**空谈**"公开的"组织（责骂不公开的组织），鼓吹自由派的工人政策。这一流派显然是同反革命时代的那种涣散状态和悲观失望情绪联系着的，它背离工人民主派的事实已经非常明显了。

觉悟的工人什么也不会取消，他们排除自由派的影响而团结起来，作为一个阶级组织起来，发展工会等多种多样的团结形式，既代表**雇佣**劳动去反对资本，又代表彻底的民主派去反对俄国整个旧制度，反对向旧制度作任何让步。

————

现在我们借用正式公布的1912年杜马《参考手册》中的材料，把第三届国家杜马党派成分列表如下。

第三届国家杜马的党派成分

地　　主

右派·······································　46
民族党人·····································　74
独立民族党人·································　17
右派十月党人·································　11
十月党人·····································　120

政府党总计 ····························· **268**

资 产 阶 级

自由派总计 ······························· **115**

资产阶级民主派

工人民主派

民主派总计 ························ **27**

共 计 ······························· **437**

在第三届国家杜马中有两个多数：(1)右派和十月党人在437个席位中占268席；(2)十月党人和自由派在437个席位中占235席(120＋115)。这两个多数都是反革命的。

载于1912年5月10日《涅瓦
明星报》第5号

译自《列宁全集》俄文第5版
第21卷第275—287页

关于大资本组织的调查

(1912 年 4—6 月)

俄罗斯帝国技术协会[161]工业经济处作了一次关于"俄国工商业阶级的社会组织"的调查——说得更确切一些,即关于大资本组织的调查。这次调查的结果,在古什卡先生的《俄国工商业阶级的代表组织》一书(1912 年圣彼得堡版)中已有说明。这本书中提供的材料以及作者所作的相当肯定的结论,都值得特别注意。

——

技术协会的调查其实是在资本家的"代表"组织中进行的,这种"代表"组织约占全部资本家组织的 80%。卡特尔、托拉斯、辛迪加约占 15%;雇主联合会约占 5%;其余部分为交易所委员会[162]及代表大会委员会等等。后面这些组织最喜欢把自己叫做"代表"组织。它们的任务是对政权机关施加影响。

根据古什卡先生的意见,雇主联合会是同雇佣工人进行"直接的"阶级斗争,而代表组织则是进行"间接的"阶级斗争,即"通过对国家政权和社会舆论施加压力的办法同其他阶级进行斗争"。

这种用语当然是不正确的。它使我们立即看到古什卡先生同

"教授式的"资产阶级政治经济学的多数代表所共有的一个基本缺点。表面看来,仿佛阶级斗争的概念被接受了,仿佛这一概念已被作为调查研究的基础。而实际上,这一概念被缩小了,被歪曲了。的确,古什卡先生所得的结论就是:资本家同雇佣工人在现存政治制度范围内所进行的斗争是"直接的"阶级斗争,而**为政治制度本身**所进行的斗争却是"**间接的**"阶级斗争!那么,为夺取"国家政权"所进行的斗争应该属于哪一类呢?

然而,关于古什卡先生"世界观"方面的这一基本谬误,我们只有找到适当机会时再谈。他的这本书的意义并不在于理论,而在于汇总了事实。这种包括了最主要类型的组织的材料,无论如何都是很有意思的。

1910年俄国大资本的"代表"组织的总数为143个。其中71个是交易所协会和它们的委员会。其次是14个工商业委员会,3个商会,51个"联合性"组织(代表大会、代表大会委员会、咨询办事处等等)及4个不固定性组织。对调查作了答复的组织共计62个,即不到一半。在51个最使人感兴趣的"联合性"组织中,对调查作了答复的有22个。

关于这些组织产生的时间的材料是能说明问题的。在对调查作了答复的32个交易所委员会中,在1800—1900年的100年间产生的有9个;在1901—1904年的4年间产生的有5个;**在1905—1906年革命的两年内**产生的有9个;从1907—1910年产生的有9个。

古什卡先生写道:"这里十分明显地表明,暴风雨般的1905年的社会运动,推动了资本代表自我组织的进程。"

在 22 个联合性组织中，1870—1900 年间产生的只有 7 个；1901—1904 年间产生的有 2 个；**在 1905—1906 年革命的两年内产生的有 8 个**；1907—1910 年产生的有 5 个。所有这些由整个工业代表即采矿工业家、石油工业家等等组成的"代表大会委员会"，主要是革命时期和反革命时期的产物。

按照工业部门划分，这些组织各有如下特点。在交易所委员会这一类中，混合部门占优势；这些委员会通常把当地工商业的一切部门都联合起来。在工商业委员会这一类中，纺织业占第一位。在最主要的一类中，即联合性组织中，差不多有一半不是属于商业，而是属于工业，即属于采矿业和冶金业。

有以"高雅的文笔"来叙述自己所研究对象的小小癖好的古什卡先生写道："这类部门（采矿工业和冶金工业）恰恰构成了俄国现代工业'近卫军'组织的经济基础。"

只有一部分组织能够确定该组织中整个工商业部门的周转额或生产额。总计为 157 000 万卢布，其中属于组织成员的为 131 900 万卢布。也就是说，组织起来的占 84％。3 134 个组织成员的周转额为 112 100 万卢布，每个组织成员平均为 358 000 卢布。685 个组织成员拥有的工人人数约为 219 000 名（作者在第 111 页中错误地计算为 319 000 名），即平均每个组织成员拥有工人 300 名以上。

显然，这里讲的正是**大**资本的组织，更确切些说，甚至是**最大**资本的组织。古什卡先生十分明确地意识到了这点，例如，他指出：交易所委员会以及工商业委员会的成员都是一些大的和最大的工业家和商人；工商业代表大会的组织，也是由"最大的"资本主义企业组成的。

因此,作者在该书书名上标明"俄国工商业**阶级**"的组织是毫无道理的。这是不对的。这又是把阶级概念缩小了。事实上,古什卡先生这里所谈的是**阶层**,而不是阶级。诚然,最大资本家阶层当然在经济上统治着所有其余的阶层,必然用自己的周转规模来压倒这些阶层;这一切都是没有疑问的。然而这毕竟是阶层,而不是阶级。例如,这个阶层的代表组织的政治作用同这个阶层的政治统治之间就有很长的距离,这个阶层的政治统治同工商业阶级的政治统治之间又有很长的距离。

因此,应当指出古什卡先生的下述论断。他写道:"在俄国我们在确定什么是大企业或小企业时习惯于使用很大的尺度,因为大家知道,我国资本非常集中,甚至超过德国资本的集中……"

同德国比较是不对的。例如,在我国乌拉尔采矿工业和冶金工业中,没有小企业或者很少有小企业,这是由于完全特殊的原因,——由于工业没有充分自由,由于存在着中世纪的残余。而我国官方(或者民粹派,反正都是一样)对工厂工业和"手工"工业的划分,难道不是使我国的工业统计完全无法同德国的工业统计相比较吗?难道这样的划分没有把大量农民小企业的"非常"**分散**的真相掩盖起来,而使这位说俄国资本"非常集中"的观察家总是上当吗?

二

指出关于最大资本代表组织活动的某些调查材料是很有意思的。例如,作者把有关这些组织的预算材料作了综合。22个联合性组织的预算收入为395万卢布,而所有组织的收入,总计为

725 万卢布。古什卡先生写道:"如果把未经调查的其他组织的财务报告也包括进去的话,我国 56 个组织的这个 725 万的年度预算,大概会增加到 1.5—2 倍。"

然而,这一预算的一大半,即 450 万卢布是用在经济和慈善事业方面的。56 个组织在纯粹代表职能方面花费了 270 万卢布。"绝大多数答复或财务报告都把雇用职员的费用列为代表机构开支项目中的第一项,其次是房租。其中有 64.4%的组织把最大部分开支用做雇用职员的费用,有 26.7%的组织把最大部分开支用做房租。"

被调查的资本家同盟共有 131 900 万卢布的周转额,在这种情况下,上述数字说明这方面的支出为数甚微,因此古什卡先生的言过其实的结论——支出预算是"俄国工商业资产阶级代表组织的**财政实力的标志**〈黑体是原作者用的〉"! ——又一次向我们表明这位作者过分爱说"大话"。

作者在自己这本书的第 9 章里专门介绍了"第三种分子",即为资本家同盟服务的知识分子。结果是,在 29 个交易所委员会中,第三种分子的代表,即在这些委员会中供职的职员,有 77 人;其次,在 22 个联合性组织中这样的职员有 180 人。大多数材料说,每个组织有 2—4 个第三种分子的代表。由于资本家同盟往往过分缩小这类数目字,作者认为可以得出结论:"在资本代表组织中服务并担任要职的知识分子大军〈!!〉为数**不下千人**",他们是秘书、会计、统计人员、法律顾问等等。

古什卡先生所说的"大军",是不需要很多人的。

资本家同盟的出版业可以从下列数字得到说明。对于调查的答复,除所填的表格以外,还有 228 册根本不曾出售的图书——代表大会汇编、总结报告、条例、报告书等。

有 9 个组织出版定期刊物:《采矿工厂事业》杂志、《石油事业》杂志、《工商业》杂志、《俄国酿酒厂主协会消息通报》杂志[163]等等。根据作者统计,已出版各期刊物的总数为 2 624 "册",再加上 452 册《汇编》、年度总结报告等等以及 333 册不定期出版物,共计 3 409 "册",古什卡先生认为这个数字"相当可观"。各种出版物总数大概为 4 000—5 000 册。

古什卡先生赞叹说:"在这些书刊中——可以毫不夸大地说——埋藏着全部宝藏,埋藏着研究俄国大资产阶级解剖学和生理学(如果可以这样说的话)的极其丰富的材料······ 不研究这一有价值的材料,就不可能对俄国占统治地位的那些社会力量的对比关系,特别是对 1905 年前后俄国国家政权的社会本质和作用有一个正确的概念。"

古什卡先生经常对俄国国家政权的社会本质和作用问题发表类似的谬论。由于这一问题特别重要,由于这位过分夸大事实因而才赶忙发誓说"毫不夸大"的作者把这个问题肆意歪曲,所以对他这些谬论就需要单独加以考查。

三

古什卡先生写道:"被调查的组织既然是代表性组织,即代表工商业阶级的利益的组织,它们的活动的重心,自然就在于**表述**这个阶级的代表在涉及它的利益的各种问题上所持的**立场**并利用各种方法来**维护这种立场**。"

毫无疑义,"重心"正是在这里。在调查表中非常注意资本家组织讨论了哪些问题和提出了哪些申请。作者综合了已有的资料,列了一个自己认为是"**一般性质的**问题"的长长的单子。几类最重要的问题如下:(一)工人保险、节日休假等等;(二)所得税、营业税等等;(三)关税政策;(四)交通;(五)股份公司、信贷等等;(六)驻外领事馆、统计工作、矿业管理局的组织;(七)商人参加地方自治机关、参加国务会议、参加政府立法草案的预先审议等等。

古什卡先生关于这点作出的结论是:"从上述列举的各类问题和申请中可以看出,我国这些组织的活动范围至少是很广泛的……" 读了这样的结论,你会不由得停下来看一看,是不是偶然漏掉了一个"**不**"字,因为很明显,作者列举的活动范围是很**不广泛**。然而这里问题决不在于失言,而在于作者的根本"思路"。他认为"很难举出我国社会政治生活的哪个比较重要的方面是不包括在资本代表组织的活动范围内的"。

这种论断是令人难以置信的,然而这是事实:古什卡先生十分认真地说出这种令人愤慨的谎话,并用几十种不同的调子加以重复!

"很难举出……" 可是,选举法呢? 土地问题呢? 难道这都不是"我国社会政治生活的重要方面"吗?

古什卡先生是以**商人**立场的一孔之见来观察"社会政治生活"。他无论如何也不能理解,他的武断的叙述决不能证明他的见解广阔,而恰恰证明他的见解狭隘。商人提出的问题一般都很狭隘,因为这些问题**只**涉及到商人。资本家还**没有**达到过问**一般政治**问题的程度。"容许工商业代表"参加这些或那些地方机关或中央机关,——这就是他们所提出的申请的"勇敢"限度。至于这些机关**一般**应当怎样组成,他们是**不善于**思考的。他们承认那些按别人指使组成的机关并乞求在里面占一席之地。他们奴颜婢膝地站在不是由本阶级建立的国家基地上,并在这一基地上"为"**自己**

等级的、**自己**集团的、**自己**阶层的利益提出"申请",甚至在这方面也没有达到广泛理解整个**阶级**利益的地步。

恣意歪曲事情真相的古什卡先生,最后竟然唱起了颂歌。他写道:"坚决而顽强地对政权机关施加压力","我们的组织""本身非常清楚地〈!!〉了解这点……""大资本的组织已变成真正的**预备杜马**,它对立法的影响实际上恐怕比国家杜马的影响还大,况且"——作者故意俏皮地说——"第87条[164]不适用于资本家的议会,资本组织从来还没有被有意地解散过三天……"

这种俏皮话极其明显地证明工业巨头先生们及其吹捧者古什卡的极端的狭隘和自负。一件小事情,一件很小的事情被忽略了:杜马作为全国性的机关,提出有关整个国家管理问题以及有关一切阶级的问题,可是商业大王的组织却认为**仅仅提出商人问题,仅仅提出商人的权利问题**才算是勇敢。

古什卡先生竟然引录了乌法省交易所委员会1905—1906年的总结报告中的话:"政府本身在根本改革交易所机构的同时就选定了……**得力的助手**",并认为这种说法是"正确的",把它用黑体标出来,还说这是"同政府的生动的积极的合作"。

读了这些东西,你会不禁想起德语中的一个词:Lobhudelei——阿谀地奉承或奉承地阿谀。在1905—1906年,作者竟然扬扬得意地大谈起"交易所机构的根本改革"来了! 可是要知道,这不过是一种奴仆观点,老爷只是让奴仆去同厨师"商量"准备午餐之类的事情,并且只在这时才把他们称为"得力的助手"。

古什卡先生的观点究竟同这种观点接近到什么程度,从该书第15章关于各资本组织申请的结果那一节中可以看得出来。这一节的标题是《失败的阵地》。在这里我们可以看到:"不能否认,有这样**几个方面**,资本代表的申请和要求在那里的确遭到了政府方面的反对。"依次举例如下:(1)官方的森林方面;官方自己即木材商;(2)铁路运价方面;官方自己即企业主;(3)关于地方自治机关的代表权问题;(4)关于国家杜马和国务会议中的代表权问题。关于最后两点,作者说:"在这两种场合,官僚机构同另一个统治阶级即领地占有者阶级亲密无间的关系当然发生了作用。"

> 扬扬得意的古什卡先生继续说:"然而,如果把这里指出的为数不多的问题放在一边,那就不得不说,在其余一切方面……我们的调查材料所描述的工商业阶级的阵地都是胜利的阵地……"

您看,这真是妙论!失败的阵地是森林、铁路、地方自治机关和议会。"然而,如果把这里指出的为数不多的问题放在一边",那就都是胜利的阵地!

在自己这本书的"结束语"中,古什卡先生在拼命反对关于工商业阶级低下无权的"传统偏见"时,可以说达到了惊人的阿谀奉承的地步:

> "工商业资产阶级并不是作为低下无权的阶级来参加俄国的国宴的,它是以一位受人欢迎的贵宾和合作者,以国家政权的'得力的助手'的资格出现的,无论是根据已有的习惯,还是根据法律,根据成文法,它都占据显著地位,而且也不是从昨天起才这样的。"

这完全可以作为某某克列斯托夫尼科夫、阿夫达科夫、季津高津之流在款待大臣的宴席上用的一篇正式讲话。正是这样的讲话,正是用这种语言起草的讲话,所有俄国人都很熟悉。不过请问一下,这个妄图对重要的调查作"科学的"探讨,然而却把奴颜婢膝的商人们的席间致词当做"调查结论"写入著作的人,怎么能称做学者呢?

古什卡先生继续说:"我们从旧时代承袭了一种像偏见那样根深蒂固的观点,认为在资本主义的俄国还可以看到这样一种矛盾:**在经济上**占统治地位的大资产阶级**在政治上**仍然处在受奴役的地位。我们的全部调查材料在这一传统概念上打开了一个重大缺口。"

卖弄马克思主义术语的古什卡先生,只有把马克思主义无限庸俗化,才会认为关于资本家组织的调查能够提供有关资产阶级在政治上受专制制度和地主奴役的问题的材料。能够给这一问题提供实际答案的材料,作者几乎不曾涉及,由于局限在这次调查的范围内,也就不可能涉及。

这次调查由于只涉及我国资产阶级生活的一个方面,反而**证实了**资产阶级在政治上受奴役的地位。调查表明,资产阶级在经济上是在前进,资产阶级某些私人的权利在扩大,它的组织正在成长为阶级,它在政治生活中的作用也在增强。然而,正因为发生了这些变化,两方面的矛盾,即一方面百分之九十九的政权保持在专制政府和地主手中和另一方面资产阶级在经济上日益加强的矛盾,才变得**更加深刻起来**。

古什卡先生虽然在卖弄马克思主义术语,事实上却赞同庸俗的社会自由主义的观点。用马克思主义词句来粉饰这种自由主义,是俄国的一个特点,或者可以说,是俄国的一种痼疾。古什卡先生由于抱着自由主义观点来谈俄国国家政权的社会本质问题,甚至不能大致地理解这一问题的全部范围和全部意义。

俄国国家政权的阶级本质在 1905 年后起了重大变化。这是向资产阶级方面发展的变化。第三届杜马、"路标派"自由主义、一系列其他特征,都证明我国旧政权"在向资产阶级君主制转变的道路上"又迈了"一步"。然而,即使在这一新的道路上又迈了一步,政权却**仍然是旧的**,而政治矛盾的总数却因此增加了。古什卡先生碰到了这个重大问题,也就暴露了他对这个问题的完全无知。

四

在研究十分专门的调查材料时,古什卡先生还涉及一个极为重要的原则性问题,关于这个问题,应该特别谈一谈。这就是关于"1905年的作用"问题,古什卡先生书中第13章有一节就是用了这样的一个标题。

调查表的第41个问题,即关于最近每5年中各组织的执行机关举行会议的次数问题,是为了弄清各组织在1905年加强活动的程度。根据调查所得的材料,按照古什卡先生的说法,"在我们的组织的生活中并没有发现这种现象",即没有发现活动显著加强。

古什卡先生指出:"这也是可以理解的。"

究竟他是怎样来解释这种现象的呢?

他推断:由于罢工斗争的加强,"雇主"联合会在1905年势必要加强自己的活动。

古什卡先生继续说:"而纯粹代表性的组织当时在某种程度上却处于相反的状况:它们的主要订约人——政府当局——正是在1905年这一年中处于最缺乏自信又最不能取得别人信任的守势。在那'上司已下台'的'疯狂的'一年中,所有的人,包括工业家在内,都觉得(特别是在年底)旧的'上司'再不会回来了。

所以,资本的代表组织,当时就没有理由加强自己在政权机关面前的代表作用的积极性。"

这种解释是完全要不得的。如果"上司"真的"下台了",那么,旧的政治上司的下台必然会加强新的经济上司的积极性，把它变成新的政治上司。如果政权主要是处于守势，那么这个政权的"合作者和得力的助手"（这是古什卡先生对工商业资产阶级的评语）怎能不加强**自己的**活动来守住这个政权和自己本身呢？我们的作者完全没有考虑一下他所说的话，只是把最流行的、最习惯用的说法拼凑起来。他也许感到，这里谈的是一个极重要的问题，这个问题的解决对回答资产阶级的政治作用这个更一般的问题有决定意义或者有密切关系，——可是他好像害怕认真接触这个重要问题，好像是在逃避这个重要问题。

请考虑一下作者下面一段同样是关于1905年作用的议论：

"……资本组织并不觉得需要经常聚在一起阐述它们对当时激荡全国的社会政治问题的态度，因为它们被人民运动的巨大浪潮抛到了后面，宁愿暂时观望等待，直到周围沸腾的斗争有个水落石出；最后，当'上司'明确地表现了重新'登台'的愿望的时候，工商业阶级的组织才开始逐渐地恢复了自己的代表活动的通常形式和紧张程度。"

"资本组织被人民运动的巨大浪潮抛到了后面……" 好极了！不过古什卡先生又没有思考一下他所讲的东西。人民运动的巨大浪潮是反对谁的呢？是反对旧政权的。这个政权的"合作者和得力的助手"怎么会被抛到了**后面**呢？他如果真正是合作者和得力的助手，他的不依赖旧的政权组织的经济力量愈是强大，他就愈是应该努力站在**前面**。

旧政权的"合作者和得力的助手"怎么会陷于"宁愿观望等待"的状况呢？

古什卡先生本打算反对关于在经济上占统治地位的资产阶级在政治上却处在受奴役地位的理论，但是从一开头他就把自己弄糊涂了！他所要推翻的那种"理论"，反而被 1905 年事态的发展证实了。

无论是大的工商业资本，还是俄国自由派资产阶级，在 1905 年不仅是"观望等待"，而且采取了极其明确的反革命立场。事实证明了这点，这是大家都知道的。但是，毫无疑问，同专制政府和地主阶级的力量相比较，最大的资本在某种程度上是"**被抛到了后面**"。

在资产阶级革命中，"人民运动浪潮"的最大高涨把资产阶级抛到最后面，怎么会发生这种情况呢？

这种情况是能够发生的，因为只有把"资产阶级革命"的概念完全曲解了，才会得出这样的看法：好像资产阶级一旦退出，资产阶级革命就削弱了。这种情况是会发生的，因为在资产阶级动摇的情况下，俄国资产阶级革命的主要动力是无产阶级和农民。资产阶级在政治上受地主和专制政府的奴役，可是另一方面，它在工人运动加强时却采取反革命的立场，这就发生了资产阶级的动摇，发生了资产阶级的向"后面"退却。它既反对旧制度，又拥护旧制度。它愿意帮助旧制度反对工人，然而在没有任何地主和旧政治制度的任何残余的情况下，它又完全能够"自行安排"，甚至能够加强和扩大自己的统治，美国和其他国家的经验，就清楚地说明了这一点。

由此可以明白，为什么"人民运动巨大浪潮"的最大高涨以及旧政权的极度削弱，能使工商业资产阶级加紧向"后面"退却。这正是那个在新制度同旧制度的斗争中，在民主制度同中世纪制度的斗争中能够保持中立的阶级；因为这个阶级一方面感到自己同旧制度在一起比较习惯，比较安稳，比较方便，另方面在新的制度完全胜利的时候它也能取得统治地位。

五

谈到俄罗斯帝国技术协会的调查，便不能不谈到取消派的《我们的曙光》杂志第1—2期合刊和第3期上发表的阿·叶尔曼斯基先生的文章。叶尔曼斯基先生非常详细地转述了古什卡先生的著作，然而，从来没有附带说明自己不同意他的意见！这样一个自命为马克思主义者的人，竟能赞同工商业巨头颂扬者的软弱无力的自由主义！

叶尔曼斯基先生在奉行用马克思主义色彩稍加粉饰的布伦坦诺和桑巴特式的社会自由主义方面，甚至比古什卡先生走得更远。

叶尔曼斯基先生写道："代表性的组织，是在全国范围内（甚至部分地是在国际范围内）进行大规模的阶级斗争的组织。调查材料表明这些组织所讨论的问题的范围几乎是无边无际的。我们这些组织的活动，正如叶卡捷琳诺斯拉夫交易所委员会正确指出的那样，几乎涉及到具有全国意义的一切任务。"这就是叶尔曼斯基先生在自命为马克思主义的杂志上发表的议论！这种议论是彻头彻尾的、令人气愤的捏造。马克思的阶级斗争概念在这里被偷换成**自由主义的**阶级斗争概念。这里所宣称的全民性的和全国性的东西恰恰缺乏**全民性**的和**全国性**的东西的基本特征：国家政权的机构以及"全国性"管理、全国性政策等的所有方面。

请看一下，叶尔曼斯基先生的狂热使他达到了怎样荒谬绝伦的地步。在反驳"俄国资本主义的资产阶级"（他想说的是大工商业资产阶级)是软弱的、不够发达的等等的看法时,他在寻找能够表达"俄国大资产阶级实际状况"的"现代公式"。

结果怎样呢?叶尔曼斯基先生拿来当做这种公式的是阿夫达科夫在矿业主代表大会委员会争论(请听吧!)关于过渡到**有一个被选任的主席的矿业主代表大会的新组织**时所讲的话。阿夫达科夫说:实际情况(俄国的实际情况)就是这样,"到目前为止,任何人在任何时候和任何方面都没有限制我们"。

叶尔曼斯基先生写道:"这就是最适合于当前时代的公式。"

那是当然啦!在矿业主代表大会组织中愚蠢而驯服地忍受地主的国家特权压迫的商人没有受到限制!叶尔曼斯基先生不去讥笑那位言词夸张的基特·基特奇·阿夫达科夫,却拼命要人相信阿夫达科夫不是基特·基特奇[165],是他提出了表达"俄国大资产阶级实际状况"的"现代公式"!基特·基特奇·阿夫达科夫却完全像一个吃得肥胖的奴仆,他根本不敢想**代替**老爷成为真正的主人,他由于老爷容许他在下房里同侍女、厨师等商量事情而受宠若惊。

从叶尔曼斯基先生文章中摘录的下面一段冗长议论表明,他恰恰不想理解奴仆地位和老爷地位之间的这一区别:

他写道:"在这里作一番比较并不是多余的:大家都记得,人们曾经多么坚决地、可以说全民一致地把地方自治人士'参加国内管理事务'的愿望称做'荒谬的幻想';另一方面,彼得堡交易所委员会还在立宪以前宣称'尽可能广泛地扩大交易所协会〈请注意这点!〉参加管理事务的权利'的必要性的同时,就曾有充分根据地补充说:'交易所协会的这种权利并不是什么新东西,因为交易所协会已经部分地在行使这种权利了。'对其他人是'荒谬的幻想'的东西,对大资本的代表来说并不是幻想,而是现实,是实际的立宪的一个因素。"

对不上"号",叶尔曼斯基先生！你的"比较"暴露出你不能或者不愿把两种愿望,即地主阶级自己要成为**真正老爷**的愿望和发了财的管家费吉卡或万卡同老爷的**其他仆人**商量事情的愿望区别开来。这是"两个很大的区别"。

叶尔曼斯基先生的结论在精神上和拉林的完全一样,这是十分自然的。叶尔曼斯基先生写道:大资本的代表"在俄国早已占据了名副其实的统治阶级的地位"。

这是彻头彻尾的捏造。这里他**既**忘记了专制制度,**也**忘记了政权和收入仍旧是在土地占有者和农奴主手里。叶尔曼斯基先生毫无根据地以为:"**只有在** 19 世纪末 20 世纪初",我国的专制制度"才不再是**独特的**农奴制度。"同尼古拉一世时代相比较,在亚历山大二世时代已经没有这种"独特性"了。然而,把失掉**独特**的农奴制性质而向资产阶级君主制前进的农奴制度同"大资本代表的完全统治"混为一谈,是完全不能容许的。

六

《我们的曙光》杂志编辑部照例给叶尔曼斯基先生的文章加了一个"附带说明",说什么,作者"过低估计了直接参加政权对于它〈大资产阶级〉的意义"。

这种加附带说明的做法,在取消派那里是屡见不鲜的。叶尔曼斯基在好多篇文章里极其详尽地以自由主义精神来发挥阶级斗争的观点。这家杂志的宣传是自由主义的宣传……只是在两行注释之中伏了一笔对马克思主义"美好日子的回忆"!《我们的曙光》杂志用暗中替换马克思主义的自由主义精神影响读者,而它的编辑部却用附带说明"为自己打掩护",这种做法同立宪民主党的《言语报》的做法完全一样。

问题决不仅仅在于叶尔曼斯基先生"过低估计了"问题的某一方面,而在于他对阶级斗争的看法是完全不正确的。问题在于他对专制制度的社会结构的估计是根本错误的。我们早已指出,并且还要不倦地指出,对于"1908 年的答复"(或 1912 年的)等等无论怎样讥笑都**不能回避这个**问题。只要是一篇比较像样的政论,那就不能**避开**这个问题。

叶尔曼斯基和拉林同《我们的曙光》杂志编辑部之间的分歧,是直言不讳的、别具一格的诚实的取消派同有外交手腕的取消派之间的分歧。关于这一点,不应该抱有任何幻想。

拉林写道:我们的政权已经成为资产阶级的政权。因此,工人应当组织起来,不是等待革命(也不是"为了革命",——他补充说),而是为了参加国家的立宪革新。叶尔曼斯基从**另一**方面谈到了这个问题,他实质上是重复了拉林的**第一个**前提,并且暗示了他的结论,只是没有直说罢了。

马尔托夫"修正"拉林的话,正像《我们的曙光》杂志编辑部修正叶尔曼斯基的话一样:说政权还不是资产阶级的,工人只要抓住立宪制度和专制制度的矛盾"就够了"。

可见在结论上,马尔托夫(以及《我们的曙光》杂志编辑部)同拉林—叶尔曼斯基之间的意见是一致的,这种一致也是十分自然的,因为他们对工人政策都采取自由主义的观点,也就是说他们的基本前提是一致的。

我们却依旧认为,这种观点是根本不正确的。问题不在于叶尔曼斯基"过低估计"或马尔托夫"过高估计"古契柯夫和里亚布申斯基之流的"左倾"。问题也不在于叶尔曼斯基"过低估计"或马尔托夫"过高估计""直接参加政权对于**资产阶级**的意义"。问题在于,他们**两人**不仅"过低估计",而且简直**不理解**"直接参加政权"对于**工人阶级**以及对于摆脱了目前的自由主义动摇而跟着工人阶级走的资产阶级民主派的意义! 他们两人所考虑的只是**一个**"政权",而忘记了**另一个**政权。

他们两人只看着上层而看不见下层。但是,如果10个里亚布申斯基和100个米留可夫都在唠唠叨叨,自由主义地发泄不满,这**就是说**,千百万小资产者和一切"小人物"都感到自己是忍无可忍了。这千百万人也是"政权"的可能来源。只有这样的民主分子团结起来既反对右派,也不受自由主义动摇的影响,才能"解决"历史在20世纪初期向俄国提出的问题。

载于1912年4—6月《启蒙》杂志
第5—7期合刊

译自《列宁全集》俄文第5版
第21卷第288—305页

"俄国土地问题"的实质

(1912年5月22日〔6月4日〕)

"土地问题"——如果使用这个通常流行的名词——是在一切资本主义国家中都存在的。然而在俄国**除了**一般资本主义的土地问题以**外**,还存在着**另一种**"真正俄国的"土地问题。为了简要地说明这两种土地问题的区别,我们可以指出这样一个事实:在任何一个文明的资本主义国家,都看不到小土地占有者为了把大土地占有制的土地转归他们所有而展开比较广泛的民主运动的情形。

在俄国就有这样的运动。因此,除了俄国,在任何一个欧洲国家里,马克思主义者都没有提出和支持把土地转归小土地占有者的要求。俄国土地问题必然使**所有**马克思主义者承认这种要求,尽管对于**如何**组织转手土地的占有和支配的问题有各种不同的意见(分配、地方公有、国有)。

"欧洲"和俄国之间的不同究竟是怎样产生的呢?不就是由于俄国发展的独特性,由于俄国没有资本主义或者俄国资本主义特别没有指望、没有发展前途而产生的吗?形形色色的民粹派正是这样想的。但这种观点根本不对,现实生活早已驳倒了这种观点。

"欧洲"和俄国之间的不同是由于俄国极端落后产生的。在西欧,资产阶级土地制度已经完全建立,农奴制早已消灭,农奴制残余微不足道,起不了什么重大作用,西欧农业方面的主要社会关系是**雇佣工人**对农场主或土地占有者的关系。小农在那里处于中间状态,一方面,是向被雇用者即劳动力出卖者阶级(农民的所谓副业或外水形式繁多)转化,而另一方面,是向雇主阶级(小农雇用的工人人数比人们通常所想象的要多得多)转化。

毫无疑问,在俄国,这样的资本主义农业制度也已经确立,并且在不断发展。地主经济和农民经济正向这方面演进。但是在我国,纯资本主义关系还在**广大**范围内受到**农奴制**关系的压制。居民群众,首先是全体农民群众正在同这种关系作斗争——这就是俄国土地问题的特点所在。在西欧,**这样的**"问题"当时曾普遍存在,但早已解决了。在俄国,这个问题迟迟没有解决,1861年的土地"改革"没有解决这个问题,斯托雷平的土地政策在目前条件下也**不可能**解决这个问题。

在《欧俄土地占有情况》①(载于《涅瓦明星报》[166]第3号)一文中,我们援引了说明现代俄国土地问题实质的最主要材料。

3万个大地主约有7 000万俄亩土地,而1 000万农户大致也有这么多土地——基本背景就是如此。这个情景说明了什么样的经济关系呢?

3万个大地主主要是旧贵族的和旧农奴制经济的代表。在27 833个有500俄亩以上土地的田庄主中,就有18 102个贵族,占**将近**$\frac{2}{3}$。他们手中的大地产(这些大地主平均每人拥有土地2 000俄亩以上!),用土地占有者的农具和雇佣工人是耕种不了的。在这种情况下,旧徭役制在很大程度上是不可避免的,也就是说,在大地产上不可避免地存在着小规模耕作、小规模经营,也就

---

① 见本卷第269—272页。——编者注

是说不可避免地要用小农的农具来耕种地主的土地。

大家知道,正是这种徭役制在欧俄的中部的、俄罗斯本土各省,即在我国农业的**心脏**地区流行得特别广。所谓工役制无非是徭役制经济的直接继续和残余。像冬季雇佣制、为赎回割地而劳动、"全包制"[167]等等盘剥性的经营手段,也都是徭役制。在这种经济制度下,农民的"份地"是保证**地主**获取劳动力的手段,而且不仅是保证获取劳动力,也是保证获取农具的手段,尽管这种农具少得可怜,仍然可以用来耕种地主的土地。

这种情况的结果就是:被束缚在自己的份地上而又不能靠它为生的农民群众极端贫困,农业技术极其原始落后,工业的国内市场极不发达。这种情况到目前为止基本上仍未改变,现在有3 000万农民正在挨饿,就是最明显的证明。在农业技术迅速发展并且具有较高水平(在一些最好的资本主义农场中)的时代,只有广大被奴役的小业主还在受着农奴制时代那样的压迫,听天由命,任人摆布,**才会**造成许多人挨饿这样可怕的景象。

造成西欧农民中世纪以来未曾见过的这种可怕的灾难的根本矛盾,就是在我国工业中高度发达、在我国农业中也相当发达的资本主义和仍旧是中世纪的、农奴制的**土地占有制**之间的矛盾。不坚决摧毁旧的土地占有制,就不能摆脱这种状况。

不但地主的土地占有制是农奴制的,而且农民的土地占有制也是农奴制的。前者很明显,不会引起什么怀疑。我们要指出的只有一点:消灭农奴制大地产,譬如说,消灭拥有500俄亩以上的农场,并不会破坏农业大**生产**,反而会加速它的发展,因为农奴制大地产是盘剥性小农业的支柱,决不是大生产的支柱。在500俄亩以上的大块土地上进行**大规模经营**,即用地主的农具和自由雇佣劳动来耕种全部土地,在俄国大部分地区几乎是不可能的,至少也是极为困难的。**缩小**这种地产的面积,是消灭盘剥性小农业和向农业中的资本主义大生产过渡的条件之一。

另一方面,俄国农民的份地占有制也是中世纪的,农奴制的。问题不仅在于这种占有制的法律形式现在由于村社遭到极粗暴的破坏和土地私有制的推行而有所改变,——问题还在于这种占有制的**实际**面貌无论村社遭到怎样的破坏也还是没有被触动。

农民的大量小的和极小的、多半是零散插花的"小块土地"都是一些土质极坏的土地(这是1861年在农奴主-地主主持下给农民的土地划地界的结果,也是地力耗尽的结果)。这种实际情况必然使农民处于受世袭的大地产占有者、从前的"老爷"奴役的地位。

请具体想想这样一种情景吧:3万个大地产占有者各拥有2 000俄亩土地,而1 000万农户"平均"每户才有7俄亩土地。显然,无论怎样破坏村社,怎样建立土地私有制,都**还不能**改变盘剥、工役、徭役、农奴制时代的贫困以及由此而产生的农奴制依附形式。

在这种情况下产生的"土地问题"是消灭严重阻碍俄国资本主义发展的农奴制残余的问题。俄国的土地问题是坚决摧毁旧的、中世纪的土地占有制即地主土地占有制和农民的份地占有制的问题,由于这种土地占有制极端落后,由于这种土地占有制与已经资本主义化了的国民经济的整个体制极不适应,这种摧毁已成为绝对必要的了。

摧毁应该是坚决的,因为不适应的情形太严重了,因为旧的太旧了,"病入膏肓"。在任何情况下,任何形式的这种摧毁,就其内容来说,都不能不是资产阶级的,因为俄国整个经济生活已经资产阶级化了,土地占有制也必定要服从整个经济生活,必定要受市场的支配,必定要屈从于我国当前社会中主宰一切的资本的压力。

既然摧毁不能不是坚决的,不能不是资产阶级性质的,那就还有一个问题没有解决,也就是说在地主和农民这两个有直接利害关系的阶级中,究竟应该由**哪个**阶级来进行这种改造,或者指导这种改造,确定这种改造的形式。这个"没有解决的问题",我们要在《斯托雷平土地纲领和民粹派土地纲领的比较》①一文中来加以论述。

载于1912年5月22日《涅瓦明星报》第6号

译自《列宁全集》俄文第5版第21卷第306—310页

---

① 见本卷第388—394页。——编者注

关于竞选鼓动的几点总结

（1912年5月22日〔6月4日〕）

参加国家杜马选举的各种政治力量,差不多已经完全组织起来了。各个党派基本的组合情况至少已经十分明确,不会再有什么重大的本质的改变了。

政府早就开始了选举运动。右派、民族党人、十月党人都在行政当局的公然协助下"进行活动"。最近《言语报》公布的和许多报纸转载的省长们下令各县警察局长采取"措施",不准"左派"候选人参加初选人（特别是农民的初选人）和复选人的竞选,这一指令把内务部"选举"机器上面遮盖的帷幕稍稍揭开了一点。政府方面无疑会采取一切可行的（和不可行的）措施来反对反对派。首席大臣科科夫佐夫在对莫斯科商人讲话的时候,那样强调"为反对而反对"的危害,不是没有原因的。

但是,如果对政府和警察当局在选举中的热心可以不必怀疑,那同样不必怀疑的是选民的情绪已经发生而且还在发生普遍"向左"的转变。政府的任何诡计都不能改变这个事实。相反,诡计和"措施"只能加深不满。不难理解,如果大资产阶级的这种不满表现为舒宾斯科伊发表"反对派"言论,或者里亚布申斯基"谨慎地"暗示希望有一个"文明的管理方式",或者立宪民主党的《言语报》对内阁冷嘲热讽,那么,依附于里亚布申斯基、戈洛文之流等等的广大"小人物"的不满就要强烈得多、严重得多了。

在政治上表现出这种不满的反对派的阵营里,已经形成了哪些政治派别呢? 已经形成了由立宪民主党人和进步派组成的"负责的"反对派即自由主义君主主义反对派。他们的联盟清楚地说明立宪民主党人比他们给人的假象要"右"得多。

已经形成了工人民主派,它的任务不是"支持"立宪民主党人和进步派组成的反对派,而是**利用**他们同右派(包括民族党人和十月党人)的冲突来教育和组织民主派。最后,还形成了一个资产阶级民主派。在劳动派的代表会议上,这个资产阶级民主派主张"首先同社会民主党"达成协议,然而却不提出任何同立宪民主党人的反革命自由主义作斗争的明确口号,也就是说,实际上依旧动摇于两者之间。

从这次各党派竞选的"政治动员"情况可以总结出一些什么呢? 第一点和基本的一点,是工人民主派早就作出了的,就是在斗争中有**三个阵营**,而不是两个阵营。自由派尽量想把事情说成是实质上只有两个阵营在进行斗争,而取消派(正如多次表明的那样)也总是滑向这样的观点。赞成立宪还是反对立宪? ——立宪民主党人就是这样来说明两个阵营的分歧点的。实际上这种说法等于什么也没有确定,因为连十月党人也硬说自己是主张立宪的,而且,根本不应当去谈什么可以叫做立宪,什么不可以这样叫,而应当谈自由派或民主派的某些要求的确切内容。

这三个阵营正是根据这些要求的内容,根据在阶级倾向上的实际区别而确定下来的:右派阵营或政府阵营;自由派阵营或站在反革命立场上的自由主义君主派资产阶级的阵营,以及民主派阵营。这里的问题倒不在于在这种选举制度下面的"机会"如何,——

不,问题要深刻得多,它所涉及的是关于选举时期的政治宣传的整个性质,关于选举运动的整个思想政治内容。

自由派在这种情况下所采取的"战略"是每天都在设法夺取"整个"反对派运动的领导权。自由派的《生活需要》杂志泄露了《言语报》小心隐瞒起来的这个战略的"秘密"。鲁·布·先生在《生活需要》杂志第13期上写道:"进步派以大有希望的一步〈!〉开始了自己的运动,它们组成了一个所谓'非党的进步同盟',这个同盟从最初的几天起就显示出它对于比立宪民主党人更右的反对派政治集团有巨大的吸引力。"另一方面,劳动团的"选举纲领虽然模糊不清,也许在某种程度上正是由于模糊不清,才符合于广大民主派知识分子的要求"。"在一定条件下,劳动团能够充当比立宪民主党人更左的角色,正如进步派集团在充当比立宪民主党人更右的角色一样。于是,反对派的阵线就可能由变动的、动摇的但是灵活的两个极侧翼和不变的但是坚强的中心所组成,从战略上来说,这在政治斗争中也有其有利的方面。"

鲁·布·嘴上所说的,正是米留可夫和盛加略夫之流的先生们脑子里所想的! 立宪民主党人正好需要两个"灵活的"侧翼:用进步派来笼络资产阶级的六三选民,用"模糊不清的"民主派来笼络怀有民主情绪的公众。这个"战略"确是由立宪民主党的本性决定的。这个政党是反革命自由派的政党,它用欺骗方式使得一些民主阶层如部分店员、小职员等等跟着它走。这样的党正好需要"非党的进步派"来作真正的阶级支柱,需要模糊不清的民主派来作时髦的招牌。

地主叶弗列莫夫和百万富翁里亚布申斯基可说是进步派的典型。民粹主义阵营中的劳动派和马克思主义阵营中的取消派可说是模糊不清的民主派的典型。翻开立宪民主党的全部历史，你就可以看出，这个政党**始终**是这样行事的：口头上说的是民主主义，行动上做的是"叶弗列莫夫式的而且合乎里亚布申斯基心意的"自由主义。从1906年地方土地委员会的计划失败，到在第三届杜马投票赞成预算或者到米留可夫提出的"伦敦"口号等等，我们看到的都正是立宪民主党的这种**本性**和假民主的**外衣**。

《生活需要》杂志的鲁·布·先生真是太笨了，他竟在无意之中说出了自由派搅混了的并竭力对民主派隐瞒的真相。他承认：进步派的纲领"把问题摆在坚固而现实的基础上"！可是在这个纲领里，除了纯粹十月党人式的泛泛的空话（例如，"全部实现10月17日宣言"）之外，什么也没有。他们所说的坚固而现实的基础是指自由派资产阶级的基础，可是这个自由派资产阶级如此温和、如此唯命是听、如此软弱无力，以至对它抱任何希望都是太可笑了。那些在1907年曾是"和平革新党人"的人，那些在第三届杜马里站在立宪民主党人和十月党人之间的人，就是所谓坚固而现实的基础！

百万富翁里亚布申斯基是进步派。这些进步派或这类进步派的机关报是《俄国晨报》**168**。不是别人，正是同进步派结成联盟的立宪民主党人的机关报《**言语报**》写道："莫斯科工业家的机关报《俄国晨报》比所有的人都感到满意〈对科科夫佐夫的话〉……《俄国晨报》随声附和克列斯托夫尼科夫的话说：'工商界的莫斯科有权认为自己已经满意了。'"《**言语报**》补充说："既然这取决于《莫斯科呼声报》和《俄国晨报》，那他们就准备不推行任何路线了，他们已经感到满意了。"

试问，有什么材料能够证明叶弗列莫夫或别的进步派有"路线"呢？这种材料没有。民主派只要支持这种进步主义(不管叫做进步主义或立宪民主主义都是一样)，就等于放弃阵地。而利用资产阶级同地主之间、自由派同右派之间的冲突，却是另一回事。民主派只能这样提出自己的任务。

必须明确地认识到立宪民主党人和进步派的自由主义的反革命性，才能完成这个任务，才能对那些在经济上依赖于叶弗列莫夫和里亚布申斯基之流的最广大的群众进行政治教育并把他们组织起来。劳动派和取消派共同的一个主要缺点，就是缺乏这种明确的认识。劳动派对于自由主义根本缺乏阶级分析，取消派则讲些什么"把**杜马**从反动派手里夺过来"，立宪民主党人和进步派快要取得政权，他们正在完成历史性的进步的工作等空话(见马尔托夫和唐恩的言论)，所有这些总括起来，也不过是起了鲁·布·所十分满意的立宪民主党"侧翼"的作用。

劳动派和取消派的主观愿望当然不是这样的，但是，问题不在于他们主观的设想，而在于社会力量的客观组合。尽管有人认为只有两个阵营，尽管有人幸灾乐祸地叫喊工人民主派的瓦解(见鲁·布·先生的同一篇文章)，但这一组合却向我们清楚地表明第三个阵营已经形成。它的路线已经明确地提了出来，这是人所共知的。工人反取消派执行这条路线，团结所有的民主派，**既**反对右派，**又**反对自由派。工人对于软弱无力的、在所有根本问题上都拜倒在反动派面前的立宪民主党自由主义不抱任何幻想，而要利用它同反动派的冲突，以壮大自己，壮大自己的阶级组织，壮大自己的民主派，这个民主派正在那些被叶弗列莫夫和里亚布申斯基之流奴役的广大人民群众中悄悄地成长起来。

由于工人的反取消主义策略，右派同"负责的"反对派的斗争应当提高并且一定会提高那个并不追求不甚光彩的"负责的"反对派称号的"反对派"的觉悟，并帮助它独立地组织起来。

载于 1912 年 5 月 22 日《涅瓦明星报》第 6 号

译自《列宁全集》俄文第 5 版第 21 卷第 311—316 页

经济罢工和政治罢工

（1912 年 5 月 31 日〔6 月 13 日〕）

　　从 1905 年起,工商业部所作的官方的罢工统计中,经常把罢工分为经济罢工和政治罢工两类。他们这样分类,是因为生活中产生了罢工运动的一些**特殊**形式。经济罢工和政治罢工的结合,就是这种特殊性的主要特点之一。现在,罢工运动日趋活跃,为了进行科学分析,为了对事件采取自觉态度,就要求工人仔细认清俄国罢工运动的这个特点。

　　首先让我们从政府的罢工统计中引用几个主要的数字。在 1905—1907 这 3 年中,俄国的罢工运动达到了**世界上从未有过的**高度。政府的统计只是计算了工厂的罢工,而矿业企业、铁路、建筑工程以及使用雇佣劳动的许多其他部门的罢工并未计算在内。但是,即使单算工厂罢工的人数,1905 年就有 2 863 000 人,即将近 300 万人之多;1906 年有 1 108 000 人,1907 年有 740 000 人。而从 1894 年到 1908 年整个这 15 年当中,即在欧洲已开始有系统地编制罢工统计的时期,一年之内罢工人数最多的是美国,也只有 660 000 人。

　　可见,是俄国工人**第一次在世界上**开展了我们在 1905—1907 年所看到的那样大规模的罢工斗争。现在英国工人在经济罢工方面又给了运动一个新的有力的推动。俄国工人所以起了先进作用,并不是因为他们比西欧的工人更强大、更有组织、更成熟,而是因为西欧还不曾发生过有无产阶级群众独立参加的全国性的大危机。将来这些危机到来时,欧洲群众性的罢工会比1905年的俄国还要强烈。

这个时期经济罢工和政治罢工的对比情况怎样呢? 政府的统计对这一点作了如下回答:

罢工人数(单位千)

	1905 年	1906 年	1907 年
经济罢工………………	1 439	458	200
政治罢工………………	1 424	650	540
共 计………	2 863	1 108	740

由此可见两种罢工有着密不可分的联系。1905 年运动达到了最高潮,其特点是斗争具有最广泛的**经济**基础:这一年的政治罢工是以经济罢工作为坚实牢固的基础的。参加经济罢工的人数**超过了**政治罢工的人数。

我们看到,在 1906 年和 1907 年,随着运动的低落,经济基础**削弱了**:1906 年参加经济罢工的人数降低到罢工总人数的 $\frac{4}{10}$,1907 年降低到 $\frac{3}{10}$。可见,政治罢工和经济罢工是相互支持的,是相辅相成的。没有这两种罢工的紧密联系,真正广泛的、大规模的、而且具有**全民**意义的运动是不可能产生的。在运动初期,经济罢工往往带有一种唤起和推动落后、使运动普遍发展、把运动提到更高阶段的性质。

例如,在 1905 年的第一季度,经济罢工显然超过了政治罢工,参加经济罢工的有 604 000 人,参加政治罢工的只有 206 000 人,而在 1905 年第四季度,情况就相反了:参加经济罢工的有 430 000 人,而参加政治罢工的有 847 000 人。这就是说,在运动初期,许多工人把经济斗争放在第一位,而当运动发展到最高潮的时候,情况就相反了。但是经济罢工和政治罢工的**联系,始终**都是存在的。再说一遍,没有这种联系,就不可能产生真正伟大的、能实现伟大目标的运动。

在政治罢工的时候,工人阶级是作为全民的先进阶级出现的。无产阶级在这种情况下不单纯起着资产阶级社会里的一个阶级的作用,而且起着领导者、先驱者、领袖的作用。运动中表现出来的政治思想具有全民的性质,也就是说触及全国政治生活的根本的最深刻的条件。正如所有对 1905—1907 年这个时期进行科学研究的人所指出的,政治罢工的这种性质,使得所有的阶级,当然特别是居民中最广大的、人数众多的民主阶层即农民等等卷到运动中来。

另一方面,如果不提出经济要求,不直接而迅速地改善劳动群众的状况,劳动群众是永远也不会同意去考虑什么全国的共同"进步"的。只有在改善劳动者的经济状况的条件下,群众才会投入运动,积极参加运动,高度重视运动,发扬英雄主义和自我牺牲、坚定不移的精神,并对伟大事业忠心耿耿。事情只能是这样的,因为工人的生活条件"平"时艰苦到了极点。工人阶级在争取改善生活条件的同时,在精神上、思想意识上、政治上也成长起来了,变得更具有实现自己伟大的解放目的的能力了。

工商业部公布的罢工统计,完全证实了工人在全面活跃时期的经济斗争的这种巨大意义。工人的冲击愈猛烈,他们争得生活的改善就愈多。"社会的同情"和生活的改善都是斗争高度发展的结果。如果自由派(和取消派)对工人说:"社会"同情你们,你们就强大了,那么,马克思主义者则对工人说:你们强大了,"社会"就会同情你们。这里所说的社会是指居民当中的各种民主阶层,即小资产阶级、农民、同工人生活有密切接触的知识分子、职员等等。

1905 年的罢工运动规模最大。结果怎样呢? 我们看到,正好是这一年,工人争取到的生活改善最多。政府的统计表明,1905 年,100 个罢工者当中,**只有** 29 人在斗争结束时**什么也没有**争得,就是说完全失败了。而 1895 — 1904 年这 10 年当中,100 个罢工者中间有 52 人在斗争结束时什么也没有争得! 就是说,运动的群众性使斗争的**成功率**大大地提高了,几乎提高了 1 倍。

当运动开始减弱时,斗争的成功率也就开始降低:1906 年,在斗争结束时什么也没有争得的,确切些说,失败了的,100 个罢工者当中有 33 人,而在 1907 年有 58 人,1908 年 100 个罢工者中甚至达到 69 人!!

可见,许多年来的科学统计资料完全证实了每个自觉的工人的亲身体验和观察:经济罢工和政治罢工必须结合起来,而在真正广泛的全民的运动中,这种结合也是必然的。

同样,现在罢工运动的浪潮也完全证实了这个结论。1911 年参加罢工的人数比 1910 年增加了 1 倍(10 万比 5 万)。但是这个数目毕竟非常小;纯粹的经济罢工在当时依然是一种涉及面比较"狭小"的事情,还不具有全民的意义。相反,现在每个人都看得清楚,今年的罢工运动在著名的四月事件以后**正好**具有了**这种**意义。

因此,极为重要的是一开始就要对自由派和自由派工人政客(取消派)力图对运动性质作的**歪曲**进行反击。自由派谢韦里亚宁先生在《**俄罗斯新闻**》上刊载的一篇文章中**反对**把经济"要求"或"其他什么〈居然说出这种话来!〉要求"同五一罢工"搅在一起",而立宪民主党的《言语报》表示同意这种看法,转载了这篇文章的主要之点。

这位自由派先生写道:"把这种罢工偏偏同5月1日这个日子联系起来,这往往是没有根据的……　而且在庆祝全世界工人节日的时候,乘机要求把织某几种细平布的工资增加10%,更是有点奇怪。"(《言语报》第132号)

工人完全明白的东西,自由派却感到"奇怪"。只有捍卫资产阶级及其巨额利润的人才会嘲笑"增加工资"的要求。而工人却知道,正是这种增加工资的要求的**广泛性**,正是罢工的**全面性**,最能吸引大量新的参加者,最能保证冲击的力量并赢得社会的同情,最能保证工人本身的成功和工人运动的全民意义。因此,应当坚决反对谢韦里亚宁先生、《**俄罗斯新闻**》和《**言语报**》所散布的自由派的歪曲,要尽一切力量不让工人上这种劣等参谋的当。

取消派弗·叶若夫先生在取消派报纸《涅瓦呼声报》[169]第1号上也散布了同样的纯粹自由派的歪曲,虽然他是从另一个稍微不同的方面来谈这个问题的。弗·叶若夫先生特别谈到了五一罚款所引起的罢工。作者公正地指出了工人的组织性不够,但是他从这个公正的指责出发作出了最错误的也是对工人最有害的结论。叶若夫先生认为,一个工厂单纯为了抗议而罢工,而另一个工厂又把经济要求结合进来等等,这就是没有组织性。实际上,罢工形式的**多种多样**根本不是什么没有组织性:一定要形式千篇一律才算有组织性,那就未免太愚蠢了! 没有组织性根本不表现在叶若夫先生所找的地方。

而他的**结论**就更糟糕得多了:

"因此〈就是说,因为罢工的多种多样以及经济和政治相结合的各种不同形式〉在相当多的场合下,抗议的原则性(要知道,不是为了25个戈比而罢工)模糊了,被经济要求弄得复杂了……"

这是真正令人愤慨的、彻头彻尾荒谬的、彻头彻尾自由派的议论! 以为"25个戈比"的要求**能够**"模糊"抗议的原则性,那就是堕落到立宪民主党人的水平。恰恰相反,叶若夫先生,对25个戈比的要求不应该嘲笑,而应该完全承认! 恰恰相反,叶若夫先生,这种要求**不会**"模糊",只会**加强**"抗议的原则性"! 第一,改善生活的问题**也**是一个原则性问题,并且是极为重要的原则性问题,第二,如果我们所反对的不是一种,而是两种、三种或更多的压迫的表现,那我不是在削弱,而是在加强我的抗议。

任何一个工人都会愤怒地批驳叶若夫先生对事实进行的这种令人愤慨的自由派的歪曲。

叶若夫先生决不是说错了话。他后面写的东西还要可恶:

> "亲身的经验一定会提醒工人,用经济要求把自己的抗议弄得复杂化,正如用原则性的要求把平常的罢工弄得复杂化一样,是不适当的。"

不对,一千个不对!《涅瓦呼声报》刊登了这种言论,真是可耻。叶若夫先生觉得不适当的,倒是完全适当,每个工人**亲身的经验**和俄国很大一部分工人最近的经验所说明的,正好同叶若夫先生的指教**完全相反**。

只有自由派才会反对用"原则性的要求"来把最"平常的"罢工弄得"复杂化",这是第一。第二,我们的取消派用"平常的"罢工的尺度来衡量现在的运动,是大错而特错了。

叶若夫先生企图用别人的旗帜来掩盖自己的自由派私货,真是枉费心机,他把经济罢工和政治罢工**相结合**的问题同为这两种罢工作**准备**的问题混为一谈,也是枉费心机! 当然,要准备一切并作好自身的准备，而且要准备得尽量扎实一些、齐心一些、团结一些、周密一些、坚定一些，这样做是最好不过的；没有什么可争论的。但是，同叶若夫先生的看法相反，应当准备的正好是把这两种罢工**结合**起来。

叶若夫先生写道："我们面临的是一个经济罢工的时期。如果把经济罢工同工人的政治行动交织在一起，那就犯了无法挽回的错误。这样混在一起，对工人的经济斗争和政治斗争都是有害的。"

看来没有比这更糟糕的了！从这些话里再清楚不过地看出一个取消派堕落到了一个平庸的自由派的水平。每一句话都错了！必须把每一句话都**完全**颠倒过来，才能得到正确的东西！

说我们面临的是经济罢工的时期，这不对。正好相反。我们面临的不仅是经济罢工的时期。我们面临的是政治罢工的时期。叶若夫先生，事实胜过你们自由派的歪曲，如果你们能够看到工商业部所收集的罢工统计卡片，那么，**就连**政府的这个统计也会完全把你们驳倒。

说"交织在一起"是错误，这不对。正好相反。如果工人不懂得这种"交织在一起"的整个特殊性、整个意义、整个必要性、整个在原则上的重要性，那才是无法挽回的错误。幸好工人们很懂得这一点，而且对自由派工人政客的宣传嗤之以鼻。

最后，说这样混在一起对两种形式的罢工"都是有害的"，这也不对。正好相反。这样混在一起，对两种形式的罢工都**有利**，会使这两种形式的罢工都得到加强。

叶若夫先生对他所发现的某些"激烈人物"教训起来了。请听吧：

"必须在组织上巩固工人群众的情绪……"——颠扑不破的真

理！——"……必须加强拥护工会的宣传，为工会征求新的会员……"

完全对，**但是**……但是，叶若夫先生，把"组织上的巩固"仅仅**归结为**巩固工会，那是不能容许的！取消派先生，请记住这一点！

"……这一点尤其必要，因为工人当中现在有不少激烈人物热衷于群众运动，在群众集会上**反对工会**，好像工会是无益的、不必要的。"

这是自由派对工人的诽谤。工人并没有"反对工会"，从工人那里吃到了苦头，并且今后还会吃到苦头的是取消派。工人反对的是叶若夫先生在上面那段话里明确表达的意思：把组织上的巩固仅仅**归结为**巩固"工会"。

工人并没有"反对工会"，而是反对充斥于叶若夫先生文章中的自由派对工人斗争性质的歪曲。

俄国工人在政治上已经相当成熟了，他们懂得自己的运动的伟大的全民意义。俄国工人已经相当成熟了，他们懂得自由派的工人政策的荒谬和贫乏，他们对这种政策总是嗤之以鼻。

载于1912年5月31日《涅瓦明星报》第10号

译自《列宁全集》俄文第5版第21卷第317—324页

移 民 问 题

(1912 年 6 月 3 日〔16 日〕)

　　大家知道,政府和各反革命政党对于迁移农民曾经寄予很大希望。按一切反革命分子的想法,迁移农民即使不能彻底解决土地问题,至少也能使土地问题大大缓和一下,而不致造成危害。这就是为什么正是在欧俄农民运动即将开始和发展的情况下移民事业受到大肆鼓吹和百般鼓励的原因。

　　库尔斯克的死硬派马尔柯夫第二这样一些露骨的反动派嘴上所说的,正是政府的代表和像十月党人这样比较有远见的政治家脑子里所想的。这位代表在杜马讨论移民问题时,公开地、非常直率地说:"是的,政府应该用移民办法来解决土地问题。"(第 1 次常会)

　　毫无疑问,如果正确地组织移民工作,那是会对俄国的经济发展起一定的作用的。当然,不应该过高估计这个作用,即使现在,当农民处境不堪忍受,以致俄国庄稼汉不仅下决心逃往西伯利亚,而且逃到天涯海角的时候,即使现在,当正在竭力鼓励少地和无地农民移居和迁出,免得他们对地主的大地产眼红的时候,当 11 月 9 日法令特别有助于移民处理他们在故乡的剩余财物的时候,也不应该过高估计这个作用;对于这一点,甚至现在那些以人口自然增长作辩护的辩护士也不得不承认;因为只有在迁出者的百分比最高的几个省份（俄国的南部、西部和中部黑土地带），移民人数才等于人口自然增长数，或者稍微超过一些。

但是，在西伯利亚还有大量可供移民用的空地。不过，由于调查工作做得太少，即使大致准确地确定这种空地有多少也是不可能的。早在1896年，库洛姆津曾把待垦土地的数量确定为13万人的份额。从那时起，已经分配出去10倍于这个数额的土地，但是这些土地还没有分配完。相反，根据移民管理署的统计，到1900年，可供移民用的土地数量就有300万人的份额，可供600万移民使用。我们看到，这些数字大小悬殊，上下的幅度也很大。

无论怎样，即使考虑到官僚主义总要好心夸大而把以上数字打一定的折扣，西伯利亚无疑还是有可以开垦的土地的，因此，只要把移民工作合理地加以组织，向那里移民，无论对西伯利亚还是对全俄国来说，都会有一定的意义。

就连这个必要的条件现政府也不能实现。现在的移民事务办理情况再一次表明和证明，我国的"旧制度"绝对不能满足居民最起码的经济要求；移民工作的安排不当再一次证明，现在当权的老爷们没有能力为国家的经济发展做一点好事。

社会民主党代表每年在讨论移民管理署预算时所作的发言，也都是为了使人弄清移民政策的方针、性质和执行情况。

政府在迁移农民这件事情上所追求的目的是什么呢？这是决定其他一切问题的基本问题，因为政府的移民政策的整个性质是由这一政策的目的决定的。

代表社会民主党党团在杜马第2次常会上发言的沃伊洛什尼科夫代表，是这样说明政府在迁移农民这件事情上给自己提出的任务的。沃伊洛什尼科夫代表说："移民政策是政府整个土地政策的一个环节。过去地主需要贫弱的农民作为廉价的劳动力,所以政府曾经极力阻止移民,把多余的人口留在当地。但这还不算;政府还加紧反对擅自迁移,竭力关紧这一安全阀;但是当时人口的自然增长在继续进行,时代已经改变了;无产阶级和饥饿农民以及由于饥饿而产生的一切后果的威胁像乌云般地涌来。政府和地主赶忙抓住移民问题,把它和11月9日法令共同作为自己土地政策的基础,但是在执行11月9日法令时所注意的是殷实的农民,是要剥夺贫弱农民的土地并把它交给殷实的农民,而抓移民问题时则是尽量把贫弱农民排挤到西伯利亚去;尽管最近移民的平均富裕程度有提高的趋势,但是,主要群众——用斯托雷平的术语来说——仍旧是贫弱农民。土地规划委员会也参与了或者说是被吸引来参加了这种加紧排挤的活动。

土地规划委员会负责分给移民土地,并进行登记,从而结束从前的土地混乱现象。可见,先生们,11月9日的法令、加紧鼓吹移民、加紧把贫弱农民排挤到西伯利亚去以及成立土地规划委员会,是同一个问题、同一个政策的两个紧密相联的方面。不难看出,11月9日法令的实施,可以使殷实的农民靠牺牲贫弱农民而定居在份地上,从而可以把这些贫弱的,这些在垦殖开发方面不太适宜的人赶到人生地疏的边疆地区。无论在村社方面还是在移民方面,政府的移民政策都只是根据一小撮农奴主-地主的利益以至一切压迫工人群众和劳动农民的统治阶级的利益制定的。政府根本不了解国家的基本要求和国民经济的需要。"(第2次常会,第77次会议)

齐赫泽代表在国家杜马第2次常会上的发言中最充分地揭露了事情的这个方面,他详细地描述了移民政策在高加索执行的情况。

这位社会民主党发言人首先用事实和数字证明,官方关于高加索的空闲土地的所有报道,都与实际情况极不相符。我们要特别着重指出,齐赫泽代表为了避免被别人指责他偏袒和歪曲,在发言中总是利用官方材料和政府官员的报告。根据前国家产业部大臣早在 80 年代搜集的材料,"仅仅在高加索官地上定居的国家农民中间,在外高加索 4 个省里,完全没有土地的计 22 000 人,每人有份地不足 1 俄亩的计 66 000 人,有份地 1—2 俄亩的计 254 000 人,有份地 2—4 俄亩的计 5 013 人,——份地少于在高加索定居的移民的份地最低定额的共约 100 万人。在库塔伊西省 29 977 户中,无地和份地不足 1 俄亩的计 2 541 户,有份地 1—2 俄亩的计 4 227 户,有 2—3 俄亩的计 4 016 户,有 3—5 俄亩的计 5 321 户。根据最近的材料,外高加索 4 个省完全没有官地或官地很少的村落约占 46%,而库塔伊西省无地农户约占 33%。从巴库农业生产需要委员会的报告中我们知道,这些官地很少的村落中还有一些无地的农民,他们迁移到拥有大量份地的农民近旁去住,因而多年来一直处于这种依附地位。而参议员库兹明斯基在其奏章中说:'可以看出,有时移民完全是由那些放弃农业和把以垦殖开发的名义获得的土地租给同村人或邻村土著农民的人组成的。'可见,早在 25 年以前,外高加索就有数十万本应比其他各类农民得到更多保证的国家农民可以毫不夸大地称做雇农了。早在 25 年以前,当地农民就不得不租佃交给移民的土地。"

根据这些材料就可以判断对高加索国家农民的土地保证情况。

　　这位发言人继续说:"至于所谓暂时义务农,根据开列出的文件可以看出,梯弗利斯省完全没有土地的就有 1 444 户,甚至连宅旁地都没有的就有386 户。这占梯弗利斯省地主农民总数的百分之十三。库塔伊西省在改革时无地农民还更多。即使按梯弗利斯省农奴总数的比例来计算,在库塔伊西省也有 5 590 户农奴或 25 000 个农奴在高加索农民解放时连一小块土地也没有得到。"报告的作者继而谈到义务关系的解除时说:"改革后经过了 20年,到 1895 年,伊丽莎白波尔省的无地农民有 5 308 户或 25 000 个男女。巴库省的无地农民有 3 906 户或 11 709 个男女。以下材料是关于那些没有赎买自己的份地但也多少有点田地的暂时义务农拥有土地的情况。梯弗利斯省每人平均为 0.9 俄亩,库塔伊西省为 0.6 俄亩。梯弗利斯省赎回份地的农民每人平均为 1.7 俄亩,库塔伊西省为 0.7 俄亩。这就是那些多少有点田地的农民在土地方面所得到的保障。库塔伊西省农业生产需要委员会的报告对高加索农民经济状况作了总的描绘。根据从各种官方调查中得来的材料,库塔伊西省极端贫困的农民人数达百分之七十。此外,这里也提到,库塔伊西省有百分之二十五的贵族也很穷。"

　　报告中继续谈道:"这些土地占有者只有在找到外水的情况下才能保持自己的经济独立,他们完全没有可能把钱用在改善经营上,用在购买农具和肥料上。大量的需求不能不影响到租佃份地的代价,在实行对分制的情况下地租往往达到总收入的百分之六十,而在必须交纳土地的一定数量产品的情况下,歉收年份地租往往超过总收入。采用货币地租的很少,租金每俄亩每年达 30 卢布。这是库塔伊西省的情况。下面是关于伊丽莎白波尔省 4 个县的农民拥有土地情况的一些材料。根据有关一切靠地主土地为生的农民的资料,我们看到,在伊丽莎白波尔省的 4 个县,即吉布拉伊尔县、赞格祖尔县、舒申克县和杰万希尔县,平均每人有地 0.6 俄亩。根据参议员库兹明斯基的统计,巴库省连科兰县在地主土地上落户的移民每个男人平均有份地 0.5俄亩。在库巴县为 0.9 俄亩。"这位发言人最后说:"先生们,这就是外高加索农民拥有土地的情况。"

　　既然在缺少土地方面高加索农民的状况与俄罗斯农民的状况没有多大区别,那么试问,高加索还能有什么待垦土地呢,为什么不是适当分散当地的农民反而还要向那里迁入移民呢?

　　移民用的土地是靠疯狂地侵犯土著居民的土地权而得来的,从俄罗斯向外移民则完全为了贯彻"边疆地区俄罗斯化"这一民族主义原则。

齐赫泽代表引用了许多仍然是来自官方的材料,说明为了准备待垦土地,怎样把整村整村的土著居民从他们的故土上赶走,为了证明剥夺山民土地是正确的,怎样策划了一系列的诉讼(见贵族代表策列铁里公爵向内务大臣作的关于库塔伊西县基克纳韦列季山村情况的报告),等等。所有这一切并不是个别的、例外的事实,而是正如参议员库兹明斯基所确认的那样,是"典型的事件"。

结果在移民和土著居民之间简直形成了敌对的关系。例如,当阿拉尔人从他们的土地上被赶走,像参议员库兹明斯基所说的那样,"被迁出去而得不到土地保证,只好听天由命"的时候,掠夺他们土地的移民却靠国库的开支武装起来:这些县的地方官奉命"要设法给在穆甘新建村庄的农民(其中包括波克罗夫人)以武器——每100户10支别旦式步枪"。这是说明现行政策的"民族主义方针"的很有意思的例证。

虽然如此,国家杜马中的右派代表们还是扬扬得意地指出,据高加索总督的报告,可以移民的土地有170万俄亩。但是,也正如这个总督所证明的那样,几乎有一半这样的土地已经被移民占去,而相当大的一部分土地,仍如这个总督所确证的那样,是那些人生地疏的农村业主在体力上无法经营的地带。

齐赫泽代表还讲了政府如何安置各地新移民的情况。"根据总督的报告,主要在外高加索东部地区,移民土地上水源不足和难以灌溉,这是使已定居在那里的移民重又迁走的主要原因之一。新移民从黑海沿岸地区纷纷逃走,因为不但在各个居民点之间,而且在每一块移民土地上,都没有适于车辆通行的道路。关于这点,应该再补充一下:移民所不习惯的恶劣的气候条件,加上高加索许

多地区发生危害人畜的症疾,至少也像没有道路一样,迫使立脚未
稳的新移民纷纷逃出边疆地区。在上述原因的影响下,不断发生
移民从伊丽莎白波尔省、巴库省和达吉斯坦州以及从梯弗利斯省
和黑海省迁出的现象。"

因此,总督本人是这样评价向高加索移民的结果的。总督说:
"至今对高加索居民的土地问题所采取的态度已经不能再容忍下
去了,因为这种态度对于农村居民中出现革命情绪无疑起了相当
重要的作用。"

政府和统治阶级在迁移农民到西伯利亚去这件事情上抱着完
全相同的目的;由于追求政治目的,他们在这样做的时候既不考虑
移民的利益,也不考虑当地居民的权利。

在迁出地,即在俄罗斯,移民事宜现在由土地规划委员会、地
方官和省长掌管。疏散当地少地和无地的农民,根据大土地占有
制的需要把一部分这样的农民留在当地(作为提供雇佣劳动力的
来源),对于土地规划委员会极为重要,同时它们却用大力把贫苦
农民"迁出",以至引起了移民管理署的怨言。有一个移民官抗议
说:"土地规划委员会弄来了一批批一贫如洗的人,他们急需路费
补助,急需贷款,但不是为了安家,而是为了糊口;即令有个别的移
民有一些钱,那也只够路上吃用。"

这些被标榜"寄希望于强者"的土地政策遗弃的"弱者",挤在
毫无设施的运牲畜的车厢里,老人、孩子和孕妇人满为患,一群一
群地被运到西伯利亚去。移民们就在这些运牲畜的车厢(上面标
上"40个人、8匹马")里做饭,洗衣服;在这里往往还躺着患传染病
的人,移民们总是把他们藏起来,因为害怕他们被撵下车去而掉
队。在各车站和终点站,移民下车了,碰得巧,可以在专门设置的

帐篷下待一待,碰得不巧,就得在露天下受日晒雨淋。沃伊洛什尼
科夫代表在杜马中说,他本人在斯列坚斯克居民点就看到过一些
患伤寒病的人露天躺在雨地上,没有遮盖。就是上面所引的这样
一些移民旅行条件,两位大臣(斯托雷平和克里沃舍因)还认为"并
不算坏"。他们禀报说:"移民在旅途上的卫生条件并不算坏,许多
人在旅途上甚至非常舒服。"官僚们真是功德无量!

　　贫困不堪的移民虽然在"到乐土去"的道路上受尽了千辛万
苦,但他们在西伯利亚并没有找到幸福。例如,沃伊洛什尼科夫代
表就曾经引用官方报告来描述他们在新地方的生活状况。

　　有一位官员(移民管理署的特派员)写道:"大多数移民区分散
在针叶林地带,缺水,缺少耕地,缺少牧场。"另一位官员补充说:
"贷款完全失掉了作为安家费用的性质;贷款数目对于真正帮助安
家来说本来就太少。现行的贷款发放制度把贷款这件事变成了纯
粹的慈善事业,因为两年左右靠 150 个卢布的贷款安家糊口是不
可能的。"

　　请看,下面就是这些官方报告中对新移民的卫生状况的描写。

　　一位官员写道[①]:"在伤寒病之后,这里又有坏血病流行;几乎在所有村
落和农舍里都有患这种病的或者将要患这种病的人。往往在一间农舍里躺
着患这两种病的人。在奥库尔-沙斯克移民区,我曾看到这样的情景:一家的
男主人患伤寒病,正处在脱皮期,他那怀孕的妻子因营养不良而极端虚弱,儿
子是个 12 岁左右的孩子,淋巴腺肿大,并且患着坏血病;他的妻妹也患坏血
病,不能行走,还要带一个吃奶的孩子;她的 10 岁的男孩也患坏血病,鼻子流
血,双腿发软,只有她丈夫是全家唯一健康的人。

　　随着坏血病和伤寒而来的是夜盲症。有的村落简直可以说所有移民
无一例外地都是瞎子。叶姆纳河沿岸有许多地区完全是稠密的针叶林,这

---

　　① 《报告》第 8 页。

里既没有耕地,也没有割草场,两三年来新移民勉勉强强地耕种自己宅旁的土地,盖起简陋的小茅舍。根本谈不到粮食自给,完全靠借贷度日。借来的钱用完了,粮食奇缺;许多人确实是在挨饿。不仅粮食缺乏,而且饮水也缺乏。"

这样的报告屡见不鲜。不管这些官方报告怎样耸人听闻,显然,还是没有完全说出真相,这样也就粉饰了现实。例如,曾访问过远东的地方自治机关全国性组织的全权代表李沃夫公爵——大家知道,这是一个见解温和的人——就对阿穆尔河沿岸边疆区的移民情况作了如下的描写:

"与世隔绝,如在荒岛,周围是原始森林中的沼地草丘、布满沼泽的河谷和山丘,这种野人般的生活、劳动和谋生条件,自然会对那些意志薄弱的贫困移民有很大压力。他们为了安置简陋的住所,刚一开始同严酷的自然环境作斗争就耗尽了自己原有的一点点精力,因而变得对一切都无动于衷。坏血病和伤寒侵袭着疲惫不堪的机体并将它送进坟墓。1907年,许多村落的死亡率简直令人难以置信,竟达25%—30%。这些村落里有多少户人家就有多少个十字架,不少村落的居民注定要全体迁往新的地区,不然就得进坟墓。在那些不幸的家庭里不知流了多少悲痛的眼泪,在这遥远的边疆,国家的钱用来举行如此耗费钱财的葬礼,而不是用来垦殖开发!被去年的巨大移民浪潮卷来、在原始森林中弄得筋疲力尽的残存者并不是很快就能站稳脚跟的。许多人还会死去,许多人还会逃走,回到俄罗斯,诉说自己的灾难,诅咒这个地区,使人不敢再来,为今后的移民工作造成障碍。难怪今年在滨海州发生了空前规模的移民倒流,而流入这个州的移民减少了$\frac{4}{5}$。"

在一望无际的西伯利亚原始森林里,特别是在西伯利亚这种交通闭塞的地方,移民被隔绝和被遗弃的情况使得李沃夫公爵也大吃一惊,这不是没有道理的。可以想象,现在那里正在怎样有成效地推行独立农庄经济并划分独立田庄的地块,因为那些土地政策的指导者已经宣布:"必须坚决改变〈!〉西伯利亚的土地政策",

"建立和巩固私有制","根据 1906 年 11 月 9 日法令确保个体农民土地","拨给移民土地,尽可能把土地划分成独立田庄"①,等等。

很自然,在这种移民条件下,根据移民管理署的材料,在 1903—1905 年已安置好的移民中,一头役畜也没有的占 10％,只有一头役畜的占 12％,没有奶牛的占 15％,没有犁的占 25％(引自盖达罗夫代表在第 1 次常会上代表社会民主党党团所作的发言)。因此沃伊洛什尼科夫代表依据这些官方报告,完全有理由对 1906—1908 年的移民政策作出如下的结论:

"在 1906 年、1907 年和 1908 年这 3 年期间,就有 1 552 个男女被迁往乌拉尔以东地区,其中有一半是穷人,他们听信了政府的宣传,来到这人迹罕至的边远地区,听凭命运的摆布。按照移民管理署提供的材料,其中已安居下来的有 564 041 人,已返回的男女有 284 984 人。这就是说,根据移民管理署的材料,有下落的为 849 025 人,那么其余的人到哪儿去了呢? 那 703 414 人究竟在哪儿呢? 先生们,政府分明知道他们的悲惨命运,但它就是不说;其中一部分人已加入当地居民村,另一部分加入到西伯利亚无产阶级的行列,到处行乞。

但是有一大部分人政府给举行了代价很高的葬礼,这就是政府闭口不提这些人的原因。"

马尔柯夫第二用移民办法"解决土地问题"的愿望就是这样实现的。在这些事实面前,就连大资本的代表十月党人也不得不承认"移民工作的缺陷"。早在举行第 1 次常会时,十月党人就表示了自己的愿望(而且杜马也接受了这种愿望),即"改变和改善移民旅途条件","在定居地区创造发展这些地区的文化经济所必需的条件","在给移民划分土地和安置他们时要尊重当地农民和异族居民的利益和权利"。自然,这些小心翼翼表达出来的和故意闪烁

————————

① 《报告》第 60、61、62 页。

其词的愿望迄今仍是"旷野里的呼声"[170]。十月党的啄木鸟年复一年不厌其烦地重复着这种老调……

载于 1912 年 6 月 3 日《涅瓦
明星报》第 11 号

译自《列宁全集》俄文第 5 版
第 21 卷第 325—336 页

革命的高涨[171]

（1912 年 6 月 4 日〔17 日〕）

全俄无产阶级的声势浩大的五月罢工，以及罢工引起的游行示威、散发革命宣言和向工人群众发表革命演说，都清楚地表明俄国已进入了革命高涨时期。

这次高涨决不是突如其来的。它早已由俄国生活的一切条件酝酿好了。由勒拿惨案和纪念五一所引起的群众性罢工，只不过最终决定了这次高涨的到来。反革命的暂时得势，过去是与工人的群众性斗争的低落不可分割地联系着的。参加罢工的人数，使我们对于这一斗争的规模有了一个虽是大致的却又是绝对客观而真实的了解。

革命以前的 10 年，即 1895—1904 年，参加罢工的人数每年平均为 43 000 人（凑成整数）。1905 年为 275 万人；1906 年为 100 万人；1907 年为 75 万人。这 3 年革命的特点是，无产阶级的罢工斗争达到了**世界上任何地方都没有见过的**高涨程度。这一斗争的低落，开始于 1906 年和 1907 年，到 1908 年就已非常明显：参加罢工的人数只有 175 000 人。1907 年的六三政变使与黑帮地主和工商业巨头的杜马相勾结的沙皇专制制度重整旗鼓，这次政变是群众革命热情低落的必然结果。

1908—1910 年这 3 年，是黑帮反革命势力猖獗、自由派资产阶级背叛以及无产阶级消沉瓦解的时期。参加罢工的人数日益减少,1909年减到6万人,1910年减到5万人。

但从1910年底起开始有明显的转变。因穆罗姆采夫这个自由派分子和列夫·托尔斯泰的逝世而举行的游行示威以及学生运动,清楚地表明风向已经转变,民主派群众的情绪有了一定的转变。1911年,工人群众渐渐转为**进攻**:参加罢工的人数达到10万人。各方面的情况都表明,因反革命的得势而产生的疲惫麻木状态正在消失,群众又**趋向于**革命。1912年1月间举行的俄国社会民主工党全国代表会议在总结它对时局的估计时指出,"广大的民主派,首先是无产阶级,已开始在政治上活跃起来。1910—1911年的工人罢工,游行示威和无产阶级群众大会的开始举行,城市资产阶级民主派中的运动(大学生罢课)的开展等等,——这一切都标志着群众反对六三制度的革命情绪的日益增长"(见代表会议的《通报》第18页①)。

到今年第二季度,这种情绪已经大大增长,进而表现为群众的行动并造成**革命的高涨**。最近一年半来的事态发展,清楚地表明这次高涨决不是偶然的,而是完全合乎规律的,是由俄国整个前一阶段的发展所必然引起的。

勒拿惨案是群众的革命情绪转为群众革命运动高涨的导火线。托洛茨基在维也纳《真理报》上跟着取消派重复自由派的谎话,说什么"争取结社自由的斗争是勒拿惨案及其在国内的强烈反应的**基础**",——这真是弥天大谎。在勒拿罢工中,根本没有提出结社自由作为特殊的或主要的要求。在勒拿惨案中暴露出来的,

----

① 见本卷第146页。——编者注

并不是缺乏结社自由,而是缺乏反对奸细告密行为、反对普遍无权状况、反对专横暴虐……的自由。

　　正如我们在《社会民主党人报》第26号上所说明的,勒拿惨案是**整个**六三君主制最确切的反映。勒拿事件的特点决不表现在要争取某一种**权利**,即使这种权利是无产阶级最根本最重要的权利。这次事件所表明的一点,是在**一切**方面都完全缺乏最起码的法制。勒拿事件表明,奸细、侦探、特务以及沙皇的奴仆走上了不要任何政治借口便大批枪杀人民的道路。在勒拿事件中表现得非常明显因而把群众的**革命**烈火**点燃**起来的,正是俄国生活中的这种普遍无权状况,正是争取某种**权利**已经毫无希望毫无可能的现状,正是沙皇君主制及其整个政治制度已经不可救药的现状。

　　自由派总是拼命想证明勒拿事件和五月罢工带有工会运动和争取"权利"的性质,但凡是没有被自由派的(和取消派的)争论所蒙蔽的人,都很清楚不是这么回事。群众性罢工的**革命**性质是很明显的,五一节前夜彼得堡各社会民主党小组(甚至还有一个社会革命党工人小组!)共同发表的宣言[172],就特别强调了这种性质;我们把这篇宣言全文转载在纪事栏里,宣言重申了1912年1月俄国社会民主工党全国代表会议所提出的口号。

　　而且勒拿罢工和五月罢工具有革命性质的主要证据也不在口号上。口号只不过是对种种事实的**概括**。群众性罢工从一个区域蔓延到另一个区域,罢工大大发展和迅速蔓延,工人表现出勇敢精神,群众大会和革命演说增多,要求取消庆祝五一的罚款,我们在俄国第一次革命中所熟悉的那种政治罢工和经济罢工的结合,——所有这一切都清清楚楚地表明运动的真正特点是**群众运动的革命高涨**。

我们来回顾一下1905年的经验。事态告诉我们,工人还**保持着群众性革命罢工的传统**,而且迅速发扬了这种传统。1905年的罢工高潮是世界上从未见过的,这一年的第一季度参加罢工的人数达到81万人,第四季度达到1 277 000人,当时经济罢工和政治罢工结合起来了。根据大致的计算,参加勒拿罢工的工人达30万人,参加五月罢工的达40万人,而且罢工运动还在不断发展。每天的报纸,甚至包括自由派的报纸在内,都报道罢工火焰不断扩大的消息。现在,1912年的第二季度还没有完全过去,但是已经可以清楚地看到一个事实,就是1912年革命高潮开始时罢工运动的规模比1905年革命高潮开始时的规模**不是缩小,而是扩大了!**

俄国革命第一次在广泛的规模上发展了这种无产阶级的鼓动、激励、团结和吸引群众参加斗争的方法。现在无产阶级又采用,而且更坚决地采用这种方法。世界上任何力量都不能实现无产阶级革命先锋队运用这种方法所实现的事情。一个幅员辽阔、拥有15 000万人口的国家,人民散居各地,彼此分离,备受压迫,没有权利,愚昧无知,在一大群官吏、警察和侦探包围下接受不到"不良影响",——现在这个国家**整个**都动起来了。工农中的最落后阶层也与罢工者发生了直接或间接的联系。一下子就有数十万革命鼓动员出现在舞台上,他们的影响在不断扩大,因为他们与下层群众有密切联系,他们始终生活在群众中间,他们为**每个**工人家庭最迫切的需求进行斗争,并且把政治抗议和反对君主制的斗争同这种直接争取实现迫切经济要求的斗争结合起来。由于反革命已经激起数百万、数千万群众对君主制的切齿痛恨,使他们对君主制的作用有了初步了解,现在首都先进工人提出的口号——民主共和国万岁!——正随着每次罢工,通过千万条渠道流传到落后阶层,流传到穷乡僻壤,流传到"民间",流传到了"俄国的腹地"。

自由派分子谢韦里亚宁对于罢工的议论值得特别注意。他的这种议论受到《俄罗斯新闻》的热烈欢迎,《言语报》也抱着同情的态度予以转载。

> 谢韦里亚宁先生问道:"工人们是否有什么理由把经济要求或其他什么〈!〉要求同五一罢工搅在一起呢?"接着他自己答道:"我敢断言,他们是没有这种理由的。任何一次经济罢工,只有在认真估量到胜利的希望之后,才能够开始,才应当开始……　所以把这种罢工偏偏同5月1日这个日子联系起来,这往往是没有根据的……　而且在庆祝全世界工人节日的时候,乘机要求把织某几种细平布的工资增加10%,更是有点奇怪。"

这就是自由派的议论!可是那些一心想得到民主派报纸称号的自由派"最佳"报纸,却对这种卑鄙透顶、下流恶毒的议论表示同意!

资产者最无耻的贪婪,反革命分子最卑劣的胆怯,这就是这位自由派分子的动人言论中所隐藏的东西。他想保全主人的钱袋。他想要一种为"结社自由"而举行的"规规矩矩的"和"毫无害处的"游行示威!但无产阶级并没有这样做,而是吸引群众参加把政治和经济密切联系起来的**革命**罢工,这种罢工可以通过立刻改善工人生活的斗争的胜利来吸引最落后阶层,同时可以唤醒人民起来**反对沙皇君主制**。

是的,1905年的经验创立了深刻而伟大的群众罢工传统。而且决不应忘记,这种罢工在俄国会造成什么样的结果。在我国,不屈不挠的群众性罢工是同**武装起义**密切联系的。

请不要曲解我这段话的意思。这里说的决不是**号召**起义。在目前号召起义是极不明智的。这里说的是要确立俄国罢工和起义之间的**联系**。

1905年的起义是怎样**发展起来**的呢？第一，群众性罢工、游行示威和群众大会使群众与军警间的冲突日益增多。第二，群众性罢工激发农民去举行许多次局部的、零散的和半自发的起义。第三，群众性罢工非常迅速地蔓延到陆海军中去，引起了基于经济要求的冲突（"豌豆暴动"等等），继而引起了起义。第四，反革命**自己**用蹂躏、毒打民主派等方法来挑起内战。

1905年的革命之所以遭到失败，决不是因为它走得"太远"，决不是因为十二月起义是"人为的"，像自由派的叛徒们所认为的那样。恰恰相反，它遭到失败的原因，是起义走得**不够**远，是必须起义的思想在各革命阶级中间还没有得到广泛传播和充分领会，是起义还没有做到步调一致、坚决果断、组织严密、同时发动和一往无前。

现在我们来看看，目前是否有**起义发展**的征兆呢？为了不致陷于革命狂热，我们拿**十月党人**说的话作证明。彼得堡的德意志族十月党人协会大半是所谓"左派"和"立宪派"十月党人，他们是立宪民主党人最喜爱的人物，并且最能（与其他十月党人和立宪民主党人相比）"客观地"观察事件，而不抱有以革命恐吓上司的目的。

这些十月党人的机关报（《圣彼得堡报》[173]）在5月6日（19日）的每周政治评论上写道：

"5月到了。不管天气怎样，5月对于首都居民通常总是不很愉快的，因为5月的头一天就是**无产阶级的'节日'**。今年，工人对勒拿示威运动记忆犹新，所以5月1日这天特别危险。到处流传着关于罢工和示威的种种传闻的首都充满了火药味。我们忠实的警察当局显然很不安，它进行了搜查，逮捕了一些人，并派出了大批巡逻队以防止上街游行示威。警察当局除了搜查工人报纸的编辑部和逮捕它们的编辑以外，并没有想出其他妙法，这证明它对于那些操纵大批工人木偶的线不甚了然。而这些线是存在的。罢工的纪律性以及其他许多情况都表明了这一点。因此，这次五月罢工非常可怕，这是一次空前未有的大罢工，参加罢工的有各大小工厂的 10 万以至 15 万工人。这只是一次和平的检阅，但是这支大军的团结已经引起了人们的注意。何况与不久以前的工人怒潮同时还发生了其他一些令人惊慌的现象。在我国海军的各种舰艇上，有些**水兵**因进行革命宣传而被捕。根据报刊上所透露的消息看来，我们本来为数不多的军舰上的情形是不很妙的…… **铁路工人**也使人感到惊慌不安。诚然，任何地方都还没有举行罢工的尝试，但是一连串的逮捕事件，特别是像逮捕尼古拉铁路副站长 A.A.乌沙科夫这样惹人注目的事件，表明铁路上也相当危险。

幼稚的工人群众的革命尝试，对于杜马选举的结局，当然只能产生有害的影响。这种尝试是轻率的举动，何况……沙皇委任了马努欣，国务会议通过了工人保险法！！"

这就是德意志族十月党人的议论。我们要指出，关于水兵的问题，我们已经从各地得到许多确凿的消息，证明《新时报》夸大事实。暗探机关显然在干着奸细告密的"工作"。过早的起义尝试是极不明智的。工人先锋队应当明白，在俄国举行适时的即胜利的武装起义的基本条件，是民主派农民起来支援工人阶级，以及军队积极参加起义。

革命时期的群众性罢工有其客观的逻辑。它把数以百万计的火星撒到各个方面，而到处都有易燃物：极度的怨恨，空前的饥荒折磨，暗无天日的专横暴虐，对"穷人"、"庄稼汉"和士兵的横加凌辱。再加上黑帮肆无忌惮地蹂躏犹太人的暴行，而这种暴行则是由昏庸暴虐的尼古拉·罗曼诺夫的宫廷近臣暗中策划和指挥的…… "过去如此，将来还会如此"[174]——大臣马卡罗夫的这句有预见性的话，对他自己和他的阶级以及他的地主皇帝倒是说中了！

群众运动的革命高涨，使所有工人社会民主党人和一切忠实的民主主义者肩负起重大的责任。俄国社会民主工党全国代表会议认为这些责任就是:"从各方面支持已经开始的群众运动〈现在已经应该说:**已经开始了的革命的群众运动**〉,并扩大这个运动,以便彻底实现党的口号。"党的口号——建立民主共和国,实行八小时工作制,没收地主全部土地——应成为**整个**民主运动的口号,**人民革命的口号**。

为了支援和扩大群众运动,需要的是**组织**,更好地**组织**。没有秘密的党,就不可能进行这种工作;空谈这种工作是毫无意义的。在支援和扩大群众的冲击时,必须仔细考虑1905年的经验,既要说明起义的必要性和必然性,也要预防和阻止**过早的**起义尝试。群众性罢工运动增长的情况,吸引其他阶级参加斗争的情形,各组织的状况,群众的情绪,——这一切都会自然而然地表明,在什么时候一切力量应当联合起来向沙皇君主制进行步调一致、坚决果断、一往无前和奋不顾身的革命冲击。

没有胜利的革命,俄国就不会有自由。

没有无产阶级和农民的起义来推翻沙皇君主制,俄国就不会有胜利的革命。

载于1912年6月4日(17日)
《社会民主党人报》第27号

译自《列宁全集》俄文第5版
第21卷第339—346页

1912年1月俄国社会民主工党全国代表会议的口号和五月运动

(1912年6月4日〔17日〕)

在这一号报纸的另一个地方,读者可以看到彼得堡工人在现在已闻名的五一游行示威之前印发的宣言全文。这个宣言很值得一谈,因为它是俄国工人运动史和我们党史上的一个极重要的文件。

宣言反映出首都社会民主党的组织遭到破坏的**某种**情况,因为在宣言上署名的不是彼得堡委员会,而是单个的社会民主党小组,甚至还有一个社会革命党工人小组。在俄国大部分地区,我们党的状况正是这样:领导委员会和领导中心经常遭到破坏,也经常重新产生,因为还存在各种各样的工厂的、工会的、分区的和区的社会民主党小组,还存在自由派和取消派总是对之痛恨的"支部"。在这些先生出版的最近一期杂志(《我们的曙光》杂志,1912年第4期)上,读者可以一次又一次地看到,弗·列维茨基先生是如何借机大发雷霆和骂**不绝口**,反对所谓"通过人为地复活政治上已经僵死的支部的办法来恢复党"。

由于彼得堡委员会被破坏,那些借助警察当局的迫害而脱离了取消派所痛恨的"领导中心"的**支部**不得不登上舞台,正是这种情况使这个宣言具有特殊的典型意义和重要意义。由于这种对每个革命者说来都很悲惨的情况，各支部的**独立**生存能力也就表现出来了。在警察大肆迫害下（五一前简直是疯狂到了极点），各支部不得不匆匆集聚自己的力量，重新建立联系，恢复"**地下组织**"。在宣言上署名的小组、代表等等，都正是自由派和取消派所痛恨的**地下组织**。当这个取消派领袖列维茨基先生以《我们的曙光》杂志和《现代事业报》的名义，唾沫四溅地猛烈攻击"**崇拜地下组织**"（见上述一期杂志第33页）的时候，我们得到了彼得堡的宣言这样一个确切而完整的文件，这个文件使我们看到了这种地下组织的存在，看到了它的生命力、它的活动**内容**和它的作用。

彼得堡委员会由于逮捕被摧毁了，人们立刻就可以看到，地下支部本身的情形究竟怎样，他们在做些什么和能够做些什么，什么思想是他们真正接受和领会了的，而不是仅仅从党的上级机关搬来的，也就是说，什么思想真正得到了工人的拥护。

从宣言中可以看到各支部所做的事情：它们在继续进行暂时被破坏（这使得一切形形色色反对地下组织的人称心如意）的彼得堡委员会的工作。它们在继续准备五一游行示威。它们在尽快恢复**各种**秘密的社会民主党小组之间的联系。它们也吸引社会革命党工人，因为它们清楚地懂得在实际的革命事业中实行无产阶级联合的意义。它们用**明确的**斗争口号把这些各种各样的社会民主党小组，甚至还有一个"社会革命党工人小组"团结在一起。这就正好说明了运动的真正**性质**，说明了无产阶级的真正**情绪**，说明了俄国社会民主工党和**它的一月**全国代表会议的真正**力量**。

由于逮捕，那种可以下令提出一定口号的等级制机关已经不存在了。因此，只有群众真正公认的那些口号，只有不是从"上级命令"（像煽动者和取消派所说的那样）而是从革命工人自身的**信**

念中获得力量的口号,才能把无产阶级群众联合起来,把社会民主党工人,甚至把一部分社会革命党人联合起来。

而结果究竟怎样呢?

结果是:**在彼得堡委员会被破坏之后**,在它不可能立即恢复的情况下,在一个工人小组不是从组织上而是完全从思想上去影响另一个工人小组的条件下,**俄国社会民主工党全国代表会议提出的口号被人们接受了。这次会议是于1912年1月召开的**,它引起了自由派、取消派、李伯尔、托洛茨基及其同伙的简直是疯狂的仇恨!

彼得堡工人在自己的宣言中写道:"我们的口号应当是:召开立宪会议,实行八小时工作制,没收地主土地。"接着,他们在宣言中高呼:"打倒沙皇政府! 废除六三专制宪制! 民主共和国万岁! 社会主义万岁!"

我们从这个颇有教益的文件中看到,俄国社会民主工党代表会议所提出的**全部**口号都为彼得堡无产阶级接受了,这些口号表明新的俄国革命已经起步了。所有诽谤和指责一月代表会议的人可以为所欲为,继续干自己的肮脏勾当,但是彼得堡的革命无产阶级现在正在对他们反击。尽管警察当局经常横加迫害,尽管五一节前革命者横遭追捕,尽管自由派和取消派报刊谎话连篇,骂声不绝,革命的社会民主党在这次代表会议召开前很久就已经进行的工作,即号召无产阶级要在**人民**革命中担任领袖的工作,还是取得了成果。

成千上万的彼得堡无产阶级,以及紧跟其后的俄国各个角落的工人,相继举行了罢工和游行示威,但他们不是以资产阶级社会各个阶级中的一个阶级的身份出现的,而是以领导者的身份出现的，他们不是仅仅提出"自己的"工会运动的口号，而是**为了全体人民**、**代表**全体人民、**为了唤醒和吸引一切**需要自由和能够取得自由的阶级投入斗争而高举起革命的旗帜。

俄国的无产阶级革命运动已经上升到高级阶段。如果说1905年的运动是从群众罢工和加邦请愿阴谋开始的，那么在1912年，尽管我们党的许多组织被警察破坏了，但运动一开始就采取了群众罢工的方式，并**举起了共和国的旗帜**！尽管环境非常艰苦，各个"支部"，分散于各处的工人"小组"，还是完成了自己的任务。无产阶级成立了自己的"五月委员会"，提出与负有使人类摆脱雇佣奴隶制使命的阶级相称的**革命纲领**，投入了斗争。

五月运动还向我们表明，关于"联合"的有些**言论**究竟有什么意义，而工人的联合**实际上**又是怎样实现的。社会革命党的代表人物鲁巴诺维奇在巴黎出版的布尔采夫主编的《未来报》上写道："应当指出这次五一游行示威有以下值得注意的一点：在预备会上，彼得堡工人拒绝承认划分各社会党人小组的现有的界限；……达成协议的趋向占了压倒优势。"我们所转载的宣言清楚地表明，这种结论所根据的**事实**是什么。这个事实就是：已失掉领导中心的社会民主党各支部，恢复了同所有一切小组的联系，吸引了具有各种不同思想方式的工人，并**向他们所有的人宣传**自己的党的口号。正因为党的这些口号正确，符合无产阶级的革命任务，包括了全民革命的任务，所以才为**全体**工人所接受。

联合得到实现，是由于俄国社会民主工党一月代表会议抛弃了谋求同国外小组取得一致的劳而无功的做法，不再对革命党中的取消派作徒劳的追求，并**及时**提出了明确的斗争口号。无产阶级能联合起来进行革命行动，并不是由于无产阶级政党（社会民主党)同非无产阶级政党(社会革命党)达成了协议,并不是由于同脱离社会民主党的取消派取得了一致,而是由于俄国社会民主党各组织的工作人员团结一致,由于他们正确地估计了当前的任务。

这对那些一味听信崩得自由派和维也纳托洛茨基派的空谈,从而还相信可以同……取消派"联合"的人,是个很好的教训。李伯尔、托洛茨基和取消派的臭名远扬的"组织委员会"大肆宣扬"联合",但实际上它没有提出而且也不可能提出**任何一个**真正能把工人的革命斗争联合起来的口号。取消派提出了**自己的**非革命的口号,实行自由派工人政策的口号,——但运动却不顾他们而向前发展。这就是托洛茨基之流空喊"联合"的实质所在!

4月23日(5月6日),托洛茨基在维也纳对天发誓,说他主张"联合",同时百般咒骂代表会议,要好心人相信,"争取结社自由的斗争是"勒拿事件及其反应的"基础"(!!),"实现这种要求,不论现在或将来,都是无产阶级进行革命动员的**中心任务**〈!!〉"。可是只经过那么一个星期,取消派应声虫的这些可耻言论就像灰尘一样,被"圣彼得堡所有组织起来的工人的代表"、"社会民主党'联合'小组"、"社会民主党城市中心小组"、"社会革命党工人小组"、"社会民主党工人小组"以及"五月委员会代表"一扫而光了。

彼得堡的社会民主主义无产阶级懂得,开始进行新的革命斗争,不应当是为争取一种权利,哪怕是对工人阶级来说最主要最重要的权利,而应当是为争取**全体人民的自由**。

彼得堡的社会民主主义无产阶级懂得,他们应当把各种要求概括起来,而不应当把它们分散开;建立共和国包括了要求结社自由,而不是排除结社自由;必须击中要害,铲除祸根,摧毁沙皇黑帮俄国的整个体系、整个制度。

　　彼得堡的社会民主主义无产阶级懂得，向尼古拉·罗曼诺夫，向黑帮杜马提出结社自由的要求，是可笑而愚蠢的，认为可以把俄国现行国家制度，把我们的"六三专制宪制"同结社自由**联系起来**，也是可笑而愚蠢的；他们懂得在这个普遍完全无权的国家里，在这个政府当局专横暴虐、奸细到处告密的国家里，在这个甚至连对千百万饥民进行一般救济的"自由"都没有的国家里，在这样的国家里，只有自由派空谈家和自由派工人政客才会把结社自由当做"革命动员的中心任务"。

　　彼得堡的社会民主主义无产阶级懂得这一切，并且高举起**共和国的**旗帜，要求实行八小时工作制和没收地主土地，认为只有这样，才能保证革命具有真正的民主性质。

载于 1912 年 6 月 4 日（17 日）　　　　　译自《列宁全集》俄文第 5 版
《社会民主党人报》第 27 号　　　　　　　第 21 卷第 347—352 页

取消派反对群众性的革命罢工

(1912年6月4日〔17日〕)

当我们收到取消派的《涅瓦呼声报》第1号的时候，这一号的社论已经付排。《我们的曙光》杂志的著名取消派弗·叶若夫在这个新办的机关报上马上就发表了如此高论，真是令人吃惊！请看：

"因此〈就是说，因为有各种各样的罢工，有的罢工只是为了对五一游行示威罚款表示抗议，有的罢工则在这种抗议之外又加上经济要求等等〉在相当多的场合下，抗议的原则性（要知道，不是为了25个戈比而罢工）模糊了〈!??!〉，被经济要求弄得复杂化了……

亲身的经验一定会提醒工人，用经济要求把自己的抗议弄得复杂化，正如用原则性的要求把平常的罢工弄得复杂化〈!?〉一样，是不适当的〈!!〉。

必须在组织上巩固工人群众的情绪。必须加强拥护工会的宣传，为工会征求新的会员。这一点尤其必要，因为工人当中现在有不少激烈人物热衷于群众运动，在群众集会上**反对工会**，好像工会是无益的，不必要的。

我们面临的是一个经济〈仅仅是经济吗?〉罢工的时期。如果把经济罢工同工人的政治行动交织在一起，那就犯了无法挽回的错误〈!!!〉。这样混在一起，对工人的经济斗争和政治斗争都是有害的〈!!??〉。"

这些话完全是这位取消派从自由派分子谢韦里亚宁先生那里抄来的！他根本不理解，群众性的**革命**罢工**必须**既包含经济罢工，也包含政治罢工；他思想狭隘，对高潮的革命性质恣意歪曲，企图用"平常的罢工"尺度来衡量它；他提出"不要"用经济把政治"弄得复杂化"，不要把它们"交织在一起"这个非常反动的主张；他就像司徒卢威和马克拉柯夫一样，在合法刊物上对革命的社会民主党工人进行攻击，说他们这些"激烈人物""反对工会"！

自由派**不可能**理解革命的社会民主党人，只能说他是"反对工会"的。可是，工人们在群众大会上当然不是"反对工会"，而是反对叶若夫先生之流所干的用自由主义口号**偷换**革命口号的勾当。工人们说，我们的口号不是结社自由，不是单单或者主要用"工会"就可以"在组织上巩固"我们的运动。我们的口号是建立共和国（见彼得堡工人的宣言），我们要建立能领导群众向沙皇君主制进行革命冲击的**秘密**党。这就是工人们在群众大会上所讲的话。

而李伯尔和托洛茨基之流的先生们却硬要工人相信，好像社会民主主义无产阶级及其政党有可能同叶若夫、波特列索夫之流的自由派"联合起来"！

载于 1912 年 6 月 4 日（17 日）　　　　译自《列宁全集》俄文第 5 版
《社会民主党人报》第 27 号　　　　　　第 21 卷第 353—354 页

"联 合 者"

(1912 年 6 月 4 日〔17 日〕)

取消派正在竭力"联合起来"。几天前他们险些同所谓的"左派"波兰社会党人[175]"联合起来",后者是波兰社会民族主义派别之一。

波兰社会民主党同波兰社会党的社会民族主义进行了 10 多年的斗争。结果,一部分波兰社会党人("左派")的许多民族主义偏见被清除了。但是斗争还在继续。波兰工人社会民主党人**反对**把波兰社会党的这个派别看做一个组织并同它联合起来,认为这样做对事业有害。"左派"中的某些个别的工人和个别的集团,由于不愿意仅仅限于对波兰社会党的民族主义原则作不彻底的修正,现在正脱离"左派"而加入了社会民主党的队伍。我们的取消派正是在这个时候竭力要同波兰社会党"左派""联合"!

这就好比说,俄国社会民主党人避开崩得而同所谓"锡安社会党人"[176]"联合",或者避开拉脱维亚社会民主党而同所谓"拉脱维亚社会民主党人同盟"[177](实际上是社会革命党人同盟)"联合"……

我们且不谈那些形式上的问题。在斯德哥尔摩代表大会上,波兰社会民主党与俄国社会民主工党签订了一项协定,根据这项协定,波兰的任何团体只要加入了波兰社会民主党组织,就可以加入俄国社会民主工党。[178]而1908年12月的俄国社会民主工党全国代表会议,甚至以压倒多数否决了就同"左派"联合的问题进行讨论。

非常明显,托洛茨基和他的伙伴取消派虽然经常叫喊"联合",实际上却在**加深**波兰的**分裂**。俄国社会民主工党幸运的是,这伙取消派分子和跟着他们走的"调和派",**实际上根本干不了什么**,这在波兰也是如此。不然,取消派同波兰社会党联合,自然就会造成波兰的严重分裂。

取消派为什么要公然冒险呢?这显然不是"由于日子好过",而是由于他们需要同某些人联合,需要建立某种"政党"。社会民主党人,波兰社会民主党人,不跟着他们走,所以他们不得不放弃社会民主党人而抓住与我党毫无共同之点的波兰社会党人。在俄国的城市中,我们的那些老的党组织不跟着他们走,所以他们不得不放弃社会民主党的支部而抓住与俄国社会民主工党毫无共同之点的、取消派的那些所谓"发起小组"。

"日子好过,就不会去飞"…… 取消派先生们,现在是否到了你们也同社会革命党(社会革命党**取消派**?)"联合"的时候了?要知道,这些先生也拼命想"联合"。那时你们就能建立一个"大"党。拉林本人就会感到满意了……

　　　　　*　　　　　*　　　　　*

现在取消派正在同"外国列强""联合",他们在这个取消派—调和派阵营本身的"联合"条件问题上还在同"调和派"讨价还价。弗·列维茨基先生在《我们的曙光》杂志上向"所有"同意跟不久前召开的俄国社会民主工党代表会议进行斗争的"流派"发表了一篇宣言式的文章。

列维茨基先生这篇文章的标题是:《拥护联合,反对分裂》。请看,有哪一点不像托洛茨基呢?自从护党派**在各**方面的工作中给了取消派以强有力的回击以来,列维茨基之流已经非常熟练地掌握了"调和派的"语言。看啊,他们完全拥护"统一"。他们只不过提出了以下4个起码的"联合"条件:

(1)同联合了全体社会民主党人(一小部分动摇分子除外)的俄国社会民主工党代表会议进行斗争。

(2)建立一个代替党的**"中央发起小组"**(黑体是列维茨基先生用的,见《我们的曙光》杂志第4期第31页)。(关于什么是取消派"发起"小组,不久前普列汉诺夫在他的《社会民主党人日志》第16期上有过解释。崩得和托洛茨基为了替取消派效劳,都对读者隐瞒了普列汉诺夫的解释。先生们,你们是隐瞒不住的!)

(3)不要复活那些**"政治上已经僵死的支部"**(同上,第33页)。

(4)赞同**"反对崇拜地下组织"**的口号(同上,第33页)。

纲领已经拟好了,虽然不像过去那样直截了当那样信心十足,但是仍然相当清楚。列维茨基也在这里极其详尽地向所有托洛茨基分子表明:先生们,要知道,你们是没有选择的余地的。接受我们的条件吧,这样,我们(也就是列维茨基之流)也乐意同意这样做:你们(也就是托洛茨基之流),为了"自慰"可以说,不是你们投靠取消派,而是取消派投靠你们。

在同一期《我们的曙光》杂志上,马尔托夫事先威胁未来的社会民主党第四届杜马党团说,如果它也像它的狡诈的前辈一样反对取消派,那么"类似别洛乌索夫的事件就不会只是一种例外,而会成为常规",简单说来,就是取消派必将**分裂**杜马党团。梦是够可怕的……取消派先生们。假如你们有力量,你们早就组成了你们自己的取消派杜马党团……

"联合"的事业是有把握的——这没有什么可说的……

取消派-托洛茨基分子演的这出可耻的"联合"滑稽剧,连那些最不喜欢挑剔的人都感到厌恶。联合正在实现,不过不是同取消派联合,而是联合起来**反对**他们。

*　　　*　　　*

我们认为,对于那些愿意按照文件严肃认真地来检查争论的问题而不愿意轻信空话的读者,只须指出下列**事实**,就足以证明托洛茨基、李伯尔("崩得")和取消派及其臭名远扬的"组织委员会"的骇人听闻的赫列斯塔科夫[179]式的行径:

1911年6月,在李伯尔和伊哥列夫退出中央委员的会议以后,在巴黎成立了国外组织委员会。国外组织委员会在国内找到的第一个组织是**基辅**组织。甚至托洛茨基也承认这个组织是无可争议的。1911年10月,在基辅组织参加下成立了俄国组织委员会。1912年1月,该委员会召开了俄国社会民主工党代表会议。

1912年1月,崩得、拉脱维亚中央委员会和高加索区域委员会(三者都是取消派集团)也举行了会议。波兰人认为所有这一切都是取消派在捣鬼,他们宣布了这个看法以后便**立即**离去。接着"调和派"和普列汉诺夫也**拒绝参加**会议,普列汉诺夫曾在《社会民主党人日志》第16期上声明,**这次代表会议是取消派召开的**。直到现在——1912年6月,除了呼声派和前进派以外,崩得和托洛茨基没有"联合住"**任何人**,没有吸引住**任何一个**在俄国**被公认为**重要的组织,他们既没有从实质上回答普列汉诺夫一句话,也没有丝毫改变取消派在《我们的曙光》杂志和其他刊物上的宣传!

关于"联合"的空谈和吹嘘却没有个完。

载于1912年6月4日(17日)　　　　　译自《列宁全集》俄文第5版
《社会民主党人报》第27号　　　　　　第21卷第355—358页

我们同自由派论战的性质和意义

(1912 年 6 月 10 日〔23 日〕)

修正主义和自由派工人政策的著名代表人物普罗柯波维奇先生,在《俄罗斯新闻》上发表了一篇题为《面临危险》的文章。这位政治家认为,危险在于第四届国家杜马的选举一定会被各县警察局长操纵。防止这种危险的办法是:"把国内一切立宪分子联合起来",也就是说,把社会民主党人和劳动派以及立宪民主党人和进步派统统联合起来。

右派立宪民主党人的《俄罗斯新闻》编辑部特地写了一篇评论,对普罗柯波维奇先生的文章表示"**满意**"。该报写道:"我们现在认为,反对派力量的这种联合,是当前的迫切需要。"

立宪民主党人的正式报纸《言语报》,在引述普罗柯波维奇先生文章的内容和《俄罗斯新闻》的评论时,提出了自己的看法:

"然而,要是读一读社会民主派的机关报刊,看到它们把自己的全部力量主要用来同反对派作斗争,那就未必会认为这种号召〈即"联合"的号召〉具有什么实际意义。"

于是,关于竞选策略以及工人对自由派的态度这个重要问题一次又一次地被提出了。人们一次又一次地认识到,自由派并不是像严肃的政治家,而是像媒婆那样提出这个问题的。他们的目的不是弄清真相,而是掩盖真相。

　　的确,请想一想下面的这种情况吧。自由派所说的"联合"是不是指各党派的合并呢? 绝对不是。不论普罗柯波维奇先生,《俄罗斯新闻》或《言语报》,都异口同声地说:不是。

　　那就是说,他们所说的联合,是指采取一致行动来反对从普利什凯维奇到古契柯夫等右派了? 看起来似乎是这样!

　　试问,"左派"中有没有人否定这种一致行动呢?

　　谁也没有否定。这是人所共知的。

　　同自由派达成协议投票反对右派,这也就是民主派和自由派在选举时的"联合"。自由派究竟有什么不满意呢? 为什么他们避而不谈"左派"已极其明确而肯定地承认协议了呢? 为什么他们羞羞答答地回避**正是自由派**丝毫**没有**明确地、肯定地、正式地**说到**同左派、同民主派、同马克思主义者达成协议这个事实呢? 为什么他们在谈选举策略的时候,却对认为可以同"左派十月党人"结成联盟的立宪民主党代表会议的著名决议只字**不提**呢?

　　先生们,事实俱在,任何的支吾搪塞都无济于事。正是左派,正是马克思主义者才明确而正式地**主张**同自由派(包括立宪民主党人和进步派)达成协议去反对右派。**正是立宪民主党人**在对待左派的问题上避而不作十分确切而正式的答复!

　　普罗柯波维奇先生对这些事实非常清楚,因此对于他歪曲真相的做法是绝对不能原谅的,也就是说绝对不能原谅他对马克思主义者的明确决定和立宪民主党人的含糊其词保持沉默。

　　这种沉默是由什么引起的呢? 这从上面援引的《言语报》上说的我们"把自己的全部力量主要用来同反对派作斗争"那句话,可以看得很清楚。

　　从《言语报》上的这句话必然会得出下面的结论:为了同自由

派联合,民主派就**不应当**"把全部力量用来"同反对派作斗争。先生们,请把这说得明白些! 请明确地、正式地提出你们的条件来! 糟糕的是你们**不可能**做到这一点。假如你们试图提出这种条件,就会引起人们哈哈大笑。你们提出这种条件就等于自己反驳自己,因为你们都一致承认自由派同民主派(更不用说同马克思主义者)之间有着"**深刻的意见分歧**"。

既然有意见分歧,既然意见分歧是深刻的,那怎么可以避免斗争呢?

自由主义的谬误在于:一方面拒绝合并,认为有深刻的意见分歧,强调不可能使"每个政党放弃其纲领中的基本论点"(《俄罗斯新闻》),另一方面却又**抱怨**"同反对派作斗争"!!

可是我们再进一步看看这个问题。第一,《言语报》提到的那些报刊把自己的**全部**力量**主要**用来同反对派作斗争,这是不是事实呢? 不,这完全不是事实。自由派举不出任何一个问题来说明民主派没有把**全部**力量**主要**用来同右派作斗争!! 谁要想检验一下这些话是否正确,那不妨做个试验。比如说,请随便拿一种马克思主义者的报纸,从中任意挑出相连的三号,然后提出三个你要检验的政治问题,对照一下**文件**材料,看看根据你所选的报纸和你所选的问题,究竟马克思主义者的斗争主要是"用来"反对谁的!

自由派先生们,你们是不会去做这种谁都能做的简单试验的,因为**任何**这种试验,都会证明你们错了。

不仅如此。第二点,也是特别重要的一点,可以更令人信服地驳斥你们。整个民主派,特别是马克思主义者是**怎样**同自由派作斗争的呢? 他们的斗争是这样进行的而且完全是这样进行的:他们对自由派的每一次(绝对是每一次)责备或责难,本身一定包含着对右派**更坚决、更严厉**的责备或责难。

这就是问题的实质，这就是问题的关键！下面几个例子可以清楚地说明我们的想法。

我们指责自由派即立宪民主党人是反革命。请你们指出，我们的这种责难有**哪一次**不是更沉重地打击了右派。

我们指责自由派主张"民族主义"、"帝国主义"。请你们指出，我们的这种责难有哪一次不是更厉害地指向右派。

我们指责自由派，说他们害怕群众运动。这又怎么啦？你们能在我们的报纸上看到我们不是这样去责难右派的吗？

我们指责自由派，说他们维护"某些"能够"用来"反对工人的中世纪制度。**这样**指责自由派，**也就是**同样指责并且是更厉害地指责一切右派。

这种例子是举不胜举的。你们随时随地毫无例外地都会看到，工人民主派指责自由派完全是因为他们接近右派，因为他们反对右派不坚决，甚至是**作作样子**，因为他们不彻底，**然而**对右派的指责就不是什么他们要负"一半罪责"，而是说他们"罪恶十足"。

民主派和马克思主义者"**同自由派的斗争**"比**同右派的斗争**更加深刻，更加彻底，更加富有内容，更加能够教育群众和团结群众。先生们，实际情况就是这样！

为了在这方面不致产生丝毫怀疑，为了防止粗暴歪曲我们同自由派斗争的意义和作用，为了防止出现"反动的一帮"这种谬论（即政治上把自由派同右派混为一谈，把他们看做一个反动联盟，是反动的一帮），我们在自己的正式声明里，对同右派的斗争的提法，总是与对同自由派的斗争的提法**有所不同**。

普罗柯波维奇先生像任何有教养的自由派一样，对这一点非常清楚。例如,他知道,我们在确定各个政党的社会本性、阶级本性的时候,总是强调指出右派的中世纪性质和自由派的资产阶级属性。这是"两个很大的区别"。中世纪性质可以(而且应当)消灭,即使是在资本主义范围内也能做到,可是,资产阶级属性在这种范围内就无法消灭,但可以(而且应当)向资产阶级农民,而不是向资产阶级地主"呼吁";向资产阶级民主派,而不是向资产阶级自由派"呼吁";"呼吁"资产阶级的完全自由,而不是资产阶级的半自由。我们对俄国当前的自由派的批评,即我们根据当前迫切任务所提出的批评,正是这种呼吁,而且仅仅是这种呼吁。

请看普罗柯波维奇先生下面的一句话:"为人民群众创造正常的政治生活条件,这就是目前既能把左派也能把反对派联合起来的最近的目标。"

再没有比这更无内容、更空洞、更不可信的话了。十月党人和狡猾的"民族党人"都会同意这句话,因为它没有任何明确的内容。这纯粹是诺言,是唱高调,是用外交辞令来掩盖自己的思想。可是,既然普罗柯波维奇先生像其他许多自由派一样有舌头是为了隐瞒自己的思想,那我们就要试试来履行我们的义务:把这里所掩盖的东西揭露出来。为了慎重起见,我们来举一个浅显的例子。

两院制是不是正常的政治生活条件呢? 我们认为不是。进步派和立宪民主党人却认为是。由于自由派有这种看法,我们指责他们反民主反革命。而当我们对自由派提出这种指责的时候,我们也就更严厉地指责了一切右派。

其次,试问,在这种情况下,"左派和反对派的联合"会怎样呢?是不是由于这种意见分歧,我们就拒绝同自由派联合起来反对右派呢? 不,我们决不会拒绝。自由派在这个问题上,以及在一切类似的、**重要得多的**政治自由问题上的反革命观点,我们早在1905年或更早的时候就知道了,可是我们在1912年还一再说:不论在决选投票时或在选举的第二阶段,都容许同自由派达成协议去反对右派。这是因为资产阶级君主主义自由派尽管不彻底,但它毕竟不同于农奴制的反动派。不利用这种区别,那就是非常糟糕的工人政策。

再进一步看。**如何利用呢?在什么条件下**"左派和反对派的联合"才是可能的呢?自由派对这个问题的回答是:如果左派同反对派作坚决斗争,那就谈不上什么联合了。而且自由派还对自己的想法作了这样的解释:要求愈低,赞同的人就愈多,联合的面就愈广,能够实现这种要求的力量就愈大;如果实行"尚可将就的"两院制的(以及其他的……怎样才说得更委婉一些呢?……稍微背离民主主义的)宪制,一切民主派和一切自由派都会拥护;这样就不错了;如果坚持"纯粹的"民主主义,进步派就会离开,还会把许多立宪民主党人"推开",结果就会分裂和削弱"立宪分子"。

这就是自由派的推论。而我们的推论则不同。没有群众的觉悟,情况就不可能有任何好转。这是我们的基本前提。自由派眼睛盯的是上层,而我们看的是"下层"。如果不去说明两院制的害处,或者哪怕是稍微削弱同这个问题上的一切反民主观点的"斗争",那我们就会把自由派的地主、商人、律师、教授"吸引"过来,而他们都是普利什凯维奇的亲兄弟,他们是决不会真正反对普利什凯维奇之流的。我们"吸引"他们,就会推开群众,这就是说,在群众看来,民主并不是外交招牌,不是漂亮的空话,而是休戚相关的事情,是有关生死存亡的问题,他们定会丧失对两院制拥护者的信任;这也就是说,削弱对两院制的抨击,就表示群众的觉悟程度不够，而如果群众没有觉悟，昏昏沉沉，不坚决行动，那情况就不可能有**任何**好转。

立宪民主党人和普罗柯波维奇之流的先生们对我们说，你们同自由派论战，就使得左派和反对派分裂了。我们回答说，彻底的民主派就是要推开那一小撮最动摇不定、最不可靠、对普利什凯维奇的统治最能容忍的自由派，而吸引千百万正在觉醒的、向往新的生活、向往"正常的政治生活"的群众，同时我们对"正常的政治生活"这个字眼的理解，与普罗柯波维奇先生的理解相距甚远，完全不同。

除了两院制，还可以以土地规划委员会的构成为例：是应该像立宪民主党人主张的那样，给地主、农民、官吏各三分之一的权力，还是应该在**充分**享有民主选举权的情况下举行完全自由的选举呢？请问，普罗柯波维奇先生，就这一点来说，应怎样理解"人民群众正常的政治生活条件"呢？在这个问题上实行彻底的民主会推开谁和吸引谁呢？

请《俄罗斯新闻》不要忙着反驳我们，说"各个纲领中现在压倒其他各条的是一切进步政党所共认的一条，即要求实现政治自由"。正因为这一条**压倒一切**——这完全是无可争辩的铁的事实——才必须使最广大的群众，使千千万万的人民分清半自由和自由，并了解政治上的民主同土地改革中的民主有着不可分割的联系。

要是群众漠不关心，没有觉悟，缺乏朝气，无所作为，态度不坚决，没有自主性，那无论在任何方面都将一事无成。

载于1912年6月10日《涅瓦明星报》第12号

译自《列宁全集》俄文第5版第21卷第359—365页

资本主义和"议会"

(1912年6月17日〔30日〕)

民主运动的真实情况不应当使我们看不到资产阶级民主派经常忽略的一种情况:在资本主义国家里,代表机构必然会产生资本对国家政权施加影响的种种特殊形式。我国没有议会,但是自由派中间的议会迷和所有资产阶级代表中间表现出的**议会腐化现象**却比比皆是。

工人如果想学会利用代表机构**来**提高工人阶级的觉悟,加强工人阶级的团结和发挥工人阶级的真正作用,就应该很好地懂得这个真理。一切敌视无产阶级的社会力量——"官僚"、地主和资本家——都利用这些代表机构来**对付**工人。我们应该了解他们是怎样对付工人的,以便学会保卫工人阶级的自身利益和它的独立发展。

第三届杜马决定给本国的机器制造业者发奖金。本国的机器制造业者是指谁呢? 是指在俄国"开业的人"!

但是,只要考察一下,我们就会发现,这里指的正是那些把自己的工厂搬到俄国来的外国资本家。关税虽高,利润很大,因此外国资本就**流入**俄国。例如,美国的一家托拉斯(拥有百万财富的资本家的同盟)在莫斯科附近的柳别尔齐建造了一个大型农机厂。资本家梅尔霍瑟和约翰·格里夫斯也分别在哈尔科夫和别尔江斯克制造农业机器。在这些企业主中，不是有不少"真正的俄国人"、"本国人"吗？

当然，没有俄国资本家的全面援助，他们绝对**不可能**在俄国活动。这是狼狈为奸。美、英、德三国的资本家靠俄国资本家的帮助攫取利润，而俄国资本家也从中分得优厚的一份。以勒拿金矿或乌拉尔矿业企业为例，那里就有千百万的利润被外国和俄国的资本家瓜分了！

杜马在这方面对工业家先生们很有用处。无论在杜马里还是在国务会议里，资本家都有自己的相当数量的代表，况且，在我们这个时代，地主若没有资本就等于零。资本家和地主都依靠杜马这个现成的机构来通过"奖励"法（**自己奖励自己**）、关税保护法（自己奖励自己的另一种形式）、租让法（自己奖励自己的第三种形式）等等**数不完**的法律。

关于这一点，一位自由派"怀疑论者"在自由派的《言语报》上写得很不坏。他这样充满感情地写文章反对"民族党人"（因为民族党人为了鼓励格里夫斯、梅尔霍瑟和艾尔沃特诸先生以及其他公司的"本国"机器制造业，决定自己发给自己"奖金"），连我也有些受到怀疑论的感染了。

的确，这位自由派"怀疑论者"先生巧妙地揭穿了"民族党人"。但是他为什么不揭露立宪民主党人呢？例如，戈洛文在谋求承租权的时候，难道不是他的**杜马代表**和前任杜马主席的地位在这个有好处的、有利可图的活动中帮了他的忙吗？

马克拉柯夫捞了"塔吉耶夫的"一大笔酬金，难道不是他的杜马代表的地位使他便于受理如此"赚钱的"案件吗？[180]

此外，又有多少立宪民主党的地主、商人、资本家、金融家、律师以及生意人,利用代表的身份和这种身份所给予的好处和方便,扩大了他们的业务,巩固了他们的"联系",完成了他们的"事业"呢?

如果对杜马代表的和有杜马代表参加的金融业务进行一次调查,好不好呢?

很好,但是在所有资本主义国家里,都采取各种措施保守"商业秘密",使**任何一个**"议会"都无法进行这种调查。

然而工人代表显然对这个问题知道得很多,如果他们花点工夫,想想办法,去搜集情报,汇集材料,查阅报纸,向交易所打听等等,他们自己也能够对杜马代表的和有这些代表参加的**工商业**活动进行很有教育意义和很有益处的"调查"。

在欧洲各国议会中,这种活动是众所周知的,工人也经常指名道姓地揭露生意人的这种活动,以此来教育人民。

载于1912年6月17日《涅瓦明星报》第13号

译自《列宁全集》俄文第5版第21卷第366—368页

选举和反对派

(1912年6月24日〔7月7日〕)

马克思主义者早已在原则上确定了自己对选举的态度。从普利什凯维奇到古契柯夫的右派政党、自由主义君主派资产阶级(立宪民主党人和进步派)和民主派(工人民主派和资产阶级民主派即劳动派)——这就是选举中的**三个**基本阵营。这三个阵营之间的主要区别是:它们代表不同的阶级,各有各的纲领和策略。只有清楚地了解每个阵营的政策的原则基础,才能对选举运动作出正确的实际结论。

约在半年前,马克思主义者就完全确定了这些论点[①],从那时起,自由主义反对派的言行特别明显地证明了这些论点是正确的。我们"右面的邻居和敌人"虽然决不同意我们的观点,但是他们以值得称道的勤奋为我们更好地证实了这些观点的正确性。立宪民主党的政治活动的开展和政治观点的发挥,能最好地证实马克思主义者的观点,这可以说是**一条规律**。换句话说,只要立宪民主党人一开口,就可以使人相信,他在反驳自由派工人政客的观点方面不亚于一个马克思主义者。

正因为如此,工人们如能仔细看一看立宪民主党的政策,那就会得到双重好处:首先,可以认清自由派资产者,其次,可以学会更

---

① 见本卷第38—43页。——编者注

清楚地识别工人阶级的某些拥护者的错误。

不久以前，《言语报》就《俄罗斯新闻》上刊登的一些有关竞选的重要声明所发表的言论，大概就会带来这种双重好处。这是一位旧"经济派"，即 1897—1902 年的机会主义者阿基莫夫先生（弗拉·马赫诺韦茨）的声明。这些声明直接拥护"进步同盟"，想自命为社会民主党人的阿基莫夫先生，认为这个同盟的"纲领"（顺便说一下，这个纲领**没有**公布！）"可以完全被社会民主党接受"。

许多政治上幼稚的人（从巴黎到克拉斯诺亚尔斯克）和老练的外交家（从维也纳到维尔纳）[181]一直对我们说，自由派工人政策是个"稻草人"。可尊敬的论敌，请你们看一看阿基莫夫先生吧！你们在这里大概是不能否认自由派工人政策的真面目的。你们也不能说，阿基莫夫是"稀世奇才"，即单枪匹马，独一无二，无与伦比的人。这是因为，不管阿基莫夫先生有多少无与伦比的品质，说他单枪匹马是完全不对的。他是在普罗柯波维奇先生之后发表意见的，并且意见和普罗柯波维奇的一致。他给自己找到了一家广泛发行的自由派机关报——能广泛传播他的言论的方便讲坛。他认为自由派新闻工作者是"高明的报界"。看，他并不是单枪匹马。尽管他早已不属于任何集团，尽管他完全没有权利取得社会民主党人的称号，他却是一种政治**路线**的代表人物，这条路线根子很深，虽然它常常不露锋芒却还存在，当政治稍一活跃时这条路线就**必定**要表现出来。

《言语报》"充分肯定"阿基莫夫先生的意见中的"冷静的现实主义"，并且特别有好感地强调了他的如下意见："社会民主党人目前应当提出必然会得到广大的、政治上强有力的人民集团的支持的那一部分政治任务"。

当然，《言语报》还能不为此高兴！《我们的曙光》杂志说话时总是装模作样，支吾搪塞，左一个预先声明，右一个附带说明，一面消灭痕迹，一面用早就过时的似乎是马克思主义的字眼来炫耀，而阿基莫夫先生却直言不讳，直率、粗鲁、笨拙、幼稚……到了极点。

表面看来，《我们的曙光》杂志和《涅瓦呼声报》当然完全可以对阿基莫夫先生的话不负任何责任。但实际上，不了解细节而且对这些细节也不感兴趣的广大读者，从这些取消派报刊上接受的恰恰是，而且也只能是"阿基莫夫精神"。马尔托夫写道："不要破坏"进步派的活动。阿基莫夫写道，"提出"必然会得到**进步派**支持的"那一部分任务"。他自然要附带说明，由于进步派是无党派，任何政党因此都易于（在纸面上）维护这些任务的独立性。如果**提出的任务超出了**进步派感到愉快的范围，也就等于"破坏"他们的活动。这就是实际政治斗争以及阿基莫夫所能完全代表的**那一部分人**对马尔托夫的口号所作的解释。

阿基莫夫深信，立宪民主党人和进步派是"广大的、政治上强有力的人民集团"。这正是《涅瓦明星报》不久前发表的关于马克思主义者同自由派论战的性质和意义的文章[①]已谈到的自由派的错误。其实，包括立宪民主党人和进步派等等在内的整个自由主义君主派资产阶级，远远不是广大的和政治上强有力的人民集团。

资产阶级永远不会成为人民中的广大集团。它可能在政治上是强大的，而且在许多资本主义国家里也确实是这样，但在普鲁士

---

① 见本卷第363—369页。——编者注

不是这样，在俄国不是这样。在这里资产阶级政治上的软弱无能是惊人的，是出奇的，是几乎难以令人相信的，这完全是由于资产阶级害怕革命远甚于害怕反动派。由此必然会造成政治上的软弱无能。所以，一切有关资产阶级的"政治力量"的议论，由于回避了俄国现状这个**基本**特点，就都是根本上错误的，因而也是毫无用处的。

阿基莫夫先生是最直爽最温和的自由派，他说：立宪民主党人和进步派先生们，我们认为你们是一支力量，我们完全承认你们的纲领（虽然这个纲领还没有制定出来！），目前我们自己提出的是得到你们支持的**那一部分**任务，我们对你们的要求只有一个："希望也把社会民主党人列入〈进步〉同盟的名单。"阿基莫夫就是这样写的，的确是这样，一字不差！一切我全都同意，只要能列入自由派名单！

《言语报》简直不够宽宏大量，连这样温和的要求也**拒绝了**。要知道现在谈的是六三选民，——立宪民主党人这样提醒阿基莫夫说。而社会民主党人在**他们**中间算得了什么呢？只能算零——"大城市除外，可是谈的并不是大城市"。立宪民主党的正式机关报也以宽容的口吻教训唯命是从的阿基莫夫说："除开边疆地区，他们〈社会民主党人〉几乎在各处都必须遵循这样一点：不计较提出自己的候选人，而是考虑使进步同盟战胜压迫人民的黑帮联盟。"

自由派对自由派工人政客卑躬屈节地伸出的手根本置之不理！这就是拒绝在大城市进行争斗所应得的奖赏。立宪民主党人说，大城市是属于我们的，因为我们是强有力的，而俄国其他地区也属于我们，因为六三派及其保证我们处于反对派的垄断地位的六三法令也是强有力的。

　　回答得不错。阿基莫夫得到的教训是沉痛的，但却是有益的。

载于1912年6月24日　　　　　　译自《列宁全集》俄文第5版
《涅瓦明星报》第14号　　　　　　第21卷第369—372页

选举为期不远了，大家行动起来吧！

（1912 年 6 月 30 日〔7 月 13 日〕）

从现在到第四届杜马选举只有两个来月了。所剩时间不多了。因此，一切同情工人民主派的人、一切理解工人阶级的利益和任务的人都应当**立即**行动起来，全力以赴地做好选举的准备工作。

必须系统地、充分地利用工人和所有住宅租赁人的合法权利。

参加彼得堡第二等城市选民团选举的有几万公民。其中不少是工人、职员、店员以及无疑属于民主派的各类不富有的人。必须做到使彼得堡的**每一个**有选举权的居民都去参加选举。

迄今为止，彼得堡一直是立宪民主党人的"地盘"。很多人认为要在彼得堡同立宪民主党人较量，是没有取胜的希望的。这种看法大大削弱了选举运动的势头。

然而，这种看法是很错误的。

首先，工人重视选举，完全不是仅仅为了得到一些代表席位。对于工人来说，选举所以重要，是因为可以把选举作为政治上教育群众和团结群众的手段。谁参加选举，谁就会意识到自己是个公民；他就势必会投身到政治生活中去，就会更自觉地对待政治生活，就会更加有兴趣地阅读自己的工人民主派的报纸，就会更加理解报上所讲的问题，就会更加慎重地对待自己参加各种工人团体的义务。

其次，决不能同意那种认为在彼得堡第二城市选民团中同立宪民主党人较量没有取胜希望的看法。这种看法是不正确的，极其不正确的！

立宪民主党人占优势是由于选举权不是普遍的，而是有财产资格限制的，也就是说，是有限制的，因为只有住宅租赁人才有选举权[182]，而工人群众中的无权者要比自由派资产阶级中的多得多。另外，立宪民主党人占优势还由于他们结社和办报比工人结社和工人办报所受到的迫害要**少得多**。

此外，立宪民主党是自由派资产阶级政党即富人的政党。这些富人为选举不惜花费巨款和大量的空闲时间。

但是，自由派资产者的所有这些优势在选举中是可以并且**应当用始终属于工人的力量**来压倒的。**这种力量就在于人数**——工人多，穷人的数量大，而富人的数量微乎其微——这种力量还在于**对工人事业的忠诚**。

彼得堡的工人已经卓有成效地用**这种力量**同立宪民主党人进行了对抗。

立宪民主党人的报刊是怎么办起来的呢？《言语报》和《现代言论报》[183]是靠什么扶持的呢？是靠他们花费了**几十万卢布**。

而《涅瓦明星报》、《真理报》[184]这些工人报纸又是怎么办起来的呢？是靠**成千上万工人募集的几个钱**办起来的。

成千上万的忠实于工人民主派利益的、自觉捍卫自己权利的工人所做到的事情，任何其他政党不花费一大笔钱就无法做到。

如果所有工人都齐心协力地行动起来，那么他们在选举中就能够胜利，就**一定会胜利**。同志们，你们不会忘记，我们的朋友和同情我们的人甚至在第二等选民团中也占**多数**。支持民主派的是大多数，而支持自由派的则仅仅是富豪势力、盲目的习惯势力以及许多店员、职员的消极落后、无所作为的势力，等等。

这种习惯势力、消极落后势力我们是可以打破的，而且我们应当用我们齐心协力的工作来打破它。

大家行动起来吧！让**每个**工人在这两个月内都来为选举奔忙、出力、操心和贡献才智吧！胜利属于工人民主派！

载于 1912 年 6 月 30 日　　　　译自 1984 年《苏共历史问题》杂志
《真理报》第 53 号　　　　　　　第 4 期

彼得堡选举的意义

(1912 年 7 月 1 日〔14 日〕)

据一些报纸报道,关于第四届国家杜马召开日期和选举时间问题,在统治集团内部引起了许多疑虑。有些人主张把国家杜马召开的日期延到 1 月,有些人主张在 10 月召开。现在,据说问题已按照第二种意见解决了。

这就是说,选举已近在眼前,离现在只有 7 至 9 个星期。因此必须考虑如何**鼓足十倍**干劲去进行全部选举工作。

我想在本文中谈谈一个专门性的、然而又是对工人民主派有极其重大和普遍意义的问题。这就是彼得堡选举的作用问题。

彼得堡第二城市选民团的选举,是第四届国家杜马选举中**整个选举运动的中心**。

只有彼得堡有一家办得还算可以的工人报纸,这家报纸经常遭受疯狂迫害和罚款,编辑遭到逮捕,它的处境极不稳定,并且受到书报检查机关的严厉控制,但是它还能够稍许反映一点工人民主派的观点。

如果没有一家日报,选举仍旧会是漆黑一团,它对群众进行政治教育的作用就会减少一半,甚至减少得更多。

因此,彼得堡的选举就具有工人民主派在俄国极其艰难的条件下进行选举运动的**示范作用**。在其他任何地方,工人都不能进行另外一种大家都**看得见的**选举运动。工人选民团的选举当然有极其重大的意义，但工人在这里不能同其他阶级的居民接触，因而不能**相当广泛地**阐明先进的无产阶级民主派**为**领导整个民主运动而提出的**全民性**要求和对**总的政治**任务的看法。

在彼得堡是进行直接选举的。因此，这里的竞选斗争能比其他地方开展得更加明确，党派界限更加分明。其他各大城市本来也会像彼得堡一样具有同样的重大意义，但外省的行政压力**还是**比首都大得多，因此工人民主派很难打开局面，使人们听取他们的意见。

最后，在彼得堡，斗争一定会在第二选民团中的自由派和民主派之间开展起来。立宪民主党认为第二选民团是**自己的**财富。代表彼得堡的是米留可夫、罗季切夫和库特列尔。

不用说，由自由派代表相当广泛的民主派选民群众这种情况，决不能认为是正常现象。第二届杜马的选举表明，立宪民主党在民主派城市选民中的"统治地位"远远不是稳固的。在彼得堡，如果当时孟什维克如唐恩之流没有分裂工人的选举运动，没有因此使得民粹派产生对取得成功极为有害的动摇，那么在第二届杜马选举时，"左派联盟"即工人民主派和资产阶级民主派（民粹派）的联盟，不仅**能够**取得胜利，**甚至一定会**取得胜利。只要指出一点就足以说明问题了：甚至"社会革命党人"在第二届杜马选举中直到最后时刻还是跟着孟什维克一起维护同立宪民主党的联盟！

根据目前选举法的规定，可以进行决选投票，因此在第一阶段就不需要也不能容许结成任何联盟。

彼得堡的斗争将在工人民主派和自由派之间进行。民粹派未必有力量独立进行活动，因为他们遵照我们的取消派的路线，已经

1912 年 7 月 1 日载有列宁《彼得堡选举的意义》和
《斯托雷平土地纲领和民粹派土地纲领的比较》两文的
《涅瓦明星报》第 15 号第 1 版
（按原版缩小）

不遗余力地"取消了"自己。因此,资产阶级民主派(劳动派和民粹派)几乎肯定会支持工人民主派,如果不是在选举的第一阶段,至少在决选投票时是会支持的。

自由派在彼得堡有自己的领袖米留可夫先生。直到如今大多数人都拥护他们。自由主义君主派资产阶级供给他们经费,有两家日报作为宣传工具,还有一个实际上被允许存在的、几乎事实上合法的组织,——这一切都使立宪民主党人拥有巨大的优势。

在工人方面则有工人群众,有彻底的真正的民主主义,还有极大的干劲以及对社会主义和工人民主事业的耿耿忠心。依靠**这些**力量,再加上拥有工人的日报,工人就**能够**取得胜利。工人争取彼得堡代表席位的斗争,无疑会在整个第四届杜马选举运动中具有巨大的**全俄的**意义。

喜欢谈论所有反对派"团结一致"的人——从进步派和立宪民主党人到小心谨慎、支吾搪塞的取消派马尔托夫和愚蠢幼稚的普罗柯波维奇和阿基莫夫——都竭力回避或撇开彼得堡的选举问题。他们绕过政治中心,甘愿一头扎进可以说是政治上的穷乡僻壤。他们关于在选举的第二阶段,即在选举运动的基本的、主要的和有决定意义的部分已经结束时怎样做是合适的这一点谈得很多,很热烈,很动听;可是对被立宪民主党人霸占而必须从他们手中**夺下**交还给民主派的彼得堡却"意味深长地绝口不谈"。

不论根据1905年12月11日的法律,或是根据1907年的六三法令,都没有选出过彼得堡的民主派代表,因此,"交还"这个字眼似乎是用得不恰当的。但是,从整个俄国解放运动的发展态势来看,彼得堡是属于民主派的,而在运动发展的某个阶段,**甚至**连六三选举法这条高得出奇的拦河坝也阻挡不住"民主洪流"的冲击。

　　第二选民团的多数选民无疑都是来自居民中的民主阶层。立宪民主党人**公然欺骗**他们,把自己这个自由主义君主派资产阶级政党打扮成民主派,使他们跟着自己走。在各种议会选举时,世界上**一切**自由派一直都在耍这种骗局。因此,各国的工人政党衡量自己成就的尺度,就是看他们能在多大程度上使小资产阶级民主派摆脱自由派的影响。

　　俄国马克思主义者也应当给自己明确而肯定地提出这项任务。因此,他们在自己著名的一月决议中公开指出,由于显然没有黑帮危险,在各大城市**只**容许同民主派联合起来对付自由派。①这项决议是"抓住了问题的关键",对选举策略的一个最重要问题作了直接回答,确定了**整个**选举运动的**精神**、方针和性质。

　　相反,喜欢谈论立宪民主党人是"城市民主派"的"代表"的取消派,却犯了大错误。取消派的这些言论**歪曲了**事实,因为这样就是把**自由派**在选举中战胜民主派、自由派**对**民主派选民所玩弄的选举骗局,当成是立宪民主党奉行"民主主义"的证据。只要真正的资产阶级民主派,尤其是社会民主派,还没有使各种民主阶层摆脱性质同它们**完全相反**的政党的影响,这些民主阶层就会受**反民主派**政党多年的摆布,这种例子在欧洲是屡见不鲜的。

　　彼得堡的选举斗争,是自由派和工人民主派在俄国整个解放运动中争夺领导权的斗争。

　　彼得堡选举所起的这种极重要的作用,可以使我们作出两个实际的结论。谁得到的多,谁负的责任也要多。彼得堡工人势必代表全俄**整个**工人民主派进行彼得堡第二城市选民团的选举运

―――――――――――

　　①　见本卷第148—149页。——编者注

动。他们肩负着伟大而艰巨的事业。他们要作出榜样。他们应当
发挥最大限度的主动性、干劲和坚韧不拔的精神。他们在办工人
日报方面已经做到了这一点。他们在选举中也应当继续进行已经
出色地开始了的事业。

　　整个俄国都注视着彼得堡的选举斗争。整个俄国也应当竭力
支援这里。如果没有来自全俄各地对彼得堡工人的各方面的支
援,单枪匹马是无法打败"敌人"的。

载于1912年7月1日《涅瓦
明星报》第15号　　　　　　　　　译自《列宁全集》俄文第5版
　　　　　　　　　　　　　　　第21卷第375—379页

斯托雷平土地纲领和
民粹派土地纲领的比较

(1912 年 7 月 1 日〔14 日〕)

在前两篇文章里(见《涅瓦明星报》第 3 号和第 6 号)①我们援引了欧俄土地占有情况的基本材料,阐述了俄国土地问题的实质。消灭**土地占有制**中的中世纪制度的表现——这就是问题的实质所在。

在全世界以及我们俄国都占统治地位的资本主义制度同地主和份地农民的中世纪**土地占有制**之间的矛盾是不可调和的。旧的中世纪土地占有制必须摧毁;这种摧毁愈是坚决、无情和果断,对于俄国的整个发展就愈有好处,对于**除了**受资本主义蹂躏和压迫还受无数中世纪残余蹂躏和压迫的工人和农民也就愈有好处。

那么,在这种情况下,怎能把斯托雷平的土地纲领和民粹派的土地纲领加以比较呢? 这两个土地纲领不是完全对立的吗?

是的,但这种对立并不排斥两者之间有一个根本的**共同点**。这就是**两者都承认摧毁**旧的土地占有制的必要性。斯托雷平的"土地规划"人员说,必须摧毁旧的东西,而且要更快更坚决地加以摧毁。但是这种摧毁所带来的一切重荷要由极端贫困和备受压迫

的多数农民来承受。地主在这种摧毁中不应有丝毫损失,如果他们不可避免地要失掉自己的一部分土地,那么这部分土地应当完全根据地主的自愿,并按照他们认为"公道的"价格转让。富裕农民应得到支持,广大"弱者"的破产则不必考虑。

这就是斯托雷平的土地纲领的实质。授意斯托雷平制定这个纲领的贵族联合会,是反动派——不是爱说漂亮话的而是实干的人——的真正代表。贵族联合会把希望寄托在强者身上,是完全忠于本阶级的利益的。的确,在1905年以后事情已经很明显,单靠警察机关、官僚机关来防范农民是不够的。

贵族联合会究竟在哪儿还能找到自己的同盟者呢?只能在为数极少的富裕农民、"富农"、"寄生虫"中间找到。它在农村中不可能再找到别的同盟者。为了把"新地主"吸引过来,反动派竟不惜把**所有农村**交给他们,任他们去洗劫。

既然摧毁不可避免,那就让我们按照有利于**我们**和有利于**新地主**的办法来摧毁**份地**占有制,——这就是贵族联合会授意斯托雷平执行的土地政策的实质。

但是,从纯理论上来说,必须承认**从另一方面**加以摧毁也是可能的,而且这种摧毁同样坚决甚至要坚决得多。问题有两个方面。比方说,假如3万个地主的7 000万俄亩土地转入1 000万农户手中,再加上他们的7 500万俄亩土地,假如把这些土地**合在一起**,然后在富裕农民和中等农民中进行分配(贫苦农民反正是不可能进行土地的耕耘、播种、施肥和保养的),那么这样改造的结果会是怎样的呢?

如果从纯经济观点来提出这个问题,从全世界资本主义经济的一般条件的角度来看这种原则上的可能性,那就可以看出,我们设想的那种改造,其结果将是使**中世纪的**土地占有制遭到比斯托雷平纲领中所谈的**更彻底**、更坚决、更无情的摧毁。

为什么要摧毁的正是而且仅仅是中世纪土地占有制呢? 因为,就问题的本质来说,无论土地怎样转手,甚至所有土地都转入国家手里(即政治经济学中所说的土地"国有化"),**资本主义的**土地占有制还是**不会被消灭的**。资本主义土地占有制就是由那些拥有资本并最能适应市场的人去占有土地。土地不论归谁所有,归旧的地主、国家或是份地农民所有,反正逃不出总是可以租用它的**业主**之手的。租佃制在存在着各种各样土地占有形式的**一切**资本主义国家里,都在日益发展。既然市场支配整个社会生产,也就是说,既然这种生产是资本主义生产,则任何禁令都不能阻止资本家,即拥有资本和熟悉市场情况的业主把土地攫为己有。

不仅如此,土地租佃制**甚至**比土地私有制**更便于**发展纯粹的资本主义,更便于最充分地、灵活地、"理想地"适应市场。为什么? 因为土地私有制**妨碍**土地的转手,使土地的使用**不能顺利地**适应市场的情况,而把土地**固定**在某家族或个人及其继承人的手里,即使他们是经营不善的业主。租佃制是一种比较灵活的形式,采取这种形式就能最简单、最容易、最迅速地使土地的使用同市场相适应。

因此,正如马克思在批判洛贝尔图斯时所指出的那样,就连英国也不例外,只不过从资本主义的角度来看,它的土地制度比起其他资本主义国家来是最完善的而已。[185]英国土地制度的特点是什么呢? 就是旧的土地占有制,即大地主占有制,和新的、自由的、纯资本主义的租佃制同时并存。

假如这种大地主占有制存在而没有大地主,也就是说,假如土

地不归大地主所有,而归国家所有呢? 那么从资本主义的角度来
看,这种土地制度就会**更加**完善,土地的使用就会更加灵活地适应
于市场,作为经营对象的土地就会更加容易转移,一切资本主义土
地占有制所固有的阶级斗争就能更加自由地、广泛地、明确地
展开。

可见,一个国家愈是落后于世界资本主义,愈是急需赶上邻
国,愈是"耽误了"自己的"疾病"——中世纪土地占有制和盘剥性
的小经济的疾病,愈是急需**从根本上**摧毁这个国家的**一切**土地占
有关系及其整个农业生活,各种各样的土地国有化主张和方案也
就愈能自然而然地在这个国家的农业居民中产生和广泛传播。

1905 年和头两届杜马都非常明显地证明了,第三届杜马通过
它的"农民"(经地主的筛子筛过的农民)代表也间接地证实了:各
种各样的土地国有化主张和方案已在俄国农业居民中得到非常广
泛的传播。在表示赞同或者反对这些主张以前,应该先提出一个
问题:**为什么**这些主张会得到广泛的传播,它们是由**什么样的**经济
必然性产生的?

对这些主张单从它们内在的严整性或理论的正确性来加以评
论是不够的。必须从这些主张所反映的经济必然性的角度来加以
评论,不管这种反映有时是多么"多变",多么不正确,多么"歪曲"。

20 世纪初在俄国农民中产生土地国有化主张的经济必然性,
就是坚决摧毁旧土地占有制的必然性。"平分"全部土地的主张是
一种平等思想,这种平等思想是同农奴制残余作斗争时所必然产
生的,因为在 3 万"农奴主余孽"有 7 000 万俄亩土地,而 1 000 万
受奴役的农民只有 7 500 万俄亩土地的情况下,这种平等思想**必
然**要反映到土地问题上来。

把前一类土地变为后一类土地,或者更确切地说,转到后一类所有者的手中,这丝毫也不是空想。在市场支配一切的情况下向往土地经营者之间的平等,或者在资本主义制度下向往全体"男女公民"(包括不独自经营者)的"土地权",才是空想。但我们不应该因**这些**主张的不切实际而忘掉这些主张中**实际上**包含的东西具有最真实的、最切合需要的现实性。

消灭**各种**中世纪土地占有制——地主土地占有制、份地占有制等等,这丝毫也不是空想。与一切旧的土地关系决裂也丝毫不是空想。相反,正是资本主义的发展迫不及待地要求**这种**决裂。在资本主义制度下,无论"平分"土地或使土地"社会化"都是**不可能的**。这是空想。

资本主义制度下的土地国有化从经济上看是完全可能的,而且无论在什么情况下,即不论是怎样实行的,由谁实行的,在什么条件下实行的,是巩固的和长期的还是不巩固的和短期的,——无论在什么情况下,它的**实际**意义都在于最大限度地消灭俄国土地占有制中和俄国农业生活中的一切中世纪残余,在于**使新的**土地使用和土地占有制最**灵活地**适应于世界市场的新情况。

暂且假定左派民粹派提出的全体男女公民平分全部土地的计划实现了。在资本主义制度下这样分配土地是极其荒谬的。在资本主义制度下这样分配土地连一年也维持不了,而且也不可能维持得了。但这是不是说这样做的结果等于零或者等于负数呢?

绝对不是! 这样做的结果会是一个巨大的**正数**——根本不是左派民粹派所期待的正数,而是最实际的正数。这个正数就是:现有各种阶层的和等级的土地占有形式之间的任何差别都要被摧毁。这对整个国民经济、对资本主义和对无产阶级都是极其有利的,因为对俄国的发展来说,没有什么比我国现在旧的土地占有制更有害不过的了。地主土地占有制和份地占有制**完全**是农奴制的土地占有形式。

左派民粹派的土地平分是维持不下去的,但要**恢复旧的**也是不可能的!地界既已被摧毁,就怎么也"修复"不了!世界上没有任何政治力量能阻碍那些符合市场**新**要求的**新的**地界、界限和土地使用形式的确立。

记得在第二届杜马中有一位左派民粹派说过"要废除地界"。[186]他以为这样就能做到"平均使用土地"。他错了。但**通过他的嘴**——这是历史的讽刺!——却道出了**资产者**最彻底、最勇敢、最激进的观点,他们感到我国"份地的"、"贵族的"、"教会的"以及其他等等土地占有制的**旧的**、中世纪的"界限"是不合理的,必须**摧毁**这**一切**界限,以便实行**新的**土地分配。只是不会像民粹派所幻想的那样"按人"分配,而是像**市场所迫使**的那样**按资本**分配。

民粹派的建设性方案是一种空想。但在这些建设性方案中含有对中世纪制度的破坏性因素。这种因素决不是空想。这是活生生的现实。不论从资本主义还是从无产阶级的观点看来,这都是最彻底最进步的现实。

现在我们来简略地概括一下我们的观点。斯托雷平的土地纲领和民粹派的土地纲领的一个实际的共同点,就是**两个纲领**都要从根本上**摧毁**旧的中世纪的土地占有制。这点非常可贵。对于这种土地占有制除了摧毁不能采用别的办法。《**言语报**》和《**俄罗斯新闻**》的一些立宪民主党人之所以**最**反动,是因为他们斥责斯托雷平不该摧毁这种土地占有制,而不去证明必须更彻底更坚决地摧毁这种土地占有制。我们将在下一篇文章中看到,斯托雷平的摧毁**不能**消灭盘剥制和工役制,而民粹派的摧毁却**能够**做到这一点。①

　　我们暂且指出一点:斯托雷平的摧毁所产生的唯一完全现实的后果就是3 000万人挨饿。斯托雷平的摧毁能不能教会俄国人民**应当怎样**进行更坚决的摧毁,现在还不得而知。但是这种摧毁无疑正在进行这样的教育。能不能教会呢,——过些时候就会见分晓。

载于1912年7月1日《涅瓦明星报》第15号　　　　　　　译自《列宁全集》俄文第5版第21卷第380—386页

---

① 参看本版全集第22卷第18—23页。——编者注

俄国社会民主工党的状况和
党的当前任务

(1912年7月3日〔16日〕)

俄国社会民主工党渡过了反革命猖獗的空前艰难年代,现在已经走上了恢复自己的组织、巩固自己的力量、加强对俄国无产阶级的领导的正确道路。俄国无产阶级在1905年曾给予专制制度以沉重打击,它在未来的革命中将摧毁这种制度。

1908—1911年这些艰难的年代是分裂的年代;正是在这一时期,现在的波兰和立陶宛社会民主党总执行委员会脱离了俄国社会民主工党。波兰和立陶宛社会民主党是在1906年加入我们党的,曾经同我们布尔什维克一起反对过孟什维克机会主义者。

波兰社会民主主义工人应当以批判的态度来评价现在的总执行委员会脱离俄国社会民主工党的行为。因此我很愿意接受波兰和立陶宛社会民主党**华沙委员会**的建议,在《工人报》[187]上简要地说明一下党内分裂的原因和现在的总执行委员会在这方面所起的令人痛心的作用,并指出全俄社会民主主义无产阶级的最近任务。

一

波兰工人同志们都知道 1905 年革命时期布尔什维克和孟什维克之间的分歧。波兰和立陶宛社会民主党的许多杰出代表,如罗莎·卢森堡,最初,在 1904 年是站在孟什维克方面的,但是革命很快地表明孟什维克是错误的,清楚地证明孟什维克是机会主义者。

1908——1911 年的反革命产生了俄国历史上的一个新阶段。旧的专制制度向资产阶级君主制又迈了一步。地主和大资产阶级的杜马产生了。沙皇制度还没有失去农奴制的性质,但它实行了资产阶级的土地政策,这个政策的目的是以千百万农民遭到前所未闻的破产与毁灭为代价来尽快地推行土地私有制。资产阶级自由派急剧地转到反革命方面去了,他们度过了地地道道的背弃信念的狂饮节。

在整个知识分子中间普遍出现前所未有的分裂和涣散。无产阶级遭到向革命进行报复的沙皇政府的残酷迫害,并受到叛变者的大肆诽谤。

当时俄国社会民主工党的任务就是:保存工人阶级的**革命的**社会民主党,以**适应新的**工作情况。

在最初完成这项任务时,俄国社会民主工党内部就暴露出一些新的反无产阶级流派,这些流派在破坏党的**本身存在**。它们是在我国反革命猖獗的历史形势下产生的。这些资产阶级流派就是**取消派和召回派**。

　　取消派受资产阶级逃跑主义浪潮的冲击而背弃了革命。他们对秘密的党表示绝望,在6月3日(16日)的所谓"立宪"政治制度中为自己寻找唯一合法的根据,鼓吹这个政治制度的立宪革新。他们的政策的实质就是建立一个"公开的工人政党"和实现**立宪改良**的口号。这不是社会民主党的政策,而是自由派的工人政策。

　　显然,把取消派和西欧社会民主工党内的机会主义者等同起来(像在梯什卡影响下现在的总执行委员会所做的那样)是非常可笑的。我们的取消派不承认秘密形式的党即现在这样的党,而要建立一个**新的**合法政党。这就不是在党内闹派别斗争,而是脱离党了。取消派这种公然背离党和破坏党的行为,招致了孟什维克本身的猛烈攻击。在俄国,孟什维克工人**没有**跟着取消派走,而在国外,孟什维克普列汉诺夫则领导了"护党派"孟什维克(反取消派)。普列汉诺夫现在在报刊上已公开、明确地承认取消派**正在建立新的政党**。[188]

　　为了使波兰工人了解情况,我们再补充一点:取消派的主要机关刊物在国外是《社会民主党人呼声报》(马尔托夫、唐恩、阿克雪里罗得和其他"呼声派"),在俄国是《我们的曙光》杂志(波特列索夫、列维茨基和切列万宁等)。"召回派"(因要求从第三届杜马中"召回"社会民主党代表而得名)抵制了第三届杜马,因为他们不了解为了进行社会民主党的革命工作必须利用杜马讲坛和一切"合法机会"。他们把1905年的革命策略口号变成了空洞的词句。经验很快就证明,抵制第三届杜马是荒唐的,这甚至与社会民主党的国内抵制派的愿望相违背,使他们走上了无政府主义的道路。1907年夏季多数布尔什维克主张抵制,但是1908年春季他们已经接受了经验教训,并且给了"召回派"在彼得堡和莫斯科的鼓动以极沉重的打击。召回派在俄国遭到这种彻底失败以后,他们以及他们的拥护者就苟安于国外,形成了一个毫无力量的"前进"小集团(卢那察尔斯基、阿列克辛斯基等)。

由于国内多数组织软弱无力,由于国外的一些集团脱离国内的工作,多数这些集团就充分"自由地"破坏和瓦解党,它们根本不承认任何纪律,没有受俄国任何一个组织的委托而擅自领导机关刊物,去刊印小册子和宣言,这一切都无须赘述。除了这些在原则问题上持有种种不同观点的小集团以外,照例还产生了一些毫无原则的小集团,它们充当掮客,耍弄卑鄙的外交手腕,在"调解"党内纠纷和促进党内"联合"的幌子下施展阴谋诡计,力图从中捞取小小的政治资本。这方面的能手就是托洛茨基和他在维也纳出版的《真理报》,梯什卡和他的总执行委员会。

二

摆在俄国社会民主工党面前的是怎样恢复党的问题。

显然,不能和那些想**取消**党的人**一起**来恢复党,也不能和那些抵制杜马和一切合法机会的人**一起**来恢复党。要么是奉行这种资产阶级政策的国外小集团放弃这种政策来服从俄国绝大多数组织、团体和小组;要么是俄国国内组织**不顾**这些国外小集团自己来恢复党。

1910年1月,俄国社会民主工党举行了最后一次中央全会,这次会议曾经试图挽救从社会民主党分裂出去的取消派和召回派,引导他们走上为党工作的道路。但由于这两种倾向太荒谬,它们的反社会民主主义的性质太明显,以致**谁也**不愿意为它们辩护。会上**一致**认为,这是**资产阶级**思潮,只有排除这种思潮,才能创造恢复党的条件。

但是一致通过决议还不够,因为会后没有一致的行动。取消派和召回派无视中央全会的决议,不但没有放松反而**加强了**他们的破坏活动。事实证明,一年半以来(1910年1月—1911年6月)进行**护党**斗争的是在布尔什维克和某些波兰人领导下的党中央机关报,孟什维克普列汉诺夫也竭力帮助了反对取消派的斗争。

取消派、前进派、托洛茨基和崩得拼命进行**反党的"工作"**。拉脱维亚人则动摇不定,常常站到取消派方面去。

取消派的破坏活动竟把党中央委员会搞垮了!全会决定恢复国内中央委员会,增补新的委员,但是取消派竟宣布秘密的党和秘密的中央委员会是"有害的",连一次会议也不愿出席。既然如此,把取消派和西欧机会主义者等同起来,除了要阴谋诡计,还能有什么别的目的呢?

党没有了中央委员会。党的瓦解已不可避免。只有**俄国的**组织,即在国内活动的组织,才能恢复党。梯什卡搞阴谋诡计的两面派政策也就在这方面表现得淋漓尽致了,他在总执行委员里利用多数压制那些主张执行原则性较强的政策的人,使总执行委员会脱离了俄国社会民主工党,使它处于党与党的取消派**之间**。

为了认清这种给波兰社会民主运动带来危害的政策,让我们首先举一件我们党内**思想**斗争方面的事实。

像我们前面所说的,中央全会一致谴责了取消派。但是在极其重要的决议中,有一部分(即所谓它的第一条)被删改得与原意完全相反;这部分就变得对取消派有利了。在这一条中表达了这样一种意见；社会民主党在目前，即在反革命时期，**第一次**充分运用国际社会民主主义运动的方法。这一条为叛徒理论留下了可乘之隙，它是由梯什卡提出的，他企图在取消派和党之间投机取巧。自然，取消派热烈赞同这一条，帮助梯什卡"取得胜利"；一部分布尔什维克，即所谓"调和派"集团（实际上就是托洛茨基分子）也滚到取消派方面去了。

在全会以后，普列汉诺夫用绝妙的话狠狠地嘲笑了这一条（他并不知道这一条是谁提出的），认为这一条是"华而不实"、模糊不清、笼笼统统。[189]我继普列汉诺夫之后发表意见，陈述了我对梯什卡同"调和派"、取消派的联盟进行的斗争，谈到这一斗争没有什么结果。①

两年来总执行委员会中的许许多多著作家**没有一个人**写过**一句**为这一条辩护的**话**。

梯什卡这种投机取巧的伎俩只能使他用取消主义来歪曲党的观点。

在组织问题上，这种政策的结局更为悲惨。

中央委员会已不存在。只有召开俄国国内组织的代表会议才能恢复党。但是怎样召开代表会议呢？显然，**不能**和那些正在取消党的人共同召开，而只能**不要他们**。

梯什卡采取中间立场，看风使舵，玩弄使党和正在取消党的人"联合"的把戏。最初，梯什卡和"调和派"小集团（这是一个毫无力量的国外小集团，在整整一年内没有一个俄国国内组织订过一份他们的刊物）靠拢布尔什维克，负责**监督**代表会议的召开，资助召

----

① 参看本版全集第19卷第268—273页。——编者注

集代表会议的代办员，派送这些代办员到各地去，并且断言，他们是在使党"联合"起来(这一断言引得取消派和我们都捧腹大笑)。

这些代办员**从基辅**出发到各地去，而基辅的组织那时无疑是孟什维克的组织，这一点连我们的真正敌人托洛茨基和拉脱维亚人也在报刊上承认过。由于取消派对我们的代表会议进行了猖狂攻击，波兰工人应当知道，正是在上述组织的参与下成立了(1911年10月)召集代表会议的俄国组织委员会。而且正是这个(基辅)组织的代表担任了代表会议资格审查委员会主席！**190**

显然，俄国组织委员会内布尔什维克和一部分"护党派"(即反取消派)孟什维克占多数。其中没有其他小集团的代表，因为那只是一些与国内没有什么联系的有名无实的国外组织。

这时梯什卡感到悲观失望，因为已没有可能充当调停人，进行阴谋活动和玩弄联合取消派的把戏了。他退出了俄国组织委员会，虽经**三次**邀请也没有出席代表会议。

然而他却参加了**取消派**关于召开另一个代表会议(取消派的代表会议)的会议**191**，又……退出了会议，声称那里有取消派！！这样的"调停人"不是很滑稽吗?①

<h1 style="text-align:center">三</h1>

俄国社会民主工党一月代表会议联合了国内大部分组织——

---

① 在《前进报》上总执行委员会说托洛茨基是取消派的代理人，在《红旗报》**192**上则证明不但不能与波兰社会党左派取消派联合，而且不能与波兰的崩得取消派联合！！但梯什卡却要俄国社会民主工党与俄国取消派联合。

彼得堡、莫斯科、伏尔加河流域、高加索、南方和西部边疆区等地的组织。代表会议肯定地认为取消派(《我们的曙光》杂志)已置身于党外。代表会议对那些以自己的行动来瓦解党的国外小集团不再负任何责任。

代表会议在前后23次会议上详细地研究了一切策略问题,通过了与过去四年内中央机关报及党的各级领导机关工作精神相一致的各项决议。代表会议被确定为党的最高机关,并选出了中央委员会。

取消派以及同他们一起的一切软弱无力的国外小集团唾沫四溅地攻击党代表会议,这是完全可以理解的,因为代表会议谴责了他们。每个被判罪的人都有权利在24小时之内咒骂自己的审判官。

但是在俄国**没有**另一个中央委员会,也**没有**另一个社会民主党。梯什卡和总执行委员会回避这次代表会议,硬要波兰工人相信,有可能(在某些中间人参与下)使党和取消派"联合"起来,这是对工人的欺骗。这种欺骗使波兰工人在4、5月间革命高涨以及第四届杜马选举那样极其紧要的关头,失去与俄国同志互相磋商并一起讨论策略和口号的机会。

显然,俄国无产阶级的革命情绪在日益增长。俄国社会民主工党目前正在执行的迫切任务就是:促使革命情绪进一步增长,巩固秘密组织,给运动提出正确的革命口号,给合法派-取消派的机会主义以回击,使合法组织充满反取消主义的精神,并依据这种方针来进行第四届杜马选举。全俄一月代表会议已经为这些任务确定了理论根据。

波兰的革命的社会民主主义工人在工作上是和我们方向一致

的。因此,在结束本文时,我相信:不管现在的总执行委员会在原则上怎样动摇,波兰无产阶级也一定能够在组织上和我们俄国社会民主工党联合起来。

载于1912年7月16日《工人报》（波兰文）第15—16号合刊

译自《列宁全集》俄文第5版第21卷第387—394页

答 取 消 派[193]

(1912 年 7 月 11 日〔24 日〕以前)

《涅瓦呼声报》的取消派竭力**破坏**彼得堡工人选举的统一。他们是不会得逞的。假惺惺地要求"统一"的叫喊（**出自取消派之口!!**），是谁也欺骗不了的。

工人民主派的统一是有保证的。

有些人想取消工人民主派，只许诺建立实行自由派工人政策的公开的"政党"来代替它……但是工人并没有跟着他们走。觉悟的工人所要求的是工人群众的统一，而不是同从事分裂活动的取消派知识分子集团达成"协议"，来损害这种统一。《**真理报**》就是按照这个口号行动的。

取消派**公然**问道，**哪里**能"找到""公开"的东西不被赞美的呢…… 取消派这种恬不知耻的言论，是迷惑不了我们的。先生们，去草拟你们的"公开的"纲领吧，去建立你们的新的"公开的"政党吧，请便吧！

————

附言：我坚持要求马上或尽快回答我在这里提出的问题。**不应该保持沉默**。如果对此保持沉默，就会把一切弄糟，就会遭到工人从左面来的抗议。必须给取消派以回击。把**为谁**进行选举（不是为取消派吗?)掩饰起来，就**不能**进行选举。假如你们不愿意把

"左面"的**一切**弄得很紧张很糟糕，就请你们刊载《答取消派》这篇文章。如果**不刊载**，请立即退还给我。这对我是**很重要的**。

载于1933年《列宁文集》俄文版
第25卷

译自《列宁全集》俄文第5版
第21卷第395—396页

在 瑞 士

(1912 年 7 月 12 日〔25 日〕)

瑞士的社会党人把瑞士叫做"奴仆共和国"。旅馆业早已成为该国最重要的部门之一,这个小资产阶级国家过多地依靠那些夏天到这里来游山玩水、挥金如土的财主寄生虫。在游客财主面前卑躬屈节的小业主——这就是长期以来瑞士资产者最普遍的典型。

现在情况变了。瑞士的大工业日益发展。直接利用瀑布和山间河水发电,大大地推动了工业的发展。人们通常把这种代替工业用煤的水力称做"白煤"。

瑞士的工业化,即瑞士的工业、大工业的发展,结束了工人运动先前的停滞状态。资本同劳动的斗争日趋尖锐。以往常常笼罩着瑞士的一些工会的那种萎靡不振的市侩习气正在消失,意识到自己的力量的、觉悟的、有组织的无产阶级的战斗精神抬头了。

瑞士工人非常清楚他们的共和国是维护雇佣奴隶制(在所有资本主义国家中都毫无例外地存在着这种制度)的资产阶级共和国。同时瑞士工人真正学会了利用共和制度的自由来教育和组织广大的工人群众。

7 月 12 日(俄历 6 月 29 日)苏黎世总罢工时这项工作的成果就表现得很突出。

事情的经过是这样的。苏黎世的油漆工和钳工的罢工已经持续了几个星期,他们要求提高工资和缩短工作日。厂主发怒了,决定制服顽强的罢工工人。资产阶级共和国政府为了向资本家献殷勤,就来帮助厂主,开始把外籍罢工工人(在瑞士做工的有许多外籍工人,特别是意大利工人)**驱逐出境**!但是这种粗暴的做法无济于事。工人更紧密地团结起来了。

这时资本家就使用了下面这种手段。在德国汉堡有一个专门提供工贼的路德维希·科赫公司。苏黎世的资本家(可别闹着玩,他们是爱国者、共和派!)通过该公司招募了一些工贼,其中显然有在德国因流氓教唆、斗殴等而被判罪的形形色色的刑事犯。资本家把手枪交给这些流氓或无赖汉(流氓无产者)。这帮厚颜无耻的工贼分头在工人区的一些饭店里进行骇人听闻的捣乱活动。当工人集合起来要赶走这帮流氓时,一个流氓**开枪打死**一名罢工工人。

工人忍无可忍,痛打了凶手,并决定就流氓的暴行问题向苏黎世市议会提出质询。市政管理委员会为了保护资本家而禁止罢工纠察队活动,因此工人决定举行**一天总罢工**表示抗议。

所有工会一致同意罢工。只有印刷工人是不光彩的例外,他们反对罢工。苏黎世所有工人组织的425位代表参加的会议愤怒地谴责了印刷工人的这个决定,高呼这个决定"可耻!"。虽然一些政治组织的领袖反对罢工(这是瑞士庸俗的机会主义者领袖的老风气!),罢工还是决定举行。

工人们看到资本家和行政当局力图破坏和平罢工,于是就按照"既然是战争,就要有作战姿态"这句格言行动。在战争中不能告诉敌人**什么时候**开始进攻。工人们故意在星期四宣布,罢工将在下星期二或星期三举行,但实际上确定在**本星期五**举行。结果给资本家和行政当局来了个措手不及。

罢工取得了辉煌的胜利。从清晨起共散发了 30 000 张德文和意大利文传单。大约有 2 000 个罢工工人占领了电车场。一切都停顿了。全城的正常生活停止了。本来星期五是苏黎世的集市日,但是这一天全市像一座死城。罢工委员会禁止饮各种酒精饮料,工人都严格遵守了这项决定。

下午 2 时举行了声势浩大的群众性游行示威。一些人的演说完毕以后,队伍没有唱歌,平静地解散了。

政府和资本家本来想引诱工人使用暴力,现在眼看自己遭到失败,简直像发了疯那样狂暴起来。政府发布了一道特别命令,在全苏黎世州内不但禁止罢工纠察队活动,而且禁止露天集会和游行示威。警察侵占了苏黎世民众文化馆,并逮捕了许多工人领袖。资本家为了对总罢工进行报复,宣布实行同盟歇业三天。

工人们沉着应战,严格遵守抵制饮酒的决定。他们说:"有钱人整年休息,工人为什么不能一年休息三天呢。"

载于 1912 年 7 月 12 日
《真理报》第 63 号

译自《列宁全集》俄文第 5 版
第 21 卷第 397—399 页

半年工作总结[194]

(1912 年 7 月 12—14 日〔25—27 日〕)

彼得堡工人出版了工人日报,也就完成了一项巨大的工作,可以毫不夸大地说,这是一项具有历史意义的工作。工人民主派在极端困难的条件下团结了起来,增强了自己的力量。当然,现在还不能说我们工人民主派的报纸已经**巩固**了,因为大家都很清楚,工人报纸现在经常遭到种种迫害。

但是,不管怎样,《真理报》的创刊仍然是一个非常有力的证据,它证明俄国工人是有觉悟、有毅力和团结一致的。

回顾并考察一下俄国工人半年来在创办**自己的**报纸方面所做的工作,是很有益处的,因为正是从今年一月起,彼得堡工人十分明显地表现出对创办自己的报纸的兴趣,当时在与工人有关的各种色彩的报章杂志上都出现了很多谈论工人日报的文章。

一

俄国的工人日报是由**谁**创办和**如何**创办的,关于这方面的材料好在是相当完整的。这就是关于为工人日报**捐款**的材料。

现在我们就从创办《真理报》的捐款谈起。我们有从今年 1 月

1日至6月30日这整整半年的《明星报》、《涅瓦明星报》和《真理报》报道的账目。这些账目是公开的,所以能保证内容绝对正确,个别的错误都根据有关方面的意见及时加以更正了。

对我们来说,最重要和最值得注意的不是捐款的总额,而是**捐款者的成分**。比如《涅瓦明星报》第3号上公布了为工人日报捐款的总额是4 288卢布84戈比(从1月开始到5月5日截止,但从4月22日《真理报》创刊时起直接寄给该报的捐款未计算在内),于是我们马上就产生这样一个问题:工人本身和各个工人团体在筹集这笔捐款中起的作用如何? 这笔钱是由同情者的大笔捐款凑起来的呢,还是工人自己对工人报纸表现了极大的关心,由**大量的工人团体**筹集的巨额捐款凑起来的?

从工人**本身**的创举和力量的观点来看,比方30个工人团体捐献了100卢布,那就要比几十个"同情者"捐献的1 000卢布重要得多。依靠工厂工人的小团体以许多个**5戈比硬币**凑起来的捐款创办的报纸,比依靠知识分子中的同情者提供的几十个和几百个卢布创办的报纸要扎实、巩固和**有分量**好多倍,这不论是从财政观点来看,或**更为重要**是从工人民主派的发展来看,都是这样的。

为了掌握这一根本的、最重要的问题的精确材料,我们对上述三种报纸所登载的有关捐款的材料作了下面的统计。我们这里**只是把工人团体**或职员**团体**的捐款抽出来看。

目前我们所关心的只是工人**自己的**捐款,而且指的不是单个工人的捐款,因为他们也许是偶尔碰上了某个募捐人,在思想上,也就是在观点和信仰上同他并没有联系,我们指的是工人**团体**的捐款,他们一定都预先**讨论过**应不应当捐款,捐给**谁**,捐款的目的何在。

凡是《明星报》、《涅瓦明星报》和《真理报》说明了为工人日报捐款的正是工人**团体**或职员**团体**的每一次报道，都被算做是工人自己的**一次团体捐款**。

那么，在1912年上半年这样的工人团体捐款究竟有过多少次呢？

有504次团体捐款！

工人为创办和支持**自己的**报纸团体捐款500多次，他们有的是拿出一天的工资，有的是同时一次捐款，有的是有时一捐再捐。**504个工人团体**（单个工人和同情者除外）非常积极地参加了创办自己的报纸的活动，这个数目无疑说明了，工人**群众**已经开始自觉地极其关心工人报纸，并且他们关心的不是什么一般的工人报纸，而是工人民主派的报纸。既然群众有这种自觉性和积极性，任何困难和障碍就都不可怕了。没有而且也不可能有什么困难和障碍是工人群众的自觉性、积极性和参与感所不能克服的。

504次团体捐款按月分布情况如下：

1912年1月 ···························· 14
1912年2月 ···························· 18
1912年3月 ···························· 76
1912年4月 ···························· 227
1912年5月 ···························· 135
1912年6月 ···························· 34

半年总数 ···························· 504

从上面这张小统计表中可以清楚地看到4—5月的全部意义，这两个月可以说是个**转折点**。这是从黑暗到光明、从消极到积极、从个别行动到群众行动的转折点。

在1—2月间,工人团体捐款的次数还很少。显然,事情还只是刚开始。3月间可以看出已经增加很多。一个月中有76次工人团体捐款,这至少说明工人真的动了起来,群众不怕任何牺牲,竭力要达到自己的目的。这说明工人群众深信自己的力量,深信整个工作安排,深信已着手创办的报纸的方向等等。3月间工人日报还没有创办起来,工人团体就已经把钱凑集起来,先贷给了《明星报》。

4月份数字立刻**大大**增加,这起了决定作用。这一个月有227次工人团体捐款,每日平均7次以上!堤坝被冲垮了,工人日报有了保障。每一次的团体捐款,不仅表明5戈比硬币和10戈比硬币的总数,更重要的是说明工人**团体**同心协力以实际行动支持、宣传、指导、创办工人报纸的决心。

可能产生一个问题:4月份的捐款是不是主要集中**在**4月22日**以后**,即《真理报》创刊以后呢? 不是。《明星报》**在**4月22日**前**登载了**188次团体捐款**的账目。而《真理报》从4月22日至月底一共登载了39次团体捐款的账目。这就是说,4月份的前21天,即在《真理报》创刊前,每日平均有**9次团体捐款**,而在4月份的后9天每日平均只有4次。

由此可以得出两个重要结论:

第一,工人正是**在**《真理报》创刊**前**尽了最大的努力。工人信任《明星报》,把钱"贷"给了它,正是表示要实现自己主张的决心。

第二,由此可以看到,**正是由于工人在4月**间的捐款增加,工人的《真理报》才得以创刊。毫无疑问,工人运动的普遍高涨(不是以狭隘的行会形式出现的,不是以狭隘的工会形式出现的,而是具有**全民**规模的运动)同彼得堡工人民主派日报的创刊之间有最密切的联系。工会的刊物对我们来说是不够的，我们需要自己的政治性报纸——这就是群众在 4 月间形成的坚定的信念；我们需要的不是随便什么政治性的工人报纸，而是先进的工人民主派的报纸；我们需要创办报纸不仅是为了要它帮助我们工人进行斗争，而且是为了要它给全民树立榜样，成为他们的火炬。

5 月份捐款的次数还是很多。团体捐款每日平均 4 次以上。一方面，从这里可以看到 4—5 月份的普遍增加。另一方面，工人群众认识到，工人日报虽已开始发行，但它开始时的处境特别困难，因此就特别需要集体的支持。

6 月份团体捐款的次数已比 3 月份减少。当然，应当注意到这样一个事实：**在**工人日报创刊**以后**出现了**另一种**具有决定意义的赞助报纸的形式，这就是订阅报纸并向自己的同志、熟人、同乡等等推销。《真理报》的一切自觉的拥护者不仅自己是订阅者，他们还把《真理报》作为样板散发介绍到其他工厂、邻舍和农村等等。遗憾的是，我们无法把**这种**集体帮助完全统计出来。

二

仔细看看这 504 次工人团体捐款在**各城市**和工业区的分布情况，是非常有意义的。在俄国有哪些地区的工人响应了创办工人日报的号召，他们响应的热情又是怎样的呢？

在这方面幸好有关于所有工人团体捐款的材料，《明星报》、《涅瓦明星报》和《真理报》都刊登了这些捐款的账目。

我们把这些材料汇集在一起时,首先应当提出彼得堡,因为在创办彼得堡工人报纸方面它自然是站在前列的;其次是有**两个以上**的工人团体的捐款的 14 个城市及工业区,最后是其余的 35 个城市,这些城市半年来都只有一次工人团体捐款。于是就得出下面的情况:

	团体捐款总次数
彼得堡	412
有 2—12 次团体捐款的 14 个城市	57
有 1 次团体捐款的 35 个城市	35
50 个城市的总次数	504

由此可见,**几乎整个俄国**都在不同程度上积极参加了创办工人日报的事业。如果注意到在外省发行工人民主派报纸方面所遇到的种种困难,那么看到半年来有**许多**城市都响应了彼得堡工人的号召,是会令人感到惊奇的。

除首都外,俄国的 49 个城市①共有 **92 次**工人团体捐款,这至少对于开始来说是个很惊人的数目。这里指的决不是那些偶然

---

① 所有这些城市和地区的名称如下。**圣彼得堡郊区**有:喀琅施塔得、科尔皮诺、谢斯特罗列茨克。**南部**有:哈尔科夫——4 次团体捐款,叶卡捷琳诺斯拉夫——8 次,阿纳尼耶夫——2 次,卢甘斯克——3 次,赫尔松、顿河畔罗斯托夫、巴甫洛格勒、波尔塔瓦、基辅——12 次,阿斯特拉罕——4 次,切尔尼戈夫、尤佐夫卡——3 次,米纳科沃、谢尔比诺夫卡矿区、雷科沃矿区、别尔哥罗德、伊丽莎白格勒、叶卡捷琳诺达尔、马尔乌波尔——2 次,下第聂伯罗夫斯克、纳希切万。**莫斯科区**有:罗德尼基——2 次、梁赞、图拉——2 次、别热茨克——2 次。**北部**有:阿尔汉格尔斯克——5 次、沃洛格达。**西部**有:德文斯克、维尔诺、戈梅利、里加、利巴瓦、缪尔格拉宾。**乌拉尔**有:彼尔姆、克什特姆、明亚尔、奥伦堡。**伏尔加河流域**有:索尔莫沃、巴拉科沃村。**高加索**有:巴库——2 次、格罗兹尼、梯弗利斯。**西伯利亚**有:秋明、布拉戈维申斯克。**芬兰**有:赫尔辛福斯。

的、漠不关心的、消极的捐款者。我们所看到的,毫无疑问是无产阶级群众的代表,他们虽然分散在俄国各地,但是对于工人民主派的自觉的同情把他们联合起来了。

应当指出,站在外省城市前列的是基辅,有12次团体捐款;其次是叶卡捷琳诺斯拉夫,有8次;可是莫斯科却是居第4位,只有6次。莫斯科和整个莫斯科区的这种落后现象,从下列俄国各区的综合材料中可以看得更清楚:

1912年1—6月半年中工人团体
为工人日报捐款的次数

彼得堡和它的郊区·······················415
南部·····································51
莫斯科和莫斯科区·························13
北部和西部·······························12
乌拉尔和伏尔加河流域······················6
高加索、西伯利亚、芬兰······················7

全俄总计······························504

对这份材料可以作如下说明。

从俄国工人民主派重趋活跃的程度来看,无产阶级的彼得堡已经觉醒并走上了自己的光荣岗位。南部正在觉醒。而母亲莫斯科和俄国的其他地区还在沉睡。这些地方也已经到了该开始觉醒的时候了。

如果把整个莫斯科区同其他**外省**地区比较一下,就可以清楚地看出莫斯科区的落后状态。南部离彼得堡很远,比莫斯科离彼得堡远得多。南部的产业工人也比莫斯科区**少**,可是工人团体捐款的次数却**几乎是莫斯科区的4倍**。

看来莫斯科甚至比乌拉尔和伏尔加河流域还落后,因为莫斯

科和莫斯科区的工人比乌拉尔和伏尔加河流域的工人多许多倍，
而不是多一倍。可是乌拉尔和伏尔加河流域的团体捐款有 6 次，
而莫斯科和莫斯科区总共只有 13 次。

　　自然，莫斯科和莫斯科区的落后状态大概受到了两个特殊条
件的影响。第一，这里纺织工业占多数。而纺织工业的经济条件，
也即市场情况和生产活跃的程度要比别的工业例如冶金工业差一
些。因此，纺织工人不大参加罢工，不大关心政治和工人民主派。
第二，在莫斯科区工厂大多分散在偏僻的地方，往那里送报纸比往
大城市送要困难。

　　可是不论怎样，我们大家无疑都从上述材料中吸取了教训。
必须特别关注在莫斯科发行工人报纸的工作。不能再让莫斯科处
于落后状态。每个觉悟工人都懂得，只有彼得堡而没有莫斯科，就
像只有一只手而失去了另一只手。

　　俄国的工厂工人**大部分**集中在莫斯科和莫斯科区。据官方统
计，1905 年这里的工厂工人有 567 000 人，即占全俄工厂工人
（1 660 000 人）的**三分之一以上**，大大超过彼得堡区（298 000 人）。
因此，在工人报纸的读者和拥护者的数目方面，在工人民主派的有
觉悟的代表的数目方面，莫斯科区本应占**第一**位。当然，莫斯科一
定会创办起**自己的**工人日报的。

　　目前彼得堡应当帮助莫斯科。《真理报》的读者每天早上都应
当对自己和自己的朋友们说："工人们，要想到莫斯科人！"

1912 年 8 月 1 日载有列宁《半年工作总结》一文第 3 节的
《真理报》第 80 号第 1 版
（按原版缩小）

三

从另一种极其重要的、实际上非常现实的观点来看，上述材料也应当引起我们的注意。任何人都了解，政治性的报纸是现代社会任何一个阶级参加国内政治生活，特别是参加选举运动的一个基本条件。

因此，一般来说，工人需要报纸，为了进行第四届杜马的选举更是如此。工人很清楚，不论第三届杜马，还是第四届杜马，都不能指望它们做出什么好事来。但是我们应当参加选举，首先是为了在选举时，也就是在党派斗争和整个政治生活活跃起来的时候，在**群众**通过各种方式**学习政治**的时候，去团结工人群众，并对他们进行政治教育；其次是为了把自己的工人代表选进杜马。即使在十足的黑帮杜马即纯粹的地主杜马里，工人代表也给工人事业**带来过**而且还会带来不少好处，只要这些代表是真正的工人民主派，只要他们能够联系群众，而群众也学会指导和监督他们。

在1912年上半年，俄国的**一切**政党开始了、实际上**已经结束了**所谓选举前**动员**党内力量的工作。动员是个军事术语，就是说使军队作好战斗准备。正像战争前军队要进入战斗准备，召集预备役士兵，分发武器和装备一样，各党派在选举前要总结自己的工作，重申关于本党的观点和口号的决定，聚集自己的力量，准备同其他一切党派进行斗争。

再说一遍，这项工作实际上已经结束了。离选举只剩下**几个**

星期；在这段时间里，可以而且应当竭力设法加强对选民、对群众的影响，但是，如果党本身（每个阶级的政党）半年来还未作好准备，那就什么也帮不了它的忙了，它在选举中就等于**零**了。

这就说明，为什么我们的统计所包括的半年是第四届杜马选举前**大力**动员工人力量的半年。这半年是动员工人民主派一切力量的半年，当然不只是为了杜马斗争，不过我们暂时要把注意力集中在这一方面。

这里又产生一个不久前在《涅瓦明星报》第 16 号和《真理报》第 61 号上曾经提到的问题，这就是关于所谓取消派的问题。取消派从 1912 年 1 月起在彼得堡出版《现代事业报》和《涅瓦呼声报》，因为他们有了自己单独的报纸，就说什么为了工人民主派在选举中的"统一"，必须同他们取消派"达成协议"，否则他们就用"双重候选人名单"这种无中生有的东西相威胁。[195]

这种试图吓唬人的手法，到现在为止看来很少产生效果。

这是完全可以理解的。对于那些被公正地称为取消派和称为自由派工人政策传播者的人，怎么能够认真看待呢？

可是，对这部分知识分子的非社会民主主义的错误观点，也许还有许多工人赞成吧？那么是不是应当特别注意这些工人呢？目前，我们有客观的、公开的和完全确切的材料来回答这个问题。大家知道，在 1912 年的整个上半年，取消派特别激烈地攻击《真理报》、《涅瓦明星报》、《明星报》以及一切反对取消派的人。

取消派在工人中间取得了怎样的成绩呢？这一点可以由取消派的《现代事业报》和《涅瓦呼声报》所登载的为工人日报的捐款来说明。关于创办日报的必要性，取消派很早就承认了，如果不是从 1910 年起，至少也是从 1911 年起就已承认，而且对自己的拥护者大力宣传这种思想。1912年1月20日创刊的《现代事业报》从2月就开始登载关于它为此而募集到的捐款的账目。

现在我们完全像对非取消派的报纸所做的那样,从这些捐款(1912年上半年为139卢布27戈比)中抽出**工人团体的捐款**来谈。把所有16号《现代事业报》和5号《涅瓦呼声报》(第6号《涅瓦呼声报》出版时已是7月份了)作一总结,甚至加上对《现代事业报》本身的捐款(虽然我们并没有把非取消派报纸上的这种捐款计算在内),我们就可以得到半年来工人团体捐款的总次数:

1912年上半年工人团体为工人日报捐款的次数

	为非取消派的报纸	为取消派的报纸
1月	14	0
2月	18	0
3月	76	7
4月	227	8
5月	135	0
6月	34	0
共 计	504	15

总之,**半年来一小撮知识分子取消派费了九牛二虎之力总共才得到15个工人团体**的支持!

可以设想比取消派从1912年1月起遭到的失败更加彻底的失败吗?可以设想比这更加确切的证据来证明我们面前的这一小撮知识分子取消派虽然能够出版半自由派杂志和报纸,但是根本得不到无产阶级群众任何像样的支持吗?

下面还有按地区划分的工人团体为取消派捐款的材料:

1912 年上半年工人团体为工人日报捐款的次数

	为非取消派的报纸	为取消派的报纸
彼得堡和郊区··············	415	10
南部··························	51	1
莫斯科和莫斯科区··········	13	2
北部和西部··················	12	1
乌拉尔和伏尔加河流域······	6	0
高加索、西伯利亚和芬兰····	7	1
共　计·················	504	15[①]

总之,半年来取消派在南部遭到的失败甚至比在彼得堡还要惨重。

整整半年来在针锋相对的两派报纸上公开发表的这些确切的工人统计材料,完全解决了"取消主义"的问题。尽可以任意辱骂甚至诬蔑反对取消主义的人,但是关于工人团体捐款的确切材料却是铁证如山。

现在可以完全理解,为什么《涅瓦明星报》和《真理报》都没有认真看待取消派的所谓"双重候选人名单"的威胁。如果认真看待那些在半年公开斗争中已经证明自己是比零强不了多少的人的威胁,那是可笑的。取消主义的一切维护者都被《现代事业报》和《涅瓦呼声报》联合起来了。而半年来他们总共只争取到 15 个工人团体!

取消主义在工人运动中的影响是微不足道的;它只是在自由派知识分子中有很大的影响。

---

① 莫斯科——2次,纳希切万、新尼古拉耶夫斯克、阿尔汉格尔斯克各1次。

四

一般说来,《真理报》上关于各种工人捐款的材料,是非常值得注意的材料。我们从这里第一次得到有关工人运动和俄国工人民主派生活的各个方面的最确切的材料。对这些材料,我们希望不止一次地再来分析研究。

现在,在概述了工人团体为日报的捐款之后,我们就应当作出一个实际结论。

工人们为了创办**自己的**报纸而向《明星报》和《真理报》提供了504次团体捐款。除了创办和支持自己的工人报纸以外,他们决没有任何其他目的。正因为这样,把半年来的这些材料真实地汇集起来,就勾画出一幅有关俄国工人民主派的生活的极其珍贵的图画。把5戈比或10戈比的硬币聚集起来并标上"某工厂的工人团体捐",就使我们能够判断工人的情绪,判断他们的觉悟程度、团结程度以及对工人事业的同情程度。

正因为这样,必须继续保持、发扬并扩大4—5月的高涨中养成的这种工人团体捐款的习惯,当然也必须像《真理报》那样经常刊登关于这些捐款的账目。

不论从巩固工人报纸的观点出发,或是从工人民主派的共同利益的观点出发,这种习惯都具有重大的意义。

必须使工人报纸不断发展,日趋巩固。这就需要钱。只有在工人经常不断地大量捐款的条件下,经过顽强的努力,才能把俄国工人报纸办得像个样子。美国有一家工人报纸(《向理智呼吁报》[196]）拥有**50多万**订户。让我们稍微修改一下一句常用的口头语说：不想赶上和超过自己的美国同行的俄国工人，是没有出息的人。

但是更重要得多的还不是钱的方面，而是另一方面。假定一个工厂各部门的100名工人每人每次领取工资时为工人报纸捐**1个戈比**，那每月总共不过2个卢布。再假定有10名挣钱多的工人，偶然相遇，一下子就凑了10个卢布。

前者的2个卢布比后者的10个卢布更宝贵。这一点每个工人都很清楚，是不需要详细说明的。

必须使**每个**工人养成这样的习惯：**每次**领取工资时捐**一个戈比**给工人报。报纸的订阅工作可以照往常一样进行，谁能多付，就依旧多付一些。但除此以外，最重要的是保持并发扬**"为工人报捐一戈比"**的习惯。

这种捐款的全部意义在于能够不间断地在每次领取工资时正常地进行，在于能够使愈来愈多的工人参加这种经常性的捐献。捐款账目可以简单地刊登："多少多少戈比"——这也就表明某某工厂有多少工人捐款给工人报，——除此之外，如果有大笔捐款，就可以这样刊登："此外，多少工人捐款多少。"

如果养成了**为工人报捐一戈比**的习惯，那俄国工人就会很快地把自己的报纸提到应有的高度。工人报应当更多地提供多种材料，出版星期日副刊等等，在杜马中，在俄国的一切城市以及国外各大城市中都应当有自己的记者。工人报应当**经常不断地**发展和改进，可是如果没有尽可能多的工人经常为自己的报纸捐款，那就不可能办到这一点。

每月汇集**工人捐献戈比**的材料，就能使所有人都看到，俄国各地的工人是在怎样改变自己的漠不关心的态度和摆脱沉睡的状态,他们是在怎样觉醒过来投入正当的文化生活,当然并不是官方和自由派所理解的那种文化生活。从这里还可以清楚地看到,人们对工人民主派的关心日益增长的情况,莫斯科和一切大城市创办自己的工人报纸的日子日益临近的情况。

资产阶级的《戈比报》[197]的统治时代应当结束了!无原则的商人小报的统治时代应当结束了。彼得堡工人在这短短的半年里表明,工人的集体捐款能收到多么大的成效。希望他们的榜样和创举能发扬光大。希望**工人为工人报捐献一戈比**的习惯日益发展和巩固!

载于1912年7月29日和31日、8月1日和2日《真理报》第78、79、80、81号

译自《列宁全集》俄文第5版第21卷第427—440页

中国的民主主义和民粹主义

（1912 年 7 月 15 日〔28 日〕）

中华民国临时大总统孙中山的一篇文章[198]（我们是从布鲁塞尔的社会主义报纸《人民报》[199]上转载来的）使我们俄国人非常感兴趣。

俗话说：旁观者清。孙中山是一位非常有意思的"旁观"者，因为他虽然是个受过欧洲教育的人，但是显然完全不了解俄国。可是这位受过欧洲教育的人，这位代表已经争得了共和制度的、战斗的和胜利的中国民主派的人，在完全不管俄国、不管俄国经验和俄国文献的情况下，提出了一些纯粹俄国的问题。这位先进的中国民主主义者简直像一个俄国人那样发表议论。他同俄国民粹主义者十分相似，以至基本思想和许多说法都完全相同。

旁观者清。伟大的中国民主派的纲领（孙中山的文章正是这样的纲领），迫使我们，同时也给了我们一个方便的机会再一次根据新的世界事态来研究亚洲现代资产阶级革命中民主主义和民粹主义的相互关系问题。这是俄国在从 1905 年开始的俄国革命时期所面临的最重大的问题之一。从中华民国临时大总统的纲领中，特别是把这个纲领同俄国、土耳其、波斯和中国的革命事态的发展对照一下，就可以看出不仅俄国面临这个问题，整个亚洲也面临这个问题。俄国在许多重要方面无疑是一个亚洲国家，而且是一个最野蛮的、中世纪式的、丢人地落后的亚洲国家。

俄国资产阶级民主派,从它的早期的单枪匹马的先驱者贵族赫尔岑起到它的群众性的代表——1905年农民协会会员和1906—1912年的头三届杜马中的劳动派代表止,都具有民粹主义色彩。现在我们看到,中国资产阶级民主派也具有完全同样的民粹主义色彩。这里我们试就孙中山的例子来考察一下,目前已经完全卷入全世界资本主义文明潮流的几万万人的深刻革命运动所产生的思想的"社会意义"究竟在什么地方。

孙中山的纲领的字里行间都充满了战斗的、真诚的民主主义。它充分认识到"种族"革命的不足,丝毫没有忽视政治问题,或者说,丝毫没有轻视政治自由或容许中国专制制度与中国"社会改革"、中国立宪改革等等并存的思想。这是带有建立共和制度要求的完整的民主主义。它直接提出群众生活状况及群众斗争问题,热烈地同情被剥削劳动者,相信他们是正义的和有力量的。

我们现在看到的是真正伟大的人民的真正伟大的思想;这样的人民不仅会为自己历来的奴隶地位而痛心,不仅会向往自由和平等,而且会同中国历来的压迫者**作斗争**。

人们自然可以把亚洲这个野蛮的、死气沉沉的中国的共和国临时大总统与欧美各先进文明国家的共和国总统比较一下。**那里的**共和国总统都是受资产阶级操纵的生意人、是他们的代理人或傀儡,而那里的资产阶级则已经腐朽透顶,从头到脚都沾满了污垢和鲜血——不是国王和皇帝的鲜血,而是为了进步和文明在罢工中被枪杀的工人们的鲜血。那里的总统是资产阶级的代表,那里的资产阶级则早已抛弃了青年时代的一切理想,已经完全变得寡廉鲜耻了,已经完全把自己出卖给百万富翁、亿万富翁和资产阶级化了的封建主等等了。

这位亚洲的共和国临时大总统则是充满着崇高精神和英雄气概的革命的民主主义者，这种精神和气概是一个向上发展而不是衰落下去的阶级所固有的；这个阶级不惧怕未来，而是相信未来，奋不顾身地为未来而斗争；这个阶级憎恨过去，善于抛弃过去时代的麻木不仁的和窒息一切生命的腐朽东西，决不为了维护自己的特权而硬要保存和恢复过去的时代。

这是怎么一回事呢？这是不是说唯物主义的西方已经腐朽了，只有神秘的、富有宗教色彩的东方才光芒四射呢？不，恰恰相反。这是说，东方已完全走上了西方的道路，今后还会有**几万万人**为争取西方已经实现的理想而斗争。西方资产阶级已经腐朽了，在它面前已经站着它的掘墓人——无产阶级。在亚洲却**还**有能够代表真诚的、战斗的、彻底的民主派的资产阶级，他们不愧为法国18世纪末叶的伟大宣传家和伟大活动家的同志。

这个还能从事历史上进步事业的亚洲资产阶级的主要代表或主要社会支柱是农民。农民旁边还有一个自由派资产阶级，它的活动家如袁世凯之流最善于变节：他们昨天害怕皇帝，匍匐在他面前；后来看到了革命民主派的力量，感觉到革命民主派就要取得胜利时，就背叛了皇帝；明天则可能为了同某个老的或新的"立宪"皇帝勾结而出卖民主派。

没有真诚的民主主义的高涨，中国人民就不可能摆脱历来的奴隶地位而求得真正的解放，只有这种高涨才能激发劳动群众，使他们创造奇迹。在孙中山的纲领的每一句话中都可以看出这种高涨。

但是在这位中国民粹主义者那里，这种战斗的民主主义思想首先是同社会主义空想、同使中国避免走资本主义道路即防止资本主义的愿望结合在一起的，其次是同宣传和实行激进的土地改革的计划结合在一起的。后面这两种思想政治倾向正是构成具有独特含义的（即不同于民主主义的、超出民主主义的）**民粹主义**的因素。

这两种倾向是怎样产生的？它们的意义如何？

如果没有群众的革命情绪的蓬勃高涨，中国民主派不可能推翻中国的旧制度，不可能争得共和制度。这种高涨以对劳动群众生活状况的最真挚的同情和对他们的压迫者及剥削者的最强烈憎恨为前提，同时又反过来产生这种同情和憎恨。先进的中国人，**所有**经历过这种高涨的中国人，从欧美吸收了解放思想，但在欧美，提到日程上的问题已经是**摆脱**资产阶级而求得解放，即实行社会主义的问题。由此必然产生中国民主派对社会主义的同情，产生他们的**主观**社会主义。

他们在主观上是社会主义者，因为他们反对对群众的压迫和剥削。但是中国这个落后的、农业的、半封建国家的**客观**条件，在将近5亿人民的生活日程上，只提出了这种压迫和这种剥削的一定的历史独特形式——封建制度。农业生活方式和自然经济占统治地位是封建制度的基础；以这种或那种方式把中国农民**束缚**在土地上，这是他们受封建剥削的根源；这种剥削的政治代表就是封建主，以皇帝为整个制度首脑的封建主整体和单个的封建主。

因此，这位中国民主主义者的主观社会主义思想和纲领，事实上**仅仅**是"改变不动产的全部法权根据"的纲领，**仅仅**是消灭封建剥削的纲领。

孙中山的民粹主义的**实质**，他的进步的、战斗的、革命的资产阶级民主主义土地改革纲领以及他的所谓社会主义理论的**实质**就在这里。

从学理上来说，这个理论是小资产阶级反动"社会主义者"的理论。这是因为认为在中国可以"防止"资本主义，认为中国既然落后就比较容易实行"社会革命"等等的看法，都是极其反动的空想。孙中山可以说是以其独特的少女般的天真粉碎了自己反动的民粹主义理论，承认了生活迫使他承认的东西："中国处在大规模的工业〈即资本主义〉发展的前夜"，中国"商业〈即资本主义〉也将大规模地发展起来"，"再过 50 年，我们将有许多上海"，即拥有几百万人口的资本家发财和无产阶级贫困的中心城市。

试问，孙中山有没有用自己反动的经济理论来捍卫真正反动的土地纲领呢？这是问题的全部关键所在，是最重要的一点，被掐头去尾和被阉割的自由派假马克思主义**面对**这个问题往往不知所措。

没有，——问题也就在这里。中国社会关系的辩证法就在于：中国的民主主义者真挚地同情欧洲的社会主义，把它改造成为反动的理论，并**根据**这种"防止"资本主义的反动理论制定**纯粹资本主义的**、十足资本主义的土地纲领！

孙中山在文章的开头谈得如此娓娓动听而又如此含糊其词的"经济革命"归结起来究竟是什么呢？

就是把地租转交给国家，即通过亨利·乔治式的某种单一税来实行土地国有化。孙中山所提出和鼓吹的"经济革命"，决没有其他**实际**的东西。

穷乡僻壤的地价与上海的地价的差别，是地租量上的差别。地价是资本化的地租。使地产"价值的增殖额"成为"人民的财产",也就是说把地租即土地所有权交给国家,或者说使土地国有化。

在资本主义范围内实行这种改革有没有可能呢？不但有可能,而且是最纯粹、最彻底、最完善的资本主义。马克思在《哲学的贫困》中指出了这一点,在《资本论》第3卷中详尽地证明了这一点,在《剩余价值理论》中与洛贝尔图斯论战时非常清楚地发挥了这一点。①

土地国有化能够消灭绝对地租,只保留级差地租。按照马克思的学说,土地国有化就是:尽量铲除农业中的中世纪式的垄断和中世纪关系,使土地买卖有最大的自由,使农业最容易适应市场。历史的讽刺在于:民粹派为了"防止"农业中的"资本主义",竟然实行一种土地纲领,它的彻底实现会使农业中的资本主义得到**最迅速发展**。

是什么经济上的必要性使得最先进的资产阶级民主主义土地纲领能够在亚洲一个最落后的农民国家中得到推行呢？是把各种形式各种表现的封建主义摧毁的必要性。

中国愈落在欧洲和日本的后面,就愈有四分五裂和民族解体的危险。只有革命人民群众的英雄主义才能"振兴"中国,才能在政治方面建立中华民国,在土地方面实行国有化以保证资本主义最迅速的发展。

能不能做到这一点,能做到什么程度,——这是另一个问题。不同的国家通过自己的资产阶级革命所实现的政治方面和土地方面的民主主义,在程度上是不同的,而且情况是错综复杂的。这要

① 见《马克思恩格斯文集》第1卷第638—649页,第7卷第731—758页和《马克思恩格斯全集》第1版第26卷第2册第163—176页。——编者注

看国际形势和中国各种社会力量的对比而定。看来皇帝大概会把封建主、官僚、僧侣联合起来，准备复辟。刚刚从自由主义君主派变成自由主义共和派（能长久吗?）的资产阶级代表袁世凯，将在君主制和革命之间实行随风倒的政策。以孙中山为代表的革命的资产阶级民主派，正在发挥农民群众在政治改革和土地改革方面的高度主动性、坚定性和果断精神，从中正确地寻找"振兴"中国的道路。

最后，由于在中国将出现更多的上海，中国无产阶级也将日益成长起来。它一定会建立这样或那样的中国社会民主工党，而这个党在批判孙中山的小资产阶级空想和反动观点时，大概会细心地挑选出他的政治纲领和土地纲领中的革命民主主义内核，并加以保护和发展。

载于1912年7月15日《涅瓦明星报》第17号　　　　　译自《列宁全集》俄文第5版第21卷第400—406页

意大利社会党人代表大会

(1912 年 7 月 15 日〔28 日〕)

最近意大利社会党第十三次代表大会在艾米利亚省雷焦城闭幕了。

近几年来,意大利社会党内部的斗争具有特别尖锐的形式。最初有两个主要派别:革命派和改良派。革命派坚持运动的无产阶级性质,反对形形色色的机会主义表现,像温和精神、同资产阶级勾结、否认工人运动最终的(社会主义的)目的,等等。阶级斗争是这一派的基本原则和思想基础。

改良派在争取改良即争取局部改善政治状况和经济状况时,常常忘记运动的社会主义性质,坚持同资产阶级结成集团和联盟,以至社会党人加入资产阶级内阁,抛弃彻底的共和主义信念(在君主制的意大利,宣传共和主义并不违法),为"殖民政策",即侵占殖民地、压迫、掠夺和屠杀土著居民的政策辩护,等等。

这两个主要派别,以这样或那样的形式存在于**各国**社会党内,但在意大利还分化出了两个极端派,它们完全离开了社会主义,因而走上了脱离工人社会党的道路。非社会主义的极端派之一就是**工团主义**,这种思潮曾一度在意大利成为"时髦"。工团主义者倾向于无政府主义,沉溺于革命空谈,破坏工人斗争的纪律,放弃社会党人利用议会讲坛的机会或为这种行为进行辩护。

无政府主义者在各地的影响是很小的,所以工人运动很快就克服了这种毛病。

以阿尔图罗·拉布里奥拉为首的意大利工团主义者,目前已置身于社会党**之外**。他们在工人运动中的作用是微不足道的。意大利的革命的马克思主义者,像在其他国家的一样,对瓦解无产阶级运动的无政府主义情绪和倾向毫不姑息。

极右改良派由于滑向自由派工人政策的泥潭,最后一定会投到自由派营垒,并且转到资产阶级方面去,而改良派对这种极右改良派的态度却不甚坚定。因此,革命的马克思主义者不同**一切**改良主义者作极尖锐的斗争,这些出卖工人事业的叛徒就往往不可能从社会党中清洗出去。比如在法国,当机会主义者和改良派分子米勒兰最终走上同资产阶级勾结的道路,参加了资产阶级内阁时,就曾经出现过这种情况。

意大利目前的情况也是这样。那里的改良派分裂为左倾改良派(以屠拉梯为首)和右倾改良派(以比索拉蒂为首)。艾米利亚雷焦代表大会标志着这次分裂的收场。

在代表大会上有三派:(1)革命派(按党内拥护他们的人数计算,在代表大会上他们大约拥有 12 500 张票);(2)左倾改良派(大约拥有 9 000 张票);(3)右倾改良派(大约拥有 2 000 张票)。革命派提议把比索拉蒂和其他 3 个极右改良派分子开除出党。左倾改良派有三分之一的人也同意开除他们,但所举的理由比较"温和";有三分之二的人反对开除,主张只加以谴责。

从上面所举的数字中可以看出,革命派占多数,所以他们取得了胜利,比索拉蒂之流被开除了。

究竟比索拉蒂有什么思想和行为使党非开除他不可呢? 原来

比索拉蒂不顾党的多次决定，为了支持资产阶级内阁，竟然自己几乎变成一个"不管部部长"（这就是说，他虽然没有当部长，但他的行为却像资产阶级内阁的一个伙伴和成员）。

比索拉蒂背弃意大利社会党人所始终坚持的共和主义信念，到奎里纳尔山去觐见国王，并同他会谈！比索拉蒂甚至为目前意大利同土耳其的战争辩护，虽然**全党**严厉谴责这场战争，认为这场战争是可耻的资产阶级掠夺行为，是利用改良了的杀人武器屠杀的黎波里非洲土著居民的肮脏勾当。

比索拉蒂之流被开除以后，**所有**右倾改良派分子都退出了社会党，建立了**自己的**政党，他们把这个政党叫做"改良社会党"。**实际上**在这块招牌后面隐藏着一个自由主义君主派"工人"政客的"政党"。

分裂是一件令人痛苦的事情。但是有时它是必需的，在必须分裂时，任何软弱、任何"温情"（我国同胞巴拉巴诺娃在雷焦所用的字眼）都是犯罪。工人领袖不是天使，不是圣人，不是英雄，而是普通的人。他们犯了错误。党就去纠正这些错误。德国工人党甚至纠正过像倍倍尔这样伟大的领袖所犯的机会主义错误。

但是，如果他们坚持错误，如果他们为了维护错误而组织集团，践踏党的一切决定，破坏无产阶级大军的全部纪律，那么就有必要分裂。意大利社会主义无产阶级政党在清洗了工团主义者和右倾改良派分子以后，走上了正确的道路。

载于1912年7月15日《真理报》第66号

译自《列宁全集》俄文第5版第21卷第407—409页

俄国的"言论自由"

(1912 年 7 月 15 日〔28 日〕)

《有何吩咐报》²⁰⁰（这是通常对《新时报》的叫法）转载了它的尊敬的同行《彼得堡新闻》²⁰¹的一篇来自伊万诺沃-沃兹涅先斯克省的通讯。

这家报纸的通讯说："在我们这个工厂城，街头巷尾听到的都是脏话，听不到人的言语。工厂的工人骂骂咧咧；马车夫、衣冠楚楚的人和执行公务的巡警也都满口不干不净。"

《新时报》对于这种风气评论说：

"这是一座幸运的工人城市，在那里实现了社会民主党人的最大胆的愿望，即没有任何束缚的言论自由。"

这种下流的中伤手段不是也能给人很大教益吗？

效忠政府的报纸的编辑先生们，谁不知道正是那些最亲近政府的第三届杜马中的右派政党"实现了"说脏话的言论自由呢？谁不知道，普利什凯维奇、马尔柯夫先生之流和**他们的**同伙因此而名扬全国呢？

《新时报》干得太不小心了，的确，太不小心了！它本来能够更巧妙地起到自己的奴才作用……　可是这家死心塌地忠于政府的报纸却突然提醒人们：普利什凯维奇之流实行的是什么样的"言论自由"，杜马中的社会民主党代表实行的又是什么样的言论自由。

地主杜马中的普利什凯维奇之流的言论自由和工人大会上的言论自由…… 卖力讨好得如此笨拙的《新时报》触及了这么好的一个竞选题目!

载于 1912 年 7 月 15 日
《真理报》第 66 号

译自《列宁全集》俄文第 5 版
第 21 卷第 410—411 页

论俄国社会民主工党的现状[202]

(1912年7—9月)

德国同志们常常看到关于俄国社会民主工党内部斗争激烈和意见根本分歧的消息。可惜这些消息是从个别侨民团体中传出来的;传播这些消息的人,大多数不是根本不了解俄国目前的实际情况,就是有意片面地解释党的政策,使德国同志们产生误解。每一个这样的侨民团体都各自形成一个"派别",但实际上,它们是由一些同正在进行斗争的俄国工人政党失去任何实际联系或者从来就根本没有联系的人组成的。遗憾的是,这样的"情报员"当中的一个人竟能取得《前进报》的信任。德国社会民主工党的中央机关报居然允许在一系列的文章中对俄国党发出接二连三的闻所未闻的诽谤,而这些诽谤都出自这位情报员之手,又似乎都有"客观的"根据。

事实上,这些根据是彻头彻尾"主观的"和彻头彻尾捏造的。既然《前进报》不刊登我们的**事实更正**,我们就不得不出版以《〈前进报〉上的匿名作者和俄国社会民主工党的党内状况》①为题的小册子。这本小册子印了好几百本,并且分发给了所有较大的德国党组织的执行委员会和党的重要报刊的编辑部。

对于这本小册子中的事实材料,《前进报》没有能够提出**任何**

---

① 见本卷第204—215页。——编者注

异议,也就是说,对它们加以默认了。

　　为了使我们德国党的同志们能够判断他们所得到的某些消息是否可靠,我们在这里援引一封俄国社会民主工党中央委员会致德国社会民主党执行委员会的信。拉脱维亚人建议执行委员会举行11个"中心"的全体会议,讨论关于给予选举运动物质支援的问题,后来,执行委员会曾询问这些中心对这个问题采取什么态度。这封信就是中央委员会的答复,全文如下:

致德国社会民主党执行委员会①

1912年7月30日

尊敬的同志们:

　　不久以前,我们收到了拉脱维亚社会民主党国外委员会6月24日寄给你们的信的副本。我们认为无须向你们解释这些拉脱维亚人的奇怪的计划,因为我们坚信任何一个有见识的人都不会认真看待这个计划。可是,从你们7月22日给我们的来信中获悉你们打算接受这个计划,我们对此甚为惊讶。为此,我们不得不向你们提出坚决的抗议。执行委员会的用意,客观上无非是要促进我们党(俄国社会民主工党)的分裂和组织一个与我们为敌的新党。这在整个国际中是前所未闻的事情。现在,让我们来向德国同志们详细说明这一点。

————————

　　①　这里援引的这封信,在文字上略有修改。

1912年1月以来俄国社会民主工党的状况

1912年1月,举行了俄国社会民主工党全国代表会议,出席这次会议的有:彼得堡、莫斯科、莫斯科郊区、喀山、萨拉托夫、梯弗利斯、巴库、尼古拉耶夫、基辅、叶卡捷琳诺斯拉夫、维尔纳和德文斯克等党组织的代表。这次代表会议恢复了党,选出了新的中央委员会来代替已被取消派消灭了的中央委员会,同时代表会议不得不宣布这些取消派已置身于党外(见送给执行委员会的小册子《〈前进报〉上的匿名作者和俄国社会民主工党的党内状况》,这本小册子曾谈到取消派以及波兰人、拉脱维亚人、崩得这些民族组织和国外集团的抗议)。

1月份同时还举行过一次会议,目的在于建立组织委员会,以便召集新的代表会议,即取消派及其同伙所谓的"全党代表会议"。

拉脱维亚人在6月24日给执行委员会的信中曾断言,组成这个"组织委员会"的将有下列这些组织和派别:崩得、拉脱维亚社会民主党人、高加索区域委员会、孟什维克的《社会民主党人呼声报》、维也纳的《真理报》和"前进"集团。

这样一来,一方面是由国内组织即在俄国进行工作的组织在代表会议上选出的俄国社会民主工党中央委员会(反对派称之为列宁派);另一方面是声称要召集"全"党代表会议的所谓组织委员会。

至今中立的俄国社会民主党人
对所谓组织委员会采取什么态度？

　　坚决反对取消派的消灭党的行为的最有名的孟什维克普列汉诺夫没有出席一月的党代表会议，尽管他接到了邀请。1912年4月，他公布了他同组织委员会代表的通信（见他的《社会民主党人日志》第16期）。

　　普列汉诺夫拒绝参加所谓组织委员会，据他说是因为崩得召开的不是现有党组织的代表会议，而是一个**旨在建立新党的"成立大会"**。普列汉诺夫断定说，唯一真正支持组织委员会的所谓发起小组，就是取消派集团，他们并不属于党，他们是想成立新党。普列汉诺夫在1912年4月写道："新的代表会议是由取消派召集的。"

　　7月间，这个组织委员会的《小报》**²⁰³**第3号出版了。其中没有对普列汉诺夫作出只字的回答。根据这一点可以判断，拉脱维亚人，即那些埋怨"列宁的"中央委员会对组织委员会的来信不予答复的拉脱维亚人，是怎样给执行委员会提供情况的。

　　党的中央委员会，即旧党的中央委员会不回答那些建立新党的人（按照至今中立的普列汉诺夫的说法），难道这有什么可奇怪的吗？

　　组织委员会首先应该向中立的普列汉诺夫证明，它不组织新党，也不取消旧党。

　　6月24日，即在取消派的这个组织委员会同党进行了半年之久的斗争后，参加组织委员会的拉脱维亚人在给执行委员会的信中,本应用事实和文件来说明这一斗争的结果;他们不但没有这样做,反而把**取消派的波将金村**²⁰⁴展示给了执行委员会。

拉脱维亚人曾建议执行委员会召开俄国社会民主党的11个"组织"中心、组织和派别的会议。原话就是这么说的(见拉脱维亚人6月24日给执行委员会的信第4页)。

在全世界,政党从来就是由地方组织组成的,而地方组织则是由一个中央机关联合在一起的。但是,俄国和拉脱维亚的取消派在1912年却作出了一个重大的发明。——从今以后可以由"中心、组织和派别"来建立政党了。

根据拉脱维亚取消派的最新的选举几何学,属于11个组织中心、组织和派别的有:第一,组织委员会;第二,**组成这个组织委员会**的6个派别或者组织和中心。在拉脱维亚人的信中这样写道:"由第2—7项组成组织委员会。"

这样一来,要取消党的知识分子集团就像衰败城镇²⁰⁵的贵族一样取得了**三重**选举权:

(1)高加索区域委员会——**虚构的组织**;

(2)高加索区域委员会——即巴黎《呼声报》,尽管《呼声报》没有高加索的长期委托书;

(3)高加索区域委员会——即"组织委员会"。

我们肯定地说,俄国工人将以愤怒的心情和蔑视的态度拒绝关于讨论双重候选人名单问题的主张,即拒绝取消派企图会同国外小集团一起闹分裂的主张,尤其是因为这些集团只是一些瓦解组织的知识分子。

我们断然肯定地说,近半年来,无论哪一个同党进行斗争的国外集团,都没有从俄国某个组织方面得到出版自己的机关报或发表自己的传单的委托书。拉脱维亚人想向执行委员会证明与此相反的情况；那就让他们在俄国报刊上至少指出一个7月22日以前提出的这样的委托书吧。

《社会民主党人呼声报》并不是俄国某个组织的机关报。

托洛茨基的维也纳《真理报》也不是俄国某个组织的机关报。3年以前，《真理报》是乌克兰"斯皮尔卡"**206**（南俄）的机关报，但是，"斯皮尔卡"早就宣布自己的委托书无效了。

无论是"前进"集团，无论是普列汉诺夫，无论是"布尔什维克护党派"，都没有出版任何机关报，作为俄国某个组织的党的机关报。

援引实际上并不存在的集团非常容易。登载"表示同情的"通讯也不困难。——但是，要出版一个在俄国进行活动的组织的机关报，即使是持续出版半年，也必须有经常的联系，必须得到当地工人群众的完全信任，必须有统一的策略观点，而这只有在长期的共同工作以后才能做到。被拉脱维亚和崩得的瓦解组织分子策动起来进行反党的国外小集团所缺少的正是这一切。

关于波兰社会党，我们简单地谈一谈。它**不是社会民主主义的**组织。它从来不属于社会民主工党。要吸收它只有一个理由，就是它"答应"成为社会民主主义的组织并归附于取消派！——在瓦解组织分子和喜欢搞分裂活动的人看来，有这一点当然就够了！既然应该吸收波兰社会党来共同讨论问题，那为什么不同时吸收参加杜马选举的社会革命党人、锡安社会党人、拉脱维亚社会革命党人同盟以及诸如此类的"派别"呢？

社会民主党第三届杜马党团

　　执行委员会把一些国外小集团都列为组织中心，相反，却**没有邀请社会民主党杜马党团**。这是令人难以置信的，但这是事实。俄国工人如果能够知道托洛茨基及其同伙是怎样把我们国外的同志们搞糊涂的，那是有好处的。拉脱维亚人在6月24日给执行委员会的信中写道：

　　"至于社会民主党杜马党团，是根本谈不上它能在给予选举运动物质支援的问题上充当中间人的，因为杜马的常会即将结束，杜马党团也将会同时失去它的代表资格。"（不止一次提到的信的第2页）

　　说这种话不是有意进行欺骗，就是政治上极端无知，布鲁塞尔的拉脱维亚人对俄国选举情况的熟悉程度十分清楚地说明了这种无知。

　　信是6月24日发出的。6月9日即公历6月22日，第三届杜马已正式宣告无限期休会，而全体代表，其中也包括社会民主党人，都保留着自己的代表资格。这些社会民主党人**至今**还是**杜马代表**，——这是俄国任何一个识字的工人都知道的。可是国外那些诽谤党的人却不清楚。

　　社会民主党第三届杜马党团成员，正是俄国唯一公开的社会民主党人，不管他们在国内什么地方，他们都是唯一正式的组织。

　　所有的取消派都憎恨这个党团。取消派的小报（《我们的曙光》杂志）咒骂它和中伤它，国外一切瓦解组织分子都诽谤它。为什么呢？因为这个孟什维克护党派始终占着优势的党团的多数人，向来就是坚决反对取消派的，并且曾经促使彼得堡的取消派完全失去危害作用。

我们在《〈前进报〉上的匿名作者和俄国社会民主工党的党内状况》这本小册子中,公布了一个重要的事实。对这个事实谁也没有能够说出半句反对的话。只有**2**个党团成员经常为取消派的报纸撰稿,而**8**个党团成员则经常为反取消派的报纸撰稿。[①]

拉脱维亚人和托洛茨基都建议执行委员会把这个保持了统一的全俄唯一的团体从会议中排除出去!——即使拉脱维亚人是一时错了,在6月24日并不知道俄国的一切工人都知道的事情,那么,为什么他们直到7月22日,即经过整整一个月以后,还不设法改正自己的错误呢?有些错误,对于犯错误的人是很有益处的。

对执行委员会进行欺骗的拉脱维亚人和取消派的用意在于:不顾俄国党内多数人的意志,不顾社会民主党杜马党团多数人的意志,在虚构的国外小集团联盟的帮助下,硬要塞进取消派的候选人,并且骗取德国工人的钱。——这就是长篇大论(拉脱维亚人、崩得分子、托洛茨基及其同伙的长篇大论)的简要含义。

但是,这种欺骗是不会不受到制裁的。

关于取消派的影响同党的影响
相比较的可以正式核对的材料

任何一个有理智的人都懂得,关于假想的、同情取消派的秘密"组织"的空谈,是根本不可信的。

[①]　见本卷第213—214页。——编者注

　　我们肯定地说,取消派在俄国的一切组织都是虚构的。

　　凡是没有亲自掌握关于俄国社会民主党内部情况的确切材料的人,都难以判断真相。但是,如果能根据文件去探求真相并且核实它们的内容,而不相信空话,那仍然是可以了解到真相的。我们已经引用了第一个可以核对的众所周知的事实,这就是取消派和反取消派在社会民主党杜马党团中的力量对比。

　　但是,现在,在取消派同党进行了半年的斗争之后,又有了以下一些十分客观的和更加令人信服的事实。

　　拉脱维亚人在6月24日的信中(第5页和第6页)提到了彼得堡合法的马克思主义报纸。他们举出了执行孟什维克方针(《社会民主党人呼声报》方针)的《现代事业报》和《涅瓦呼声报》,并且把它们同《明星报》和彼得堡《真理报》(请不要把它同托洛茨基的维也纳取消派《真理报》混为一谈)对立起来;后两种报纸,据拉脱维亚人说,是"由列宁派掌握和领导的"。

　　即令这种说法是不恰当的,但是,拉脱维亚人在这里却无意中举出了一个不利于取消派的重要事实。

　　如果说"公开的政党"仅仅是取消派的自由主义空谈,那么,杜马中和报刊上的公开的**活动**就是马克思主义宣传的主要活动了。在这里,而且只是在这里,才能找到客观上证明取消派和反取消派的力量的事实。

　　除了拉脱维亚人指出的以外,就再没有任何其他的全俄政治机关报了。取消派有《现代事业报》和《涅瓦呼声报》,反取消派有《明星报》,以及后来的《涅瓦明星报》和(彼得堡的)《真理报》。在俄国,无论是在报刊上,还是在群众社会活动领域中,再没有其他什么派别了;拉脱维亚人所举出的一切国外集团,完全等于零。

现在我们可以看到半年来两派活动的结果。

在这半年中（1912年1—6月），俄国的一切政党开始了并且已经结束了选举的准备工作。现在，离选举只有6个或8个星期了。选举名单大部分已经拟定。事实上，选举的结果正是根据这半年的准备预先就确定了。

赞成取消派的是拉脱维亚人所列举的第1—7"项"（组织委员会、崩得、拉脱维亚社会民主党、《呼声报》、维也纳《真理报》、高加索区域委员会、"前进"集团），赞成反取消派的是联合了俄国各个组织即在国内活动的各个组织的中央委员会（正像取消派所说的，只有一个"列宁派"）。

那么，我们来看看这两派都做了些什么。

取消派从1912年1月1日至6月30日（俄历）在彼得堡出了16号《现代事业报》和5号《涅瓦呼声报》，一共出了21号报纸。

反取消派在这半年内出了33号《明星报》，14号《涅瓦明星报》和53号《真理报》，一共出了100号报纸。

21比100。

取消派和党在俄国的力量对比就是这样。关于报纸的材料是公开的材料，任何人都可以加以核对和论证。

报纸的发行数怎样呢？拉脱维亚人说，取消派发行了3万份。我们就假定这个数字没有夸大。关于反取消派的报纸，有人（哈阿兹同志和其他委员见到过这个人）对执行委员会说，发行数是6万份。从这个比数可以得出取消派的影响和党的影响的对比是1比10。

如果说关于发行数字的材料是没有发表过的，因而可能被认为是夸大的,那么,其他更重要、更有说服力的材料却是发表过的。

这就是关于取消派和党同俄国工人群众的联系的材料。

关于取消派和党同俄国工人群众的
联系的公开的、可以核对的材料

关于报纸的出版号数和发行份数的材料,还没有充分证明党对取消派的优势。自由派知识分子的小集团也可以出版报纸。任何"亲近工人的"报纸,或者甚至带有激进派色彩的自由派报纸,在俄国总是可以找到许多读者的。除了工人以外,自由派以及小资产阶级民主派也会阅读这些报纸。

然而,还有一些可以更简单和更明确地证明取消派和党同俄国工人群众的联系的事实。

这就是关于出版工人报刊的经费的材料。

为募集工人报纸出版经费的宣传鼓动,很早以前就在俄国工人中间进行了。大家都很了解,没有这样的报纸,要参加选举几乎是空想。报纸是选举运动的主要工具,是在群众中进行马克思主义的宣传鼓动的主要手段。

但是,从哪里可以弄到报纸的经费呢?

必须在工人当中组织募捐。这些捐款可成为基金,并且能证明这个或那个集团的联系面。这些捐款可以表明这个或那个集团的威信、工人对它们的信任以及它们对无产阶级群众的实际影响。

1912年初,这种为工人报纸募捐的活动便在彼得堡开始了。从1月1日到6月30日这半年时间并不算短。关于捐款的统计数字,公布在取消派和反取消派的上述各种报纸上。

从这半年的统计数字中得出的结论是最好的材料,是对取消派和党在俄国的力量对比这个问题所作的公开的、完整的、客观的、彻底的回答。因此,在信的附件中,我们附上了全部上述五种报纸关于半年来为工人日报捐款的所有账目的全部译文。

我们在这里只把总结材料列举出来。

在半年当中,反取消派报纸公布了关于工人团体的 504 次捐款的账目,并且直接把捐过款的工人团体的名称列举出来。这些捐款是在 50 个俄国城市和工厂区募集的。

在同样的半年当中,即从 1912 年 1 月 1 日到 6 月 30 日,取消派报纸公布了关于工人团体的 15 次捐款的账目。这些捐款是在 5 个俄国城市募集的①。

下面就是这些确切的账目。

1912 年 1 月 1 日—6 月 30 日工人团体
为工人日报捐款的次数

	为取消派报纸	为反取消派 报 纸
1 月 ……………………………	0	14
2 月 ……………………………	0	18
3 月 ……………………………	7	76
4 月 ……………………………	8	227
5 月 ……………………………	0	135
6 月 ……………………………	0	34
	15	504

---

① 不管取消派怎样散布流言蜚语,正是这笔 12 000 多马克的捐款以及德国同志们先前的资助,构成了我们俄国社会民主党报纸的基金。正文提到的关于半年来各种社会民主党报纸捐款的所有账目的全部译文,已经送交执行委员会、监察委员会和倍倍尔。

同上：俄国主要地区

彼得堡 ·················	10	415
南俄 ·················	1	51
莫斯科 ·················	2	13
俄国北部和西部 ··········	1	12
乌拉尔和伏尔加河流域 ·····	0	6
高加索、西伯利亚、芬兰 ·····	1	7
	15	504

取消派在同党进行了半年的斗争之后，完全被击溃了。

取消派在俄国社会民主主义工人运动中完全等于零。任何人都可以进行核对的上述统计材料，证明了这一点。不管托洛茨基和取消派怎样吹嘘，而整整半年来在俄国公布出来的事实就是如此。

必须指出，托洛茨基是《现代事业报》的撰稿人。其次，拉脱维亚人自己在6月24日的信中承认，所有6个集团，其中包括托洛茨基、孟什维克的《呼声报》、《现代事业报》和《涅瓦呼声报》的领导人，组成了所谓组织委员会。因此，我们的统计材料证明，不仅取消派，而且他们的所有趾高气扬的国外朋友，在俄国社会民主主义工人运动中，都完全等于零。

站在他们一边的，每30个俄国工人团体中平均只有1个。

在这里，我们把彼得堡的所有社会民主党报纸的地址和出版日期也加以注明。

取　消　派：

1.《现代事业报》。彼得堡　莫斯科大街16号。第1号出版于

1912年1月20日,第16号即最后一号出版于1912年4月28日(停刊)。

2.《涅瓦呼声报》。彼得堡 科洛科尔街3号。第1号出版于1912年5月20日,第5号出版于1912年6月28日(出版至今,即1912年7月29日)。

反 取 消 派：

3.《明星报》。彼得堡 拉兹叶什街10号14室。第1号(总第37号)出版于1912年1月6日,第33号(总第69号)出版于1912年4月22日(停刊)。

4.《涅瓦明星报》。彼得堡 尼古拉耶夫街33号57室。第1号出版于1912年2月26日,第2号出版于1912年5月3日,第14号出版于1912年6月24日(出版至今)。

5.《真理报》。彼得堡 尼古拉耶夫街37号18室。第1号出版于1912年4月22日,第53号出版于1912年6月30日(出版至今)。

结 论

在即将举行的杜马选举中,俄国社会民主工党的候选人将由各个地方党组织提名(不分见解和派别)。各地社会民主党工人的少数都应服从多数。

臭名远扬的所谓双重候选人名单的说法,简直是一派胡言,其目的不过是要吓唬国外同志和榨取钱财罢了。

　　要是有 10 个臭名远扬的"派别"以提出 **10 个**候选人名单来吓唬人,并且为每个候选人到国外去要钱,那就太不像话了。

　　双重候选人名单是不会有的。取消派力量太弱,他们根本不可能提出第二个候选人名单来。我们不同一小撮背叛党的取消派进行任何谈判。无论是俄国的中央委员会,无论是各地方组织,都没有把取消派真正放在眼里。例如,请注意一下彼得堡最近的事件吧。取消派在《涅瓦呼声报》(第 6 号)上报道说,有人同他们(取消派)在彼得堡开过会,讨论如何进行选举运动。而 7 月 21 日和 23 日的《涅瓦明星报》(第 16 号)和《真理报》(第 61 号)都报道说,他们**没有**派自己的代表参加会议;此外,一个参加会议的人在《涅瓦明星报》上声明说,全俄国的工人将执行俄国社会民主工党一月代表会议的决定。

　　他针对取消派声明说:"各个派别在社会民主党选举运动中联合起来是完全不可思议的。"(1912 年 7 月 8 日(21 日)《涅瓦明星报》第 16 号)

　　世界上任何金钱的资助,都不能为取消派争取到俄国工人的同情。但是,不言而喻,用执行委员会的钱在各个地方提出虚构的第二个候选人名单是可能的。在这种情况下,德国执行委员会当然要对这个候选人名单负责,因为这个候选人名单实际上将是执行委员会的候选人名单。**准备拨给取消派的钱,是给没有日报的取消派作为创办参与竞争的机关报之用的。这笔钱将被那些在长期的斗争中证明自己一文不值的人拿去干分裂的勾当,这笔钱将被用做旅费等等,将被用来建立新党。**——如果执行委员会现在想用这种或那种方法帮助取消派,那我们就不得不向国际控告,尽管我们非常尊重兄弟的德国党。那时,我们将**用文件**向维也纳国际代表大会[207]证明：执行委员会决心用金钱援助的办法来促进我们的分裂，促成提出双重候选人名单，使已被粉碎的取消派这具僵尸复活。如果德国同志们愿意帮助俄国社会民主工党，他们就应当把钱交给旧党的中央委员会，而不应当交给组织新党的人。

俄国社会民主工党中央委员会

执行委员会撤销了原来打算召开的会议之后，曾通知我们说："不能给予俄国党内任何一个集团竞选经费，直到所有的集团共同向我们〈执行委员会〉提出一个得到普遍信任的、有权接受和分配经费的机构为止。"

执行委员会的这种假中立的立场，实际上不过是表明它听信国外小集团以及取消派的"代表会议"对俄国工人政党的诬蔑而拒绝给予俄国工人政党支持。

我们认为，除了上述意见之外，还应当再作如下补充：

合法存在的、以马克思主义思想为指针的俄国报纸，目前已成为向俄国社会民主党工人群众进行党的宣传鼓动工作的一个最重要的公开喉舌。

在国外出版的那些对俄国国内来说是不合法的报纸，**实际上**是不能指望起到上面所说的那种作用的，尽管它们对于从理论上阐明运动无疑具有非常大的**原则性**意义。大家都知道，这些报纸是分散在国外的俄国侨民小集团随随便便地、有时是非常轻率地创办起来的；这些报纸就在这些集团本身范围内勉强维持，几乎到不了俄国国内党员的手中。因此，实际上决不能认为它们会对俄国国内党的生活起到什么显著的作用。

在反取消派报纸进行了半年的斗争（1912年1—6月）之后，

《涅瓦呼声报》成了取消派**唯一的**机关报。该报作为政治机关报几乎已经不再存在了，在一个半月的时间内（从6月到8月中旬）只出版了**两号**（第6号和第7号）。十分明显，任何一种这样的报纸如果不从同工人群众的密切联系中吸取生命力，它是抗拒不了俄国警察的迫害的，俄国警察对**所有**的工人报纸，甚至对许多完全是温和的自由派报纸也进行穷凶极恶的迫害。

在政治上十分重要的和具有直接现实意义的工人报纸现在有以下两种：《涅瓦明星报》（周报）和《真理报》（日报）。这两种报纸都在彼得堡出版；我们那些拉脱维亚社会民主党中的**政敌**给这两种报纸起了一个带有贬义的绰号："列宁派"的机关报。我们的德国同志看了上面引证的这些随时可以公开核对的**客观材料**就应当明白，这个"列宁派"事实上包括绝大多数俄国工人社会民主党人。

由此就可以完全了解，为什么说来自取消派以及同情他们的集团和小集团的一切报道，是**一点也**不值得**相信**的。这些小集团，还有那些同**俄国**运动根本没有直接联系的犹太（崩得）社会民主党人和拉脱维亚社会民主党人同它们一道，到处散布流言，说什么已经召开或者似乎是正在召开一切"派别"的全体代表会议[208]，这纯粹是无中生有。任何一个这样的代表会议，即令是真正召开了，也不会在俄国无产阶级的斗争中起**什么重大的作用**。因此，如果把话说得尖锐一些，实际上这完全是一种骗局。

为了向我们德国党的同志更好地说明同这一问题有关的一些无疑是具有重大政治意义的事实，我们在结尾不妨把取消派的领袖之一阿克雪里罗得发表在最近一期《我们的曙光》杂志上的文章引证几段。

阿克雪里罗得写道：

"主张办'非派别性的'社会民主党的……机关报,在目前是一种空想,而且是……同……党的政治发展的利益背道而驰的空想…… 在我国,正式形成组织的派别可以说还没有,但是有各种各样的小组和小集团,其中有一些或多或少持有一定的政治观点、策略观点和组织观点;另外一些则摆来摆去,成为前者的绊脚石…… 党内争执的焦点和主要根源是,一方面,党内不同集团对新的、公开的社会民主主义工人运动抱着不同的态度,另一方面,在当前的政治任务方面和俄国社会民主党的政治策略方面存在着重大的意见分歧。这两方面的问题……正是在现在变得……特别迫切和紧急…… 正是在这些问题上俄国社会民主党分裂成两个主要阵营…… 试问,正在筹办的(由彼得堡的某些工人和国外的许多知识分子筹办的)工人机关报能够在这两个对立的阵营之间采取中立立场吗?这种中立立场在原则上是能够容许的吗?显然不能…… 在党内目前这种情况下,把'非派别性'当做唯一解危救急的手段来谈论,——这样做就是……掩盖社会民主党党内的真实情况,欺骗自己,也欺骗别人…… 形成派别和团结是党内改革派,或者更确切地说,是革命派〈党内〉不容推诿的责任和紧迫的任务。"

显然,阿克雪里罗得的最后几句话讲的是取消派…… 我们只能向我们德国党的同志们建议,如果各方面的人向他们谈到"非派别性"或非派别的代表会议(有取消派参加),那么,为了更好地辨别这些东西,就需要把上面引用的阿克雪里罗得的文章全文翻译出来,登在德国社会民主党的报刊上。这样才能对某些谎言有个正确的了解。

俄国社会民主工党中央机关报
《社会民主党人报》编辑部

————

保密！只发给有组织的社会民主党党员！

为《论俄国社会民主工党的现状》
小册子写的附言

（1912年9月2日〔15日〕）

今天，1912年9月15日，我们收到执行委员会经巴黎转来的下面这封信，它一定能特别清楚地向德国的同志们表明，我们当时反对执行委员会那些不负责任的、害怕公开露面的私人"情报员"是正确的。

党的执行委员会于本月10日写了下面这封信：

1912年9月10日于柏林

亲爱的库兹涅佐夫同志：

请您告诉我们，关于各社会民主党集团就国家杜马选举问题达成协议的选区是否确实是以下这些选区：

叶卡捷琳诺斯拉夫、哈尔科夫、莫斯科市、莫斯科省、顿河州和敖德萨市。请您尽快把这些情况函告开姆尼茨　H.弥勒。

如果我们在9月17日以前收不到任何消息，那我们就认为上述报告属实。

致党的敬礼！

H.弥勒

我们对该信作了如下的答复：

致德国社会民主党执行委员会

亲爱的同志们：不言而喻，向执行委员会所作的一切报告都不是以事实为根据的，这一切纯粹是取消派的捏造。我们可以十分肯定地说，只有拉脱维亚人、崩得分子或者是不久前刚刚开过"自己的"代表会议并打算把实际上是取消派的代表会议说成是"党的代表会议"的托洛茨基信徒,才会向执行委员会编造出这种荒诞无稽的报告。为了不引用任何无法证实的东西,为了不引证我们组织内的来往信件,我们在这里只限于指出在彼得堡公开发表的一份文件。

1912年8月28日(公历9月10日),在彼得堡的马克思主义日报《真理报》第102号上刊登了从哈尔科夫一家最大的工厂寄来的一封信,这封信是专门谈论杜马选举情况的。信里直接而公开地说"取消派的候选人姓名**现在还没有公布**",并且说取消派"**否认工人政党的必要性**"(《真理报》第102号第4版第1栏)。

德国同志单从这封信中就可以看到,拉脱维亚人、崩得分子、托洛茨基信徒以及所有类似的私人情报员是在如何昧着良心欺骗他们。问题显然在于:他们所有的人,自然还有高加索人,都想借虚构的"组织"的名义骗钱,而这些组织的存在与否,党执行委员会或其他什么人是无从证实和查对的。

拥有90家社会民主主义日报的德国党,如果它不希望因为错误理解俄国党内问题而损害自己声誉的话,难道不能就俄国社会民主工党的问题展开一次讨论,公开地迫使所有逃避阳光的情报员站出来,发表署名的文章并拿出文件来吗?

俄国毕竟不像中非洲那么遥远,德国社会民主党的工人不需要费多大力气就可以弄清真相,从而也可以使德国执行委员会的委员们不再听信私人的**无法核对的**谣言了。

　　　受俄国社会民主工党中央委员会的委托

尼·列宁

1912年在莱比锡用德文印成单行本　　　　译自《列宁全集》俄文第5版
　　　　　　　　　　　　　　　　　　　第21卷第441—462页

《论俄国社会民主工党的现状》
小册子的附言初稿

(1912 年 8 月 20 日和 24 日〔9 月 2 日和 6 日〕之间)

　　上面的文章已经写好并送去付排之后,我们收到了俄历 8 月 17 日在彼得堡出版的《涅瓦呼声报》第 7 号。可见,取消派的这家报纸在**休刊一个半月**之后又复刊了(这家周报的上一号,即第 6 号是在俄历 7 月 5 日出版的)。

　　《涅瓦呼声报》第 7 号上登载的消息,非常有力地证明了我们党中央委员会在给德国社会民主党执行委员会的信中对俄国取消派的**实际**意义所作的评价是正确的。

　　的确,这家报纸在 7 月初就暂停出版了。不言而喻,取消派和他们的朋友们在尽一切努力来使它复刊。关于**一个半月**(7 月一个月和 8 月的半个月)努力的成绩,《涅瓦呼声报》**自己**在第 7 号上作了如下的报道:

　　"报社收到**捐助给报纸**的款项如下:

　　7 月份:收到 14 人各自捐来的 25 卢布(И.Ф.,П.,Г.,М. И.,К.,Л.,К.Ф.,Л.,Б.,Вш.,Льв.,Вл.,В.П.,经 Б.之手从莫斯科转来);Р.经手转来 50 卢布;收到 М—я11 卢布;Шх. 11 卢布;收到 8 人各自捐来的 10 卢布(Э.,И.,Ис.,Ш.,Рф., Авг.,Об.,П.О.);收到 Х.И.8 卢布;收到 С.7 卢布;收到 X.

5 卢布;Б.Б.5 卢布;收到 Ф.6 卢布;М.Б.5 卢布;收到从利巴
瓦交来的 5 卢布;Гмп.3 卢布。共计 546 卢布。

　　8 月份:收到武尔弗松(苏黎世)10 卢布,又收到他 3 卢布
57 戈比;本齐亚(苏黎世)15 卢布;Г—ая(基什尼奥夫)20 卢
布;Аз—в(阿斯特拉罕)3 卢布;Сп—й(博戈罗茨克)15 卢布;
B.B.6 卢布;E.E.Ф.59 卢布;从杜贝恩经 C.之手转来 20 卢布;
收到 Б.从莫斯科交来 25 卢布;收到 E.Л.10 卢布;П.Л.12 卢
布;М.Гр.3 卢布;收到莫斯科发起小组 35 卢布;Б.Б.5 卢布;
Б.5 卢布;收到 Ан.Конст.从圣彼得堡经 Л.Л.之手转来 6 卢
布;收到一些朋友从巴黎寄来 8 卢布 54 戈比;收到 Б.从巴甫
洛格勒交来 20 卢布。共计 281 卢布 11 戈比。"

这就是取消派自己刊登的账目。一个半月来,他们的活动和
他们**同群众联系**的情况如下:

共计募集到 ……………………………………	**827 卢布 11 戈比**

　　　其　　中

莫斯科发起小组 ……………………………………	35 卢布
一些朋友从巴黎寄来 ……………………………………	8 卢布 54 戈比
个别人士的私人捐款:	
35 位捐款总额 ……………………………………	708 卢布
15 位捐款总额 ……………………………………	75 卢布 57 戈比

共　　计 ……………………………………	827 卢布 11 戈比

大家都知道,而且普列汉诺夫早在 1912 年 4 月就在刊物(《社
会民主党人日志》第 16 期)上声明过,"**发起小组**"就是**取消派**集团。

　　这样看来,在取消派的机关报暂停出版的最困难时刻援助他
们的只有

‖　一个国内取消派集团

‖　一些巴黎朋友

‖　35 名平均每人捐款 20 卢布(每人合 40 马克以上)的有钱人。

‖　15 名平均每人捐款 5 卢布(每人合 10 马克以上)的个人。

我们党中央委员会断言取消派在俄国工人运动中完全等于零,难道不能这样说吗?

取消派指靠"高加索区域委员会"。可是,在一个半月的时间内,他们没有从高加索的**任何一个工人团体**募集到一笔捐款。

取消派希望获得崩得和拉脱维亚社会民主党组织的援助。可是,在一个半月的时间内,他们没有从崩得分子和拉脱维亚人的**任何一个**工人团体募集到一笔捐款。

反取消派的彼得堡机关报《真理报》(日报),也是在这一个半月的时间内(7 月—8 月 14 日),却发表了从俄国各地收到的**41 个工人团体捐款**的账目,其中包括(捷列克州格罗兹尼)油田工人的捐款(《真理报》第 60 号)和利巴瓦的犹太工人的捐款(《真理报》第 67 号)。我们可以认为,工人们的这种援助比"高加索区域委员会"、拉脱维亚人和崩得分子的空话和装腔作势要严肃认真得多。

世界上的任何援助,同拉脱维亚人、崩得分子举行的任何"代表会议"以及诸如此类的活动,都不能把俄国工人运动中的取消派这个**零**变成整数。

请德国同志们费一点心去收集关于俄国社会民主工党状况的**文件**,并加以核实吧。俄国毕竟不是中非洲,可以随便讲些什么"猎人的故事"。德国同志们了解意大利、瑞典和任何其他国家的社会主义运动是通过公开刊印的文件,而了解俄国的社会主义运动却是通过私下传闻和流言，看来，德国同志们是想结束这种奇怪的(说得委婉些)现象了。

载于1948年《列宁全集》俄文　　　　译自《列宁全集》俄文第5版
第4版第18卷　　　　　　　　　　　第21卷第463—465页

资本主义和人民的消费

(1912 年 7 月 20 日〔8 月 2 日〕)

不久以前,法国的《科学评论》杂志[209]发表了关于各国**人造黄油**生产的材料。这份材料又一次使人想起早已为人发现的事实:随着资本主义的发展,人民的饮食更加恶化了。

大家知道,人造黄油是一种用特殊方法加工的脂油(从脂油中提出硬脂)。用这种人造油料再制成人造的黄油。

在欧洲一些主要国家里,人造黄油已达到很高的产量。德国每年生产 1 250 万普特,英国每年生产 750 万普特,等等。

人造黄油比真正黄油便宜。资本主义国家的大多数居民买不起真正的黄油。工人收入很少,不得不购买廉价的、劣等的代用食品。而主要消费者又是工人。工人有几百万,资本家只有几百个。于是,廉价的代用食品的产量就迅速增长,一小撮百万富翁也就过着愈来愈穷奢极欲的生活。

资产阶级愈来愈富有。无产阶级及大量正在破产的小业主、农民、手工业者和小商人愈来愈贫困。

值得注意的是,正是在那些以生产大量优质乳油而驰名的国家里,人造黄油的消费量却最大。要想了解人造黄油的消费量究竟有多大,就要把一个国家的人造黄油总产量(加上输入量和减去输出量)用居民人数除一下。

结果，按人造黄油的消费量来说，丹麦占世界第一位。每人每年平均为 16.4 公斤（约 1 普特）。其次是挪威，为 15 磅，德国为 7.5 磅，等等。

丹麦是黄油产量最高的国家。丹麦的黄油，是真正的乳油，是公认的一种质量最好的黄油。世界上最大和最富有的城市伦敦（连郊区共约 600 万人口）宁愿以最高的价格购买丹麦的黄油。

丹麦的富裕农民，尤其是丹麦的资本家靠买卖黄油大发横财。而丹麦按人造黄油的消费量来说，却是占世界第一位的国家！

这如何解释呢？

很简单。这是因为丹麦的大多数居民，正像任何一个资本主义国家的居民一样，都是工人和贫苦农民。他们买不起真正的黄油。在丹麦，就连中等农民也由于需要钱用而把自己生产的乳油卖给国外，而自己却购买廉价的人造黄油。丹麦的资本家愈来愈富有，丹麦的工人和农民却愈来愈贫困。

我们俄国的情况也是这样。很久以前，大约 40 年以前，当农村建立干酪作坊和组合之风开始盛行的时候，民主派作家恩格尔哈特就曾发现，农民由于需要用钱而出卖牛奶和黄油，而他们的子女却忍饥挨饿，以至死亡。

从那时起，人们曾多次看到这种现象。干酪生产不断增加，牛奶出售量日益增长，少数富裕农民和商人愈来愈富有，穷人却变得更加贫穷。贫苦农民的子女因喝不到牛奶而大量死亡。俄国儿童的死亡率高到了令人难以相信的程度。

农民经常把牛奶卖给干酪工厂，自己却取回**脱脂牛奶**作为食用。

富人得到的是生产增长和商业繁荣带来的收益，工人和农民得到的却是人造黄油和脱脂牛奶。这就是自由派学者和官方学者所竭力加以粉饰的资本主义现实。

载于 1912 年 7 月 20 日   译自《列宁全集》俄文第 5 版
《真理报》第 70 号   第 21 卷第 466—468 页

帕·波·阿克雪里罗得
是怎样揭露取消派的

(1912年7月22日和29日〔8月4日和11日〕)

一

　　帕·波·阿克雪里罗得注定要在发展马克思主义者中间的机会主义流派方面起独特的作用。例如阿克雪里罗得的"工人代表大会"的主张就曾轰动一时。他的宣传曾经吸引了并迷惑了一部分工人。但是它宣传的主张散布得愈广泛,问题愈接近实际解决,全盘计谋的**凭空虚构的**性质就愈明显。计谋是不攻自破了。经验证实了布尔什维克不止一次的论断:阿克雪里罗得的"主张"是机会主义知识分子的空想,是企图"回避"严酷的阶级斗争和政治斗争的幻想。

　　目前,提出工人出版社和"非派别性的"工人报纸的主张,恰恰是这类事件的重演。彼得堡的工人有谁不记得,取消派就在不久前还是如何醉心于这种主张?他们是如何用"回避"工人民主派内部斗争的幻想来迷惑工人?《明星报》解释说,不能回避关于自由派工人政策的问题(请回忆一下面包师联合会理事会的决定[210]),关于工人监督非派别性报纸的议论只不过是一种蛊惑宣传,对于这种解释,取消派曾是如何令人发笑地大动肝火?

可是现在阿克雪里罗得在取消派的《涅瓦呼声报》第6号上非常出色地揭露了(他不得不揭露)自己的知心朋友的蛊惑宣传。蛊惑宣传,就是许下一大串不能兑现的诺言。所谓扩大的工人代表大会、公开的工人出版社、非派别性的工人报纸这些主张,是够迷惑人的。但是,全部实质在于,如果**不**先展开顽强和艰巨的斗争,去争取一般的政治自由、争取马克思主义在工人民主派内部的胜利等等,这些迷人的东西就**不能兑现**。许下蛊惑人心的诺言是轻而易举的,可是生活很快证明它们是不可能兑现的,并且使充满"玫瑰色的幻想"的机会主义暴露出来。

阿克雪里罗得在《涅瓦呼声报》第6号上说了一大堆动听的空话,例如他担保他和他的朋友们是"党的进步代表",而对方是"反动代表"。自然,阿克雪里罗得非常乐意这样想,取消派也非常乐意这样刊登。不过这种动听的话太没有价值了! 自己吹嘘自己的"进步性"……要是**说明一下**意见分歧的实质和意义不是更好吗?

"主张办非派别性的社会民主党的(不折不扣的真正社会民主党的)机关报,在目前是一种空想,而且是客观上同无产阶级在社会民主党旗帜下争取党的政治发展和组织团结的利益背道而驰的空想。你把本性赶出门外,它会从窗口穿过缝隙飞进来。"

阿克雪里罗得就是这样写的。这种见解挺不坏。这种见解在原则上是完全正确的。这种见解表明阿克雪里罗得的朋友取消派是完全错了,因为他们昨天还在向工人群众灌输阿克雪里罗得现在所谴责的主张。不过我们看不出许下一大串不能兑现的诺言有什么"进步性"……

阿克雪里罗得写道:"在我国,正式形成组织的派别可以说还没有,但是有各种各样的小组和小集团，其中有一些或多或少持有一定的政治观点、策略观点和组织观点，另外一些则摆来摆去，成为前者的绊脚石。"

　　前半句话不完全正确。阿克雪里罗得很清楚，**完全**正式形成的组织是存在的，但只限于目前可能做到的程度。但是，后半句话是正确的，的确有许多摇来摆去、成了绊脚石的小集团。阿克雪里罗得说出事态发展必然导致的这个真情，就再一次揭露了自己的朋友们。谁不知道，阿克雪里罗得的朋友们现在所炫耀的恰恰正是摇来摆去的小集团的装模作样的纸上的"联合"？不也是在《涅瓦呼声报》的这个第6号上他们许诺说，所有取消派同所有摇来摆去的小集团会实现这种装装样子的"联合"吗？

　　阿克雪里罗得继续写道："争执的焦点和主要根源是，一方面，党内不同集团对新的、公开的社会民主主义工人运动抱着不同的态度〈可爱的帕·波·阿克雪里罗得，不是对公开的**党**吗？不应当歪曲意见分歧的实质！〉，另一方面，在当前的政治任务方面和俄国社会民主党的政治策略方面存在着重大的意见分歧。这两方面的问题正是在现在，当新的社会政治运动开始的时候，变得特别迫切和紧急。正是在这些问题上俄国社会民主党分裂成两个主要阵营。试问，正在筹办的工人机关报能够在这两个对立的阵营之间采取中立立场吗？这种中立立场在原则上是能够容许的吗？显然不能……"

　　完全正确的结论。阿克雪里罗得不仅出色地驳倒了他的那些昨天还在叫喊中立的和非派别性的机关报的朋友，而且也出色地驳倒了那些今天还在要天真的人们相信他们同**中立**小集团的"一致"、"联合"、团结等等的人。

　　主要阵营确实有两个。其中一个完全正式形成为组织了。它对阿克雪里罗得所列举的各种问题的回答是非常正式、非常明确的，是同某些著作家所写的杂乱无章、矛盾百出的小文章不同的。而另一个阵营，即阿克雪里罗得所属的取消派阵营显然没有正式形成什么组织（代替它的只是一些关于建立公开的工人**政党**的诺言。只是一些关于建立比 1906—1907 年的工人代表大会更不可能实现的各种公开的工人政治协会的议论），也没有对阿克雪里罗得自己所列举的问题作出什么确切的回答（代替这种确切回答的只是叶若夫、列维茨基、克列诺夫、查茨基等人的写作练习）。

"……只要工人的出版和写作团体决定发表一定的行动纲领，决定在一些问题上，譬如说，即使是同选举运动有关的问题上采取一定的立场，决定向工人提出这个运动的某些任务和口号，决定主张对不同政党采取这种或那种策略，只要——我说——出版协会想要使自己的出版物在原则上具有无产阶级政治机关报的性质，它就会面临使俄国社会民主党动荡不安和四分五裂的最棘手的问题和意见分歧。这时，协会本身就可能变成这种争执的新策源地，如果它的成员不能预先协商好，不能就这些问题彼此达成协议的话。"

阿克雪里罗得非常正确、非常出色地驳倒了取消派。"协会"需要的东西，《我们的曙光》杂志和《涅瓦呼声报》就更需要。那它们为什么不就**棘手的问题和意见分歧进行协商呢**？它们为什么连阿克雪里罗得所列举的最重要问题（对各种不同政党的态度、任务、口号、策略）都不**确切地回答**呢？

"医生，先治好自己吧。"阿克雪里罗得在向**工人**解释必须确切地回答"棘手的问题"时讲得如此之妙，《我们的曙光》杂志和《涅瓦呼声报》（也许不限于涅瓦……）的**著作家们**也应该倾听一下阿克雪里罗得的话。对"棘手的问题"不作出确切的回答是**不行的**，只限于写几篇文章是不行的——这是小组习气！需要有准确的、正式的、周密考虑过的、明确的**决定**。难怪阿克雪里罗得在谈论——而且谈得很妙！——**什么明确的行动纲领，什么任务和口号**等等了。

顺便说一下，取消派所以称为取消派，是因为他们抛弃了旧的，但是提不出新的来。什么建立公开的政党是有好处的，什么建立公开的政治协会又是必需的，所有取消派的这类话我们都听腻了。但这样谈论是不够的，取消派没有**行动**，没有，丝毫没有。没有的正是阿克雪里罗得要求工人做的！

阿克雪里罗得在《涅瓦呼声报》上分栏线下面的小品文中提出极有力的揭露材料，驳斥了取消派**在分栏线上面**发表的报纸编辑部写的文章。仔细读一遍阿克雪里罗得的小品文，就会发觉，取消派叫喊要就选举纲领"达成协议"，要有"统一的"纲领等等，只不过是自欺欺人。

"《明星报》的拥护者"在《涅瓦明星报》第16号上已经揭露了这个骗局。但是，阿克雪里罗得的揭露更加深刻，更加可贵，因为这是出自阿克雪里罗得之手。

我们完全赞成**统一的**纲领，正如"《明星报》的拥护者"所公正指出的，这种纲领，布尔什维克和护党派孟什维克早已通过，并且正在加以贯彻执行。我们完全赞成**统一的**选举运动，这种运动必须以这个纲领为基础，以这些决定和对**所有**"棘手的问题"的确切回答为基础。

取消派叫喊"统一"，那是他们企图用响亮的字眼来引诱一些不开展的工人。"统一"非常中听，"非派别性的机关报"更讨人喜欢！但是，**即使是**读一遍阿克雪里罗得的文章，他也会叫你明白，非派别性是**不可能有的**，这是空想，因为在工人民主派中有**两个阵营**，而这两个阵营又是**互相对立的**。

这是怎么回事呢？取消派莫非想要维护这个"纲领"**以掩盖**自己的观点？维护这个博得资产阶级如此钟爱的**外交式的纲**

领，——这个对"棘手的问题"没有作出任何回答，而满纸"全是"和
"只是""选入杜马"问题的纲领？

如果要维护这个纲领，那就是毫无原则性。对这种做法工人
是绝不会同意的。这样的纲领不管是怎样"公开"，都是连一天也
站不住脚的。

不，我们再不要自己骗自己了。应该正视连取消派领袖阿克
雪里罗得这次也直截了当承认了的真情了。取消派先生们，如果
你们想要坚持"自己的"纲领（虽然你们直到如今并没有提出这种
纲领，而对于这个在选举前6周还在炮制的纲领我们是不会相信
的!），如果你们想要坚持"自己的"策略（虽然你们直到如今并没有
在任何地方确切地、正式地、按照党的方式表述出来!），——那你
们就只好怨自己了。那**你们**就是**已经**存在的统一的破坏者。破坏
统一的**全部**责任就要落在**你们身上**。

不。我们再不要自己骗自己了。取消派叫喊"统一"，那是
枉费心机的掩人耳目的手法。取消派既然很清楚工人是反对他
们的，也会同样很清楚，他们的单独行动将会带给他们怎样彻底
的毁灭性的失败。所以他们什么诺言都愿意许下，只要能选入
杜马。

这样做是不行的。只有资产者才这样做。工人民主派相信的
只是选举前**几年**就在贯彻执行而在选举时只是第一百次**重申**的那
些纲领、决定、策略和口号。谁如果**无视这些决定**，只是为了选举
而杜撰出空空洞洞的"纲领"，那他就得不到任何信任。

对拆穿掩耳盗铃的骗局来说，对教训各种各样杜撰"新的"、
"公开的"、"共同的"纲领的人来说，阿克雪里罗得的小品文是一篇
有益的东西。

二

我们在《涅瓦明星报》第18号上谈到的阿克雪里罗得的那篇文章的结尾部分,现在在《我们的曙光》杂志上出现了。总的来说,这个结尾部分完全证实了我们所作的评价,因此,我们只是重申一下:对拆穿掩耳盗铃的骗局来说,对弄清取消主义真正的本质来说,对评价目前某些集团瞎吹一气的臭名远扬的"非派别性"这类无聊话来说,阿克雪里罗得的文章是一篇有益的东西。

阿克雪里罗得极为有力地和令人信服地驳斥了目前同取消派结盟(是不是牢固的呢?)的托洛茨基。阿克雪里罗得写道:"进步分子〈他把取消派叫做党内进步分子,而把我们叫做党内反动分子来自我安慰〉在思想上和组织上联合成独立的派别,在当前情况下这是他们的不容推诿的责任和紧迫的任务。""在党内的这种情况下,把'非派别性'当做唯一解救危急的手段来谈论,这样做就像鸵鸟在危险逼近时把脑袋埋在沙堆里一样,这样做就是掩盖社会民主党党内的真实情况,欺骗自己,也欺骗别人……"(《我们的曙光》杂志第6期第15页)

可怜的托洛茨基! 帕·波·阿克雪里罗得这样攻击取消派的忠实朋友和《我们的曙光》杂志的撰稿人,简直是残忍和刻薄。现在我们会看到什么呢? 是托洛茨基发表一篇非常有力的文章来反驳派别活动分子阿克雪里罗得呢? 还是马尔托夫按平常的做法,用一打膏药般的附带说明把裂痕粘合起来,使调和派分子托洛茨基同派别活动分子阿克雪里罗得和解呢?

那么，现在可不可以认真地谈论什么托洛茨基、拉脱维亚人和犹太人的准马克思主义者等等同阿克雪里罗得结成的臭名远扬的联盟①呢？

阿克雪里罗得的文章中有一个论点是值得认真分析的，即我国社会民主主义运动的"欧化"问题。但是，在分析这个论点之前，有必要就取消派采取的一种手法说几句话。

在阿克雪里罗得的文章中，有一页（第16页）字里行间尽是特意挑选的穷凶极恶的谩骂词句，攻击一切反取消派，特别是攻击本文的作者。假如没有证据确凿的材料证明，有一些人专门在利用这种谩骂，另一些人则为此而感到难堪的话，那就完全不值得理睬这种谩骂（因为处在阿克雪里罗得的境地，除了咒骂以外，是别无办法的）。

比如说，切尔诺夫先生在《箴言》杂志²¹¹上对加米涅夫证明他这个"左派"民粹派领袖正从民主主义滑到自由主义这一点进行**答复**时，就一边从取消派和反取消派那里收集最激烈的咒骂语句，一边嬉皮笑脸地自鸣得意。切尔诺夫先生的手法非常卑鄙，对于这种手法只需稍加指出，无需予以重视。

社会民主主义运动内部各个集团间的任何原则斗争，**在世界任何地方**都不能避开一系列个人的争执和组织的争执。专门去搜罗"争执的"词句，这是无耻之徒干的勾当。而对这些争执感到难堪，采取绝望或轻蔑态度加以回避，把一切都说成是个人纠纷！——持这种态度的只能是"同情者"中的那些神经脆弱的见识

---

① 阿克雪里罗得的文章刊登于1912年5月17日，即在托洛茨基分子和取消派分子为了在"非派别性"的旗帜下同反取消派展开斗争而隆重结成联盟**5个月**之后！

浅薄的人。真正关怀工人运动的人，即使在研究工人运动的伟大活动家的历史作用时，也总要学会把**思想**斗争、派别斗争的"争执"部分同原则部分加以区别——这点是能够学会也是应当学会的。人总是人，马克思主义者同无政府主义者（马克思同巴枯宁），盖得派同饶勒斯派[212]，拉萨尔派同爱森纳赫派等等的历史上的冲突也不是没有"争执"没有"纠纷"的。

直到现在也还有些无耻的著作家专门搜集"往昔"对不计其数的不忠实行为等等的责难。但是，也有严肃的社会民主党人，当意见分歧由于各个集团发生分裂、流亡国外等等原因而不可避免地带有倾轧形式时，他们总是去揭示这些分歧的**思想**根源。

请读者不要以为，我们想要"吓走"谁，不让他研究阿克雪里罗得在自己文章的极尽谩骂之能事的篇幅中所暗示的——只是暗示——那些资料。完全相反。谁愿意全面了解社会民主主义运动，我们就**请**他来研究这些资料。在国外这些资料是非常**完备的**，不仅有充满激情的责难，而且有文件和中立人士的证词。研究这些文件和这些证词就可以回答这样一个问题，即**为什么**1910年1月取消派和反取消派之间达成完全的和解的尝试没有成功。

————

下面是阿克雪里罗得文章中最引人注意的也是最带原则性的段落之一：

"……形成派别和团结是党内改革派，或者更确切地说〈请听！〉是革命派不容推诿的责任和紧迫的任务，因为只有通过这样的途径，他们才能够完成下述任务：把在革命前就形成，并在革命时期得到进一步发展的俄国社会民主党的性质加以欧化，就是说从根本上改变它的性质，并且在欧洲社会民主党的党内制度所依据的那些原则基础上把它组织起来。"

这样说来,取消派就是党内革命派了,阿克雪里罗得的这个难得的老实话是值得加以指出的,因为令人痛苦的真理比"令人鼓舞的"谎言要有益[213],比外交式的遁词和附带说明要珍贵。可爱的帕·波·阿克雪里罗得,就请进行党内革命吧! 我们要看看,您和您的朋友们能不能比不久前在葡萄牙企图实现"革命"(反对共和国)的那些"革命者"[214]获得更大的成就。

但是,在上面援引的这段议论中,主要的是臭名远扬的所谓"欧化",唐恩、马尔托夫、托洛茨基、列维茨基和一切取消派分子,都在七嘴八舌地谈论这种"欧化"。这是他们机会主义的主要内容之一。

"把俄国社会民主党的性质加以欧化,就是说从根本上改变它的性质……" 仔细考虑一下这些话吧。是什么决定**每个**社会民主党的"性质"和它的性质的**根本**改变呢? 无疑,是该国的总的经济条件和政治条件。无疑,**只有**在这些条件**根本**改变的情况下,才可能根本改变某个民族的社会民主党的性质。

这都是最起码的、最不容争辩的真理。但是,正是这些最起码的真理暴露了阿克雪里罗得的机会主义错误! 他的不幸就在于他想用**根本**改变"俄国社会民主党的性质"的幻想来**回避**为实现尚未完成的俄国政治条件的**根本**改变而进行的顽强而严酷的斗争。

立宪民主党人兴致勃勃地高谈欧化(取消派既仿效立宪民主党人的字眼,也仿效立宪民主党人的主张),用这个暧昧的字眼来代替对政治自由的牢固基础这一正确概念,并"**玩弄**""立宪反对派"的把戏,同样,取消派也在**玩弄**"欧洲式社会民主党"的把戏,虽然在他们以玩弄这种把戏来取乐的国家里**还没有宪法,还没有**"欧洲主义"的基础,**还面临着**争取实现这一切的顽强斗争。

　　赤身裸体的野人把大礼帽往头上一戴，就以为自己成了欧洲人，那是相当可笑的。当资产阶级的追随者米留可夫在第三届杜马断言"谢天谢地，我们立宪了"的时候，当工人的追随者阿克雪里罗得把一顶上面写着"我是欧洲式社会民主党人"的大礼帽戴在头上的时候，都会使人想起这种野人来。米留可夫也好，阿克雪里罗得也好，他们俩都天真得令人发笑。他们俩都是机会主义者，因为他们都想用关于"欧洲主义"的富于幻想的空谈，来回避这样一个艰巨和紧要的问题，即在与欧洲不同的环境中，这个或那个阶级应当如何行动，**以便**为保证欧洲主义的**基础**而进行顽强的斗争。

　　正是阿克雪里罗得自己的文章**证明了**，正是他用富于幻想的空谈来回避活生生的紧要问题。托洛茨基准备了一份完全是欧洲式的草案（确实完完全全是欧洲式的草案），提出要建立"**报刊委员会**"，作为工人对工人报纸的"由选举产生的集体监督机关"（阿克雪里罗得的文章，第18页）。看来，托洛茨基当时甚至征求过"欧洲式社会民主党人"的意见，从他们那里得到了作为礼物的祝福，对于这种祝福他是特别珍视的。

　　"欧洲式社会民主党人"阿克雪里罗得等待了大约两个月，在这段时间里托洛茨基的那些论述"由选举产生的集体监督机关"的信件引起一片哗笑，使彼得堡的所有社会民主党人都感到厌恶，这时，"欧洲式社会民主党人"阿克雪里罗得终于怜悯起托洛茨基来，向他解释道："报刊委员会"是无意义的，它是不可能实现的，须要用工人同取消派的《现代事业报》的"**协议**"来代替它（阿克雪里罗得的文章，第18页和第19页）！！

　　这是一个小小的例子，很遗憾，我们只能举出这么一个例子。但是，这个例子非常说明问题。托洛茨基关于"报刊委员会"的"欧洲式"计划落了个令人耻笑的下场，现在所有取消派关于"公开的工人政党"或"合法的工人政治协会"以及关于"争取结社自由"的"运动"等等的"欧洲式"计划也都要落到这种下场的。

从托洛茨基关于"报刊委员会"，即关于"所有正式形成的工人组织"对工人报纸实行监督的那种"由选举产生的集体监督机关"等等的"欧洲式"计划所得到的结果**只有一个**，这就是合法派玩弄的"工人出版社"把戏给了工人特别的教训，实际上，**无论是**"报刊委员会"也罢，**无论是**工人报刊也罢，取消派**都没有搞成！** 事实就是这样。

"报刊委员会"是这位机会主义知识分子的幻想，他为了绕过俄国工人运动所处的困难的、与欧洲不同的条件，杜撰了一份绝妙的欧洲式计划，并利用杜撰这个计划的机会向全世界吹嘘自己的"欧洲主义"。

取消派这个悲惨的遭遇不是偶然的，而是不可避免的。只要他们的"欧洲式"计划一接近实现，就立刻暴露出这套玩艺只是机会主义知识分子的虚幻想象和凭空捏造。落到这样下场的还有工人代表大会，有"报刊委员会"，有合法的工人政治协会（马尔托夫在《我们的曙光》杂志第 5 期上为"挽救"这个"计划"而发表的矛盾百出的附带说明，丝毫也没有使情况好转），有争取结社自由的运动。

欧洲一些主要国家的社会民主党人是**在 1871 年以后**，即正好是在资产阶级革命的整个历史时期宣告结束和政治自由的**基础**已经牢固形成、长期存在的时期进行活动的，取消派把他们当时的活动条件叫做"欧洲主义"。这些国家的社会民主党的"性质改变"，第一，是**在政治条件根本改变之后**，即比较彻底巩固地建立起一定的立宪制度之后出现的；第二，这种改变只是一种暂时的改变，它只适应于一定时期（这个时期恰好目前正接近于结束，这点是欧洲最谨慎的社会民主党人都一致承认的）。

在这样一种资产阶级立宪制度完全巩固的条件下，比如说，争取结社自由或争取普选权的运动，以至争取立宪改革的运动，在一定情况下也能成为工人阶级的运动，成为真正的政治运动，成为真正争取立宪改革的斗争。

可是，我国的机会主义知识分子却把这一类"欧洲式的"运动的口号移植到还没有最起码的欧洲立宪制度基础的土地上，企图绕过通常是出现在建立这些基础之前的独特的历史发展阶段。

我国的阿克雪里罗得和他的朋友们（他们把自己装扮成"欧洲式社会民主党人"）的改良主义同比索拉蒂（这是真正的欧洲人）的改良主义的区别在于，比索拉蒂牺牲阶级斗争的原则，牺牲彻底的马克思主义理论和实践的原则，是为了真正处于支配地位的自由派资产阶级实际上正在进行的改革（打了折扣的）。阿克雪里罗得作出与比索拉蒂同样的牺牲，却是为了那些软弱无力的、毫不严肃的、沉溺于幻想的自由派仅仅在口头上空谈的改革。

在我们俄国，只有当国家不顾自由派的怯懦畏缩，不顾他们的不彻底的调和主义口号向前发展的时候，自由派资产阶级才会成为一支现实力量。各国过去的情况也都是这样。只有在民主派违反自由派的意志而获得胜利的时候，自由派才成为一支政治力量。

载于 1912 年 7 月 22 日和 29 日
《涅瓦明星报》第 18 号和第 19 号

译自《列宁全集》俄文第 5 版
第 21 卷第 412—424 页

自由派和教权派

(1912 年 7 月 25 日〔8 月 7 日〕)

僧侣准备涌入第四届杜马。

对僧侣登上政治舞台应该抱什么态度呢?

民主派在任何时候都不能主张僧侣不该参加政治生活。这是最反动的观点。这种观点只能引起官方采取伪善的手段,而不会有其他什么结果。在实际生活中,把居民中某个集团或某一部分排斥在政治和阶级斗争之外的任何办法,都是绝对行不通的,都是无法实现的。

我们都记得,倍倍尔和德国社会民主党人曾经主张在德国耶稣会士有宣传的自由。我们反对自由派关于"禁止"耶稣会士进行宣传的主张,——社会民主党人这样说过。我们并不害怕耶稣会士。让耶稣会士有宣传的**完全自由**,但也要保证我们社会民主党人有宣传的完全自由。倍倍尔和德国社会民主党人就是这样论述的。

俄国工人民主派反对炮制对地主或僧侣等有利的选举法(和其他一切法律),但决不反对僧侣有参加政治生活的自由。我们坚持阶级斗争的观点,我们要求居民中任何阶级、等级、性别、民族、阶层或集团都有参与政治的完全自由。

自由派对这个问题的论述是不正确的,不民主的。例如,特鲁别茨科伊公爵不久前曾在《言语报》的喝彩声中写道：

"把教会变成政治工具，它的内部就要崩溃。"他把僧侣涌入杜马的计划称之为"反基督教和反教会的"计划。

这是一派胡言。这是伪善。这是反动透顶的观点。

特鲁别茨科伊和其他自由派在同教权派斗争时主张**不民主**。他们是打着僧侣不参加政治斗争的招牌，让僧侣更加隐蔽地（因而危害也就大得多）参加政治斗争。

工人民主派则主张所有的人，包括僧侣在内，都有参加政治斗争的自由。我们并不反对僧侣参加选举斗争、参加杜马以及其他活动，而**只**是反对赋予僧侣以中世纪特权。我们并不害怕教权派，我们很愿意在一律平等的自由讲坛同他们论争。僧侣一向是**隐蔽地**参与政治的；僧侣**公开**参与政治，只会对人民有利，而且非常有利。

载于1912年7月25日《真理报》
第74号

译自《列宁全集》俄文第5版
第21卷第469—470页

立宪民主党和民主派

(1912 年 7 月 26 日〔8 月 8 日〕)

《言语报》的社论作者写道："我们一向以为,马克思主义者承认立宪民主党是民主派政党,尽管前面还加上了令人难堪的'资产阶级'这样的字眼"(即资产阶级民主派)。

很难想象,研究马克思主义著作的"有教养的人",在政治上竟会这样无知。人们不禁会问:是不是假装无知有时是出于打个人小算盘呢?

从 1906 年起,我们就千百次地说明过,立宪民主党**不是**民主派,而是自由主义君主派资产阶级。每个政治上有教养的人都知道的、1907 年春俄国各地马克思主义者作出的正式决定,就肯定了这一点,并且大声宣布:立宪民主党是自由主义君主派资产阶级政党,他们的民主是"假的",一部分小资产阶级跟着立宪民主党走"纯粹是由于习惯〈对常见的陈旧的事物的盲从〉和**直接受自由派的欺骗**"①。

从那时起,这些看法曾经千百次地被重复过,发挥过。

而立宪民主党人却装做什么都不知道的样子,硬说他们"一向以为",马克思主义者认为他们是民主派! 真是:充耳不闻比聋子

---

① 参看俄国社会民主工党第五次代表大会《关于对非无产阶级政党的态度》的决议(《苏联共产党代表大会、代表会议和中央全会决议汇编》1964 年人民出版社版第 1 分册第 206—207 页)。——编者注

还糟。

自由派所不同于保守派（黑帮）的，就是他们代表资产阶级的利益，而资产阶级**所必需**的是进步和实行比较井井有条的法律制度，是遵守法制和宪法，是保证一定的政治自由。

但是，这个进步的资产阶级害怕民主派和群众运动，比害怕反动派还要厉害。因此，自由派老是倾向于向旧制度让步，向旧制度妥协，维护旧制度的许多基础。这就使自由派软弱无力，畏缩不前，不彻底，总是摆来摆去。

民主派代表着广大的人民群众。民主派不害怕群众运动，而是信赖群众运动。在俄国，民主派就是劳动派以至整个左派"民粹派"。马克思主义者把他们叫做**资产阶级**民主派，决不是为了使他们"难堪"，而是因为重分土地也好，国家的民主化也好，**都还没有消灭**资本的统治和资产阶级制度的统治。

工人民主派的政策是很明确的。我们只是在选举的第二阶段，只是在同民主派一起战胜不了自由派的地方，才赞成同自由派达成协议来反对右派。只要资产阶级民主派还忠实于自己的民主主义，我们就同他们一道进行斗争。

载于 1912 年 7 月 26 日《真理报》
第 75 号

译自《列宁全集》俄文第 5 版
第 21 卷第 471—472 页

自由派的进攻

（1912 年 7 月 28 日〔8 月 10 日〕）

自由派行动起来了，他们一致对《真理报》施加压力了。立宪民主党《言语报》的社论作者，《生活需要》杂志的无党派进步人士普罗柯波维奇先生和鲁·布兰克先生，都因为工人报纸决定在彼得堡进行独立的选举运动而向它开火了。

《生活需要》杂志断言：《涅瓦明星报》和《真理报》的一切努力都要落空。它们不能真的指望工人政党的候选人会在彼得堡城市选民团中获胜，因为参加该选民团的工人的人数是微不足道的！"

这就是自由派的典型论断，这就是对那些还没有摆脱庸俗习气、还没有为自己制定出完全自觉的政策的选民进行恫吓的手段。

有一个时期，自由派曾直截了当地用黑帮会在选举中获胜的话来恫吓人。而现在，这套笨拙的谎言已经"不中用"了。大家知道，在彼得堡的选举中，任何一点点黑帮的危险都不存在。于是又采取了另一种恫吓手法说："别指望工人会获胜。"

不，自由派先生们，在过去艰难的五年中间，全体民主派选民，特别是工人选民，经历了许多事情，思考了许多问题，学会了许多东西。你们用这种恫吓手法是什么也捞不到的。

无论在世界上的什么地方，工人在大城市中开始进行**自己的**选举运动时都要遇到一些强大的自由派政党的**反对**。无论在世界上的什么地方,工人民主派都要经过顽强的斗争,才能取代自由派对小公务员、店员、手工业者、小商人等等群众施加影响。

谁反对彼得堡的工人现在就开始进行这个斗争(确切些说:继续1906年、1907年、1909年开始的事业),谁就是徒具虚名的民主派,谁就实际上仍然是自由派的奴隶。

成千上万的民主派新选民现在就要参加彼得堡的选举了。

彼得堡的工人创办了自己的工人日报,完成了这样一项伟大的事业,这就使我们有充分的根据期望他们在选举斗争中也获得同样大的成就。

数以千计的旧选民已奋起投入新的更自觉的政治生活,在自己的工人报纸的帮助下,学习如何为改善自己的生活而斗争,培养进行共同的政治活动的习惯,不断提高对工人民主派正在完成的伟大全民任务的认识。

战胜彼得堡的自由派,这是能够做到的。自由派的不安和寻衅吵架,他们的恫吓和叫喊,只会使彼得堡的民主派更加相信,他们在沿着正确的道路走向胜利。

载于1912年7月28日《真理报》第77号

译自《列宁全集》俄文第5版第21卷第473—474页

附　　录

俄国社会民主工党第六次
（布拉格）全国代表会议材料

（1912 年 1 月）

1

对《关于召集代表会议的
俄国组织委员会》的决议草案的意见[215]

（1 月 5 日〔18 日〕以前）

这与感谢无关。

这是代表资格审查委员会的事。

我建议不要"感谢"，而是（郑重地）承认所做的工作具有极为
重大的意义，并说明条件的艰难。

载于 1941 年《无产阶级革命》杂志
第 1 期

译自《列宁全集》俄文第 5 版
第 21 卷第 481 页

2

关于确定代表会议性质的发言提纲

（1 月 5 日〔18 日〕以前）

1. 瓦解和没有中央委员会。

2. 地方组织对恢复党的主动精神。

第四届　　3. 迫切的实际工作任务使恢复党的任务特别
杜马选举。　　　突出。

4. **所有的组织**都被邀请,只有那些不愿意帮助党的组织不出席。

5. 在俄国进行活动的所有组织都派代表参加。

　　——确认代表会议为党的最高机关,它有责任建立有全权
的中央机关并帮助各地恢复党的组织和党的工作。

————

(1)各民族组织曾被邀请三四次

　　——(一)确认脱离俄国组织的过错完全应由各民族组织承担;

(2)对公开的取消派(崩得)企图的部分支持;

　　在党要不要存在这个问题上极其动摇不定;

(3)如果那些担负最重要的运动中心的全部工作的俄国组织拒绝
　　这项工作,拒绝恢复党,那将是极不正常的。

————

4　　(1)三年中没有;

(2)两年半中一直认为有必要并且作了准备;

(3)毫无例外地通知和邀请了所有的组织并为它们的出席提供了可能;

(4)有20个国内组织团结在俄国组织委员会的周围。

载于 1937 年 1 月 18 日　　　　译自《列宁全集》俄文第 5 版

《真理报》第 18 号　　　　　　　第 21 卷第 482—483 页

3

对党的组织章程的修改草案^①

（不晚于 1 月 11 日〔24 日〕）

组 织 章 程

第 1 条——照旧。

第 2 条——补充容许增补这一点,作为临时措施（根据 1908 年 12 月决议）。

第 3 条——照旧。

第 4 条——照旧。

第 5 条——照旧。

第 6 条——照旧。

第 7 条——照旧。

第 8 条——**全部删去**。授权中央委员会＋地方。

第 9 条——把 1 000 名选举人改为 30 名或 50 名,取消（暂时）比例代表制。

　　　　附注:鉴于情况紧急,1912 年的代表会议被确认为**党的最高机关**（见关于代表会议的决议）。^②

载于 1941 年《无产阶级革命》杂志
第 1 期

译自《列宁全集》俄文第 5 版
第 21 卷第 484 页

---

① 该章程见本卷第 153 页。——编者注
② 手稿上这一段已被勾掉。——俄文版编者注

4

对《关于党的工作的性质和组织形式》的
决议草案的意见①

(1月11日〔24日〕)

将下列两点放进开头部分:(α)确认 1908 年 12 月的决议或确认决议的正确性已被三年来的**经验**所证实;(β)承认地方社会民主力量的工作为我们创造了**近似** 1878—1890 年德国那种类型的党²¹⁶。还应该照这种办法做**下去** 这代替第 1 条。

在第 5 条中删去**形成**,"扩大"改为**巩固**。

第 7 条——像 1908 年 12 月那样,讲得谨慎些。

第 9 条——应该这样叙述:按时散发定期和经常出版的社会民主党的秘密报纸,无论对政治鼓动,或对领导革命斗争,**还是对联系所有的秘密组织和各种社团中的秘密支部**,都是特别重要的。

载于 1941 年《无产阶级革命》杂志
第 1 期

译自《列宁全集》俄文第 5 版
第 21 卷第 485 页

---

① 该决议见本卷第 151—152 页。——编者注

5

关于"请愿运动"的决议的材料①

（不晚于 1 月 17 日〔30 日〕）

关于请愿运动的决议

题目：

(1)著作家脱离群众的杜撰，[不是]从群众中来[的]；

(2)毫无意义的签名运动，没有明确的[口号]，没有在[群众]中进行鼓动，没有得到[群众的]关心；

(3)请愿书的文字和性质都不能令人满意；

(4)当形势把全体人民[获得]自由的全部基本要求提上日程的时候，却抽出部分要求；

(5)失败：1 300 人的签名。没有得到基辅、叶卡捷琳诺斯拉夫、高加索等地的支持；

(6)对无产阶级群众集会的关心表明，接近群众的"[途径]"**不应该到**取消派喜欢的**地方**去找。

结论：

承认彻底失败。

从[时代]的具体条件来看，请愿是进行鼓动工作的一种最不[利的]方式。

---

① 文件的手稿部分损坏。方括号里的词语是根据意思和通过的决议复原的。——俄文版编者注

号召进行争取[结社]自由的鼓动,把这一鼓动与总的[政治]要求和对群众的革命鼓动**联系起来**。

决议草案

承认:

(1)已经开始的……[所]谓"请愿运动"是由取消派[彼得堡著作家集团]发起的,决不是[群众斗争]的产物……和工人组织或先进工人的积极创举……也无关;

(2)[由于]请愿的[性质],由于总的政治条件,上述[运动][必然变成纯形式的]、毫无意义的、群众不感兴趣的[纸上]签名运动,无论在报刊上,还是在集会上都[没有]工人亲自广泛参加讨论……请愿书;

(3)提出的上述请愿书和取消派为此所作的解释,为一个[最]先进的、最革命的阶级抽出一个政治自由的要求,[不]把这个要求[同][全体人民]政治自由的[全部的]基本条件[联系起来],因而歪曲了无产阶级,全体人民的[领袖]……反沙皇制度的斗争的任务,并使"运动"必然遭到[失败];

(4)这个[请愿运动]的结局明显证实了[整个]这一活动是错误的,是脱离[工人群众]的:请愿书一共征集到1 300人的签名,[而且]这个显然不被[群众]支持的请愿运动在所有的党组织中,其中包括[高加索]、叶卡捷琳诺斯拉夫和基辅等地的党组织,甚至在同情取消派的……党组织中,[根本没有得到]任何支持,[我们社会民主党杜马党团]也不支持这个[运动]。

载于1941年《无产阶级革命》杂志第1期　　　　　　译自《列宁全集》俄文第5版第21卷第486—487页

《俄国无产阶级的革命高涨》的
专题报告提纲[217]

(1912 年 5 月 31 日〔6 月 13 日〕以前)

1. 勒拿事件和俄国的五一。群众性罢工及其作用。

2. 革命高涨的规律性,革命高涨的前奏和前景。

3. 群众性罢工在现代革命中的意义。1905 年的经验。

4. 面临新的革命的自由派和民主派。

5. 为什么立宪民主党人向"革命情绪"宣战并谴责"俄国需要一次新的革命"的思想?

6. 当前革命高涨的新形势。各个政党、第三届杜马、选举。农民和新的民主派知识分子。

7. "结社自由"和人民革命的口号——为争取建立共和国、实行八小时工作制、没收地主全部土地而斗争。

载于 1912 年 6 月 13 日(公历)以前
俄国社会民主工党国外组织巴黎
支部发布的关于报告的海报

译自《列宁全集》俄文第 5 版
第 21 卷第 488 页

ПАРИЖСКАЯ СЕКЦIЯ З. О. Р. С. Д. Р. П.

Въ четвергъ 13 iюня, 1912 г.

въ залѣ Alcasar, 190, Avenue de Choisy, 190

СОСТОИТСЯ РЕФЕРАТЪ

тов. ЛЕНИНА

НА ТЕМУ

Революцiонный подъемъ ═══
═══ россiйскаго пролетарiата

1. Ленскiя событiя и первое мая въ Россiи. Массовыя стачки и ихъ роль.
2. Закономѣрность революцiоннаго подъема, его предтеча и его перспективы.
3. Значенiе массовой стачки въ современныхъ революцiяхъ. Опытъ 1905 года.
4. Либерализмъ и демократiя передъ лицомъ новой революцiи.
5. Почему кадеты объявили войну «революцiоннымъ настроенiямъ» и осудили мысль о «надобности въ новой революцiи въ Россiи»?
6. Новая обстановка теперешняго революцiоннаго подъема. Политическiя партiя, III Дума, выборы. Крестьянство и новая демократическая интеллигенцiя.
7. «Свобода коалицiй» и лозунги народной революцiи — борьба за республику, за 8-ми час. раб. день, за конфискацiю всей помѣщичьей земли.

Начало ровно въ 8¹⁄₂ час. веч.

Цѣна за входъ 50 с. и 1 фр.

Кооперативная типографiя «ИДЕАЛЪ», rue Vavin, 14, Paris.

1912 年 6 月 13 日列宁作《俄国无产阶级的
革命高涨》的专题报告的海报
（按原版缩小）

注　释

1　俄国组织委员会是根据1911年俄国社会民主工党中央委员六月会议的决议为筹备召开党的全国代表会议而成立的,于当年9月底在各地方党组织代表会议上组成。

　　这次各地方党组织代表的会议,由国外组织委员会全权代表格·康·奥尔忠尼启则领导召开,参加会议的有巴库、梯弗利斯、叶卡捷琳堡、基辅和叶卡捷琳诺斯拉夫等地党组织的代表,包括斯·格·邵武勉、苏·斯·斯潘达良、伊·伊·施瓦尔茨等,列席会议的有叶·德·斯塔索娃等。

　　会议总共开了三次会。第一次会在巴库召开,听取了国外组织委员会全权代表的工作总结报告,讨论了各地方的报告,通过了关于成立筹备召开代表会议的俄国组织委员会的决议。由于会议开幕后第二天邵武勉即被捕,出于安全的考虑,会议随即转移到梯弗利斯继续举行。第二次会讨论了俄国组织委员会同国外组织委员会和国外技术委员会的相互关系问题。会议通过的决议指出,国外组织委员会应服从担负着召开代表会议全部筹备工作的俄国组织委员会,国外组织委员会和国外技术委员会除非通知俄国组织委员会,并经它的同意和指示,不得通过文字或其他方式发表意见和支用党的经费。这次会还制定了出席党代表会议代表的选举程序。会议通过的关于合法组织参加党代表会议的代表权问题的决议说,俄国组织委员会邀请所有承认秘密的俄国社会民主工党并争取同它建立思想联系的合法的工人组织派代表出席党的代表会议,他们在代表会议上的权利问题由代表会议本身解决。会议通过的《关于民族组织的决议》呼吁各民族组织派代表参加俄国组织委员会,并着手进行出席代表会议代表的选举。第三次会讨论并通过了告各地党组织书草案。告各地党组织书(即《通报》)以及俄国组织委员会各项决议在梯弗利斯以单页形式印了1 000份,分发给了各地的和国外的组织。

到1911年底,在俄国组织委员会周围已团结了20多个地方组织:彼得堡、莫斯科、巴库、梯弗利斯、基辅、叶卡捷琳诺斯拉夫、叶卡捷琳堡、萨拉托夫、喀山、尼古拉耶夫、维尔诺等。俄国组织委员会的活动到1912年1月俄国社会民主工党第六次(布拉格)全国代表会议召开时结束,它为筹备此次会议做了大量的组织和宣传工作。——1。

2 路标派是指俄国立宪民主党的著名政论家、自由派资产阶级的代表人物尼·亚·别尔嘉耶夫、谢·尼·布尔加柯夫、米·奥·格尔申宗、亚·索·伊兹哥耶夫、波·亚·基斯嘉科夫斯基、彼·伯·司徒卢威和谢·路·弗兰克。1909年春,他们把自己论述俄国知识分子的一批文章编成文集在莫斯科出版,取名为《路标》,路标派的名称即由此而来。在这些文章中,他们企图诋毁俄国解放运动的革命民主主义传统,贬低维·格·别林斯基、尼·亚·杜勃罗留波夫、尼·加·车尔尼雪夫斯基、德·伊·皮萨列夫等人的观点和活动。他们诬蔑1905年的革命运动,感谢沙皇政府"用自己的刺刀和牢狱"把资产阶级"从人民的狂暴中"拯救了出来。列宁在《论〈路标〉》一文中对立宪民主党的这一文集作了批判分析和政治评价(见本版全集第19卷)。——1。

3 召回派是1908年在布尔什维克中间出现的一种机会主义集团,主要代表人物有亚·亚·波格丹诺夫、格·阿·阿列克辛斯基、安·弗·索柯洛夫(斯·沃尔斯基)、阿·瓦·卢那察尔斯基、马·尼·利亚多夫等。召回派以革命词句作幌子,要求从第三届国家杜马中召回俄国社会民主党的代表,并停止党在合法和半合法组织中的工作,宣称在反动条件下党只应进行不合法的工作,实际上执行的是取消派的路线。列宁把召回派叫做"改头换面的孟什维克"。召回派的变种是最后通牒派,亦产生于1908年,代表人物有维·拉·尚采尔(马拉)、阿列克辛斯基、列·波·克拉辛等。在孟什维克的压力下,当时社会民主党国家杜马党团通过了党团对俄国社会民主工党中央委员会独立的决议。最后通牒派不是认真地教育杜马党团,纠正党团的错误,而是要求立即向杜马党团发出最后通牒,要它无条件地服从党中央,否则就把社会民主党杜马代表召回。最后通牒主义实际上是隐蔽的、伪装的召回主义。列宁把最后通牒派叫做"羞羞答答的召回派"。

同召回派的斗争是从 1908 年春天开始的。1908 年 3—4 月在讨论第三届国家杜马社会民主党党团头 5 个月工作总结时,莫斯科的一些区通过了召回派的决议。5 月,在莫斯科市党代表会议上,召回派提出的决议案仅以 18 票对 14 票被否决。布尔什维克机关报《无产者报》在 1908 年 6 月 4 日(17 日)的第 31 号上发表了莫斯科党代表会议的材料,并根据列宁的建议从这一号起开始讨论对杜马和社会民主党杜马党团的态度问题。与此同时,在各个党组织的内部都同召回派展开了斗争。1908 年秋,在彼得堡党组织选举出席第五次全国代表会议的代表时,召回派和最后通牒派制定了一个特别纲领,作为彼得堡委员会扩大会议的决议案。由于这个决议案在各个党组织得不到广泛支持,召回派才未敢在代表会议上公开提出自己的特别纲领。在代表会议以后,根据列宁的意见,《无产者报》登载了召回派的这个纲领。列宁并写了一系列文章,对召回主义进行批判。

召回派的领袖人物波格丹诺夫和卢那察尔斯基还同孟什维克取消派尼·瓦连廷诺夫、帕·索·尤什凯维奇一起在报刊上攻击马克思主义理论基础——辩证唯物主义和历史唯物主义。卢那察尔斯基并宣扬必须建立新的宗教,把社会主义同宗教结合起来。

1909 年,召回派、最后通牒派和造神派组成发起小组,在意大利卡普里岛创办了一所实际上是派别中心的党校。1909 年 6 月,布尔什维克机关报《无产者报》扩大编辑部会议斥责了召回派和最后通牒派,号召同这些背离革命马克思主义的倾向作最坚决的斗争,并把波格丹诺夫从布尔什维克队伍中开除出去。——2

4 指 1910 年 1 月 2—23 日(1 月 15 日—2 月 5 日)在巴黎举行的俄国社会民主工党中央委员会全体会议,即所谓"统一的"全体会议。

关于巩固党及其统一的途径和方法问题,1909 年秋天就特别尖锐地提出来了。1909 年 11 月,列宁根据《无产者报》扩大编辑部会议的决定,提出布尔什维克同孟什维克护党派接近和结成联盟以便共同反对取消派和召回派的计划。调和派格·叶·季诺维也夫、列·波·加米涅夫、阿·伊·李可夫违抗列宁的计划，力图使布尔什维克同孟什维克呼声派（取消派）和托洛茨基分子联合，这实际上就意味着取消布尔什维克党。中央委员约·费·杜勃洛文斯基和维·巴·诺根也表现出调和主义的动摇。由于党内和俄国国内的既成局势迫切要求解决与联合党的力量有关的各项问题，布尔什维克于1909年11月1日（14日）致函中央委员会国外局，声明必须在最近期间召开党中央委员会全体会议。

出席这次全体会议的有布尔什维克、孟什维克取消派、波兰王国和立陶宛社会民主党、崩得、拉脱维亚社会民主党、前进派等派别和集团的代表。列·达·托洛茨基代表维也纳《真理报》出席。格·瓦·普列汉诺夫托词有病没有到会，因此，会上没有孟什维克护党派的代表。

全会的议程是：中央委员会俄国局的工作报告；中央委员会国外局的工作报告；中央机关报编辑部的工作报告；各民族社会民主党中央委员会的工作报告；党内状况；关于召开下届全党代表会议；俄国社会民主工党中央委员会章程；其他问题。

在这次全会上，反对列宁立场的人占多数。列宁和他的拥护者经过紧张斗争，在有些问题上达到了目的，但由于调和派搞妥协，也不得不作一些局部的让步，包括组织问题上的让步。会议的决议最终具有折中性质。

在讨论党内状况问题时，孟什维克呼声派同前进派结成联盟并在托洛茨基分子支持下，竭力维护取消主义和召回主义。列宁在会议上与机会主义和调和派进行了顽强斗争，坚决谴责取消派和召回派，贯彻布尔什维克同孟什维克护党派接近的路线。在列宁的坚持下，全会通过的《党内状况》这一决议，乃是1908年十二月代表会议关于谴责取消主义、无条件地要求承认社会民主党的杜马工作和利用合法机会的决议的继续。尽管调和派和各民族组织的代表因受孟什维克呼声派、前进派和托洛茨基分子的压力而同意不在决议中提取消派和召回派的名称，全会决议仍然谴责了取消主义和召回主义，承认这两个派别的危险性和同它们斗争的必要性。

　　全会关于召开全党代表会议的决议反映了一些取消派的观点,但是承认必须召开代表会议,因此仍具有重要意义。布尔什维克根据这个决议展开了筹备召开代表会议的工作。

　　在全会上,调和派违反列宁的意旨同托洛茨基结成联盟,把孟什维克呼声派(取消派)而不是把孟什维克护党派安排进党的中央机关。全会还决定资助托洛茨基的维也纳《真理报》,并派中央委员会的代表加米涅夫参加该报编辑部,担任第三编辑。全会决定解散布尔什维克中央,《无产者报》停刊,布尔什维克将自己的部分财产移交中央委员会,其余部分交第三者(卡·考茨基、弗·梅林和克·蔡特金)保管,并由第三者在两年内移交给中央会计处,条件是孟什维克呼声派取消自己的派别中心并停止出版自己的派别机关报。在《关于派别中心》的决议中,全会指出"党的利益和党的统一的利益要求在最近停办《社会民主党人呼声报》",然而全会也只限于得到呼声派和前进派的口头允诺而已。

　　孟什维克呼声派、前进派和托洛茨基分子我行我素,拒绝服从全会的决定。因此,1910年秋天,布尔什维克宣布他们不受一月全会上各派通过的协议的约束,开始出版自己的机关报《工人报》,争取召开新的全体会议并要求归还交由中央暂时支配的、属于他们自己的财产和资金。

　　一月全会的记录未找到。关于全会的工作以及会上同取消派、前进派、托洛茨基分子和调和派的斗争,详见列宁《政论家札记》一文(本版全集第19卷)。——2。

5　崩得分子即崩得的成员。

　　崩得是立陶宛、波兰和俄罗斯犹太工人总联盟的简称,1897年9月在维尔诺成立。参加这个组织的主要是俄国西部各省的犹太手工业者。崩得在成立初期曾进行社会主义宣传,后来在争取废除反犹太特别法律的斗争过程中滑到了民族主义立场上。在1898年俄国社会民主工党第一次代表大会上,崩得作为只专门涉及犹太无产阶级问题的独立的"自治组织",加入了俄国社会民主工党。在1903年俄国社会民主工党第二次代表大会上,崩得分子要求承认崩得是犹太无产阶级的唯一代表。在代表大会否决了这个要求之后,崩得退出了党。根据1906年俄国社会民主工党第四次(统一)代表大会决议,崩得重新加入了党。从1901年起,崩得是俄国工人运动中民族主义和分离主义的代表。它在党内一贯支持机会主义派别(经济派、孟什维克和取消派),反对布尔什维克。第一次世界大战期间,崩得分子采取社会沙文主义立场。1917年二月革命后,崩得支持资产阶级临时政府。1918—1920年外国武装干涉和国内战争时期,崩得的领导人同反革命势力勾结在一起,而一般的崩得分子则开始转变,主张同苏维埃政权合作。1921年3月崩得自行解散,部分成员加入俄国共产党(布)。——2。

6 《争论专页》(《Дискуссионный Листок》)是俄国社会民主工党中央机关报《社会民主党人报》的附刊,根据俄国社会民主工党中央委员会1910年一月全会的决议创办,1910年3月6日(19日)—1911年4月29日(5月12日)在巴黎出版,共出了3号。编辑部成员包括布尔什维克、孟什维克、最后通牒派、崩得分子、普列汉诺夫派、波兰社会民主党和拉脱维亚边疆区社会民主党的代表。《争论专页》刊登过列宁的《政论家札记》、《俄国党内斗争的历史意义》、《合法派同反取消派的对话》等文章。——2。

7 指"前进"集团的成员。

"前进"集团是俄国社会民主党内的一个反布尔什维主义的集团。它是在亚·亚·波格丹诺夫和格·阿·阿列克辛斯基的倡议下,由召回派、最后通牒派和造神派于1909年12月在它们的派别活动中心卡普里党校的基础上建立的。该集团出版过《前进》文集等刊物。前进派在1910年一月中央全会上与取消派-呼声派以及托洛茨基分子紧密配合行动。他们设法使全会承认"前进"集团为"党的出版团体",并得到中央委员会对该集团刊物的津贴,在全会以后却站在召回派-最后通牒派的立场上尖锐抨击并且拒绝服从全会的决定。1912年党的布拉格代表会议以后,前进派同孟什维克取消派和托洛茨基分子联合起来反对这次党代表会议的决议。由于得不到工人运动的支持,"前进"集团于1913年实际上瓦解,1917年二月革命后正式解散。——3。

8　呼声派即围绕着《社会民主党人呼声报》形成的取消派集团。

　　《社会民主党人呼声报》(《Голос Социал-Демократа》)是俄国孟什维克的国外机关报,1908年2月—1911年12月先后在日内瓦和巴黎出版,共出了26号(另外还于1911年6月—1912年7月出了《〈社会民主党人呼声报〉小报》6号)。该报编辑是:帕·波·阿克雪里罗得、费·伊·唐恩、尔·马尔托夫、亚·马尔丁诺夫和格·瓦·普列汉诺夫。《社会民主党人呼声报》从创刊号起就维护取消派的立场。普列汉诺夫于1908年12月与该报实际决裂,1909年5月13日正式退出该报编辑部。此后该报就彻底成为取消派的思想中心。——3。

9　指孟什维克护党派。

　　孟什维克护党派是孟什维克队伍中的一个在组织上没有完全形成的派别,于1908年开始出现,为首的是格·瓦·普列汉诺夫。1908年12月,普列汉诺夫同取消派报纸《社会民主党人呼声报》编辑部决裂;为了同取消派进行斗争,1909年他恢复出版了《社会民主党人日志》这一刊物。1909年在巴黎、日内瓦、圣雷莫、尼斯等地成立了孟什维克护党派的小组。在俄国国内,彼得堡、莫斯科、叶卡捷琳诺斯拉夫、哈尔科夫、基辅、巴库都有许多孟什维克工人反对取消派,赞成恢复秘密的俄国社会民主工党。普列汉诺夫派在保持孟什维主义立场的同时,主张保存和巩固党的秘密组织,为此目的而同布尔什维克结成了联盟。他们同布尔什维克一起参加地方党委员会,并为布尔什维克的《工人报》、《明星报》撰稿。列宁的同孟什维克护党派接近的策略,扩大了布尔什维克在合法工人组织中的影响。

　　1911年底,普列汉诺夫破坏了同布尔什维克的联盟。他打着反对俄国社会民主工党内部的"派别活动"和分裂的旗号,企图使布尔什维克党同机会主义者和解。1912年普列汉诺夫派同托洛茨基分子、崩得分子和取消派一起反对俄国社会民主工党布拉格代表会议的决议。——3。

10　《社会民主党人报》(《Социал-Демократ》)是俄国社会民主工党秘密发行的中央机关报。1908年2月在俄国创刊,第2—32号(1909年2月—

1913年12月)在巴黎出版,第33—58号(1914年11月—1917年1月)在日内瓦出版,总共出了58号,其中5号有附刊。根据俄国社会民主工党第五次代表大会选出的中央委员会的决定,该报编辑部由布尔什维克、孟什维克和波兰社会民主党人的代表组成。实际上该报的领导者是列宁。1911年6月孟什维克尔·马尔托夫和费·伊·唐恩退出编辑部,同年12月起《社会民主党人报》由列宁主编。该报先后刊登过列宁的80多篇文章和短评。在斯托雷平反动时期和新的革命高涨年代,该报同取消派、召回派和托洛茨基分子进行斗争,宣传布尔什维克的路线,加强了党的统一和党与群众的联系。第一次世界大战期间,该报同国际机会主义、民族主义和沙文主义进行斗争,反对帝国主义战争,团结各国坚持国际主义立场的社会民主党人,宣传布尔什维克在战争、和平和革命等问题上提出的口号,联合并加强了党的力量。该报在俄国国内和国外传播很广,影响很大。列宁在《〈反潮流〉文集序言》中写道,"任何一个觉悟的工人,如果想了解国际社会主义革命思想的发展及其在1917年10月25日的第一次胜利",《社会民主党人报》上的文章"是不可不看的"(见本版全集第34卷第116页)。——3。

11　《工人报》(《Рабочая Газета》)是俄国布尔什维克的秘密通俗机关报,1910年10月30日(11月12日)—1912年7月30日(8月12日)在巴黎不定期出版,共出了9号。创办《工人报》的倡议者是列宁。出版《工人报》则是在1910年8月哥本哈根国际社会党代表大会期间举行的俄国社会民主工党代表(包括布尔什维克、孟什维克护党派、社会民主党杜马党团代表等)的联席会议上正式决定的。出席这次会议的有列宁、格·瓦·普列汉诺夫、格·叶·季诺维也夫、列·波·加米涅夫、亚·米·柯伦泰、阿·瓦·卢那察尔斯基、尼·古·波列塔耶夫、伊·彼·波克罗夫斯基等。

　　列宁是《工人报》的领导者。参加该报编辑部的有列宁、季诺维也夫和加米涅夫。积极为该报撰稿的有谢·伊·霍普纳尔、普·阿·贾帕里泽、尼·亚·谢马什柯、斯·格·邵武勉等。娜·康·克鲁普斯卡娅是编辑部秘书。马·高尔基曾给该报巨大的物质帮助。在国外的各布尔什维克团体中成立的《工人报》协助小组给予该报极大的物质支援,并协助运送报纸到俄国。该报很受俄国工人欢迎,印数达 6 000 份。工人们纷纷为该报募捐,并积极给该报写稿。该报在"党的生活"、"各地来信"两栏经常刊登工人和地方党组织的来信和通讯。该报登载过列宁的 11 篇文章。

《工人报》为筹备召开俄国社会民主工党第六次(布拉格)全国代表会议进行了大量工作。这次代表会议在特别决定中指出《工人报》坚定不移地捍卫了党和党性,并宣布《工人报》为俄国社会民主工党中央委员会正式机关报。——3。

12 指中央委员会代表被排挤出维也纳《真理报》编辑部一事。1910 年俄国社会民主工党中央委员会一月全会关于《真理报》作了如下决议:"中央委员会决定:资助《真理报》并派自己的代表加入其编辑部任第三编辑。

《真理报》编辑部组成的任何变动均须通过编辑部和中央委员会之间的协议。

关于把《真理报》变为中央委员会机关报的问题延至最近一次代表会议决定。"

根据这一决议,列·波·加米涅夫作为中央委员会代表参加了《真理报》编辑部。由于该报根本不理会全会决议,双方不断发生摩擦和冲突,加米涅夫被迫于 1910 年 8 月退出该报编辑部。——3。

13 指《明星报》和《思想》杂志。

《明星报》(《Звезда》)是俄国布尔什维克的合法报纸,1910 年 12 月 16 日(29 日)—1912 年 4 月 22 日(5 月 5 日)在彼得堡出版,起初每周出版一次,从 1912 年 1 月 21 日(2 月 3 日)起每周出版两次,从 1912 年 3 月 8 日(21 日)起每周出版三次,共出了 69 号。《明星报》的续刊是《涅瓦明星报》,它是因《明星报》屡被没收(69 号中有 30 号被没收)而筹备出版的,于 1912 年 2 月 26 日(3 月 10 日)即《明星报》尚未被查封时在彼得堡创刊,最后一号即第 27 号于 1912 年 10 月 5 日(18 日)出版。根据在哥本哈根国际社会党代表大会期间召开的有布尔什维克、孟什维克护党派和社会民主党杜马党团的代表参加的会议上的协议,

《明星报》编辑部起初由弗·德·邦契-布鲁耶维奇(代表布尔什维克)、尼·伊·约尔丹斯基(代表孟什维克护党派)和伊·彼·波克罗夫斯基(代表第三届国家杜马社会民主党团)组成。尼·古·波列塔耶夫在组织报纸的出版工作方面起了很大作用。这一时期,《明星报》是作为社会民主党杜马党团的机关报出版的,曾受孟什维克的影响。1911年6月11日(24日),该报出到第25号暂时停刊。1911年10月复刊后,编辑部经过改组,已没有孟什维克护党派参加。该报就成为纯粹布尔什维克的报纸了。

列宁对《明星报》进行思想上的领导,他在《明星报》和《涅瓦明星报》上发表了约50篇文章。积极参加该报编辑和组织工作或为该报撰稿的还有尼·尼·巴图林、康·斯·叶列梅耶夫、米·斯·奥里明斯基、安·伊·叶利扎罗娃-乌里扬诺娃、瓦·瓦·沃罗夫斯基、列·米·米哈伊洛夫、弗·伊·涅夫斯基、杰米扬·别德内依、马·高尔基等。《明星报》刊登过格·瓦·普列汉诺夫的多篇文章。

在列宁的领导下,《明星报》成了战斗的马克思主义的报纸。该报与工厂工人建立了经常的密切联系,在俄国工人阶级和劳动人民中享有很高的威信。1912年春,由于工人运动的高涨,《明星报》的作用大大增强了。以无产阶级先进阶层为读者对象的《明星报》,还为创办布尔什维克的群众性的合法报纸《真理报》作了准备。它宣传创办布尔什维克的群众性日报的主张并从1912年1月开始为筹办这种报纸开展募捐,得到了工人群众的热烈支持。

《思想》杂志(«Мысль»)是俄国布尔什维克的合法的哲学和社会经济刊物(月刊),1910年12月—1911年4月在莫斯科出版,共出了5期。该杂志是根据列宁的倡议,为加强对取消派合法刊物的斗争和用马克思主义教育先进工人和知识分子而创办的。该杂志的正式编辑和出版者是 Π.Κ.皮罗日柯夫,实际编辑是列宁,他在国外领导这一杂志,经常与编辑部通信。积极参加杂志工作的有瓦·瓦·沃罗夫斯基、米·斯·奥里明斯基、伊·伊·斯克沃尔佐夫-斯捷潘诺夫等人,为杂志撰稿的还有孟什维克护党派格·瓦·普列汉诺夫、沙·拉波波特等人。《思想》杂志头4期刊载了6篇列宁的文章。《思想》杂志最后一期即第

5 期被没收,杂志也被查封。不久《启蒙》杂志在彼得堡出版,它实际上是《思想》杂志的续刊。——3。

14　《我们的曙光》杂志(《Наша Заря》)是俄国孟什维克取消派的合法的社会政治刊物(月刊),1910 年 1 月—1914 年 9 月在彼得堡出版。领导人是亚·尼·波特列索夫,撰稿人有帕·波·阿克雪里罗得、费·伊·唐恩、尔·马尔托夫、亚·马尔丁诺夫等。围绕着《我们的曙光》杂志形成了俄国取消派中心。第一次世界大战一开始,该杂志就采取了社会沙文主义立场。

　　《前进》文集即《前进。当前问题文集》(《Вперед. Сборник статей по очередным вопросам》)是"前进"集团的刊物,在巴黎出版,共出了 3 集。——4。

15　造神派是俄国 1905—1907 年革命失败后在俄国社会民主工党内部分知识分子中形成的宗教哲学派别,主要代表人物是阿·瓦·卢那察尔斯基、弗·亚·巴扎罗夫等人。造神派主张把马克思主义和宗教调和起来,使科学社会主义带有宗教信仰的性质,鼓吹创立一种"无神的"新宗教,即"劳动宗教"。他们认为马克思主义的整个哲学就是宗教哲学,社会民主运动本身是"新的伟大的宗教力量",无产者应成为"新宗教的代表"。马·高尔基曾一度追随造神派。列宁在《唯物主义和经验批判主义》一书以及 1908 年 2—4 月、1913 年 11—12 月间给高尔基的信(见本版全集第 18、45、46 卷)中揭露了造神说的反马克思主义本质。——4。

16　指《社会民主党人呼声报》。见注 8。——4。

17　指波兰王国和立陶宛社会民主党。

　　波兰王国和立陶宛社会民主党成立于 1893 年 7 月,最初称波兰王国社会民主党,其宗旨是实现社会主义,建立无产阶级政权,最低纲领是推翻沙皇制度,争取政治和经济解放。1900 年 8 月,该党和立陶宛工人运动中国际主义派合并,改称波兰王国和立陶宛社会民主党。在 1905—1907 年俄国革命中,波兰王国和立陶宛社会民主党提出与布尔什维克相近的斗争口号,对自由派资产阶级持不调和的态度。但该党也犯了一些错误。列宁曾批评该党的一些错误观点,同时也指出它对波兰革命运动的功绩。

1906年4月,在俄国社会民主工党第四次(统一)代表大会上,该党作为地区性组织加入俄国社会民主工党,保持组织上的独立。由于党的领导成员扬·梯什卡等人在策略问题上发生动摇,1911年12月该党分裂成两派:一派拥护在国外的总执行委员会,称为总执委会派;另一派拥护边疆区执行委员会,称为分裂派(见本版全集第22卷《波兰社会民主党的分裂》一文)。分裂派主要包括华沙和罗兹的党组织,同布尔什维克密切合作,赞同1912年俄国社会民主工党布拉格代表会议的决议。第一次世界大战期间,波兰王国和立陶宛社会民主党持国际主义立场,反对支持外国帝国主义者的皮尔苏茨基分子和民族民主党人。1916年该党两派合并。该党拥护俄国十月社会主义革命,1918年在波兰领导建立了一些工人代表苏维埃。1918年12月,在该党与波兰社会党"左派"的统一代表大会上,成立了波兰共产党。——5。

18 中央委员会国外局是由1908年8月俄国社会民主工党中央委员会全体会议批准成立的,是从属于中央委员会俄国局的全党的国外代表机构,由3人组成。其任务是与在俄国国内活动的中央委员会和在国外工作的中央委员保持经常联系,监督俄国社会民主工党国外各协助小组以及代表它们的国外中央局的活动,收纳国外组织上缴中央会计处的钱款,并为中央委员会募捐。1910年中央委员会一月全会改组了中央委员会国外局,限定它的职能为领导党的一般事务,同时相应地加强了中央委员会俄国局的权力。中央委员会国外局改由5人组成,其中有各民族组织中央委员会的代表3人,布尔什维克代表1人和孟什维克代表1人。起初组成中央委员会国外局的是:阿·伊·柳比莫夫(布尔什维克)、波·伊·哥列夫(孟什维克)、扬·梯什卡(波兰社会民主党)、约诺夫(崩得)和扬·安·别尔津(拉脱维亚社会民主党)。但不久布尔什维克的代表改为尼·亚·谢马什柯,崩得代表改为米·伊·李伯尔,拉脱维亚社会民主党代表改为施瓦尔茨,后二人是取消派。这样,取消派就在中央委员会国外局的成员中取得了稳定的多数。他们极力破坏党中央机关的工作,阻挠召开中央委员会全会。布尔什维克代表谢马什柯被迫于1911年5月退出中央委员会国外局。1911年6月在巴黎召开的俄国社会民主工党中央委员会会议作出了谴责中央委员会国外局政治路线的决议,指出国外局走上了反党的、维护派别策略的道路,决定把国外局是否继续存在的问题提交最近召开的中央委员会全会解决。1911年11月,波兰社会民主党从中央委员会国外局召回了自己的代表,随后拉脱维亚社会民主党也召回了自己的代表。1912年1月,中央委员会国外局自行撤销。——5。

19 参看《"保管人"仲裁法庭的总结》一文(本卷第35—37页)。——5。

20 指俄国社会民主工党中央委员会议。

俄国社会民主工党中央委员会议(俄国社会民主工党国外中央委员会议)于1911年5月28日—6月4日(6月10—17日)在巴黎举行。这次会议是在列宁领导下而撇开中央委员会国外局筹备和召开的,因为该局的取消派多数一直在阻挠中央全会的召开。会议的筹备工作于1911年4月开始。1911年5月上半月,布尔什维克根据1910年中央一月全会通过的中央委员会章程,由自己在中央国外局的代表尼·亚·谢马什柯再次向中央委员会国外局提出必须在国外召开中央全会,结果再次遭到拒绝。1911年5月14日(27日)谢马什柯退出了中央委员会国外局。同一天,以布尔什维克和波兰社会民主党方面的中央委员和候补中央委员的名义,向国外的中央委员发出了参加会议的邀请书。

会议于1911年5月28日(6月10日)开幕。有权参加会议的9个人除崩得分子约诺夫外,都出席了会议,他们是布尔什维克列宁、格·叶·季诺维也夫、阿·伊·李可夫,波兰社会民主党代表扬·梯什卡、费·埃·捷尔任斯基,拉脱维亚社会民主党代表马·奥佐林,呼声派分子波·伊·哥列夫,崩得分子米·伊·李伯尔。

鉴于当时党内的状况,列宁在第1次会议上建议应承认这次中央委员会议不仅有权对某些问题提出意见,而且有权通过党必须执行的决议。呼声派分子哥列夫和崩得分子李伯尔则企图证明会议无权就召开中央全会和筹备全党代表会议采取任何实际措施。当会议通过关于确定会议性质的决定(会议根据这个决定把关于恢复中央的问题列入了议程)以后,哥列夫退出了会议,并指责会议的参加者"侵权"。

会议讨论了召开中央全会的问题。当讨论到有权参加全会的人选问题时,列宁声明说,孟什维克约·安·伊苏夫(米哈伊尔)、康·米·叶尔莫拉耶夫(罗曼)和彼·阿·勃朗施坦(尤里)是斯托雷平"工"党的组织者,无权参加全会。崩得分子李伯尔则为他们辩护,并退出了会议,以示对列宁声明的抗议。

会议通过了近期在国外召开中央全会的决议并为此成立了一个委员会。

会议拟出了制定党在第四届国家杜马选举运动中的策略和拟定选举纲领草案的措施。

会议议程上的主要问题是召开党的代表会议。会议就这个问题通过的决议指出,第四届杜马选举的临近,工人运动的活跃以及党内的状况,使召开党代表会议刻不容缓。鉴于不可能立即召开中央全会,会议主动承担了发起召开代表会议的责任,并成立了筹备代表会议的组织委员会。会议通过了列宁提出的关于成立俄国委员会以开展筹备代表会议的实际工作的建议(见本版全集第20卷第274页)。会议的决议规定邀请在国外的党组织一道参加组织委员会的工作。在表决时,列宁对这项决议总的表示同意,同时声明反对邀请呼声派和前进派的代表参加组织委员会(同上书,第275页)。

会议谴责中央委员会国外局的派别政策,并决定把中央委员会国外局的存在问题提交中央全会解决。列宁在表决决议案的最后一部分时弃权,因为他坚持立即改组中央委员会国外局。会议成立了执行技术职能(为党的出版工作服务、组织运输等)的技术委员会,归参加会议的中央委员和候补中央委员领导。

为了筹备全党代表会议,列宁把富有经验的党的工作者——布尔什维克格·康·奥尔忠尼启则(谢尔戈)、波·阿·布列斯拉夫(扎哈尔)和伊·伊·施瓦尔茨(谢苗)派回国内。到1911年9月,赞同会议决议的已有基辅、叶卡捷琳诺斯拉夫、巴库和罗斯托夫委员会,俄国社

会民主工党梯弗利斯选出的领导小组,俄国社会民主工党彼得堡组织
市区小组代表大会以及乌拉尔许多城市的社会民主党组织等。1911 年
9 月,组成了有许多社会民主党组织的代表参加的俄国组织委员会。
该委员会筹备了 1912 年 1 月召开的俄国社会民主工党第六次(布拉
格)全国代表会议。——5。

21　技术委员会(国外技术委员会)即俄国社会民主工党中央委员会国外局
　　技术委员会,于 1911 年 6 月 1 日(14 日)在俄国社会民主工党中央委员
　　六月会议上成立,执行与党的出版、运输等工作有关的技术职能。技术
　　委员会作为在中央全会召开前的临时机构,由出席六月会议的中央委
　　员和候补中央委员领导。布尔什维克、调和派和波兰社会民主党各有
　　一名代表参加这一委员会。该委员会中调和派多数(米·康·弗拉基
　　米罗夫和支持他的弗·L.列德尔)拖延支付国外组织委员会用于召开
　　党代表会议的款项以及出版布尔什维克的《明星报》的拨款,并企图阻
　　止党中央机关报《社会民主党人报》的出版。技术委员会在自己的机关
　　刊物《情报公报》中攻击列宁和布尔什维克。在 10 月 19 日(11 月 1 日)
　　委员会会议讨论俄国组织委员会的告各地党组织书即《通报》和各项决
　　议时,布尔什维克代表米·费·弗拉基米尔斯基提议服从俄国组织委
　　员会的决议。这一提议被否决,因而弗拉基米尔斯基退出了技术委员
　　会,从此布尔什维克和该委员会断绝了一切联系。——5。

22　国外组织委员会于 1911 年 6 月 1 日(14 日)在六月中央委员会议上成
　　立,由布尔什维克、调和派和波兰社会民主党人的代表组成。被邀参加
　　委员会的其他国外组织和团体没有派出自己的代表。组织委员会派
　　格·康·奥尔忠尼启则为全权代表回国进行筹备全党代表会议的工
　　作,并印发《告社会民主党各组织、团体和小组书》,号召它们着手选举
　　俄国组织委员会。然而国外组织委员会从成立时起就由调和派分子以
　　及支持他们的波兰社会民主党代表占了多数,这一调和派多数执行了
　　同拒绝派代表参加国外组织委员会的前进派和列·达·托洛茨基继续
　　谈判的无原则方针。调和派在自己的刊物上指责布尔什维克搞派性。
　　他们利用自己在国外组织委员会中的优势,迟迟不把党的经费寄回俄

国,阻挠筹备代表会议。

由于布尔什维克进行工作的结果,成立了俄国组织委员会。1911年10月底,国外组织委员会讨论了俄国组织委员会通过的关于它的成立的《通报》和决议,根据决议,俄国组织委员会完全拥有召开代表会议的一切权力,而组织委员会和技术委员会均须服从俄国组织委员会。国外组织委员会的调和派多数拒绝服从这些决议,布尔什维克代表乃退出了国外组织委员会。10月30日(11月12日),由国内来到巴黎的奥尔忠尼启则在国外组织委员会会议上作了关于俄国组织委员会活动的报告,在这以后,国外组织委员会不得不承认俄国组织委员会的领导作用。然而国外组织委员会不久就开始公开反对俄国组织委员会,11月20日(12月3日)它印发了《致俄国组织委员会的公开信》,指责俄国组织委员会搞派性。奥尔忠尼启则在1911年12月8日《社会民主党人报》第25号上发表的《给编辑部的信》中,揭露了国外组织委员会的反党行为。俄国组织委员会把在俄国的秘密党组织团结在自己周围,一手完成了召开全党代表会议的全部筹备工作。——5。

23 《崩得评论》(《Отклики Бунда》)是崩得国外委员会的机关刊物(不定期),1909年3月—1911年2月在日内瓦出版,共出了5期。——6。

24 《真理报》(《Правда》)是托洛茨基派的派别报纸,1908—1912年出版,头3号在利沃夫出版,以后在维也纳出版,共出了25号。除前两号作为斯皮尔卡(乌克兰社会民主联盟)的机关报出版外,该报不代表俄国的任何党组织,按照列宁的说法,它是一家"私人企业"。该报编辑是列·达·托洛茨基。

该报以"非派别性"的幌子作掩护,从最初几号起就反对布尔什维主义,维护取消主义和召回主义,宣扬革命者同机会主义者共处于一党之中的中派理论。1910年中央一月全会后,该报持取消派立场,支持"前进"集团。中央一月全会决定派遣列·波·加米涅夫为中央代表参加该报编辑部。由于该报根本不理会全会决议,双方不断发生摩擦和冲突,加米涅夫被迫于1910年8月退出。1912年,托洛茨基及其报纸成了八月联盟的发起人和主要组织者。——6。

25　巴库和基辅的党组织都是反动时期和新的革命高涨年代最积极的地方党组织。在巴库，原来存在着两个平行的组织：布尔什维克的巴库委员会和"孟什维克的领导集体"。1911年初，两个组织在反对召回主义和取消主义、争取恢复秘密的俄国社会民主工党的基础上合并成为统一的俄国社会民主工党巴库委员会。巴库党组织拥护1911年中央委员六月会议关于召开党的全国代表会议的决定，并积极参加了建立俄国组织委员会的工作。在基辅，1910—1911年间，布尔什维克同孟什维克护党派一起工作。基辅党组织第一个支持1911年中央委员六月会议关于召开党代表会议的决定以及建立俄国组织委员会来召开党代表会议的主张，并派遣了基辅委员会一名委员去协助国外组织委员会的代表进行工作。——6。

26　在俄国组织委员会第一次会议上担任主席的是基辅和叶卡捷琳诺斯拉夫组织的代表、孟什维克护党派分子Я.索柯林。——6。

27　指1911年11月以单页形式印发的俄国组织委员会的《通报》和决议（参看《苏联共产党代表大会、代表会议和中央全会决议汇编》1964年人民出版社版第1分册第323—328页）。——7。

28　指格·康·奥尔忠尼启则给《社会民主党人报》编辑部的信。这封信发表于1911年12月8日(21日)《社会民主党人报》第25号，署名尼·。——8。

29　俄国社会民主工党中央委员会俄国局是中央委员会的一部分，其任务是领导俄国国内地方党组织的实际工作，1903年俄国社会民主工党第二次代表大会以后建立，最初在基辅，1904年设在莫斯科，从1905年起设在彼得堡。俄国局下设组织组、技术组、财务后勤组、军事组和一个协调各组工作的执行委员会。1905年11月，由于领导中央国外部分的列宁回国，俄国局的职能改由俄国社会民主工党中央委员会执行。从1908年起，俄国局由在俄国活动的中央委员会俄国委员会全体会议选出，在两次全体会议之间负责处理俄国委员会的一切事务。1910—1911年间，即在1910年中央委员会一月全会之后，俄国局由布尔什维克方面的中央委员和候补中央委员组成,起初是约·彼·戈尔登贝格(梅什科夫斯基)和约·费·杜勃洛文斯基(英诺森),他们被捕以后是维·巴·诺根(马卡尔)和加·达·莱特伊仁(林多夫)。孟什维克取消派方面的中央委员和候补中央委员不参加俄国局的工作,约·安·伊苏夫(米哈伊尔)、彼·阿·勃朗施坦(尤里)和康·米·叶尔莫拉耶夫(罗曼)不仅拒绝参加工作,而且宣称他们认为中央委员会存在的本身是有害的。俄国局尽一切努力召集俄国委员会,但始终未能成功。1911年3月,在诺根和莱特伊仁被捕以后,俄国局即不复存在。列宁对俄国局整顿国内工作和召集俄国委员会的尝试给予积极评价,同时对俄国局成员的调和立场给予了尖锐的批评。

1912年,俄国社会民主工党第六次(布拉格)全国代表会议选出的中央委员会重新建立了俄国局,其成员有中央委员格·康·奥尔忠尼启则、雅·米·斯维尔德洛夫、苏·斯·斯潘达良、斯大林,候补中央委员米·伊·加里宁、叶·德·斯塔索娃等。第一次世界大战时期,俄国局做了大量工作,把布尔什维克团结在列宁的反对帝国主义战争的口号周围。1917年二月革命时期,俄国局和彼得格勒布尔什维克一起领导了劳动群众的革命运动。二月革命后,它又领导了消灭旧制度和巩固革命成果的斗争。二月革命时期,参加俄国社会民主工党中央委员会俄国局的有彼·安·扎卢茨基、维·米·莫洛托夫和亚·加·施略普尼柯夫。3月上旬陆续参加俄国局的有:安·伊·叶利扎罗娃、康·斯·叶列梅耶夫、弗·尼·扎列日斯基、加里宁、米·斯·奥里明斯基、亚·米·斯米尔诺夫、斯塔索娃、玛·伊·乌里扬诺娃、姆·伊·哈哈列夫、康·马·施韦奇科夫和 К.И.舒特科。3月12日(25日),格·伊·博基、马·康·穆拉诺夫和斯大林进入俄国局。1917年4月,俄国社会民主工党(布)第七次代表会议选出了在俄国公开活动的新的中央委员会以后,俄国局不再存在。——9。

30 指拉脱维亚边疆区社会民主党。

拉脱维亚边疆区社会民主党原称拉脱维亚社会民主工党,于1904年6月在该党第一次代表大会上成立。在1905年6月党的第二次代表大会上通过了党的纲领并作出了必须同俄国社会民主工党统一的决议。1905年该党领导了工人的革命行动并组织群众准备武装起义。1906年,在俄国社会民主工党第四次(统一)代表大会上,拉脱维亚社会民主工党作为一个地区性组织加入了俄国社会民主工党。代表大会后改名为拉脱维亚边疆区社会民主党。——9。

31　这里说的是中央委员会国外局会议所通过的决议。此次会议于1911年8月在伯尔尼的布本贝尔格咖啡馆举行。参加这次会议的除了中央委员会国外局的取消派多数米·伊·李伯尔、彼·伊·哥列夫和施瓦尔茨外,还有列·达·托洛茨基(维也纳《真理报》)、费·伊·唐恩(《社会民主党人呼声报》)和卢吉斯(拉脱维亚边疆区社会民主党国外委员会)。李伯尔还代表崩得国外委员会。扬·梯什卡接到了邀请,但没有出席会议。拒绝出席这次会议的不仅有《工人报》编辑部,而且还有波兰和立陶宛社会民主党总执行委员会,以及《社会民主党人日志》编辑部和"前进"集团。会议通过了关于成立国内组织委员会、关于对技术委员会和组织委员会的态度等问题的决议,企图干扰俄国社会民主工党第六次(布拉格)全国代表会议的筹备工作,但没有产生任何实际效果。会议发表的《告全体党员书》说,"三个最强大的党组织"——高加索区域组织、崩得和拉脱维亚社会民主党——给自己提出了立即采取必要的步骤以成立国内的组织委员会这一任务,会议对它们的倡议表示欢迎。但是,这个倡议是在所谓"三个最强大的党组织"之一的拉脱维亚社会民主党尚未表态时宣扬出去的。因此,1911年秋,李伯尔同取消派的高加索区域委员会的一位代表一道前往拉脱维亚边疆区社会民主党国外委员会的所在地布鲁塞尔("Z城"),企图取得该委员会在决议上的签名,同时签订"三个最强大的组织的倡议书"。——9。

32　指召回派分子安·弗·索柯洛夫(斯·沃尔斯基)。——9。

33　高加索区域委员会(外高加索区域委员会)是高加索孟什维克取消派的派别中心。该委员会是在1908年2月外高加索社会民主党组织第五次代表大会上选出的。出席代表大会的有15名孟什维克和1名布尔什维克。委员会没有经过任何选举,也不顾各个党组织的意志,就任命帕·波·阿克雪里罗得、费·伊·唐恩和诺·维·拉米什维里为出席俄国社会民主工党第五次全国代表会议的代表。1912年该委员会参加了托洛茨基组织的反党的八月联盟。——9。

34　指俄国社会民主工党第五次全国代表会议。

俄国社会民主工党第五次全国代表会议于1908年12月21—27日(1909年1月3—9日)在巴黎举行。出席代表会议的有24名代表,其中有表决权的代表16名:布尔什维克5名(中部工业地区代表2名,彼得堡组织代表2名,乌拉尔组织代表1名),孟什维克3名(均持高加索区域委员会的委托书),波兰社会民主党5名,崩得3名。布尔什维克另有3名代表因被捕未能出席。列宁作为俄国社会民主工党中央委员会的代表出席代表会议,有发言权。代表会议的议程包括:俄国社会民主工党中央委员会、波兰社会民主党中央委员会、崩得中央委员会以及一些大的党组织的工作报告;目前政治形势和党的任务;关于社会民主党杜马党团;因政治情况变化而发生的组织问题;地方上各民族组织的统一;国外事务。

在代表会议上,布尔什维克就所有问题同孟什维克取消派进行了不调和的斗争,也同布尔什维克队伍中的召回派进行了斗争,并取得了重大胜利。代表会议在关于各个工作报告的决议里,根据列宁的提议建议中央委员会维护党的统一,并号召同一切取消俄国社会民主工党而代之以不定形的合法联合体的企图进行坚决的斗争。由于代表会议须规定党在反动年代条件下的策略路线,讨论目前形势和党的任务就具有特别重要的意义。孟什维克企图撤销这一议程未能得逞。会议听取了列宁作的《关于目前形势和党的任务的报告》(报告稿没有保存下来,但其主要思想已由列宁写入《走上大路》一文,见本版全集第17卷),并稍作修改通过了列宁提出的决议案。在讨论列宁的决议草案时,孟什维克建议要在决议里指出,专制制度不是在变成资产阶级君主制,而是在变成财阀君主制,这一修改意见被绝大多数票否决;召回派则声明他们不同意决议草案的第5条即利用杜马和杜马讲坛进行宣传鼓动那一条,但同意其他各条,因此投了赞成票。关于杜马党团问题的讨论集中在是否在决议中指出杜马党团的错误和中央委员会对党团决定有无否决权这两点上。孟什维克对这两点均持否定态度,并且援引西欧社会党的做法作为依据。召回派则声称俄国本来不具备社会民主党杜马党团活动的条件,杜马党团的错误是客观条件造成的,因此不应在决议中指出。列宁在发言中对召回派作了严厉批评,指出他们是改头换面的取消派,他们和取消派有着共同的机会主义基础。代表会议通过了布尔什维克的决议案,对党团活动进行了批评,同时也指出了纠正党团工作的具体措施。在组织问题上代表会议也通过了布尔什维克的决议案,其中指出党应当特别注意建立和巩固秘密的党组织,而同时利用各种各样的合法团体在群众中进行工作。在关于地方上各民族组织统一的问题上,代表会议否定了崩得所维护的联邦制原则。此外,代表会议也否决了孟什维克关于把中央委员会移到国内、取消中央委员会国外局以及把中央机关报移到国内等建议。

俄国社会民主工党第五次全国代表会议的意义在于它把党引上了大路,是在反革命胜利后俄国工人运动发展中的一个转折点。——10。

35 关于第二届国家杜马社会民主党代表案件的审判,参看列宁的《关于第二届杜马的社会民主党党团(对整个案件的介绍)》一文(本版全集第20卷)。第三届杜马社会民主党党团提出的质询,在1911年11月15日(28日)杜马会议上讨论过,后来又秘密讨论过三次;质询提交委员会后被否决。——12。

36 第三届杜马(第三届国家杜马)是根据1907年6月3日(16日)沙皇解散第二届杜马时颁布的新的选举条例在当年秋天选举、当年11月1日(14日)召开的,存在到1912年6月9日(22日)。这届杜马共有代表442人,先后任主席的有尼·阿·霍米亚科夫、亚·伊·古契柯夫(1910年3月起)和米·弗·罗将柯(1911年起),他们都是十月党人。这届杜马按其成分来说是黑帮—十月党人的杜马,是沙皇政府对俄国革命力量实行反革命的暴力和镇压政策的驯服工具。这届杜马的442名代表中,有右派147名,十月党人154名,立陶宛—白俄罗斯集团7名,波兰代表联盟11名,进步派28名,穆斯林集团8名,立宪民主党人54名,劳动派14名,社会民主党人19名。因此它有两个多数:黑帮—十月党人多数和十月党人—立宪民主党人多数。沙皇政府利用前一个多数来保证推行斯托雷平的土地政策,在工人问题上采取强硬政策,对少数民族采取露骨的大国主义政策;而利用后一个多数来通过微小的让步即用改良的办法诱使群众脱离革命。

第三届杜马全面支持沙皇政府在六三政变后的内外政策。它拨巨款给警察、宪兵、法院、监狱等部门,并通过了一个大大扩充军队员额的兵役法案。第三届杜马的反动性在工人立法上表现得尤为明显,它把几个有关工人保险问题的法案搁置了3年,直到1911年在新的革命高潮到来的形势下才予以批准,但保险条件比1903年法案的规定还要苛刻。1912年3月5日(18日),杜马工人委员会否决了罢工自由法案,甚至不许把它提交杜马会议讨论。在土地问题上,第三届杜马完全支持斯托雷平的土地法,于1910年批准了以1906年11月9日(22日)法令为基础的土地法,而拒绝讨论农民代表提出的一切关于把土地分配给无地和少地农民的提案。在少数民族问题上,它积极支持沙皇政府的俄罗斯化政策,通过一连串的法律进一步限制少数民族的基本权利。在对外政策方面,它主张沙皇政府积极干涉巴尔干各国的内政,破坏东方各国的民族解放运动和革命。

第三届杜马的社会民主党党团,尽管工作条件极为恶劣,人数不多,在初期活动中犯过一些错误,但是在列宁的批评和帮助下,工作有所加强,在揭露第三届杜马的反人民政策和对无产阶级和农民进行政治教育等方面都做了大量的工作。——12。

37 立宪民主党(正式名称为人民自由党)是俄国自由主义君主派资产阶级的主要政党,1905年10月成立。中央委员中多数是资产阶级知识分子、地方自治人士和自由派地主。主要活动家有帕·尼·米留可夫、谢·安·穆罗姆采夫、瓦·阿·马克拉柯夫、安·伊·盛加略夫、彼·伯·司徒卢威、约·弗·盖森等。立宪民主党提出一条与革命道路相对抗的和平的宪政发展道路,主张俄国实行立宪君主制和资产阶级的自由。在土地问题上,主张将国家、皇室、皇族和寺院的土地分给无地和少地的农民;私有土地部分地转让,并且按"公平"价格给予补偿;解决土地问题的土地委员会由同等数量的地主和农民组成,并由官员充当他们之间的调解人。1906年春,曾同政府进行参加内阁的秘密谈判,后来在国家杜马中自命为"负责任的反对派"。第一次世界大战期间,支持沙皇政府的掠夺政策,曾同十月党等反动政党组成"进步同盟",要求成立责任内阁,即为资产阶级和地主所信任的政府,力图阻止革命并把战争进行到最后胜利。二月革命后,立宪民主党在资产阶级临时政府中居于领导地位,竭力阻挠土地问题、民族问题等基本问题的解决,并奉行继续帝国主义战争的政策。七月事变后,支持科尔尼洛夫叛乱,阴谋建立军事独裁。十月革命胜利后,苏维埃政府于1917年11月28日(12月11日)宣布立宪民主党为"人民公敌的党"。该党随之转入地下,继续进行反革命活动,并参与白卫将军的武装叛乱。国内战争结束后,该党上层分子大多数逃亡国外。1921年5月,该党在巴黎召开代表大会时分裂,作为统一的党不复存在。

陛下的反对派一语出自俄国立宪民主党领袖帕·尼·米留可夫的一次讲话。1909年6月19日(7月2日),米留可夫在伦敦市长举行的早餐会上说:"在俄国存在着监督预算的立法院的时候,俄国反对派始终是陛下的反对派,而不是反对陛下的反对派。"(见1909年6月21日(7月4日)《言语报》第167号)本卷里的"伦敦口号"也是指米留可夫的这句话。——12。

38　进步派是俄国自由主义君主派资产阶级的一个政治集团。这一集团在国家杜马选举中以及在杜马中,试图把形形色色的资产阶级地主政党和派别的成员在"非党"的旗号下联合起来。在第三届国家杜马中,进步派组成了一个有和平革新党和民主改革党代表参加的集团。出于害怕爆发新的革命的动机,进步派批评沙皇政府的"极端行为",认为政府不肯让步造成了左派革命力量活动的条件。在1912年第四届国家杜马选举中,进步派同立宪民主党结成联盟。进步派杜马代表在第三届杜马初期是28名,末期已增加到37名,到了第四届杜马又进一步增至48名。

进步派于1912年11月11—13日在彼得堡召开代表大会,组成独立政党——进步党。该党纲领要点是:制定温和的宪法,实行细微的改革,建立责任内阁即对杜马负责的政府,镇压革命运动。列宁称这个纲领为民族主义自由派纲领,认为进步党人按成分和意识形态来说是十月党人同立宪民主党人的混合物,该党将成为德国也有的那种"真正的"资本主义资产阶级政党(参看本版全集第22卷第265、352页)。进步派的创建人中有著名的大工厂主亚·伊·柯诺瓦洛夫、帕·巴·里亚布申斯基、弗·巴·里亚布申斯基,大地主和地方自治人士伊·尼·叶弗列莫夫、格·叶·李沃夫、尼·尼·李沃夫、叶·尼·特鲁别茨科伊、德·尼·希波夫、马·马·柯瓦列夫斯基等。进步派在不同时期出版的报刊有《莫斯科周刊》、《言论报》、《俄国评论报》和《俄国晨报》。第一次世界大战期间,进步党人支持沙皇政府,倡议成立军事工业委员会。1915年夏,进步党同其他地主资产阶级政党联合组成"进步同盟",后于1916年退出。1917年二月革命后,进步党的一些领袖加入了国家杜马临时委员会,后又加入了资产阶级临时政府。但这时进步党本身实际上已经瓦解。十月革命胜利后,原进步党领袖积极反对苏维埃政权。——12。

39 十月党人是俄国十月党的成员。十月党(十月十七日同盟)代表和维护大工商业资本家和按资本主义方式经营的大地主的利益,属于自由派的右翼。该党于1905年11月成立,名称取自沙皇1905年10月17日宣言。十月党的主要领导人是大工业家和莫斯科房产主亚·伊·古契柯夫、大地主米·弗·罗将柯,活动家有彼·亚·葛伊甸、德·尼·希波夫、米·亚·斯塔霍维奇、尼·阿·霍米亚科夫等。十月党完全拥护沙皇政府的对内对外政策,支持政府镇压革命的一切行动,主张用调整租地、组织移民、协助农民退出村社等办法解决土地问题。第一次世界大战期间,号召支持政府,后来参加了军事工业委员会的活动,曾同立宪民主党等结成"进步同盟",主张把帝国主义战争进行到最后胜利,并通过温和的改革来阻止人民革命和维护君主制。二月革命后,该党参加了资产阶级临时政府。十月革命后,十月党人反对苏维埃政权,在白卫分子政府中担任要职。——12。

40 《莫斯科呼声报》(《Голос Москвы》)是俄国十月党人的机关报(日报),1906年12月23日—1915年6月30日(1907年1月5日—1915年7月13日)在莫斯科出版。十月党人领袖亚·伊·古契柯夫是该报的出版

者和第一任编辑,也是后来的实际领导者。参加该报工作的有尼·
斯·阿夫达科夫、亚·弗·博勃里舍夫-普希金、尼·谢·沃尔康斯基、
弗·伊·格里耶、费·尼·普列瓦科、亚·阿·斯托雷平等。该报得到
俄国大资本家的资助。——12。

41 《生活事业》杂志(«Дело Жизни»)是孟什维克取消派的合法机关刊物,
1911 年 1—10 月在彼得堡出版,共出了 9 期。——13。

42 《言语报》(«Речь»)是俄国立宪民主党的中央机关报(日报),1906 年
2 月 23 日(3 月 8 日)起在彼得堡出版,实际编辑是帕·尼·米留可夫和
约·弗·盖森。积极参加该报工作的有马·莫·维纳维尔、帕·德·多
尔戈鲁科夫、彼·伯·司徒卢威等。1917 年二月革命后,该报积极支持
资产阶级临时政府的对内对外政策,反对布尔什维克。1917 年 10 月
26 日(11 月 8 日)被查封。后曾改用《我们的言语报》、《自由言语报》、
《时代报》、《新言语报》和《我们时代报》等名称继续出版,1918 年 8 月
最终被查封。——13。

43 经济主义是 19 世纪末—20 世纪初俄国社会民主党内的机会主义思
潮,是国际机会主义的俄国变种。其代表人物是康·米·塔赫塔廖夫、
谢·尼·普罗柯波维奇、叶·德·库斯柯娃、波·尼·克里切夫斯基、
亚·萨·皮凯尔(亚·马尔丁诺夫)、弗·彼·马赫诺韦茨(阿基莫夫)
等,经济派的主要报刊是《工人思想报》(1897—1902 年)和《工人事业》
杂志(1899—1902 年)。

　　经济派主张工人阶级只进行争取提高工资、改善劳动条件等等的
经济斗争,认为政治斗争是自由派资产阶级的事情。他们否认工人阶
级政党的领导作用,崇拜工人运动的自发性,否定向工人运动灌输社会
主义意识的必要性,维护分散的和手工业的小组活动方式,反对建立集
中的工人阶级政党。经济主义有诱使工人阶级离开革命道路而沦为资
产阶级政治附庸的危险。

　　列宁对经济派进行了始终不渝的斗争。他在《俄国社会民主党人
抗议书》(见本版全集第 4 卷)中尖锐地批判了经济派的纲领。列宁的
《火星报》在同经济主义的斗争中发挥了重大作用。列宁的《怎么办?》

一书(见本版全集第6卷)从思想上彻底地粉碎了经济主义。——14。

44　指俄国社会民主工党第五次(伦敦)代表大会通过的《关于对非无产阶级政党的态度》的决议(参看《苏联共产党代表大会、代表会议和中央全会决议汇编》1964年人民出版社版第1分册第206—207页)。

　　俄国社会民主工党第五次(伦敦)代表大会于1907年4月30日—5月19日(5月13日—6月1日)举行。代表大会原来打算在哥本哈根或马尔默(瑞典)、布鲁塞尔召开。由于沙皇政府施加压力,丹麦、瑞典、比利时都禁止在其国土上召开俄国社会民主工党代表大会。因此已汇集在哥本哈根的大会代表只得转移到马尔默,又从那里动身前往伦敦。

　　出席代表大会的代表有342名,代表约15万名党员,其中有表决权的代表303名,有发言权的代表39名。在有表决权的代表中,有布尔什维克89名,孟什维克88名,崩得代表55名,波兰王国和立陶宛社会民主党代表45名,拉脱维亚边疆区社会民主党代表26名。大工业中心的代表多数是布尔什维克。列宁作为卡马河上游地区(乌拉尔)组织的代表参加了代表大会并被选入了主席团。马·高尔基作为有发言权的代表参加了代表大会。

　　代表大会议程的讨论几乎占用了四次会议。布尔什维克和孟什维克、崩得分子就是否把主要的具有原则性的理论和政治问题列入代表大会议程展开辩论。布尔什维克在波兰和拉脱维亚社会民主党人的支持下,使一个最重要的具有总原则性质的问题即对资产阶级政党的态度问题列入了议程。大会通过的全部议程是:中央委员会的工作报告;杜马党团的工作报告和杜马党团组织;对资产阶级政党的态度;国家杜马;"工人代表大会"和非党工人组织;工会和党;游击行动;失业、经济危机和同盟歇业;组织问题;斯图加特国际代表大会(五一节,军国主义);军队中的工作;其他。由于时间和经费的关系,关于国家杜马、关于工会和党、关于游击行动的问题及组织问题只讨论了以各派名义在代表大会上提出的提案和决议案。关于失业、关于经济危机和同盟歇业、关于斯图加特国际代表大会等问题没有来得及讨论。

　　布尔什维克在代表大会上得到了波兰王国和立陶宛社会民主党及

拉脱维亚边疆区社会民主党的代表的支持。布尔什维克用革命的纲领
团结了他们，因而在代表大会上获得了多数。在一切基本问题上，代表
大会都通过了布尔什维克的决议案。布尔什维克的策略被确定为全党
的统一的策略。关于对资产阶级政党态度的问题通过了列宁起草的决
议。这一决议对所有非无产阶级政党都作了布尔什维主义的评价，并
规定了革命社会民主党对它们的策略。代表大会通过的关于国家杜马
的决议，规定了社会民主党在杜马中的各项任务，指出社会民主党在杜
马内的活动应该服从杜马外的活动，应该首先把杜马作为揭露专制制
度和资产阶级妥协政策以及宣传党的革命纲领的讲坛。代表大会就
"工人代表大会"问题通过的决议是以列宁为代表大会写的决议草案
《关于非党工人组织和无产阶级中的无政府工团主义思潮》为基础写成
的。在关于工会的决议中，代表大会批驳了工会"中立"的理论，认为必
须做到党对工会实行思想上和政治上的领导。代表大会通过了新的党
章。按照修改过的党章，在代表大会上只选举中央委员会，中央机关报
编辑部由中央委员会任命并在中央委员会监督下工作。党章规定定期
召开党的会议来讨论党内生活中最重要的问题。

代表大会选出了由布尔什维克5人（约·彼·戈尔登贝格、尼·
亚·罗日柯夫、约·费·杜勃洛文斯基、伊·阿·泰奥多罗维奇、维·
巴·诺根）、孟什维克4人（亚·马尔丁诺夫、诺·尼·饶尔丹尼亚、尼
基福尔、约·安·伊苏夫）、波兰社会民主党2人（阿·瓦尔斯基、费·
埃·捷尔任斯基）和拉脱维亚社会民主党1人（卡·尤·克·达尼舍夫
斯基）组成的中央委员会（另外3名中央委员由崩得和拉脱维亚边疆区
社会民主党在代表大会后选派）。代表大会还批准24名候补中央委
员，其中有列宁。鉴于新的中央委员会成分不一，中央的领导不可靠，
在代表大会结束时，布尔什维克在自己的会议上成立了以列宁为首的
布尔什维克中央，《无产者报》编辑部也加入布尔什维克中央。——15。

45　《未来报》（《Будущее》（《L'Avenir》））是俄国自由派资产阶级的报纸，
1911年10月22日—1914年1月4日在巴黎用俄文出版（有些材料用
法文刊印），编辑是弗·李·布尔采夫，撰稿人中有孟什维克和社会革
命党人。——16。

46　指第一届和第二届国家杜马。

第一届国家杜马(维特杜马)是根据沙皇政府大臣会议主席谢·尤·维特制定的条例于1906年4月27日(5月10日)召开的。

在1905年十月全俄政治罢工的冲击下,沙皇尼古拉二世被迫发表了10月17日宣言,宣布召开具有立法职能的国家杜马以代替布里根咨议性杜马,借以把国家引上君主立宪的发展道路。1905年12月11日,沙皇政府公布了《关于修改国家杜马选举条例的命令》,这一命令原封不动地保留了为选举布里根杜马而制定的以财产资格和阶级不平等为基础的选举制度,只是在原来的三个选民团——土地占有者(地主)选民团、城市(资产阶级)选民团、农民选民团之外,新增了工人选民团。就分得的复选人数额来说,各选民团的权利不是平等的。地主的1票相当于城市资产阶级的3票、农民的15票、工人的45票。工人选民团的复选人只占国家杜马全部复选人的4%。选举不是普遍的。全体妇女、不满25岁的青年、游牧民族、军人、学生、小企业(50人以下的企业)的工人、短工、小手工业者、没有土地的农民都被剥夺了选举权。选举也不是直接的。一般是二级选举制,而为工人规定了三级选举制,为农民规定了四级选举制。

十二月起义失败后,沙皇政府一再限制曾经宣布过的杜马的权力。1906年2月20日的诏书给了国务会议以批准或否决国家杜马所通过的法案的权力。1906年4月23日(5月6日)又颁布了经尼古拉二世批准的《国家根本法》,将国家政策的最重要问题置于杜马管辖之外。

第一届国家杜马选举于1906年2—3月举行。布尔什维克宣布抵制,但是没能达到搞垮这次选举的目的。当杜马终究召集起来时,列宁要求利用杜马来进行革命的宣传鼓动并揭露杜马的本质。

第一届国家杜马的代表共478人,其中立宪民主党179人,自治派63人(包括波兰、乌克兰、爱沙尼亚、拉脱维亚、立陶宛等民族的资产阶级集团的成员),十月党16人,无党派人士105人,劳动派97人,社会民主党18人。主席是立宪民主党人谢·安·穆罗姆采夫。

第一届国家杜马讨论过人身不可侵犯、废除死刑、信仰和集会自由、公民权利平等等问题,但是中心问题是土地问题。在杜马会议上提

出的土地纲领主要有两个：一个是立宪民主党人于 5 月 8 日提出的由
42 名代表签署的法案，它力图保持地主土地占有制，只允许通过"按公
平价格"赎买的办法来强制地主转让主要用农民的耕畜和农具耕种的
或已出租的土地；另一个是劳动派于 5 月 23 日提出的"104 人法案"，
它要求建立全民土地资产，把超过劳动土地份额的地主土地及其他私
有土地收归国有，按劳动份额平均使用土地。

　　第一届国家杜马尽管很软弱，它的决议尽管很不彻底，但仍不符合
政府的愿望。1906 年 7 月 9 日（22 日），沙皇政府解散了第一届国家
杜马。

　　第二届国家杜马（第二届杜马）于 1907 年 2 月 20 日（3 月 5 日）召
开，共有代表 518 人。主席是立宪民主党人费·亚·戈洛文。尽管当
时俄国革命处于低潮时期，而且杜马选举是间接的、不平等的，但由于
各政党间的界限比第一届杜马时期更为明显，群众的阶级觉悟较前提
高，以及布尔什维克参加了选举，所以第二届杜马中左派力量有所加
强。按政治集团来分，第二届杜马的组成是：右派即君主派和十月党
54 名，立宪民主党和靠近它的党派 99 名，各民族代表 76 名，无党派人
士 50 名，哥萨克集团 17 名，人民社会党 16 名，社会革命党 37 名，劳动
派 104 名，社会民主党 65 名。

　　同第一届杜马一样，第二届杜马的中心议题是土地问题。右派和
十月党人捍卫 1906 年 11 月 9 日斯托雷平关于土地改革的法令。立宪
民主党人大大删削了自己的土地法案，把强制转让土地的成分降到最
低限度。劳动派在土地问题上仍然采取在第一届杜马中采取的立场。
孟什维克占多数的社会民主党党团提出了土地地方公有化法案，布尔
什维克则捍卫全部土地国有化纲领。除土地问题外，第二届杜马还讨
论了预算、对饥民和失业工人的救济、大赦等问题。在第二届杜马中，
布尔什维克执行与劳动派建立"左派联盟"的策略，孟什维克则执行支
持立宪民主党人的机会主义策略。

　　1907 年 6 月 3 日（16 日）沙皇政府发动政变，解散了第二届杜马；
同时颁布了保证地主和大资产阶级能在国家杜马中占绝对多数的新选
举法。这一政变标志着俄国历史上斯托雷平反动时期的开始。——18。

47 指1905年10月17日(30日),沙皇尼古拉二世迫于革命运动高涨的形势而颁布《关于完善国家制度的宣言》,许诺给予居民以"公民自由"和召开"立法杜马"一事。参看列宁《革命第一个回合的胜利》和《总解决的时刻临近了》两文(本版全集第12卷)。——19。

48 《无产者报》(《Пролетарий》)是俄国布尔什维克的秘密报纸,于1906年8月21日(9月3日)—1909年11月28日(12月11日)出版,共出了50号。该报由列宁主编,在不同时期参加编辑部的有亚·亚·波格丹诺夫、约·彼·戈尔登贝格、约·费·杜勃洛文斯基等。该报的头20号是在维堡排版送纸型到彼得堡印刷的,为保密起见,报上印的是在莫斯科出版。由于秘密报刊出版困难,从第21号起移至国外出版(第21—40号在日内瓦、第41—50号在巴黎出版)。该报是作为俄国社会民主工党莫斯科委员会和彼得堡委员会的机关报出版的,在头20号中有些号还同时作为莫斯科郊区委员会、彼尔姆委员会、库尔斯克委员会和喀山委员会的机关报出版,但它实际上是布尔什维克的中央机关报。该报共发表了100多篇列宁的文章和短评。该报第46号附刊上发表了1909年6月在巴黎举行的《无产者报》扩大编辑部会议的文件。斯托雷平反动时期,该报在保存和巩固布尔什维克组织方面起了卓越的作用。根据俄国社会民主工党中央委员会1910年一月全会的决议,该报停刊。——20。

49 国务会议是俄罗斯帝国的最高咨议机关,于1810年设立,1917年二月革命后废除。国务会议审议各部大臣提出的法案,然后由沙皇批准;它本身不具有立法提案权。国务会议的主席和成员由沙皇从高级官员中任命,在沙皇亲自出席国务会议时,则由沙皇担任主席。国家杜马成立以后,国务会议获得了除改变国家根本法律以外的立法提案权。国务会议成员半数改由正教、各省地方自治会议、各省和各州贵族组织、科学院院士和大学教授、工商业主组织、芬兰议会分别选举产生。国务会议讨论业经国家杜马审议的法案,然后由沙皇批准。——21。

50 这里说的是1911年12月17日《未来报》第9号登载的《第二届国家杜马代表格·叶·别洛乌索夫》一文。关于"拿炸弹的自由派"一词,参看本版全集第 20 卷第 98 页。——23。

51　第三届杜马社会民主党党团成员阿·阿·沃伊洛什尼科夫在 1911 年
　　12 月 2 日(15 日)第 35 次杜马会议上讨论关于修改兵役条例的法律草
　　案时发言,把沙皇军队叫做警察军队,并号召用全民武装来代替常备
　　军。由于这个发言,杜马主席提议取消沃伊洛什尼科夫参加 5 次会议
　　的资格。沃伊洛什尼科夫在这次会议上作了第二次发言以后,取消参
　　加会议资格的次数又增至 15 次。对杜马主席的第一次提议,立宪民主
　　党人投了赞成票。——23。

52　指尼·亚·罗日柯夫的《俄国的现状和当前工人运动的基本任务》一
　　文。列宁在《自由派工党的宣言》一文中已批判过罗日柯夫的这篇文章
　　(见本版全集第 20 卷)。——24。

53　劳动派(劳动团)是俄国国家杜马中的农民代表和民粹派知识分子代表
　　组成的小资产阶级民主派集团,1906 年 4 月成立。领导人是阿·费·
　　阿拉季因、斯·瓦·阿尼金等。劳动派要求废除一切等级限制和民族
　　限制,实行自治机关的民主化,用普选制选举国家杜马。劳动派的土地
　　纲领要求建立由官地、皇族土地、皇室土地、寺院土地以及超过劳动土
　　地份额的私有土地组成的全民地产,由农民普选产生的地方土地委员
　　会负责进行土地改革,这反映了全体农民的土地要求,同时它又容许赎
　　买土地,则是符合富裕农民阶层利益的。在国家杜马中,劳动派动摇于
　　立宪民主党和布尔什维克之间。布尔什维克党支持劳动派的符合农民
　　利益的社会经济要求,同时批评它在政治上的不坚定,可是劳动派始终
　　没有成为彻底革命的农民组织。六三政变后,劳动派在地方上停止了
　　活动。第一次世界大战期间,劳动派多数采取沙文主义立场。二月革
　　命后,劳动派积极支持资产阶级临时政府,1917 年 6 月与人民社会党
　　合并为劳动人民社会党。十月革命后,劳动派站在资产阶级反革命势
　　力方面。——24。

54　召开工人代表大会的主张是帕·波·阿克雪里罗得于 1905 年夏首次
　　提出的,得到了其他孟什维克的支持。这一思想概括起来说就是召开

各种工人组织的代表大会,在这个代表大会上建立社会民主党人、社会革命党人和无政府主义者都参加的合法的"广泛工人政党"。俄国社会民主工党第五次(伦敦)代表大会专门就工人代表大会和非党工人组织问题通过了一项决议,指出孟什维克召开工人代表大会的思想"实质上要导致以长期性的非党工人组织代替社会民主党,而工人代表大会的宣传和组织准备工作必不可免地会导致党的瓦解,并促使广大工人群众接受资产阶级民主派的影响"(参看《苏联共产党代表大会、代表会议和中央全会决议汇编》1964 年人民出版社版第 1 分册第 208 页)。与布尔什维克一起反对召开工人代表大会的有波兰和拉脱维亚社会民主党人。列宁对孟什维克召开工人代表大会的主张的批判,见《革命界的小市民习气》、《孟什维主义的危机》、《知识分子斗士反对知识分子的统治》、《气得晕头转向(关于工人代表大会问题)》(本版全集第 14 卷和第 15 卷)等文。——29。

55 请愿运动是取消派和列·达·托洛茨基围绕着彼得堡取消派于 1910 年 12 月起草的《请愿书》而掀起的宣传运动。这份要求结社、集会和罢工自由的《请愿书》,准备以工人的名义提交第三届国家杜马,因此曾被发到各企业去征集工人的签名。但是请愿运动在工人中间没有取得多大成功,征集到的签名仅有 1 300 个。布尔什维克对"请愿运动"的看法,见俄国社会民主工党第六次(布拉格)全国代表会议《关于"请愿运动"的决议的材料》(本卷第 490—491 页)。——30。

56 指彼得堡召回派在俄国社会民主工党第五次全国代表会议前夕提交彼得堡委员会扩大会议的决议案。1909 年 4 月 4 日(17 日)《无产者报》第 44 号附刊发表了这个决议案。列宁在同期附刊上发表了《面目全非的布尔什维主义》一文(见本版全集第 17 卷),对召回派的这个决议案进行了批判。——33。

57 民族党人是指全俄民族联盟的成员。全俄民族联盟是俄国地主、官僚的反革命君主主义政党。该党前身是 1908 年初从第三届国家杜马右派总联盟中分离出来的一个独立派别,共 20 人,主要由西南各省的杜马代表组成。1909 年 10 月 25 日,该派同当年 4 月 19 日组成的温和右派党的党团合并成为"俄国民族党人"共同党团(100 人左右)。1910 年 1 月 31 日组成为统一的党——全俄民族联盟,党和党团主席是彼·尼·巴拉绍夫,领导人有 П.Н.克鲁平斯基、弗·阿·鲍勃凌斯基、米·奥·缅施科夫和瓦·维·舒利金。该党以维护贵族特权和地主所有制、向群众灌输好战的民族主义思想为自己的主要任务。该党的纲领可以归结为极端沙文主义、反犹太主义和要求各民族边疆区俄罗斯化。1917 年二月资产阶级民主革命后,该党即不复存在。

君主派是指 1905 年秋在莫斯科成立的俄国君主党。参加者是一些大土地占有者、沙皇政府的大臣和高级僧侣,领导人是政论家弗·安·格林格穆特、大司祭 И.沃斯托尔戈夫、公爵 Д.Н.多尔戈鲁科夫、男爵 Г.Г.罗森等。该党的机关刊物是《莫斯科新闻》和《俄罗斯通报》杂志。该党奉行与俄罗斯人民同盟相近的方针,维护沙皇专制制度、等级制度以及正教和大俄罗斯民族的特权。君主派后来并入 1906 年成立的贵族联合会。1911 年该党改名为"俄罗斯君主主义同盟"。——38。

58 指以 Я.Г.戈洛洛博夫为代表的极右翼十月党人。——39。

59 指社会革命党。

社会革命党是俄国最大的小资产阶级政党。该党是 1901 年底—1902 年初由南方社会革命党、社会革命党人联合会、老民意党人小组、社会主义土地同盟等民粹派团体联合而成的。成立时的领导人有马·安·纳坦松、叶·康·布列什柯-布列什柯夫斯卡娅、尼·谢·鲁萨诺夫、维·米·切尔诺夫、米·拉·郭茨、格·安·格尔舒尼等,正式机关报是《革命俄国报》(1901—1904 年)和《俄国革命通报》杂志(1901—1905 年)。社会革命党人的理论观点是民粹主义和修正主义思想的折中混合物。他们否认无产阶级和农民之间的阶级差别,抹杀农民内部的矛盾,否认无产阶级在资产阶级民主革命中的领导作用。在土地问题上,社会革命党人主张消灭土地私有制,按照平均使用原则将土地交村社支配,发展各种合作社。在策略方面,社会革命党人采用了社会民主党人进行群众性鼓动的方法,但主要斗争方法还是搞个人恐怖。为了进行恐怖活动,该党建立了事实上脱离该党中央的秘密战斗组织。

在1905—1907年俄国第一次革命中,社会革命党曾在农村开展焚烧地主庄园、夺取地主财产的所谓"土地恐怖"运动,并同其他政党一起参加武装起义和游击战,但也曾同资产阶级的解放社签订协议。在国家杜马中,该党动摇于社会民主党和立宪民主党之间。该党内部的不统一造成了1906年的分裂,其右翼和极左翼分别组成了人民社会党和最高纲领派社会革命党人联合会。在斯托雷平反动时期,社会革命党经历了思想上、组织上的严重危机。在第一次世界大战期间,社会革命党的大多数领导人采取了社会沙文主义的立场。1917年二月革命后,社会革命党中央实行妥协主义和阶级调和的政策,党的领导人亚·费·克伦斯基、尼·德·阿夫克森齐耶夫、切尔诺夫等参加了资产阶级临时政府。七月事变时期该党公开转向资产阶级方面。社会革命党中央的妥协政策造成党的分裂,左翼于1917年12月组成了一个独立政党——左派社会革命党。十月革命后,社会革命党人(右派和中派)公开进行反苏维埃的活动,在国内战争时期进行反对苏维埃政权的武装斗争,对共产党和苏维埃政权的领导人实行个人恐怖。内战结束后,他们在"没有共产党人参加的苏维埃"的口号下组织了一系列叛乱。1922年,社会革命党彻底瓦解。——44。

60 指沙皇尼古拉二世1907年6月3日(16日)颁布的解散第二届杜马和修改杜马选举条例的宣言。新的选举条例大大增加了地主和工商业资产阶级在杜马中的代表权。按照新的选举条例,地主选民团每230人选出1个复选人,第一城市选民团每1 000人选出1个复选人,第二城市选民团每15 000人选出1个复选人,农民选民团每60 000人选出1个复选人,工人选民团每125 000人选出1个复选人。地主和资产阶级共选出65％的复选人(其中地主选出49.4％的复选人),农民选出22％的复选人(原为44％),工人只选出2％的复选人(原为4％)。新的选举条例还剥夺了俄国亚洲部分土著居民以及某些省份的突厥民族的选举权,并削减了民族地区的杜马席位(高加索由29席减为10席,波兰王国由37席减为14席)。在整个俄国,所有不会俄语的人都被剥夺了选举权。根据这个选举条例选出的第三届杜马,按其成分来说是黑帮—十月党人的杜马。——44。

61 根据 1907 年 6 月 3 日《国家杜马选举条例》,城市选民按照财产状况分为两个等级:第一等城市选民大会和第二等城市选民大会(或第一城市选民团和第二城市选民团)。第一等城市选民大会是由大资产阶级组成的。——45。

62 指各省选举大会首先从各选民团复选人中选出的杜马代表。1907 年 6 月 3 日的选举条例规定了每个省所选杜马代表总名额,同时还规定每个省的选举大会首先从哪些选民团的复选人中分别选举杜马代表各 1 名(由土地占有者选民团和第一城市选民团复选人占多数的省选举大会来选举,并非由该选民团复选人自己推举),然后再来选举名额中余下的代表。——47。

63 列宁对无党派和右派农民代表提交第三届国家杜马的土地法案的评价,见《新土地政策》和《第三届杜马关于土地问题的讨论》两文(本版全集第 16 卷和第 17 卷)。——48。

64 这是有关布尔什维克国外小组会议的一组文献。此次会议于 1911 年 12 月 14—17 日(27—30 日)在列宁领导下于巴黎举行。会议是由布尔什维克《工人报》巴黎协助小组发起召开的,目的是团结国外的布尔什维克力量,对全国党代表会议的召开加以协助。出席会议的有 11 名有表决权的代表,他们代表巴黎、南锡、苏黎世、达沃斯、日内瓦、列日、伯尔尼、不来梅和柏林的布尔什维克小组,其他地区的布尔什维克小组由于各种困难,未能派代表出席会议。有些布尔什维克小组给会议寄来了书面报告。列入会议日程的有以下问题:组织局和各地代表的报告;关于党内状况;关于国外状况和对各派别的态度;组织问题;关于国外工作的任务;对代表会议的态度。

　　列宁致开幕词并作了关于党内状况的报告。尼·亚·谢马什柯和米·费·弗拉基米尔斯基分别作了关于国外状况的报告。列宁提出的决议草案构成了会议通过的关于这三个报告的总决议的基础。会议确认呼声派和前进派已彻底离开了党。会议赞同中央委员六月会议就召开党代表会议所采取的措施。会议通过了列宁提出的关于支持俄国组织委员会及其召开的代表会议的决议。

会议决定在贯彻真正的党的路线的基础上建立俄国社会民主工党国外组织(包括各地的支部),而不容许同取消派妥协。会议选出了国外组织委员会。会议的《通报》和决议由俄国社会民主工党国外组织委员会于1912年1月12日以单页形式出版(参看《苏联共产党代表大会、代表会议和中央全会决议汇编》1964年人民出版社版第1分册第329—339页)。——63。

65 这里说的是1910年俄国社会民主工党中央一月全会上布尔什维克同其他派别签订的"条约",即全会一致通过的《关于派别中心》的决议和所附的《布尔什维克的宣言》和《社会民主党人报》的编辑部按(参看《苏联共产党代表大会、代表会议和中央全会决议汇编》1964年人民出版社版第1分册第307—310页)。——63。

66 "1910年12月—1911年6月"是指从1910年11月22日(12月5日),由于孟什维克、前进派及其他派别不履行协议和执行1910年中央一月全会的决议,列宁及其他布尔什维克向俄国社会民主工党中央委员会国外局提出声明,要求召开中央全会以解决关于把交给"保管人"的钱款归还给布尔什维克的问题起,到1911年5月28日—6月4日(6月10—17日)在巴黎召开中央委员会议止的这段时间。——63。

67 指1911年在巴黎召开的中央委员六月会议。在这次会议上布尔什维克、调和派和波兰社会民主党人("三个派别的联盟")通过了关于在国外召开中央全会和召开党的代表会议的决议,并成立了召开代表会议的组织委员会和技术委员会。会后不久,调和派和波兰社会民主党人就在组织委员会和技术委员会里进行反对执行会议决议的斗争。布尔什维克和孟什维克护党派在他们的阻挠下共同执行了这些决议("诺言")。——63。

68 多数派反对布尔什维克的第一个时期是指俄国社会民主工党中央一月全会(1910年)以后一个时期,那时调和派中央委员徒然试图吸收孟什维克取消派(彼·阿·勃朗施坦、康·米·叶尔莫拉耶夫、约·安·伊苏夫等)参加中央委员会俄国局的实际工作,结果严重地妨碍了工作,而为取消派效了劳。这一时期由于 4 名中央委员（约·彼·戈尔登贝格、约·费·杜勃洛文斯基、加·达·莱特伊仁和维·巴·诺根）被捕而结束。多数派反对布尔什维克的第二个时期是指 1911 年中央委员六月会议以后的时期，那时调和派和波兰社会民主党人在负责召开代表会议的国外组织委员会和技术委员会里联合起来反对布尔什维克。——63。

69　列宁的这个建议是在 1911 年 12 月 16 日（29 日）布尔什维克国外小组会议上提出的，当时会议正在审议是在这次会议上详细讨论国外组织章程草案还是把它移交给国外组织委员会去同各小组协商并最后批准这一问题。列宁的建议以 8 票对 1 票获得通过。——68。

70　关于召集代表会议的俄国组织委员会的决议由列宁提出，在 1911 年 12 月 17 日（30 日）布尔什维克国外小组巴黎会议最后一次会议上一致通过。俄国社会民主工党国外组织委员会的《通报》公布了这个决议，并附有以下说明：“会议通过这一特别决议告诫一切护党同志必须竭力支持俄国组织委员会及其召开的代表会议。”（参看《苏联共产党代表大会、代表会议和中央全会决议汇编》1964 年人民出版社版第 1 分册第 337 页）——69。

71　1906 年 11 月 9 日（22 日）法令即沙皇政府颁布的《关于农民土地占有和土地使用现行法令的几项补充决定》（这项法令由国家杜马和国务会议通过后称为 1910 年 6 月 14 日法令）。作为对这项法令的补充，沙皇政府于 1906 年 11 月 15 日（28 日）又颁布了《关于农民土地银行以份地作抵押发放贷款的法令》。根据这两个法令，农民可以退出村社，把自己的份地变成私产，也可以卖掉份地。村社必须为退社农民在一个地方划出建立独立田庄或独立农庄的土地。独立田庄主或独立农庄主可以从农民土地银行取得优惠贷款来购买土地。沙皇政府制定这些土地法令的目的是，在保留地主土地私有制和强制破坏村社的条件下，建立富农这一沙皇专制制度在农村的支柱。斯托雷平的土地政策通过最痛苦的普鲁士道路，在保留农奴主-地主的政权、财产和特权的条件下，加速了农业的资本主义演进，加剧了对农民基本群众的强行剥夺，加速了农村资产阶级的发展。

　　列宁称1906年斯托雷平土地法令是继1861年改革以后俄国从农奴主专制制度变为资产阶级君主制的第二步。尽管沙皇政府鼓励农民退出村社,但在欧俄部分,九年中(1907—1915年)总共只有250万农户退出村社。首先使用退出村社的权利的是农村资产阶级,因为这能使他们加强自己的经济。也有一部分贫苦农民退出了村社,其目的是为了出卖份地,彻底割断同农村的联系。穷苦的小农户仍旧像以前一样贫穷和落后。斯托雷平的土地政策并没有消除全体农民和地主之间的矛盾,只是导致了农民群众的进一步破产,加剧了富农和贫苦农民之间的阶级矛盾。——70。

72　和平革新党是俄国大资产阶级和地主的君主立宪主义组织,由左派十月党人彼·亚·葛伊甸、德·尼·希波夫、米·亚·斯塔霍维奇和右派立宪民主党人尼·尼·李沃夫、叶·尼·特鲁别茨科伊等在第一届国家杜马中的"和平革新派"基础上组成,1906年7月成立。该党持介乎十月党和立宪民主党之间的立场,主要是在策略上与它们有所不同,而其纲领则十分接近于十月党。和平革新党维护工商业资产阶级和按资本主义方式经营的地主的利益。在第三届国家杜马中,和平革新党同民主改革党联合组成"进步派",该派是1912年成立的进步党的核心。和平革新党的正式机关刊物是《言论报》和《莫斯科周刊》。——75。

73　《俄罗斯新闻》(《Русские Ведомости》)是俄国报纸,1863—1918年在莫斯科出版。它反映自由派地主和资产阶级的观点,主张在俄国实行君主立宪,撰稿人是一些自由派教授。至19世纪70年代中期成为俄国影响最大的报纸之一。80—90年代刊登民主主义作家和民粹主义者的文章。1898年和1901年曾经停刊。从1905年起成为右翼立宪民主党人的机关报。1917年二月革命后支持资产阶级临时政府。十月革命后被查封。——76。

74　《新时报》(《Новое Время》)是俄国报纸,1868—1917年在彼得堡出版。出版人多次更换,政治方向也随之改变。1872—1873年采取进步自由主义的方针。1876—1912年由反动出版家阿·谢·苏沃林掌握,成为俄国最没有原则的报纸。1905 年起是黑帮报纸。1917 年二月革命后，完全支持资产阶级临时政府的反革命政策，攻击布尔什维克。1917 年 10 月 26 日(11 月 8 日)被查封。——77。

75　《俄国报》(《Россия》)是俄国黑帮报纸(日报)，1905 年 11 月—1914 年 4 月在彼得堡出版。从 1906 年起成为内务部的机关报。该报接受由内务大臣掌握的政府秘密基金的资助。——83。

76　关于保安机关的质询是指因大臣会议主席彼·阿·斯托雷平被暗杀而对保安机关和警察司的活动提出的质询。这一质询是由以十月党人与民族党人这两个党团为一方，社会民主党党团为另一方分别提出的，曾在 1911 年 10 月 15 日(28 日)第三届国家杜马会议上讨论。

　　关于饥荒的质询是指就没有采取必要的措施对歉收省份的居民给予粮食救援一事提出的质询。这一质询由劳动派提出，在 1911 年 10 月 15 日(28 日)的杜马会议上通过。

　　关于 1881 年"暂行"条例的质询是指就延长 1881 年 8 月 14 日沙皇批准的维护国家秩序和社会安定的措施的条例的有效期一事提出的质询。这一质询是由立宪民主党杜马党团 54 名成员签名提出的，曾在 1911 年 10 月 17 日(30 日)的杜马会议上讨论。——83。

77　立宪民主党代表尼·瓦·捷斯连科在发言的结尾说："……你们认为可以通过行政程序而不通过法律程序来继续实施非常状态，但是请允许我提醒你们，伟大的国家法学家耶利内克曾就此说过：'不要忘记，这种行动程序已把王冠加给了两位国君，一位英国的和一位法国的。'"为此他被取消了参加 15 次会议的资格。——93。

78　达达兰是法国作家阿·都德的小说《达拉斯贡城的达达兰》中的主人公，一个惯于说大话、吹牛皮的人物。——101。

79　指沙皇亚历山大三世在位时期(1881—1894 年)，当时曾进行反动的"反改革"。——109。

80　指沙皇尼古拉一世在位时期(1825—1855 年)。——109。

81 第三种分子是对在地方自治机关里受雇担任农艺师、统计人员、技术员、医生、兽医、教师等职务的平民知识分子的一种称呼,以区别于政府与行政当局的人员(第一种分子)和选举产生的地方自治机关的代表(第二种分子)。"第三种分子"这个词是俄国萨马拉省副省长 B.Г.康多伊迪于 1900 年首次使用的,在 20 世纪最初 10 年里流行于俄国。据统计,19 世纪末俄国 34 个省共有 65 000—70 000 名地方自治机关职员。第三种分子的队伍中有不少资产阶级自由派人士和民粹派分子,也有社会民主党人。地方自治机关的文化经济活动,特别是医疗卫生和学校事业,靠着第三种分子而得到广泛发展。第三种分子作用的增强,遭到了沙皇行政机关和保守的贵族地方自治人士的反对。关于第三种分子,可参看本版全集第 5 卷《内政评论》一文。——109。

82 拉萨尔派和爱森纳赫派是 19 世纪 60 年代和 70 年代初期德国工人运动中的两个派别。

　　拉萨尔派是全德工人联合会的成员,德国小资产阶级社会主义者斐·拉萨尔的拥护者,主要代表人物是约·巴·冯·施韦泽、威·哈森克莱维尔、威·哈赛尔曼等。全德工人联合会在 1863 年于莱比锡召开的全德工人代表大会上成立;拉萨尔是它的第一任主席,他为联合会制定了纲领和策略基础。拉萨尔派反对暴力革命,认为只要进行议会斗争,争取普选权,就可以把普鲁士君主国家变为"自由的人民国家";主张在国家帮助下建立生产合作社,把资本主义和平地改造为社会主义;支持俾斯麦所奉行的在普鲁士领导下"自上而下"统一德国的政策。马克思和恩格斯曾多次尖锐地批判拉萨尔派的理论、策略和组织原则,指出它是德国工人运动中的机会主义派别。

　　爱森纳赫派是德国社会民主工党的成员。该党是在奥·倍倍尔和威·李卜克内西领导下,于 1869 年在爱森纳赫代表大会上成立的,曾参加第一国际。由于经常接受马克思和恩格斯的指导,爱森纳赫派执行了比较彻底的革命政策,尤其是在德国统一的问题上一贯坚持民主的和无产阶级的道路。

　　拉萨尔派和爱森纳赫派于 1875 年在哥达代表大会上合并为统一的德国社会主义工人党。——118。

83 你把本性赶出门外，它会从窗口飞进来！是法国作家让·拉封丹所写的寓言《变成女人的牝猫》的结束语，意思是事物的本性不能改变。寓言说，一个男人养了一只牝猫，经过日夜祈祷，牝猫终于变成了女人，做了他的妻子。可是一天夜里，老鼠来咬席子，新娘又像猫一样捉起老鼠来。——119。

84 《鄂毕生活报》(《Обская Жизнь》)是俄国自由派资产阶级的日报，1909—1912年在新尼古拉耶夫斯克(现称新西伯利亚)出版。——120。

85 利德瓦尔案件是指1906年瑞典大奸商埃·莱·利德瓦尔和沙皇俄国副内务大臣弗·约·古尔柯利用饥荒盗窃公款的案件。利德瓦尔在古尔柯的帮助下，同俄国政府签订了一项合同，规定在1906年10—12月为俄国南方饥荒省份提供1000万普特黑麦。利德瓦尔从古尔柯那里支取了80万卢布的国家预付款，然后向古尔柯及其他官员行贿。结果，直到12月中旬，运到火车站的黑麦还不到100万普特。这一盗窃国库和利用饥荒进行投机的罪行被揭露后，沙皇政府不得不把案件提交法庭审理。沙皇政府在1907年10月演出了一场审讯古尔柯的闹剧。但是古尔柯除被撤职外，未受其他处分。然而，这一案件有助于揭露沙皇政府的反人民政策，因而在第二届国家杜马选举中对右派政党不利。——124。

86 这里是借用基督教圣经里的话。耶稣曾用装酒的比喻来说明新旧难合："没有人把新酒装在旧皮囊里；若是这样，皮囊就会裂开，酒漏出来，连皮囊也坏了；唯独把新酒装在新皮囊里，两样就都保全了。"——124。

87 指1908年12月俄国社会民主工党第五次全国代表会议《关于目前形势和党的任务》的决议中对斯托雷平土地政策的性质所作的分析(参看《苏联共产党代表大会、代表会议和中央全会决议汇编》1964年人民出版社版第1分册第247—249页)。关于斯托雷平的改革，见注71。——124。

88 这里说的是俄国社会民主工党第五次全国代表会议《关于目前形势和党的任务》的决议。——124。

89 这是关于俄国社会民主工党第六次全国代表会议的一组文献。有关这次代表会议的另外一些材料,收在本卷《附录》中。

俄国社会民主工党第六次全国代表会议于1912年1月5—17日(18—30日)在布拉格举行,会址在布拉格民众文化馆捷克社会民主党报纸编辑部内。

这次代表会议共代表20多个党组织。出席会议的有来自彼得堡、莫斯科、中部工业地区、萨拉托夫、梯弗利斯、巴库、尼古拉耶夫、喀山、基辅、叶卡捷琳诺斯拉夫、德文斯克和维尔诺的代表。由于警察的迫害和其他方面的困难,叶卡捷琳堡、秋明、乌法、萨马拉、下诺夫哥罗德、索尔莫沃、卢甘斯克、顿河畔罗斯托夫、巴尔瑙尔等地党组织的代表未能到会,但这些组织都送来了关于参加代表会议的书面声明。出席会议的还有中央机关报《社会民主党人报》编辑部、《工人报》编辑部、国外组织委员会、俄国社会民主工党中央运输组等单位的代表。代表会议的代表中有两位孟什维克护党派分子Д.М.施瓦尔茨曼和雅·达·捷文,其余都是布尔什维克。这次代表会议实际上起了代表大会的作用。

出席代表会议的一批代表和俄国组织委员会的全权代表曾经写信给拉脱维亚边疆区社会民主党中央委员会、崩得中央委员会、波兰和立陶宛社会民主党总执行委员会以及国外各集团,请它们派代表出席代表会议,但被它们所拒绝。马·高尔基因病没有到会,他曾写信给代表们表示祝贺。

列入代表会议议程的问题是:报告(俄国组织委员会的报告,各地方以及中央机关报和其他单位的报告);确定会议性质;目前形势和党的任务;第四届国家杜马选举;杜马党团;工人国家保险;罢工运动和工会;"请愿运动";关于取消主义;社会民主党人在同饥荒作斗争中的任务;党的出版物;组织问题;党在国外的工作;选举;其他事项。

列宁代表中央机关报编辑部出席代表会议,领导了会议的工作。列宁致了开幕词,就确定代表会议的性质讲了话,作了关于目前形势和党的任务的报告和关于社会党国际局的工作的报告,并在讨论中央机关报工作、关于社会民主党在同饥荒作斗争中的任务、关于组织问题、关于党在国外的工作等问题时作了报告或发了言。他起草了议程上所有重要问题的决议案,代表会议通过的决议也都经过他仔细审定。

代表会议的一项最重要的工作是从党内清除机会主义者。当时取消派聚集在两家合法杂志——《我们的曙光》和《生活事业》——的周围。代表会议宣布"《我们的曙光》和《生活事业》集团的所作所为已使它们自己完全置身于党外",决定把取消派开除出俄国社会民主工党。代表会议谴责了国外反党集团——孟什维克呼声派、前进派和托洛茨基分子——的活动,认为必须在国外建立一个在中央委员会监督和领导下进行协助党的工作的统一的党组织。代表会议还通过了关于党的工作的性质和组织形式的决议,批准了列宁提出的党的组织章程修改草案。

代表会议共开了23次会议,对各项决议进行了详细的讨论(《关于党的工作的性质和组织形式》这一决议,是议程上的组织问题与罢工运动和工会问题的共同决议)。会议的记录至今没有发现,只保存了某些次会议的片断的极不完善的记录。会议的决议由中央委员会于1912年以小册子的形式在巴黎出版。

布拉格代表会议恢复了党,选出了中央委员会,并由它重新建立了中央委员会俄国局。当选为中央委员的是:列宁、菲·伊·戈洛晓金、格·叶·季诺维也夫、格·康·奥尔忠尼启则、苏·斯·斯潘达良、施瓦尔茨曼、罗·瓦·马林诺夫斯基(后来发现是奸细)。在代表会议结束时召开的中央委员会全会决定增补伊·斯·别洛斯托茨基和斯大林为中央委员。过了一段时间又增补格·伊·彼得罗夫斯基和雅·米·斯维尔德洛夫为中央委员。代表会议还决定安·谢·布勃诺夫、米·伊·加里宁、亚·彼·斯米尔诺夫、叶·德·斯塔索娃和斯·格·邵武勉为候补中央委员。代表会议选出了以列宁为首的《社会民主党人报》编辑委员会,并选举列宁为俄国社会民主工党驻社会党国际局的代表。

这次代表会议规定了党在新的条件下的政治路线和策略,决定把取消派开除出党,对俄国社会民主工党这一新型政党的进一步发展和巩固党的统一具有决定性意义。——126。

90 这篇报告和下面两篇在布拉格代表会议上的发言,是依据这次代表会议某几次会议的片断记录整理出来的。方括号里的文字是俄文版编者根据文意增补的。——135。

91 社会党国际局是第二国际的常设执行和通讯机关,根据1900年9月巴黎代表大会的决议成立,设在布鲁塞尔。社会党国际局由各国社会党代表组成。执行主席是埃·王德威尔得,书记是卡·胡斯曼。俄国社会民主党人参加社会党国际局的代表是格·瓦·普列汉诺夫和波·尼·克里切夫斯基。从1905年10月起,列宁代表俄国社会民主工党参加社会党国际局。1914年6月,根据列宁的建议,马·马·李维诺夫被任命为社会党国际局俄国代表。社会党国际局在第一次世界大战开始后实际上不再存在。——135。

92 哥本哈根国际社会党代表大会(第二国际第八次代表大会)于1910年8月28日—9月3日举行。出席代表大会的有来自欧洲、南北美洲、南部非洲和澳洲33个国家的896名代表。同奥地利、英国、德国、法国一样,俄国在大会上拥有20票,其中社会民主党(包括立陶宛和亚美尼亚社会民主党)10票,社会革命党7票,工会3票。代表俄国社会民主工党出席代表大会的有列宁、格·瓦·普列汉诺夫、亚·米·柯伦泰、阿·瓦·卢那察尔斯基等。

代表大会的主要议题是反对军国主义和战争、合作社与党的关系、国际团结和工会运动的统一等问题。为了预先讨论和草拟各项问题的决议,大会成立了5个委员会——合作社问题委员会;工会、国际团结和奥地利工会运动统一委员会;反战委员会;工人立法和失业问题委员会;关于社会党统一,关于死刑,关于芬兰、阿根廷、波斯等各种问题的决议制定委员会。

列宁参加了合作社问题委员会的工作。他在《哥本哈根国际社会党代表大会关于合作社问题的讨论》一文(见本版全集第19卷)中分析了代表大会合作社委员会的工作以及围绕着合作社在无产阶级革命斗争中的作用和任务与合作社同社会主义政党的关系等问题展开的斗争。

代表大会通过的《仲裁法庭和裁军》这一反战问题的决议重申了

1907年斯图加特代表大会的《军国主义和国际冲突》决议,要求各国社会党人利用战争引起的经济危机和政治危机来推翻资产阶级。决议还责成各国社会党及其议员在议会中提出下列要求:必须把各国间的一切冲突提交国际仲裁法庭解决;普遍裁军;取消秘密外交;主张各民族都有自决权并保护它们不受战争侵略和暴力镇压。决议号召全国工人反对战争的威胁。

为了团结各国革命马克思主义者,列宁在大会期间倡议召开了出席代表大会的各国左派社会民主党人的会议,与会者有法国的茹·盖得和沙·拉波波特,比利时的路·德·布鲁凯尔,德国的罗·卢森堡和埃·武尔姆,波兰的尤·约·马尔赫列夫斯基(卡尔斯基),西班牙的巴·伊格莱西亚斯,奥地利的阿·布劳恩,俄国的普列汉诺夫等人。——135。

93 指1911年9月23—24日在苏黎世举行的社会党国际局会议。——135。

94 1910年9月2日,在哥本哈根国际社会党代表大会开会期间,由于德国社会民主党中央机关报《前进报》刊登了列·达·托洛茨基匿名攻击俄国社会民主工党的文章,俄国代表团成员列宁和格·瓦·普列汉诺夫以及波兰社会民主党代表阿·瓦尔斯基(阿·绍·瓦尔沙夫斯基)曾联名写信给德国社会民主党执行委员会表示抗议(见本版全集第45卷)。列宁还在1910年9月25日(10月8日)《社会民主党人报》第11号发表《谈谈某些社会民主党人是如何向国际介绍俄国社会民主工党的情况的》和在1911年4月29日(5月12日)《争论专页》第3号上发表《俄国党内斗争的历史意义》(见本版全集第19卷),反驳来自托洛茨基的诽谤。——135。

95 指斯图加特国际社会党代表大会。

斯图加特国际社会党代表大会(第二国际第七次代表大会)于1907年8月18—24日举行。出席代表大会的有来自25个国家的886名社会党和工会的代表,其中英国123名,奥地利75名,匈牙利25名,波希米亚41名,意大利13名,波兰23名,法国78名,美国20名,德国 289 名,俄国 65 名。德国代表团中工会代表占多数。俄国代表团包括社会民主党人 37 名、社会革命党人 21 名和工会代表 7 名。俄国代表团共有 20 张表决票,分配情形是:社会民主党人 10 票(布尔什维克 $4\frac{1}{2}$ 票,孟什维克 $2\frac{1}{2}$ 票,崩得、拉脱维亚社会民主党人和亚美尼亚社会民主党人各 1 票),社会革命党人 7 票,工会代表 3 票。参加这次代表大会的布尔什维克代表有列宁、亚·亚·波格丹诺夫、约·彼·戈尔登贝格(维什科夫斯基)、波·米·克努尼扬茨、马·马·李维诺夫、阿·瓦·卢那察尔斯基、尼·亚·谢马什柯、米·格·茨哈卡雅等人。列宁是第一次出席第二国际的代表大会。

代表大会审议了下列问题:军国主义和国际冲突;政党和工会的相互关系;殖民地问题;工人的侨居;妇女选举权。

在代表大会期间,列宁为团结国际社会民主党的左派力量做了大量工作,同机会主义者进行了坚决的斗争。代表大会的主要工作是在起草代表大会决议的各个委员会中进行的。列宁参加了军国主义和国际冲突问题委员会的工作。在这个委员会讨论奥·倍倍尔提出的决议草案时,列宁同罗·卢森堡和尔·马尔托夫一起对它提出了许多原则性的修改意见,其中最重要的是对决议草案的最后一段的修改意见:"只要存在战争的威胁,各有关国家的工人及其在议会中的代表就有责任各尽所能,以便利用相应的手段来阻止战争的爆发。这些手段自然是根据阶级斗争和一般政治形势的尖锐化程度的不同而改变和加强。如果战争仍然爆发了的话,他们的责任是迅速结束战争,并竭尽全力利用战争引起的经济危机和政治危机唤醒各阶层人民的政治觉悟,加速推翻资产阶级的统治。"在代表大会正式通过的决议中,这条修改意见除了个别文字改动外被完全采纳。这条修改意见末尾的著名论点还为 1910 年哥本哈根代表大会所重申并写进了 1912 年巴塞尔代表大会的决议。列宁在 1916 年 12 月写的一篇关于对倍倍尔这一决议案的修改的短文中谈到了这一修改意见提出的经过(见本版全集第 28 卷第 301 页)。

代表大会在殖民地问题上也展开了尖锐的斗争。以荷兰社会民主党人亨利克·范科尔为首的殖民地问题委员会中的多数派,不顾少数派的抗议,提出了一份决议草案,认为代表大会不应在原则上谴责一切殖民政策,因为殖民政策在社会主义制度下可以起传播文明的作用。范科尔把荷兰的殖民政策说成典范,宣称即使在将来,社会党人也不但要带着机器和其他文化成就,而且要手持武器到"野蛮民族"那里去。这一机会主义决议草案得到德国代表团多数的支持。只是由于俄国、波兰的代表,德国、法国、英国的部分代表以及没有殖民地的各小国的代表的共同努力,才推翻了委员会的决议,通过了在实质上改变了决议内容的修正案。代表大会通过的关于殖民地问题的决议谴责了一切殖民政策。

在草拟工人侨居问题决议案的委员会中,一部分机会主义者反映了美国和澳大利亚工人贵族的狭隘行会利益,要求禁止中国和日本的无产者移居这些国家,说他们没有组织能力。持这种观点的人在全体会议上没有公开发言。因此,代表大会就这一问题通过的决议符合革命的社会民主党的要求,也符合对各国工人进行国际主义教育的要求。

在关于工会和工人阶级政党相互关系问题委员会中,卢那察尔斯基捍卫了关于工会应具有党性的列宁主义路线。代表大会就此问题通过了确认工会的党性原则的决议。

列宁在两篇题为《斯图加特国际社会党代表大会》的文章中对这次代表大会及其意义作了扼要的介绍和评述(见本版全集第16卷)。——135。

96 指巴登邦议会的社会民主党代表退出1910年9月18—24日举行的德国社会民主党马格德堡代表大会一事。巴登邦议会社会民主党党团不顾历届党代表大会的有关决议,对资产阶级政府的预算投了赞成票。马格德堡代表大会以289票对80票的压倒多数谴责了巴登社会民主党人的机会主义策略。巴登代表随即声明他们今后仍然保留不服从代表大会决定的权利。针对这个声明,代表大会以多数票通过一项特别决议,宣布:任何人如违反党代表大会关于表决预算的决定将立即予以开除出党。在通过这项决议前巴登代表示威性地退出了代表大会。——136。

97 指捷克和奥地利社会民主党人在工会统一问题上的分歧。1905年

12月,在奥地利工会非常代表大会上,捷克社会民主党人提出成立其权限可及于奥地利全境的民族工会的问题。捷克人的建议被绝大多数票否决。但是捷克社会民主党代表拒绝服从代表大会的决议。奥地利社会民主党人在1910年把这个问题提交哥本哈根国际社会党代表大会解决。大会否决了捷克人的分离主义的建议,一致主张工会组织统一。——136。

98 说的是德国社会民主党总书记、机会主义者赫·莫尔肯布尔给该党执行委员会的信。信中建议,鉴于帝国国会选举临近,对德国政府的殖民政策不要进行批判。罗·卢森堡公布了这封信。——136。

99 指1908年12月在巴黎举行的俄国社会民主工党第五次全国代表会议关于组织问题的决议(参看《苏联共产党代表大会、代表会议和中央全会决议汇编》1964年人民出版社版第1分册第254—256页)。——139。

100 反社会党人非常法(反社会党人法)即《反社会民主党企图危害治安法》,是德国俾斯麦政府从1878年10月21日起实行的镇压工人运动的反动法令。这个法令规定取缔德国社会民主党和一切进步工人组织,查封工人刊物,没收社会主义书报,并可不经法律手续把革命者逮捕和驱逐出境。在反社会党人非常法实施期间,有1 000多种书刊被查禁,300多个工人组织被解散,2 000多人被监禁和驱逐。在工人运动的压力下,反社会党人非常法于1890年10月1日被废除。——139。

101 指《社会民主党人报》。见注10。——140。

102 指波兰王国和立陶宛社会民主党。见注17。——143。

103 1907年6月3日的选举条例第106条规定:选民大会选举复选人,得票过半数者当选;如得票数相等,以抽签决定;如当选的复选人不足额,则举行补充选举。这里说的决选投票,即是指补充选举。——148。

104 按照1907年6月3日的选举条例,彼得堡、莫斯科、里加、敖德萨和基辅这5个城市实行杜马代表的直接选举,办法是:每个城市的第一、第二两个城市选民团分别按分配给自己的名额直接选举杜马代表,得票过半数者当选;如得不出结果,则另订日期选举不足额的代表,得票最多者即当选。——148。

105　指《社会民主党人报》。见注10。——160。

106　参看注12。——161。

107　这里说的组织章程是俄国社会民主工党第五次(伦敦)代表大会通过的,全文见《苏联共产党代表大会、代表会议和中央全会决议汇编》1964年人民出版社版第1分册第215—217页。——161。

108　国外组织委员会即俄国社会民主工党国外组织委员会,是在1911年12月布尔什维克国外小组巴黎会议上选出的。这次会议决定"在拒绝同取消派-呼声派达成任何直接或间接的协议的基础上","在执行真正的党的路线的基础上"建立俄国社会民主工党国外组织。会议还"决定在各地设立这一国外组织的分部,并认为必须吸收一切同意支持俄国组织委员会、中央机关报和《工人报》的护党分子参加这些分部"(参看《苏联共产党代表大会、代表会议和中央全会决议汇编》1964年人民出版社版第1分册第337页)。会议选出的国外组织委员会成员有:尼·亚·谢马什柯、米·费·弗拉基米尔斯基、伊·费·阿尔曼德等人。国外组织委员会的成员几经变动。在1915年2月27日—3月4日于伯尔尼举行的俄国社会民主工党国外支部代表会议上,娜·康·克鲁普斯卡娅、阿尔曼德、格·李·什克洛夫斯基、弗·米·卡斯帕罗夫被选进了国外组织委员会。第一次世界大战期间,该委员会设在瑞士,在列宁的直接领导下开展工作。俄国社会民主工党第六次(布拉格)全国代表会议批准了国外组织委员会,谴责了在国外的所有的派别活动,确认在国外建立一个在中央委员会的监督和领导下工作的统一的党组织是完全必要的。国外组织委员会在团结党的力量,同孟什维克取消派、调和派、托洛茨基派和其他机会主义分子进行的斗争中发挥了重要的作用。国外组织委员会于1917年停止活动。——162。

109 德国社会民主党在1912年1月德意志帝国国会选举中获得了巨大胜利,共有110名社会民主党人当选为帝国国会议员,他们共得到450万张选票。

俄国社会民主工党给德国社会民主党的贺电发表于1912年1月27日《前进报》第22号。——164。

110 《现代事业报》(《Живое Дело»)是俄国孟什维克取消派的合法报纸(周报),1912年1月20日(2月2日)—4月28日(5月11日)在彼得堡出版,共出了16号。参加该报工作的有尔·马尔托夫、费·伊·唐恩、帕·波·阿克雪里罗得等。接替《现代事业报》出版的是《涅瓦呼声报》。——165。

111 列宁给社会党国际局的这个报告,作为关于已举行的俄国社会民主工党全国代表会议的正式通知,由社会党国际局书记卡·胡斯曼于1912年3月18日分发给了各国社会党。与通知一起发出的社会党国际局第4号通报,请求各国社会党在自己的机关报上发表这一通知。通知曾刊载于1912年3月23日比利时工人党机关《人民报》,1912年3月26日德国社会民主党中央机关报《前进报》第27号(附刊第1号)。《前进报》给通知加了由列·达·托洛茨基写的诽谤性的注释(参看本卷《〈前进报〉上的匿名作者和俄国社会民主工党的党内状况》一文)。——169。

112 《土地呼声报》(《Голос Земли»)是自由派资产阶级的日报,于1912年1月10日(23日)—3月10日(23日)在彼得堡出版。

《俄罗斯言论报》(《Русское Слово»)是俄国报纸(日报),1895年起在莫斯科出版(第1号为试刊号,于1894年出版)。出版人是伊·德·瑟京,撰稿人有弗·米·多罗舍维奇(1902年起实际上为该报编辑)、亚·瓦·阿姆菲捷阿特罗夫、彼·德·博博雷金、弗·阿·吉利亚罗夫斯基、瓦·伊·涅米罗维奇-丹琴科等。该报表面上是无党派报纸,实际上持资产阶级自由派立场。1917年后完全支持资产阶级临时政府,并曾拥护科尔尼洛夫叛乱。十月革命后不久被查封,其印刷厂被没收。1918年1月起,该报曾一度以《新言论报》和《我们的言论报》的名称出版,1918 年 7 月最终被查封。

《基辅思想报》(《Киевская Мысль》)是俄国资产阶级民主派的政治文学报纸(日报),1906—1918 年在基辅出版。1915 年以前,该报每周出版插图附刊一份;1917 年起出晨刊和晚刊。该报的编辑是 A.尼古拉耶夫和 И.塔尔诺夫斯基。参加该报工作的社会民主党人主要是孟什维克,其中有亚·马尔丁诺夫、列·达·托洛茨基等。第一次世界大战期间,该报采取护国主义立场。——171。

113　《复兴》杂志(《Возрождение》)是俄国孟什维克取消派的合法刊物(双周刊),1908 年 12 月—1910 年 7 月在莫斯科出版。为该杂志撰稿的有费·伊·唐恩、亚·尼·波特列索夫、亚·马尔丁诺夫等。接替《复兴》杂志出版的是《生活》杂志。——173。

114　《俄国思想》杂志(《Русская Мысль》)是俄国科学、文学和政治刊物(月刊),1880—1918 年在莫斯科出版。起初是同情民粹主义的温和自由派的刊物。90 年代有时也刊登马克思主义者的文章。1905 年革命后成为立宪民主党右翼的刊物,由彼·伯·司徒卢威和亚·亚·基泽韦捷尔编辑。十月革命后于 1918 年被查封。后由司徒卢威在国外复刊,成为白俄杂志,1921—1924 年、1927 年先后在索非亚、布拉格和巴黎出版。——174。

115　赫拉克勒斯是希腊神话中的人物,主神宙斯和阿尔克墨涅的私生子,因婴儿时吸过宙斯的妻子天后赫拉的几口神奶,后来变得力大无比。——176。

116　特韦尔多昂托和乌格留姆-布尔切耶夫都是俄国作家米·叶·萨尔蒂科夫-谢德林笔下的人物。前者是随笔《在国外》里的一个出国游历的俄国官吏,他文化水平不高,头脑糊涂,却经常谈论所谓"治国之道","驭民之术"。后者是讽刺作品《一个城市的历史》中的愚人城长。他是一个野蛮无知、专横凶残的恶棍,一个阴森可怕、毫无理性的白痴。"把某个特韦尔多昂托换成某个乌格留姆-布尔切耶夫",意思是换汤不换药。——183。

117 《俄国社会民主工党选举纲领》是以俄国社会民主工党第六次(布拉格)全国代表会议的决议为基础于 1912 年 3 月初在巴黎写的,经中央委员会批准后,以中央委员会的名义在梯弗利斯印成单页,运到包括最大的无产阶级中心的 18 个地点。《社会民主党人报》根据在俄国出版的单页在第 26 号附刊上予以转载。列宁于 1912 年 3 月 13 日(26 日)把纲领的一份手抄件寄给《明星报》编辑部,并写了附言,要求停止制定其他纲领(见本版全集第 46 卷第 54 号文献)。——184。

118 1896 年 5 月 18 日(30 日),在莫斯科附近的霍登卡,官方为庆祝尼古拉二世加冕礼而举办一次民众游乐会。由于当局没有采取任何安全措施,结果当天挤死了 1 389 人,挤伤致残 1 300 人。这件事引起了社会上的普遍愤慨。尼古拉二世被称为"血腥的尼古拉"和"霍登卡的沙皇",就是由此而来的。——184。

119 1906 年 3 月 4 日(17 日)的法令是指沙皇政府在这一天颁布的关于结社和关于集会的两个暂行条例。这两个条例允许组织社团和集会,但同时又设置了许多障碍,实际上使之成为一纸空文。法令授权内务大臣可以酌情查封社团并拒绝新社团的登记注册。——186。

120 《把牌摊到桌面上来》一文是 1912 年 3 月列宁在巴黎为布尔什维克的合法报纸《明星报》写的,但当时没有刊登出来。列宁于 3 月 12 日或 13 日(25 日或 26 日)寄发文章时给《明星报》编辑部写了一封信(见本版全集第 46 卷第 53 号文献)。——191。

121 摩纳哥公国的语言意为赌徒的语言。摩纳哥公国是地中海沿岸的一个小国,以赌场收入为其国民收入主要来源之一。——191。

122 《生活》杂志(《Жизнь》)是俄国孟什维克取消派的合法的社会政治刊物,1910 年 8 月和 9 月在莫斯科出版,共出了两期。——192。

123 指弗·列维茨基在《我们的"宪法"和争取权利的斗争》一文中提出的"不是领导权,而是阶级的政党"这一"理论"。——192。

124　指登载在1912年2月25日(3月9日)《言语报》上的捷·奥·别洛乌索夫给该报编辑部的信。孟什维克取消派别洛乌索夫是第三届杜马伊尔库茨克省代表，他在1912年2月向社会民主党党团递交一份声明，宣布他退出党团，同时又要求对此不要公开。社会民主党党团讨论了别洛乌索夫的声明，一致认为他应立即辞去杜马代表的职务。党团的决定于1912年2月23日(3月7日)在《明星报》上发表。别洛乌索夫给《言语报》编辑部的信就是针对党团的决定而写的。

　　几天以后，1912年2月29日(3月13日)，伊尔库茨克交易所委员会讨论了这个问题，决定致电别洛乌索夫，表示该省"工商界人士恳请他不要放弃杜马代表的称号"。当天别洛乌索夫电复该委员会，对其"支持和信任"表示感谢。列宁写这篇文章时，还不知道别洛乌索夫与伊尔库茨克交易所委员会之间的电报来往。因此，《明星报》编辑部在发表列宁这篇文章的同时，向读者披露了这些电文的内容。列宁的文章发表后，别洛乌索夫又向《明星报》编辑部递交一个声明，其中充满了对革命社会民主党的谩骂。——198。

125　这篇文章是列宁对列·达·托洛茨基在德国社会民主党中央机关报《前进报》上匿名发表的反对党的布拉格代表会议及其决议的诽谤性文章的答复。文章以俄国社会民主工党中央机关报《社会民主党人报》编辑部的名义用德文印成小册子，分寄给了德国社会民主党各刊物编辑部、各地方委员会、各图书馆，共600个单位。在《列宁全集》俄文各版中，这篇文章是根据《社会民主党人报》编辑部的小册子从德文译成俄文刊印的。——204。

126　《前进报》(《Vorwärts》)是德国社会民主党的中央机关报(日报)，1876年10月在莱比锡创刊，编辑是威·李卜克内西和威·哈森克莱维尔。1878年10月反社会党人非常法颁布后被查禁。1890年10月反社会党人非常法废除后，德国社会民主党哈雷代表大会决定把1884年在柏林创办的《柏林人民报》改名为《前进报》(全称是《前进。柏林人民报》)，从1891年1月起作为中央机关报在柏林出版，由李卜克内西任主编。恩格斯曾为《前进报》撰稿，同机会主义的各种表现进行斗争。

1895年恩格斯逝世以后,《前进报》逐渐转入党的右翼手中。它支持过俄国的经济派和孟什维克。第一次世界大战期间持社会沙文主义立场。俄国十月革命以后,进行反对苏维埃的宣传。1933年停刊。——204。

127　指1912年3月12日在崩得国外委员会、"前进"集团、《社会民主党人呼声报》、列·达·托洛茨基的维也纳《真理报》、孟什维克护党派和调和派等单位的代表于巴黎召开的会议上通过的攻击俄国社会民主工党第六次(布拉格)全国代表会议的决议。该会议还决定将此决议通报社会党国际局,德国、法国、奥地利三国社会党的中央委员会和中央机关报以及所谓"保管人"。该决议除印成单页外,还刊载于维也纳《真理报》和崩得的《新闻小报》第4号。列宁以俄国社会民主工党中央委员会驻社会党国际局的代表的身份,就这个决议发表了一个正式的抗议声明(见本卷第221—224页),并在3月28日以前给社会党国际局书记卡·胡斯曼写了一封信(见本版全集第46卷第55号文献)。——204。

128　《社会民主党人日志》(《Дневник Социал-Демократа》)是格·瓦·普列汉诺夫创办的不定期刊物,1905年3月—1912年4月在日内瓦出版,共出了16期。1916年在彼得格勒复刊,仅出了1期。在第1—8期(1905—1906年)中,普列汉诺夫宣扬极右的孟什维克机会主义观点,拥护社会民主党和自由派资产阶级联盟,反对无产阶级和农民联盟,谴责十二月武装起义。在第9—16期(1909—1912年)中,普列汉诺夫反对主张取消秘密党组织的孟什维克取消派,但在基本的策略问题上仍站在孟什维克立场上。1916年该杂志出版的第1期里则明显地表达了普列汉诺夫的社会沙文主义观点。——205。

129　指格·瓦·普列汉诺夫的文章《关于召开俄国社会民主工党代表会议问题》,载于1912年4月《社会民主党人日志》第16期(见《普列汉诺夫全集》1927年俄文版第19卷第395—407页)。文章引用了《社会民主党人日志》编辑部同取消派组织委员会代表的来往信件。在这些信件里,取消派组织委员会的代表坚持要求普列汉诺夫和孟什维克护党派集团参加组织委员会。普列汉诺夫在答复中揭露了正在筹备召开的八月代表会议的取消主义性质,并拒绝参加组织委员会的工作。
——205。

130　指德国社会民主党内以拉·弗里德贝格为首的无政府工团主义派别。
——206。

131　《社会主义月刊》(《Sozialistische Monatshefte》)是德国机会主义者的主要刊物,也是国际修正主义者的刊物之一,1897—1933年在柏林出版。编辑和出版者为右翼社会民主党人约·布洛赫。撰稿人有爱·伯恩施坦、康·施米特、弗·赫茨、爱·大卫、沃·海涅、麦·席佩耳等。第一次世界大战期间,该刊持社会沙文主义立场。——206。

132　指俄国社会民主工党第五次全国代表会议《关于各地民族组织的统一问题》的决议。决议说:"代表会议建议中央委员会采取措施,把违背斯德哥尔摩代表大会决议至今尚未进行统一的各区域内的我党地方组织统一起来。"(参看《苏联共产党代表大会、代表会议和中央全会决议汇编》人民出版社版第1分册第256页)。——208。

133　《启蒙》杂志(《Просвещение》)是俄国布尔什维克的合法的社会政治和文学月刊,1911年12月—1914年6月在彼得堡出版,共出了27期。该杂志是根据列宁的倡议,为代替被沙皇政府查封的布尔什维克刊物——在莫斯科出版的《思想》杂志而创办的,受以列宁为首的国外编辑委员会的领导。出版杂志的实际工作,由俄国国内的编辑委员会负责。在不同时期参加国内编辑委员会的有:安·伊·乌里扬诺娃-叶利扎罗娃、列·米·米哈伊洛夫、米·斯·奥里明斯基、А.А.里亚比宁、马·亚·萨韦利耶夫、尼·阿·斯克雷普尼克等。从1913年起,《启蒙》杂志文艺部由马·高尔基领导。《启蒙》杂志作为布尔什维克机关刊物,曾同取消派、召回派、托洛茨基分子和资产阶级民族主义者进行过斗争,登过列宁的28篇文章。第一次世界大战前夕,《启蒙》杂志被沙皇政府查封。1917年秋复刊后,只出了一期(双刊号),登载了列宁的《布尔什维克能保持国家政权吗?》和《论修改党纲》两篇文章。

——213。

134 地方官是沙皇俄国农村中管理行政和司法的公职人员,其职权是监督农民社会管理机关的活动和农民案件的初审。按照1889年7月12日的法令,地方官由省长从拥有不动产的世袭贵族中任命,并由内务大臣批准。实行地方官制度是亚历山大三世政府的措施之一,目的在于加强领地贵族在废除农奴制后的农村中的作用。——217。

135 社会党国际局于1912年4月12日把列宁的这封信随第7号通报分发给各国社会党,通报建议各国社会党在报刊上公布列宁的这封信。——221。

136 劳动派代表会议于1912年3月底在彼得堡举行。这次会议主要讨论了第四届国家杜马选举运动的一些问题。——243。

137 指1905年12月11日(24日)国家杜马选举法。

　　1905年12月11日(24日)国家杜马选举法是沙皇政府在莫斯科武装起义高潮中作为对工人的某种让步而颁布的。与1905年8月6日颁布的关于"咨议性"布里根杜马的条例不同,该法规定成立"立法"杜马。除原定的土地占有者(地主)选民团、城市(资产阶级)选民团和农民选民团外,增添了工人选民团,并在维持城市选民团复选人总数不变的情况下稍许扩大了城市选民的组成。按照这个选举法,选举不是普遍的,有大量男性工人(200多万)、无地农民、游牧民族、军人、不满25岁的青年以及妇女没有选举权。选举也不是平等的,土地占有者选民团每2 000名选民摊到1名复选人,城市选民团每7 000名选民摊到1名复选人,农民选民团每3万名选民摊到1名复选人,工人选民团每9万名选民才摊到1名复选人。这就是说地主的1票等于城市资产阶级的3票,农民的15票,工人的45票。工人选民团产生的复选人只占国家杜马复选人总数的4%。在工人选民团中,50人以上的企业的工人才允许参加选举。选举也不是直接的,而是多级的,地主和资产阶级是二级选举,工人是三级选举,农民则是四级选举。选举事实上也不是无记名投票的。——244。

138　《生活需要》杂志(《Запросы Жизни》)是彼得堡的一家周刊,1909—1912
年出版。为它撰稿的有立宪民主党人、人民社会党人和孟什维克取消
派。列宁称它是"取消派—劳动派—路标派的"杂志。——248。

139　指1912年4月4日(17日)沙皇军队枪杀西伯利亚勒拿金矿工人的事
件。勒拿金矿工人因不堪资本家的残酷剥削和压迫,于1912年2月底
开始举行罢工。3月中旬,罢工席卷各矿,参加者达6 000余人。罢工
者提出实行八小时工作制、增加工资、取消罚款、提供医疗救护、改善供
应和居住条件等要求。布尔什维克帕·尼·巴塔绍夫是领导罢工的总
委员会主席。沙皇当局调动军队镇压罢工,于4月3日(16日)夜逮捕
了几乎全部罢工委员会成员。4月4日(17日),2 500名工人前往纳杰
日金斯基矿向检察机关的官员递交申诉书。士兵们奉命向工人开枪,
当场死270人,伤250人。勒拿惨案激起了全俄工人的愤怒,俄国革命
运动从此迅速地向前发展。——253。

140　《俄国财富》杂志(《Русское Богатство》)是俄国科学、文学和政治刊物。
1876年创办于莫斯科,同年年中迁至彼得堡。1879年以前为旬刊,以
后为月刊。1879年起成为自由主义民粹派的刊物。1892年以后由
尼·康·米海洛夫斯基和弗·加·柯罗连科领导,成为自由主义民粹
派的中心,在其周围聚集了一批政论家,他们后来成为社会革命党、人
民社会党和历届国家杜马中的劳动派的著名成员。在1893年以后的
几年中,曾同马克思主义者展开理论上的争论。为该杂志撰稿的也有
一些现实主义作家。1906年成为人民社会党的机关刊物。1914年至
1917年3月以《俄国纪事》为刊名出版。1918年被查封。——253。

141　《同时代人》杂志(《Современник》)是俄国文学、政治、科学、历史和艺术
刊物,1911—1915年在彼得堡出版,原为月刊,1914年起改为半月刊。
聚集在杂志周围的有孟什维克取消派、社会革命党人、人民社会党人和
自由派左翼。1913年以前该杂志事实上的编辑是亚·瓦·阿姆菲捷
阿特罗夫,以后是尼·苏汉诺夫(尼·尼·吉姆美尔)。撰稿人有格·
瓦·普列汉诺夫、叶·德·库斯柯娃、费·伊·唐恩、尔·马尔托夫、
谢·尼·普罗柯波维奇、维·米·切尔诺夫等。《同时代人》杂志自称

是"党外社会主义刊物",实际上是取消派和民粹派的刊物。该杂志同工人群众没有任何联系。第一次世界大战期间,该杂志采取社会沙文主义立场。——253。

142　指俄罗斯帝国刑法第129条。该条规定了对公开发表反对沙皇政府的言论者或传播反对沙皇政府的著作者的各种刑罚,直到把他们流放边远地方服苦役。——255。

143　发起小组(社会民主党公开工人运动活动家发起小组)是俄国孟什维克取消派为与秘密的党组织相抗衡而从1910年底起先后在彼得堡、莫斯科、叶卡捷琳诺斯拉夫和康斯坦丁诺夫卡建立的组织。取消派把这些小组看做是他们所鼓吹的适应斯托雷平六三制度的新的广泛的合法政党的支部。这些小组是一些人数不多、同工人阶级没有联系的知识分子小集团,其领导中心是取消派在国外出版的《社会民主党人呼声报》和他们在俄国国内出版的《我们的曙光》杂志和《生活事业》杂志。发起小组反对工人举行罢工斗争和革命的游行示威,在第四届国家杜马选举中反对布尔什维克。第一次世界大战期间,发起小组采取社会沙文主义立场。——256。

144　指在1912年1月崩得、高加索区域委员会和拉脱维亚边疆区社会民主党中央委员会的代表举行的取消派会议上成立的组织委员会。积极参加这个组织委员会工作的,除了民族的社会民主党组织外,还有维也纳《真理报》编辑部、《社会民主党人呼声报》编辑部、"前进"集团以及彼得堡取消派"发起小组"的代表。组织委员会的事实上的领导人是列·达·托洛茨基。组织委员会是召集1912年八月反党代表会议的正式机关。——258。

145　《护党报》(《За Партию»)是俄国孟什维克护党派和调和派的小报,1912年4月16日(29日)——1914年2月在巴黎不定期出版,共出了5号。参加该报工作的有格·瓦·普列汉诺夫、索·阿·洛佐夫斯基、阿·伊·柳比莫夫等。小报大部分在国外销售,主要反映在巴黎的普列汉诺夫集团的观点。——260。

146　马尼洛夫是俄国作家尼·瓦·果戈理的小说《死魂灵》中的一个地主。
他生性怠惰,终日想入非非,崇尚空谈,刻意讲究虚伪客套。马尼洛夫
通常被用来形容耽于幻想、无所作为的人。——261。

147　指十二月党人。

十二月党人是俄国贵族革命家,因领导1825年12月14日(26日)
彼得堡卫戍部队武装起义而得名。在起义前,十二月党人建立了三个
秘密团体:1821年成立的由尼·米·穆拉维约夫领导的、总部设在彼
得堡的北方协会;同年在乌克兰第2集团军驻防区成立的由帕·伊·
佩斯捷利领导的南方协会;1823年成立的由安·伊·和彼·伊·波里
索夫兄弟领导的斯拉夫人联合会。这三个团体的纲领都要求废除农奴
制和限制沙皇专制。但是十二月党人试图只以军事政变来实现自己的
要求。1825年12月14日(26日),在向新沙皇尼古拉一世宣誓的当天
上午,北方协会成员率领约3 000名同情十二月党人的士兵开进彼得
堡参议院广场。他们计划用武力阻止参议院和国务会议向新沙皇宣
誓,并迫使参议员签署告俄国人民的革命宣言,宣布推翻政府、废除农
奴制、取消兵役义务、实现公民自由和召开立宪会议。但十二月党人的
计划未能实现,因为尼古拉一世还在黎明以前,就使参议院和国务会议
举行了宣誓。尼古拉一世并把忠于他的军队调到广场,包围了起义者,
下令发射霰弹。当天傍晚起义被镇压了下去。据政府发表的显系缩小
了的数字,在参议院广场有70多名"叛乱者"被打死。南方协会成员领
导的切尔尼戈夫团于1825年12月29日(1826年1月10日)在乌克兰
举行起义,也于1826年1月3日(15日)被沙皇军队镇压下去。

沙皇政府残酷惩处起义者,十二月党人的著名领导者佩斯捷利、
谢·伊·穆拉维约夫-阿波斯托尔、孔·费·雷列耶夫、米·巴·别斯
图热夫-留明和彼·格·卡霍夫斯基于1826年7月13日(25日)被绞
死,121名十二月党人被流放到西伯利亚,数百名军官和4 000名士兵
被捕并受到惩罚。十二月党人起义对后来的俄国革命运动产生了很大
影响。——261。

148　罗慕洛和瑞穆斯是罗马神话中的人物,西尔维亚和战神马尔斯结合而

生的一对孪生兄弟。他们生下不久被国王阿穆利乌斯投入台伯河,但河水把这对婴儿漂到岸边。战神马尔斯派一只母狼把他们带入山洞,用狼奶喂养他们。他们长大后体格健壮,膂力过人,性格刚强,见义勇为,深得人民的爱戴。两人中的罗慕洛是罗马城的建造者。——261。

149 指国际工人协会。

国际工人协会(第一国际)是无产阶级第一个国际性的革命联合组织,1864年9月28日在伦敦成立。马克思参与了国际工人协会的创建,是它的实际领袖,恩格斯参加了它后期的领导工作。在马克思和恩格斯的指导下,国际工人协会领导各国工人的经济斗争和政治斗争,积极支持被压迫民族的解放运动,坚决揭露和批判蒲鲁东主义、巴枯宁主义、拉萨尔主义、工联主义等错误思潮,促进了各国工人的国际团结。国际工人协会在1872年海牙代表大会以后实际上已停止活动,1876年7月15日正式宣布解散。国际工人协会的历史意义在于它"奠定了工人国际组织的基础,使工人作好向资本进行革命进攻的准备"(见本版全集第36卷第290页)。——263。

150 农民协会(全俄农民协会)是俄国1905年革命中产生的群众性的革命民主主义政治组织,于1905年7月31日—8月1日(8月13—14日)在莫斯科举行了成立大会。据1905年10—12月的统计,协会在欧俄有470个乡级和村级组织,会员约20万人。根据该协会成立大会和1905年11月6—10日(19—23日)举行的第二次代表大会通过的决议,协会的纲领性要求是:实现政治自由和在普选基础上立即召开立宪会议,支持抵制第一届国家杜马;废除土地私有制,由农民选出的委员会将土地分配给自力耕作的农民使用,同意对一部分私有土地给以补偿。农民协会曾与彼得堡工人代表苏维埃合作,它的地方组织在农民起义地区起了革命委员会的作用。农民协会从一开始就遭到警察镇压,1907年初被解散。——264。

151 《钟声》杂志(《Колокол》)是亚·伊·赫尔岑和尼·普·奥格辽夫在国外(1857—1865年在伦敦、1865—1867年在日内瓦)出版的俄国革命刊物,最初为月刊,后来为不定期刊,共出了245期。该刊印数达

2 500份,在俄国国内传播甚广。《钟声》杂志除刊登赫尔岑和奥格辽夫
的文章外,还刊载各种材料和消息,报道俄国人民的生活状况和社会斗
争,揭露沙皇当局的秘密计划和营私舞弊行为。在1859—1861年俄国
革命形势发展时期,来自俄国国内的通讯数量激增,每月达到几百篇。
尼·亚·杜勃罗留波夫、米·拉·米哈伊洛夫、尼·伊·吴亭等担任过
它的记者,伊·谢·阿克萨科夫、尤·费·萨马林、伊·谢·屠格涅夫
等为它供过稿。《钟声》杂志最初阶段的纲领以赫尔岑创立的俄国农
民社会主义理论为基础,极力鼓吹解放农民,提出废除书报检查制度
和肉刑等民主主义要求。但它也有自由主义倾向,对沙皇抱有幻想。
1861年农民改革以后,《钟声》杂志便坚决站到革命民主派一边,登载
赫尔岑和奥格辽夫尖锐谴责农民改革的文章以及俄国地下革命组织的
传单、文件等。《钟声》杂志编辑部协助创立了土地和自由社,积极支持
1863—1864年波兰起义,从而与自由派最终决裂。——264。

152　《北极星》(«Полярная Звезда»)是一种文学政治文集,1855—1862年由
亚·伊·赫尔岑创办的自由俄罗斯印刷所在伦敦出版,最后一集于
1868年在日内瓦出版,共出了8集。前3集由赫尔岑主编,后几集由
赫尔岑和尼·普·奥格辽夫主编。赫尔岑把文集取名为《北极星》并在
文集封面上印了五位被判处死刑的十二月党人的画像,都意在强调他
和十二月党人的革命继承关系(十二月党人亚·亚·别斯图热夫和
孔·费·雷列耶夫曾在1823—1825年出版了一种叫做《北极星》的文
学丛刊)。《北极星》文集刊登了大量有关十二月党人的资料、被检查机
关查禁的亚·谢·普希金、雷列耶夫、米·尤·莱蒙托夫的诗,维·
格·别林斯基致尼·瓦·果戈理的信,赫尔岑的文章和回忆录《往事与
随想》,奥格辽夫的文章和诗等。《北极星》对俄国进步文学和社会思想
的发展起了重要的作用。——264。

153　指波兰1863—1864年起义。这次反对沙皇专制制度、争取民族独立的
起义,是由波兰王国的封建农奴制危机和社会矛盾、民族矛盾加剧而引
起的。起义的直接原因是沙皇政府决定于1863年1月在波兰王国强
制征兵,企图用征召入伍的办法把大批怀有革命情绪的青年赶出城市。

领导起义的是代表小贵族和小资产阶级利益的"红党"所组织的中央民族委员会，后改称临时民族政府。它同俄国革命组织土地和自由社中央委员会以及在伦敦的《钟声》杂志出版人建立了联系。它的纲领包含有波兰民族独立、一切男子不分宗教和出身一律平等、农民耕种的土地不付赎金完全归农民所有、废除徭役、国家出资给地主以补偿等要求。起义从1863年1月22日向俄军数十个据点发动攻击开始，很快席卷了波兰王国和立陶宛，并波及白俄罗斯和乌克兰部分地区。参加起义的有手工业者、工人、大学生、贵族知识分子、部分农民和宗教界人士等各阶层的居民。代表大土地贵族和大资产阶级利益的"白党"担心自己在社会上声誉扫地，也一度参加了斗争，并攫取了领导权。马克思对波兰起义极为重视，曾参与组织国际军团，支援起义。1864年5月，起义被沙皇军队镇压下去，数万名波兰爱国者被杀害、囚禁或流放西伯利亚。但是，起义迫使沙皇政府于1864年3月颁布了关于在波兰王国解放农奴的法令，因而在波兰历史上具有划时代的意义。——266。

154 指喀山省斯帕斯基县别兹德纳村农民起义。关于废除农奴制的条件的1861年2月19日宣言和条例的颁布，引起了农民的失望和愤怒。他们不相信宣读的条例文本是真的，认为地主和官吏把真正的宣言和条例藏起来了。1861年春，在许多省都发生了农民骚动，而以别兹德纳村农民的暴动规模最大。领导这次运动的是别兹德纳村青年农民安东·彼得罗夫。在他的号召下，农民拒绝服徭役，拒绝向地主交纳代役租，拒绝在确定份地数量和义务范围的"规约"上签字，抢夺地主仓库里的粮食。骚动波及到喀山省斯帕斯基、奇斯托波尔、拉伊舍沃三县以及相邻的萨马拉省和辛比尔斯克省各县共75个村庄。别兹德纳村起义遭到了残酷的镇压。1861年4月12日（24日），根据阿普拉克辛将军的命令，向4 000名手无寸铁的农民群众开枪，据官方报告，被打死和因伤而死的共91人，伤350人以上。4月19日（5月1日），安东·彼得罗夫被枪决。交付军事法庭审判的16个农民中，5个被判处笞刑和不同期限的监禁。别兹德纳惨案在俄国社会各进步阶层中引起了广泛的反响。亚·伊·赫尔岑在《钟声》杂志上对别兹德纳惨案作了详细报道。——266。

155　民意党是俄国土地和自由社分裂后产生的革命民粹派组织,于 1879 年
8 月建立。主要领导人是安·伊·热里雅鲍夫、亚·德·米哈伊洛夫、
米·费·弗罗连柯、尼·亚·莫罗佐夫、维·尼·菲格涅尔、亚·亚·
克维亚特科夫斯基、索·李·佩罗夫斯卡娅等。该党主张推翻专制制
度,在其纲领中提出了广泛的民主改革的要求,如召开立宪会议,实现
普选权,设置常设人民代表机关,实行言论、信仰、出版、集会等自由和
广泛的村社自治,给人民以土地,给被压迫民族以自决权,用人民武装
代替常备军等。但是民意党人把民主革命的任务和社会主义革命的任
务混为一谈,认为在俄国可以超越资本主义,经过农民革命走向社会主
义,并且认为俄国主要革命力量不是工人阶级而是农民。民意党人从
积极的"英雄"和消极的"群氓"的错误理论出发,采取个人恐怖的活动
方式,把暗杀沙皇政府的个别代表人物作为推翻沙皇专制制度的主要
手段。他们在 1881 年 3 月 1 日(13 日)刺杀了沙皇亚历山大二世。由
于理论上、策略上和斗争方法上的错误,在沙皇政府的严重摧残下,民
意党在 1881 年以后就瓦解了。——267。

156　俄罗斯人民同盟是俄国黑帮组织,于 1905 年 10 月在彼得堡成立。该
组织联合城市小资产阶级的代表、地主、部分知识界和宗教界人士、城
市无业游民、一部分富农以及某些工人和农民,创始人为亚·伊·杜勃
洛文、弗·安·格林格穆特、弗·米·普利什凯维奇等。1905 年 12 月
23 日(1906 年 1 月 5 日),沙皇尼古拉二世接见同盟代表团,接受了同
盟成员的称号和徽章。同盟纲领以维护俄国的统一和不可分割、保持
专制制度、沙皇和人民通过咨议性的国民代表会议取得一致、大国沙文
主义、反犹太主义等为基本内容,同时也包含一些蛊惑性的条文,如批
评官僚制、保持村社土地所有制、各等级权利平等、国家为工人提供保
险等。同盟的中央机构是由 12 人组成的总委员会,设在彼得堡。全国
各城市、村镇所设的同盟分部在 1905—1907 年间达 900 个。同盟的主
要机关报是《俄国旗帜报》。同盟通过宣传鼓动几次掀起俄国反犹太人
大暴行的浪潮,同时也进行个人恐怖活动。它刺杀了第一届国家杜马
代表米·雅·赫尔岑施坦、格·波·约洛斯,并两次对谢·尤·维特行
刺。第二届国家杜马解散后,同盟于 1908—1910 年分裂为米迦勒天使

长同盟、俄罗斯人民同盟、彼得堡全俄杜勃洛文俄罗斯人民同盟等几个互相敌对的组织。1917年二月革命后同其他黑帮组织一起被取缔。——283。

157　《俄国旗帜报》(《Русское Знамя》)是黑帮报纸(日报),俄罗斯人民同盟的机关报,1905年11月在彼得堡创刊。该报的出版者是亚·伊·杜勃洛文,编辑是杜勃洛文和帕·费·布拉采尔等。报纸得到沙皇尼古拉二世的支持。1917年二月革命后,根据1917年3月5日(18日)彼得格勒苏维埃执行委员会的决议,该报被查封。——284。

158　《光明报》(《Свет》)是俄国资产阶级民族主义报纸(日报),1882—1917年在彼得堡出版。——285。

159　贵族联合会是农奴主-地主的组织,于1906年5月在各省贵族协会第一次代表大会上成立,存在到1917年10月。成立该组织的主要目的是维护君主专制制度,维护大地主土地占有制和贵族特权。贵族联合会的领导人是阿·亚·鲍勃凌斯基伯爵、Н.Ф.卡萨特金-罗斯托夫斯基公爵、Д.А.奥尔苏菲耶夫伯爵、弗·米·普利什凯维奇等人。列宁称贵族联合会为"农奴主联合会"。贵族联合会的许多成员参加了国务会议和黑帮组织的领导中心。——285。

160　人民社会党人是1906年从俄国社会革命党右翼分裂出来的小资产阶级政党人民社会党的成员。人民社会党的领导人有尼·费·安年斯基、韦·亚·米雅柯金、阿·瓦·彼舍霍诺夫、弗·格·博哥拉兹、谢·雅·叶尔帕季耶夫斯基、瓦·伊·谢美夫斯基等。人民社会党提出"全部国家政权应归人民",即归从无产者到资产阶级知识分子的全体劳动者,主张对地主土地进行赎买和实行土地国有化,但不触动份地和经营"劳动经济"的私有土地。在俄国1905—1907年革命趋于低潮时,该党赞同立宪民主党的路线,六三政变后,因没有群众基础,实际上处于瓦解状态。第一次世界大战期间,持社会沙文主义立场。二月革命后,该党开始恢复组织。1917年6月,同劳动派合并为劳动人民社会党。这个党代表富农利益,积极支持资产阶级临时政府,十月革命后参加反革命阴谋活动和武装叛乱,1918年后不复存在。——290。

161　俄罗斯帝国技术协会(俄国技术协会)是以在俄国发展技术和工业为宗旨的科学团体,1866年在彼得堡成立。该协会共有15个部,在全国各地设有数十个分会。协会活动包括出版刊物、举办学校、资助实验、举行普及科技知识的讲座及展览会等。1917年十月革命后,协会改组了自己的活动,于1923年通过了新的章程和《关于工业基本需要》的纲领。参加协会的有敌视苏维埃政权的资产阶级技术知识分子和前企业主。1929年协会被查封。——294。

162　交易所委员会是附属于交易所的常设机构,由大商人、工厂主、银行家选举产生,因而是俄国资产阶级的"代表组织"的形式之一。俄国第一个交易所委员会于1816年成立于彼得堡,以后各城市陆续成立,到1917年全国共有101个交易所委员会。交易所委员会的活动主要限于讨论经济问题。1905年交易所委员会被许可派工商界代表参加国务会议。1917年十月革命后交易所委员会停止活动。——294。

163　《采矿工厂事业》杂志(《Горнозаводское Дело》)是俄国南方采矿工业家代表大会委员会的刊物,于1910—1918年在哈尔科夫出版。
　　《石油事业》杂志(《Нефтяное Дело》)是石油工业家代表大会委员会的刊物,于1899—1920年在巴库出版。
　　《工商业》杂志(《Промышленность и Торговля》)是工商界代表大会委员会的刊物,于1908—1917年在彼得堡出版。
　　《俄国酿酒厂主协会消息通报》杂志(《Известия Российского Общества Винокуренных Заводчиков》)是俄国酿酒业主协会理事会的刊物,于1908—1915年在彼得堡出版。——299。

164　指沙皇俄国《国家根本法》第87条。该条规定,在立法机关停止活动期间,如遇非常情况,政府可不经立法机关径行颁布法律。1911年3月,沙皇俄国大臣会议主席彼·阿·斯托雷平曾将国家杜马和国务会议暂时解散3天,以便援用该条来颁布被国务会议否决了的在西部各省推行地方自治条例的法令。——301。

165　基特·基特奇(季特·季特奇·勃鲁斯科夫)是俄国剧作家亚·尼·奥
　　　斯特罗夫斯基的喜剧《无端遭祸》中的一个专横霸道、贪婪成性的富商。
　　　这是一个未受过教育的野蛮愚钝而刚愎自用的人物形象。——308。

166　《涅瓦明星报》(《Невская Звезда》)是俄国布尔什维克的合法报纸,
　　　1912年2月26日(3月10日)—10月5日(18日)在彼得堡出版,共出
　　　了27号。《涅瓦明星报》最初与《明星报》同时出版,以备《明星报》被查
　　　封或没收时可资替补。1912年4月22日(5月5日)以后即接替被查
　　　封的《明星报》出版。参加该报编辑工作的有尼·尼·巴图林、维·
　　　米·莫洛托夫、米·斯·奥里明斯基等。列宁从国外对报纸实行思想
　　　领导。该报发表了20篇列宁的文章和360多篇工人通讯。报纸经常
　　　遭到政府的迫害,在所出的27号报纸中有9号被没收,两号被罚款,编
　　　辑曾不止一次被法庭审讯。——313。

167　"全包制"是俄国1861年改革后的一种工役制形式。实行"全包制"的
　　　农民须用自己的农具和耕畜替地主包种土地,即种一俄亩春播作物,一
　　　俄亩秋播作物,有时还要割一俄亩的草,以换取货币,或冬季的贷款,或
　　　租地。——314。

168　《俄国晨报》(《Утро Россuu》)是俄国报纸(日报),1907年9月—1918年
　　　4月在莫斯科出版(1908年未出版)。该报自称"非党民主派报刊",实际
　　　上代表俄国帝国主义资产阶级的利益。它曾是进步党人的机关报,接
　　　受里亚布申斯基家族银行的津贴。1918年4月初,该报因诽谤苏维埃
　　　政权而被查封。1918年4月中旬—6月底曾以《俄国曙光报》的名称
　　　出版。——320。

169　《涅瓦呼声报》(《Невский Голос》)是俄国孟什维克取消派的合法报纸
　　　(周报),1912年5月20日(6月2日)—8月31日(9月13日)在彼得
　　　堡出版,共出了9号。该报由 Д.Ф.科斯特罗夫出版,为该报撰稿的有
　　　帕·波·阿克雪里罗得、尔·马尔托夫、亚·马尔丁诺夫、尤·查茨基
　　　等。该报的前身是《现代事业报》。——327。

170　旷野里的呼声一词来源于基督教圣经(见《旧约全书·以赛亚书》),意思是得不到人们响应,因而是徒劳的号召或呼吁。——341。

171　《革命的高涨》一文是列宁1912年4月26日(5月9日)在俄国社会民主工党国外组织巴黎支部的会议上作了关于国内情况的报告和5月31日(6月13日)作了《俄国无产阶级的革命高涨》的专题报告以后写的。专题报告的详细提纲,载于俄国社会民主工党国外组织巴黎支部印发的海报上,同本文的基本论点一致(见本卷《附录》第492页)。——342。

172　列宁提到的这个宣言于1912年"五一"前在彼得堡印刷并散发到各工厂。宣言号召工人于5月1日这一天,在俄国社会民主工党第六次(布拉格)全国代表会议所提出的"召开立宪会议,实行八小时工作制,没收地主土地"的口号下,在涅瓦大街举行群众大会和游行示威。宣言以"打倒沙皇政府! 废除六三专制宪制! 民主共和国万岁! 社会主义万岁!"的口号结束。宣言署名为:"圣彼得堡全体有组织工人代表会议":"社会民主党'联合'小组","社会民主党城市中心小组",社会革命党工人小组,"圣彼得堡社会民主工人小组","五月委员会代表"。

　　　　1912年6月4日(17日)《社会民主党人报》第27号在纪事栏里全文刊载了这个宣言。——344。

173　《圣彼得堡报》(《St.-Petersburger Zeitung»)是德意志族十月党人的机关报(日报),1729—1914年在彼得堡用德文出版。——347。

174　过去如此,将来还会如此这句话是内务大臣亚·亚·马卡罗夫1912年4月11日(24日)在国家杜马会议上答复社会民主党党团就勒拿惨案提出的质询时说的。——348。

175　指波兰社会党"左派"。

　　　　波兰社会党是以波兰社会党人巴黎代表大会(1892年11月)确定的纲领方针为基础于1893年成立的。这次代表大会提出了建立独立民主共和国、为争取人民群众的民主权利而斗争的口号,但是没有把这一斗争同俄国、德国和奥匈帝国的革命力量的斗争结合起来。该党右翼领导人约·皮尔苏茨基等认为恢复波兰国家的唯一道路是民族起义,而不是以无产阶级为领导的全俄反对沙皇的革命。从1905年2月起,以马·亨·瓦列茨基、费·雅·柯恩等为首的左派逐步在党内占了优势。1906年11月在维也纳召开的波兰社会党第九次代表大会把皮尔苏茨基及其拥护者开除出党,该党遂分裂为两个党:波兰社会党"左派"和波兰社会党"革命派"("右派",亦称弗腊克派)。

波兰社会党"左派"反对皮尔苏茨基分子的民族主义及其恐怖主义和密谋策略,主张同全俄工人运动密切合作,认为只有在全俄革命运动胜利的基础上才能解决波兰劳动人民的民族解放和社会解放问题。在1908—1910年期间,主要通过工会、文教团体等合法组织进行活动。该党不同意孟什维克关于在反对专制制度斗争中的领导权属于资产阶级的论点,可是支持孟什维克反对第四届国家杜马中的布尔什维克代表。第一次世界大战爆发后,该党持国际主义立场,参加了1915年的齐美尔瓦尔德会议和1916年的昆塔尔会议。该党欢迎俄国十月革命。1918年12月,该党同波兰王国和立陶宛社会民主党一起建立了波兰共产主义工人党(1925年改称波兰共产党,1938年解散)。

波兰社会党"革命派"于1909年重新使用波兰社会党的名称,强调通过武装斗争争取波兰独立,但把这一斗争同无产阶级的阶级斗争割裂开来。从第一次世界大战开始起,该党的骨干分子参加了皮尔苏茨基站在奥德帝国主义一边搞的军事政治活动(成立波兰军团)。1917年俄国二月革命后,该党转而对德奥占领者采取反对立场,开展争取建立独立的民主共和国和进行社会改革的斗争。1918年该党参加创建独立的资产阶级波兰国家,1919年同原普鲁士占领区的波兰社会党和原奥地利占领区的加利西亚和西里西亚波兰社会民主党合并。该党不反对地主资产阶级波兰对苏维埃俄国的武装干涉,并于1920年7月参加了所谓国防联合政府。1926年该党支持皮尔苏茨基发动的政变,同年11月由于拒绝同推行"健全化"的当局合作而成为反对党。1939年该党解散。——358。

176 锡安社会党人是指锡安社会党(锡安社会主义工人党)的成员。锡安社

会党(锡安社会主义工人党)是俄国小资产阶级的犹太民族主义组织,
于 1904 年成立。在一般政治问题上,锡安社会党人要求在普遍、平等、
直接和无记名投票的选举基础上召开立宪会议,在第一届国家杜马选
举时坚持抵制策略。但锡安社会党人认为,犹太无产阶级的主要任务
是为取得自己的领土并建立自己的民族国家而斗争。锡安社会党人的
民族主义活动模糊了犹太工人的阶级意识,给工人运动带来很大危害。
1908 年 10 月,社会党国际局决定不再同锡安社会党往来。1917 年二
月革命后,锡安社会党同犹太社会主义工人党合并为犹太社会主义统
一工人党。——358。

177　拉脱维亚社会民主党人同盟是 1900 年秋天在国外建立的。这个组织
就其提出的要求来说接近于俄国社会革命党,并具有相当程度的民族
主义倾向。1905 年在部分农民中暂时有些影响,但很快被拉脱维亚社
会民主工党排挤,以后再未起什么明显的作用。——358。

178　指俄国社会民主党第四次(统一)代表大会通过的《波兰王国和立陶宛
社会民主党同俄国社会民主工党合并的条件》。这个文件的第 1 条注
1 规定:"波兰的社会主义组织只有加入了波兰和立陶宛社会民主党后
才能参加俄国社会民主工党。"(参看《苏联共产党代表大会、代表会议
和中央全会决议汇编》1964 年人民出版社版第 1 分册第 159 页)。
——359。

179　赫列斯塔科夫是俄国作家尼·瓦·果戈理的喜剧《钦差大臣》中的主
角。他是一个恬不知耻、肆无忌惮地吹牛撒谎的骗子。——361。

180　说的是下述事实:第三届国家杜马代表费·亚·戈洛文于 1910 年
10 月声明辞去自己的代表职务,过了不久就积极参加了铁路的承租。
　　第三届国家杜马代表、律师瓦·阿·马克拉柯夫于 1912 年 3 月担
任了塔吉耶夫案件的辩护人。塔吉耶夫是巴库大石油工业家,他被控
告折磨自己的职员、工程师别布托夫。——371。

181　政治上幼稚的人是指在国内外都有自己的小集团的布尔什维克调

和派。

老练的外交家是指维也纳《真理报》的取消派小集团和崩得的领导人。——374。

182　1907年6月3日《国家杜马选举条例》关于第二等城市选民资格的规定中,有一项是:"在本市界内用自己名字占用单另住宅一年以上者。"——379。

183　《现代言论报》(《Современное Слово》)是俄国立宪民主党人的报纸(日报),1907年9月—1918年8月3日(16日)在彼得堡出版。——379。

184　《真理报》(《Правда》)是俄国布尔什维克的合法报纸(日报),1912年4月22日(5月5日)起在彼得堡出版。《真理报》是群众性的工人报纸,依靠工人自愿捐款出版,拥有大批工人通讯员和工人作者(它在两年多时间内就刊载了17 000多篇工人通讯),同时也是布尔什维克党的实际上的机关报。《真理报》编辑部还担负着党的很大一部分组织工作,如约见基层组织的代表,汇集各工厂党的工作的情况,转发党的指示等。在不同时期参加《真理报》编辑部工作的有斯大林、雅·米·斯维尔德洛夫、尼·尼·巴图林、维·米·莫洛托夫、米·斯·奥里明斯基、康·斯·叶列梅耶夫、米·伊·加里宁、尼·伊·波德沃伊斯基、马·亚·萨韦利耶夫、尼·阿·斯克雷普尼克、马·康·穆拉诺夫等。第四届国家杜马的布尔什维克代表积极参加了《真理报》的工作。列宁在国外领导《真理报》,他筹建编辑部,确定办报方针,组织撰稿力量,并经常给编辑部以工作指示。1912—1914年,《真理报》刊登了300多篇列宁的文章。

《真理报》经常受到沙皇政府的迫害。仅在创办的第一年,编辑们就被起诉过36次,共坐牢48个月。1912—1914年出版的总共645号报纸中,就有190号受到种种阻挠和压制。报纸被查封8次,每次都变换名称继续出版。1913年先后改称《工人真理报》、《北方真理报》、《劳动真理报》、《拥护真理报》;1914年相继改称《无产阶级真理报》、《真理之路报》、《工人日报》、《劳动的真理报》。1914年7月8日(21日),即在第一次世界大战前夕,沙皇政府下令禁止《真理报》出版。

　　1917 年二月革命后,《真理报》于 3 月 5 日(18 日)复刊,成为俄国社会民主工党中央委员会和彼得堡委员会的机关报。列宁于 4 月 3 日(16 日)回到俄国,5 日(18 日)就加入了编辑部,直接领导报纸工作。1917 年七月事变中,《真理报》编辑部于 7 月 5 日(18 日)被士官生捣毁。7 月 15 日(28 日),资产阶级临时政府正式下令查封《真理报》。7—10 月,该报不断受到资产阶级临时政府的迫害,先后改称《〈真理报〉小报》、《无产者报》、《工人日报》、《工人之路报》。1917 年 10 月 27 日(11 月 9 日),《真理报》恢复原名,继续作为俄国社会民主工党中央委员会的机关报出版。1918 年 3 月 16 日起,《真理报》改在莫斯科出版。——379。

185　参看《马克思恩格斯全集》第 1 版第 26 卷第 2 册第 262—266 页。列宁在《19 世纪末俄国的土地问题》一文中对马克思的这些原理作了说明(见本版全集第 17 卷第 108—120 页)。——390。

186　指第二届国家杜马中的社会革命党党团领袖伊·瑙·穆申科在第二届国家杜马第 47 次会议上的发言。列宁在《社会民主党在 1905—1907 年俄国第一次革命中的土地纲领》一文中曾对穆申科的这一发言作过评价(见本版全集第 16 卷第 250—251、369—370 页)。——393。

187　《工人报》(《Gazeta Robotnicza》)是波兰王国和立陶宛社会民主党华沙委员会的秘密机关报,1906 年 5—10 月先后在克拉科夫和苏黎世出版,由亨·多姆斯基(卡缅斯基)主编,出了 14 号以后停刊。1912 年波兰社会民主党分裂后,出现了两个华沙委员会。两个委员会所办的机关报都叫《工人报》,一家是由在华沙的总执行委员会的拥护者办的,出了 4 号,另一家是由在克拉科夫的反对派华沙委员会办的,出了 11 号(最后两号是作为波兰王国和立陶宛社会民主党边疆区执行委员会机关报在苏黎世出版的)。波兰王国和立陶宛社会民主党两派合并后,《工人报》在 1918 年 8 月还出了一号。关于波兰王国和立陶宛社会民主党的分裂,见列宁的《波兰社会民主党的分裂》一文(本版全集第 22 卷)。
　　列宁的《俄国社会民主工党的状况和党的当前任务》一文(见本卷第 395—403 页)发表于反对派华沙委员会出版的《工人报》第 15—

16 号合刊。在《列宁全集》俄文版中,这篇文章是根据《工人报》从波兰文译成俄文刊印的。——395。

188　指格·瓦·普列汉诺夫《关于召开俄国社会民主工党代表会议问题》一文。见注 129。——397。

189　指格·瓦·普列汉诺夫的《我党中央委员会最近一次全体会议》一文,载于 1910 年 3 月《社会民主党人日志》第 11 期(见《普列汉诺夫全集》1927 年俄文版第 19 卷第 99—121 页)。——400。

190　俄国社会民主工党第六次(布拉格)全国代表会议代表资格审查委员会主席是基辅组织的代表、孟什维克护党派 Д.М.施瓦尔茨曼。——401。

191　指 1912 年 1 月中旬在俄国国内举行的取消派会议。会议是在崩得和拉脱维亚边疆区社会民主党中央委员会的倡议下召开的,通称"各民族社会民主党组织会议"。参加会议的有拉脱维亚社会民主党代表 2 人、崩得代表 1 人、高加索区域委员会代表 1 人、波兰和立陶宛社会民主党代表 1 人(只参加了第 2 次会议)。在这次会议上成立了筹备召开 1912 年托洛茨基-取消派八月代表会议的组织委员会(参看注 144)。——401。

192　《红旗报》(«Czerwony Sztandar»)是波兰王国和立陶宛社会民主党总执行委员会的秘密机关报,1902—1918 年先后在苏黎世、克拉科夫、华沙、柏林出版(1914—1917 年暂时停刊),共出了 195 号。——401。

193　《答取消派》这篇评论是列宁为《真理报》写的,该报编辑部于 1912 年 7 月 11 日(24 日)收到,但没有刊登。——404。

194　《半年工作总结》一文是专为《真理报》写的。1912 年 7 月 15 日或 16 日(28 或 29 日),列宁在寄发文章的同时,给《真理报》编辑部写了一封信,就如何刊登这篇文章,详细地谈了自己的意见(见本版全集第 46 卷第 76 号文献)。编辑部遵照列宁的意见将该文分四次在《真理报》上刊出。——409。

195　指孟什维克取消派威胁要在第四届杜马工人选民团选举中提出自己的候选人来对抗布尔什维克的候选人一事。列宁在这篇文章以及以后的一些著作——《论俄国社会民主工党的现状》（见本卷第438—461页），《第四届杜马选举的前夜》（见本版全集第22卷）中都指出，所谓"双重候选人名单"的谈论，不过是脱离了工人运动的知识分子小团体的吓人企图罢了。这一点完全被工人选民团选举的实践所证实。——420。

196　《向理智呼吁报》（《Appeal to Reason》）是美国社会党人的报纸，1895年在美国堪萨斯州吉拉德市创刊。该报宣传社会主义思想，很受工人欢迎。第一次世界大战期间，该报采取国际主义立场。——424。

197　《戈比报》（《Газета-Копейка》）是俄国资产阶级的报纸（日报），1908年6月19日（7月2日）—1918年在彼得堡出版，出版者是M.戈罗杰茨基。该报零售每份1戈比，并且免费赠送通俗小说丛书之类的附刊，因而在下层市民中颇为流行，在彼得堡工人中也有不少读者，发行数达25万份。——425。

198　指孙中山《中国革命的社会意义》一文（见《孙中山全集》1982年中华书局版第2卷第324—326页）。该文是孙中山1912年4月1日《在南京中国同盟会会员饯别会的演说》的前半部分，译成法文后载于同年7月11日《人民报》，又从法文转译成俄文，同列宁的《中国的民主主义和民粹主义》一文一起载于1912年7月15日（28日）《涅瓦明星报》第17号。——426。

199　《人民报》（《Le Peuple》）是比利时工人党的中央机关报（日报），1885年起在布鲁塞尔出版。在比利时工人党改称为比利时社会党后，是比利时社会党的机关报。——426。

200　《有何吩咐报》是俄国作家米·叶·萨尔蒂科夫-谢德林在他的特写《莫尔恰林老爷们》中首次给对专制政府奴颜婢膝的自由派报刊取的绰号。"有何吩咐？"原是沙皇俄国社会中仆人对主人讲话时的用语。——436。

201　《圣彼得堡新闻》(《С.-Петербургские Ведомости》)是1703年创办的第一家俄国报纸《新闻报》的续刊,1728年起在彼得堡出版。1728—1874年由科学院出版,1875年起改由国民教育部出版。1917年底停刊。——436。

202　《论俄国社会民主工党的现状》这本小册子写作和出版的原委如下:1912年6月24日,拉脱维亚边疆区社会民主党国外委员会写信给德国社会民主党执行委员会,建议它召开由组织委员会、崩得、拉脱维亚社会民主党中央委员会、高加索区域委员会、《社会民主党人呼声报》编辑部、维也纳《真理报》、"前进"集团、《社会民主党人日志》编辑部、布尔什维克护党派、波兰和立陶宛社会民主党总执行委员会以及俄国社会民主工党中央委员会共11个国外的"中心"和"集团"的代表参加的会议,使社会民主党在第四届杜马选举中"达到统一"以及分配德国社会民主党执行委员会资助俄国选举运动的钱款。7月22日,德国社会民主党执行委员会将这封信分别寄给上述各单位,建议它们对这个计划表示态度,并于9月5日前派自己的代表到柏林来。列宁于7月17日(30日)写了俄国社会民主工党中央委员会给德国社会民主党执行委员会的复信。信中表示拒绝参加这个会议。波兰和立陶宛社会民主党总执行委员会以及格·瓦·普列汉诺夫也拒绝参加这个会议。

　　这次会议没有开成。德国社会民主党执行委员会后来把它提供第四届杜马选举运动使用的钱款的一部分拨给了取消派组织委员会、高加索区域委员会、崩得和拉脱维亚社会民主党中央委员会支配,从而支持了取消派来反对布尔什维克。

　　为了使德国社会民主党内更多的人了解布尔什维克拒绝参加这个会议的理由,列宁随后为俄国社会民主工党中央委员会给德国社会民主党执行委员会的复信加写了前言和后记,并于1912年9月,以俄国社会民主工党中央机关报《社会民主党人报》编辑部的名义,在莱比锡用德文把它印成了小册子。附言是在小册子印好以后写的,以单页印出贴入小册子。《论俄国社会民主工党的现状》这本小册子分寄给了德国社会民主党各地方党部、出席1912年9月举行的开姆尼茨党代表大会的代表以及德国社会民主党各重要报纸的编辑部。——438。

203 《小报》全称是《召集全党代表会议的组织委员会小报》(«Листок
Организационного Комитета по созыву общепартийной конференции»)，
是这个组织委员会的新闻公报，1912 年 5—8 月在布鲁塞尔出版，共出
了 4 号。列宁在这里提到的第 3 号是 1912 年 7 月 6 日(19 日)出版的。
——441。

204 波将金村是指实际上不存在的骗人的东西。据传说，1787 年俄国女皇
叶卡捷琳娜二世南巡时，当时南方三省总督格·亚·波将金为了显示
自己"治理有方"，曾在女皇巡视沿途假造繁荣的村落。——442。

205 衰败城镇是指英国 18 世纪末和 19 世纪初一些人口减少但仍沿袭旧制
享有选举议员权利的小城镇和乡村。"衰败城镇"的议员大多数实际上
是由支配着当地居民的大土地贵族指派的。"衰败城镇"的这种特权被
1832 年和 1867 年的选举改革所取消。——442。

206 斯皮尔卡(乌克兰社会民主联盟)是从小资产阶级民族主义政党乌克兰
革命党分裂出来的一个组织，于 1904 年底成立。斯皮尔卡曾作为自治
的区域组织加入俄国社会民主工党，在俄国社会民主工党的党内斗争
中追随孟什维克。在反动时期，斯皮尔卡陷于瓦解，到 1912 年还有几
个不大的分散的"斯皮尔卡"小组，其大部分成员则都变成了资产阶级
民族主义者。列·达·托洛茨基的《真理报》最初两号(1908 年 10 月
和 12 月)是作为斯皮尔卡的机关报出版的。——443。

207 国际社会党例行代表大会即第二国际第九次代表大会原定于 1913 年
秋在维也纳召开。由于 1912 年巴尔干战争爆发和世界大战危险临头，
社会党国际局提前于 1912 年 11 月 24—25 日在巴塞尔召开了非常代
表大会。——453。

208 指取消派的八月代表会议。这次代表会议于 1912 年 8 月 12—20 日
(8 月 25 日—9 月 2 日)在维也纳举行，在会议上成立了八月联盟，倡议
者是列·达·托洛茨基。出席会议的代表共 29 名，其中有表决权的代
表 18 名：彼得堡"中央发起小组"2 名，崩得 4 名，高加索区域委员会 4

名,拉脱维亚边疆区社会民主党中央4名,莫斯科调和派小组1名,塞瓦斯托波尔、克拉斯诺亚尔斯克和黑海舰队水兵组织各1名;有发言权的代表11名:组织委员会代表2名,维也纳《真理报》代表1名,《社会民主党人呼声报》代表1名,《涅瓦呼声报》代表1名,莫斯科取消派小组代表1名,波兰社会党"左派"代表4名和以个人身份参加的尤·拉林。29人中只有3人来自俄国国内,其余都是同地方工作没有直接联系的侨民。普列汉诺夫派——孟什维克护党派拒绝出席这一会议。前进派代表出席后很快就退出了。代表会议通过的纲领没有提出建立民主共和国和没收地主土地的口号,没有提出民族自决权的要求,而仅仅提出了宪法改革、全权杜马、修订土地立法、结社自由、"民族文化自治"等自由派的要求。八月联盟还号召取消秘密的革命党。代表会议选出了试图与俄国社会民主工党中央委员会抗衡的组织委员会,但它在俄国国内只得到少数取消派小组、《光线报》和孟什维克七人团的承认。八月联盟成立后只经过一年多的时间就瓦解了。关于八月联盟的瓦解,可参看列宁的《"八月"联盟的瓦解》、《"八月联盟"的空架子被戳穿了》、《论高喊统一实则破坏统一的行为》(本版全集第25卷)。——454。

209　《科学评论》杂志(《La Revue Scientifique》)是法国的一种刊物,1863年起在巴黎出版。——462。

210　指彼得堡面包师联合会理事会的决议。决议指出要办所谓"非党的阶级报纸"是徒劳的努力,认为必须出版一种不是"自由派工人政策机关报"的工人日报,因此对《真理报》的即将出版表示欢迎,并号召全体会员为该报组织募捐。1912年4月8日《明星报》第27号报道了这个决议。——465。

211　《箴言》杂志(《Заветы》)是倾向俄国社会革命党的合法的文学政治刊物(月刊),1912年4月—1914年7月在彼得堡出版。为杂志撰稿的有P.B.伊万诺夫-拉祖姆尼克、波·维·萨文柯夫、尼·苏汉诺夫、维·米·切尔诺夫等。——472。

212　盖得派是19世纪80年代至20世纪初法国社会主义运动中以茹·盖

得为首的一个派别,基本成员是 19 世纪 70 年代末期团结在盖得创办
的《平等报》周围的进步青年知识分子和先进工人。1879 年组成了法
国工人党。1880 年 11 月在勒阿弗尔代表大会上制定了马克思主义纲
领。在米勒兰事件上持反对加入资产阶级内阁的立场。1901 年与其
他反入阁派一起组成法兰西社会党。盖得派为在法国传播马克思主义
作出过重要贡献。1905 年法兰西社会党与饶勒斯派的法国社会党合
并为统一的法国社会党(工人国际法国支部)。第一次世界大战爆发
后,盖得和相当大一部分盖得派分子转到了社会沙文主义方面,盖得、
马·桑巴参加了法国政府。1920 年,以马·加香为首的一部分左翼盖
得派分子在建立法国共产党方面起了重要作用。

　　饶勒斯派是 19 世纪末 20 世纪初法国社会主义运动中以让·饶勒
斯为首的右翼改良派。饶勒斯派以要求"批评自由"为借口,修正马克
思主义基本原理,宣传无产阶级同资产阶级的阶级合作。他们认为社
会主义的胜利不会通过无产阶级同资产阶级的阶级斗争而取得,这一
胜利将是民主主义思想繁荣的结果。他们还赞同蒲鲁东主义关于合
作社的主张,认为在资本主义条件下合作社的发展有助于逐渐向社
会主义过渡。在米勒兰事件上,饶勒斯派竭力为亚·埃·米勒兰参加
资产阶级内阁的背叛行为辩护。1902 年,饶勒斯派成立了改良主义的
法国社会党。1905 年该党和盖得派的法兰西社会党合并成统一的法
国社会党(工人国际法国支部)。第一次世界大战期间,在法国社会党
领导中占优势的饶勒斯派采取了社会沙文主义立场,公开支持帝国主
义战争。——473。

213　引自俄国诗人亚·谢·普希金的抒情诗《英雄》。这首诗采取"诗人"和
　　　　"友人"对话的形式,诗中的"诗人"认为:拿破仑冒着生命危险去传染病
　　　　院同患黑死病的士兵握手表示慰问一事,虽经历史学家考证并非事实,
　　　　但一句"令人鼓舞的谎言",要比千万个"卑微的真理"更加可贵。此处
　　　　列宁是反普希金诗原意引用的。——474。

214　指 1912 年夏葡萄牙君主派为恢复君主制而组织的叛乱。叛乱以失败
　　　　告终。——474。

215 列宁的这个意见是针对有人建议对俄国组织委员会在团结所有俄国党组织方面和召开俄国社会民主工党第六次(布拉格)全国代表会议方面所做的工作表示感谢,并给俄国组织委员会出席代表会议的代表以表决权而提出的。——485。

216 指在反社会党人非常法时期的秘密的德国社会民主党。参看注100。——489。

217 这个报告提纲载在俄国社会民主工党国外组织巴黎支部印发的海报上。海报样式如下:

> "1912年6月13日　星期四
> 在舒瓦西林荫路190号阿尔卡扎大厅
> 　　　　**列宁**同志
> 　　　　作专题报告
> 　　**题目:《俄国无产阶级的革命高涨》**。"

提纲中所列举的问题,在1912年列宁的许多著作中,特别是在《革命的高涨》一文(见本卷第342—349页)中有所反映。1955年苏联《历史档案》杂志第2期刊登了这个海报。——492。

人 名 索 引

A

阿德勒,维克多(Adler, Victor 1852—1918)——奥地利社会民主党创建人和领袖之一。早年是资产阶级激进派,19世纪80年代中期参加工人运动。1883年和1889年曾与恩格斯会晤,1889—1895年同恩格斯有通信联系。是1888年12月31日—1889年1月1日奥地利社会民主党成立大会上通过的党纲的主要起草人之一。在克服奥地利社会民主主义运动的分裂和建立统一的党方面做了许多工作。在党的一系列重要政策问题上(包括民族问题)倾向改良主义立场。1886年创办《平等》周刊,1889年起任奥地利社会民主党中央机关报《工人报》编辑。1905年起为议员。第一次世界大战期间持中派立场,鼓吹阶级和平,反对工人阶级的革命发动。1918年11月短期担任奥地利资产阶级共和国外交部长。——136。

阿夫达科夫,尼古拉·斯捷潘诺维奇(Авдаков, Николай Степанович 1847—1915)——俄国垄断资产阶级首领之一,矿业工程师,十月党人。在俄国南方矿业主代表大会上被选为代表大会委员会主席(1900—1905)和全权代表(1878—1915)。曾任垄断组织煤炭公司董事长和五金公司董事。1906年起为国务会议成员。1907—1915年为历届俄国企业主代表大会委员会主席。《工商业》杂志撰稿人,写有一系列采矿工业经济方面的著作。——302、308。

阿基莫夫(**马赫诺韦茨**),弗拉基米尔·彼得罗维奇(Акимов(Махновец), Владимир Петрович 1872—1921)——俄国社会民主党人,经济派代表人物。19世纪90年代中期加入彼得堡民意社,1897年被捕,1898年流放叶尼塞斯克省,同年9月逃往国外,成为国外俄国社会民主党人联合会领导人之一;为经济主义思想辩护,反对劳动解放社,后又反对《火星报》。1903

年代表联合会出席俄国社会民主工党第二次代表大会,是反火星派分子,会后成为孟什维克极右翼代表。1905—1907年革命期间支持主张建立"全俄工人阶级组织"(社会民主党仅是该组织中的一种思想派别)的取消主义思想。作为有发言权的代表参加了俄国社会民主工党第四次(统一)代表大会的工作,维护孟什维克的机会主义策略,呼吁同立宪民主党人联合。斯托雷平反动时期脱党。——374—377、385。

阿克雪里罗得,帕维尔·波里索维奇(Аксельрод, Павел Борисович 1850—1928)——俄国孟什维克领袖之一。19世纪70年代是民粹派分子。1883年参与创建劳动解放社。1900年起是《火星报》和《曙光》杂志编辑部成员。这一时期在宣传马克思主义的同时,也在一系列著作中把资产阶级民主制和西欧社会民主党议会活动理想化。1903年在俄国社会民主工党第二次代表大会上是《火星报》编辑部有发言权的代表,属火星派少数派,会后是孟什维主义的思想家。1905年提出召开广泛的工人代表大会的取消主义观点。1906年在党的第四次(统一)代表大会上代表孟什维克作了关于国家杜马问题的报告,宣扬无产阶级同资产阶级实行政治合作的机会主义思想。斯托雷平反动时期和新的革命高涨年代是取消派的思想领袖,参加孟什维克取消派《社会民主人呼声报》编辑部。1912年加入"八月联盟"。第一次世界大战期间表面上是中派,实际持社会沙文主义立场;曾参加齐美尔瓦尔德代表会议和昆塔尔代表会议,属于右翼。1917年二月革命后任彼得格勒苏维埃执行委员会委员,支持资产阶级临时政府。十月革命后侨居国外,反对苏维埃政权,鼓吹武装干涉苏维埃俄国。——9、209、397、454—455、465—477。

阿拉克切耶夫,阿列克谢·安德列耶维奇(Аракчеев, Алексей Андреевич 1769—1834)——沙皇专制制度最反动的代表人物之一,将军,伯爵。亚历山大一世的权臣。1808年起任陆军大臣,1810年起任国务会议军事局主席。1815年起实际上掌握了国务会议、大臣委员会和御前办公厅的大权;以专横残暴著称,对俄国国内外政策有重大影响。其当权的整个时期是一个军警肆虐、特务横行、贪赃枉法、暗无天日、民不聊生的反动时期,称为"阿拉克切耶夫时代";所执行的极端反动的政策,称为"阿拉克切耶夫制度"。——261。

阿列克辛斯基,格里戈里・阿列克谢耶维奇(Алексинский, Григорий Алекс-
еевич 1879 — 1967)——俄国社会民主党人,后蜕化为反革命分子。
1905—1907 年革命期间是布尔什维克。第二届国家杜马彼得堡工人代
表,社会民主党党团成员,参加了杜马的失业工人救济委员会、粮食委员会
和土地委员会,并就斯托雷平在杜马中宣读的政府宣言、预算、土地等问题
发了言。作为社会民主党杜马党团代表参加了俄国社会民主工党第五次
(伦敦)代表大会的工作。斯托雷平反动时期是召回派分子、派别性的卡普
里党校(意大利)的讲课人和"前进"集团的组织者之一。第一次世界大战
期间是社会沙文主义者,曾为多个资产阶级报纸撰稿。1917 年加入孟什
维克统一派,持反革命立场;七月事变期间伙同特务机关伪造文件诬陷列
宁和布尔什维克。1918 年逃往国外,投入反动营垒。——210、398。

阿斯特拉汉采夫,叶戈尔・巴甫洛维奇(Астраханцев, Егор Павлович 生于
1875 年)——俄国社会民主党人,伊热夫斯克枪械厂钳工。1907 年由维亚
特卡省选入第三届国家杜马,参加社会民主党党团,追随孟什维克;为取消
派的《现代事业报》撰稿。——45、213。

艾尔沃特——371。

安德列丘克,M.C.(Андрейчук, M.C. 生于 1866 年)——俄国富裕农民,第
三届国家杜马沃伦省代表,无党派人士。在杜马中被选入粮食、渔业等委
员会。——73。

安东尼・沃伦斯基(赫拉波维茨基,阿列克谢・巴甫洛维奇)(Антоний
Волынский(Храповицкий, Алексей Павлович)1863 — 1936)——俄国黑帮
分子,沙皇反动政治最著名的鼓吹者之一,俄国正教教会的极右派头目。
1902 年起在沃伦当主教,后为哈尔科夫的大主教。外国武装干涉和国内
战争时期与邓尼金勾结。反革命势力被粉碎后逃往国外,成为流亡国外的
君主派首领之一。——290。

奥里明斯基(亚历山德罗夫),米哈伊尔・斯捷潘诺维奇(Ольминский
(Александров), Михаил Степанович 1863—1933)——俄国革命运动活动
家,政论家,文学批评家和文学史学家。19 世纪 80 年代初参加革命运动,
曾为民意党人。1898 年加入俄国社会民主工党。1903 年起为布尔什维
克。1904 年起先后任布尔什维克的《前进报》和《无产者报》编委。1905—

1907年为布尔什维克的《新生活报》、《浪潮报》、《我们的思想》杂志、《生活通报》杂志等撰稿,领导党的前进出版社编辑部。斯托雷平反动时期在巴库做党的工作。1911—1914年积极参加布尔什维克的《明星报》、《真理报》和《启蒙》杂志的工作。1915—1917年先后在萨拉托夫、莫斯科和彼得格勒做党的工作。1917年二月革命后进入俄国社会民主工党(布)中央委员会俄国局,积极参加十月革命。十月革命后历任《真理报》编委、俄共(布)中央党史委员会领导人、老布尔什维克协会主席、《无产阶级革命》杂志编辑、列宁研究院院委会委员等职。——33、60。

B

巴枯宁,米哈伊尔·亚历山德罗维奇(Бакунин,Михаил Александрович 1814—1876)——俄国无政府主义和民粹主义创始人和理论家之一。1840年起侨居国外,曾参加德国1848—1849年革命。1849年因参与领导德累斯顿起义被判死刑,后改为终身监禁。1851年被引渡给沙皇政府,囚禁期间向沙皇写了《忏悔书》。1861年从西伯利亚流放地逃往伦敦。1868年参加第一国际活动后,在国际内部组织秘密团体——社会主义民主同盟,妄图夺取总委员会的领导权。鼓吹无政府主义,宣称个人"绝对自由"是整个人类发展的最高目的,国家是产生一切不平等的根源;否定包括无产阶级专政在内的一切国家;不理解无产阶级的历史作用,公开反对建立工人阶级的独立政党,主张工人放弃政治斗争。由于进行分裂国际的阴谋活动,1872年在海牙代表大会上被开除出第一国际。——263、473。

巴拉巴诺娃,安热利卡·伊萨科夫娜(Балабанова,Анжелика Исааковна 1878—1965)——俄国社会民主党人,俄国和意大利社会主义运动的参加者。1897年出国,加入国外俄国社会民主党人联合会。1903年俄国社会民主工党第二次代表大会后是孟什维克。在意大利社会党内起过很大作用;曾参加该党中央机关报《前进报》编辑部,是意大利社会党中央委员和该党驻社会党国际局的代表。第一次世界大战期间持中派立场,曾参加齐美尔瓦尔德代表会议和昆塔尔代表会议的工作,加入齐美尔瓦尔德联盟。1917年回国,加入布尔什维克党。作为有发言权的代表参加了共产国际第一次代表大会。1924年因再次采取孟什维克立场被开除出俄共(布)。——435。

倍倍尔,奥古斯特(Bebel,August 1840—1913)——德国工人运动和国际工
人运动活动家,德国社会民主党和第二国际的创建人和领袖之一,马克思
和恩格斯的朋友和战友;旋工出身。19世纪60年代前半期开始参加政治
活动,1867年当选为德国工人协会联合会主席,1868年该联合会加入第一
国际。1869年与威·李卜克内西共同创建了德国社会民主工党(爱森纳
赫派),该党于1875年与拉萨尔派合并为德国社会主义工人党,后又改名
为德国社会民主党。多次当选国会议员,利用国会讲坛揭露帝国政府反动
的内外政策。1870—1871年普法战争期间持国际主义立场,在国会中投
票反对军事拨款,支持巴黎公社,为此曾被捕和被控叛国,在狱中断断续续
度过近六年时间。在反社会党人非常法施行时期,领导了党的地下活动和
议会活动。90年代和20世纪初同党内的改良主义和修正主义进行斗争,
反对伯恩施坦及其拥护者对马克思主义理论的歪曲和庸俗化。是出色的
政论家和演说家,对德国和欧洲工人运动的发展有很大影响。马克思和恩
格斯高度评价了他的活动。——136、435、449、478。

比龙,厄内斯特·约翰(Бирон,Эрнест Иоганн 1690—1772)——俄国女皇安
娜·伊万诺夫娜的宠臣,出身于库尔兰省的小贵族。既无官职,又非俄国
国民,但能左右俄国的国内政策和部分外交政策。在国内建立恐怖制度,
推行国家机器德意志化的政策,利用自己的地位掠夺俄国国库,贪污受贿,
投机倒把。女皇死后,一度为国家摄政王;1740年11月宫廷政变后被赶
下台。——261。

比索拉蒂,莱奥尼达(Bissolati,Leonida 1857—1920)——意大利社会党创建
人和右翼改良派领袖之一。1896—1903年和1908—1912年任社会党中
央机关报《前进报》主编。1897年起为议员。1912年因支持意大利政府进
行侵略战争被开除出社会党,后组织了改良社会党。第一次世界大战期间
是社会沙文主义者,主张意大利站在协约国方面参战。1916—1918年参
加政府,任不管部大臣。——214、434—435、477。

彼得拉日茨基,列夫·约瑟福维奇(Петражицкий,Лев Иосифович 1867—
1931)——俄国立宪民主党领袖之一,法学家和社会学家。1899年起任
彼得堡大学教授。第一届国家杜马代表;《法学》和《法律学报》杂志编辑

之一。1918年侨居波兰,任华沙大学教授。写有一些法学著作。——78—79。

彼得罗夫,安东(**西多罗夫,安东·彼得罗维奇**)(Петров,Антон(Сидоров,Антон Петрович)1824—1861)——俄国喀山省斯帕斯克县别兹德纳村的农奴,曾领导当地农民起义,以抗议1861年的"农民改革"。号召农民不要屈服于地主和官吏,拒绝服徭役,拒绝在规约上签字,并夺取地主的土地。起义失败后,被战地军事法庭判处枪决。——266—267。

彼得罗夫,康斯坦丁·马特维耶维奇(彼得罗夫第三)(Петров,Константин Матвеевич(Петров 3-й)生于1877年)——俄国劳动派分子,劳动团党团秘书;职业是排字工人。第三届国家杜马彼尔姆省代表,在杜马中被选入城市事务、工人问题、预算等委员会。——47、87、90—93、233。

彼得罗夫第三——见彼得罗夫,康斯坦丁·马特维耶维奇。

彼特龙凯维奇,伊万·伊里奇(Петрункевич,Иван Ильич 1843—1928)——俄国地主,地方自治运动活动家。19世纪70年代末开始参加地方自治运动。解放社的组织者和主席(1904—1905),立宪民主党创建人之一,该党中央委员会主席(1909—1915)和中央机关报《言语报》出版人。曾参加1904—1905年地方自治机关代表大会。第一届国家杜马代表。十月革命后为白俄流亡分子。——77、78—80、81。

别列佐夫斯基,亚历山大·叶利扎罗维奇(别列佐夫斯基第一)(Березовский,Александр Елизарович(Березовский 1-й)生于1868年)——俄国地主,立宪民主党人,地方自治运动活动家;职业是农艺师。第三届国家杜马辛比尔斯克省代表,在杜马中是粮食、土地等委员会委员。1918年起从事农艺专业工作。——289。

别列佐夫斯基第一——见别列佐夫斯基,亚历山大·叶利扎罗维奇。

别洛乌索夫,捷连季·奥西波维奇(Белоусов,Терентий Осипович 1875—1920)——俄国孟什维克取消派分子,第三届国家杜马伊尔库茨克省代表,在杜马中被选入预算和土地委员会。1912年2月退出社会民主党杜马党团,但未辞去代表职务。后脱离政治活动,在莫斯科合作社组织中工作。——71、198—203、214。

波格丹诺夫(**马林诺夫斯基**),亚历山大·亚历山德罗维奇(马克西莫夫,恩·)

（Богданов（Малиновский），Александр Александрович（Максимов，Н.）
1873—1928）——俄国社会民主党人，哲学家，社会学家，经济学家；职业
是医生。19世纪90年代参加社会民主主义小组。1903年成为布尔什维
克。在党的第三、第四和第五次代表大会上被选入中央委员会。曾参加布
尔什维克机关报《前进报》和《无产者报》编辑部，是布尔什维克《新生活报》
的编辑。在对待布尔什维克参加第三届国家杜马的问题上持抵制派立场。
1908年是反对布尔什维克在合法组织里工作的最高纲领派的领袖。斯托
雷平反动时期和新的革命高涨年代背离布尔什维主义，领导召回派，是"前
进"集团的领袖。在哲学上宣扬经验一元论。1909年6月因进行派别活
动被开除出党。第一次世界大战期间持国际主义立场。十月革命后是共
产主义科学院院士，在莫斯科大学讲授经济学。1918年是无产阶级文化
派的思想家。1921年起从事老年医学和血液学的研究。1926年起任由他
创建的输血研究所所长。主要著作有《经济学简明教程》（1897）、《经验一
元论》（第1—3卷，1904—1906）、《生动经验的哲学》（1913）、《关于社会意
识的科学》（1914）、《普遍的组织起来的科学（组织形态学）》（1913—1922）。
——98、210。

波克罗夫斯基，伊万·彼得罗维奇（波克罗夫斯基第二）（Покровский，Иван
Петрович（Покровский 2-й）1872—1963）——俄国社会民主党人；职业是
医生。第三届国家杜马库班州、捷列克州和黑海省代表，参加社会民主党
杜马党团的布尔什维克派。1910年以第三届杜马社会民主党党团代表的
身份参加布尔什维克报纸《明星报》编辑部。——85—86、214。

波列塔耶夫，尼古拉·古里耶维奇（Полетаев，Николай Гурьевич 1872—
1930）——俄国第一批工人社会民主党人之一，布鲁斯涅夫小组和彼得堡
工人阶级解放斗争协会成员，1904年加入俄国社会民主工党，布尔什维
克。多次被捕和流放。1905年任彼得堡工人代表苏维埃执行委员会委
员。第三届国家杜马彼得堡省代表，参加社会民主党杜马党团的布尔什维
克派。1910年代表布尔什维克出席哥本哈根国际社会党代表大会。曾参
加布尔什维克《明星报》和《真理报》的出版工作。十月革命后从事出版和
经济工作。——214。

波旁王朝（Bourbons）——指1589—1792年、1814—1815年和1815—1830

年的法国王朝。——111。

波特列索夫，亚历山大·尼古拉耶维奇（Потресов，Александр Николаевич）1869—1934）——俄国孟什维克领袖之一。19世纪90年代初参加马克思主义小组。1896年加入彼得堡工人阶级解放斗争协会，后被捕，1898年流放维亚特卡省。1900年出国，参与创办《火星报》和《曙光》杂志。在俄国社会民主工党第二次代表大会上是《火星报》编辑部有发言权的代表，属火星派少数派，会后是孟什维克刊物的主要撰稿人和领导人。斯托雷平反动时期和新的革命高涨年代是取消派思想家，在《复兴》杂志和《我们的曙光》杂志中起领导作用。第一次世界大战期间是社会沙文主义者。1917年在反布尔什维克的资产阶级《日报》中起领导作用。十月革命后侨居国外，为克伦斯基的《白日》周刊撰稿，攻击苏维埃政权。—— 6、27、60、98、105、106—107、173—175、177、196、209、357、397。

伯恩施坦，爱德华（Bernstein，Eduard 1850—1932）——德国社会民主党和第二国际右翼领袖之一，修正主义的代表人物。1872年加入社会民主党，曾是欧·杜林的信徒。1879年和卡·赫希柏格、卡·施拉姆在苏黎世发表《德国社会主义运动的回顾》一文，指责党的革命策略，主张放弃革命斗争，适应俾斯麦制度，受到马克思和恩格斯的严厉批评。1881—1890年任党的中央机关报《社会民主党人报》编辑。从90年代中期起完全同马克思主义决裂。1896—1898年以《社会主义问题》为题在《新时代》杂志上发表一组文章，1899年发表《社会主义的前提和社会民主党的任务》一书，从经济、政治和哲学方面对马克思主义的理论和策略作了全面的修正。1902年起为国会议员。第一次世界大战期间持中派立场。1917年参加德国独立社会民主党，1919年公开转到右派方面。1918年十一月革命失败后出任艾伯特—谢德曼政府的财政部长助理。——97。

伯尔——见李伯尔，米哈伊尔·伊萨科维奇。

布尔采夫，弗拉基米尔·李沃维奇（Бурцев，Владимир Львович 1862—1942）——俄国政论家和出版家。19世纪80年代是民意党人。1885年被捕，流放西伯利亚，后逃往国外，从事收集和出版革命运动文献的工作。1897年在伦敦出版革命运动史料汇编《一百年来》。1900年开始出版《往事》杂志。曾把沙俄内务部警察司的秘密活动公诸于众，揭露了奸细叶·

菲·阿捷夫和罗·瓦·马林诺夫斯基等人。俄国第一次革命前夕接近社
会革命党人,革命失败后支持立宪民主党人。1911 年 10 月—1914 年 1 月
在巴黎出版自由派资产阶级的《未来报》。第一次世界大战期间是沙文主
义者。1915 年回国,反对布尔什维克。1917 年二月革命后开始出版《共同
事业报》(后转到巴黎出版)。十月革命后侨居国外,参与建立君主派白卫
组织,反对苏维埃俄国。——16、353。

布尔加林,法捷伊·韦涅季克托维奇(Булгарин, Фаддей Венедиктович 1789 —
　　1859)——俄国新闻工作者和作家。1825 年起是半官方的《北方蜜蜂报》
　　出版人兼编辑;在自己的作品中宣扬忠君思想。是尼古拉一世政治侦查机
　　关"御前办公厅第三处"的代理人,对当时的进步报刊和进步作家进行告密
　　和诽谤活动。——258。

布兰克,鲁维姆·马尔科维奇(鲁·布·)(Бланк, Рувим Маркович(Р.Б.)生于
　　1866 年)——俄国政论家,化学家。1905 年以前住在国外,为俄国自由派
　　资产阶级刊物《解放》杂志撰稿。回到彼得堡后参加《我们的生活报》编辑
　　部,后成为该报实际上的编辑;曾为左派立宪民主党人的《同志报》撰稿。
　　1909—1912 年参加立宪民主党人、人民社会党人和孟什维克取消派合办
　　的《生活需要》杂志的出版工作,为该杂志编辑。—— 248、254、319 —
　　321、482。

布勒宁,维克多·彼得罗维奇(Буренин, Виктор Петрович 1841—1926)——俄
　　国政论家,诗人。1876 年加入反动的《新时报》编辑部,成为新时派无耻文
　　人的首领。对一切进步社会思潮的代表人物肆意诽谤,造谣诬蔑。
　　——258。

布伦坦诺,路约(Brentano, Lujo 1844—1931)——德国经济学家,讲坛社会主
　　义代表人物。1891 年起任慕尼黑大学政治经济学教授。鼓吹放弃阶级斗
　　争,主张通过组织改良主义的工会和工厂立法解决资本主义的社会矛盾,
　　调和工人和资本家的利益。在土地问题上维护小农经济稳固论和土地肥
　　力递减规律。晚年成了公开的帝国主义辩护士。——307。

C

蔡特金,克拉拉(Zetkin, Clara 1857—1933)——德国工人运动和国际工人运

动活动家,国际社会主义妇女运动领袖之一,德国共产党创建人之一。
19世纪70年代末参加革命运动,1881年加入德国社会民主党。1882年
流亡奥地利,后迁居瑞士苏黎世,为秘密发行的德国社会民主党机关报《社
会民主党人报》撰稿。1889年积极参加第二国际成立大会的筹备工作。
1890年回国。1892—1917年任德国社会民主党主办的女工运动机关刊
物《平等》杂志主编。1907年参加国际社会党斯图加特代表大会,在由她
发起的第一次国际社会主义妇女代表会议上当选为国际妇女联合会书记
处书记。1910年在哥本哈根举行的第二次国际社会主义妇女代表会议
上,根据她的倡议,通过了以3月8日为国际妇女节的决议。第一次世界
大战期间持国际主义立场,反对社会沙文主义。曾积极参与组织1915年
3月在伯尔尼召开的国际社会主义妇女代表会议。1916年参与组织国际
派(后改称斯巴达克派和斯巴达克联盟)。1917年德国独立社会民主党成
立后为党中央委员。1919年起为德国共产党党员,当选为中央委员。
1920年起为国会议员。1921年起先后当选为共产国际执行委员会委员和
主席团委员,领导国际妇女书记处。1925年起任国际支援革命战士协会
主席。——35、162。

策杰尔包姆,谢尔盖·奥西波维奇(叶若夫,弗·)(Цедербаум,Сергей Оси-
пович(Ежов,В.)1879—1939)——1898年参加俄国社会民主主义运动,在
彼得堡工人旗帜社工作。后被捕,在警察公开监视下被逐往波尔塔瓦。曾
担任从国外运送《火星报》的工作。1904年秋侨居国外,加入孟什维克。
1905年4月参加了在日内瓦召开的孟什维克代表会议。不久回国,在孟
什维克彼得堡组织中工作,1906年编辑孟什维克合法报纸《信使报》。斯
托雷平反动时期和新的革命高涨年代是取消派分子,参加孟什维克取消派
报刊的工作,是取消派彼得堡"发起小组"的领袖之一。第一次世界大战期
间是护国派分子。1917年为孟什维克的《前进报》撰稿。十月革命后脱离
政治活动。——60、196、327—330、356—357、468。

策列铁里(Церетели)——俄国公爵,贵族代表,向内务大臣提交的关于库塔
伊西县基克纳韦列季山村情况报告的作者。——336。

查茨基,尤·(勃朗施坦,彼得·阿布拉莫维奇;尤里)(Чацкий,Ю.(Бронштейн,
Петр Абрамович,Юрий)1881—1944)——俄国社会民主党人,孟什维克。

20世纪初参加社会民主主义运动,在敖德萨工作。俄国社会民主工党第二次代表大会后加入孟什维克。斯托雷平反动时期和新的革命高涨年代是取消派分子,任取消派《生活事业》杂志编辑,并为《涅瓦呼声报》、《光线报》及孟什维克取消派的其他报纸撰稿。1910年是拒绝参加中央委员会工作的三名孟什维克取消派分子(中央委员)之一。1917年是彼得格勒孟什维克领导人之一,孟什维克中央机关报《工人报》编委。十月革命后在南方进行反革命活动,后移居国外,为孟什维克《社会主义通报》杂志撰稿。
——4、27、60、64、101—106、117、133、159、174、196、223、468。

车尔尼雪夫斯基,尼古拉·加甫里洛维奇(Чернышевский, Николай Гаврилович 1828—1889)——俄国革命民主主义者和空想社会主义者,作家,文学评论家,经济学家,哲学家;俄国社会民主主义先驱之一,俄国19世纪60年代革命运动的领袖。1853年开始为《祖国纪事》和《同时代人》等杂志撰稿,1856—1862年是《同时代人》杂志的领导人之一,发扬别林斯基的民主主义批判传统,宣传农民革命思想,是土地和自由社的思想鼓舞者。因揭露1861年农民改革的骗局,号召人民起义,于1862年被沙皇政府逮捕,入狱两年,后被送到西伯利亚服苦役。1883年解除流放,1889年被允许回家乡居住。著述很多,涉及哲学、经济学、教育学、美学、伦理学等领域。在哲学上批判了贝克莱、康德、黑格尔等人的唯心主义观点,力图以唯物主义精神改造黑格尔的辩证法。对资本主义作了深刻的批判,认为社会主义是由整个人类发展进程所决定的,但作为空想社会主义者,又认为俄国有可能通过农民村社过渡到社会主义。所著长篇小说《怎么办?》(1863)和《序幕》(约1867—1869)表达了社会主义理想,产生了巨大的革命影响。——265、267。

D

杜勃罗留波夫,尼古拉·亚历山德罗维奇(Добролюбов, Николай Александрович 1836—1861)——俄国革命民主主义者,文学评论家,唯物主义哲学家,车尔尼雪夫斯基最亲密的朋友和战友。1857年参加《同时代人》杂志的编辑工作,1858年开始主持杂志的书评栏,1859年又开辟了讽刺栏《哨声》。1859—1860年发表了一系列论文:《什么是奥勃洛摩夫性格?》、《黑暗的王国》、《真正的白天什么时候到来?》、《黑暗王国的一线光明》等,这些论文是战斗的文学批评的典范。一生坚决反对专制制度和农奴制度,热情支持反对专制政府的人民起义。与赫尔岑、别林斯基和车尔尼雪夫斯基同为俄国社会民主主义的先驱。——256、265。

杜勃洛文,亚历山大·伊万诺维奇(Дубровин,Александр Иванович 1855—1918)——俄国黑帮组织"俄罗斯人民同盟"的组织者和领导人;职业是医生。1905—1907年是反犹大暴行和恐怖活动的煽动者和策划者。曾编辑黑帮反犹报纸《俄国旗帜报》。1910年俄罗斯人民同盟分裂后,继续领导该同盟中受他控制的那一部分——彼得堡全俄杜勃洛文俄罗斯人民同盟。——283。

杜尔诺沃,彼得·尼古拉耶维奇(Дурново,Петр Николаевич 1845—1915)——俄国国务活动家,反动分子。1872年起在司法部门任职,1881年转到内务部。1884—1893年任警察司司长,1900—1905年任副内务大臣,1905年10月—1906年4月任内务大臣,残酷镇压俄国第一次革命。1906年起为国务会议成员。——75、76、79、82。

杜姆巴泽,伊万·安东诺维奇(Думбадзе,Иван Антонович 1851—1916)——沙俄将军,黑帮分子,高加索俄罗斯化政策的维护者。1906年被任命为雅尔塔市总办。作为君主派的俄罗斯人民同盟的成员,依仗尼古拉二世的宠信,目无法纪,排斥异己,变雅尔塔为他个人的世袭领地,对居民实行恐怖政策,干预诉讼案件。他的所作所为甚至引起十月党人的抗议,1908年他们就他的非法行为向第三届国家杜马提出质问;杜姆巴泽于1910年被解职,但事过一个月之后,再次被任命为雅尔塔市总办。——95。

多尔戈鲁科夫,帕维尔·德米特里耶维奇(Долгоруков,Павел Дмитриевич 1866—1930)——俄国公爵,大地主,立宪民主党人。1893—1906年为莫斯科省的县贵族代表。立宪民主党创建人之一,1905—1911年任该党中央委员会主席,后为副主席;第二届国家杜马立宪民主党党团主席。曾为《俄罗斯新闻》撰稿。十月革命后是反对苏维埃政权活动的积极参加者。因进行反革命活动被判刑。——116。

E

恩格尔哈特,亚历山大·尼古拉耶维奇(Энгельгардт,Александр Николаевич

1832—1893)——俄国政论家,农业化学家,民粹主义者。1859—1860 年
编辑《化学杂志》。1866—1870 年任彼得堡农学院教授,因宣传民主思想
被捕。1871 年被解送回斯摩棱斯克省的巴季舍沃田庄,在那里建立了合
理经营的实验农场。列宁在《俄国资本主义的发展》一书(第 3 章第 6 节)
中评论了他的农场,并以此为例说明民粹派的理论纯系空想。所写《农村
来信》先发表于《祖国纪事》杂志,1882 年出了单行本。还写过其他一些有
关农业问题的著作。——463。

恩格斯,弗里德里希(Engels,Friedrich 1820—1895)——科学共产主义创始
　　人之一,世界无产阶级的领袖和导师,马克思的亲密战友。——118。

尔—科,弗·——见列宁,弗拉基米尔·伊里奇。

F

费尔巴哈,路德维希·安德列亚斯(Feuerbach,Ludwig Andreas 1804—
　　1872)——德国唯物主义哲学家和无神论者,德国古典哲学代表人物之一,
德国资产阶级最激进的民主主义阶层的思想家。1828 年起在埃朗根大学
任教。在自己的第一部著作《关于死和不死的思想》(1830)中反对基督教
关于灵魂不死的教义;该书被没收,本人遭迫害,并被学校解聘。1836 年
移居布鲁克贝格村(图林根),在农村生活了近 25 年。在从事哲学活动的
初期是唯心主义者,属于青年黑格尔派。到 30 年代末摆脱了唯心主义;在
《黑格尔哲学批判》(1839)和《基督教的本质》(1841)这两部著作中,割断了
与黑格尔主义的联系,转向唯物主义立场。主要功绩是在唯心主义长期统
治德国哲学之后,恢复了唯物主义的权威。肯定自然界是客观存在的,不
以人的意识为转移;人是自然的产物,人能认识物质世界和客观规律。费
尔巴哈的唯物主义是马克思主义哲学的理论来源之一。但他的唯物主义
是形而上学的和直观的,是以人本主义的形式出现的,历史观仍然是唯心
主义的;把人仅仅看做是一种脱离历史和社会关系而存在的生物,不了解
实践在认识和社会发展过程中的作用。晚年关心社会主义文献,读过马克
思的《资本论》,并于 1870 年加入德国社会民主党。在马克思《关于费尔巴
哈的提纲》和恩格斯《路德维希·费尔巴哈和德国古典哲学的终结》中对费
尔巴哈的哲学作了全面的分析。——262。

弗拉基米尔·乌里扬诺夫；弗雷，威·——见列宁，弗拉基米尔·伊里奇。

弗里德贝格，拉法伊尔(Friedberg,Raphael)——德国社会民主党内无政府工团主义派别的领袖。——206。

G

盖达罗夫，伊布拉吉姆·伊萨别科维奇(Гайдаров，Ибрагим Исабекович 生于1879 年)——俄国工程师，第三届国家杜马达吉斯坦州和扎卡塔雷专区代表，参加杜马中的穆斯林集团；一度还是社会民主党党团成员。在杜马中被选入土地委员会、工人问题委员会、交通委员会以及其他委员会。——340。

戈洛文，费多尔·亚历山德罗维奇(Головин，Федор Александрович 1868 —1937)——俄国地方自治运动活动家，立宪民主党人。1898—1907 年先后任莫斯科省地方自治局委员和自治局主席。1904—1905 年地方自治机关代表大会的参加者。立宪民主党创建人之一，该党中央委员。第二届国家杜马主席，第三届国家杜马代表。曾在一家大型铁路租让企业入股。第一次世界大战期间积极参加全俄地方自治机关和城市联合会军需供应总委员会的活动。1917 年 3 月任临时政府驻宫廷事务部委员。十月革命后在苏维埃机关工作。——317、371。

哥列夫(**戈尔德曼**)，波里斯·伊萨科维奇(伊哥列夫)(Горев(Гольдман)，Борис Исаакович(Игорев)1874 — 1937)——俄国社会民主党人。19 世纪90 年代中期参加革命运动，彼得堡工人阶级解放斗争协会会员。1897 年被捕并被流放到奥廖克明斯克。1905 年是俄国社会民主工党彼得堡委员会委员，布尔什维克。1907 年转向孟什维克。在俄国社会民主工党第五次(伦敦)代表大会上代表孟什维克当选为候补中央委员。曾为孟什维克取消派的《社会民主党人呼声报》和《我们的曙光》杂志撰稿。1910—1911年为党中央委员会国外局成员和书记。1912 年参加了托洛茨基在维也纳召开的反布尔什维克的八月代表会议，在会上被选入组委会。1917 年二月革命后为孟什维克《工人报》编辑之一、孟什维克中央委员会委员和第一届中央执行委员会委员。1920 年 8 月声明退出孟什维克组织。后在高等院校从事教学工作。——36—37、211、361。

H

一起建立德国独立社会民主党。1918年十一月革命期间参加所谓的人民代表委员会，支持镇压无产阶级革命运动。——447。

赫尔岑，亚历山大·伊万诺维奇（Герцен, Александр Иванович 1812—1870）——俄国革命民主主义者，作家和哲学家。在十二月党人的影响下走上革命道路。1829—1833年在莫斯科大学求学期间领导革命小组。1834年被捕，度过六年流放生活。1842年起是莫斯科西欧主义者左翼的领袖，写有《科学中华而不实的作风》（1842—1843）、《自然研究通信》（1844—1845）等哲学著作和一些抨击农奴制度的小说。1847年流亡国外。欧洲1848年革命失败后，对欧洲革命失望，创立"俄国社会主义"理论，成为民粹主义创始人之一。1853年在伦敦建立自由俄国印刷所，印发革命传单和小册子，1855年开始出版《北极星》文集，1857—1867年与尼·普·奥格辽夫出版《钟声》杂志，揭露沙皇专制制度，进行革命宣传。在1861年农民改革的准备阶段曾一度摇摆。1861年起坚定地站到革命民主主义方面，协助建立土地和自由社。晚年关注第一国际的活动。列宁在《纪念赫尔岑》（1912）一文中评价了他在俄国解放运动史上的作用。——255、261—268、427。

赫尔岑施坦，米哈伊尔·雅柯夫列维奇（Герценштейн, Михаил Яковлевич 1859—1906）——俄国经济学家，莫斯科农学院教授，第一届国家杜马代表，立宪民主党领袖之一，该党土地问题理论家。第一届国家杜马解散后，在芬兰被黑帮分子杀害。——95、287。

赫沃斯托夫，阿列克谢·尼古拉耶维奇（Хвостов, Алексей Николаевич 1872—1918）——俄国大地主。曾任莫斯科专区法院副检察官、图拉省副省长和沃洛格达省省长，1910—1912年任下诺夫哥罗德省省长。因发表黑帮演说而臭名远扬。第四届国家杜马奥廖尔省代表，杜马中右派党团领袖之一。1915—1916年任内务大臣和宪兵团名誉团长。1918年9月根据人民委员会的决定被枪决。——186。

黑格尔，乔治·威廉·弗里德里希（Hegel, Georg Wilhelm Friedrich 1770—1831）——德国哲学家，客观唯心主义者，德国古典哲学的主要代表。1801—1807年任耶拿大学哲学讲师和教授。1808—1816年任纽伦堡中学校长。1816—1817年任海德堡大学哲学教授。1818年起任柏林大学哲学教授。黑格尔哲学是 18 世纪末至 19 世纪初德国唯心主义哲学的最高发展。他根据唯心主义的思维与存在同一的基本原则,建立了客观唯心主义的哲学体系,并创立了唯心主义辩证法的理论。认为在自然界和人类出现以前存在着绝对精神,客观世界是绝对精神、绝对观念的产物;绝对精神在其发展中经历了逻辑阶段、自然阶段和精神阶段,最终回复到了它自身;整个自然的、历史的和精神的世界都处于不断的运动、变化和发展中,矛盾是运动、变化的核心。黑格尔哲学的特点是辩证方法同形而上学体系之间的深刻矛盾。他的唯心主义辩证法是马克思主义哲学的理论来源之一。在社会政治观点上是保守的,是立宪君主制的维护者。主要著作有《精神现象学》(1807)、《逻辑学》(1812—1816)、《哲学全书》(1817)、《法哲学原理》(1821)、《哲学史讲演录》(1833—1836)、《历史哲学讲演录》(1837)、《美学讲演录》(1836—1838)等。——262。

胡斯曼,卡米耶(Huysmans,Camille 1871—1968)——比利时工人运动最早的活动家之一,比利时社会党领导人之一,语文学教授,新闻工作者。1905—1922 年任第二国际社会党国际局书记。第一次世界大战期间持中派立场,实际上领导社会党国际局。1910—1965 年为议员,1936—1939 年和 1954—1958 年任众议院议长。1940 年当选为社会主义工人国际常务局主席。多次参加比利时政府,1946—1947 年任首相,1947—1949 年任教育大臣。——221—224。

J

季津高津,叶夫根尼·叶夫根尼耶维奇(Тизенгаузен,Евгений Евгеньевич 生于 1860 年)——俄国男爵,十月党人,谢尔普霍夫纺织厂厂长。第三届国家杜马莫斯科省代表。曾任工人问题委员会主席,在委员会中维护大企业主利益,千方百计地阻挠对职工保险法案的讨论。——288、302。

加米涅夫(**罗森费尔德**),列夫·波里索维奇(尤·加·)(Каменэв(Розенфельд),Лев Борисович(Ю.К.)1883—1936)——1901 年加入俄国社会民主工党,党的第二次代表大会后是布尔什维克。是高加索联合会出席党的第三次代表大会的代表。1905—1907 年在彼得堡从事宣传鼓动工作,为党的报刊撰稿。1908 年底出国,任布尔什维克的《无产者报》编委。斯托雷平反动时期对取消派、召回派和托洛茨基分子采取调和主义态度。1914年初回国,在《真理报》编辑部工作,曾领导第四届国家杜马布尔什维克党团。1914年11月被捕,在沙皇法庭上宣布放弃使沙皇政府在帝国主义战争中失败的布尔什维克口号。次年2月被流放。1917年二月革命后反对列宁的《四月提纲》。从党的第七次全国代表会议(四月代表会议)起多次当选为中央委员。十月革命前夕反对举行武装起义的决定。在全俄苏维埃第二次代表大会上当选为全俄中央执行委员会第一任主席。1917年11月主张成立有孟什维克和社会革命党人参加的联合政府,遭到否决后声明退出党中央。1918年起任莫斯科苏维埃主席。1922年起任人民委员会副主席,1924—1926年任劳动国防委员会主席。1923年起为列宁研究院第一任院长。1919—1925年为党中央政治局委员。1925年参与组织"新反对派",1926年1月当选为中央政治局候补委员,同年参与组织"托季联盟",10月被撤销政治局候补委员职务。1927年12月被开除出党,后来两次恢复党籍,两次被开除出党。1936年8月25日被苏联最高法院军事审判庭以"参与暗杀基洛夫、阴谋刺杀斯大林及其他苏联领导人"的罪名判处枪决。1988年6月苏联最高法院为其平反。——80、472。

捷斯连科,尼古拉·瓦西里耶维奇(Тесленко,Николай Васильевич 生于1870年)——俄国律师,从立宪民主党成立时起即为该党中央委员。第二届国家杜马莫斯科市代表,曾为《俄罗斯新闻》撰稿。十月革命后为白俄流亡分子。——93。

久宾斯基,弗拉基米尔·伊万诺维奇(Дзюбинский,Владимир Иванович 1860—1927)——俄国劳动派分子。曾参加民意党人运动,1882年被捕并流放西西伯利亚,为期三年,以后定居该地。第三届和第四届国家杜马托博尔斯克省代表,在杜马中是劳动团领袖之一。——86—91。

K

卡拉瓦耶夫,亚历山大·李沃维奇(Караваев,Александр Львович 1855—1908)——俄国地方自治局医生,民粹主义者,俄国农民协会的著名活动家。第二届国家杜马叶卡捷琳诺斯拉夫市代表,在杜马中领导劳动派党团,任土地委员会委员;曾就土地和粮食问题发过言。著有一些关于农民问题的小册子:《国家杜马中的党和农民》《政府关于土地的诺言和农民代表的要求》《新土地法》。第三届国家杜马选举前夕,在叶卡捷琳诺斯拉夫被黑帮分子杀害。——287。

卡拉乌洛夫,瓦西里·安德列耶维奇(Караулов, Василий Андреевич 1854—1910)——俄国立宪民主党人,法学家。曾是民意党人,1884 年因十二个民意党人案在基辅被捕并被判处四年苦役,后流放西伯利亚。1905 年加入立宪民主党,公开反对 1905—1907 年革命。第三届国家杜马叶尼塞斯克省代表,立宪民主党在杜马中的正式发言人。——42、289。

卡普斯京,米哈伊尔·雅柯夫列维奇(Капустин, Михаил Яковлевич 1847—1920)——俄国十月党人;职业是医生。19 世纪 70 年代在科斯特罗马省地方自治局当医生,后在陆军医院、军医学院、华沙大学工作。1887 年起任喀山大学教授。第二届国家杜马喀山市代表,在杜马中就预算案、地方司法制度、土地问题及其他问题发了言。后为第三届国家杜马喀山省代表并被选为杜马副主席。——55。

卡索,列夫·阿里斯季多维奇(Кассо, Лев Аристидович 1865—1914)——俄国大地主,先后任哈尔科夫大学和莫斯科大学民法教授。1910—1914 年任国民教育大臣。推行极端反动的政策,禁止学生集会和结社,残酷迫害革命学生和进步教授,阻挠开办新大学,在中小学取消家长委员会、实行校外监督、由检查机关直接委任教师等。——124、125。

卡维林,康斯坦丁·德米特里耶维奇(Кавелин, Константин Дмитриевич 1818—1885)——俄国资产阶级自由派政论家,历史学家和实证论哲学家。莫斯科大学(1844—1848)和彼得堡大学(1857—1861)教授。曾为《同时代人》、《祖国纪事》和《欧洲通报》等杂志撰稿。在 1861 年农民改革的准备和进行期间,反对革命民主主义运动,赞成专制政府的反动政策。——265。

考茨基,卡尔(Kautsky, Karl 1854—1938)——德国社会民主党和第二国际的领袖和主要理论家之一。1875 年加入奥地利社会民主党,1877 年加入德国社会民主党。1881 年与马克思和恩格斯相识后,在他们的影响下逐渐转向马克思主义。从 19 世纪 80 年代到 20 世纪初写过一些宣传和解释马克思主义的著作:《卡尔·马克思的经济学说》(1887)、《土地问题》(1899)等。但在这个时期已表现出向机会主义方面摇摆,在批判伯恩施坦时作了很多让步。1883—1917年任德国社会民主党理论刊物《新时代》杂志主编。曾参与起草1891年德国社会民主党纲领(爱尔福特纲领)。1910年以后逐渐转到机会主义立场,成为中派领袖。第一次世界大战前夕提出超帝国主义论,大战期间打着中派旗号支持帝国主义战争。1917年参与建立德国独立社会民主党,1922年拥护该党右翼与德国社会民主党合并。1918年后发表《无产阶级专政》等书,攻击俄国十月革命,反对无产阶级专政。——35。

柯瓦列夫斯基,马克西姆·马克西莫维奇(Ковалевский, Максим Максимович 1851—1916)——俄国历史学家、法学家和社会学家,资产阶级自由派政治活动家。1878—1887年任莫斯科大学法律系教授。1887年出国。1901年和叶·瓦·罗伯蒂一起在巴黎创办俄国社会科学高等学校。1905年回国。1906年创建立宪君主主义的民主改革党,同年被选入第一届国家杜马,次年被选入国务会议。1906—1907年出版民主改革党的机关报《国家报》,1909年收买《欧洲通报》杂志社的产权并任杂志编辑。在他的学术研究中,比较重要的是论述公社和氏族关系方面的著作。主要著作有《公社土地占有制,它的瓦解原因、过程和后果》、《家庭及所有制的起源和发展概论》、《现代民主制的起源》、《社会学》等。——248。

科科夫佐夫,弗拉基米尔·尼古拉耶奇(Коковцов, Владимир Николаевич 1853—1943)——俄国国务活动家,伯爵。1904—1914年(略有间断)任财政大臣,1911—1914年兼任大臣会议主席。第一次世界大战期间是大银行家。十月革命后为白俄流亡分子。——70、317、320。

科柳巴金,亚历山大·米哈伊洛维奇(Колюбакин, Александр Михайлович 1868—1915)——俄国地方自治运动活动家,资产阶级自由派分子,立宪民主党人。1905—1906年任诺夫哥罗德省地方自治局主席。1907年为第三届国家杜马代表;第三届和第四届国家杜马立宪民主党议会党团委员会秘书,立宪民主党中央委员。——228。

克雷让诺夫斯基,谢尔盖·叶菲莫维奇(Крыжановский, Сергей Ефимович 生于1861年)——俄国官吏。1885年在司法部供职,后到内务部工作。

1906 年被任命为副内务大臣。以制定 1907 年 6 月 3 日的选举法而闻名。1907 年起为参议员，1911 年起任国务秘书，1917 年 1 月起为国务会议成员。——180。

克里沃舍因，亚历山大·瓦西里耶维奇（Кривошеин, Александр Васильевич 1857—1921）——俄国官吏。1905—1906 年任土地规划和农业管理总署副署长，1908—1915 年任署长；1906—1908 年任副财政大臣，贵族银行和农民银行行长。1906 年起为国务会议成员。积极推行斯托雷平的土地政策。十月革命后是反革命的所谓"正义中心"的组织者之一。1920 年在克里木领导弗兰格尔的白卫政府。弗兰格尔军队被击溃后逃亡国外。——338。

克列波夫斯基，谢尔盖·伊波利托维奇（Келеповский, Сергей Ипполитович 生于 1873 年）——俄国地主，第二届和第三届国家杜马赫尔松省代表，在杜马中参加右派党团。曾任省、县地方自治会议议员和治安法官。——72。

克列诺夫——见列维茨基，弗拉基米尔·奥西波维奇。

克列斯托夫尼科夫，格里戈里·亚历山德罗维奇（Крестовников, Григорий Александрович 1855—1918）——俄国大企业主和交易所经纪人。莫斯科商业银行董事长，莫斯科交易所委员会主席，工商界代表大会委员会委员。1905—1906 年为工商党主席，1906 年起为十月党中央委员。1906 年代表工商业资产阶级被选入国务会议。十月革命后为白俄流亡分子。——302。

克罗波托夫，А.Е.（Кропотов, А.Е. 生于 1874 年）——俄国农民，劳动派分子，乡文书。第三届国家杜马维亚特卡省代表，在杜马中是土地委员会委员。——91。

库洛姆津，阿纳托利·尼古拉耶维奇（Куломзин, Анатолий Николаевич 1838—1924）——沙俄官吏，经济学家。1891 年被任命为西伯利亚铁路委员会办公厅主任。为考察移民问题曾巡视西伯利亚，巡视报告于 1896 年印成小册子发表。1915—1916 年任国务会议主席。写有《英国的土地税》、《俄国和西欧的铁路建设》、《18 世纪俄国的国家收入和支出》等著作。——332。

库诺,亨利希(Cunow,Heinrich 1862—1936)——德国社会民主党的理论家、历史学家、社会学家和民族志学家。早期倾向马克思主义,后成为修正主义者。1902 年任《前进报》编委。第一次世界大战期间是社会沙文主义者,战后在社会民主党内持极右立场。1917—1923 年任德国社会民主党理论刊物《新时代》杂志编辑。1919—1930 年任柏林大学教授,1919—1924 年任民族志博物馆馆长。——15。

库特列尔,尼古拉·尼古拉耶维奇(Кутлер,Николай Николаевич 1859—1924)——俄国立宪民主党领袖之一。曾任财政部定额税务司司长,1905—1906 年任土地规划和农业管理总署署长。第二届和第三届国家杜马代表,立宪民主党土地纲领草案的起草人之一。1917 年二月革命后与银行界和工业界保持密切联系,代表俄国南部企业主的利益参加了工商业部下属的各个委员会。十月革命后在财政人民委员部和国家银行管理委员会工作。——71、132、382。

库兹明斯基,А.М.(Кузьминский,А.М.1843—1917)——俄国地主,参议员。1881 年被任命为彼得堡专区法院院长,后任彼得堡高等法院检察长。1900 年起任刑事上诉局局长。曾对亚美尼亚人和鞑靼人的械斗事件以及对反犹大暴行事件进行调查。——336。

库兹涅佐夫,格奥尔吉·谢尔盖耶维奇(Кузнецов,Георгий Сергеевич 生于 1881 年)——俄国工人,孟什维克,第三届国家杜马叶卡捷琳诺斯拉夫省代表,参加社会民主党党团;工人问题委员会委员。——19—21、214。

奎尔奇,哈里(Quelch,Harry 1858—1913)——英国工人运动和国际工人运动活动家,英国社会民主联盟及在其基础上成立的英国社会党的创建人和领导人之一;职业是排字工人。1886 年起编辑联盟的机关报《正义报》和《社会民主党人》月刊。积极参加工会运动,在工人群众中宣传马克思主义。第二国际多次代表大会的代表;社会党国际局成员。1902—1903 年列宁的《火星报》在伦敦出版期间,积极协助报纸的印行工作。——136。

L

拉布里奥拉,阿尔图罗(Labriola,Arturo 1873—1959)——意大利政治活动家,法学家和经济学家,意大利工团主义运动领袖之一。写有一些工团主

义理论方面的著作,试图使自己的所谓"革命工团主义"纲领趋附马克思主
义,同时又反对马克思主义加以"纠正"。1911—1912 年意土战争期间和第
一次世界大战期间采取沙文主义立场。1920—1921 年任乔利蒂政府的劳
工大臣。1926—1939 年侨居国外;反对法西斯主义。1948—1953 年为参
议员。1949 年意大利政府签订北大西洋公约后,参加了保卫和平运动,
1950 年被选入世界和平理事会。——434。

拉林,尤·(卢里叶,米哈伊尔·亚历山德罗维奇)(Ларин, Ю.(Лурье,
Михаил Александрович)1882—1932)——1900 年参加俄国社会民主主义
运动,在敖德萨和辛菲罗波尔工作。1904 年起为孟什维克。1905 年是俄
国社会民主工党彼得堡孟什维克委员会委员。1906 年进入党的统一的彼
得堡委员会;是党的第四次(统一)代表大会有表决权的代表。维护孟什维
克的土地地方公有化纲领,支持召开"工人代表大会"的取消主义思想。党
的第五次(伦敦)代表大会波尔塔瓦组织的代表。斯托雷平反动时期和新
的革命高涨年代是取消派领袖之一,参加了"八月联盟"。第一次世界大战
期间是中派分子。1917 年二月革命后领导出版《国际》杂志的孟什维克国
际主义派。1917 年 8 月加入布尔什维克党。在彼得格勒参加十月武装起
义。十月革命后主张成立有孟什维克和社会革命党人参加的联合政府。
在苏维埃和经济部门工作,曾任最高国民经济委员会主席团委员、国家计
划委员会主席团委员等职。1920—1921 年工会问题争论期间先后支持布
哈林和托洛茨基的纲领。—— 26、27、29、33、106—107、108、110—111、
113、119、173—174、176、196、209、309、310、359。

拉萨尔,斐迪南(Lassalle,Ferdinand 1825—1864)——德国工人运动活动家,
小资产阶级社会主义者,德国工人运动中的机会主义——拉萨尔主义的代
表人物。积极参加德国 1848 年革命。曾与马克思和恩格斯有过通信联
系。1863 年 5 月参与创建全德工人联合会,并当选为联合会主席。在联
合会中推行拉萨尔主义,把德国工人运动引上了机会主义道路。宣传超阶
级的国家观点,主张通过争取普选权和建立由国家资助的工人生产合作社
来解放工人。曾同俾斯麦勾结并支持在普鲁士领导下"自上而下"统一德
国的政策。在哲学上是唯心主义者和折中主义者。——118。

拉斯普廷(诺维赫),格里戈里·叶菲莫维奇(Распутин(Новых),Григорий

Ефимович 1872—1916）——俄国冒险家,沙皇尼古拉二世的宠臣。出身于农民家庭。1907年冒充"先知"和"神医"招摇撞骗,混入宫廷,干预国政。尼古拉二世和皇后把他奉为"活基督",言听计从。1916年12月被君主派分子刺死。——186。

雷特尔恩（Рейтерн 死于1861年）——沙俄上校,因不愿参与枪杀华沙示威群众而自杀。——266。

雷因博特（**雷兹沃伊**）,阿纳托利·阿纳托利耶维奇（Рейнбот（Резвой）,Анатолий Анатольевич 1868—1918）——沙俄将军。1906—1907年担任莫斯科市市长期间,残酷镇压莫斯科的革命运动,大搞贪污受贿、敲诈勒索和侵吞公款的活动。其警察暴行和专横跋扈激起了广大社会阶层的愤慨。沙皇政府被迫将其撤职并交付法庭审判,但对其案件的调查拖延多年,直到1911年才开庭审理,被判处剥夺权利和财产并在犯人感化所服刑一年。可是连这个判决也没有执行,不久即被释放。第一次世界大战期间曾任师长。——60、95。

李伯尔（**戈尔德曼**）,米哈伊尔·伊萨科维奇（伯尔）（Либер（Гольдман）,Михаил Исаакович（Бер）1880—1937）——崩得和孟什维克领袖之一。1898年起为社会民主党人,1902年起为崩得中央委员。1903年率领崩得代表团出席俄国社会民主工党第二次代表大会,在会上采取极右的反火星派立场,会后成为孟什维克。1907年在党的第五次（伦敦）代表大会上代表崩得被选入中央委员会,是崩得驻中央委员会国外局的代表。斯托雷平反动时期是取消派分子,1912年是"八月联盟"的骨干分子,第一次世界大战期间是社会沙文主义者。1917年二月革命后任彼得格勒工兵代表苏维埃执行委员会委员和第一届中央执行委员会主席团委员,采取孟什维克立场,支持资产阶级联合内阁,敌视十月革命。后脱离政治活动,从事经济工作。——36—37、211、352、354、357、361。

李沃夫,格奥尔吉·叶夫根尼耶维奇（Львов,Георгий Евгеньевич 1861—1925）——俄国公爵,大地主,地方自治人士,立宪民主党人。1903—1906年任图拉县地方自治局局长,曾参加1904—1905年地方自治机关代表大会。第一届国家杜马代表,是负责安置远东移民和救济饥民的地方自治机关全国性组织的领导人。第一次世界大战期间是全俄地方自治机关联合会主席以及全俄地方自治机关和城市联合会军需供应总委员会的领导人之一。
1917 年 3—7 月任临时政府总理兼内务部长,是七月事变期间镇压彼得格
勒工人和士兵的策划者之一。十月革命后逃亡法国,参与策划对苏维埃俄
国的武装干涉。——339。

列宁,弗拉基米尔·伊里奇(**乌里扬诺夫,弗拉基米尔·伊里奇**;尔—科,弗·;弗雷,威·;列宁,尼·)(Ленин,Владимир Ильич(Ульянов,Владимир Ильич,Л-ко,Ф.,Фрей,В.,Ленин,Н.)1870—1924)——23、36、43、58、60—62、165、170、204—205、210、214、221、230、232—233、247、271、273、274、276、279、313、316、344、388、395、399—401、404—405、438—439、440、444—445、455、456、457、458、471。

列宁,尼·——见列宁,弗拉基米尔·伊里奇。

列维茨基(**策杰尔包姆**),弗拉基米尔·奥西波维奇(克列诺夫)(Левицкий(Цедербаум),Владимир Осипович(Кленов)生于 1883 年)——俄国社会民主党人,孟什维克。19 世纪 90 年代末参加革命运动,在德文斯克崩得组织中工作。1906 年初是俄国社会民主工党统一的彼得堡委员会委员;彼得堡组织出席党的第四次(统一)代表大会的代表。在第二届国家杜马选举期间主张同立宪民主党结盟。斯托雷平反动时期和新的革命高涨年代是取消派领袖之一;加入孟什维克中央,在关于取消党的"公开信"上签了名;编辑《我们的曙光》杂志并为《社会民主党人呼声报》、《复兴》杂志以及孟什维克取消派的其他定期报刊撰稿。炮制了"不是领导权,而是阶级的政党"的"著名"公式。第一次世界大战期间是社会沙文主义者,支持护国派极右翼集团。敌视十月革命,反对苏维埃政权。1920 年因"战术中心"案受审。后从事写作。——98、106—107、111、122、173、174、175、192、196、209、256、350、351、359—360、397、468、474。

柳比莫夫,阿列克谢·伊万诺维奇(**马尔克**)(Любимов,Алексей Иванович(Марк)1879—1919)——俄国社会民主党人。1898 年参加革命运动,莫斯科工人阶级解放斗争协会会员。屡遭沙皇政府迫害。1904 年被增补进俄国社会民主工党中央委员会,是党总委员会出席党的第三次代表大会的代表。党的第二次代表大会后以及斯托雷平反动时期,对孟什维克采取调和主义立场。1910 年为中央委员会国外局成员,巴黎调和派集团(1911—1914)的组织者之一。第一次世界大战期间是护国派分子,1917 年参加普列汉诺夫的统一派。——5。

卢那察尔斯基,阿纳托利·瓦西里耶维奇(Луначарский,Анатолий Васильевич 1875—1933)——19 世纪 90 年代参加俄国社会民主主义运动。俄国社会民主工党第二次代表大会后是布尔什维克。曾先后参加布尔什维克的《前进报》、《无产者报》和《新生活报》编辑部。代表《前进报》编辑部出席了党的第三次代表大会,受列宁委托,在会上作了关于武装起义问题的报告。党的第四次(统一)代表大会和第五次(伦敦)代表大会的参加者,布尔什维克出席第二国际斯图加特代表大会(1907)和哥本哈根代表大会(1910)的代表。斯托雷平反动时期脱离布尔什维克,参加"前进"集团;在哲学上宣扬造神说和马赫主义。第一次世界大战期间持国际主义立场。1917年二月革命后参加区联派,在俄国社会民主工党(布)第六次代表大会上随区联派集体加入布尔什维克党。十月革命后到1929年任教育人民委员,以后任苏联中央执行委员会学术委员会主席。1930年起为苏联科学院院士。在艺术和文学方面著述很多。——9、66、98、210、398。

卢宁,亚历山大·拉里翁诺维奇(Лунин, Александр Ларионович 生于1867年)——俄国立宪民主党人,农民出身。第三届国家杜马喀山省代表。——55。

卢森堡,罗莎(Luxemburg, Rosa 1871—1919)——德国、波兰和国际工人运动活动家,德国社会民主党和第二国际左翼领袖和理论家之一,德国共产党创建人之一。生于波兰。19世纪80年代后半期开始革命活动,1893年参与创建和领导波兰王国社会民主党,为党的领袖之一。1898年移居德国,积极参加德国社会民主党的活动,反对伯恩施坦主义和米勒兰主义。曾参加俄国第一次革命(在华沙)。1907年参加俄国社会民主工党第五次(伦敦)代表大会,在会上支持布尔什维克。斯托雷平反动时期和新的革命高涨年代对取消派采取调和主义态度。1912年波兰王国和立陶宛社会民主党分裂后,曾谴责最接近布尔什维克的所谓分裂派。第一次世界大战期间持国际主义立场,是建立国际派(后改称斯巴达克派和斯巴达克联盟)的发起人之一。参加领导了德国1918年十一月革命,同年底参与领导德国共产党成立大会,作了党纲报告。1919年1月柏林工人斗争被镇压后,于15日被捕,当天惨遭杀害。主要著作有《社会改良还是革命》(1899)、《俄国社会民主党的组织问题》(1904)、《资本积累》(1913)等。——136、396。

鲁·布·——见布兰克,鲁维姆·马尔科维奇。

鲁巴诺维奇,伊里亚·阿道福维奇(Рубанович, Илья Адольфович 1860—

1920)——俄国社会革命党领袖之一。早年积极参加民意党运动,19世纪80年代侨居巴黎,1893年在巴黎加入老民意党人小组。社会革命党成立后即为该党积极成员。曾参加《俄国革命通报》杂志的工作,该杂志从1902年起成为社会革命党正式机关刊物。是出席国际社会党阿姆斯特丹代表大会(1904)和斯图加特代表大会(1907)的社会革命党代表,社会党国际局成员。第一次世界大战期间是社会沙文主义者。十月革命后反对苏维埃政权。——353。

罗季切夫,费多尔·伊兹迈洛维奇(Родичев, Федор Измаилович 1853—1932)——俄国地主,地方自治运动活动家,立宪民主党领袖之一,该党中央委员。1904—1905年地方自治机关代表大会的参加者。第一届至第四届国家杜马代表。1917年二月革命后任临时政府芬兰事务委员。十月革命后为白俄流亡分子。——28、84—86、88、93、382。

罗将柯,米哈伊尔·弗拉基米罗维奇(Родзянко, Михаил Владимирович 1859—1924)——俄国大地主,十月党领袖之一,君主派分子。20世纪初曾任叶卡捷琳诺斯拉夫省地方自治局主席。1911—1917年先后任第三届和第四届国家杜马主席,支持沙皇政府的反动政策。1917年二月革命期间力图保持君主制度,组织并领导了反革命中心"国家杜马临时委员会",后参与策划科尔尼洛夫叛乱。十月革命后投靠科尔尼洛夫和邓尼金,企图联合一切反革命势力颠覆苏维埃政权。1920年起为白俄流亡分子。——83。

罗—柯夫,尼·——见罗日柯夫,尼古拉·亚历山德罗维奇。

罗曼——见叶尔莫拉耶夫,康斯坦丁·米哈伊洛维奇。

罗曼诺夫王朝(Романовы)——俄国皇朝(1613—1917)。——16、17、18、21、26、27、31、185—186、254—255。

罗日柯夫,尼古拉·亚历山德罗维奇(罗—柯夫,尼·)(Рожков, Николай Александрович(Р—ков, Н.)1868—1927)——俄国历史学家和政治活动家。19世纪90年代接近合法马克思主义者。1905年加入俄国社会民主工党,布尔什维克。1907年当选为中央委员,进入中央委员会俄国局。1905—1907年革命失败后成为取消派的思想领袖之一,为《我们的曙光》杂志撰稿,编辑孟什维克取消派的《新西伯利亚报》。1917年二月革命后在临时政府担任了几个月的邮电部副部长。同年 8 月加入孟什维克党,当选为该党中央委员。敌视十月革命,在外国武装干涉和国内战争时期反对苏维埃政权。20 年代初因与孟什维克的反苏维埃活动有关而两次被捕。1922 年同孟什维克决裂。后来在一些高等院校和科研机关工作。写有俄国史方面的著作。——24—29、33、60、120—121、256。

罗扎诺夫,尼古拉·谢尔盖耶维奇(Розанов,Николай Сергеевич 生于 1870年)——俄国劳动派分子;职业是医生。第三届国家杜马萨拉托夫省代表,在杜马中是预算、国民教育等委员会的委员。——47。

罗扎诺夫,瓦西里·瓦西里耶维奇(Розанов,Василий Васильевич 1856—1919)——俄国宗教哲学家,文艺批评家和政论家。宣扬唯心主义和神秘主义。19 世纪 90 年代末起是晚期斯拉夫派记者,《俄罗斯通报》杂志和《俄罗斯评论》杂志撰稿人,《新时报》的主要政论家之一。他的文章维护专制制度和(东)正教,受到革命马克思主义者的尖锐批评。——290。

洛贝尔图斯-亚格措夫,约翰·卡尔(Rodbertus-Jagetzow,Johann Karl 1805—1875)——德国经济学家,国家社会主义理论家,资产阶级化的普鲁士贵族利益的表达者,大地主。认为劳动和资本的矛盾可以通过普鲁士容克王朝实行的一系列改革得到解决。由于不了解剩余价值产生的根源和资本主义基本矛盾的实质,认为经济危机的原因在于人民群众的消费不足;地租是由于农业中不存在原料的耗费而形成的超额收入。主要著作有《关于我国国家经济状况的认识》(1842)、《给冯·基尔希曼的社会问题书简》(1850—1851、1884)等。——390、431。

洛普欣,阿列克谢·亚历山德罗维奇(Лопухин,Алексей Александрович 1864—1928)——俄国警察司司长(1902—1905)。1904 年底在给大臣委员会的报告书中指出,警察无力对付俄国的革命运动。次年,报告书由前进出版社印成小册子出版,并附有列宁的序言。因帮助揭露奸细叶·菲·阿捷夫,1909 年被判处流放西伯利亚。1911 年得到赦免并恢复权利。1913 年起任莫斯科商业银行副行长。——85。

M

马尔丁诺夫,亚历山大(**皮凯尔,亚历山大·萨莫伊洛维奇**)(Мартынов,

Александр（Пиккер, Александр Самойлович）1865—1935——俄国经济派领袖之一,孟什维克著名活动家,后为共产党员。19 世纪 80 年代初参加民意党人小组,1886 年被捕,流放东西伯利亚十年;流放期间成为社会民主党人。1900 年侨居国外,参加经济派的《工人事业》杂志编辑部,反对列宁的《火星报》。在俄国社会民主工党第二次代表大会上是国外俄国社会民主党人联合会的代表,反火星派分子,会后成为孟什维克。1907 年作为叶卡捷琳诺斯拉夫组织的代表参加了党的第五次（伦敦）代表大会的工作,在代表大会上当选为中央委员。斯托雷平反动时期和新的革命高涨年代是取消派分子,参加取消派的机关报《社会民主党人呼声报》编辑部。第一次世界大战期间持中派立场。1917 年二月革命后为孟什维克国际主义者。十月革命后脱离孟什维克。1918—1922 年在乌克兰当教员。1923 年加入俄共（布）,在马克思恩格斯研究院工作。1924 年起任《共产国际》杂志编委。——209、256。

马尔柯夫,尼古拉·叶夫根尼耶维奇（马尔柯夫第二）（Марков, Николай Евгеньевич（Марков 2-й）生于 1876 年）——俄国大地主,反动的政治活动家,黑帮组织"俄罗斯人民同盟"和"米迦勒天使长同盟"领袖之一。第三届和第四届国家杜马代表,杜马中极右翼领袖之一。十月革命后为白俄流亡分子。——17、18、25、31、40、41、42、60、72、84、90—93、131、132、138、153、154、185、255、275、331、340、436。

马尔柯夫第二——见马尔柯夫,尼古拉·叶夫根尼耶维奇。

马尔克——见柳比莫夫,阿列克谢·伊万诺维奇。

马尔托夫,尔·（策杰尔包姆,尤利·奥西波维奇）（Мартов, Л.（Цедербаум, Юлий Осипович）1873—1923）——俄国孟什维克领袖之一。1895 年参与组织彼得堡工人阶级解放斗争协会。1896 年被捕并流放图鲁汉斯克三年。1900 年参与创办《火星报》,为该报编辑部成员。在俄国社会民主工党第二次代表大会上是《火星报》组织的代表,领导机会主义少数派,反对列宁的建党原则;从那时起成为孟什维克中央机关的领导成员和孟什维克报刊的编辑。曾参加党的第五次（伦敦）代表大会的工作。斯托雷平反动时期和新的革命高涨年代是取消派分子,编辑《社会民主党人呼声报》,参与组织"八月联盟"。第一次世界大战期间是中派分子,参加齐美尔瓦尔德代表会议和昆塔尔代表会议。曾参加孟什维克组织委员会国外书记处,为书记处编辑机关刊物。1917 年二月革命后领导孟什维克国际主义派。十月革命后反对镇压反革命和解散立宪会议。1919 年当选为全俄中央执行委员会委员,1919—1920 年为莫斯科苏维埃代表。1920 年 9 月侨居德国。参与组织第二半国际,在柏林创办和编辑孟什维克杂志《社会主义通报》。——16、26、27、36、101、103—104、105、106—114、119—122、165—168、173—174、175、176、191、196、209、230—236、237、256、310—311、321、360、375、385、397、471、474、476。

马赫诺韦茨,弗·彼·——见阿基莫夫,弗拉基米尔·彼得罗维奇。

马卡罗夫,亚历山大·亚历山德罗维奇(Макаров, Александр Александрович 1857—1919)——俄国国务活动家。1906 年被任命为副内务大臣。1907 年起任参议员和警务改革委员会主席。斯托雷平被刺后,1911—1912 年任内务大臣兼宪兵团名誉团长。1912 年 4 月在国家杜马就勒拿事件发表演说,为枪杀工人的祸首进行辩护。1916 年任司法大臣。——186、348。

马克拉柯夫,瓦西里·阿列克谢耶维奇(Маклаков, Василий Алексеевич 1870—1957)——俄国立宪民主党领袖之一,地主。1895 年起为律师,曾为多起政治诉讼案出庭辩护。1906 年起为立宪民主党中央委员。第二届、第三届和第四届国家杜马代表。1917 年二月革命后任国家杜马临时委员会驻司法部委员;支持帕·尼·米留可夫,主张把帝国主义战争进行到"最后胜利"。同年 7 月起任临时政府驻法国大使。十月革命后为白俄流亡分子。——179、236、249、274、357、371。

马克思,卡尔(Marx, Karl 1818—1883)——科学共产主义的创始人,世界无产阶级的领袖和导师。——118、263、307、390、431、473。

马克西莫夫,恩·——见波格丹诺夫,亚历山大·亚历山德罗维奇。

马斯洛夫,彼得·巴甫洛维奇(Маслов, Петр Павлович 1867—1946)——俄国经济学家,社会民主党人。写有一些土地问题著作,修正马克思主义政治经济学原理。曾为《生活》、《开端》和《科学评论》等杂志撰稿。俄国社会民主工党第二次代表大会后是孟什维克;曾提出孟什维克的土地地方公有化纲领。在俄国社会民主工党第四次(统一)代表大会上代表孟什维克作了关于土地问题的报告,被选入中央机关报编辑部。斯托雷平反动时期和新的革命高涨年代是取消派分子。第一次世界大战期间是社会沙文主义者。十月革命后脱离政治活动,从事教学和科研工作,研究社会主义政治经济学问题。1929年起为苏联科学院院士。——98。

梅尔霍瑟,E.I.(Mehlhose,E.I.)——德国国民,1874年在俄国哈尔科夫开办了一家农机制造厂。——370—371。

梅林,弗兰茨(Mehring,Franz 1846—1919)——德国工人运动活动家,德国社会民主党左翼领袖和理论家之一,历史学家和政论家,德国共产党创建人之一。19世纪60年代末起是资产阶级民主主义政论家,1877—1882年持资产阶级自由主义立场,后向左转化,逐渐接受马克思主义。曾任民主主义报纸《人民报》主编。1891年加入德国社会民主党,担任党的理论刊物《新时代》杂志撰稿人和编辑,1902—1907年任《莱比锡人民报》主编,反对第二国际的机会主义和修正主义,批判考茨基主义。第一次世界大战爆发后坚决谴责帝国主义战争和社会沙文主义者的背叛政策;是国际派(后改称斯巴达克派和斯巴达克联盟)的组织者和领导人之一。1918年参加建立德国共产党的准备工作。欢迎俄国十月革命,撰文驳斥对十月革命的攻击,维护苏维埃政权。在研究德国中世纪史、德国社会民主党史和马克思主义史方面作出重大贡献,在整理出版马克思、恩格斯和拉萨尔的遗著方面也做了大量工作。主要著作有《莱辛传奇》(1893)、《德国社会民主党史》(1897—1898)、《马克思传》(1918)等。——35。

米—尔;米哈伊尔——见伊苏夫,约瑟夫·安德列耶维奇。

米勒兰,亚历山大·埃蒂耶纳(Millerand,Alexandre Étienne 1859—1943)——法国政治家和国务活动家,法国社会党和第二国际的机会主义代表人物。1885年起多次当选议员。原属资产阶级激进派,90年代初参加法国社会主义运动,领导运动中的机会主义派。1898年同让·饶勒斯等人组成法国独立社会党人联盟。1899年参加瓦尔德克-卢梭内阁,任工商业部长,是有史以来社会党人第一次参加资产阶级政府,列宁把这个行动斥之为"实践的伯恩施坦主义"。1904年被开除出法国社会党,此后同阿·白里安、勒·维维安尼等前社会党人一起组成独立社会党人集团(1911年取名为"共和社会党")。1909—1915年先后任公共工程部长和陆军部长,竭力主张把帝国主义战争进行到底。俄国十月革命后是武装干涉苏维埃俄

国的策划者之一。1920年1—9月任总理兼外交部长,1920年9月—1924
年6月任法兰西共和国总统。资产阶级左翼政党在大选中获胜后,被迫辞
职。1925年和1927年当选为参议员。——434。

米留可夫,帕维尔·尼古拉耶维奇(Милюков, Павел Николаевич 1859 —
1943)——俄国立宪民主党领袖,俄国自由派资产阶级思想家,历史学家和
政论家。1886年起任莫斯科大学讲师。90年代前半期开始政治活动,
1902年起为资产阶级自由派的《解放》杂志撰稿。1905年10月参与创建
立宪民主党,后任该党中央委员会主席和中央机关报《言语报》编辑。第三
届和第四届国家杜马代表。第一次世界大战期间为沙皇政府的掠夺政策
辩护。1917年二月革命后任第一届临时政府外交部长,推行把战争进行
到"最后胜利"的帝国主义政策;同年8月积极参与策划科尔尼洛夫叛乱。
十月革命后同白卫分子和武装干涉者合作。1920年起为白俄流亡分子,
在巴黎出版《最新消息报》。著有《俄国文化史概要》、《第二次俄国革命史》
及《回忆录》等。——26、27、50、61、80、82、93—94、109、178—183、225、
228、246、254、319、320、382、385、475。

莫尔肯布尔,赫尔曼(Molkenbuhr, Hermann 1851—1927)——德国社会民主
党人;职业是烟草工人。19世纪60年代加入拉萨尔创建的全德工人联合
会。由于反社会党人非常法,1881年被驱逐出境,1884年以前住在美国。
1890年起任社会民主党《汉堡回声报》编辑。1904年起任德国社会民主党
总书记;是社会党国际局成员。1890—1906年、1907—1918年和1920—
1924年为国会议员,1911—1924年任社会民主党国会党团主席。第一次世
界大战期间是社会沙文主义者。1918年十一月革命后被选入柏林工兵代
表执行委员会,在委员会内推行同资产阶级政府结盟的政策。——136。

穆罗姆采夫,谢尔盖·安德列耶维奇(Муромцев, Сергей Андреевич 1850 —
1910)——俄国立宪民主党创建人和领袖之一,法学家和政论家。1877年
起任莫斯科大学罗马法教授。1879—1892年任自由派资产阶级的《法学
通报》杂志编辑。1897年开始从事地方自治活动。曾参加1904—1905年
地方自治机关代表大会。1906年为第一届国家杜马代表和杜马主席。
1908—1910年从事政论活动。——82、92、343。

N

拿破仑第三（波拿巴，路易）（Napoléon III（Bonaparte, Louis）1808—1873）
——法国皇帝（1852—1870），拿破仑第一的侄子。法国1848年革命失败
后被选为法兰西共和国总统。1851年12月2日发动政变，1852年12月
称帝。在位期间，对外屡次发动侵略战争，包括同英国一起发动侵略中国
的第二次鸦片战争。对内实行警察恐怖统治，强化官僚制度，同时以虚假
的承诺、小恩小惠和微小的改革愚弄工人。1870年9月2日在普法战争
色当战役中被俘，9月4日巴黎革命时被废黜。——263。

尼古拉·罗曼诺夫——见尼古拉二世（罗曼诺夫）。

尼古拉一世（罗曼诺夫）（Николай I（Романов）1796—1855）——俄国皇帝
（1825—1855）。——109、309。

尼古拉二世（罗曼诺夫）（Николай II（Романов）1868—1918）——俄国最后一
个皇帝，亚历山大三世的儿子。1894年即位，1917年二月革命时被推翻。
1918年7月17日根据乌拉尔州工兵代表苏维埃的决定在叶卡捷琳堡被
枪决。——14、27、33、131、153、184、185、186、216、348、355。

尼科林，尼·（安德列耶夫，尼古拉·尼古拉耶维奇）（Николин, Н.（Андреев,
Николай Николаевич）生于1876年）——俄国社会民主党人，19世纪90年
代参加马克思主义小组。1901—1905年在国外加入布尔什维克。回国后
在彼得堡社会民主党组织和工人俱乐部工作。1910年追随孟什维克，为
《光线报》及取消派其他报刊撰稿。十月革命后在列宁格勒的一些高等院
校任教。——58—61。

涅韦多姆斯基，米·（米克拉舍夫斯基，米哈伊尔·彼得罗维奇）（Неведомский,
М.（Миклашевский, Михаил Петрович）1866—1943）——俄国社会民主党
人，孟什维克，文学批评家和政论家。斯托雷平反动时期和新的革命高涨
年代是取消派分子，同时表现出资产阶级自由主义倾向。十月革命后从事
政论活动。——104、177、256。

P

普佳京，瓦西里·彼得罗维奇（Путятин, Василий Петрович 生于1878年）

——俄国第三届国家杜马维亚特卡省代表,一度参加社会民主党党团。曾在普杰姆工厂当制图员。——45。

普利什凯维奇,弗拉基米尔·米特罗范诺维奇(Пуришкевич, Владимир Митрофанович 1870—1920)——俄国大地主,黑帮反动分子,君主派。1900年起在内务部任职,1904年为维·康·普列韦的内务部特别行动处官员。1905年参与创建黑帮组织"俄罗斯人民同盟",1907年退出同盟并成立了新的君主派反革命组织"米迦勒天使长同盟"。第二届、第三届和第四届国家杜马代表,因在杜马中发表歧视异族和反犹太人的演说而臭名远扬。第一次世界大战期间鼓吹把战争进行到"最后胜利"。1917年二月革命后主张恢复君主制。十月革命后竭力反对苏维埃政权,是1917年11月初被揭露的军官反革命阴谋的策划者。——13、16、17、25—27、31、40、41、50、59、60、92、105、109—111、116、172、181、185、219、226、228、231、233、236、241、245、246—247、251、252、253—255、275、286、288、289、290、291、364、368、369、373、436—437。

普列德卡林,安德列·亚诺维奇(Предкальн(Приедкалн), Андрей Янович 1873—1923)——拉脱维亚社会民主党人;职业是医生。1907年被选入第三届国家杜马,参加社会民主党党团,追随布尔什维克。曾为布尔什维克的《明星报》和《真理报》撰稿。十月革命后从事医学方面的科研工作,领导里加市儿童医院。——214。

普列汉诺夫,格奥尔吉·瓦连廷诺维奇(Плеханов, Георгий Валентинович 1856—1918)——俄国早期的马克思主义理论家,后来成为孟什维克和第二国际机会主义领袖之一。19世纪70年代参加民粹主义运动,是土地和自由社成员及土地平分社领导人之一。1880年侨居瑞士,逐步同民粹主义决裂。1883年在日内瓦创建俄国第一个马克思主义团体——劳动解放社。翻译和介绍了马克思和恩格斯的许多著作,对马克思主义在俄国的传播起了重要作用;写过不少优秀的马克思主义著作,批判民粹主义、合法马克思主义、经济主义、伯恩施坦主义、马赫主义。20世纪初是《火星报》和《曙光》杂志编辑部成员。曾参与制定俄国社会民主工党纲领草案和参加党的第二次代表大会的筹备工作。在代表大会上是劳动解放社的代表,属火星派多数派,参加了大会常务委员会,会后逐渐转向孟什维克。1905—

1907年革命时期反对列宁的民主革命的策略,后来在孟什维克和布尔什维克之间摇摆。在俄国社会民主工党第四次(统一)代表大会上作了关于土地问题的报告,维护马斯洛夫的孟什维克方案;在国家杜马问题上坚持极右立场,呼吁支持立宪民主党人的杜马。斯托雷平反动时期和新的革命高涨年代反对取消主义,领导孟什维克护党派。第一次世界大战期间持社会沙文主义立场。1917年二月革命后支持资产阶级临时政府。对十月革命持否定态度,但拒绝支持反革命。最重要的理论著作有《社会主义和政治斗争》(1883)、《我们的意见分歧》(1885)、《论一元论历史观的发展》(1895)、《唯物主义史论丛》(1896)、《论个人在历史上的作用》(1898)、《没有地址的信》(1899—1900),等等。——135、136、174、205、207、209、210、211、214、224、259、360、361、397、399、400、441、443、459。

普罗柯波维奇,谢尔盖·尼古拉耶维奇(Прокопович, Сергей Николаевич 1871—1955)——俄国经济学家和政论家。曾参加国外俄国社会民主党人联合会,是经济派的著名代表人物,伯恩施坦主义在俄国最早的传播者之一。1904年加入资产阶级自由派解放社,为该社骨干分子。1905年为立宪民主党中央委员。1906年参与出版半立宪民主党、半孟什维克的《无题》周刊,为左派立宪民主党人的《同志报》积极撰稿。1917年8月任临时政府工商业部长,9—10月任粮食部长。1921年在全俄赈济饥民委员会工作,同反革命地下活动有联系。1922年被驱逐出境。——27、98、106、363—369、374、385、482。

Q

齐赫泽,尼古拉·谢苗诺维奇(Чхеидзе, Николай Семенович 1864—1926)——俄国孟什维克领袖之一。19世纪90年代末参加社会民主主义运动。俄国社会民主工党第二次代表大会后是孟什维克。第三届和第四届国家杜马代表,第四届国家杜马孟什维克党团主席。第一次世界大战期间是中派分子。1917年二月革命后任国家杜马临时委员会委员、彼得格勒工兵代表苏维埃主席和第一届中央执行委员会主席,极力支持资产阶级临时政府。1918年起是反革命的外高加索议会主席,1919年起是格鲁吉亚孟什维克政府——立宪会议主席。1921年格鲁吉亚建立苏维埃政权后流亡法国。——214、333—336。

乔治，亨利（George，Henry 1839—1897）——美国经济学家和社会活动家。19 世纪 70 年代起致力于土地改革运动。认为人民贫困的根本原因是人民被剥夺了土地；否认劳动和资本之间的对抗，认为资本产生利润是自然规律；主张由资产阶级国家实行全部土地国有化，然后把土地租给个人。主要著作有《进步于贫困》（1879）、《土地问题》（1881）等。——430。

切尔诺夫，维克多·米哈伊洛维奇（Чернов，Виктор Михайлович 1873—1952）——俄国社会革命党领袖和理论家之一。1902—1905 年任社会革命党中央机关报《革命俄国报》编辑。曾撰文反对马克思主义，企图证明马克思的理论不适用于农业。第一次世界大战期间持社会沙文主义立场，曾参加齐美尔瓦尔德代表会议和昆塔尔代表会议。1917 年 5—8 月任临时政府农业部长，对夺取地主土地的农民实行残酷镇压。敌视十月革命。1918 年 1 月任立宪会议主席；曾领导反革命的萨马拉立宪会议委员会，参与策划反苏维埃叛乱。1920 年流亡国外，继续反对苏维埃政权。在他的理论著作中，主观唯心主义和折中主义同修正主义和民粹派的空想混合在一起；企图以资产阶级改良主义的"结构社会主义"对抗科学社会主义。——472。

切列万宁，涅·（利普金，费多尔·安德列耶维奇）（Череванин，Н.（Липкин，Федор Андреевич）1868—1938）——俄国政论家，"马克思的批评家"，后为孟什维克领袖之一，取消派分子。俄国社会民主工党第四次（统一）代表大会和第五次（伦敦）代表大会的参加者，取消派报刊撰稿人，16 个孟什维克关于取消党的"公开信"的起草人之一。1912 年反布尔什维克的八月代表会议后是孟什维克领导中心——组委会成员。第一次世界大战期间是社会沙文主义者。1917 年是孟什维克中央机关报《工人报》编辑之一和孟什维克中央委员会委员。敌视十月革命。——26、119、397。

S

萨尔蒂科夫-谢德林，米哈伊尔·叶夫格拉福维奇（萨尔蒂科夫，米·叶·；谢德林）（Салтыков-Щедрин，Михаил Евграфович（Салтыков，М. Е.，Щедрин）1826—1889）——俄国讽刺作家，革命民主主义者。1848 年因发表抨击沙皇制度的小说被捕，流放七年。1856 年初返回彼得堡，用笔名"尼·谢德林”发表了《外省散记》。1863—1864 年为《同时代人》杂志撰写政论文章，1868 年起任《祖国纪事》杂志编辑，1878 年起任主编。60—80 年代创作了《一个城市的历史》、《戈洛夫廖夫老爷们》等长篇小说，批判了俄国的专制农奴制，刻画了地主、沙皇官僚和自由派的丑恶形象。——103。

萨宗诺夫，尼古拉·德米特里耶维奇（Сазонов，Николай Дмитриевич 1858—1913）——俄国地主，1898—1905 年是喀山省斯帕斯县和该省的贵族代表，第三届国家杜马喀山省代表。——55。

桑巴特，韦尔纳（Sombart，Werner 1863—1941）——德国经济学家和社会学家。1890 年起任布雷斯劳大学教授，1906 年起任柏林大学教授。早期著作受到马克思主义的影响，后来反对历史唯物主义和马克思的经济学说，否认社会发展的一般规律，强调精神的决定性作用，把资本主义描绘成一种协调的经济体系。晚年吹捧希特勒法西斯独裁制度，拥护反动的民族社会主义。主要著作有《19 世纪的社会主义和社会运动》(1896)、《现代资本主义》(1902)、《德国社会主义》(1934)。——307。

舍格洛维托夫，伊万·格里戈里耶维奇（Щегловитов，Иван Григорьевич 1861—1918）——俄国大地主，极端反动分子。1906—1915 年任司法大臣。推行黑帮政策，公然使法院服从于警察当局的指令。是建立战地法庭、发动六三政变、审判第二届和第四届国家杜马社会民主党代表和策划贝利斯案件的主谋之一。1917 年任国务会议主席。——28。

盛加略夫，安德列·伊万诺维奇（Шингарев，Андрей Иванович 1869—1918）——俄国立宪民主党人，地方自治运动活动家；职业是医生。立宪民主党沃罗涅日省委员会主席，1907 年起为立宪民主党中央委员。第二届、第三届和第四届国家杜马代表，立宪民主党杜马党团副主席。1917 年二月革命后在第一届和第二届临时政府中分别任农业部长和财政部长。——92—93、319。

施瓦尔茨（埃利亚斯，К.Я.）（Шварц（Элиас，К.Я.）1886—1963）——拉脱维亚社会民主党人，孟什维克。斯托雷平反动时期和新的革命高涨年代是取消派分子。1909—1913 年为拉脱维亚边疆区社会民主国外委员会委员，1911 年起是拉脱维亚社会民主党取消主义的中央委员会驻俄国社会民主工党中央委员会国外局的代表。1910—1914 年为《斗争报》编辑部成员，

1912 年出席了托洛茨基在维也纳召开的反布尔什维克的八月代表会议。
1917 年二月革命后是工人、士兵和无地农民代表苏维埃执行委员会委员。
曾任拉脱维亚资产阶级的人民委员会(1918—1920)委员和立宪会议的代
表,第一届、第二届和第三届议会议员。——5。

舒宾斯科伊,尼古拉·彼得罗维奇(Шубинской, Николай Петрович 生于
1853 年)——俄国地主,十月党人。曾任莫斯科高等法院律师,特维尔省
卡利亚津县地方自治局和特维尔省地方自治局议员。1900 年起为莫斯科
市杜马议员。当过卡利亚津县贵族代表。第三届和第四届国家杜马特维
尔省代表。在杜马中发表过黑帮反动演说。——317。

舒尔卡诺夫,瓦西里·叶戈罗维奇(Шурканов, Василий Егорович 生于 1876 年)
——俄国工人,第三届国家杜马哈尔科夫省代表,社会民主党党团成员。
曾为布尔什维克的《明星报》和取消派的《现代事业报》撰稿。后查明,他自
1913 年起就是保安处的密探。——214。

司徒卢威,彼得·伯恩哈多维奇(Струве, Петр Бернгардович 1870—1944)
——俄国经济学家,哲学家,政论家,合法马克思主义主要代表人物,立宪
民主党领袖之一。19 世纪 90 年代编辑合法马克思主义者的《新言论》杂
志和《开端》杂志。1896 年参加第二国际第四次代表大会。1898 年参加起
草《俄国社会民主工党宣言》。在 1894 年发表的第一部著作《俄国经济发
展问题的评述》中,在批判民粹主义的同时,对马克思的经济学说和哲学学
说提出"补充"和"批评"。20 世纪初同马克思主义和社会民主主义彻底决
裂,转到自由派营垒。1902 年起编辑自由派资产阶级刊物《解放》杂志,
1903 年起是解放社的领袖之一。1905 年起是立宪民主党中央委员,领导
该党右翼。1907 年当选为第二届国家杜马代表。第一次世界大战爆发后
鼓吹俄国的帝国主义侵略扩张政策。十月革命后敌视苏维埃政权,是邓尼
金和弗兰格尔反革命政府成员,后逃往国外。——24、98、109、168、179、
290、357。

斯·沃·——见沃尔斯基,斯坦尼斯拉夫。

斯米尔诺夫,叶·——见古列维奇,埃马努伊尔·李沃维奇。

斯塔霍维奇,米哈伊尔·亚历山德罗维奇(Стахович, Михаил Александрович
1861—1923)——俄国地主,温和自由派分子。1895—1907 年是奥廖尔省

贵族代表,在地方自治运动中起过显著作用。曾加入立宪民主党,后来是十月党的组织者之一。第一届和第二届国家杜马代表,国务会议成员。1917年二月革命后被任命为芬兰总督,后任临时政府驻国外代表。——74。

斯托雷平,彼得·阿尔卡季耶维奇(Столыпин, Петр Аркадьевич 1862—1911)——俄国国务活动家,大地主。1884年起在内务部任职。1902年任格罗德诺省省长。1903—1906年任萨拉托夫省省长,因镇压该省农民运动受到尼古拉二世的嘉奖。1906—1911年任大臣会议主席兼内务大臣。1907年发动"六三政变",解散第二届国家杜马,颁布新选举法以保证地主、资产阶级在杜马中占统治地位,残酷镇压革命运动,大规模实施死刑,开始了"斯托雷平反动时期"。实行旨在摧毁村社和培植富农的土地改革。1911年被社会革命党人 Д.Г.博格罗夫刺死。——1、24、26、27、70、72、73、75、77、79、82、83—84、109、124、186、291、313、316、333、338、388—390、393、394。

苏尔科夫,彼得·伊里奇(Сурков, Петр Ильич 1876—1946)——俄国社会民主党人,布尔什维克;职业是织布工人。第三届国家杜马科斯特罗马省工人代表,第一届和第二届国家杜马复选代表。曾为在彼得堡出版的布尔什维克合法报纸《明星报》撰稿。十月革命后是无党派人士,在苏维埃机关工作。——214。

孙中山(1866—1925)——中国伟大的革命先行者。——426—432。

T

唐恩(古尔维奇),费多尔·伊里奇(Дан(Гурвич), Федор Ильич 1871—1947)——俄国孟什维克领袖之一;职业是医生。1894年参加社会民主主义运动,加入彼得堡工人阶级解放斗争协会。1896年8月被捕,监禁两年左右,1898年流放维亚特卡省,为期三年。1901年夏逃往国外,加入《火星报》柏林协助小组。1902年作为《火星报》代办员参加了俄国社会民主工党第二次代表大会的筹备会议,会后再次被捕,流放东西伯利亚。1903年9月逃往国外,成为孟什维克。俄国社会民主工党第四次(统一)代表大会和第五次(伦敦)代表大会及一系列代表会议的参加者。斯托雷平反动时期和新的革命高涨年代在国外领导取消派,编辑取消派的《社会民主党人呼声报》。第一次世界大战期间是社会沙文主义者。1917 年二月革命后任彼得格勒苏维埃执行委员会委员和第一届中央执行委员会主席团委员，支持资产阶级临时政府。十月革命后反对苏维埃政权，1922 年被驱逐出境，在柏林领导孟什维克进行反革命活动。1923 年参与组织社会主义工人国际。1923 年被取消苏联国籍。——9、26、27、104—105、107、113、117、165、174、209、230—231、237、254、256、321、382、397、474。

特列波夫，德米特里·费多罗维奇（Трепов，Дмитрий Федорович 1855—1906）——沙俄少将（1900）。毕业于贵族子弟军官学校，曾在禁卫军供职。1896—1905 年任莫斯科警察总监，支持祖巴托夫的"警察社会主义"思想。1905 年 1 月 11 日起任彼得堡总督，4 月起任副内务大臣兼独立宪兵团司令，10 月起先后任彼得戈夫宫和冬宫警卫长。1905 年 10 月全国政治大罢工期间发布了臭名昭著的"不放空枪，不惜子弹"的命令，是武装镇压 1905—1907 年革命的策划者。——82。

特鲁别茨科伊，叶夫根尼·尼古拉耶维奇（Трубецкой，Евгений Николаевич 1863—1920）——俄国资产阶级自由派思想家，宗教哲学家，公爵。曾先后任基辅大学和莫斯科大学法哲学教授，为俄国唯心主义者的纲领性文集《唯心主义问题》（1902）和《俄罗斯新闻》等出版物撰稿。1906 年以前是立宪民主党人，1906 年是君主立宪派政党"和平革新党"的组织者之一。在沙皇政府镇压 1905—1907 年革命和建立斯托雷平体制的过程中起过重要作用。第一次世界大战期间主张将战争进行到最后胜利。十月革命后反对苏维埃政权，是邓尼金的骨干分子。写有一些宗教神秘主义的哲学著作。——74、76、77、78、79、80、81—82、478—479。

梯什卡，扬（约吉希斯，莱奥）（Tyszka，Jan（Jogiches，Leo）1867—1919）——波兰和德国工人运动活动家。1893 年参与创建波兰王国社会民主党（1900 年改组为波兰王国和立陶宛社会民主党），1903 年起为该党总执行委员会委员。曾积极参加俄国 1905—1907 年革命。1907 年出席俄国社会民主工党第五次（伦敦）代表大会，当选为候补中央委员。斯托雷平反动时期和新的革命高涨年代谴责取消派，但往往采取调和主义态度。1912 年反对布拉格代表会议的决议。列宁尖锐地批评了他在这一时期的活动。第一次世界大战期间在德国，参加德国社会民主党的工作，持国际主义立

场;是斯巴达克联盟的组织者和领导人之一。1916 年被捕入狱,1918 年十
一月革命时获释。积极参与创建德国共产党,在该党成立大会上当选为中
央委员会书记。1919 年 3 月被捕,于柏林监狱遇害。——5、7、8、36、397、
398、399—402。

屠格涅夫,伊万·谢尔盖耶维奇(Тургенев, Иван Сергеевич 1818 — 1883)
——俄国作家,对俄罗斯文学语言的发展作出重大贡献。他的作品反映了
19 世纪 30—70 年代俄国社会的思想探索和心理状态,揭示了俄国社会生
活的特有矛盾,塑造了一系列"多余人"的形象;这些"多余人"意识到贵族
制度的必然灭亡,但对于改变这一制度又束手无策。在俄国文学中第一次
描写了新一代的代表人物——平民知识分子。反对农奴制,但寄希望于亚
历山大二世,期望通过"自上而下"的改革使俄国达到渐进的转变,主张在
俄国实行立宪君主制。——265—266。

屠拉梯,菲力浦(Turati, Filippo 1857—1932)——意大利工人运动活动家,意
大利社会党创建人之一,该党右翼改良派领袖。1896—1926 年为议员,领
导意大利社会党议会党团。推行无产阶级同资产阶级阶级合作的政策。
第一次世界大战期间持中派立场。敌视俄国十月革命。1922 年意大利社
会党分裂后,参与组织并领导改良主义的统一社会党。法西斯分子上台
后,于 1926 年流亡法国,进行反法西斯的活动。——434。

托尔马乔夫,伊万·尼古拉耶维奇(Толмачев, Иван Николаевич 生于 1863 年)
——沙俄将军,黑帮组织"俄罗斯人民同盟"的骨干分子。1907—1911 年
任敖德萨市市长,残酷迫害工人组织和进步报刊,纵容杀害革命者和蹂躏
犹太人的暴行。他的专横暴戾和胡作非为达到了无以复加的地步,以至沙
皇政府不得不于 1911 年将其撤职。——59—60、95、186。

托尔斯泰,列夫·尼古拉耶维奇(Толстой, Лев Николаевич 1828 — 1910)
——俄国作家。出身贵族。他的作品深刻地反映了俄国社会整整一个时
代(1861—1905)的矛盾,列宁称托尔斯泰为"俄国革命的镜子"。作为天
才的艺术家,托尔斯泰创作了无与伦比的俄国生活的图画,创作了世界文
学中第一流的作品,对俄国文学和世界文学产生了巨大影响;同时他的作
品又突出地表现了以宗法制社会为基础的农民世界观的矛盾:一方面无情
地揭露沙皇专制制度和新兴资本主义的种种罪恶,另一方面又鼓吹"不用

暴力抵抗邪恶",鼓吹不问政治和道德上的自我修养。列宁在一系列著作
中评述了托尔斯泰的世界观,并对他的全部活动作了评价。——343。

托尔斯泰,亚历山大·彼得罗维奇(Толстой, Александр Петрович 生于 1863 年)
——俄国地主,伯爵,第三届国家杜马乌法省代表,进步派党团的秘书。
——90。

托洛茨基(**勃朗施坦**),列夫·达维多维奇(Троцкий(Бронштейн), Лев Дави-
дович 1879—1940)——1897 年参加俄国社会民主主义运动。在俄国社会
民主工党第二次代表大会上是西伯利亚联合会的代表,属火星派少数派。
1905 年同亚·帕尔乌斯一起提出和鼓吹"不断革命论"。斯托雷平反动时
期和新的革命高涨年代打着"非派别性"的幌子,实际上采取取消派立场。
1912 年组织"八月联盟"。第一次世界大战期间持中派立场。1917 年二月
革命后参加区联派,在党的第六次代表大会上随区联派集体加入布尔什维
克党,当选为中央委员。参加十月武装起义的领导工作。十月革命后任外
交人民委员,1918 年初反对签订布列斯特和约,同年 3 月改任共和国革命
军事委员会主席、陆海军人民委员等职。参与组建红军。1919 年起为党
中央政治局委员。1920 年起历任共产国际执行委员会候补委员、委员。
1920—1921 年挑起关于工会问题的争论。1923 年起进行派别活动。1925
年初被解除革命军事委员会主席和陆海军人民委员职务。1926 年与季诺
维也夫结成"托季联盟"。1927 年被开除出党,1929 年被驱逐出境,1932
年被取消苏联国籍。在国外组织第四国际。死于墨西哥。——3、4、5、9、
30—34、36、101、103、115、135、136、176、210、212、214、237、258、259、260、
343、352、354、357、359、360、361、398、401、443、444—445、446、450、457、
471—472、474—476。

W

瓦尔斯基,阿道夫(**瓦尔沙夫斯基,阿道夫·绍洛维奇**)(Warski, Adolf
(Варшавский, Адольф Саулович)1868—1937)——波兰革命运动活动家。
1889 年是波兰工人联合会组织者之一。先后参加波兰王国社会民主党以
及波兰王国和立陶宛社会民主党的建党工作。1893 年侨居国外,与罗·
卢森堡等人一起出版波兰社会民主党人最早的报纸《工人事业报》,后又出

版《社会民主党评论》杂志。是波兰王国和立陶宛社会民主党出席俄国社会民主工党第四次（统一）代表大会的有发言权的代表，会后进入俄国社会民主工党中央委员会。在党的第五次（伦敦）代表大会上当选为中央委员。1909—1910年是俄国社会民主工党中央机关报《社会民主党人报》编辑之一。第一次世界大战期间是国际主义者，参加了齐美尔瓦尔德代表会议和昆塔尔代表会议。1916年回到波兰，因进行反战宣传被德国人逮捕。1917年获释后成为波兰王国和立陶宛社会民主党领导成员。1918年参与创建波兰共产党，是波共中央委员（1919—1929）和政治局委员（1923—1929）。曾被选为波兰议会议员，是议会共产党党团主席。1929年移居苏联，在马克思恩格斯列宁研究院从事波兰工人运动史的研究工作。——214。

维什涅夫斯基，亚历山大·彼得罗维奇（Вишневский, Александр Петрович 生于1862年）——俄国地主，俄罗斯人民同盟成员，第三届和第四届国家杜马库尔斯克省代表。——71、93。

维特，谢尔盖·尤利耶维奇（Витте, Сергей Юльевич 1849—1915）——俄国国务活动家。1892年2—8月任交通大臣，1892—1903年任财政大臣，1903年8月起任大臣委员会主席，1905年10月—1906年4月任大臣会议主席。在财政、关税政策、铁路建设、工厂立法和鼓励外国投资等方面采取了一系列措施，促进了俄国资本主义的发展。同时力图通过对自由派资产阶级稍作让步和对人民群众进行镇压的手段来维护沙皇专制制度。1905—1907年革命期间派军队对西伯利亚、波罗的海沿岸地区、波兰以及莫斯科的武装起义进行了镇压。——74—77、80—82。

沃多沃佐夫，瓦西里·瓦西里耶维奇（Водовозов, Василий Васильевич 1864—1933）——俄国经济学家和自由主义民粹派政论家。1904年起任《我们的生活报》编委，1906年为左派立宪民主党人的《同志报》撰稿。第二届国家杜马选举期间参加劳动派。1912年在立宪民主党人、人民社会党人和孟什维克取消派撰稿的《生活需要》杂志上发表文章。1917年参加《往事》杂志编辑部，并为自由派资产阶级的《日报》撰稿。敌视十月革命。1926年移居国外，参加白卫报刊的工作。——248—252、254、255、273—280。

沃尔斯基，斯坦尼斯拉夫（索柯洛夫，安德列·弗拉基米罗维奇；斯·沃·）

（Вольский, Станислав（Соколов, Андрей Владимирович, С.В.）生于 1880 年）
——俄国社会民主党人。俄国社会民主工党第二次代表大会后加入布尔
什维克。1904—1905 年在莫斯科做党的工作,参加过十二月武装起义。
斯托雷平反动时期和新的革命高涨年代是召回派领袖之一,曾参与组织
派别性的卡普里和博洛尼亚党校（意大利）的工作,加入"前进"集团。
1917 年二月革命后任《新生活报》编委,在彼得格勒苏维埃军事部工作。
敌视十月革命,反对苏维埃政权。一度侨居国外,但很快回国。曾在林
业合作社、国家计划委员会和商业人民委员部工作。1927 年起从事著
述。——30—31。

沃罗宁,谢苗·亚历山德罗维奇（Воронин, Семен Александрович 1880—1915）
——俄国工人,第三届国家杜马弗拉基米尔省代表,参加社会民主党党团,
追随布尔什维克。曾为布尔什维克合法报纸《明星报》撰稿。——214。

沃伊洛什尼科夫,阿维夫·阿德里安诺维奇（Войлошников, Авив Адрианович
1877—1930）——俄国第三届国家杜马外贝加尔哥萨克军屯区居民的代
表,参加社会民主党党团,追随布尔什维克。因在义务兵役制条例问题上
的发言,被杜马主席取消出席 15 次会议的权利。1911—1912 年为布尔什
维克的《明星报》和《真理报》撰稿。1913 年起任外贝加尔省合作总社理事
会主席。十月革命后在新西伯利亚、萨拉托夫、喀山和莫斯科从事经济工
作。——23、214、233、236、332—334、338、340。

乌鲁索夫,谢尔盖·德米特里耶维奇（Урусов, Сергей Дмитриевич 生于 1862 年）
——俄国公爵,大地主。拥护议会君主制,力图通过制定一部温和的宪法
来巩固沙皇制度。1903 年和 1904 年任比萨拉比亚总督。1905 年一度任
维特内阁副内务大臣。1906 年被选入第一届国家杜马。是比立宪民主党
更右的民主改革党党员。第一届国家杜马解散后,因在维堡宣言上签名而
被捕并被判处监禁三个月。1917 年 3—6 月任临时政府内务部副部长。
十月革命后在最高国民经济委员会主席团所属库尔斯克磁力异常区调查
特设委员会工作。1921—1929 年在国家银行工作。——74。

X

希波夫,德米特里·尼古拉耶维奇（Шипов, Дмитрий Николаевич 1851—1920）

——俄国大地主,地方自治人士,温和自由派分子。1893—1904 年任莫斯科省地方自治局主席。1904 年 11 月是地方自治人士非正式会议主席。1905 年 11 月是十月党的组织者之一,该党中央委员会主席。1906 年退出十月党,成为和平革新党领袖之一;同年被选为国务会议成员。1911 年脱离政治活动。敌视十月革命。1918 年是白卫组织"民族中心"的领导人。——74、78。

谢德林——见萨尔蒂科夫-谢德林,米哈伊尔·叶夫格拉福维奇。

谢尔诺-索洛维耶维奇,亚历山大·亚历山德罗维奇(Серно-Соловьевич, Александр Александрович 1838—1869)——俄国 19 世纪 60 年代革命民主主义运动活动家,车尔尼雪夫斯基的追随者。1861 年成立的俄国平民知识分子的秘密革命团体"土地和自由社"的组织者和领导人之一。1862 年侨居国外,是土地和自由社国外支部"青年侨民"的左翼领袖,瑞士工人运动的参加者。写过《我们的家事》一文,激烈抨击赫尔岑向自由主义动摇。1867 年起是第一国际日内瓦支部成员,和马克思有过通信联系。因患不治之症而自杀。——265。

谢韦里亚宁,亚·(贝科夫,亚历山大·尼古拉耶维奇)(Северянин, А.(Быков, Александр Николаевич)1860—1919)——俄国立宪民主党人,工艺工程师。1889—1906 年为工厂视察员。曾为《俄罗斯新闻》、《俄罗斯言论报》、《欧洲通报》杂志等资产阶级自由派报刊撰稿。写有《实践的十年》、《在黑土地带》、《俄国的工厂立法及其发展》等书。——326—327、346、356。

Y

亚历山大二世(罗曼诺夫)(Александр II(Романов)1818—1881)——俄国皇帝(1855—1881)。——265、266、309。

亚历山德罗夫,米·斯·——见奥里明斯基,米哈伊尔·斯捷潘诺维奇。

耶利内克,格奥尔格(Jellinek, Georg 1851—1911)——德国法学家和国家法专家,先后在维也纳、巴塞尔和海德堡任大学教授。代表德国资产阶级的利益,在有关国家法和民法的著作中竭力为最大限度地保障资本主义所有权辩护。写有《现代国家法》、《人权和公民权宣言》、《主观的公法制度》等著作。——93。

叶尔曼斯基,阿·(科甘,奥西普·阿尔卡季耶维奇;古什卡)(Ерманский, А.(Коган, Осип Аркадьевич, Гушка)1866—1941)——俄国社会民主党人,孟什维克。19世纪80年代末参加革命运动。1899—1902年在俄国南方工作。俄国社会民主工党第二次代表大会后是孟什维克。1905年在俄国社会民主工党敖德萨委员会工作;是俄国社会民主工党第四次(统一)代表大会敖德萨组织的代表。斯托雷平反动时期和新的革命高涨年代是取消派分子,积极为孟什维克报刊撰稿。曾参加第三届国家杜马社会民主党党团的工作。第一次世界大战期间是中派分子。1917年是孟什维克国际主义者。1918年是孟什维克中央委员,孟什维克中央机关刊物《工人国际》杂志编辑之一。1921年退出孟什维克,在莫斯科从事学术工作。——294—311。

叶尔莫拉耶夫,康斯坦丁·米哈伊洛维奇(罗曼)(Ермолаев, Константин Михайлович(Роман)1884—1919)——俄国社会民主党人,孟什维克。1904—1905年在彼得堡和顿涅茨煤田工作。俄国社会民主工党第五次(伦敦)代表大会代表,代表孟什维克被选入中央委员会。斯托雷平反动时期是取消派分子,1910年是在关于取消党的"公开信"上签名的16个孟什维克之一。1917年当选为孟什维克党中央委员,参加第一届全俄中央执行委员会。——4、64、133—134、159、223。

叶弗列莫夫,伊万·尼古拉耶维奇(Ефремов, Иван Николаевич 生于1866年)——俄国大地主,第一届、第三届和第四届国家杜马代表。和平革新党组织者之一,后为资产阶级的进步党领袖。1917年二月革命后任国家杜马临时委员会委员,七月事变后参加临时政府,任国家救济部长。——255、319—321。

叶戈罗夫,尼古拉·马克西莫维奇(Егоров, Николай Максимович 生于1871年)——俄国工人,第三届国家杜马彼尔姆省代表,参加社会民主党党团。曾为布尔什维克合法报纸《明星报》撰稿,后来加入托洛茨基派。1913年是取消派《光线报》撰稿人。1917年加入区联派。后任俄罗斯联邦金矿总委员会主席。——46、214。

叶若夫,弗·——见策杰尔包姆,谢尔盖·奥西波维奇。

伊哥列夫——见哥列夫,波里斯·伊萨科维奇。

伊利奥多尔(**特鲁法诺夫,谢尔盖·M.**)(Илиодор(Труфанов,Сергей M.)生于
1880年)——俄国修士司祭,黑帮头目之一。神学院毕业后在波恰耶夫修
道院供职。因激烈反对1905—1907年革命而出名。1908年调到察里津,
继续进行反动活动,建立了正教俄罗斯人民同盟。1912年辞去教职。十
月革命后移居国外。——95、186。

伊苏夫,约瑟夫·安德列耶维奇(米—尔;米哈伊尔)(Исув,Иосиф Андреевич
(М—л,Михаил)1878—1920)——俄国社会民主党人,孟什维克。1903年
任俄国社会民主工党叶卡捷琳诺斯拉夫委员会委员,党的第二次代表大会
后加入孟什维克,在莫斯科和彼得堡工作。1907年代表孟什维克参加中
央委员会。斯托雷平反动时期和新的革命高涨年代是取消派分子,为《我
们的曙光》杂志及取消派其他刊物撰稿。第一次世界大战期间是护国派分
子。1917年任孟什维克的莫斯科委员会委员,进入莫斯科苏维埃执行委
员会和第一届中央执行委员会。十月革命后在劳动博物馆工作。——4、
64、133、223。

伊兹哥耶夫(**兰德**),亚历山大·索洛蒙诺维奇(Изгоев(Ланде),Александр
Соломонович 1872—1935)——俄国政论家,立宪民主党思想家。早年是
合法马克思主义者,一度成为社会民主党人,1905年转向立宪民主党。
曾为立宪民主党的《言语报》、《南方札记》和《俄国思想》杂志撰稿,参加
过《路标》文集的工作。十月革命后为颓废派知识分子的《文学通报》杂
志撰稿。因进行反革命政论活动,于1922年被驱逐出境。——168、
174、290。

尤·加·——见加米涅夫,列夫·波里索维奇。

尤里——见查茨基,尤·。

尤什凯维奇,帕维尔·索洛蒙诺维奇(Юшкевич,Павел Соломонович 1873—
1945)——俄国社会民主党人,孟什维克;数学家。在哲学上是马赫主义
者,拥护实证论和实用主义;斯托雷平反动时期对马克思主义哲学进行修
正,企图用马赫主义的一个变种——"经验符号论"代替马克思主义哲学。
著有《从经验符号论观点看现代唯能论》一文(收入《马克思主义哲学论
丛》)(1908)及《唯物主义和批判实在论》(1908)、《新思潮》(1910)、《一种世
界观与种种世界观》(1912)等书。十月革命后反对苏维埃政权,1917—

1919 年在乌克兰为孟什维克—社会革命党人的《联合》杂志和其他反布尔什维克的报刊撰稿,后脱离政治活动。1930 年起在马克思恩格斯研究院从事哲学著作的翻译工作。——98。

袁世凯(1859—1916)——中国北洋军阀首领。1898 年戊戌变法期间,伪装赞成维新运动,却又向荣禄告密,出卖维新派,取得慈禧太后的宠信。1899 年升任山东巡抚,勾结德国侵略者镇压义和团。1901 年出任直隶总督、北洋大臣,后又兼任政务处参预政务大臣、练兵大臣。1907 年调任军机大臣、外务部尚书(次年被摄政王罢免)。1911 年辛亥革命时,在帝国主义支持下任清政府内阁总理大臣,后又窃取中华民国大总统职位,实行军人独裁专制。1915 年伪造民意,策划称帝,并于 12 月 31 日宣布改次年为洪宪元年,准备登极。在反袁护国运动压力下,于 1916 年 3 月宣布取消帝制,6 月在全国人民声讨中忧惧而死。——168、428、432。

约洛斯,格里戈里·波里索维奇(Иоллос, Григорий Борисович 1859—1907)——俄国自由派政论家。1905 年 10 月以前是《俄罗斯新闻》驻柏林记者,回国后任该报编辑。立宪民主党党员,第一届国家杜马代表。1907 年被黑帮分子杀死。——287。

约诺夫(**科伊根,费多尔·马尔科维奇**)(Ионов(Койген, Федор Маркович)1870—1923)——俄国社会民主党人,崩得领袖之一,后为布尔什维克。1893 年起在敖德萨社会民主主义小组工作。1903 年当选为崩得中央委员,1906 年代表崩得出席俄国社会民主工党第四次(统一)代表大会。1907 年是党的第五次(伦敦)代表大会的代表。1908 年 12 月参加俄国社会民主工党第五次代表会议的工作,在基本问题上支持孟什维克护党派的纲领,后对取消派采取调和主义态度。第一次世界大战期间加入接近中派立场的崩得国际主义派。十月革命后加入俄共(布),在党的沃佳基地区委员会工作。——2、7、173。

Z

扎哈罗夫,米哈伊尔·瓦西里耶维奇(Захаров, Михаил Васильевич 生于 1881 年)——俄国工人,布尔什维克,第三届国家杜马莫斯科省代表,布尔什维克合法报纸《明星报》撰稿人。十月革命后在最高国民经济委员会国家建筑工程总委员会担任领导职务,后从事经济工作。——214。

扎梅斯洛夫斯基,格奥尔吉·格奥尔吉耶维奇（Замысловский,Георгий
　　Георгиевич 生于 1872 年）——俄国黑帮分子,俄罗斯人民同盟常务委员会
　　委员,第三届和第四届国家杜马代表。因就贝利斯案件发表反犹演说而臭
　　名远扬。——172。

文 献 索 引

阿尔布, B.《商业》(载于 1912 年《科学评论》杂志第 1 期)(Alb, B. Commerce.—《Revue Scientifique》, Paris, 1912, N 1, 6 juillet, p. 24)——462—463。

阿基莫夫, 弗·彼·《论国家杜马选举》(Акимов, В. П. К выборам в Государственную думу. (Письмо в редакцию).—《Русские Ведомости》, М., 1912, №135, 13 июня, стр. 2)——374、375、376、377。

阿克雪里罗得, 帕·波·《当前的主题》(摘自帕·波·阿克雪里罗得给朋友的信)(载于 1912 年 7 月 5 日《涅瓦呼声报》第 6 号)(Аксельрод, П. Б. На очередные темы. (Из писем П. Б. Аксельрода к друзьям).—《Невский Голос》, Спб., 1912, №6, 5 июля, стр. 2—3)——466—470。

——《当前的主题》(摘自帕·波·阿克雪里罗得给朋友的信)(载于 1912 年《我们的曙光》杂志第 6 期)(На очередные темы. (Из писем П. Б. Аксельрода к друзьям).—《Наша Заря》, Спб., 1912, №6, стр. 8—20)——454—455、471—472、473—477。

安东尼·沃伦斯基《给〈路标〉文集作者们的公开信》(Антоний Волынский. Открытое письмо авторам сборника «Вехи». 1 мая 1909 г.—《Слово》, Спб., 1909, №791, 10(23) мая, стр. 3)——290。

[奥尔忠尼启则, 格·康·]《给编辑部的信》([Орджоникидзе, Г. К.]Письмо в редакцию.—《Социал-Демократ》, [Париж], 1911, №25, 8(21) декабря, стр. 9. Подпись: Н.)——8。

奥格辽夫, 尼·普·《祭文》(Огарев, Н. П. Надгробное слово.—《Колокол》, Лондон, 1863, №162, 1 мая, стр. 1334—1336)——265。

[奥里明斯基, 米·斯·]《俄国历史上的国家、官僚制度和专制制度》([Ольминский, М. С.]Государство, бюрократия и абсолютизм в истории

России. Спб., «Жизнь и Знание», 1910. 175 стр. Перед загл. авт.: М. Александров)——33、60。

彼特龙凯维奇,伊·伊·[《给编辑部的信》](载于1911年10月27日(11月9日)《言语报》第295号(总第1891号))(Петрункевич, И. И. [Письмо в редакцию].——«Речь», Спб., 1911, №295(1891), 27 октября(9 ноября), стр. 6—7)——79—80、81。

——《〈莫斯科呼声报〉的历史"资料"和历史真相》(Историческая «справка» «Голоса Москвы» и историческая правда.——«Речь», Спб., 1911, №287 (1883), 19 октября(1 ноября), стр. 2)——78—79、81。

别洛乌索夫,捷·奥·[《给编辑部的信》](载于1912年2月25日(3月9日)《言语报》第54号(总第2008号))(Белоусов, Т. О. [Письмо в редакцию].——«Речь», Спб., 1912, №54(2008), 25 февраля(9 марта), стр. 7, в отд.: Письма в редакцию)——198、199、200、201—202。

——[《给编辑部的信》](载于1912年3月2日《现代事业报》第7号)([Письмо в редакцию].——«Живое Дело», Спб., 1912, №7, 2 марта, стр. 3. Под общ. загл.: Вокруг Думы)——198、200、201—202。

波特列索夫,亚·尼·《批判的提纲(论为什么微不足道的东西取胜了)》(Потресов, А. Н. Критические наброски. О том, почему пустяки одолели.——«Наша Заря», Спб., 1910, №2, стр. 50—62)——173、174。

[布兰克,鲁·马·]《彼得堡的选举》([Бланк, Р. М.] Петербургские выборы.——«Запросы Жизни», Спб., 1912, №27, 6 июля, стлб. 1585—1586. Подпись: Б.)——482。

——《政治动员》(Политическая мобилизация.——«Запросы Жизни», Спб., 1912, №13, 31 марта, стлб. 778—780, в отд.: За неделю. Подпись: Р. Б.)——254、318、319、320、321。

[策杰尔包姆,谢·奥·]《从自发性到组织性》([Цедербаум, С. О.] От стихийности к организации.——«Невский Голос», Спб., 1912, №1, 20 мая, стр. 2. Подпись: В. Ежов)——327—330、356—357。

查茨基,尤·《是开始的时候了!》(Чацкий, Ю. Пора начать! —«Наша Заря», Спб., 1911, №6, стр. 39—54)——97、101—106。

恩格尔哈特,亚·尼·《农村来信》(Энгельгардт, А.Н.Из деревни)——463。

哥尔布诺夫,伊·费·《航空者》(Горбунов, И.Ф.Воздухоплаватель)——359。

古契柯夫,亚·伊·《给编辑部的信》(载于 1911 年 9 月 27 日(10 月 10 日)《新时报》第 12767 号)(Гучков, А. И. Письмо в редакцию.—«Новое Время», Спб., 1911, №12767, 27 сентября(10 октября), стр.2)——75。

赫尔岑,亚·伊·[《给康·德·卡维林的信》(1862 年 6 月 7 日)](Герцен, А. И.[Письмо К. Д. Кавелину. 7 июня 1862 г.].—В кн.: Письма К. Дм. Кавелина и Ив. С. Тургенева к Ал. Ив. Герцену. С объяснительными примеч. М. Драгоманова. Женева, украинская тип., 1892, стр. 52 — 54)——265。

—[《给亚历山大二世的信》]([Письма Александру II].—«Колокол», Лондон, 1857, №4, 1 октября, стр.27—31; 1859, №49, 1 августа; Geneve, 1865, №197, 25 мая, стр. 1613 — 1614; 1866, №221, 1 июня, стр. 1805)——265。

—[《给伊·谢·屠格涅夫的信》(1864 年 3 月 10 日)]([Письмо И. С. Тургеневу.10 марта 1864 г.].—В кн.: Письма К. Дм. Кавелина и Ив. С. Тургенева к Ал.Ив.Герцену.С объяснительными примеч.М.Драгоманова. Женева, украинская тип., 1892, стр.187—190)——266。

—《仅供绅士阅读》(For gentlemen only.—«Колокол», Лондон, 1860, №63, 15 февраля, стр.530.Подпись: И—р)——266。

—《流言蜚语、烟黑、炭渣及其他》(Сплетни, копоть, нагар и пр.—«Колокол», Лондон, 1864, №177, 15 января, стр.1460)——266。

—《尼·加·车尔尼雪夫斯基》(Н. Г. Чернышевский.—«Колокол», Лондон, 1864, №186, 15 июня, стр.1525.Подпись: И—р)——265。

—《往事与随想》(Былое и думы)——267。

—《迂腐的主教、陈腐的政府和被欺骗的人民》(Ископаемый епископ, допотопное правительство и обманутый народ.—«Колокол», Лондон, 1861, №105, 15 августа, стр.877—879.Подпись: И—р)——266—267。

—《杂谈》(载于 1860 年 2 月 1 日《钟声》杂志第 62 号)(Смесь.—«Колокол», Лондон, 1860, №62, 1 февраля, стр.517)——266。

——《杂谈》(载于 1861 年 5 月 1 日《钟声》杂志第 97 号)(Смесь.—«Колокол», Лондон, 1861, №97, 1 мая, стр. 819—820)——266。

——《致老友书》(К старому товарищу.—В кн.: [Герцен, А. И.] Сборник посмертных статей Александра Ивановича Герцена. (С портр автора). Изд. детей покойного. Женева, тип. Чернецкого, 1870, стр. 269—289) ——263。

——《终结和开始》(第五封信)(Концы и начала. (Письмо пятое).—«Колокол», Лондон, 1862, №148, 22 октября, стр. 1222—1223. Подпись: И—р) ——261。

——《自然研究通信》(第一封信.——《经验和唯心主义》)(Письма об изучении природы. Письмо первое. Эмпирия и идеализм.—«Отечественные Записки», Спб., 1845, т. XXXIX, [кн. 4, апрель], стр. 81—104. в отд.: II)——262。

[加米涅夫, 列·波·]《俄国自由主义的历史片断》([Каменев, Л. Б.] Из истории русского либерализма. (П. Милюков. Год борьбы. Публицистическая хроника).—В кн.: «Зарницы», Вып. I. Спб., тип. Безобразова, 1907, стр. 39—88. Подпись: Ю. К.)——80—81。

卡拉姆津, 尼·米·《多情善感和冷酷无情》(Карамзин, Н. М. Чувствительный и холодный. Два характера)——119。

卡维林, 康·德·[《给亚·伊·赫尔岑的信》(1862 年 8 月 6 日)](Кавелин, К. Д. [Письмо А. И. Герцену. 6 августа 1862 г.].—В кн.: Письма К. Дм. Кавелина и Ив. С. Тургенева к Ал. Ив. Герцену. С объяснительными примеч. М. Драгоманова. Женева, украинская тип., 1892, стр. 80—82) ——265。

[库洛姆津, 阿·尼·]《库洛姆津国务大臣关于去西伯利亚了解移民工作情况的奏章》([Куломзин, А. Н.] Всеподданнейший отчет статс-секретаря Куломзина по поездке в Сибирь для ознакомления с положением переселенческого дела. Спб., [гос. тип.], 1896. 2, VI, 187 стр.; 251 стр. прил)——332。

库诺, 亨·《1789—1794 年间法国的革命报刊》(Cunow, H. Die revolutionäre

Zeitungsliteratur Frankreichs während der Jahre 1789—1794. Ein Beitrag zur Geschichte der französischen Klassen-und Parteikämpfe gegen Ende des 18. Jahrhunderts. Berlin, Buchh. Vorwärts, 1908. II, 328 S.)——15。

[库兹明斯基，A. M.]《参议员库兹明斯基奉旨于1905年对巴库市和巴库省进行检查的奏章》([Кузьминский, А. М.] Всеподданнейший отчет о произведенной в 1905 году, по высочайшему повелению, сенатором Кузьминским ревизии города Баку и Бакинской губернии. Б. м. и г. 686 стр.)——334、336。

拉林，尤·《创造之路》(Ларин, Ю. Пути созидания. — «Дело Жизни», Спб., 1911, №6, 25 июня, стр. 14—19)——174。

　—《俄国的农业高潮及其社会政治后果》(Подъем русского земледелия и его общественно-политические последствия. — «Возрождение», М., 1910, №9—10, 15 июня, стлб. 17—28)——33、108、110、113、310。

拉萨尔，斐·《弗兰茨·冯·济金根》(Лассаль, Ф. Франц Фон-Зикинген. Историческая трагедия)——118。

　—[《致卡·马克思和弗·恩格斯书信集》](Lassalle, F. [Brief an K. Marx und F. Engels. 27. Mai 1859]. — In: Aus dem literarischen Nachlaß von K. Marx, F. Engels und F. Lassalle. Hrsg. von F. Mehring. Bd. IV. Briefe von F. Lassalle an K. Marx und F. Engels. 1849 bis 1862. Stuttgart, Dietz, 1902, S. 153—171)——118。

[列宁，弗·伊·]《第四届[国家]杜马选举运动》([Ленин, В. И.] Избирательная кампания в IV Г [осударственную] думу. — «Звезда», Спб., 1911, №33, 10 декабря, стр. 1; №34, 17 декабря, стр. 1—2. Подпись: В. Фрей)——50、52、373。

　—《对目前时局的估计》(Об оценке текущего момента. — «Пролетарий», Женева, 1908, №38, (14)1 ноября, стр. 1—3)——20。

　—《"俄国土地问题"的实质》(Сущность «аграрного вопроса в России». — «Невская Звезда», Спб., 1912, №6, 22 мая, стр. 1—2. Подпись: Р. С.)——272、388。

　—《革命的高涨》(Революционный подъем. — «Социал-Демократ», [Париж],

конференции РСДРП в январе 1912 г.].—Там же, стр. 17 — 18)——
169、343。

—《关于取消主义和取消派集团》[1912 年 1 月俄国社会民主工党第六次
(布拉格)全国代表会议通过的决议](О ликвидаторстве и о группе
ликвидаторов. [Резолюция, принятая на Шестой (Пражской)
Всероссийской конференции РСДРП в январе 1912 г.].—Там же, стр.
28—29)——170、204、208、212、222—224、402。

—《关于确定代表会议的性质》[1912 年 1 月俄国社会民主工党第六次(布
拉格)全国代表会议通过的决议](О конституировании конференции.
[Резолюция, принятая на Шестой (Пражской) Всероссийской конфе-
ренции РСДРП в январе 1912 г.].—Там же, стр.14—15)——169、208、
212、402、488。

—《关于社会民主党人在反饥荒斗争中的任务》[1912 年 1 月俄国社会民
主工党第六次(布拉格)全国代表会议通过的决议](О задачах с.-д. в
борьбе с голодом. [Резолюция, принятая на Шестой (Пражской) Всерос-
сийской конференции РСДРП в январе 1912 г.].—Там же, стр.23—24)
——170。

—《两个中派》(Два центра.—«Звезда», Спб., 1911, №28, 5 ноября, стр. 1)
——39。

—《论俄国社会民主工党的现状》(Lenin, V. I. Zur gegenwärtigen Sachlage
in der sozialdemokratischen Arbeiterpartei Rußlands. Dargestellt von der
Redaktion des Zentralorgans (Sozialdemokrat) der sozialdemokratischen
Arbeiterpartei Rußlands. [Leipzig], Druck der Leipziger Buchdruckerei
A.G., 1912, 16 S.)——456、458。

—《论社会民主党在杜马内外的行动口号和工作方法》(О лозунгах и о
постановке думской и внедумской с.-д. работы. — «Социал-Демократ»,
[Париж], 1911, №25, 8 (21) декабря, стр. 1—2)——23。

—《论调和分子或道德高尚的人的新派别》(О новой фракции примиренцев
или добродетельных. — «Социал-Демократ», [Париж], 1911, №24, 18 (31)
октября, стр. 2—7. Подпись: Н. Ленин)——5、6、8。

—《面目全非的布尔什维主义》(Карикатура на большевизм.—«Пролетарий»,
[Париж], 1909, №44. Приложение к №44 газ. «Пролетарий», 4 (17)
апреля, стр. 1—2)——20。

—《欧俄土地占有情况》(Землевладение в Европейской России.—«Невская
Звезда», Спб., 1912, №3, 6 мая, стр. 1. Подпись: Р. Силин)——313、388。

—《帕·波·阿克雪里罗得是怎样揭露取消派的》(Как П. Б. Аксельрод
разоблачает ликвидаторов.—« Невская Звезда », Спб., 1912, №18, 22
июля, стр. 1. Подпись: В. И.)——471。

—《〈前进报〉上的匿名作者和俄国社会民主工党的党内状况》(Der Anony-
mus aus dem «Vorwärts» und die Sachlage in der sozialdemokratischen
Arbeiterpartei Rußlands. [Paris, «Ideal», 1912]. 12 S.)—— 258、438—
439、440、445。

—《斯托雷平土地纲领和民粹派土地纲领的比较》(Сравнение столыпинской
и народнической аграрной программы.—«Невская Звезда», Спб., 1912,
№15, 1 июля, стр. 1. Подпись: Р. С.)——316。

—《我们同自由派论战的性质和意义》(О характере и значении нашей
полемики с либералами.—«Невская Звезда», Спб., 1912, №12, 10 июня,
стр. 1. Подпись: В. И.)——375。

—《怎么办? 我们运动中的迫切问题》(Что делать? Наболевшие вопросы
нашего движения. Stuttgart, Dietz, 1902. VII, 144 стр. Перед загл. авт.: Н.
Ленин)——52。

—《政论家札记》(Заметки публициста. II. «Объединительный кризис» в
нашей партии.—«Дискуссионный Листок», [Париж], 1910, №2, 25 мая
(7 июня), стр. 4—14. Подпись: Н. Ленин. На газ. дата: 24 мая (7 июня))
——1、210、400。

—《执行自由派工人政策的机关报》(Орган либеральной рабочей политики.—
«Звезда», Спб., 1912, №11 (47), 19 февраля, стр. 1. Подпись: Ф. Л—ко)
——230、231—234、236。

—《自由派和民主派》(Либерализм и демократия.—«Звезда», Спб., 1912,
№27 (63), 8 апреля, стр. 3; №32 (68), 19 апреля, стр. 2. Подпись: П. П.)

——273、274、276、279。

—《最后一个气门》(Последний клапан.—«Невская Звезда», Спб., 1912, №20, 5 августа, стр. 1. Подпись: Р.С.)——393—394。

列维茨基, 弗 •《我们的"宪法"和争取权利的斗争》(Левицкий, В. Наша «конституция» и борьба за право.—«Наша Заря», Спб., 1911, №11, стр. 3—15)——98、111、122、175、192。

—《拥护联合, 反对分裂》(За объединение—против раскола.—«Наша Заря», Спб., 1912, №4, стр. 28—33)——350、351、359—360。

卢森堡, 罗 •《盲目的热心》(Luxemburg, R. Blinder Eifer.—«Vorwärts», Berlin, 1912, Nr. 215, 14. September, S. 3, в отд.: Aus der Partei. Под общ. загл.: Zum Fall Radek)——140。

[鲁巴诺维奇, 伊 • 阿 •]《俄国的 5 月 1 日》([Roubanovitch, I. A.] Le 1-er Mai en Russie.—(«L'Avenir»)(«Будущее»), Paris, 1912, N 32, 26 mai, P. 3)——353。

[罗日柯夫, 尼 • 亚 •]《俄国的现状和当前工人运动的基本任务》([Рожков, Н. А.] Современное положение России и основная задача рабочего движения в данный момент.—«Наша Заря», Спб., 1911, №9—10, стр. 31—35. Подпись: Н. Р—ков)——24—29、33、60、256。

—《支撑点》(Точка опоры.—«Обская Жизнь», Ново-Николаевск, 1911, №171, 6 августа, стр. 3)——120—121。

罗扎诺夫, 瓦 • 瓦 •《梅列日科夫斯基反对〈路标〉》(Розанов, В. В. Мережковский против «Вех». (Последнее религиозно-философское собрание).—«Новое Время», Спб., 1909, №11897, 27 апреля(10 мая), стр. 3)——290。

—《在阿捷夫和〈路标〉之间》(Между Азефом и «Вехами».—«Новое Время», Спб., 1909, №12011, 20 августа (2 сентября), стр. 3 — 4)——290。

马尔托夫, 尔 •《纲领的基本论点》(Мартов, Л. Основные положения платформы.—«Наша Заря», Спб., 1911, №7—8, стр. 42—54)——103、104—105、106—107、108、110—113、119—123。

—《论选举》(К выборам. Против реакции.—«Живое Дело», Спб., 1912, №2,

27 января, стр. 2）——165、166——168、189、230——231、234——235、256、321。

——《同反动派作斗争吗?》(Бороться ли с реакцией? —«Живое Дело», Спб., 1912, №8, 9 марта, стр. 1）——191——192、196、230——234、235、236、237、238。

——《危险的征兆》(Опасные симптомы.(К выходу Т.О.Белоусова из думской фракции).—«Наша Заря», Спб., 1912, №4, стр. 3—11）——360—361。

——《为什么说两条战线斗争是再错误不过的》(О том, как можно быть неправым на оба фронта.—«Наша Заря», Спб., 1912, №5, стр. 38—42）——476。

——《一起打!》(«Вместе бить!»—(«L'Avenir»)(«Будущее»), Paris, 1911, №5, 19 novembre, p.1—2）——16。

——《政治述评》(Политическое обозрение. Перед выборами.—«Наша Заря», Спб., 1912, №3, стр. 67—76）——375。

马克思,卡·《给斐·拉萨尔的信》(1859 年 4 月 19 日)(Маркс, К. Письмо Ф. Лассалю. 19 апреля 1859 г.）——118。

——《剩余价值理论》(《资本论》第 4 卷)(Теории прибавочной стоимости (IV том «Капитала»). Январь 1862 г.—июль 1863 г.）——390、431。

——《哲学的贫困》(Нищета философии. Ответ на «Философию нищеты» г-на Прудона. Первая половина 1847 г.）——431。

——《资本论》(1894 年俄文版第 3 卷)(Капитал. Критика политической экономии, т. III, ч. 1—2. 1894 г.）——431。

米留可夫,帕·尼·《五年来[国家]杜马中的各政党》(Милюков, П. Н. Политические партии в Г[осударственной] думе за пять лет.—В кн.: Ежегодник газеты «Речь» на 1912 год. Изд. ред. газ. «Речь», Спб., б. г., стр. 77—96.(Бесплатное приложение к газете «Речь»)）——178—183。

尼科林,尼·《旧中有新》(Николин, Н. Новое в старом.—«Звезда», Спб., 1911, №29, 12 ноября, стр.2）——58—62。

[普列汉诺夫,格·瓦·]《关于召开俄国社会民主工党代表会议问题》([Плеханов, Г. В.] К вопросу о созвании конференции РСДРП.—

《Дневник Социал-Демократа》,［Женева］,1912,№16,апрель,стр.1—11) ——205、259、360、361、397、441、459。

—《谈几件小事,特别是谈谈波特列索夫先生》(О пустяках особенно о г. Потресове.—《Социал-Демократ》,［Париж］,1910,№13,26 апреля（9 мая）,стр.3—6) ——174、209、210。

—《我党中央委员会最近一次全体会议》(Последнее пленарное собрание нашего Центрального Комитета.—《Дневник Социал-Демократа》,［Женева］, 1910,№11,март,стр.1—20) ——400。

—《永志不忘!》(Вечная память! —《Дневник Социал-Демократа》,［Женева］, 1911,№15, октябрь. Второе приложение к №15 《Дневника Социал-Демократа》,стр.1.Подпись:Г.П.) ——211、224。

普罗柯波维奇,谢·尼·《面临危险》(Прокопович,С.Н.Перед опасностью.— 《Русские Ведомости》,М.,1912,№104,8 мая,стр.2) ——363、364、366—367、369、374。

—《虚伪的政策(给编辑部的信)》(Двуязычная политика.(Письмо в редакцию).—《Запросы Жизни》,Спб.,1912,№26,29 июня,стлб.1525—1530) ——482。

普希金,亚·谢·《英雄》(Пушкин,А.С.Герой) ——474。

［切尔诺夫,维·米·］《事业与时日》(［Чернов,В.М.］.Дела и дни.О 《детских болезнях》 нашего движения.—《Заветы》,Спб.,1912,№2,май,стр.104—131,в отд.:II.Подпись:Я.Вечев) ——472。

切列万宁,涅·《当前的形势和未来的展望》(Череванин,Н.Современное положение и возможное будущее. Аграрная проблема и ее решение борющимися партиями. 3-я Дума,причины ее появления и ее будущее. М.,тип.《Русский Труд》,1908.VII,248 стр.) ——119。

萨尔蒂科夫-谢德林,米·叶·《蒙列波避难所》(Салтыков-Щедрин,М.Е. Убежище Монрепо) ——72。

—《外省人旅京日记》(Дневник провинциала в Петербурге) ——103。

斯凯普季克《理论和实践》(Скептик.Теория и практика.—《Речь》,Спб.,1912, №106(2060),19 апреля(2 мая),стр.2) ——371。

孙中山《中国革命的社会意义(在南京同盟会会员饯别会上的演说节录)》(Сунь Ят-сен. Социальное значение китайской революции. (Из газ. «Le Peuple»,11 июля 1912 года).—«Невская Звезда»,Спб.,1912,№17,15 июля,стр.1)——426—427、428、429—430、432。

唐恩,费·伊·《立宪民主党人和进步派》(Дан,Ф.И.Кадеты и прогрессисты.— «Невский Голос»,Спб.,1912,№4,6 июня,стр.2.Подпись:Ф.Д.)——386。

——《"马克思主义的"路线还是政治投机?》(«Марксистская» линия или политическое барьщничество? —«Наша Заря»,Спб.,1912,№1—2,стр. 30—40)——237。

——《关于选举运动的安排》(К постановке избирательной кампании.—«Наша Заря»,Спб.,1911,№7—8,стр.55—65)——104。

——《我们的"勋爵们"》(Наши«Лорды».—«Живое Дело»,Спб.,1912,№3,1 февраля,стр.1)——165、166、168、230—231、256、321。

特鲁别茨科伊,叶·尼·[《给编辑部的信》](载于 1911 年 10 月 27 日(11 月 9 日)《言语报》第 295 号(总第 1891 号))(Трубецкой,Е.Н.[Письмо в редакцию].—«Речь»,Спб.,1911,№295(1891),27 октября(9 ноября), стр.6)——79—80、81—82。

——《僧侣和杜马》(Духовенство и дума.—«Русские Ведомости»,М.,1912, №163,15 июля,стр.2)——478—479。

梯弗利斯基,А.《关于大问题的小评论》(Тифлисский,А.Маленькая заметка о большом вопросе.—В кн.:Вперед.Сборник статей по очередным вопросам. №2.Изд. гр.«Вперед»,[Paris,кооп. тип.«Союз»],февраль 1911,стлб.82— 83)——15。

[托洛茨基,列·达·]《俄国党内生活所见》([Trotzky,L.D.]Aus dem russischen Parteileben.—«Vorwärts»,Berlin,1912,Nr.72,26. März. 1.Beilage des«Vorwärts»,S.1)——204、206—208、211、214、258、438。

——《俄国社会民主党》(Die russische Sozialdemokratie. (Von unserem russischen Korrespondenten).—« Vorwärts »,Berlin,1910,Nr. 201,28. August,S.4)——135、214、258、438。

——《勒拿惨案和无产阶级的反应》([Троцкий,Л.Д.]Ленская бойня и ответ

пролетариата. Почему стреляли? —«Правда», [Вена], 1912, №25, 23 апреля(6 мая), стр.1—2)——343—344、354、355。

—《前进!》(Вперед! —«Правда», [Вена], 1911, №22, 16(29)ноября, стр.1)——31。

—《同志们!》[社论](Товарищи! [Передовая]. —«Правда», [Вена], 1912, №24, 14(27)марта, стр.1)——259。

—《选举运动问题》(Вопросы избирательной кампании. —«Правда», [Вена], 1912, №24, 14(27)марта, стр.1—3)——237。

—《政治书简》(Политические письма. —«Живое Дело», Спб., 1912, №7, 2 марта, стр.2)——176—177。

瓦尔扎尔,瓦·叶·《1895—1904年十年间工厂工人罢工统计资料》(Варзар, В.Е. Статистические сведения о стачках рабочих на фабриках и заводах за десятилетие 1895—1904 года. Спб., тип. Киршбаума, 1905. 79 стр. (М. Т. и П. Отдел промышленности))——323、326、342。

—《1905年工厂工人罢工统计》(Статистика стачек рабочих на фабриках и заводах за 1905 год. Спб., тип. Киршбаума, 1908. 111 стр. с табл. (М. Т. и П. Отдел промышленности))——323、324、325、326。

—《1906—1908年三年间工厂工人罢工统计》(Статистика стачек рабочих на фабриках и заводах за трехлетие 1906—1908 гг. Спб., тип. Киршбаума, 1910.72, 220 стр. (М. Т. и П. Отдел промышленности))——323、324、326、342。

维特,谢·尤·[《给编辑部的信》](Витте, С. Ю. [Письмо в редакцию]. —«Новое Время», Спб., 1911, №12765, 25 сентября(8 октября), стр.3)——74—75、76、81—82。

沃多沃佐夫,瓦·瓦·《劳动团的选举纲领》(Водовозов, В. В. Избирательная программа Трудовой группы. —«Запросы Жизни», Спб., 1912, №13, 31 марта, стлб.771—778)——248—252、255。

—《劳动团和工人政党》(Трудовая группа и рабочая партия. —«Запросы Жизни», Спб., 1912, №17, 27 апреля, стлб. 993—998)——273、274、276、277、278、279、280。

［沃尔斯基，斯·］《彼得堡来信》（［Вольский, С.］Письмо из Петербурга.—
«Правда», ［Вена］, 1911, №22, 16（29）ноября, стр. 3, в отд.: Что делается
на местах.（Корреспонденции）. Подпись: С. В.）——30、31。

［沃龙佐夫-达什科夫，И. И.］《副官长沃龙佐夫-达什科夫伯爵关于高加索边
疆区管理情况的奏章》（［Воронцов-Дашков, И. И.］Всеподданнейшая
записка по управлению Кавказским краем генерал-адъютанта графа
Воронцова-Дашкова. ［Тифлис］, гос. тип., 1907. 164 стр.）——336、337。

谢韦里亚宁，亚·《11年了……还是老样子!》（Северянин, А. 11 лет... и все то
же самое! —«Русские Ведомости», М., 1912, №110, 15 мая, стр. 3）——
326—327、346。

耶利内克，格奥尔格《人权和公民权宣言》（Jellinek, G. Die Erklärung der Men-
schen-und Bürgerrechte. Ein Beitrag zu modernen Verfassungsgeschichte. 2.,
erweiterte Aufl. Leipzig, Duncker u. Humblot, 1904. XI, 65 S.（Staats und
völkerrechtliche Abhandlungen. Begründet von G. Jellinek u. G. Meyer,
hrsg. von G. Jellinek u. G. Anschütz））——93。

叶尔曼斯基，奥·阿·（古什卡）《俄国工商业阶级的代表组织》（Ерманский,
О. А. Представительные организации торгово-промышленного класса в
России. По данным анкеты, произведенной XI（промышленно-экономи-
ческим）отделом Императорского русского технического общества.
（Оттиск из «Записок Императорского Русского Технического Общества»
за 1912 год）. Спб., 1912. ［3］, 208 стр.; III л. картогр. Перед загл. кн. авт.:
А. О. Гушка）——294—306。

—《评俄国大资产阶级》（К характеристике российской крупной буржуазии.—
«Наша Заря», Спб., 1912, №1—2, стр. 47—59; №3, стр. 21—31）——
307—309、310、311。

［伊科夫，弗·康·］《杂志评论》（［Иков, В. К.］Журнальное обозрение.（«Наша
Заря» №2; «Соврем. Мир» и «Русск. Богатство»—март）.—«Возрождение»,
М., 1910, №5, 30 марта, стлб. 47—52）——173—174。

伊兹哥耶夫，亚·索·《在转变中》（Изгоев, А. С. На перевале. VII. «Вехист»
среди марксистов.—«Русская Мысль», М., 1910, кн. VIII, стр. 63—72, в

отд. : [II])——74。

约诺夫《党的统一有可能吗?》(Ионов. Возможно ли партийное единство? —
«Дискуссионный Листок», [Париж], 1910, №1, 6(19) марта, стр. 3 — 6)
——2—3、4、7、8、10、173。

* * *

巴黎, 4 月 29 日。[社论] (Париж, 29 апреля. [Передовая]. —«За Партию»,
Paris, 1912, №1, 16(29) апреля, стр. 1) ——260。

《报刊》(载于 1911 年 9 月 28 日(10 月 11 日)《言语报》第 266 号(总第 1862
号))(Печать. —«Речь», Спб., 1911, №266 (1862), 28 сентября (11
октября), стр. 2) ——76。

《报刊》(载于 1912 年 4 月 1 日(14 日)《言语报》第 88 号(总第 2042 号))
(Печать. —«Речь», Спб., 1912, №88 (2042), 1 (14) апреля, стр. 2) ——
250、251。

《报刊》(载于 1912 年 4 月 6 日(19 日)《言语报》第 93 号(总第 2047 号))
(Печать. —«Речь», Спб., 1912, №93 (2047), 6 (19) апреля, стр. 2)
——320。

《报刊》(载于 1912 年 5 月 10 日(23 日)《言语报》第 126 号(总第 2080 号))
(Печать. —«Речь», Спб., 1912, №126(2080), 10(23) мая, стр. 2) ——363、
364、365。

《报刊》(载于 1912 年 5 月 17 日(30 日)《言语报》第 132 号(总第 2086 号))
(Печать. —«Речь», Спб., 1912, №132 (2086), 17 (30) мая, стр. 2) ——
326—327、346。

《报刊纵览》(Среди газет и журналов. —«Новое Время», Спб., 1912, №13046,
8(21) июля, стр. 3 — 4) ——436—437。

《北极星》文集(伦敦—日内瓦)(«Полярная Звезда», Лондон—Женева)
——264。

《崩得国外委员会、孟什维克护党派、"前进"集团、布尔什维克护党派、〈社会
民主党人呼声报〉和〈真理报〉代表会议关于召开俄国社会民主工党全国
代表会议的通知的决议》(Резолюция совещания представителей

заграничного комитета Бунда, меньшевиков-партийцев, группы«Вперед», большевиков-партийцев, « Голоса Социал-Демократа » и « Правды » по поводу извещения о состоявшейся Всероссийской конференции РСДРП. — «Правда», [Вена], 1912, №25, 23 апреля (6 мая), стр. 5) —— 204、206、221、222。

《崩得评论》[日内瓦]（«Отклики Бунда», [Женева]）—— 6。

[《彼得堡工人宣言(1912年五一节前散发的)》]（[Прокламация петербургских рабочих, распространенная перед 1 мая 1912 г.].—«Социал-Демократ», Paris, 1912, №27, 17(4) июня, стр. 4, в отд.: Хроника. Под общ. загл.: Петербург) —— 344、350 — 351、352、353、354、355、357。

《编辑部的话》[关于奥·阿·叶尔曼斯基《评俄国大资产阶级》一文]（От редакции. [По поводу статьи О. А. Ерманского «К характеристике российской крупной буржуазии»]. —«Наша Заря», Спб., 1912, №3, стр. 79) —— 309、310 — 311。

《编辑部的话》[关于Н.托洛茨基的一篇文章]（От редакции. По поводу статьи Н. Троцкого. — « Наша Заря », Спб., 1911, №11, стр. 128 — 132) —— 172 — 173。

《编辑部的话》(载于1912年7月8日《涅瓦明星报》第16号)（От редакции.— «Невская Звезда», Спб., 1912, №16, 8 июля, стр. 2) —— 452。

《编辑部的话》(载于1912年7月10日《真理报》第61号)（От редакции.— «Правда», Спб., 1912, №61, 10 июля, стр. 2) —— 420、452。

[《波兰王国和立陶宛社会民主党同俄国社会民主工党合并的条件(俄国社会民主工党第四次(统一)代表大会通过)》]（[Условия слияния СДКПиЛ с РСДРП, принятые на IV (Объединительном) съезде РСДРП]. —В кн.: Протоколы Объединительного съезда РСДРП, состоявшегося в Стокгольме в 1906 г. М., тип. Иванова, 1907, стр. 345 — 348) —— 358 — 359。

《不要沉默》[社论]（Нельзя молчать. [Передовая]. —«Живое Дело», Спб., 1912, №8, 9 марта, стр. 1) —— 192。

[《布尔什维克的声明(1910年1月俄国社会民主工党中央全会通过)》]（[Декларация большевиков, принятая на пленуме ЦК РСДРП в январе

要原则)草案(立宪民主党向第二届国家杜马提出)》。

《第三届国家杜马43位农民土地法案》——见《温和的右派农民代表[向第三
届国家杜马提出的]土地法案》。

《〈俄国报〉第 1816—1865 号的免费附刊》(Бесплатное приложение к газете
«Россия» к №№1816 — 1865.[Стенографические отчеты о заседаниях
Государственной думы III созыва].Спб.,1911.1376 стр.)——19—21、
70—73、83—95、138。

《俄国报》(圣彼得堡)(«Россия»,Спб.)——83。

　—1911,№1857,3(16)декабря,стр.3.——23。

《俄国财富》杂志(圣彼得堡)(«Русское Богатство»,Спб.)——253。

《俄国晨报》(莫斯科)(«Утро России»,М.)——320。

《俄国代表在英国(在市长早餐会上的讲话)》(Русские депутаты в Англии.
Речи на завтраке у лорд-мэра.—«Речь»,Спб.,1909,№167(1045),21
июня(4 июля),стр.3)——12、42、99、109、189、225、320。

[《俄国工商业阶级的社会组织的调查》](〔Анкета по исследованию общест-
венных организаций торговопромышленного класса в России].—В кн.:
[Ерманский,О. А.]Представительные организации торговопромышленного
класса в России. По данным анкеты, произведенной XI(промышленно-
экономическим)отделом Императорского русского технического общества.
(Оттиск из «Записок Императорского Русского Технического Общества»
за 1912 год).Спб.,1912, стр.17 — 26. Перед загл. кн. авт.: А. О. Гушка)
——294、295、296—297、298—300、303、304、307。

《俄国酿酒厂主协会消息通报》(圣彼得堡)(«Известия Российского Общества
Винокуренных Заводчиков»,Спб.)——299。

《俄国农业机器制造业奖励措施法案(第二次讨论稿)》(Текст законопроекта
о мерах поощрения русского сельскохозяйственного машиностроения в
редакции,установленной при втором обсуждении.—В кн.:Приложения к
стенографическим отчетам Государственной думы. Третий созыв. Сессия
пятая.1911—1912 гг.Т. II.(№№211—350).Спб.,гос. тип.,1912,№335,
стр.1—2)——370、371。

《俄国旗帜报》(圣彼得堡)(«Русское Знамя», Спб.)——283—284。

　　—1907, 21 ноября(4 декабря).——283—284。

[《俄国社会民主工党第五次代表会议(1908 年全国代表会议)通过的决议》]

　　([Резолюции, принятые на Пятой конференции РСДРП (Общероссийской

　　1908 г.)].—В кн.: Извещение Центрального Комитета Российской с.-д.

　　рабочей партии о состоявшейся очередной общепартийной конференции.

　　[Изд. ЦК РСДРП. Paris, 1909], стр. 4 — 7. (РСДРП))——29、32、33、

　　161、169、176、489。

《俄国社会民主工党[第五次]代表会议(1908 年全国代表会议)通过的由委

　　员会起草的[关于组织问题的]决议》(Принятая [Пятой] конференцией

　　[РСДРП (общероссийской 1908 г.)] после комис [сионной] работы

　　резолюция [по организационному вопросу].—В кн.: Извещение Российской

　　с.-д. рабочей партии о состоявшейся очередной общепартийной конференции.

　　[Изд. ЦК РСДРП. Paris, 1909], стр. 6. (РСДРП). Под общ. загл.:

　　Организационный вопрос)——138。

[《俄国社会民主工党第五次(伦敦)代表大会通过的决议》]([Резолюции,

　　принятые на V (Лондонском) съезде РСДРП].—В кн.: Лондонский съезд

　　Российской соц.-демокр. раб. партии(состоявшийся в 1907 г.). Полный текст

　　протоколов. Изд. ЦК. Paris, 1909, стр. 453 — 457. (РСДРП))——148。

《俄国社会民主工党纲领(党的第二次代表大会通过)》(Программа Российской

　　соц.-дем. рабочей партии, принятая на Втором съезде партии.—В кн.:

　　Второй очередной съезд Росс. соц.-дем. рабочей партии. Полный текст

　　протоколов. Изд. ЦК. Женева, тип. партии, [1904], стр. 1 — 6. (РСДРП))

　　——97、99。

《俄国社会民主工党伦敦代表大会(1907 年召开)》(记录全文)(Лондонский

　　съезд Российской соц.-демокр. раб. партии(состоявшийся в 1907 г.). Полный

　　текст протоколов. Изд. ЦК. Paris, 1909. 486 стр. (РСДРП))—— 15、114、

　　115、148、151、161、480。

《俄国社会民主工党莫斯科组织的莫斯科河南岸区、普列奥布拉任斯克区、哈

　　莫夫尼基区、罗戈日区、普列斯尼亚区和布特尔区通过的决议》

（Резолюция, принятая Замоскворецким, Преображенским, Хамовническим, Рогожским, Пресненским и Бутырским районами Московской организации РСДРП.—«Социал-Демократ», [Париж], 1911, №25, 8(21) декабря, стр. 10. Под общ. загл.: Москва)——7。

《俄国社会民主工党全国代表会议》(1908 年 12 月)（Всероссийская конференция Росс. соц.-дем. рабочей партии. (В декабре 1908 г.). Изд. газ. «Пролетарий». Paris, 1909. 47 стр. (РСДРП))——107、112。

《俄国社会民主工党 1912 年全国代表会议》（Всероссийская конференция Рос. соц.-дем. раб. партии 1912 года. Изд. ЦК. Paris, кооп. тип. «Идеал», 1912. 34 стр. (РСДРП))——169—170、204、208、212、219、222—224、243、343、344、386、401—402、452、488。

《俄国社会民主工党中央委员会关于已召开的全党例行代表会议的公报》（Извещение Центрального Комитета Российской с.-д. рабочей партии о состоявшейся очередной общепартийной конференции. [Изд. ЦК РСДРП. Paris, 1909]. 8 стр. (РСДРП))——13—14、25、29、32、33、41、59、60、107—108、112、113、114、128、129、133、145、146、150—151、152、159、161、169、176、207—208、209、222—223、303、309、359、489。

《[俄国社会民主工党中央委员会国外局] 会议决议》（Резолюции совещания [при Заграничном бюро ЦК РСДРП].—«Листок Заграничного Бюро Центрального Комитета», [Париж], 1911, №1, 8 сентября, стр. 4—5)——9。

《俄国思想》杂志（莫斯科）（«Русская Мысль», М.）——179。

—1910, кн. VIII, стр. 63—72, в отд.: [II].——174。

[《俄罗斯人民同盟党纲》]（[Программа партии Союза русского народа]. «Русское Знамя», Спб., 1907, 21 ноября(4 декабря))——283—284、285。

《俄罗斯新闻》（莫斯科）（«Русские Ведомости», М.）——89、393。

—1911, №221, 27 сентября, стр. 5.——76。

—1911, №222, 28 сентября, стр. 1—2.——76。

—1912, №104, 8 мая, стр. 2.——363、364、365、366—367、369、374。

—1912, №110, 15 мая, стр. 3.——326—327、346。

——1912, №135, 13 июня, стр. 2.——374、375、376。

——1912, №163, 15 июля, стр. 2.——478—479。

《俄罗斯言论报》(莫斯科)(«Русское Слово», М.)——171、172、195。

《鄂毕生活报》(新尼古拉耶夫斯克)(«Обская Жизнь», Ново-Николаевск, 1911, №171, 6 августа, стр. 3)——120—121。

《弗·尼·科科夫佐夫的莫斯科之行》(Пребывание В. Н. Коковцова в Москве. (По телефону от нашего корреспондента).—«Речь», Спб., 1912, №91 (2045), 4(17) апреля, стр. 3—4)——317。

《复兴》杂志(莫斯科)(«Возрождение», М.)——192。

——1910, №5, 30 марта, стлб. 47—52.——173—174。

——1910, №9—10, 15 июня, стлб. 17—28.——33、108、110、113、310。

《戈比报》(圣彼得堡)(«Газета-Копейка», Спб.)——424。

[《各省省长就提供国家杜马选举准备工作情况给各县警察局长的通令》] ([Циркуляр губернаторов к исправникам о предоставлении информации о подготовке к выборам в Государственную думу. 1912 г.].—«Речь», Спб., 1912, №93(2047), 6(19) апреля, стр. 3, в ст.: Администрация и выборы)——317。

《给编辑部的信》(载于 1912 年 7 月 8 日《涅瓦明星报》第 16 号)(Письмо в редакцию.—«Невская Звезда», Спб., 1912, №16, 8 июля, стр. 2. Подпись: Сторонник «Звезды»)——420、452、469。

《给执政参议院的命令[关于农民退出村社和把份地确定为私人财产]》[1906 年 11 月 9 日(22 日)](Указ правительствующему Сенату [о выходе крестьян из общин и закреплении в собственность надельных участков. 9 (22) ноября 1906 г.].—«Правительственный Вестник», Спб., 1906, №252, 12 (25) ноября, стр. 1)——70、72、73、331—332。

《给执政参议院的命令[关于修改与补充国家杜马的选举条例]》[1905 年 12 月 11 日 (24 日)](Указ правительствующему Сенату [об изменениях и дополнениях в положении о выборах в Государственную думу. 11 (24) декабря 1905 г.].—«Правительственный Вестник», Спб., 1905, №268, 13 (26) декабря, стр. 1, в отд.: Действия правительства)——244、247、385。

《工潮》(Волнения среди рабочих. (По телефону из Спб. от наш. корресп.).—
　　«Голос Москвы», 1911, №267, 19 ноября(2 декабря), стр. 4)——12。

《工人报》[巴黎](«Рабочая Газета», [Париж])——3、67、160—161、162。
　　—1912, №8, 17(30)марта, стр. 2.——221。

《工人报》(华沙)(«Gazeta Robotnicza», Warszawa)——395。

《工人疾病保险法案(国家杜马第二次讨论稿)》(Текст законопроекта об
　　обеспечении рабочих на случай болезни в редакции, установленной Госу-
　　дарственной думой при втором обсуждении.—В кн. : Приложения к сте-
　　нографическим отчетам Государственной думы. Третий созыв. Сессия
　　пятая. 1911—1912 гг. Т. I. (№№1—210). Спб., гос. тип., 1911, №42, стр.
　　1—18)——154—157、187、288。

《工人意外事故保险法案(国家杜马第二次讨论稿)》》(Текст законопроекта о
　　страховании рабочих от несчастных случаев в редакции, установленной
　　Государственной думой при втором обсуждении.—там же, №7, стр. 1—
　　16)——154—157、187、288。

《工商业》杂志(圣彼得堡)(«Промышленность и Торговля», Спб.)——299。

《关于保证农村居民粮食需求的暂行条例[1900年6月12日批准]》(Временные
　　правила по обеспечению продовольственных потребностей сельских обы-
　　вателей, [утвержденные 12 июня 1900 г.].—«Правительственный Вес-
　　тник», Спб., 1900, №150, 4(17)июля, стр. 1—2; №152, 6(19)июля, стр.
　　1; №153, 7(20)июля, стр. 1)——87、88、89、91。

《关于彼得堡的选举》(К выборам в Петербурге.—«Невский Голос», Спб.,
　　1912, №6, 5 июля, стр. 1—2)——420、422。

《关于别洛乌索夫代表退出的问题》(载于1912年3月2日《现代事业报》第7
　　号)(К уходу деп. Белоусова.—«Живое Дело», Спб., 1912, №7, 2 марта,
　　стр. 1)——198、201、202。

《关于波兰社会党代表大会》(Zum Parteitag der PPS.—«Vorwärts», Berlin,
　　1912, Nr. 131, 8. Juni. 1. Beilage des«Vorwärts», S. 1—2)——401。

[《关于成立土地问题地方委员会法案的基本原则(由35个劳动派代表向国家
　　杜马提出)》](Основные положения законопроекта об организации местных

комитетов по аграрному вопросу, внесенные в 1 Государственную думу 35 членами Трудовой группы].—В кн.: Стенографические отчеты[Государственной думы].1906 год.Сессия первая.Т.1.Заседания 1—18(с 27 апреля по 30 мая).Спб., гос. тип., 1906, стр. 672 — 673. (Государственная дума)) ——289、320。

《关于代表会议的召开》(К созыву конференции.—«Живое Дело», Спб., 1912, №8, 9 марта, стр. 2, в отд.: Из общественной жизни) —— 192、195 — 196、197。

《关于对非无产阶级政党的态度的决议[1907 年俄国社会民主工党第五次(伦敦)代表大会通过]》(Резолюция об отношении к непролетарским партиям, [принятая на V(Лондонском)съезде РСДРП в 1907 г.].—В кн.: Лондонский съезд Российской соц.-демокр. раб. партии(состоявшийся в 1907 г.).Полный текст протоколов.Изд.ЦК.Paris, 1909, стр.454—455. (РСДРП)) —— 15、114、151、480。

《关于各地民族组织的统一问题》[俄国社会民主工党第五次代表会议(1908 年全国代表会议)通过的决议](Об объединении национ[альных] орган[изаций] на местах. [Резолюция, принятая на Пятой конференции РСДРП(Общероссийской 1908 г.)].—В кн.: Извещение Центрального Комитета Российской с.-д. рабочей партии о состоявшейся очередной общепартийной конференции. [Изд. ЦК РСДРП. Paris, 1909], стр. 6. (РСДРП)) —— 207—208。

《关于各个工作报告的决议》[俄国社会民主工党第五次代表会议(1908 年全国代表会议)通过](Резолюция по отчетам, [принятая на Пятой конференции РСДРП (Общероссийской 1908 г.)].—там же, стр.4.(РСДРП)) —— 133、159 — 160、209、222 — 223。

《关于工会运动的统一的决议》(Резолюция об единстве профессионального движения.—«Социал-Демократ», Париж, 1910, №17, 25(8)октября, стр. 11. Под общ. загл.: Резолюции VIII Международного социалистического конгресса в Копенгагене) —— 136。

[《关于集会的暂行条例(1906 年 3 月 4 日(17 日)批准)》]([Временные правила

о собраниях,утвержденные 4(17)марта 1906 г.].—«Правительственный
Вестник»,Спб.,1906,№54,8(21)марта,стр.2)——186。

[《关于结社的暂行条例(1906 年 3 月 4 日(17 日)批准)》]([Временные
правила об обществах и союзах,утвержденные 4(17)марта 1906 г.].—
«Правительственный Вестник»,Спб.,1906,№54,8(21)марта,стр.1—2)
——186。

《关于捷·奥·别洛乌索夫代表退出社会民主党杜马党团问题》(载于 1912 年
2 月 23 日《明星报》第 12 号)(К уходу из думской социал-демократической
фракции депутата Т. О. Белоусова.—«Звезда»,Спб.,1912,№12(48),23
февраля,стр.3)——198、199、200、201、202。

《关于拉脱维亚边疆区社会民主党人、崩得、波兰和立陶宛社会民主党人以及
高加索区域组织的代表[于 1912 年召开的]会议的通告》(Извещение о
совещании представителей с.-д. Латышского края, Бунда,с.-д. Польши и
Литвы и Областной закавказской организации,[состоявшемся в январе
1912 г.].—«Листок«Голоса Социал-Демократа»»,[Париж],1912,№4,
февраль,стр.1—7)——440。

《关于目前形势和党的任务》[俄国社会民主工党第五次代表会议(1908 年全
国代表会议)通过的决议](О современном моменте и задачах партии.
[Резолюция,принятая на Пятой конференции РСДРП(Общероссийской
1908 г.)].—В кн.:Извещение Центрального Комитета Российской с.-д.
рабочей партии о состоявшейся очередной общепартийной конференции.
[Изд.ЦК РСДРП.Paris,1909],стр.4—5)——13—14、25、41、59、60、
107—108、111、112、113、114、128、129、145、146、303、309。

《关于派别中心》[俄国社会民主工党中央全会通过的决议(1910 年 1 月)](О
фракционных центрах.[Резолюция,принятая на пленуме ЦК РСДРП в
январе 1910 г.].—«Социал-Демократ»,[Париж],1910,№11,26(13)
февраля,стр.11)——35、63、133、134、159、172—173、210、223。

《关于其他俄罗斯臣民与芬兰公民权利平等的法案(国家杜马第二次讨论稿)》
(Текст законопроекта об уравнении в правах с финляндскими гражданами
других русских подданных в редакции,установленной Государственной

думой при втором обсуждении.—В кн.: Приложения к стенографическим отчетам Государственной думы. Третий созыв. Сессия пятая. 1911 — 1912 гг. Т. 1. (№№1 — 210). Спб., гос. тип., 1911, №37, стр. 1 — 2)——164。

[《关于取消沃伊洛什尼科夫 15 次参加国家杜马会议资格的通知》] (载于 1911 年 12 月 3 日 (16 日)《俄国报》第 1857 号)([Сообщение об исключении Войлошникова на 15 заседаний Государственной думы].— «Россия», спб., 1911, №1857, 3 (16) декабря, стр. 3. Под общ. загл.: Государственная дума. Заседание 35-е (2 декабря 1911 года))——23。

[《关于取消沃伊洛什尼科夫 15 次参加国家杜马会议资格的通知》] (载于 1911 年 12 月 3 日 (16 日)《新时报》第 12834 号)([Известие об исключении Войлошникова на 15 заседаний Государственной думы].— «Новое Время», Спб., 1911, №12834, 3 (16) декабря, стр. 3, в отд.: В Государственной думе)——23。

[《关于取消沃伊洛什尼科夫 15 次参加国家杜马会议资格的通知》] (载于 1911 年 12 月 3 日 (16 日)《言语报》第 332 号)([Известие об исключении Войлошникова на 15 заседаний Государственной думы].—«Речь», Спб., 1911, №332 (1928), 3 (16) декабря, стр. 5, в отд.: Известия за день)——23。

《关于社会民主党杜马党团》[俄国社会民主工党第五次代表会议 (1908 年全国代表会议) 通过的决议] (О думской с.-д. фракции. [Резолюция, принятая на Пятой конференции РСДРП Общероссийской 1908 г.)].—В кн.: Извещение Центрального Комитета Российской с.-д. рабочей партии о состоявшейся очередной общепартийной конференции. [Изд. ЦК РСДРП. Paris, 1909], стр. 5 — 6. (РСДРП))——150 — 151。

《关于同波兰社会党"左派"联合的问题》[俄国社会民主工党第五次代表会议 (1908 年全国代表会议) 通过的决议] (Об объединении с «левицей» ППС. [Резолюция, принятая на Пятой конференции РСДРП (Общероссийской 1908 г.)].—Там же, стр. 6)——359。

《关于维护国家秩序和社会治安措施的条例》[1881 年 8 月 14 日] (Положение о мерах к охранению государственного порядка и общественного спокойствия.

［14 августа 1881 г.］.—В кн.: Полное собрание законов Российской империи. Собрание 3. Т. 1, от №1 — 585 и доп. Спб., 1885, ст. 350, стр. 261 — 266）——83、93。

《关于维特伯爵与亚·伊·古契柯夫的争论》（По поводу полемики гр. Витте и А. И. Гучкова.—«Новое Время», Спб., 1911, №12785, 15（28）октября, стр. 3）——77—78。

《关于选举运动问题》（К вопросу об избирательной кампании. ［Письмо из Петербурга группы социал-демократов］.—«Правда», ［Вена］, 1911, №22, 16（29）ноября, стр. 3, в отд.: Что делается на местах. （Корреспонденции））——32—34。

《关于〈真理报〉》［俄国社会民主工党中央全会通过的决议（1910 年 1 月）］（О газете «Правда». ［Резолюция, принятая на пленуме ЦК РСДРП в январе 1910 г.］.—«Социал-Демократ», ［Париж］, 1910, №11, 26（13）февраля, стр. 10）——161。

《光明报》（圣彼得堡）（«Свет», Спб.）——285。

《国际社会党第八次代表大会》（8. Internationaler Sozialistischer Kongreß. Schluß der Freitagsitzung.—«Vorwärts», Berlin, 1910, Nr. 207, 4. September. 1. Beilage des «Vorwärts» Berliner Volksblatt, S. 1）——136。

《［国家杜马的］速记记录》（1907 年第 2 次常会）（Стенографические отчеты ［Государственной думы］. 1907 год. Сессия вторая. Т. II. Заседания 31 — 53 （с 1 мая по 2 июня）. Спб., гос. тип., 1907. VIII стр., 1610 стлб. （Государственная дума. Второй созыв））——393。

《［国家杜马的］速记记录》（1908 年第 1 次常会第 2—3 册）（Стенографические отчеты ［Государственной думы］. 1908 г. Сессия первая. Ч. II—III. Спб., гос. тип., 1908. 2 т. （Государственная дума. Третий созыв））

—第 2 册（Ч. II. Заседания 31—60（с 21 февраля по 6 мая 1908 г.）. XV стр., 2962 стлб.）——42、331、340—341、475。

—第 3 册（Ч. III. Заседания 61—98 （с 7 мая по 28 июня 1908 г.）. XXII стр., 4529 стлб., 8 стр.）——117、218—219。

《［国家杜马的］速记记录》（1909 年第 2 次常会）（Стенографические отчеты

[Государственной думы].1909 г. Сессия вторая. Ч. III. Заседания 71 — 100
(с 6 марта по 24 апреля 1909 г.). Спб., гос. тип., 1909. XII стр., 2956 стлб.
(Государственная дума. Третий созыв)) —— 332 — 333、334 — 341。

《[国家杜马的]速记记录》(1912 年第 5 次常会)(Стенографические отчеты
[Государственной думы]. 1912 год. Сессия пятая. Ч. III. Заседания 84 —
119(с 5 марта по 28 апреля 1912 г.). Спб., гос. тип., 1912. XXII стр., 3726
стлб. (Государственная дума. Третий созыв)) —— 287 — 288、348 — 349。

《国家杜马选举的进行情况》(Ход выборов в Госуд[арственную] думу. (По
сведениям наших корреспондентов с добавлением данных пет. тел. агент-
ства). —《Речь》, Спб., 1907, №241, 12 (25) октября, стр. 3) —— 241
— 242。

[《国家杜马选举条例第 106 条》]([Статья 106 Положения о выборах в
Государственную думу]. — В кн.: Положение о выборах в Государственную
думу. (Свод законов, т. 1, ч. 2, изд. 1907 г. и по прод. 1910 г.). С разъяснениями
правительствующего Сената и министерства внутренних дел. Изд. мин. вн.
дел. Спб., 1912, стр. 94 — 97) —— 238 — 239。

《国家杜马选举条例》(1907 年 6 月 3 日批准)(Положение о выборах в Госу-
дарственную думу, [утвержденное 3 июня 1907 г.]. С разъяснениями
правительствующего Сената и министерства внутренних дел. Спб., сенатская
тип., 1907. 188 стр.; 2 схемы. (Изд. м-ва внутр. дел)) —— 44、48、49、52、
54、55、148 — 149、166、170、219、232、233、234、235、237、238、239、245、
247、284、285、287、300、376、382、385。

《国家杜马选举条例》(载于《法律汇编》)(Положение о выборах в Государственную
думу. (Свод законов, т. 1, ч. 2, изд. 1907 г. и по прод. 1910 г.). С разъяснениями
правительствующего Сената и министерства внутренних дел. Изд. мин. вн. дел.
Спб., 1912. [1], 268 стр.) —— 238 — 239。

《国家杜马选举条例》(载于《1910 年参考手册》)(Положение о выборах в
Государственную думу. — В кн.: Справочник 1910 г. Вып. 2. Спб., гос. тип.,
1910, стр. 257 — 372. (Государственная дума. III созыв — 3-я сессия)) ——
56、166、230。

《国外组织委员会关于其对俄国组织委员会的态度的决议》(1911 年 11 月 13 日）[传单]（Резолюция Заграничной организационной комиссии об ее отношении к Российской организ[ационной] комиссии.13 ноября 1911 г. [Листовка].Б.м.,1911.1 стр.（РСДРП））——8。

《红旗报》（华沙）(«Czerwony Sztandar», Warszawa, 1912, N 187, czerwcu, s. 9—10.)——401。

《护党报》（巴黎）(«За Партию», Paris, 1912, №1, 16（29）апреля, стр. 1) ——260。

《基辅思想报》(«Киевская Мысль»)——171、172、195。

《今后怎样?》(Что же дальше?（Письмо «Правды» к мыслящим рабочим).— «Правда»,[Вена],1910,№17,20 ноября(3 декабря).Приложение к 17 No«Правды»,стр.1—7)——32、158。

《捐助给报纸的款项》(На усиление средств газеты.—«Невский Голос»,Спб., 1912,№7,17 августа, стр. 4. Под общ. загл.: В к-ру газеты поступило) ——458—459。

《科学评论》杂志(巴黎)(«Revue Scientifique», Paris, 1912, N 1, 6 juillet, p. 24)——462—463。

《劳动派代表会议》(Конференция трудовиков.—«Речь», Спб., 1912, №84 (2038), 28 марта(10 апреля),стр.4)——243、248、250、318。

《勒拿惨案和六三君主制》[社论](Ленская бойня и 3-ьеиюньская монархия. [Передовая].—«Социал-Демократ», [Париж], 1912, №26, 8 мая（25 апреля),стр.1)——344。

《立宪民主党纲领(1905 年 10 月 12 — 18 日建党大会制定)》(Программа конституционно-демократической партии, выработанная учредительным съездом партии 12—18 октября 1905 г.Б.м.,[1905].1 стр.)——227— 228、229。

《路标(关于俄国知识分子的论文集)》(Вехи.Сборник статей о русской интел-лигенции. М., [тип. Саблина, март]1909. II, 209 стр.)——42、109、279、289—290。

《每周政治评论》(Politische Wochenschau.—«St.-Petersburger Zeitung», 1912,

Nr. 126, 6(19) Mai. 1. Beiblatt, S.[1])——347—348。

《面包师联合会》(Союз булочников.—«Звезда», Спб., 1912, №27(63), 8 апреля, стр. 4, в отд.: Рабочая газета)——465。

《明星报》(圣彼得堡)(«Звезда», Спб.)——3、199、212、213、410、411、412、413、420、423、446、448、465—466。

—1911, №28, 5 ноября, стр. 1.——39。

—1911, №29, 12 ноября, стр. 2.——58—62。

—1911, №33, 10 декабря, стр. 1; №34, 17 декабря, стр. 1—2.——50、52、373。

—1912, №№1(37)—33(69), 6 января—22 апреля.——447。

—1912, №1(37), 6 января. 4 стр.——451。

—1912, №11(47), 19 февраля, стр. 1.——230、231—234、236。

—1912, №12(48), 23 февраля, стр. 3.——198、199、200、201、202。

—1912, №17(53), 13 марта. 4 стр.——213。

—1912, №27(63), 8 апреля, стр. 3、4; №32(68), 19 апреля, стр. 2.——273、274、276、279、465。

—1912, №33(69), 22 апреля. 4 стр.——451。

莫斯科(关于召开全党代表会议问题)(Москва. К вопросу о созыве общепартийной конференции.—«Социал-Демократ», [Париж], 1911, №24, 18 (31) октября, стр. 8, в отд.: Хроника)——7。

《莫斯科呼声报》(«Голос Москвы»)——172、195、285。

—1911, №236, 14(27) октября, стр. 1.——76—77、78。

—1911, №267, 19 ноября(2 декабря), стр. 4.——12。

莫斯科, 9 月 28 日。(Москва, 28 сентября.—«Русские Ведомости», М., 1911, №222, 28 сентября, стр. 1—2)——76。

《涅瓦呼声报》(圣彼得堡)(«Невский Голос», Спб.)——375、404、420、422、446、448、450、454、468、469。

—1912, №№1—5, 20 мая—28 июня.——420、447。

—1912, №1, 20 мая. 4 стр.——327—330、356—357、450。

—1912, №4, 6 июня. стр. 2.——386。

—1912，№16，апрель，стр.1—11.——205、259、360、361、397、441、459。

《社会主义月刊》（柏林）（«Sozialistische Monatshefte»，Berlin）——206、209。

《生活事业》杂志（莫斯科）（«Дело Жизни»，М.）——13、19—20、28、44、114、133、134、159—160、170—172、192、223。

—1911，№6，25 июня，стр.14—19.——174。

《生活需要》杂志（圣彼得堡）（«Запросы Жизни»，Спб.）——248。

—1912，№13，31 марта，стлб.771—778，778—780.——248—252、254、255、318、319、320。

—1912，№17，27 апреля，стлб.993—998.——273、274、276、277、278、279、280。

—1912，№26，29 июня，стлб.1525—1530.——482。

—1912，№27，6 июля，стлб.1585—1586.——482。

《生活》杂志（莫斯科）（«Жизнь»，М.）——192。

圣彼得堡，10 月 25 日。［社论］（载于 1911 年 10 月 25 日（11 月 7 日）《言语报》第 293 号（总第 1889 号））（С.-Петербург，25 октября.［Передовая］.—«Речь»，Спб.，1911，№293(1889)，25 октября(7 ноября)，стр.1—2)——42。

圣彼得堡，3 月 21 日。［社论］（载于 1912 年 3 月 24 日（4 月 3 日）《言语报》第 79 号（总第 2033 号））（С.-Петербург，21 марта.［Передовая］.—«Речь»，Спб.，1912，№79(2033)，21 марта(3 апреля)，стр.1)——225、227—228、242、254、289—290、321—322。

圣彼得堡，3 月 28 日。［社论］（载于 1912 年 3 月 28 日（4 月 10 日）《言语报》第 84 号（总第 2038 号））（С.-Петербург，28 марта.［Передовая］.—«Речь»，Спб.，1912，№84(2038)，28 марта(10 апреля)，стр.1—2)——244、245—246。

圣彼得堡，6 月 16 日。［社论］（载于 1912 年 6 月 16 日（29 日）《言语报》第 162 号（总第 2116 号））（С.-Петербург，16 июня.［Передовая］.—«Речь»，Спб.，1912，№162(2116)，16(29)июня，стр.1)——374—375、376。

圣彼得堡，7 月 19 日。［社论］（载于 1912 年 7 月 19 日（8 月 1 日）《言语报》第 195 号（总第 2149 号））（С.-Петербург，19 июля.［Передовая］.—«Речь»，Спб.，1912，№195(2149)，19 июля(1 августа)，стр.1)——480。

《圣彼得堡报》(《St.-Petersburger Zeitung》, 1912, Nr. 126, 6 (19) Mai. 1.
　　Beiblatt, S. [1])——347—348。

《圣彼得堡新闻》(《С.-Петербургские Ведомости», 1908, №24, 29 января (11
　　февраля), стр. 2)——48、51、73、117、218—219、391。

　　—1912, №152, 7 (20) июля, стр. 4.——436。

《圣彼得堡"召回派"在全党代表会议之前向彼得堡委员会扩大会议提出的决
　　议》(Резолюция Спб. «отзовистов», предложенная ими расширенному заседа-
　　нию Пет. ком. перед общепартийной конференцией.—«Пролетарий», [Париж],
　　1909, №44. Приложение к №44 газ. «Пролетарий», 4 (17) апреля, стр. 1)
　　——20、33。

《"十月十七日同盟"纲领》(Программа «Союза 17 октября». [Листовка.
　　Полтава, электрич. тип. Шиндлера, б. г.]. 4 стр.)——287—288。

《石油事业》杂志(巴库)(«Нефтяное Дело», Баку)——299。

《思想》杂志(莫斯科)(«Мысль», М.)——3、213、214。

梯弗利斯(《给〈真理报〉编辑部的信》)(Тифлис. Письмо в редакцию «Правды».—
　　«Социал-Демократ», [Париж], 1912, №27, 17 (4) июня. Приложение к
　　№27 «Социал-Демократа», стр. 1)——221。

《同时代人》杂志(圣彼得堡)(«Современник», Спб.)——253。

《同叶·尼·特鲁别茨科伊公爵的谈话》(Беседа с кн. Е. Н. Трубецким. (По
　　телефону от нашего корреспондента).—«Речь», Спб., 1911, №287 (1883), 19
　　октября (1 ноября), стр. 3)——77—78。

《土地呼声报》(圣彼得堡)(«Голос Земли», Спб.)——171、172、195。

《维特伯爵、彼·尼·杜尔诺沃同立宪民主党人的同盟》(Союз графа Витте и
　　П. Н. Дурново с кадетами. (Справка).—«Голос Москвы», 1911, №236, 14
　　(27) октября, стр. 1)——76—77。

《维也纳社会民主党俱乐部全体会议通过的决议(1910 年 11 月 26 日)》[传单]
　　(Резолюция, принятая на общем собрании партийного социал-демократи-
　　ческого клуба в Вене 26-го ноября 1910 года. [Листовка]. Б. м., [1910]. 2
　　стр.)——212。

《为工人日报〈真理报〉捐款》(载于 1912 年 5 月 6 日《涅瓦明星报》第 3 号)

—1912, №6, стр. 8—20. —— 454—455、471—472、473—476、477。

《无产者报》(日内瓦)(«Пролетарий», Женева, 1908, №38, (14) 1 ноября, стр. 1—3) —— 20。

—[Париж], 1909, №44. Приложение к №44 газ. «Пролетарий», 4 (17) апреля, стр. 1—2. —— 20、33。

《现代史片断》(Из новейшей истории. — «Речь», Спб., 1911, №264 (1860), 26 сентября (9 октября), стр. 2) —— 76。

《现代事业报》(圣彼得堡)(«Живое Дело», Спб.) —— 170、175、191、192、213、230、256、258、260、292、351、420、422、446、450、475。

—1912, №№1—3, 20 января— 1 февраля. —— 165。

—1912, №№1—16, 20 января— 28 апреля. —— 420、447、448。

—1912, №1, 20 января, 4 стр. —— 420、450。

—1912, №2, 27 января, стр. 2. —— 165、166—168、189、230—231、234—235、256、321。

—1912, №3, 1 февраля, стр. 1. —— 165、166、168、230—231、256、321。

—1912, №7, 2 марта, стр. 1, 2, 3. —— 171—172、176—177、198、200、201、202。

—1912, №8, 9 марта, 4 стр. —— 191—192、195—196、197、213、230—234、235、236、237、238。

—1912, №10, 21 марта, стр. 1. —— 227、228。

—1912, №16, 28 апреля, 4 стр. —— 450。

《向理智呼吁报》(堪萨斯州吉拉德市)(«Appeal to Reason», Girard, Kansas) —— 423。

[《谢·尼·普罗柯波维奇〈面临危险〉一文的编者按语》]([Редакционная заметка по поводу статьи С. Н. Прокоповича «Перед опасностью»]. — «Русские Ведомости», М., 1912, №104, 8 мая, стр. 2) —— 363、365、369。

《谢·尤·维特伯爵的说明》(Объяснения гр. С. Ю. Витте. — «Русские Ведомости», М., 1911, №221, 27 сентября, стр. 5) —— 76。

《新时报》(圣彼得堡)(«Новое Время», Спб.) —— 195、285、348、436—437。

—1909, №11897, 27 апреля (10 мая), стр. 3. —— 290。

—1909，№12011，20 августа（2 сентября），стр.3—4.——290。

—1911，№12765，25 сентября（8 октября），стр.3.——74—75、76、81—82。

—1911，№12767，27 сентября（10 октября），стр.2.——75—76。

—1911，№12785，15（28）октября，стр.3.——77—78。

—1911，№12834，3（16）декабря，стр.3.——23。

—1912，№13046，8（21）июля，стр.3—4.——436—437。

[《刑法第 129 条》]（[Статья 129 уголовного уложения].—В кн.：Уголовное уложение... утвержденное 22 марта 1903 г. с очерком существенных отличий его от действующего уложения и предметным алфавитным указателем. Изд. неофициальное. М.，Кн. маг. «Правоведение» Голубева，[1903]，стр.50—51)——255。

《宣言》（1905 年 10 月 17 日（30 日））（Манифест. 17（30）октября 1905 г.—«Правительственный Вестник»，Спб.，1905，№222，18（31）октября，стр.1)——185—186。

《言论报》（圣彼得堡）（«Слово»，Спб.，1909，№791，10（23）мая，стр.3)——290。

《言语报》（圣彼得堡）（«Речь»，Спб.)——13、163—164、198、244、310、317、318、319、379、393、478—479、482。

—1907，№241，12（25）октября，стр.3.——241—242。

—1909，№167（1045），21 июня（4 июля），стр.3.——12、42、99、109、189、225、320。

—1911，№264（1860），26 сентября（9 октября），стр.2.——76。

—1911，№266（1862），28 сентября（11 октября），стр.2.——76。

—1911，№287（1883），19 октября（1 ноября），стр.2、3.——77—80、81。

—1911，№293（1889），25 октября（7 ноября），стр.1—2.——42。

—1911，№295（1891），27 октября（9 ноября），стр.6—7.——79—80、81。

—1911，№332（1928），3（16）декабря，стр.5.——23。

—1912，№54（2008），25 февраля（9 марта），стр.7.——198、199、200、201—202。

—1912，№79（2033），21 марта（3 апреля），стр.1.——225、227—228、242、254、289—290、321—322。

—1912，№84(2038)，28 марта(10 апреля)，стр.1 — 2，4. —— 243、244、245 — 246、248、250、318。

—1912，№88(2042)，1(14)апреля，стр.2.—— 250、251。

—1912，№91(2045)，4(17)апреля，стр.3 — 4.—— 317。

—1912，№93(2047)，6(19)апреля，стр.2、3.—— 317、320。

—1912，№106(2060)，19 апреля(2 мая)，стр.2.—— 371。

—1912，№126(2080)，10(23)мая，стр.2.—— 363、364、365。

—1912，№132(2086)，17(30)мая，стр.2. —— 326 — 327、346。

—1912，№162(2116)，16(29)июня，стр.1.—— 374 — 375、376。

—1912，№195(2149)，19 июля(1 августа)，стр.1.—— 480。

《〈言语报〉年鉴(1912 年)》(Ежегодник газеты«Речь»на 1912 год.Изд. ред. газ. «Речь».Спб.，б. г. VI，712，44 стр.(Бесплатное приложение к газете«Речь»)) —— 178 — 183。

《1905 年工厂视察员报告汇编》(Свод отчетов фабричных инспекторов за 1905 год. Спб.，тип. Киршбаума，1908. XXV，117 стр.（М. Т. и П. Отдел промышленности))—— 416。

《1905 年 12 月 11 日选举法》——见《给执政参议院的命令［关于修改与补充国家杜马的选举条例]》。

《1905 年土地占有情况统计》(Статистика землевладения 1905 г.Свод данных по 50-ти губерниям Европейской России. Спб.，тип. Минкова，1907. 199 стр.；L стр.табл.(Центр. стат. ком. м-ва внутр. дел)) —— 51、269 — 272、285、313 — 314、315 — 316、389、391。

《1906 年 3 月 4 日法律》——见[《关于结社的暂行条例(1906 年 3 月 4 日(17 日)批准)》]。

《1906 年在斯德哥尔摩举行的俄国社会民主工党统一代表大会记录》(Протоколы Объединительного съезда РСДРП，состоявшегося в Стокгольме в 1906 г.М.，тип. Иванова，1907. VI，420 стр.)—— 358 — 359。

《1907 年 6 月 3 日法令》——见《国家杜马选举条例》(1907 年 6 月 3 日批准)。

《1910 年参考手册》(Справочник 1910 г.Вып.2.Спб.，гос. тип.，1910. X，477，56 стр.；2 л. схем.(Государственная дума. III созыв— 3-я сессия))—— 41、

45—48、49、52—56、57、166、230。

[《1910年1月俄国社会民主工党中央全会通过的决议》]([Резолюции, принятые на пленуме ЦК РСДРП в январе 1910 г.].—«Социал-Демократ», [Париж], 1910, №11, 26(13) февраля, стр. 10 — 11)—— 159、169、398—399。

《[1911年俄国社会民主工党中央委员会议]通告》[传单](Извещение [совещания членов ЦК РСДРП. 1911 г. Листовка]. Б. м., [1911]. 2 стр. (РСДРП). Подпись: Совещание членов ЦК РСДРП)—— 211、212。

《1912年参考手册》(Справочник 1912 г. (Дополнение к «Справочнику» 1910 г.). Вып. 4. Спб., гос. тип., 1912. VI, 249 стр. (Государственная дума. III созыв—V сессия))—— 218、286、287、292—293。

《[1912年俄国社会民主工党第六次(布拉格)全国代表会议通过的]决议》(Резолюции, [принятые на Шестой (Пражской) Всероссийской конференции РСДРП 1912 г.].—В кн.: Всероссийская конференция Рос. соц.-дем. раб. партии 1912 года. Изд. ЦК. Paris, кооп. тип. «Идеал», 1912, стр. 14 — 34. (РСДРП))—— 402、452。

伊万诺沃-沃兹涅先斯克(我们记者的报道)(Иваново-Вознесенск. (От нашего корреспондента).—«С.-Петербургские Ведомости», 1912, №152, 7(20) июля, стр. 4, в отд.: Внутренние известия)—— 436。

《拥护联合,反对分裂》(За объединение—против раскола.—«Живое Дело», Спб., 1912, №7, 2 марта, стр. 1)—— 171—172。

《庸人政策》[社论](Обывательская политика. [Передовая].—«Живое Дело», Спб., 1912, №10, 21 марта, стр. 1)—— 227、228。

《召集全党代表会议的组织委员会小报》(布鲁塞尔)(«Листок Организационного Комитета по Созыву Общепартийной Конференции», Bruxelles, 1912, №3, 19(6) июля, 7 стр.)—— 441。

《[召集全党代表会议的俄国组织委员会的]通报[和决议]》[传单](Извещение [и резолюции Российской организационной комиссии по созыву общепартийной конференции. Листовка]. Б. м., [осень 1911]. 4 стр. (Отдельный оттиск из №25 «Социал-Демократа». РСДРП))—— 7、30、127、142。

《真理报》(圣彼得堡)(«Правда»,Спб.)——404、409、410、411、412、413、414、
416、420、422、423、446、448、454、460、482。

—1912,№№1—53,22 апреля—30 июня.——447。

—1912,№1,22 апреля,4 стр.——410、412、451。

—1912,№53,30 июня,4 стр.——451。

—1912,№60,8 июля,стр.3.——460。

—1912,№61,10 июля,стр.2.——420、452。

—1912,№67,17 июля,стр.4.——460。

《真理报》[维也纳](«Правда»,[Вена])——6、161、210、221、379、398、440、
443、446。

—1910,№17,20 ноября(3 декабря).Приложение к 17 №«Правды».8 стр.
——32、158。

—1911,№22,16(29)ноября,стр.1,3.——30—31、32—34。

—1912,№24,14(27)марта,стр.1—3.——237、259。

—1912,№25,23 апреля(6 мая),стр.1—2,5.——204、206、221、222、343—
344、354、355。

《箴言》杂志(圣彼得堡)(«Заветы»,Спб.,1912,№2,май,стр.104—131,в
отд.:II)——472。

《争论专页》[巴黎](«Дискуссионный Листок»,[Париж],1910,№1,6(19)
марта,стр.3—6)——2—3、4、7、8、10、173。

—1910,№2,25 мая(7 июня),стр.4—14.На газ.дата:24 мая(7 июня).——
1、210、400。

《政府通报》(圣彼得堡)(«Правительственный Вестник»,Спб.,1900,№150,4
(17)июля,стр.1—2;№152,6(19)июля,стр.1;№153,7(20)июля,стр.1)
——87、88、89、91。

—1905,№222,18(31)октября,стр.1.——185—186。

—1905,№268,13(26)декабря,стр.1.——244、247、385。

—1906,№54,8(21)марта,стр.1—2.——186。

—1906,№252,12(25)ноября,стр.1.——70、72、73、331—332。

[《殖民地问题》(斯图加特国际社会党代表大会多数派委员会的决议案)]

([Die Kolonialfrage. Resolutionsentwurf der Kommissionsmehrheit auf dem Internationalen sozialistischen Kongreß zu Stuttgart].—«Vorwärts», Berlin, 1907, Nr. 195, 22. August. 1. Beilage des «Vorwärts», S. 1. Под общ. загл.: Internationaler sozialistischer Kongreß)——135。

《殖民地问题》[斯图加特国际社会党代表大会上的辩论](Die Kolonialfrage. [Debatten auf dem Internationalen sozialistischen Kongreß zu Stuttgart].—«Vorwärts», Berlin, 1907, Nr. 195, 22. August. 1. Beilage des «Vorwärts», S. 1—2; Nr. 196, 23. August. 1. Beilage des «Vorwärts», S. 1—2. Под общ. загл.: Internationaler sozialistischer Kongreß)——135。

[《殖民地问题》(斯图加特国际社会党代表大会委员会上的辩论)]([Die Kolonialfrage. Debatten in der Kommission des Internationalen sozialistischen Kongresses zu Stuttgart].—«Vorwärts», Berlin, 1907, Nr. 193, 20. August. 2. Beilage des «Vorwärts», S. 2. Под общ. загл.: Die Kommissionen. Die Kommission für die Vorbereitung der Kolonialfrage)——135。

《中央委员会国外局小报》[巴黎](«Листок Заграничного Бюро Центрального Комитета», [Париж], 1911, №1, 8 сентября. 10 стр.)——9。

《中央委员会国外局》[中央委员会国外局的呼吁书和克·蔡特金、卡·考茨基就"保管人保管的"款项问题给俄国社会民主党国外局的信(1911年11月18日)(传单)](Заграничное бюро Центрального Комитета. [Обращение ЗБЦК и письмо К. Цеткин и К. Каутского Заграничному бюро русской социал-демократии по вопросу «держательских» денег. 18 ноября 1911 г. Листовка]. Б. м., [1911]. 1 стр. (РСДРП))——36—37。

《钟声》杂志(伦敦—日内瓦)(«Колокол», Лондон—Женева)——264—265、266。

—Лондон, 1857, №4, 1 октября, стр. 27—31; 1859, №49, 1 августа; Geneve, 1865, №197, 25 мая, стр. 1613—1614; 1866, №221, 1 июня, стр. 1805.——265。

—1860, №62, 1 февраля, стр. 517.——266。

—1860, №63, 15 февраля, стр. 530.——266。

—1861, №97, 1 мая, стр. 819.——266。

—1861,№105,15 августа,стр.877—879.——266—267。

—1862,№148,22 октября,стр.1222—1223.——261。

—1863,№162,1 мая,стр.1334—1336.——265。

—1864,№177,15 января,стр.1460.——266。

—1864,№186,15 июня,стр.1525.——265。

《组织问题》[俄国社会民主工党第五次代表会议(1908年全国代表会议)通过的决议](Организационный вопрос. [Резолюция, принятая на Пятой конференции РСДРП(Общероссийской 1908 г.)].—В кн.: Извещение Центрального Комитета Российской с.-д. рабочей партии о состоявшейся очередной общепартийиой конференции.[Изд. ЦК РСДРП. Paris, 1909], стр.6.(РСДРП))——151。

《组织章程[俄国社会民主工党第五次(伦敦)代表大会通过]》(Организационный устав, [принятый на V(Лондонском)съезде РСДРП].—В кн.: Лондонский съезд Российской соц.-демокр. раб. партии(состоявшийся в 1907 г.). Полный текст протоколов. Изд. ЦК. Paris, 1909, стр.459.(РСДРП))——161。

《祖国纪事》杂志(圣彼得堡)(«Отечественные Записки», Спб., 1845, т.XXXIX, [кн.4, апрель], стр.81—104, в отд.: II)——262。

年　表

(1911 年 12 月—1912 年 7 月)

1911 年

1911 年 12 月—1912 年 7 月

先后侨居在巴黎和克拉科夫，领导俄国社会民主工党第六次（布拉格）全国代表会议的筹备工作并主持这次会议；编辑俄国社会民主工党中央机关报《社会民主党人报》等。

12 月 8 日（21 日）

列宁的《党内危机的结局》、《论社会民主党在杜马内外的行动口号和工作方法》、《自由派资产阶级的走狗》、《来自斯托雷平"工"党阵营的议论》、《论托洛茨基的外交和护党分子的一个纲领》和《"保管人"仲裁法庭的总结》等文章发表在《社会民主党人报》第 25 号上。

12 月 10 日（23 日）

列宁的《旧的和新的》一文发表在《明星报》第 33 号上。

列宁的总标题为《第四届国家杜马选举运动》的一组文章中的第一篇文章《一些基本原则问题》发表在《明星报》第 33 号上。

不晚于 12 月 14 日（27 日）

筹备在巴黎举行布尔什维克国外小组会议；起草《关于党内状况的报告的提纲》和《关于党内状况的报告的决议草案》。

12 月 14 日—17 日（27 日—30 日）

在巴黎主持布尔什维克国外小组会议。列宁是作为《工人报》编委出席会议的。

12 月 14 日（27 日）

宣布布尔什维克国外小组会议开幕，致欢迎词，提议选举会议主席团。

下午,出席布尔什维克国外小组会议,作关于党内状况的报告并回答问题。

12 月 15 日（28 日）

上午,出席布尔什维克国外小组会议,提议在听取三个报告之后,对所有问题展开全面讨论。这三个报告是:列宁关于党内状况的报告、尼·亚·谢马什柯关于六月中央委员会议以前国外状况的报告、米·费·弗拉基米尔斯基关于六月中央委员会议以后国外状况的报告。

根据中央机关报《社会民主党人报》第 25 号的材料,回答主持会议的格·李·什克洛夫斯基提出的关于"保管人"掌管的款项的问题。

下午,出席布尔什维克国外小组会议,作总结发言;被选入决议起草委员会。

12 月 16 日（29 日）

上午,出席布尔什维克国外小组会议,提出就《把国外社会民主党护党派力量组织起来和布尔什维克的任务》的决议展开全面讨论;在讨论关于国外布尔什维克的作用问题、关于支持俄国组织委员会问题和关于即将举行的俄国社会民主工党第六次（布拉格）全国代表会议问题时发言。

下午,出席布尔什维克国外小组会议,将《把国外社会民主党护党派力量组织起来和布尔什维克的任务》的决议及其修正案提付表决。该决议被通过。会议选举国外组织委员会。列宁建议委托国外组织委员会最后审定并通过国外组织章程。列宁在讨论关于国外组织委员会的代表参加《工人报》编辑部的问题时发言。

12 月 17 日（30 日）以前—1912 年 6 月

参加在彼得堡出版的布尔什维克合法杂志《启蒙》的前 7 期的编辑工作。

12 月 17 日（30 日）以前

布尔什维克的合法杂志《启蒙》第 1 期在彼得堡出版,列宁的《选举运动的几个原则问题》(文章的结尾部分发表在 1912 年 1 月《启蒙》杂志第 2 期上)、《对立宪民主党和大臣们谈判的揭露开始了》和《三项质询》等文章发表在这一期上。

12 月 17 日（30 日）

出席布尔什维克国外小组会议的最后一次会议,提出关于同意成立召集全国代表会议的俄国组织委员会的决议(决议被一致通过);就各民族社会民主党组织代表对召开党代表会议的态度问题发言,发言中提出的问题在俄国社会民主工党第六次(布拉格)代表会议《关于各民族中央机关没有代表出席全党代表会议的问题》的决议中得到反映。

在布尔什维克国外小组会议上被推选参加了解布尔什维克派财务状况的委员会。

列宁的总标题为《第四届国家杜马选举运动》的一组文章中的第二篇文章《工人复选人在选举运动中的作用》发表在《明星报》第34号上。

12月19日(1912年1月1日)以前

致函在莱比锡的奥·阿·皮亚特尼茨基,谈出席布拉格代表会议的莫斯科代表可能被捕,请他安排选举另一名代表(这封信没有找到)。

12月22日(1912年1月4日)

列宁的《饥荒和黑帮杜马》一文发表在《工人报》第7号上。

12月31日(1912年1月13日)

列宁的总标题为《第四届国家杜马选举运动》的一组文章中的第三篇文章《选举运动中的农民和农民复选人》发表在《明星报》第36号上。

12月

致函在彼得堡的《明星报》编辑部,说我们的路线是不妥协的,即报纸必须贯彻无产阶级政党独立的政治路线(这封信没有找到)。

12月—1912年1月5日(18日)

领导俄国社会民主工党第六次(布拉格)全国代表会议的筹备工作。

年底

写关于政治形势的报告大纲。这个大纲是列宁在俄国社会民主工党第六次(布拉格)全国代表会议上所作的关于目前形势和党的任务的报告的基础。

1911年

出席布尔什维克、普列汉诺夫派和波兰社会民主党组织的代表在巴黎共同举行的联席会议,在会上发表讲话,谈布尔什维克同孟什维克以及同前进派之间发生分歧的原因,还谈了《前进》文集的立场以及其他问题。

1912 年

1 月 3 日（16 日）

用德文写信询问米·韦·科别茨基的健康状况。

1 月 5 日（18 日）以前

在给出席布拉格代表会议的部分代表的信中希望能就代表会议的议事日程以及其他问题同他们初步交换意见（这封信没有找到）。

抵达布拉格。

同出席布拉格代表会议的部分代表谈话，向他们介绍关于目前形势和党的任务的报告的要点。

写讲话提要和关于确定代表会议的性质的决议草案，以及关于各民族中央机关没有代表出席全党代表会议问题的决议的提纲草稿。

在《关于召集代表会议的俄国组织委员会》的决议草案上作批注。

1 月 5 日—17 日（18 日—30 日）

以中央机关报《社会民主党人报》编辑部代表的身份出席俄国社会民主工党第六次（布拉格）全国代表会议并主持各次会议；起草议事日程中各项重要问题的决议草案；审定代表会议的各项决议。

经常同代表交谈，同他们一起度过休息时间

1 月 5 日（18 日）

在俄国社会民主工党第六次（布拉格）全国代表会议开幕时致开幕词，就确定代表会议的性质问题发言；就叶卡捷琳诺斯拉夫的代表雅·达·捷文的发言写提要并发言；把关于确定代表会议性质的决议草案提交会议讨论并就草案的修正案发言。代表会议通过了《关于召集代表会议的俄国组织委员会》的决议及列宁的修正案。

1 月 5 日（18 日）以后

收到萨·马·扎克斯（格拉德涅夫）从彼得堡的来信，信中告知《明星报》第 36 号发表了列宁关于农民复选人的文章，说收到了列宁谈我们的路线是不妥协的信件，以及编辑部通过了关于吸收瓦·瓦·沃罗夫斯基、阿·马·高尔基、格·瓦·普列汉诺夫和普·恩·德涅夫尼茨基等人撰稿的办法。信中还谈到《明星报》编辑部由于选举第四届国家杜马而产生的情绪以及其他问题。

1月6日(19日)

审阅并修改7位代表关于全俄组织其中包括各民族组织必须遵守代表会议的一切决议的声明;修改维克多(Д.施瓦尔茨曼)对关于确定代表会议的性质的决议草案提出的修正案。

提出讨论《关于各民族中央机关没有代表出席全党代表会议的问题》的决议草案。这一决议以10票对1票通过。

列宁的总标题为《第四届国家杜马选举运动》一组文章中的第四篇文章《从第三届杜马选举的实践得出的结论》发表在1912年《明星报》第1号上。

1月6日、7日和10日(19日、20日和23日)

在代表会议的5次会议上,记录各地的报告,特别注意各组织的人数和成分、各组织存在时间、组织中是否有专职党的工作人员、党组织是否同各工人区有联系、怎样散发布尔什维克机关刊物《社会民主党人报》、《明星报》和《思想》杂志等情况。

1月6日和12日(19日和25日)之间

作关于目前形势和党的任务的报告(这份报告没有找到)。

1月6日和17日(19日和30日)之间

对代表会议《关于前保管人掌管的财产和关于账目》的决议进行修改。

同其他中央委员一起签署一项声明:应将布尔什维克的财产移交给被确定为党的最高机构的俄国社会民主工党第六次(布拉格)全国代表会议和经它选出的中央委员会支配。

1月7日(20日)

出席代表会议的第5次会议,发言谈中央机关报《社会民主党人报》的工作,论证该报编辑部的政治路线,谈同孟什维克护党派和格·瓦·普列汉诺夫的相互关系。会议通过了关于中央机关报《社会民主党人报》的决议,赞成中央机关报的原则路线。列宁被选入中央机关报编辑部。

在第5次会议上作关于社会党国际局的工作的报告,并回答代表们提出的问题。列宁在回答波里斯(戈洛晓金)提出的"东方革命对国际关系有何影响?"问题时说:"在亚洲是民主主义革命的开始,在欧洲则是民主主义革命的结束,并且将会是社会主义革命的开始。"

出席代表会议的第 6 次会议,宣布开始讨论他自己所作的关于社会党国际局的工作的报告;就任命俄国社会民主工党中央委员会驻社会党国际局的代表的程序问题以及其他问题发言;提出讨论关于各地的报告的决议草案,在讨论中作解释性发言。

不晚于 1 月 8 日(21 日)

起草《关于社会民主党人同饥荒斗争的任务》的决议草案。

1 月 8 日(21 日)

出席代表会议第八次会议,参加讨论《关于社会民主党人同饥荒斗争的任务》的决议草案,就党在赈济饥民工作中的任务问题发言。会议一致通过了列宁起草的关于这个问题的决议草案。

1 月 9 日(22 日)以前

就工人失业保险法案问题写批语和作摘录。

审定尼·亚·谢马什柯起草的《关于对杜马提出的工人的国家保险法案的态度》的决议草案。

1 月 9 日(22 日)

出席代表会议的第 9 次会议,在讨论奥·阿·皮亚特尼茨基关于代表会议会址必须保密的声明时发言,要求在通信时不要透露代表会议的任何情况。会议委托列宁起草给德国社会民主党的贺信,祝贺它在德国国会选举中的胜利。

1 月 9 日和 10 日(22 日和 23 日)

参加讨论关于社会民主党对杜马提出的工人的国家保险法案的态度的决议。

1 月 9 日和 13 日(22 日和 26 日)之间

受代表会议的委托,草拟给德国社会民主党的贺信,祝贺它在德国国会选举中的胜利。贺信发表在 1912 年 1 月 27 日(公历)《前进报》第 22号上。

1 月 10 日(23 日)

出席代表会议的第 11 次会议,在讨论关于党在国外的工作问题时批评格·康·奥尔忠尼启则和苏·斯·斯潘达良的错误发言,他们否定俄国社会民主工党国外组织在革命斗争中的积极作用。会议通过《关于国外的党组织》的决议。

不晚于 1 月 11 日（24 日）

写《对党的组织章程的修改》草案。

1 月 11 日（24 日）

出席代表会议的第 12 次会议，就组织问题发言；对《关于党的工作的性质和组织形式》的决议草案提出修改意见。会议批准列宁提出的《对党的组织章程的修改》草案。

1 月 12 日和 17 日（25 和 30 日）之间

校订俄国社会民主工党第六次（布拉格）全国代表会议《关于社会民主党杜马党团》的决议草案。

布拉格代表会议把列宁选进中央委员会和中央机关报，并选他担任俄国社会民主工党中央驻社会党国际局的代表。

在代表会议期间多次出席新选出的俄国社会民主工党中央委员会会议。

不晚于 1 月 17 日（30 日）

写《关于"请愿运动"》的决议草案。代表会议通过列宁提出的这一决议草案。

写关于取消主义和取消派集团的决议草案。代表会议通过这一决议草案。代表会议还通过了列宁提出的《关于第四届国家杜马的选举》、《关于〈工人报〉》、《关于〈真理报〉》、《关于"红十字会"》、《关于俄国政府对波斯的进攻》、《关于中国革命》和《关于沙皇政府对芬兰的政策》等决议草案。

1 月 17 日（30 日）

在代表会议闭幕会议上致闭幕词。列宁的闭幕词充满了对党的力量、对工人阶级的力量的坚定信心。

出席在布拉格民众文化馆举行的代表会议参加者告别晚会，出席晚会的还有捷克社会民主党人。

1 月 18 日（31 日）

离开布拉格，途中在莱比锡停留；在俄国社会民主工党莱比锡小组的会议上作关于列·尼·托尔斯泰的报告。

1 月 19 日（2 月 1 日）

在莱比锡地方社会民主党报纸编辑部出席中央委员会会议（有第三届国
家杜马社会民主党代表参加），向他们通报布拉格代表会议所作出的各
项决议。

在莱比锡会见尼·古·波列塔耶夫，同他讨论在春季以前出版《真
理报》的问题。

1 月 19 日（2 月 1 日）以后

自莱比锡去柏林，根据布拉格代表会议的决定，向前"保管人"取回党的
款项。

在柏林弗·维·阿多拉茨基处停留。

在柏林 4 次会见罗·卢森堡。

1 月底—2 月 26 日（3 月 10 日）以前

校订《俄国社会民主工党 1912 年全国代表会议》小册子。小册子于 2 月
下半月在巴黎由俄国社会民主工党中央委员会出版。

2 月初

返回巴黎。

在巴黎同来自芬兰的亚·瓦·绍特曼就芬兰社会民主党组织的工
作问题进行谈话，指出目前在芬兰发动武装起义不合时宜。

不早于 2 月初

出席巴黎布尔什维克小组会议，发言反对同孟什维克进行辩论，认为在
侨居条件下这种辩论是无用的，甚至是有害的。

致函巴黎布尔什维克小组成员，说明自己拒绝在侨居条件下同孟什
维克进行辩论的理由：在国内，许多无党派工人都很仔细地倾听布尔什
维克同孟什维克之间的辩论，这种辩论有助于他们在政治上得到提高，
走上革命的道路。而在国外，参加会议的一般是各派的人，他们对争论
的问题了如指掌，他们立场早已确定，不可能被说服。如果进行这种毫
无意义的辩论等于把精力浪费在空谈上。

2 月 2 日（15 日）

签署《工人报》编辑部的决议，决议中认为安东诺夫（A.B.卡扎科夫）是一

位革命者,他的名誉从未因任何事情受过丝毫的玷污。

2月9日(22日)

娜·康·克鲁普斯卡娅受列宁委托,写信给格·康·奥尔忠尼启则,介绍俄国社会民主工党布拉格代表会议前后国内外许多党组织的情况,说拉脱维亚社会民主党可能承认代表会议决议,还愤怒地提到列·达·托洛茨基正在网罗代表参加取消派的八月代表会议。

2月12日(25日)

致函阿·萨·叶努基泽,告知收到了他的来信,希望他呆在巴库中心监狱的时间不会太长了,请他向熟人转达自己和娜·康·克鲁普斯卡娅的问候。

2月13日(26日)

就"保管人"卡·考茨基和克·蔡特金掌管的党的款项问题致函卡尔·茨格拉根,还说俄国社会民主工党全国代表会议已于1月举行,并选出了党中央委员会。

2月19日(3月3日)

列宁的《执行自由派工人政策的机关报》一文发表在《明星报》第11号上。

2月24日或25日(3月8日或9日)

写信给母亲玛·亚·乌里扬诺娃,感谢她寄来食品;介绍郊游的印象;询问她度夏的打算。

2月25日(3月9日)

同娜·康·克鲁普斯卡娅一起去剧院观看索福克勒斯的悲剧《埃勒克特拉》。

2月26日(3月10日)以前

给第二国际社会党国际局写关于俄国社会民主工党全国代表会议的报告。

用法文致函社会党国际局书记卡·胡斯曼,告知寄去了关于俄国社会民主工党全国代表会议的报告,希望能在社会党国际局的公报上发表这篇报告,还谈到自己被选为俄国社会民主工党驻社会党国际局的代表。

领导布尔什维克合法报纸《涅瓦明星报》的出版工作,经常为该报撰稿。

2 月 28 日(3 月 12 日)以前

在巴黎出席国外组织委员会召集的会议,在讨论关于布拉格代表会议的报告时发言。

2 月 28 日(3 月 12 日)

致函在瑞士伯尔尼的格·李·什克洛夫斯基,说必须到瑞士各城市作关于布拉格代表会议的报告,还谈到这次代表会议的成员和会议进程、同取消派的决裂、在俄国开展向各党组织传达代表会议各项决议的工作、崩得和拉脱维亚社会民主党打算召开一次有取消派参加的代表会议以及杜马社会民主党团的立场等问题。

2 月 29 日(3 月 13 日)

致函在伯尔尼的格·李·什克洛夫斯基,为了使他要作的关于布拉格代表会议的报告不致产生错误,告知取消派在巴黎召开会议的情况和这次会议通过的对抗布拉格代表会议的决议;表示相信取消派及其拥护者不可能联合起来。

2 月底—3 月初

经常同格·李·什克洛夫斯基通信,就什克洛夫斯基作关于俄国社会民主工党布拉格代表会议的报告问题作指示(这些信没有找到)。

2 月

致函在意大利卡普里岛的阿·马·高尔基,答应给寄去布拉格代表会议的决议;请高尔基写一篇五·一传单;谈《明星报》出版中所遇到的种种困难。

2 月—3 月

致函阿·马·高尔基,告知寄去了布拉格代表会议的决议;认为《明星报》发表的高尔基的童话非常精彩;抨击取消派报纸《现代事业报》和取消派分子尼·亚·罗日柯夫。

3 月初

写《俄国社会民主工党的选举纲领》。纲领以中央委员会名义于 1912 年 3 月在俄国印成单页出版,4 月作为《社会民主党人报》第 26 号附刊在国外出版。

3月2日(15日)以后

写《反对同取消派的联合》一文。

3月4日(17日)

列宁的《第三届杜马五年来的各政党》一文发表在《明星报》第14号上。

3月5日(18日)

列宁给社会党国际局的关于俄国社会民主工党全国代表会议的报告由社会党国际局分寄给各社会党,以便在各社会党报刊上发表。

3月9日和4月1日(3月22日和4月14日)之间

阅读《现代事业报》第8号刊登的《关于代表会议的召开》和《社会民主党和选举》两篇文章并作批注,在《为自由派工人政策作的拙劣辩护》一文中利用了第一篇文章。

3月11日(24日)

写信给在萨拉托夫的姐姐安·伊·乌里扬诺娃-叶利扎罗娃,说孟什维克取消派在进行反对布拉格代表会议及其决议的活动。

3月12日或13日(25日或26日)

写《把牌摊到桌面上来》一文。

致函《明星报》编辑部,指示不要肯定任何一种选举纲领;询问出版工人日报的筹备工作情况、报纸的版面大小等方面的问题;主张必须同取消派报纸《现代事业报》展开尖锐的争论。

3月13日(26日)

给《明星报》编辑部寄去《俄国社会民主工党的选举纲领》的抄件,同时写附言,建议不要接受取消派拟定的任何选举纲领草案,而只遵循中央委员会批准的纲领草案。

列宁的《关于捷·奥·别洛乌索夫代表退出社会民主党杜马党团的问题》一文发表在《明星报》第17号上。

3月13日(26日)以后

写《〈前进报〉上的匿名作者和俄国社会民主工党的党内状况》小册子。该小册子于1912年在巴黎由《社会民主党人报》编辑部以德文单行本印行出版。

3月15日（28日）以前

用法文致函社会党国际局书记卡·胡斯曼,感谢胡斯曼给寄来1912年3月12日（公历）取消派巴黎会议的决议;说布拉格代表会议谴责了取消派和瓦解党的工作的各种国外集团;告知已把布拉格代表会议的决议寄给了格·瓦·普列汉诺夫,但他没有答复,对他是否有全权参加社会党国际局表示怀疑。

3月15日（28日）

致函在梯弗利斯的俄国社会民主工党中央委员会俄国局成员格·康·奥尔忠尼启则、苏·斯·斯潘达良和叶·德·斯塔索娃,指示必须加强各地方党组织同国外中央的联系;主张尽快巡视各组织并作关于代表会议的传达报告;对1912年3月26日（公历）《前进报》第72号发表列·达·托洛茨基的诽谤性文章表示愤怒。

3月15日（28日）以后

收到格·康·奥尔忠尼启则的复信,信中报告了布拉格代表会议以后俄国党组织内的情况。

3月16日（29日）

根据俄国社会民主工党中央委员会的授权,致函巴黎屠格涅夫图书馆管理委员会,要求将它保存的党的图书交给中央委员会;提出讨论移交图书的条件和手续。

3月17日（30日）

列宁的《饥荒》和《农民和第四届杜马的选举》两篇文章发表在《工人报》第8号上。

3月17日和23（3月30日和4月5日）之间

鉴于国外反党集团反对布拉格代表会议的决议,写抗议声明交社会党国际局书记卡·胡斯曼。

3月17日和4月5日（3月30日和4月18日）之间

写便函给阿·马·高尔基,约高尔基星期六下午2时30分或晚上来。

　　会见阿·马·高尔基。

3月21日和29日（4月3日和11日）之间

阅读《现代事业报》第10号上发表的《庸人政策》一文并作批注,在《立宪民主党人同进步派的联盟及其意义》一文中引用了这篇文章。

　　写《立宪民主党人同进步派的联盟及其意义》一文。

3月23日(4月5日)

　　用法文致函社会党国际局书记卡·胡斯曼,说随信寄去俄国社会民主工党代表的抗议声明,并请胡斯曼将这一抗议声明转交参加第二国际的各党书记。

3月25日(4月7日)

　　写信给居住在萨拉托夫的母亲玛·亚·乌里扬诺娃,说自己打算在夏天迁居巴黎近郊。列宁未能实现这次迁居,而于1912年6月迁至克拉科夫。

3月28日(4月10日)以前

　　列宁起草的《俄国社会民主工党的选举纲领》在梯弗利斯印成单页发行。

3月29日(4月11日)以前

　　出席社会党国际局会议。

3月29日(4月11日)

　　列宁的《立宪民主党人同进步派的联盟及其意义》一文发表在《明星报》第23号上。

　　莫斯科保安处向警察司报告说,俄国社会民主工党召开了布拉格代表会议,俄国相当多的工人赞成列宁的观点,社会党国际局承认布拉格代表会议选出的中央委员会,承认列宁为俄国社会民主工党的代表。

3月

　　列宁的《反对同取消派的联合》一文发表在《启蒙》杂志第3—4期合刊上。

4月初

　　致函在梯弗利斯的中央委员会俄国局成员格·康·奥尔忠尼启则、苏·斯·斯潘达良和叶·德·斯塔索娃,指示必须对国外取消派展开顽强和系统的斗争;建议巡视各地方党组织并揭露取消派;建议用传单形式翻印俄国社会民主工党布拉格代表会议的一切重要决议;强调指出,办《消息报》要非常小心(这份报纸没有出版)。

4月1日(14日)

　　列宁的《为自由派工人政策作的拙劣辩护》一文发表在《明星报》第24

号上。

4 月 2 日（15 日）以前

据一则海报说，列宁将在 4 月 2 日（15 日）纪念亚·伊·赫尔岑的晚会
上发表讲话（没有关于讲话的确切资料）。

4 月 3 日（16 日）

致函中央委员会俄国局成员，指出必须巩固同国外布尔什维克中央的联
系，建立同中央联系的区域委员会或受委托的代办员小组；建议翻印布
拉格代表会议关于第四届国家杜马选举的决议，同时以传单的形式印发
列宁的《农民和第四届杜马的选举》一文；说列·达·托洛茨基在《前进
报》上进行反对布拉格代表会议及其各项决议的诽谤性宣传。

列宁的《俄国的决选投票和工人阶级的任务》一文发表在《明星报》
第 25 号上。

4 月 6 日（19 日）以前

用法文致函社会党国际局书记卡·胡斯曼，对并不代表党的俄国社会民
主党人的国外集团直接同社会党国际局联系提出抗议，不同意胡斯曼提
出的关于召开俄国社会民主工党全体代表会议的建议。

4 月 8 日和 19 日（4 月 21 日和 5 月 2 日）

列宁的《自由派和民主派》一文发表在《明星报》第 27 号和第 32 号上。

4 月 9 日（22 日）以前

审阅小册子《选民手册（我国的选举法）》。

4 月 9 日（22 日）

致函《明星报》编辑部，告知寄去了《选民手册》的材料，并建议翻印他的
《第四届国家杜马选举运动》一文的第二、三部分；指出必须对取消派的
攻击进行回击；认为不应给格·瓦·普列汉诺夫反对代表会议的"特
权"，如果普列汉诺夫写文章，应把他的文章的条样寄来。列宁还询问了
《真理报》第 1 号的出版日期、版面大小和可以寄去多大篇幅的文章。

4 月 17 日（30 日）以前

起草第三届国家杜马社会民主党党团的工作报告。

4 月 17 日（30 日）

娜·康·克鲁普斯卡娅致函格·李·什克洛夫斯基，说列宁工作过于繁

重,生病了;告知《真理报》即将出版、《前进报》编辑部拒绝发表列宁对列·达·托洛茨基的文章的答复以及其他情况。

4月22日（5月5日）以前

领导出版合法的布尔什维克日报《真理报》的组织工作。

就出版《真理报》问题写信给尼·古·波列塔耶夫（这封信没有找到）。

同娜·康·克鲁普斯卡娅一起在巴黎拜访苏·斯·斯潘达良的父亲,了解苏·斯·斯潘达良在巴库被捕的详细情况。

4月22日（5月5日）

致函在柏林的沃·阿·捷尔-约翰尼相,说苏·斯·斯潘达良已在巴库被捕,请求给斯潘达良父子以物质帮助。

列宁创办的布尔什维克的合法日报《真理报》第1号在彼得堡出版。

4月25日（5月8日）

列宁的《第四届杜马选举运动和革命的社会民主党的任务》、《反党的取消派》、《纪念赫尔岑》等三篇文章发表在《社会民主党人报》第26号上。

列宁写的《俄国社会民主工党的选举纲领》发表在《社会民主党人报》第26号的附刊上,署名是俄国社会民主工党中央委员会。

4月25日和5月31日（5月8日和6月13日）之间

阅读《社会民主党人报》第26号,在社论《勒拿惨案和六三君主制》的标题上做记号。

4月26日（5月9日）

出席俄国社会民主工党国外组织巴黎支部会议,在会上作关于勒拿惨案、俄国罢工及党对这些事件的策略的报告。报告结束后回答了提出的问题。

4月和5月24日（6月6日）之间

致函波·尼·克尼波维奇,谈对克尼波维奇的《俄国农民的分化问题（在农耕经济领域里的分化）》一书的意见（这封信没有找到）。

5月6日（19日）

列宁的《欧俄土地占有情况》一文发表在《涅瓦明星报》第3号上。

5月8日和9日（21日和22日）

列宁的《劳动派和工人民主派》一文发表在《真理报》第13号和第14

号上。

5 月 8 日（21 日）以后

阅读阿·叶·洛西茨基的《公社的瓦解》一书，并做记号和写批语。

5 月 8 日和 8 月 12 日（5 月 21 日和 8 月 25 日）之间

从《1912 年统计年鉴》中摘录有关俄国各省和各工业部门工厂工人人数的资料，在《莫斯科省的工作日和工作年》一文中部分地使用了这些资料。

不晚于 5 月 10 日（23 日）

离开巴黎去德国数日。

5 月 10 日（23 日）

列宁的《论俄国各政党》一文发表在《涅瓦明星报》第 5 号上。

5 月 10 日和 6 月 10 日（5 月 23 日和 6 月 23 日）之间

写《我们同自由派论战的性质和意义》一文。

不晚于 5 月 13 日（26 日）

在柏林曾去俄国社会民主党档案馆。

在柏林与收集俄国解放运动史料的 И.Д.别布托夫公爵相识，并就能否将他收藏的文献和图书由德国社会民主党执行委员会转交给俄国社会民主党档案馆的问题交换意见。

5 月 13 日（26 日）

晚上，回到巴黎。

收到母亲玛·亚·乌里扬诺娃从萨拉托夫的来信，信中告知玛·伊·乌里扬诺娃和安·伊·乌里扬诺娃-叶利扎罗娃被捕。

5 月 13 日和 6 月 4 日（5 月 26 日和 6 月 17 日）之间

写《1912 年 1 月俄国社会民主工党全国代表会议的口号和五月运动》一文。

5 月 14 日（27 日）

写信给居住在萨拉托夫的母亲玛·亚·乌里扬诺娃，建议通过在彼得堡的熟人打听姐姐和妹妹被捕的情况，相信他们不会被拘留很久。

5 月 17 日和 31（5 月 30 日和 6 月 13 日）之间

为下一号《社会民主党人报》写社论《革命的高涨》。

5 月 19 日（6 月 1 日）

用法文致函乔治·迪科·德拉埃律师，告知给他寄去关于"保管人"掌管的款项一案的文件，并要求约定同他会晤的时间。

5月20日（6月2日）

写信给母亲玛·亚·乌里扬诺娃，对她的健康表示担忧，并告知自己的生活情况。

5月20日和31日（6月2日和13日）之间

写《经济罢工和政治罢工》和《取消派反对群众性的革命罢工》两篇文章。

5月21日（6月3日）

娜·康·克鲁普斯卡娅受列宁委托，写信给在日内瓦的维·阿·卡尔宾斯基，信中请卡尔宾斯基了解对俄国侨民的监视情况和克拉科夫的生活条件。

5月22日（6月4日）

列宁的《"俄国土地问题"的实质》和《关于竞选鼓动的几点总结》两篇文章发表在《涅瓦明星报》第6号上。

5月24日（6月6日）

致函波·尼·克尼波维奇，说他非常满意地读完了克尼波维奇的《俄国农民的分化问题（在农耕经济领域里的分化）》一书，同时对该书也提出一些意见。

5月28日（6月10日）

把一份由自己用法文起草的关于办理"保管人"掌管的款项一案的协议草案寄给乔治·迪科；在附信中说自己即将离开巴黎，建议不迟于6月1日（14日）签订协议。

5月31日（6月13日）以前

起草《俄国无产阶级的革命高涨》的专题报告提纲。这个报告提纲登载在俄国社会民主工党国外组织巴黎支部发布的关于报告的海报上。

5月31日（6月13日）

出席俄国社会民主工党国外组织巴黎支部召开的会议，作《俄国无产阶级的革命高涨》的专题报告。列宁的《经济罢工和政治罢工》一文发表在《涅瓦明星报》第10号上。

春天

同即将去俄国的弗·维·阿多拉茨基谈话，表示希望在喀山举行的第四届国家杜马的选举中,工人的代表能获得通过。

在巴黎经常拜访俄国最老的马克思主义革命家之一维·康·库尔纳托夫斯基。

6 月 2 日(15 日)

致函乔治·迪科,告知自己将于星期一(6 月 4 日(17 日))晚上离开巴黎,要求在动身的那天早上同他会晤。

6 月 3 日(16 日)

列宁的《移民问题》一文发表在《涅瓦明星报》第 11 号上。

6 月 4 日(17 日)

偕同娜·康·克鲁普斯卡娅以及她的母亲伊·瓦·克鲁普斯卡娅离开巴黎前往克拉科夫。

列宁的《革命的高涨》、《1912 年 1 月俄国社会民主工党全国代表会议的口号和五月运动》、《取消派反对群众性的革命罢工》和《"联合者"》四篇文章发表在《社会民主党人报》第 27 号上。

6 月 4 日和 9 日(17 日和 22 日)之间

在前往克拉科夫途中在莱比锡逗留数天。

同奥·阿·皮亚特尼茨基谈话,评述德国社会民主党内的状况。

在莱比锡作关于俄国革命高涨的讲演。

6 月 9 日(22 日)

抵达克拉科夫。

同娜·康·克鲁普斯卡娅一起会见波兰侨民谢·尤·巴戈茨基并同他谈话,在谈话中列宁弄清楚了地方当局对待政治侨民的态度以及与俄国进行秘密联系的可能性问题。

不早于 6 月 9 日(22 日)

会见雅·斯·加涅茨基以及其他波兰社会民主党人,从他们那里了解到波兰社会民主党内发生分裂的详细情况。

6 月 9 日或 10 日(22 日或 23 日)

会见应邀从博伊滕来到克拉科夫的德国社会民主党人赫尔辛,同他商谈用他的住址往俄国转寄邮件的问题。

6 月 9 日和 26 日(6 月 22 日和 7 月 9 日)之间

致函《真理报》编辑部,寄去一份他为《真理报》撰稿所用的书报和参考书清单(这封信没有找到)。

6月9日和7月3日(6月22日和7月9日)之间

应波兰王国和立陶宛社会民主党华沙委员会的请求,写《俄国社会民主工党的状况和党的当前任务》一文。

6月10日(23日)

列宁的《我们同自由派论战的性质和意义》一文发表在《涅瓦明星报》第12号上。

列宁和娜·康·克鲁普斯卡娅在谢·尤·巴戈茨基陪同下,去克拉科夫郊外兹韦日涅茨工人居住处租了一套房间。

6月15日(28日)以前

致函在巴黎的列·波·加米涅夫,请他经常写信和采取措施使国外组织委员会和俄国社会民主工党巴黎支部的工作开展起来。

6月15日(28日)

致函在巴黎的列·波·加米涅夫,告知E.Π.伊格纳季耶娃的地址,以便将这一地址迅速转给乔治·迪科律师;询问是否已把关于"保管人"掌管的款项的文件寄给了迪科;介绍自己对克拉科夫的初步印象和建立联系的情况。

6月16日或17日(29日或30日)

由列宁参加编写和审定的小册子《选民手册(我们的选举法)》出版。

6月16日和24日(6月29日和7月7日)之间

写《选举和反对派》一文。

6月17日(30日)

列宁的《资本主义和"议会"》一文发表在《涅瓦明星报》第13号上。

6月18日(7月1日)

写信给在萨拉托夫的母亲玛·亚·乌里扬诺娃,说他已迁居克拉科夫,告知新住址。

6月19日(7月2日)

致函列·波·加米涅夫,说"前进"集团出版的《当前问题》杂志已经收到,认为该杂志完全是胡闹,请求把在巴黎出版的社会革命党人的《创举》杂志寄来。

6 月 19 日和 26 日(7 月 2 日和 9 日)之间

收到《真理报》编辑部的来信,信中建议在报上开辟"劳动与资本斗争栏"并请求列宁给报纸寄文章。

致函《真理报》编辑部,请求经常给他寄报纸、新书、参考资料以及新出版的有关土地问题的材料;指出类似《涅瓦明星报》第 13 号刊登《资本主义和"议会"》一文时出现的印刷错误是不能容许的。

6 月 22 日(7 月 5 日)

俄国驻巴黎的侦探机关向警察司密告列宁迁居克拉科夫的消息。告密信中说列宁此次迁居是为了更靠近俄国,并有可能通过在彼得堡出版的布尔什维克的合法机关报《明星报》和《真理报》来领导即将举行的选举。告密信中还担心列宁迁居克拉科夫会给监视列宁及其派别的工作造成困难,所以建议封闭《明星报》和《真理报》,以迫使列宁返回巴黎。

6 月 22 日或 23 日(7 月 5 日或 6 日)

致函列·波·加米涅夫,告知从克拉科夫火车站到列宁住地的路线,并请把这条路线转告给国外组织委员会成员和所有要到克拉科夫来的人;说联系已经安排好,第一个代办员将于日内赴俄国。

6 月 23 日(7 月 6 日)

列宁的《关于大资本组织的调查》一文发表在《启蒙》杂志第 5—7 期合刊上。

6 月 23 日(7 月 6 日)以后

写《彼得堡选举的意义》一文。

6 月 24 日(7 月 7 日)

列宁的《选举和反对派》一文发表在《涅瓦明星报》第 14 号上。

6 月 25 日(7 月 8 日)

彼得堡高等法院判决:将 1906 年在莫斯科出版的列宁的小册子《关于俄国社会民主工党统一代表大会的报告(给彼得堡工人的信)》,连同铅版和其他出版工具一起予以销毁。

6 月 28 日和 7 月 15 日(7 月 11 日和 28 日)之间

写《中国的民主主义和民粹主义》一文,并将该文与刊登在 1912 年 6 月 28 日(7 月 11 日)布鲁塞尔社会党报纸《人民报》上的孙中山的《中国革命的社会意义》一文的译文一起寄给彼得堡的《涅瓦明星报》编辑部。

6 月 30 日（7 月 13 日）

列宁的《选举为期不远了,大家行动起来吧!》一文发表在《真理报》第 53
号上。

7 月 1 日（14 日）

列宁的《彼得堡选举的意义》和《斯托雷平土地纲领和民粹派土地纲领的
比较》两篇文章发表在《涅瓦明星报》第 15 号上。

7 月 1 日和 8 月 5 日（7 月 14 日和 8 月 18 日）之间

写《最后一个气门》一文。

7 月 2 日（15 日）

去克拉科夫普尔夫谢区派出所,向他们报告自己的年龄、出身、离开俄国
的原因和生活来源等情况,说自己是彼得堡出版的《真理报》和巴黎出版
的《社会民主党人报》的记者。

7 月 3 日（16 日）

列宁的《俄国社会民主工党的状况和党的当前任务》一文发表在《工人
报》第 15—16 号合刊上。

7 月 6 日（19 日）以前

收到费·阿·罗特施坦从伦敦的来信,信中说列·达·托洛茨基来信指
责布尔什维克用“属于”维也纳报纸《真理报》的名称来命名自己的报纸。
罗特施坦在信中还告诉列宁:他回答托洛茨基说,对于彼得堡出版的《真
理报》,他没有什么好指责的。

7 月 6 日（19 日）

致函《真理报》编辑部,要求按时寄送工作所必需的书报;建议在《真理
报》上开辟第四届国家杜马选举进展情况的专栏;对于应如何回答列·
达·托洛茨基反对《真理报》的卑鄙行为,提出了具体建议。

7 月 6 日和 20 日（7 月 19 日和 8 月 2 日）之间

阅读《生活需要》杂志第 27 期上刊载的鲁·马·布兰克的《彼得堡的选
举》一文并做记号,在《自由派的进攻》一文中对布兰克的这篇文章进行
了批判。

7 月 8 日（21 日）

用德文致函在赖兴贝格的约·施特拉塞尔,要求给《社会民主党人报》和

《工人报》编辑部寄去赖兴贝格出版的《前进报》和施特拉塞尔的小册子《工人与民族》。

7月8日和15日（21日和28日）之间

写短评《俄国的"言论自由"》。

7月8日和22日（7月21日和8月4日）之间

写《帕·波·阿克雪里罗得是怎样揭露取消派的》一文的第一部分。

7月9日和16日（22日和29日）之间

收到德国社会民主党执行委员会的来信，信中说打算在柏林召开俄国社会民主党内各派别代表的联席会议，以便在即将举行的杜马选举中统一行动。

7月10日（23日）以前

写《事实经过》证明材料，其中谈到"保管人"掌管的款项的来源、仲裁人（卡·考茨基、弗·梅林、克·蔡特金）破坏协定的非法行为和他们1911年11月5日（18日）就此问题写给俄国社会民主工党中央委员会国外局的信以及其他问题。

委托伊·费·阿尔曼德将《事实经过》证明材料译成法文；在证明材料的法文本上签字，并将它寄给巴黎的乔治·迪科律师。

7月11日（24日）以前

写《小花招（答布兰克）》和《永不熄灭的希望》两篇文章，并将文章寄给彼得堡的《涅瓦明星报》编辑部（文章未刊登，迄今没有找到）。

写短评《答取消派》，并将此文寄给《真理报》编辑部（短评未在《真理报》上刊登）。

接待自巴黎去俄国途经克拉科夫的伊·费·阿尔曼德。阿尔曼德是受中央委员会的委派去彼得堡为第四届杜马的选举运动进行准备工作的。她在克拉科夫逗留两天，与列宁商讨了今后的工作计划。

7月11日（24日）

致函《涅瓦明星报》编辑部，批评《真理报》和《涅瓦明星报》缺乏战斗力；指出必须同取消派进行尖锐的论战，独立提出问题；提出把报纸变为战斗机关报的设想，强调报纸应当走在大家前面。

致函在巴黎的列·波·加米涅夫，对取消派报纸《涅瓦呼声报》第6

号刊登的造谣中伤的报道表示气愤；指出自己这次从巴黎迁居克拉科夫的意义。

7月11日—15日（24日—28日）

同来自卢布林的尼·瓦·克雷连柯商讨组织从俄国到克拉科夫和从克拉科夫返回俄国的人员的越境计划。列宁委托克雷连柯去彼得堡为《真理报》编辑部成员同中央委员会国外局的会晤进行准备，并帮助筹备在彼得堡举行的第四届杜马的选举工作。

7月11日和20日（7月24日和8月20日）之间

为《工人报》写《陆海军中的起义》一文。

7月12日（25日）

列宁的《在瑞士》一文发表在《真理报》第63号上。

7月12日—14日（25日—27日）

为《真理报》写《半年工作总结》一文。

7月14日（27日）

为了配齐《真理报》、《明星报》、《涅瓦明星报》和《现代事业报》，开列所缺报纸份数的清单，并将此清单寄给《真理报》编辑部。

7月14日或15日（27日或28日）

写《关于竞选纲领》一文，并将此文寄给彼得堡的《真理报》编辑部（文章未刊登，迄今没有找到）。

致函《真理报》编辑部，告知已寄去《关于竞选纲领》一文，提出只同意对该文作个别小的修改；指出在选举前6—8个星期内制定公开的纲领是有害的；认为在同取消派的斗争中必须保持《真理报》的领导作用。

7月15日（28日）

列宁的《中国的民主主义和民粹主义》一文发表在《涅瓦明星报》第17号上。

列宁的《意大利社会党人代表大会》和《俄国的"言论自由"》两篇文章发表在《真理报》第66号上。

7月15日或16日（28日或29日）

致函《真理报》编辑部，告知已寄去《半年工作总结》一文；感谢编辑部给寄来"右派"报纸；建议在《真理报》上刊登一些使这份工人报纸生动活泼起来的材料。

7 月 15 日—17 日（28 日—30 日）

起草俄国社会民主工党给德国社会民主党执行委员会的复信,以答复德国社会民主党执行委员会提出的关于为达到第四届国家杜马选举中的统一而召开俄国社会民主工党各个中心、组织和派别的联席会议的建议。此信是列宁的《论俄国社会民主工党的现状》的主要内容。

7 月 15 日和 25 日（7 月 28 日和 8 月 7 日）之间

写《自由派和教权派》一文。

7 月 16 日（29 日）以前

为《工人报》写《第四届杜马选举的前夜》和《"结社自由"的口号可以成为目前工人运动的基础吗?》两篇文章。

7 月 16 日或 17 日（29 日或 30 日）

致函列·波·加米涅夫,说自己正起草给德国社会民主党执行委员会的复信,拒绝参加它提出召开的俄国社会民主工党各个中心、组织和派别的联席会议;还说正为下一号《工人报》准备材料,认为必须同《真理报》编辑部放纵取消派的行为作斗争。

7 月 17 日（30 日）

将自己起草的给德国社会民主党执行委员会的复信稿寄给在巴黎的《社会民主党人报》编辑部和国外组织委员会的成员,以便使他们了解内容。

致函列·波·加米涅夫,问他为什么不给《启蒙》杂志写文章;要他对阿·瓦·卢那察尔斯基发表在《基辅思想报》上的论科学神秘主义的文章进行批判。

7 月 19 日（8 月 1 日）以前

致函列·波·加米涅夫,请他把为《启蒙》杂志写的文章的手稿寄来,并询问下一号《工人报》的出版情况。

不晚于 7 月 19 日（8 月 1 日）

致函列·波·加米涅夫,建议出版下一号《社会民主党人报》来代替下一号《工人报》,因为必须尽快刊登《在选举之前》一文,而就这篇文章的性质而言,在《工人报》上刊登是不适宜的。

7 月 19 日（8 月 1 日）

致函《真理报》编辑部,指出必须同取消派进行坚决的斗争;询问能否在

《真理报》上发表对德国社会民主党执行委员会的答复,拒绝该党提出的关于召开俄国社会民主工党各个中心、组织和派别的联席会议的建议。

致函在卡普里岛的阿·马·高尔基,谈1908—1912年间发生的思想斗争,对各种小资产阶级思潮和它们的刊物进行评价,把社会民主党内部各种思潮之间所进行的原则性斗争同其他党派内发生纠纷进行对比。列宁告诉高尔基,俄国正在出现革命的高潮。

7月19日和26日(8月1日和8日)之间

写《立宪民主党和民主派》一文。

7月19日和28日(8月1日和10日)之间

写《自由派的进攻》一文。

7月20日(8月2日)

致函《真理报》编辑部,指出在第四届杜马选举之前必须同立宪民主党报刊展开斗争;对选举运动在彼得堡的顺利开始,对《真理报》和《明星报》所起的领导作用表示满意。

列宁的《资本主义和人民的消费》一文发表在《真理报》第70号上。

7月20日(8月2日)以后

致函列·波·加米涅夫,告知俄国社会民主工党中央委员会决定派加米涅夫出席在开姆尼茨召开的德国社会民主党代表大会,并要他把俄国社会民主工党中央委员会致德国社会民主党执行委员会的信转交给阿·弗·波波夫。列宁还提出必须保存《工人报》的全部底稿和校样。

7月22日(8月4日)

列宁的《帕·波·阿克雪里罗得是怎样揭露取消派的》一文的第一部分发表在《涅瓦明星报》第18号上。

7月22日和29日(8月4日和11日)之间

写《帕·波·阿克雪里罗得是怎样揭露取消派的》一文的第二部分。

7月25日(8月7日)

列宁的《自由派和教权派》一文发表在《真理报》第74号上。

7月25日和31日(8月7日和13日)

写《一些原则问题》一文。

7月26日(8月8日)

列宁的《立宪民主党和民主派》一文发表在《真理报》第75号上。

7 月 27 日和 8 月 26 日(8 月 9 日和 9 月 8 日)之间

阅读《生活需要》杂志第 30、31 期上刊登的叶·德·库斯柯娃的《团结的价值》和尼·伊·科罗布卡的《蛊惑行为》两篇文章并做记号,在以后写的《谈谈"吃掉立宪民主党人"》一文中对这两篇文章进行了批判。

不早于 7 月 27 日(8 月 9 日)

以俄国社会民主工党驻社会党国际局代表的名义写《给瑞士工人的信》。

7 月 28 日(8 月 10 日)

列宁的《自由派的进攻》一文发表在《真理报》第 77 号上。

7 月 29 日(8 月 11 日)

列宁的《帕·波·阿克雪里罗得是怎样揭露取消派的》一文的第二部分发表在《涅瓦明星报》第 19 号上。

7 月 29 日—8 月 2 日(8 月 11 日—15 日)

列宁的《半年工作总结》一文发表在《真理报》第 78—81 号上。

《列宁全集》第二版第 21 卷编译人员

译文校订：鲍　岂　王治平　张秀珊　齐淑文　张世黎　刘怀璋
　　　　　陈继刚

资料编写：李洙泗　张瑞亭　王其侠　刘方清　王锦文　刘彦章

编　　辑：许易森　刘燕明　江显藩　李桂兰　韩　英　薛春华
　　　　　李京洲

译文审订：崔松龄　何宏江

《列宁全集》第二版增订版编辑人员

李京洲　高晓惠　翟民刚　张海滨　赵国顺　任建华　刘燕明
孙凌齐　李桂兰　门三姗　韩　英　侯静娜　彭晓宇　李宏梅
付　哲　戢炳惠　李晓萌

审　　定：韦建桦　顾锦屏　柴方国

本卷增订工作负责人：孙凌齐　张海滨　李桂兰

项目统筹：崔继新
责任编辑：曹　歌
装帧设计：石笑梦
版式设计：周方亚
责任校对：阎　宓

图书在版编目(CIP)数据

列宁全集.第21卷/(苏)列宁著；中共中央马克思恩格斯列宁斯大林著作编译局编译.
　—2版(增订版)-北京：人民出版社，2017.3(2024.7重印)
ISBN 978-7-01-017103-6

Ⅰ.①列…　Ⅱ.①列…②中…　Ⅲ.①列宁著作-全集　Ⅳ.①A2

中国版本图书馆 CIP 数据核字(2016)第 320344 号

书　　　名　列宁全集
　　　　　　LIENING QUANJI
　　　　　　第二十一卷
编 译 者　中共中央马克思恩格斯列宁斯大林著作编译局
出版发行　人民出版社
　　　　　　(北京市东城区隆福寺街 99 号　邮编 100706)
邮购电话　(010)65250042　65289539
经　　销　新华书店
印　　刷　北京新华印刷有限公司
版　　次　2017 年 3 月第 2 版增订版　2024 年 7 月北京第 2 次印刷
开　　本　880 毫米×1230 毫米 1/32
印　　张　22.375
插　　页　2
字　　数　589 千字
印　　数　3,001—6,000 册
书　　号　ISBN 978-7-01-017103-6
定　　价　55.00 元

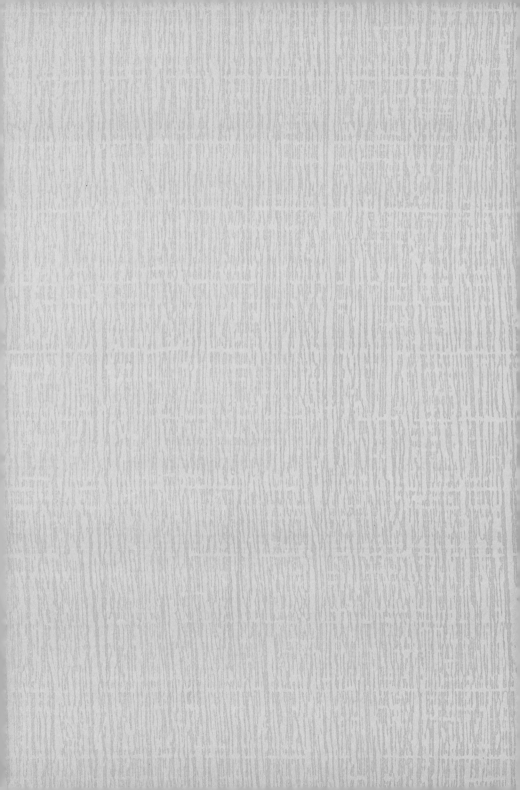